A·VOCA·DO

A·VOCA·DO

발행일	2021년 10월 29일

지은이	천승욱		
펴낸이	손형국		
펴낸곳	(주)북랩		
편집인	선일영	편집	정두철, 배진용, 김현아, 박준, 장하영
디자인	이현수, 한수희, 김윤주, 허지혜, 안유경	제작	박기성, 황동현, 구성우, 권태련
마케팅	김회란, 박진관		
출판등록	2004. 12. 1(제2012-000051호)		
주소	서울특별시 금천구 가산디지털 1로 168, 우림라이온스밸리 B동 B113~114호, C동 B101호		
홈페이지	www.book.co.kr		
전화번호	(02)2026-5777	팩스	(02)2026-5747

ISBN	979-11-6539-495-0 03740 (종이책)	979-11-6539-496-7 05740 (전자책)	

(주)북랩 성공출판의 파트너
북랩 홈페이지와 패밀리 사이트에서 다양한 출판 솔루션을 만나 보세요!
홈페이지 book.co.kr   •   **블로그** blog.naver.com/essaybook   •   **출판문의** book@book.co.kr

작가 연락처 문의 ▶ ask.book.co.kr
작가 연락처는 개인정보이므로 북랩에서 알려드릴 수 없습니다.

한 권으로
완성하는
고교 수능 영단어

A VOCADO

어원·품사별 정리

천승욱 지음

북랩 book Lab

영어 정복의 기초는 **어휘력입니다.**
단어의 품사별 차이에 주의하면서, 그리고 어원을 참조하면서
5회 이상 반복하여 이 책을 학습하기를 권장합니다.
그러면 **"I'm a voca do-sa."**가 될 것입니다.

Contents ✧✧

Day 01

★ 관찰하다 observe = scop, shop, skep, sp, spec, spic

1	**scop**e [skoʊp]	시야, 범위, 살피다	1. (먼 far = **tele**) 물체를 (관찰하는 observe = **scop**) 기구 + e
	telescope [téləskòup]	망원경[1]	2. (주변 around = **peri**)을 (관찰하는 observe = **scop**) 기구 + e
	periscope [pérəskòup]	잠망경[2]	3. (시간 hour = **horo**)의 흐름에 따른 별의 위치를
	horoscope [hɔ́:rəskòup]	점성술[3], 별점	(관찰하는 observe = **scop**) 기술 + e

| 2 | micro**scop**e | 현미경[1] | 1. (작은 small = **micro**) 것을 (관찰하는 observe = **scop**) 것 + e |
| | micro**scop**ic | 미세한 | ☞ a microscopic organism 미생물 |

| 3 | **spec**trum [spéktrəm] | 스펙트럼[1], 빛 연속체 | 1. 분광기로 분해되어 (관찰되는 observed = **spec**) 빛의 성분 |
| | **spec**tra [spéktrə] | spectrum의 복수형 | + tr + um |

4	**spec**tacle [spéktəkl]	장관, 구경거리[1]	1. (지켜보도록 observe = **spec**) 준비한 경기 또는 쇼 + ta + cle
	spectacles [speˈktəkəlz]	안경	☞ a magnificent spectacle 멋진 장관
	spectacular	장관을 이루는	☞ spectacular scenery 장관을 이루는 경치

5	**spec**tator [spékteitər]	관중	1. 장관 또는 스포츠를 (지켜보다 observe = **spec**) + t + ate
	spectate [spékteit]	관전하다[1]	☞ spectator sports (축구 등) 관람 스포츠
	specular [spékjulər]	거울 같은, 반사하는	☞ spectate soccer games 축구 게임을 지켜보다

| 6 | **sp**y [spai] | 스파이[1], 조사하다 | 1. 몰래 (지켜보는 observe = **sp**) 사람 + y |
| | **sp**yglass [spaiglæs] | 작은 망원경 | ☞ an industrial spy 산업 스파이 |

7	**spec**ies [spi:ʃi:z]	종[1]	1. 외관을 (살펴본 observe = **spec**) 결과에 따라 분류한 생물체
	specimen [spésəmən]	견본, 표본[2]	+ i + es
	specify [spésəfài]	구체적으로 명시하다	2. 특정한 (종 species = **spec**)을 대표하는 본보기 + i + men
	specific [spisífik]	특정한, 구체적인	☞ a stuffed specimen 박제된 표본

| 8 | **spic**e [spais] | 양념, 향신료[1] | 1. 약에 첨가되는 다양한 식물 (종 species = **spic**) + e |
| | **spic**y [spáisi] | 향긋한, 짜릿한 | ☞ a spice jar 양념통   ☞ spicy sauce 매콤한 소스 |

9	**spec**ialty [spéʃəlti]	전문, 특산품	1. 여러 (종 species = **speci**) 중에서 특히 눈에 띄게 다른 + al
	specialize [spéʃəlàiz]	전문으로 하다	☞ a specialist 전문가
	special [spéʃəl]	특별한[1]	☞ a generalist 다방면을 두루 잘하는 사람

| 10 | e**spec**ial [ispéʃəl] | 특별한[1] | 1. (발음을 매끄럽게 하기 위한 접두사 e) + (특별한 special) |
| | e**spec**ially [ispéʃəli] | 특히 | ☞ an especially talented girl 특히 재능이 있는 소녀 |

| 11 | a**spec**t [ǽspekt] | 측면[1], 양상 | 1. 대상(에게 to = a)서 (관찰되는 observe = **spec**) 모습 + t |
| | a**spec**tant [ǽspektənt] | 마주 보고 있는 | ☞ a negative aspect 부정적인 측면 |

12	circum**spect**ion	신중, 세심한 주의	1. (주변 around = **circum**)을 (살펴보는 observe = **spec**) + t
	circum**spec**t [sə́:rkəmspèkt]	신중한[1]	☞ social circumspection 사교상의 배려
	circum**spec**tive	신중한	☞ cautious 조심스러운, 신중한

13	ex**pec**tation [èkspektéiʃən]	기대, 예상	1. (철저히 thoroughly = **ex**) (살펴보며 observe = **pec**)
	ex**pec**t [ikspékt]	기대하다[1], 예상하다	원하는 것이 오기를 기다리다 + t
	ex**pec**tant [ikspéktənt]	기대하는	☞ expectancy 기대, 예상 ☞ unexpected 예상하지 않은

14	in**spec**tion [inspékʃən]	검사	1. 결함 발견을 위해 (내부 **in**)를 (살피다 observe = **spec**) + t
	in**spec**t [inspékt]	검사하다[1]	☞ an inspection report 조사 보고서
	in**spec**tor [inspéktər]	조사관	☞ inspect the equipment 장비를 검사하다

15	intro**spec**tion	성찰	1. 마음 (내부 into = **intro**)를 (살펴보다 observe = **spec**) + t
	intro**spec**t [intrəspékt]	반성하다, 성찰하다[1]	☞ reflective introspection 반성적인 성찰
	intro**spec**tive	성찰하는	☞ a sensitive, introspective nature 민감하고 성찰하는 성격

16	pro**spec**t [práspekt]	전망, 전망하다[1]	1. (앞 forward = **pro**)을 (살펴보다 observe = **spec**) + t
	pro**spec**tive [prəspéktiv]	장래가 유망한[2]	2. 장래에 성공할 (전망 prospect)이 예상되는 + ive
		예상되는	☞ a prospective customer 유망 고객

17	re**spec**t [rispékt]	존경, 관심	1. 본받을 만한 사람을 (뒤돌아서 back = **re**) 다시
		존경하다[1]	(살펴보다 observe = **spec**) + t
	re**spec**table [rispéktəbl]	존경할 만한, 상당한	☞ self-respect 자기 존중, 자존심
	dis**respec**t [dìsrispékt]	무례, 결례	

18	re**spec**t [rispékt]	측면, 사항	1. (반복해서 again = **re**) (살펴보아야 observe = **spec**)할
	re**spec**tive [rispéktiv]	각각의[1]	여러 측면 중에서 하나하나의 + t + ive
	ir**respec**tive	관계없는	☞ respectively 각각

19	retro**spec**tion	회상, 회고	1. 과거를 (뒤돌아 back = **retro**) (살피다 observe = **spec**) + t
	retro**spec**t [rétrəspèkt]	회상, 회고, 회상하다[1]	☞ retrospect and prospect 회고와 전망
	retro**spec**tive	회상하는, 소급되는	☞ retrospective pay increase 소급 적용되는 임금 인상

20	de**sp**ise [dispáiz]	경멸하다, 멸시하다[1]	1. 무시하며 (아래로 down = **de**) 내려다(보다 look at = **sp**)
	despite of	(경멸함에도) 불구하고	+ i + se
	in spite of	~에도 불구하고	☞ despise the poor 가난한 사람들을 멸시하다

| 21 | con**temp**t [kəntémpt] | 경멸[1], 무시 | 1. (완전히 completely = **con**) (멸시 despise = **temp**)함 + t |
| | con**temp**tuous | 경멸하는, 업신여기는 | ☞ contempt of court 법정 모독 |

22	suspicion [səspíʃən]	의심	1. 미심쩍어서 (아래에서 위로 up from below = su)
	suspect [səspékt]	의심하다[1], 용의자	(살펴보다 observe = spec) + t
	suspicious [səspíʃəs]	의심스러운	☞ unsuspicious 의심하지 않는

23	skepticism [sképtəsìzm]	의심, 회의, 무신론	1. 의심하며 (살펴보는 observe = spec = skep) 사람 + t + ic
	skeptical [sképtikəl]	의심 많은, 회의적인	☞ dispel skepticism 의심을 떨쳐버리다
	skeptic [sképtik]	회의론자[1]	☞ a skeptical response 회의적인 반응

24	perspective [pərspéktiv]	관점[1], 원근법, 투시	1. 눈을 (통해 through = per) (살피는 observe = spec)
			사람의 입장 + t + ive
	perspectively	원근 화법에 따라	☞ a historical perspective 역사적인 관점

25	speculation	어림짐작, 투기	1. 생각만으로 상황을 (살펴보다 observe = spec) + ul + ate
	speculate [spékjulèit]	추측하다[1], 투기하다	☞ speculate in real estate 부동산에 투기하다
	speculative	추측하는, 투기하는	☞ a speculative investment 투기 투자

26	bishop [bíʃəp]	주교[1]	1. (위에서 over = bi) 내려다 (보는 observe = shop) 주교
	archbishop [á:rtʃbíʃəp]	대주교[2]	2. (우두머리 chief = arch) (주교 bishop)
	pope [poup]	교황[3]	3. 로마의 대주교이며 가톨릭교회의 (아버지 papa = pope)

보이는 visible = pear, par

27	appearance [əpíərəns]	외모, 출현	1. 사람(에게 to = ap) (보이도록 visible = pear) 앞에 나오다
	appear [əpíər]	나타나다, ~처럼 보이다	☞ appear in court 법정에 나타나다
	apparent [əpǽrənt]	눈에 보이듯이 분명한	☞ an apparent logic 명백한 논리

| 28 | disappearance | 사라짐 | 1. 사람들(에게 to = ap) (보이지 visible = pear) 않도록 |
| | disappear [dìsəpíər] | 사라지다[1] | (멀리 away = dis) 가다 |

29	transparency	투명, 슬라이드	1. (관통하여 through = trans) (보이는 visible = par) + ent
	transparent	투명한[1]	2. (그늘 shade = opaqu)이 드리워서 흐릿한 + e
	opaque [oupéik]	불투명한[2]	☞ a transparent fallacy 명백한 오류

★ 던지다 throw = je, jec

| 30 | jet [dʒet] | 제트기, 분출, 분출하다[1] | 1. 가스나 액체를 뒤로 (던지다 throw = je) + t |
| | jet lag [dʒet læg] | 시차증 | ☞ jet stream 제트 기류 |

| 31 | adjective [ǽdʒiktiv] | 형용사[1], 형용사의 | 1. 명사 옆(에 to = ad) (던진 throw = jec) 품사 + t + ive |
| | adject [ədʒékt] | 덧붙이다 | ☞ adverb 부사 |

32	**ab**jec**tion** [æbdʒékʃən] **ab**jec**t** [ǽbdʒekt]	비참한 상태, 비굴 버려진, 비참한[1]	1. (멀리 away = **ab**) (던져져서 throw = **jec**) 비참한 + **t** ☞ abject humiliation 비참한 굴욕
33	**de**jec**tion** [didʒékʃən] **de**jec**t** [didʒékt] **de**jec**ted** [didʒéktid]	낙담, 우울 낙담시키다[1] 낙담한	1. 상대 마음을 (아래로 down = **de**) (던지다 throw = **jec**) + **t** ☞ a dejected look 낙담한 표정 ☞ discourage 의욕을 꺾다, 단념시키다
34	**e**jec**tion** [idʒékʃən] **e**jec**t** [idʒékt]	방출 내쫓다[1], 탈출하다	1. (밖으로 out = **e**) (던지다 throw = **jec**) + **t** ☞ ejected substance 배설물
35	**in**jec**tion** [indʒékʃən] **in**jec**t** [indʒékt]	주입, 주사, 투입 주입하다[1], 주사 놓다	1. 액체를 (안으로 **in**) (던지다 throw = **jec**) + **t** ☞ fuel injection 연료 분사 ☞ inject a drug 약물을 주사하다
36	**pro**jec**tion** **pro**jec**t** [prάdʒekt] **pro**jec**tive** [prədʒéktiv]	추정, 투사, 돌출 계획[1], 과제 계획하다, 투사하다[2] 투사하는	1. 방향 제시를 위해 (앞으로 forward = **pro**) (던져진 throw = **jec**) 것 + **t** 2. 사물을 (앞으로 forward = **pro**) (던지다 throw = **jec**) + **t** ☞ projector 영사기 ☞ a restoration project 복구 계획
37	**re**jec**tion** **re**jec**t** [ridʒékt] **re**jec**tive** [ridʒéktive]	거부, 거절 거절하다[1] 거부적인	1. (되돌려 back = **re**) (던지다 throw = **jec**) + **t** ☞ outright rejection 단호한 거절 ☞ reject a bill 법안을 부결하다
38	**sub**jec**t** [sʌ́bdʒekt] **sub**jec**tive**	주제[1], 주어, 과목[1] 백성[2], 피실험자[3] 겪게 하다, 지배 받는 주관적인	1. 학습을 위해 (아래로 under = **sub**) (던진 throw = **jec**) 것 + **t** 2. 지배자 (아래에 under = **sub**) (던져진 throw = **jec**) 국민 + **t** 3. 실험 조건 (아래 under = **sub**) (던져진 throw = **jec**) 대상 + **t** ☞ be subject to ~의 지배를 받다
39	**ob**jec**t** [άbdʒekt] **ob**jec**tion**	목표, 물체[1], 목적어 반대하다[2] 반대	1. 목표 지점(쪽으로 toward = **ob**) (던져진 throw = **jec**) 것 + **t** 2. 표를 (반대쪽으로 against = **ob**) (던지다 throw = **jec**) + **t** ☞ no objection 반대가 없음
40	**object**ivity **object**ify **object**ive [əbdʒéktiv]	객관성 객관화하다 목표, 객관적인[1]	1. (물체 **object**) 자체에 내재하는 성질을 가진 + **ive** ☞ objectification 객관화 ☞ objective criteria 객관적인 기준들
41	**con**jec**ture** **con**jec**tural** [kəndʒéktʃərəl]	추측, 추측하다[1] 추측하는	1. 불확실한 의견을 (함께 with = **con**) (던지다 throw = **jec**) + **t** + **ure** ☞ a vague conjecture 막연한 추측

★ 돌다 turn, roll = vaul, ver, vic, vir, vol, vor, wal, whir, wir, wr

42	**e**vo**l**ution [èvəlúːʃən] **e**vo**l**ve [iválv] **e**vo**l**utionary	진화, 발전 진화하다[1], 발전하다[1] 진화의, 점진적인	1. 새로운 형태가 발전된 모습으로 서서히 (밖으로 out = e) (굴러 roll = vol) 나오다 + v + e ☞ evolutionary theory 진화론
43	**in**vo**l**vement **in**vo**l**ve [inválv] **in**vo**l**ved [inválvd]	관련, 연루 포함하다[1] 관련된, 몰두하는	1. 둘둘 말아 (roll = vol) 보관하는 문서 (안에 in) 이름을 기입하다 + v + e ☞ disinvolve 해방하다, 펼치다
44	**re**vo**l**t [rivóult] **re**vo**l**ution [rèvəlúːʃən] **re**vo**l**ve [riválv] **re**vo**l**utionary [rèvəlúːʃənèri]	반항, 반란 일으키다[1] 회전, 공전, 혁명[2] 공전하다[3], 돌다 혁명적인, 획기적인	1. 기존 제제를 (반대로 back = re) (돌리다 turn = vol) + t 2. 체제를 (반대로 back = re) (돌리려는 turn = vol) 계획이 성공한 경우 + ut + ion 3. 물체를 (반복해서 again = re) (돌다 turn = vol) + v + e ☞ revolver 회전식 연발 권총
45	**vaul**t [vɔːlt]	지하 묘지, 둥근 천장 (체조) 도마, 뛰어넘다[1]	1. 아치형 모양으로 (회전 turn = vaul)하듯이 뛰어넘다 + t ☞ pole vault 장대높이뛰기
46	**vol**ume [váljuːm] **vol**uminous	용량, 음량, 부피[1] 권, 총액 방대한	1. (둘둘 말린 roll = volu) 두루마기 책의 용량 + m + e ☞ a volume control knob 음량 조절 손잡이 ☞ a volume of 다량의
47	**wal**let [wálit] **pur**se [pəːrs]	지갑, 전대[1] 지갑[2], 핸드백	1. 허리에 (둘둘 마는 roll = wal + l) (작은 small = et) 주머니 2. 돈을 (숨기는 hide = purs) 주머니 + e
48	**ver**se [vəːrs] **ver**sify [vɔ́ːrsəfài]	운문[1], 시 시를 짓다	1. 운율에 맞는 행을 (돌려가며 turn = ver) 반복해서 쓴 글 + se ☞ prose 산문
49	**ver**sion [vɔ́ːrʒən] **ver**sional	판[1], 형태, 전환, 견해 번역의	1. 세부사항을 약간 (돌려서 turn = ver) 변형한 형태 + s + ion ☞ a film version 영화화된 것
50	**scan** [skæn] **scann**er [skǽnər] **skim** [skim]	정밀 검사, 조사하다[1] 스캐너, 판독 장치 스치다, 걷어내다 대충 읽다[2]	1. (운율 verse = scan)을 분석하는 것처럼 꼼꼼하게 검사하다 2. 위에 있는 (거품 scum = skim)을 걷어내듯 책을 대충 읽다 ☞ follow-up scans 후속 검사 ☞ scum 거품
51	**ver**satility **ver**satile [vɔ́ːrsətl]	다재다능함, 융통성 다재다능한[1], 다용도의	1. 많은 일을 향해 방향을 (돌릴 turn = ver) 수 있는 + sat + ile ☞ a versatile tool 다목적 도구

52	aversion [əvə́:rʒən]	혐오	1. 마음을 반대쪽으로 (멀리 away = a) (돌리다 turn = ver) + se
	averse [əvə́:rs]	싫어하다[1]	☞ avertable 피할 수 있는
	avert [əvə́:rt]	외면하다	☞ interpersonal aversion 대인 혐오

53	adversity [ædvə́:rsəti]	역경[1]	1. 진행하다가 뒤(쪽으로 toward = ad) (돌아오게 turn = ver)
	adverse [ædvə́:rs]	불리한	만드는 불리한 상황 + s + ity
	adversary [ǽdvərsèri]	적수, 적의, 반대하는	☞ an adverse condition 불리한 환경

54	conversation	대화	1. (함께 with = con) 교대로 의견을 (돌리다 turn = ver) + se
	converse [kənvə́:rs]	반대, 대화하다[1], 반대의[2]	2. (함께 with = con) 등을 지고 (돌아 turn = ver) 앉은 + se
	conversational	대화하는	☞ conversely 정반대로

55	controversy [kántrəvə̀:rsi]	논쟁, 논란	1. (반대 against = contro) 의견을 되(돌려 turn = ver)
	controvert [kántrəvə̀:rt]	반박하다[1]	말하다 + t
	controvertible	논쟁의 여지가 있는	☞ non-controversial 논란의 여지가 없는
	controversial	논란이 많은	☞ a controversial statement 논쟁의 여지가 있는 진술

56	advertisement	광고	1. 상품(쪽으로 toward = ad) 눈을 (돌리게 turn = ver)
	advertise [ǽdvərtàiz]	광고하다[1]	만들다 + t + ise
	advertiser [ǽdvərtàizər]	광고주	☞ promote 홍보하다, 증진하다, 승진시키다

57	conversion [kənvə́:rʒən]	전환, 개조, 개종	1. 원하는 방향으로 (함께 with = con)
	convert [kənvə́:rt]	개종자, 전환하다[1]	(돌리다 turn = ver) + t
	convertible [kənvə́:rtəbl]	전환 가능한	☞ convert into cash 현금으로 바꾸다
			☞ convertible terms 동의어

| 58 | verge [və:rdʒ] | 변두리, 경계[1] | 1. 가지가 (구부러진 turn, bend = ver) 경계 + g + e |
| | | 경계를 이루다, 기울다 | ☞ on the verge of ~하기 직전의 |

59	convergence	집합점, 수렴	1. (함께 with = con) 한쪽 방향으로
	converge [kənvə́:rdʒ]	모여들다[1], 집중되다[1]	(구부러져 bend = ver) 모이다 + g + e
	convergent [kənvə́:rdʒənt]	한 점에 모이는	☞ converger 집중적 사고형의 사람

60	divergence [divə́:rdʒəns]	분기, 일탈, 발산	1. (분리되어 apart = di) 여러 방향으로
	diverge [daivə́:rdʒ]	갈라지다, 분기하다[1]	(구부러져 bend = ver) 갈라지다 + g + e
	divergent [divə́:rdʒənt]	분기하는, 발산의	☞ diverger 확산적 사고형의 사람

61	diversion [divə́:rʒən]	기분전환, 오락, 우회로	1. 방향을 (옆으로 aside = di) (돌리다 turn = ver) + t
	divert [divə́:rt]	딴 데로 돌리다[1]	2. 부부 사이가 (옆으로 aside = di) 잘못
	diversional [divə́:rʒənl]	기분 전환이 되는	(돌아가다 turn = vor) + ce
	divorce [divɔ́:rs]	이혼, 분리, 이혼하다[2]	☞ a popular diversion 대중오락

62	**di**ver**sity** [divə́:rsəti]	다양성	1. 방향을 (옆으로 aside = **di**) (돌리다 turn = **ver**)
	diver**sification**	다화, 다각화	+ s + **ify**
	diver**sify** [divə́:rsəfài]	다양화하다[1]	☞ genetic diversity 유전적 다양성
	diver**se** [divə́:rs]	다양한	☞ diversify livelihoods 생계 수단을 다양화하다
			☞ diverse approaches 다양한 접근법

63	**in**ver**sion** [invə́:rʒən]	도치, 자리바꿈	1. 바깥쪽을 (안쪽으로 in) (돌려 turn = **ver**) 바꾸다 + t
	inver**t** [invə́:rt]	도치시키다, 뒤집다[1]	☞ the inversion of a word order 어순의 도치
	inver**se** [invə́:rs]	정반대의	☞ invert the order 순서를 뒤집다, 본말을 전도하다
	inver**tible** [invertible]	거꾸로 되는	☞ an inverse function 역함수

64	**intro**ver**t** [íntrəvə̀:rt]	내성적인 사람[1]	1. 주의를 (안으로 into = **intro**) (돌리는 turn = **ver**) 사람 + t
		안으로 구부리다	☞ an introverted, timid child 내성적이고 소심한 아이
		안으로 향하는	☞ introverted characteristics 내향적인 특성

65	**extro**ver**t** [ékstrəvə̀:rt]	외향적인 사람[1]	1. 주의를 (바깥으로 outside = **extro**) (돌리는 turn = **ver**)
		밖으로 구부리다	사람 + t
		밖으로 향하는	☞ an extroverted woman 외향적인 여자

66	**en**vir**onment**	주위 환경[1], 자연 환경	1. (안쪽으로 in = **en**) (돌려 둘러싸고 circle = **vir**) 있는
	envir**on** [inváiərən]	둘러싸다	상황 + on + ment
	envir**onmental**	환경의	☞ environmentalist 환경운동가

67	**re**ver**sal** [rivə́:rsəl]	전환, 반전	1. (뒤쪽으로 back = **re**) (돌리다 turn = **ver**) + se
	rever**se** [rivə́:rs]	뒤, 뒤집다[1], 후진하다	2. (뒤쪽으로 back = **re**) (돌아가다 turn = **ver**) + t
	rever**sion** [rivə́:rʒən]	복귀, 반환	☞ reverse discrimination 역차별
	rever**t** [rivə́:rt]	되돌아가다[2], 귀속하다	☞ revert to the subject 주제로 되돌아가다

68	**tra**ver**se** [trǽvə:rs]	횡단, 횡단하다[1]	1. (가로질러 across = **tra**) (돌아가다 turn = **ver**) + se
	traver**sal** [trǽvə:rsl]	횡단하는	2. (가로질러 across = **trans**) (돌아가는 turn = **ver**) + se
	transver**se** [trænsvə́:rs]	가로축, 횡단하는[2]	☞ transversely 가로로, 가로축으로

69	**uni**ver**se** [jú:nəvə̀:rs]	우주[1]	1. 천동설에 기초한 지구 (하나 one = **uni**)를 중심으로
	univer**salize**	보편화하다	(돌고 turn = **ver**) 있는 모든 천체 + se
	univer**sal** [jù:nəvə́:rsl]	보편적인[2], 우주의	2. 전체 (우주 universe = **univers**)에 적용되는 + al
	univer**sity** [jù:nəvə́:rsəti]	종합 대학[3], 대학의	3. 학문이 주변에 (맴도는 turn = **ver**) (유일한 one = **uni**)
			장소 + s + **ity**

70	**spa**ce [speis]	우주, 공간, 간격을 두다	☞ spacecraft 우주선
	spatial [spéiʃəl]	공간의	☞ spatial cognition 공간 인지
	spacious [spéiʃəs]	널찍한	☞ a spacious garden 넓은 정원

| 71 | **ver**sus (vs.) [vɔ́:rsəs] | ~ 대[1] | 1. 서로가 반대로 (돌고 turn = **ver**) 있는 + **s** + **us** |
| | | ~와 대조적으로 | ☞ capitalism versus communism 자본주의 대 공산주의 |

72	vice versa [váisə vɔ́:rsə]	거꾸로도 또한 같음[1]	1. (반대로 versus = **versa**) (돌려도 turn = **vic**) 동일함 + **e**
	vice [vais]	악[2], 부도덕, 범죄	2. 나쁜 쪽으로 (돌아선 turn = **vic**) 마음 상태 + **e**
	vicious [víʃəs]	악의, 사나운	☞ a vicious circle 악순환 ☞ virtue 선, 미덕

73	**wr**ongness	틀림, 잘못, 부당	1. 비틀어져 (돌아서 turn = **wr**) 있는 + **ong**
	wrongdoing	비행	☞ wrongdoer 불법 행위자
	wrong [rɔːŋ]	나쁜 짓을 하다	☞ wronged 부당한 취급을 받는
		잘못된[1], 나쁜, 잘못하여	☞ wrongful 부당한, 불법의

74	**ver**ticality [vɔ̀:rtikǽləti]	수직성, 수직 상태	1. 회오리바람처럼 수직으로 (돌면서 turn = **ver**) 서 있는
	vertical [vɔ́:rtikəl]	수직, 세로, 수직의[1]	+ **t** + **ic** + **al**
			☞ vertical blind 수직 햇빛 가리개

75	**ver**tex [vɔ́:rteks]	꼭짓점[1], 정점	1. (회전하는 turn = **ver**) 물체의 꼭대기 + **t** + **ex**
	a**top** [ətáp]	꼭대기에[2]	2. (꼭대기 **top**) (위에 on = **a**)
	a**pex** [éipeks]	꼭대기, 정점	☞ stand atop 정상에 서다

76	**ver**tebra [vɔ́:rtəbrə]	척추[1]	1. (돌리고 구부리는 turn = **ver**) 신체의 기둥 + **te** + **bra**
	vertebrate [vɔ́:rtəbrèit]	척추동물	☞ a misaligned vertebra 어긋난 척추
	in**ver**tebrate	무척추동물	☞ spinal cord 척수, 등골

| 77 | **wr**ist [rist] | 손목[1], 팔목 | 1. (구부릴 bend = **wr**) 수 있는 손과 팔이 연결된 관절 + **ist** |
| | **wr**istwatch [rístwɑ̀:tʃ] | 손목시계 | ☞ bracelet 팔찌 ☞ ankle 발목 |

78	**whir**l [hwəːrl]	빙빙 돌기, 빙빙 돌다[1]	1. 주위를 매우 빠르게 (빙빙 돌다 turn = **whir**) + **l**
	whirligig [hwɔ́:rligìg]	회전 장난감[2]	2. 팽이, 팔랑개비, 회전목마 등 (빙빙 도는 turn = **whir** + **li**)
	whirlwind [wɜ́:rlwìnd]	회오리바람	장난감 (마차 carriage = **gig**)
	whirlpool [wɜ́:rlpùːl]	소용돌이, 월풀 욕조	☞ whirl a top 팽이를 돌리다

| 79 | **sw**irl [swəːrl] | 소용돌이, 소용돌이치다[1] | 1. (빙빙 돌면서 turn = **whirl** = **swir**) 세차게 흘러가다 + **l** |
| | **sw**irly [swɔ́:rli] | 소용돌이치는 | ☞ swirling torrents 소용돌이치는 급류 |

80	**wr**inkle [ríŋkl]	주름, 주름지다[1]	1. 얼굴, 옷이 비틀어져 (구부려지다 bend = **wr**) + **ink** + **le**
	un**wr**inkle	주름을 펴다	☞ wrinkle proof 주름을 방지하는
	anti-**wr**inkle	주름 방지의	☞ anti-wrinkle cosmetics 주름 방지용 화장품

★ 만들다 (1) make = fa, fac, fak, fair, fea, fec, fei, fi, fic, fig

| 81 | **fac**e [féis] | 얼굴, 앞면¹, 직면하다 | 1. (만들어진 make = **fac**) 형태의 앞모습 + e |
| | **fac**ial [féiʃəl] | 얼굴의 | ☞ facial expression 얼굴 표정 |

| 82 | ef**fac**ement [iféismənt] | 소멸 | 1. (앞면 face)을 (밖으로 out = ef) 제거하다 |
| | ef**fac**e [iféis] | 지우다¹, 없애다 | ☞ efface with paint 페인트로 칠하여 지우다 |

| 83 | sur**fac**e [sə́:rfis] | 표면¹, 수면에 올라오다 | 1. (위에 above = sur) 있는 (앞면 face) |
| | resur**fac**e [ri:sə́:rfis] | 다시 떠오르다 | ☞ an uneven road surface 고르지 않은 도로 표면 |

| 84 | super**fici**ality | 피상적임, 천박함 | 1. (위 above = super) (표면 face = fici)만 보이는 + al |
| | super**fici**al [sù:pərfíʃəl] | 피상적인¹ | ☞ a superficial difference 표면상의 차이점 |

85	**cheer** [tʃíər]	쾌활함, 격려, 환호하다	1. (얼굴 face = **cheer**) 표정이 흡족한 + ful
	cheery [tʃíəri]	쾌활한	☞ cheerleader 치어리더
	cheerful [tʃíərfəl]	쾌활한¹, 생기를 주는	☞ cheerful disposition 쾌활한 성격

86	ex**hilar**ation	들뜸, 흥분, 도취	1. (매우 entirely = ex) (쾌활하게 cheer = **hilar**) 하다 + ate
	ex**hilar**ate [igzílərèit]	기분을 들뜨게 하다¹	☞ exhilarant 흥분제
	ex**hilar**ative [igzílərèitiv]	상쾌하게 하는	☞ exhilaration of victory 승리의 도취감

87	male**fac**tion	나쁜 행동, 비행	1. (나쁜 wrong = **male**) 행동을 (만드는 make = **fac**) 사람
	male**fic**ent [mǝléfǝsǝnt]	나쁜 짓을 하는	+ t + or
	male**fac**tor [mǽlǝfæ̀ktǝr]	악당¹	☞ beneficent 선을 베푸는 ☞ benefactor 은인

88	**fac**tory [fǽktǝri]	공장¹	1. 물건을 (만드는 make = **fac** + t) (장소 place = ory)
		공장의	2. 밀가루나 설탕 등을 (함께 with = con) 섞어서
	con**fec**tion [kǝnfékʃǝn]	과자², 당과	(만든 make = **fec**) 음식 + t + ion
			☞ a factory farm 공장식 축산 농장
			☞ factory automation 공장 자동화

89	manu**fac**ture	제조, 제조하다¹	1. (손 hand = **manu**)으로 (만들다 make = **fac**)
	[mænjufǽktʃǝr]		+ t + ure
	manu**fac**turer	제조자	☞ a hardware manufacture 철물 제조업

| 90 | af**fair** [ǝféǝr] | 일¹, 문제, 사건 | 1. 사람(에게 to = af) (만들어진 make = **fair**) 사건 |
| | | | ☞ family affairs 집안 일, 가족 행사 |

91	**fac**tor [fǽktər]	요인[1], (수학) 인수	1. 무언가를 (만들어 make = fac)내는 요소 + t + or
	factorize [fǽktəràiz]	인수분해하다	☞ a common factor 공통 인수, 공약수
	factoring [fǽktəriŋ]	인수분해	☞ corrupting factors 부패 요인들

92	**fac**tion [fǽkʃən]	파벌[1], 당파[1], 계파[1]	1. 경쟁을 (만드는 make = fac) 작은 집단 + t + ion
	factionalize	파벌화하다	☞ factionalism 파벌주의
	factional [fǽkʃənəl]	파벌의, 당파의	☞ factional combat 파벌 싸움, 계파 간의 분쟁

| 93 | **fic**tion [fíkʃən] | 허구[1], 소설 | 1. 꾸며서 (만든 make = fic) 이야기 + t + ion |
| | **fic**tional [fíkʃənəl] | 허구적인, 소설의 | ☞ fictionist 소설가   ☞ non-fiction (전기, 역사) 실화 |

94	in**fec**tion [infékʃən]	감염	1. 균이 몸 (안에 in) 들어와 병을 (만들다 make = fec) + t
	in**fec**t [infékt]	감염시키다[1]	☞ be subject to infection 감염되기 쉬운
	in**fec**tious [infékʃəs]	전염되는	☞ an infectious disease 전염병

| 95 | **fac**ulty [fǽkəlti] | 능력[1] | 1. (만들 make = fac) 수 있는 힘을 가진 상태 + ul + lty |
| | | 교수[2], 교직원 | 2. 지식을 (만들 make = fac) 능력이 있는 사람 + ul + lty |

96	**fac**ility [fəsíləti]	시설[1], 기능, 재능	1. (만드는 make = fac) 일을 쉽게 해주는 건물 + il + ity
	facilitate [fəsílətèit]	용이하게 하다, 촉진하다	☞ a production facility 생산 시설
	facile [fǽsil]	손쉬운, 쉽게 만드는	☞ facilitate comparison 비교를 용이하게 하다

97	**fa**shion [fǽʃən]	유행[1], 인기, 방식, 만들다	1. (만든 make = fa) 것이 널리 퍼진 상태 + sh + ion
	fashionable [fǽʃənəbəl]	유행하는	☞ out of fashion 유행에 뒤떨어진
	re**fa**shion [ri:fǽʃən]	다시 만들다, 개조하다	☞ fashion conscious 유행에 민감한

| 98 | **fea**ture [fíːtʃər] | 특색[1], 특집, 용모, 얼굴 | 1. (만든 make = fea) 것의 특징적인 모습 + t + ure |
| | | 특징을 이루다, 주연하다 | ☞ facial features 얼굴의 특징 |

99	**pro**fi**t**ability	수익성	1. (만든 make = fi + t) (후에 forward = pro) 판매를 통해
	profit [práfit]	이익[1], 이득, 이익을 얻다	수중에 들어오는 돈
	profitable	수익성이 있는	☞ profit margin 이윤 폭

100	af**fec**tion [əfékʃən]	감정, 애정	1. 사람(에게 to = af) 감정 변화를 (만들다 make = fec) + t
	af**fec**t [əfékt]	영향 미치다[1], 감동시키다	☞ affect indirectly 간접적으로 영향을 주다
	af**fec**tive [əféktiv]	정서적인	☞ an affective disorder 정서 장애

101	ef**fec**t [ifékt]	결과, 효과[1]	1. (밖으로 out = ef) (만든 make = fec) 결과가 드러난 것 + t
	ef**fec**tive [iféktiv]	효과적인, 발효되는	☞ cause and effect 원인과 결과
	inef**fec**tive	효과가 없는	☞ side effect 부작용, 부수 효과

23

102	**ef**fi**ci**ency [ifíʃənsi]	효율, 능률	1. 최소의 비용으로 높은 품질이 (밖으로 out = **ef**) 드러나도록
	effi**ci**ent [ifíʃənt]	효율적인[1]	(만드는 make = **fic**) + **i** + **ent**
	ine**ffi**ci**en**cy	비능률, 무능	☞ financial efficiency 재정적 효율성
	ine**ffi**ci**en**t	비효율적인	☞ a fuel-efficient car 연료 효율성이 높은 승용차

103	pro**fic**iency	능숙[1]	1. (앞선 forward = **pro**) 기술로 (만드는 make = **fic**) 능력
	pro**fic**ient [prəfíʃənt]	능숙한	+ **i** + **ency**
			☞ language proficiency 언어의 능숙도

104	su**ffic**iency	충분한 양	1. 필요 양 (이상 up to = **suf**)을 (만들다 make = **fic**) + **e**
	su**ffic**e [səfáis]	충분하다[1]	☞ self-sufficient 자급자족할 수 있는
	su**ffic**ient [səfíʃənt]	충분한	☞ insufficient 불충분한

105	de**fic**iency [difíʃənsi]	부족	1. 필요 양 (아래로 down = **de**) (만드는 make = **fic**) + **i** + **ent**
	de**fic**ient [difíʃənt]	부족한[1]	☞ a deficiency symptom 결핍 증상

106	de**fec**tion [difékʃən]	탈퇴	1. (만든 make = **fec**) 물건이 기준 (아래에 down = **de**)
	de**fec**t [difékt]	결함, 결점, 버리다	있는 + **t** + **ive**
	de**fec**tive [diféktiv]	결함이 있는[1]	☞ defective goods 불량품

107	de**fea**t [difíːt]	패배	1. (만든 make = **fea** + **t**) 것을 (아래로 down = **de**) 부수다
		무효화하다[1], 패배시키다[1]	☞ defeatism 패배주의
	de**fea**tist [difíːtist]	패배주의자	☞ humiliating defeat 굴욕적인 패배

108	counter**fei**tness	위조	1. 진짜와 (견주어 against = **counter**) (만들다 make = **fei**)
	counter**fei**t [káuntərfit]	위조품, 위조하다[1], 위조의	+ **t**
			☞ a counterfeit signature 가짜 서명

109	per**fec**tion [pərfékʃən]	완벽, 완성	1. (완전하게 completely = **per**) (만든 make = **fec**) + **t**
	per**fec**t [pɔ́ːrfikt]	완벽하게 하다, 완벽한[1]	☞ pursue perfection 완벽을 추구하다
	per**fec**tionist	완벽주의자	☞ present perfect 현재완료

110	**fea**sibility [fìːzəbíləti]	실행할 수 있음	1. (만들 make = **fea**) 수 있는 + **s** + **ible**
	feasible [fíːzəbl]	실현 가능한[1]	2. (만드는 make = **fea**) 기술 또는 그 결과 + **t**
	feat [fíːt]	재주[2], 업적[2], 솜씨 좋은	☞ a diplomatic feat 외교적 업적

111	**fak**e [feik]	모조품[1], 사기꾼, 모방한	1. 진짜와 똑같이 (만든 make = **fak**) 물건 + **e**
		위조하다, 조작하다	☞ faker 사기꾼, 노점상
	fakery [féikəri]	속임수, 모조품	☞ fake money 위조지폐

112	forfeiture [fɔːrfətʃər]	몰수	1. (이질적 foreign = for)으로 (만든 make = fei) 물건을
	forfeit [fɔːrfit]	몰수품, 몰수당하다[1]	빼앗기다 + t
		몰수당한	☞ forfeit a license 면허증을 몰수당하다

| 113 | faint [feint] | 기절, 의식 잃다[1], 희미한 | 1. 속이기 위해 의식이 없도록 (만들다 make = fai) + n + t |
| | faintly [féintli] | 희미하게, 힘없이 | ☞ a faint hope 실낱 같은 희망 |

| 114 | feint [feint] | 속이는 동작, 시늉하다[1] | 1. 적을 속이는 동작을 (만들다 make = fei) + n + t |
| | feign [fein] | ~인 척하다 | ☞ feign illness 꾀병 부리다 |

115	figure [fígjər]	형태[1], 인물, 도형, 수치	1. (만들어진 make = fig) 형상 + ure
		계산하다, 상상하다	☞ sales figure 판매 수치
	figure out	알아내다, 계산하다	☞ figure of speech 비유적 표현

116	configuration	배열, 배치, 환경설정	1. (함께 with = con) 여러 형태를 (만들어 make = fig)
	configure [kənfígjər]	형성하다, 배열하다[1]	배열하다 + ure
	configurate	형태를 만들다	☞ seat configuration 좌석 배치

117	scheme [skiːm]	계획, 개요[1], 계획하다	1. 시행할 것에 대한 (개략적인 모습 figure = schem) + e
	schema [skíːmə]	개요, 도식	☞ schematic 개요의, 대략적인, 도표로 나타낸
	schematize	도식화하다	☞ a schematic outline 대략적인 윤곽

만들다 (2) make, produce = par, pair, per, pir, crea

118 **prepar**ation [prèpəréiʃən] 준비
  prepare [pripéər] 준비하다[1]
  preparatory [pripǽrətɔ̀:ri] 준비하는

1. (미리 before = **pre**) (만들어 produce = **par**) 놓다 + **e**
   ☞ make thorough preparations 철저한 준비를 하다
   ☞ preparatory investigation 사전 조사

119 **par**ade [pəréid] 열병[1], 행렬, 행진
  행진하다

1. 질서 있게 (만든 produce = **par**) 군대 대형 + **ade**
   ☞ a parade ground 연병장

120 ap**par**el [əpǽrəl] 의류, 의복[1]
  ap**par**atus [æpərǽtəs] 기구, 장치[2]

1. 용도(에 to = **ap**) 맞도록 (만든 produce = **par**) 옷 + **el**
2. 용도(에 to = **ap**) 맞도록 (만든 produce = **par**) 기구
   + **at** + **us**
   ☞ apparel industry 의류 산업

121 re**pair** [ripéər] 수리, 수리하다[1]
  re**pair**able [ripéərəbl] 수리 가능한

1. 사용 가능하도록 (다시 again = **re**)
   (만들다 produce = **pair**)
   ☞ an auto repair shop 자동차 정비소

122 em**pir**e [émpaiər] 제국[1]
  im**per**ial [impíəriəl] 황제의, 제국의
  em**per**or [émpərər] 황제

1. 하나의 지역 (안으로 in = **em**) 통합해서
   (만든 produce = **pir**) 황제의 통치 지역 + **e**
   ☞ empress 여자 황제, 황후

123 **imper**ativeness 명령적임, 단호함
  imperative 명령[1], 의무, 의무적인
  [impérətiv]

1. (황제 emperor = **imper**)가 지시하는 말 + **at** + **ive**
   ☞ moral imperative 도덕적 의무

124 **crea**tivity [krì:eitívəti] 창의력, 독창력
  create [kriéit] 창조하다[1]
  creative [ripéərəbl] 창조적인, 창의적인
  creature [krí:ʧər] 생물

1. 새롭게 (만들어 make = **crea**) 세상에 존재하게 하다 + **te**
   ☞ creativity development 창의성 발달
   ☞ a creative process 창작 과정
   ☞ an aquatic creature 수생 동물

125 re**crea**tion [rèkriéiʃən] 여가활동[1]
  re**crea**tional [rèkriéiʃənəl] 여가활동의, 오락의
  re-**crea**tion 재현

1. 에너지를 (다시 again = **re**) (만드는 make = **crea**) 행위
   + **t** + **ion**
   ☞ a recreation area 휴양지
   ☞ recreate 되살리다, 재현하다

★ 손 hand = man

126 **man**icure [mǽnəkjùər] 손톱 손질, 손톱 손질하다[1]
  manacle [mǽnəkl] 수갑[2], 수갑을 채우다
  manure [mənjúər] 거름, 퇴비, 거름을 주다[3]

1. (손 hand = **man** + **i**)을 (돌보다 care = **cure**)
2. (손 hand = **man** + **a**)에 채우는 (작은 small = **cle**) 기구
3. 배설물을 (손 hand = **man**)으로 뿌리며 경작하다 + **ure**

| 127 | **man**ual [mǽnjuəl] | 사용설명서, 소책자[1] | 1. 한 (손 hand = **man**)으로 쥘 수 있는 작은 책 + **u** + **al** |
| | | 손으로 하는, 육체노동의 | ☞ a work manual 작업 매뉴얼 |

128	**man**agement	관리, 경영, 경영진	1. (손 hand = **man**)으로 말 또는 노예를 다루다 + **age**
	manage [mǽnidʒ]	관리하다[1], 겨우 해내다	☞ decisive management 결단력 있는 경영진
	manageable	관리할 수 있는	☞ manage household affairs 집안일을 관리하다
	manager [mǽnidʒər]	관리자	☞ an ambitious young manager 야심 있는 젊은 관리자

129	**man**ipulation	조작	1. (손 hand = **man**+ **i**)으로 약제를 다루다
	manipulate [mənípjulèit]	조작하다[1], 조종하다	+ **pul** + **ate**
	manipulative	조작하는	☞ gene manipulation 유전자 조작

130	**man**ifestation	나타남, 징후	1. (손 hand = **man** + **i**)으로 (잡을 수 있을 seize = **fes**)
	manifest [mǽnəfèst]	적하 목록[2], 승객 명단	만큼 분명해지다 + **t**
		분명해지다[1], 분명한	2. 적재된 물건을 (분명히 보여주는 **manifest**) 상품 목록
	manifesto [mæ̀nəféstou]	성명서, 선언문	☞ manifest dissatisfaction 불만을 나타내다

131	**infes**tation [infestéiʃən]	만연, 체내 침입	1. 병균이 (잡을 수 seize = **fes** + **t**) (없을 not = **in**) 만큼
	infest [infést]	만연하다[1], 우글거리다	퍼지다
			☞ parasitic infestation 기생충 침입

132	**etiquet**te [étikèt]	예의[1]	1. (작은 small = **te**) (표 label = **etiquet**)에 기입한
	manner [mǽnər]	방식[2], 태도	궁정에서의 행동 요령
	manners	예의	2. (손 hand = **man** + **n**)을 다루는 방식 + **er**
	mannerism [mǽnərìzm]	버릇, 타성	☞ a superior manner 거만한 태도

133	**man**date [mǽndeit]	권한, 명령, 권한을 주다[1]	1. 권력을 (손 hand = **man**)에 넘겨(주다 give = **da**) + **te**
	mandatory [mǽndətɔ̀ːri]	위임 받은 사람	☞ mandatory attendance 의무적인 참석
		의무적인, 위임 받은	☞ a mandate letter 위임장

134	com**man**d [kəmǽnd]	명령, 지휘, 언어구사력	1. 권한이 (완전히 entirely = **com**) (손 hand = **man**)에
		명령하다[1], 내려다보다	(주어져서 give = **d**) 마음대로 하다
	com**man**der	지휘관	☞ a chain of command 지휘 계통

| 135 | her**ald** [herald] | 예고, 보도자 | 1. (군대 army = **her**)에서 (명령 command = **ald**)을 알리다 |
| | | 알리다[1], 예고하다 | ☞ herald a new era 새로운 시대를 예고하다 |

136	com**mend**ation	칭찬, 훈장	1. (지휘한 command = **commend**) 결과가 좋아서 칭찬하다
	com**mend** [kəménd]	칭찬하다[1]	☞ commendatory 칭찬하는, 추천하는
	com**mend**able	칭찬받을 만한	☞ commendable deed 칭찬받을 만한 행동

137	re**commend**ation re**commend** [rèkəménd] re**commend**atory	추천, 권고 추천하다[1], 권고하다 추천하는	1. (매우 very = re) (칭찬하면서 commend) 권고하다 ☞ recommendation for award 공적 추천 ☞ recommend a candidate 후보자를 추천하다
138	de**mand** [dimǽnd] de**mand**ing de**mand**-driven	요구, 수요, 요구하다[1] 요구가 많아 부담이 큰 수요 주도적인	1. (완전히 entirely = de) 수행하도록 (명령하다 command = mand) ☞ the law of supply and demand 수요와 공급의 법칙
139	**crave** [kreiv] **crav**er [kréivər]	갈망하다[1] 간청하는 사람	1. 간절하게 (요구하다 demand = crav) + e ☞ crave for affection 사랑을 갈망하다

★ 가다 (1) go = grad, gre, gred

140	**grad**ualness **grad**ual [grǽdʒuəl] **grad**ually [grǽdʒuəli]	점진적임 점진적인[1], 완만한 서서히	1. (한 걸음씩 나아가 go = grad)는 + u + al ☞ gradual progress 점진적인 향상 ☞ gradually diminish 점점 감소하다
141	centi**grade** [séntəgrèid] **Celsius** [sélsiəs] de**gree** [digríː]	섭씨온도[1], 섭씨의 섭씨의[2] 정도[3], 도, 학위	1. (백 100 = cent + i) (단계 grade)로 나누어 표시한 온도 2. 섭씨온도 체계를 개발한 스웨덴 천문학자의 이름 3. (아래에서 down = de) 올라(가는 go = gre) 각 단계 + e
142	de**grad**ation de**grad**e [digréid] up**grad**e [əpgréiˈd]	저하, 비하 질을 낮추다[1], 분해되다 질을 높이다, 개선하다	1. (아래로 down = de) (한 걸음씩 나아가다 go = grad) + e ☞ biodegrade 생분해되다, 자연 분해되다 ☞ upgrade credit rating 신용 등급을 상향 조정하다
143	**grad**uation [grædʒuéiʃən] **grad**uate [grǽdʒuət] under**grad**uate	졸업 대학원생, 졸업자 졸업하다[1] 대학생, 학부생	1. 대학에서 필요한 (단계 grade = grad + u)를 마치다 + ate ☞ a graduation thesis 졸업 논문 ☞ alumni 졸업생들, 동창들
144	in**gred**ient [ingríːdiənt]	재료[1], 성분 구성 요소	1. (안에 in) 들어 (가는 go = gred) 요소 + i + ent ☞ compare ingredients labeling 성분표를 비교하다
145	ag**gre**ssion [əgréʃən] ag**gre**ss [əgrés] ag**gre**ssive [əgrésiv]	공격, 공격성, 침입 공격하다[1], 침입하다[1] 공격적인, 적극적인	1. 적(에게 to = ag) 한 걸음씩 (나아가다 go = gre) + ss ☞ repel aggression 공격을 물리치다 ☞ an aggressive driver 난폭 운전자
146	pro**gre**ssion [prəgréʃən] pro**gre**ss [prágres] pro**gre**ssive [prəgrésiv]	전진 진보, 전진하다[1] 진보적인, 진보주의자	1. (앞으로 forward = pro) 한 걸음씩 (나아가다 go = gre) + ss ☞ past progressive 과거 진행형 ☞ the social progress index 사회 발전 지수

147	**re**gre**ssion** [rigréʃən]	퇴행, 퇴보, 회귀	1. (뒤로 back = **re**) 한 걸음씩 (나아가다 go = **gre**) + **ss**
	regre**ss** [rigrés]	퇴행하다, 퇴보하다[1]	☞ regression analysis 회귀 분석
	regre**ssive** [rigrésiv]	퇴보하는	☞ regressive evolution 퇴행 진화

148	**retro**gre**ssion**	퇴보	1. (뒤로 backward = **retro**) 한 걸음씩 (가다 go = **gre**) + **ss**
	retrogre**ss** [rètrəgrés]	퇴보하다[1]	☞ the growth and the retrogression 성장과 퇴보
	retrogre**ssive**	퇴보하는	☞ a retrogressive policy 퇴보하는 정책

149	**trans**gre**ssion**	위반, 범죄	1. 법의 한계를 (넘어 beyond = **trans**) (가다 go = **gre**) + **ss**
	transgre**ss** [trænsgrés]	위반하다[1], 넘어서다	☞ transgressor 위반자, 범죄자
	transgre**ssive**	위반하기 쉬운	☞ transgress against the rules 규칙을 위반하다

★ 가다 (2) go = ce, cea, ced, ceed, va, vad

150	**ce**ssation [seséiʃən]	중단	1. 기계가 작동하는 중에 (가버리다 go away = **cea**) + **se**
	cease [si:s]	멈추다[1]	☞ incessant noise 끊임없는 소음
	in**ce**ssant [insésnt]	끊임없는	☞ ceasefire 휴전

| 151 | de**cea**se [disí:s] | 사망, 사망하다[1] | 1. 다른 세상으로 (멀리 away = **de**) (가다 go = **cea**) + **se** |
| | de**ced**ent [disí:dnt] | 고인 | ☞ the deceased 고인   ☞ the late 고인이 된 |

152	con**ce**ssion [kənséʃən]	양보, 인정, 할인	1. 상대에게 길을 (완전히 entirely = **con**) 내주고
	con**ced**e [kənsí:d]	양보하다[1], 인정하다	나중에 (가다 go = **ced**) + **e**
	con**ce**ssionary	할인된	☞ concessionary fares 할인된 요금

153	ac**ce**ssibility	접근 가능성	1. 무언가 (쪽으로 to = **ac**) (가다 go = **ce**) + **ss**
	ac**ce**ss [ǽkses]	접근, 접근하다[1]	☞ inaccessible 접근할 수 없는
	ac**ce**ssible [æksésəbəl]	접근할 수 있는	☞ readily accessible 쉽게 접근할 수 있는

154	ex**ce**ss [iksés]	초과, 과잉	1. 범위 (밖으로 out = **ex**) 넘어서 (가다 go = **ceed**)
	ex**ceed** [iksí:d]	초과하다[1]	☞ excess demand 수요 초과
	ex**ce**ssive [iksésiv]	과도한	☞ exceed a budget 예산을 초과하다
	ex**ceed**ingly	(한계를 넘어서) 매우	☞ excessive bleeding 과다 출혈

155	**lux**ury [lʌkʃəri]	호화로움, 사치	1. (과도하게 excess = **lux**) 소유하고 있는 + **uri** + **ous**
	luxurious [lʌgʒúəriəs]	사치스러운[1]	2. 비싸고 (사치스러운 luxurious = **lux** + e) 제품(의 of = **de**)
	luxuriant [lʌgʒúəriənt]	무성한, 풍부한	☞ a luxurious house 호화 주택
	de**lux**e [dəlʌks]	고급의, 사치스러운[2]	☞ luxuriant vegetation 무성한 초목

156	procedure [prəsíːdʒər]	절차	1. (앞으로 forward = pro) (나아가다 go = ceed)
	proceed [prəsíːd]	수익금, 진행하다[1]	☞ an experiment procedure 실험 절차
	procedural	절차상의	☞ proceeds from a bazaar 바자회 수익금

157	procession [prəséʃən]	행진, 행렬	1. (앞으로 forward = pro) (나아가며 go = ce) 처리하다 + ss
	process [práses]	과정, 처리하다[1]	☞ processed food 가공 식품
	processor [prásesər]	프로세서, 처리기	☞ industrialization process 산업화 과정

158	recession [riséʃən]	후퇴, 경기침체	1. (뒤로 back = re) (가다 go = ced) + e
	recede [risíːd]	물러나다[1], 감소하다	☞ economic recession 경기 침체
	recessionary	경기후퇴의	☞ receding tide 썰물

159	recess [risés]	휴회, 구석진 곳	1. (뒤로 back = re) (가서 go = ce) 잠시 쉬다 + ss
		휴회하다[1], 휴업하다	☞ declare a recess 휴회를 선언하다

160	succession [səkséʃən]	연속, 계승	1. 계획 (아래에서 under = suc) 잘 해 (나가다 go = ceed)
	succeed [səksíːd]	성공하다[1], 계승하다[2]	2. 부모, 조상의 발자취를 (쫓아 after = suc) (가다 go = ceed)
	successive [səksésiv]	연속적인	☞ succession to the throne 왕위의 계승, 양위
	successor [səksésər]	계승자	☞ successive victories 연승

161	intercession	중재, 간청	1. (사이 between = inter)에 (가서 go = ced) 중재하다 + e
	intercede [intərsíːd]	중재하다[1], 간청하다	☞ intervene 중재하다, 개입하다
	intercessor [intərsésər]	중재자	☞ mediate 중재하다

162	precedent [présədənt]	선례, 앞선	1. (앞에 before = pre) 먼저 (가다 go = ced) + e
	precede [prisíːd]	앞서다, 선행하다[1]	☞ a preceding study 선행 연구
	precedential	전례가 있는	☞ an unprecedented case 전례가 없는 사례

163	necessity [nəsésəti]	필요, 필수품[1]	1. (가버리면 go = ce + ss) (안 되는 not = ne) 것 + ity
	necessitate [nisésətèit]	필요로 하다	☞ military necessity 군수품
	necessary [nésəsèri]	필요한	☞ not necessarily 반드시 ~는 아닌
	necessarily	반드시	☞ necessitate conscious mimicry 의식적인 모방이 필요하다

164	evasion [ivéiʒən]	회피	1. 어색한 상황 (밖으로 out = e) (가다 go = vad) + e
	evade [ivéid]	회피하다[1]	☞ tax evasion 탈세
	evasive [ivéisiv]	회피하는, 얼버무리는	☞ an evasive reply 모호한 답변

165	invasion [invéiʒən]	침입, 침해	1. (안으로 in) 밀고 들어 (가다 go = vad) + e
	invade [invéid]	침입하다[1]	☞ invasion of privacy 사생활 침해
	invasive [invéisiv]	침입하는	☞ an invasive species 침입종, 외래 유입종

166 **per**va**sion** [pərvéiʒən]　　널리 퍼짐, 충만　　1. 관통하여 (앞으로 forward = **per**) 퍼져
　　perva**de** [pərvéid]　　널리 퍼지다¹　　　　나(가다 go = **vad**) + **e**
　　perva**sive** [pərvéisiv]　　스며드는, 널리 퍼진　　☞ The holiday spirit pervades. 휴일 기분이 충만하다.

★ 감지하다 perceive = esthe, scen, sen

167 **sen**se [sens]	감각[1], 감지하다	1. 위험을 (감지함 perceive = **sen**) + se
	의식, 이성, 의미	2. (의미 sense) (없는 not = **non**) 것
nonsense [nánsens]	의미 없는 말[2]	☞ make sense 이치에 맞다, 타당하다
sensory [sénsəri]	감각의	☞ a sensory receptor 감각 수용기

168 **sen**try [séntri]	보초[1]	1. 적을 (감지하는 perceive = **sen** + **t**) (장소 place = **ry**)에
sensitivity [sènsətívəti]	예민함, 세심함	있는 사람
sensitive [sénsətiv]	예민한[2], 세심한	2. (감지하는 perceive = **sen**) 능력이 뛰어난 + **si** + **t** + **ive**
		☞ insensitive 무감각한

169 **sen**sitization	민감하게 만듦	1. (감지 perceive = **sen**) 능력이 (떨어지게 down = **de**) 하다
sensitize [sénsətàiz]	민감하게 만들다	+ **si** + **t** + **ize**
de**sen**sitize	둔감하게 하다[1]	☞ desensitization 탈감각

170 **sen**sibility [sènsəbíləti]	감성	1. (감지할 perceive = **sen**) 능력이 있는 + **s** + **ible**
sensible [sénsəbl]	분별 있는[1], 현명한	☞ sense and sensibility 이성과 감성
in**sen**sible [insénsəbəl]	의식불명의	☞ a sensible investor 현명한 투자자

171 **sen**timent [séntəmənt]	감정[1]	1. (감지한 perceive = **sen**) 것을 표현하는 심리 상태
sentimentalize	감상적으로 다루다	+ **ti** + **ment**
sentimental	감정적인, 감상적인	☞ sentimentalist 지나치게 감상적인 사람

172 **sen**sation [senséiʃən]	감각, 느낌[1], 감동, 선풍	1. 감각기관이 (감지하는 perceive = **sen**) 행위 + **sa** + **t** + **ion**
sensationalize	선정적으로 다루다	2. (감동 sensation)을 느끼게 하여 흥분을 일으키는 + **al**
sensational	감각의, 선풍적인[2]	☞ create a sensation 선풍을 일으키다

173 an**esthe**sia [ænəsθíːʒə]	무감각[1]	1. (감각 sensation = **esthe**)이 (없는 without = **an**) 상태 + **sia**
an**esthe**tic [ænəsθétik]	무감각한, 마취제	☞ general anesthetic 전신 마취약

174 **scen**t [sent]	냄새, 단서, 냄새 맡다[1]	1. 코로 (감지하다 perceive = **scen**) + **t**
scentless [séntlis]	냄새가 없는	☞ delicate scent 은은한 향기

175 as**sen**t [əsént]	찬성, 찬성하다[1]	1. 똑같이 (감지해서 perceive = **sen** + **t**) 상대(에게 to = **as**)
as**sen**tive [əséntiv]	찬성하는	동의하다
dis**sen**t [disént]	반대, 반대하다[2]	2. (다르게 differently = **dis**) (감지해서 perceive = **sen** + **t**)
dis**sen**ter [diséntər]	반대자	동의하지 않다

176	consensus [kənsénsəs]	의견 일치, 합의	1. 상대와 (함께 with = con) 똑같이
	consent [kənsént]	동의, 동의하다[1]	(감지해서 perceive = sen + t) 동의하다
	consentual	합의에 의한	☞ consensus of opinion 의견의 일치
177	resentment	분개	1. 화를 (다시 again = re) (감지하다 perceive = sen) + t
	resent [rizént]	분개하다[1]	☞ resent an insult 모욕에 분개하다
	resentful [rizéntfəl]	분개하는	☞ a resentful look 분개한 표정
178	sentence [séntəns]	문장[1]	1. (인지된 perceive = sen) 감각을 표현하는 방식 + t + ence
		선고[2], 선고하다	2. 재판관이 판결하는 (문장 sentence)
	sentential [senténʃəl]	문장의, 판결의	☞ a death sentence 사형 선고
179	aesthetics [esθétiks]	미학	1. 무언가(에게 ad = a) 미를 (감지하는 perceive = esthe)
	aesthetic [esθétik]	미적인[1]	+ t + ic

★ 보내다 send = me, mi

180	promise [prámis]	약속, 장래성, 약속하다[1]	1. 할 일을 (미리 before = pro) (전달하다 send = mi) + se
	promising [práməsiŋ]	유망한	2. (함께 with = com) 조금씩 양보할 것을 (약속하다 promise)
	compromise	타협	3. 양보했기 때문에 자신의 이익을 (손상시키다 compromise)
	[kámprəmàiz]	타협하다[2], 손상시키다[3]	☞ a promising pupil 촉망되는 학생
181	surmise [sərmáiz]	추측, 추정, 추정하다[1]	1. 검사가 법정(에 upon = sur) (보내기 send = mi) 위해
	surmisedly	추정하건대	범죄 혐의 사실을 추정하다 + se
182	dismissal [dismísəl]	묵살, 기각, 해고, 해산	1. 검사가 기소한 내용을 법원이 소송할 이유가 없다고
	dismiss [dismís]	묵살하다[1], 해고하다	(멀리 away = dis) (보내다 send = mi) + ss
	dismissive [dismísiv]	무시하는	☞ dismiss an employee 종업원을 해고하다
183	remission [rimíʃən]	감면, 감형	1. 돈을 (되돌려 back = re) (보내다 send = mi) + t
	remittance [rimítəns]	송금	2. 범죄 용의자를 (되돌려 back = re) (보내다 send = mi) + t
	remit [rimít]	송금하다[1], 용서하다[2]	☞ remit a cheque 수표를 보내다
184	admission [ædmíʃən]	입장, 입학, 입회, 인정	1. 학교, 모임(에 to = ad) 소속하도록 (보내다 send = mi) + t
	admit [ædmít] [ədmít]	인정하다, 허락하다[1]	☞ admission fee 입장료, 입학금
	admittable [ædmítəbl]	허용할 수 있는	☞ admit defeat 패배를 인정하다
185	committee [kəmíti]	위원회[1]	1. (함께 with = com) (보내진 send = mi) 사람들의 회의체
	commissional	위원회의	+ tt + ee
	subcommittee	분과 위원회, 소위원회	☞ the committee of enquiry 조사 위원회

186	com**mi**ssion [kəmíʃən]	위원회, 수수료, 위임하다
	com**mi**t [kəmít]	약속하다[1], 저지르다
		맡기다[1], 전념하다[1]

1. 위원회가 (맡겨진 commit) 사안에 (전념하여 commit) 처리하겠다고 (약속하다 commit)
   ☞ commit suicide 자살하다, 자살을 저지르다

187	per**mi**ssion [pəːrmíʃən]	허가
	per**mi**t [pərmít]	허가증, 허가하다[1]
	per**mi**ssive [pəːrmísiv]	허가하는, 관대한

1. 위원회 (앞에 forward = per) (보내진 send = mi) 안건을 통과시키다 + t
   ☞ prior permission 사전 허가

188	o**mi**ssion [oumíʃən]	누락
	o**mi**t [oumít]	빠뜨리다[1], 누락하다

1. 검토없이 (옆으로 aside = o) (보내다 send = mi) + t
   ☞ omit an article 관사를 빠뜨리다

189	e**mi**ssion [imíʃən]	배출, 배기가스
	e**mi**t [imít]	내뿜다[1]
	e**mi**ssary [éməsèri]	외교 사절, 특사

1. (밖으로 out = ex = e) (보내다 send = mi) + t
   ☞ electron emission 전자 방출
   ☞ emit noxious fumes 유독 가스를 내뿜다

190	sub**mi**ssion	굴복, 제출
	sub**mi**t [səbmít]	제출하다[1], 굴복하다[2]
	sub**mi**ssive [səbmísiv]	고분고분한
	sub**mi**ttingly	복종하여, 굴복하여

1. 문서를 (아래에서 under = sub) 위로 (내보내다 send = mi) + t
2. 남의 통제 (아래로 under = sub) (보내다 send = mi) + t
   ☞ submit a resume 이력서를 제출하다
   ☞ submit to authority 권위에 복종하다

191	trans**mi**ssion	전송, 전염
	trans**mi**t [trænsmít]	전송하다[1], 전염시키다
	trans**mi**ssive	전송하는

1. (가로질러 across = trans) (보내다 send = mi) + t
   ☞ transmit germs 병균을 옮기다
   ☞ transmitter 전송기, 송신기, 전달자

192	**mi**ssion [míʃən]	임무, 사절단, 파견하다[1]
	missionary [míʃənèri]	선교사
	missile [mísəl]	미사일[2]

1. 선교사를 해외로 (보내다 sent = mi) + ss + ion
2. 날려 (보내는 send = mi) 무기 + ss + ile
   ☞ launch a missile 미사일을 발사하다

193	inter**mi**ssion	중간 휴식 시간
	inter**mi**t [intərmít]	일시 멈추다[1]
	inter**mi**ttent	가끔 일어나는

1. 안건을 토의하는 (사이에 between = inter) 휴식하도록 위원들을 (내보내다 send = mi) + t
   ☞ It rains without intermission. 쉴 새 없이 비가 오다.

194	**me**ssage [mésidʒ]	메시지[1], 전갈
	messenger	전달자

1. 알려주기 위해 (보내는 send = me) 말 + ss + age
   ☞ a message in cipher 암호로 쓴 메시지

195	angel [éindʒəl]	천사[1]
	angelic [ændʒélik]	천사 같은
	errand [érənd]	심부름[2]

1. 신의 (메시지 message = angel)를 전달하는 심부름꾼
2. (메시지 message = errand)를 전달하는 행위
   ☞ an errand boy 사환, 심부름하는 소년

196 two**fold** [tu:fould] 2배의, 2겹의, 2배로 ☞ two-ply 2겹, 2겹으로 짠
    mani**fold** [mǽnəfòuld] 많은, 여러 가지의 ☞ manifold advantages 여러 가지 이점들
    en**fold** [enfóuld] 싸다, 포옹하다, 접다 ☞ enfold the vase with cloth 꽃병을 천으로 싸다
    un**fold** [ʌnfóuld] 펼치다 ☞ unfold a map 지도를 펴다

197 du**plic**ation 복사, 2배 1. 데칼코마니같이 (두 two = du) 번 (접어 fold = plic)
    du**plic**ate [djú:plikət] 복사하다, 복제하다[1] 사본을 만들다 + ate
    du**plic**ity [dju:plísəti] 이중성 ☞ duplicate a key 열쇠를 복제하다

198 re**plic**ation 복제, 모사 1. 유전자나 원본을 (반복 again = re)해서 (접다 fold = plic)
    re**plic**ate [répləkèit] 복제하다[1], 반복하다 + ate
    re**plic**able [réplikəbəl] 복제 가능한 ☞ replicate trials 반복되는 시행
    ☞ self-replicate 자신을 복제하다

199 tri**plic**ate [trípləkèit] 3배하다[1] 1. (세 three = tri) 번 (접다 fold = plic) + ate
    tri**ple** [trípəl] 3배의, 3단의 ☞ triple jump 3단 뛰기
    tre**ble** [trébəl] 3배, 3배가 되다, 3자리의 ☞ sell for treble the price 3배의 가격으로 팔다

200 multi**plic**ation 곱셈, 증식 1. (여러 many = mul + ti) 번 (접다 fold = pl) + y
    multi**plic**ity 다수 ☞ a multiplication table 구구표
    multi**ply** [mʌltəplài] 곱하다[1], 증식하다 ☞ multiply large numbers 큰 숫자를 곱하다
    multi**ple** [mʌ́ltəpəl] 배수, 다수의 ☞ multiple-choice questionnaires 다중 선택 질문지

201 multi**tude** [mʌ́ltətjù:d] 다수, 군중[1] 1. (많은 many = mul + ti) 사람들 + tude
    multi**plex** [mʌ́ltiplèks] 복합 상영관, 다양한 ☞ a multitude of possibilities 다수의 가능성

202 re**ply** [riplái] 대답, 대응, 답장 1. 편지를 (다시 again = re) (접어 fold = pl) 돌려주다 + y
    대답하다, 답장하다[1] ☞ a reply letter 회신 편지
    ☞ respond 대답하다, 대응하다

203 di**pl**oma [diplóumə] 학위[1], 증서, 졸업장[1] 1. (둘로 two = di) (접은 fold = pl) 공식 문서 + o + ma
    di**pl**omat [dípləmæt] 외교관[2] 2. (국가 공식 문서 diploma)를 외국에 전달하는 사람 + t
    di**pl**omacy [diplóuməsi] 외교, 외교술 ☞ a graduation diploma 졸업 증서
    di**pl**omatic 외교의 ☞ a diplomatic mission 외교적 임무

204 ex**pl**oitation 이용, 개발, 착취 1. (접힌 fold = pl + oi) 것을 (밖으로 out = ex) 펼쳐서
    ex**pl**oit [iksplóit] 공적, 이용하다[1], 착취하다[2] 사용하다 + t
    ex**pl**oitative 착취하는 2. 대가 지불 없이 노예를 (과도하게 이용하다 exploit)
    ☞ exploit ruthlessly 무자비하게 착취하다

205	implication	함축, 암시, 영향	1. (접힌 fold = plic) 문서 (안에 in = im) 있는 내용을
	implicate [ímplikèit]	암시하다[1], 연루시키다[2]	넌지시 알려주다 + ate
	imply [implái]	암시하다	2. 사건 (안으로 in = im) (접어 fold = plic) 넣다 + ate
	implicit [implísit]	암시된, 내포된	☞ an implicit agreement 암묵적 동의

206	explication	설명	1. (접힌 fold = plic) 문서를 (밖으로 out = ex) 펼쳐
	explicate [ékspləkèit]	설명하다[1]	설명하다 + ate
	explicit [iksplísit]	분명한, 솔직한	☞ an explicit objective 명시적 목표
			☞ explicable 설명되는

207	explanation	설명	1. 문서를 (밖으로 out = ex) (펼쳐 spread = plai)
	explain [ikspléin]	설명하다[1]	설명하다 + n
	explanatory	설명하기 위한	☞ self-explanatory 자명한, 설명이 필요 없는

208	placement [pléismənt]	배치, 알선	1. 일정한 자리에 알맞게 (펼쳐놓다 spread = pla) + ce
	place [pleis]	장소	☞ out of place 제자리에 있지 않은, 부적절한
		놓다[1], 배치하다	☞ take place 발생하다

209	replacement	교체, 후임자	1. (다시 again = re) 바꾸어 (놓다 place)
	replace [ripléis]	대체하다[1], 교체하다	☞ replace outmoded equipment 구형 장비를 교체하다
	replaceable [ripléisəbl]	교체 가능한	☞ take the place of ~을 대신하다, ~와 교대하다

210	displacement	치환, 해임, 배수량	1. 이전의 장소에서 (멀리 away = dis) 옮겨 (놓다 place)
	displace [displéis]	옮겨 놓다[1], 쫓아내다	2. (잘못 wrong = mis) (놓다 place)
	misplace [misplei's]	잘못 두다[2]	☞ a displaced worker 쫓겨난 노동자

211	application [æpləkéiʃən]	지원, 적용, 응용, 바름	1. 조직(에게 to = ap) 자신을 (겹쳐 놓기를 fold = pl)
	apply [əplái]	지원하다[1], 적용하다	원하다 + y
		응용하다[2], 바르다[3]	2. 다른 일(에 to = ap) (겹쳐 fold = pl) 적용하다 + y
	applicant [ǽplikənt]	지원자	3. 벽지를 벽 위(에 to = ap) (겹쳐 놓다 fold = pl) + y

212	appliance [əpláiəns]	전기 제품, 설비[1]	1. 어떤 목적을 위해 (사용되는 apply = appli) 도구 + ance
		기구를 설치하다	☞ electronic appliance 가전제품
	applicable [əplikəbl]	적용할 수 있는	☞ an applicable example 적용할 수 있는 사례

213	employment	고용	1. 지원자를 조직 (안에 in = em) (겹쳐 놓다 fold = pl) + oy
	employ [emplɔ́i]	사용하다, 고용하다[1]	☞ unemployment 실업
	employer [implɔ́iər]	고용자	☞ self-employment 자영업
	employee [èmplɔí:]	직원, 종업원	☞ employee morale 직원 사기

214	deployment	배치	1. (겹친 fold = **pl** + oy) 것을 (반대로 opposite = **de**) 펼치다
	de**pl**oy [diplɔ́i]	배치하다[1]	2. (겹친 fold = **pl** + ay) 것을 (반대로 opposite = **dis**) 펼치다
	dis**pl**ay [displéi]	전시, 진열하다[2]	☞ a display window 진열창

215	com**plic**ation	복잡한 문제, 합병증	1. (함께 with = **com**) (겹쳐 fold = **plic**) 복잡하게 하다 + **ate**
	com**plic**ate [kɔ́mpləkèit]	복잡하게 하다[1]	☞ develop a complication 합병증이 생기다
	com**plic**ated	복잡한	☞ complicate a matter 문제를 복잡하게 하다

216	com**pl**ex [kəmpléks]	복합시설, 콤플렉스[1]	1. 마음속에 있는 무의식적이고 (복합적인 complex) 열등감
		복잡한[2]	2. 실이 (함께 with = **com**) (겹쳐서 fold = **pl**) 복잡한 + **ex**
	com**pl**exion	얼굴색, 피부색	☞ inferiority complex 열등감
			☞ an apartment complex 아파트 단지

217	per**pl**exity [pərpléksəti]	당혹감	1. 실이 (끝까지 through = **per**) (겹쳐 fold = **pl**) 당혹하게
	per**pl**ex [pərpléks]	당혹하게 하다[1]	하다 + **ex**
			☞ a perplexed expression 당혹스러운 표정

218	**puzz**lement [pʌzlmənt]	어리둥절함	1. (당혹하게 하는 perplexing = **puzz**) 질문 + **le**
	puzzle [pʌzl]	수수께끼[1]	☞ puzzled 당혹스러운
		당혹하게 하다	☞ baffle 당황하게 만들다

★ 취하다 take = am, em, m, sum

---

219 as**sum**ption [əsʌ́mpʃən]   인수, 가정
　　as**sum**e [əsú:m]   떠맡다¹, 가정하다², 체하다
　　as**sum**ptive [əsʌ́mptiv]   가정의, 추정하는
　　as**sum**edly [əsú:midli]   아마도

1. 자기(쪽으로 to = as) 일을 (취하다 take = sum) + e
2. 어떤 상황 (쪽으로 to = as) 생각을
　(취하다 take = sum) + e
　☞ a groundless assumption 근거 없는 가설
　☞ assume ignorance 모르는 체하다

---

220 pre**sum**ption   추정
　　pre**sum**e [prizú:m]   추정하다¹
　　pre**sum**ably [prizú:məbli]   아마도

1. 불확실한 생각을 (미리 before = pre)
　(취하다 take = sum) + e
　☞ presume innocence 무죄임을 추정하다

---

221 re**sum**ption [rizʌ́mpʃən]   재개
　　re**sum**e [rizú:m]   이력서, 다시 시작하다¹
　　curriculum vitae   이력서

1. 직업을 (다시 again = re) (취하다 take = sum) + e
　☞ resume the negotiation 협상을 재개하다
　☞ submit a resume 이력서를 제출하다

---

222 con**sum**ption   소비
　　con**sum**e [kənsú:m]   소비하다¹, 먹다¹
　　con**sum**er [kənsú:mər]   소비자
　　con**sum**erism   소비지상주의

1. 어떤 것을 (완전히 entirely = con)
　(취하여 take = sum) 사용하거나 먹다 + e
　☞ conspicuous consumption 과시적 소비
　☞ consumer goods (식품, 의류 등) 소비재

---

223 ex**em**ption [igzémpʃən]   면제, 공제
　　ex**em**pt [igzémpt]   면제하다¹, 면제되는
　　ex**em**ptive [ikséptiv]   면제의, 공제의

1. (밖으로 out = ex) (취해서 take = em) 빼내다 + pt
　☞ receive a tax exemption 세금을 면제받다
　☞ tax-exempt goods 세금이 면제되는 상품

---

224 pro**m**pt [prampt]   촉구하다, 유도하다¹
　　　　　　　　　　　　신속한
　　pro**m**ptly [prámptli]   즉시
　　impro**m**ptu [imprámptju:]   즉석연설, 즉흥시, 즉석에서

1. 대본을 (앞으로 forward = pro) (취해서 take = m)
　보여주며 신속한 대사를 유도하다 + pt
　☞ take prompt action 즉각적인 조치를 취하다

---

225 red**em**ption [ridémpʃən]   구원
　　red**eem** [ridí:m]   되찾다¹, 구원하다²
　　　　　　　　　　　　상환하다
　　red**eem**able [ridí:məbl]   교환할 수 있는

1. 전당포에 맡긴 물건을 (다시 again = re + d)
　(취하다 take = eem)
2. 악으로부터 (다시 again = re + d)
　(취해 take = eem) 건져내다
　☞ Redeemer 구세주

생명, 마음 life, mind = anim

226 **anim**ation [æ̀nəméiʃən] 만화 영화, 생기   1. 숨을 쉬도록 (생명 life = **anim**)을 불어 넣다 + **ate**
     animate [ǽnəmèit] 생기를 넣다[1], 살아 있는   2. 만물에 (생명 life = **anim**)이 존재한다는 믿음 + **ism**
     animism [ǽnəmìzm] 애니미즘[2], 물활론   ☞ an animation cartoonist 만화 영화 작가

227 un**anim**ity [jùːnəníməti] 만장일치[1]   1. 반대하는 (마음 mind = **anim**)이 (없는 not = **un**) 상황
     un**anim**ous [juːnǽnəməs] 만장일치의   + **ity**

★ 숨 breath = pir, psych, snee, sni, snor, spir

228 **spir**it [spírit] 영혼[1], 활기   1. (숨 breath = **spir**)을 쉬는 행위의 주체 + **i** + **t**
     spirited [spíritid] 활기찬   ☞ pioneer spirit 개척자 정신
     spiritual [spíritʃuəl] 정신적인, 종교적인   ☞ spiritual agony 정신적인 고뇌

229 **ghost** [goust] 유령[1]   1. 육체로부터 분리된 죽은 사람의 (영혼 spirit = **ghost**)
     ghostly [góustli] 유령 같은   ☞ a ghostly figure 유령 같은 모습
     ghostwriter [goustráitər] 대필 작가   ☞ a ghost buster 유령 잡는 사람

230 **psych**e [sáiki] 정신[1], 심령   1. 육체에 (숨 breath = **psych**)을 불어 넣는 영혼 + **e**
     psychic [sáikik] 심령의, 심령술사   ☞ the mysteries of the human psyche 인간 정신의 신비
     psychiatrist [saikáiətər] 정신과 의사   ☞ Psyche 프시케 (영혼의 신)

231 **psycho**logy [saikɔ́lədʒi] 심리학[1]   1. (정신 psyche = **psycho**) 활동을 연구하는 학문 + **log** + **y**
     psychological 심리적인   ☞ neuropsychology 신경 심리학
     psychologist 심리학자   ☞ psychological tactics 심리적 전술

232 in**spir**ation [inspəréiʃən] 영감, 기발한 생각   1. 생각하도록 정신 (속으로 in) (숨 breath = **spir**)을
     in**spir**e [inspáiər] 영감을 주다[1], 격려하다   불어 넣다 + **e**
     in**spir**ational 고무적인, 감격적인   ☞ a prophetic inspiration 예언자의 영감
     in**spir**atory [inspáiərətɔ̀ːri] 들이마시는, 흡기성의   ☞ an inspiratory organ 흡기 기관

233 re**spir**ation [rèspəréiʃən] 호흡   1. (반복해서 again = **re**) (숨 breath = **spir**)을 쉬다 + **e**
     re**spir**e [rispáiər] 호흡하다[1]   ☞ artificial respiration 인공호흡
     re**spir**atory [réspərətɔ̀ːr] 호흡의   ☞ respiratory arrest 호흡 정지

234 a**spir**ation [æ̀spəréiʃən] 열망, 포부   1. 목표(에 to = **a**) 도달하기 위해 (숨 breath = **spir**)을
     a**spir**e [əspáiər] 열망하다[1]   헐떡이며 열렬하게 바라다 + **e**
     a**spir**ational 출세 지향적인   ☞ aspirations toward reunification 통일을 향한 열망
    ☞ aspire to success 성공을 갈망하다

235	perspiration	땀, 땀 흘리기	1. 피부를 (통과 through = per)하여 (숨 breath = spir)이
	perspire [pərspáiər]	땀을 흘리다[1]	나가다 + e
			☞ perspiration deodorant 땀 냄새 제거제

236	expiration [èkspəréiʃən]	만료	1. (밖으로 out = ex) 마지막 (숨 breath = pir)을 내쉬다 + e
	expire [ikspáiər]	죽다[1], 만료되다	☞ expiration of contract 계약의 만기
	expiratory [ikspáirətɔ̀:ri]	숨을 내쉬는	☞ expired food products 유효기간이 지난 식품

237	conspiracy [kənspírəsi]	음모, 공모	1. 악행을 위해 (함께 with = con) (호흡 breath = spir)을
	conspire [kənspáiər]	공모하다[1]	맞추다 + e
		음모를 꾸미다	☞ a conspiracy theory 음모설

238	nozzle [názl]	주둥이[1], 분출구	1. (작은 small = le) (코 nose = nozz) 모양의 분출구
	nasal [néizəl]	콧소리, 코의, 비음의	☞ nostril 콧구멍 ☞ nasal mucus 콧물

239	frown [fraun]	찡그림, 찌푸리다[1]	1. (콧구멍 nostril = frown)을 올리면서 이마를 수축시키다
	frowny	얼굴을 찡그린	☞ wear a frown 얼굴을 찌푸리다

240	snort [snɔ:rt]	콧방귀[1], 콧김을 내뿜다	1. 콧김을 내뿜을 때 나는 거친 (숨 breath = snor)소리 + t
	snout [snaut]	주둥이[2], 돌출부	2. 거친 (숨 breath = snou)을 쉬는 동물의 돌출된 코 + t
	sneer [sniər]	비웃음, 비웃다	☞ a snort of disgust 혐오스럽다는 듯한 코웃음
	snuff [snʌf]	냄새, 코로 들이쉬다	☞ a hog snout 돼지 코

241	snore [snɔ:r]	코고는 소리[1], 코를 골다	1. 사람이 수면 중에 내는 거친 (숨 breath = snor)소리 + e
	snorkel [snɔ́:rkəl]	스노클[2]	2. 잠수 중 물 밖으로 내밀어진 (숨 breath = snor + k)을
	snorkeling	스노클을 이용한 잠수	쉬기 위해 사용하는 도구 + el

242	sneeze [sni:z]	재채기, 재채기하다[1]	1. 코로 이물질과 함께 (숨 breath = snee)을 내뿜다 + ze
	sniff [snif]	킁킁거리기, 킁킁대다[2]	2. 콧구멍으로 (숨 breath = sni)소리를 반복적으로 내다 + ff
	sniffle [snífl]	훌쩍거림, 훌쩍거리다	☞ sniff out explosives 폭발물의 냄새를 맡다

★ 가려내다 sieve = cer, cern, cre, cri

243	sieve [siv]	체, 체로 거르다[1]	1. 체 위로 곡식을 (쏟아부어 pour = siev) 걸러내다 + e
	sift [sift]	체로 거르다, 조사하다	☞ sift out flour 밀가루를 키질하다

244	crisis [kráisis]	위기[1]	1. 질병 감염 여부를 (가려내는 sieve = cri) 중대 상황 + sis
	crises	위기들	☞ a financial crisis 금융 위기

245	**cri**ticism [krítəsìzm]	비판, 비평	1. 질병 감염 여부를 (가려내는 sieve = cri) 과정에서
	criticize [krítəsàiz]	비판하다	잘못을 비판하는 + t + ic + al
	critical [krítikəl]	위태로운, 중대한, 비판적인[1]	☞ an unjust criticism 부당한 비판
	critic [krítik]	비판가, 비판적인	☞ critical thinking 비판적 사고 ☞ critical point 임계점

246	**se**cre**t** [sí:krit]	비밀[1], 비밀의	1. 좋은 것을 (가려낸 sieve = cre) 후에
	secretary [sékrətèri]	비서[2], 장관	(따로 분리해 apart = se) 숨겨 놓은 것 + t
	secre**te** [sikrí:t]	비밀로 하다, 분비하다	2. (비밀 secret)을 다루는 사람 + ary
	secre**tion** [sikrí:ʃən]	분비, 분비물	☞ the Secretary of State 국무장관

247	**cri**terion [kraitíəriən]	기준[1]	1. (체로 가려낼 sieve = cri) 때의 판단 기준 + teri + on
	criteria [kraiti'riə]	기준들	☞ establish a criterion 기준을 세우다
	criterial	기준의	☞ evaluation criteria 평가 기준들

248	**cri**me [kraim]	범죄[1]	1. 위법이라고 (가려 놓은 sieve = cri) 사항을 저지른 행위
	criminalize	불법화하다	+ m + e
	criminal [krímənl]	범인, 범죄의, 형사상의	☞ criminal law 형법, 형사법 ☞ civil law 민법

249	hypo**cri**sy [hipákrəsi]	위선[1]	1. 곡식을 체의 위쪽이 아닌 (아래에 under = hypo) 놓고
	do hypo**cri**sy	위선의 탈을 쓰다	(체질하여 가려내는 sieve = cri) 척하는 행위 + sy
	hypo**cri**tical	위선의, 위선적인	☞ hypocritical cunning 위선적인 교활함
	hypo**cri**te [hípəkrit]	위선자	☞ double-faced 위선적인

250	dis**cri**mination	차별, 식별	1. (체질하여 sieve = cri) 곡알과 껍질을 (따로 apart = dis)
	indis**cri**mination	무차별, 마구잡이	구별하다 + min + ate
	dis**cri**minate	차별하다[1]	☞ discrimination against the elderly 노인에 대한 차별
	dis**cri**minative	차별하는	☞ segregation 분리, 차별

251	dis**cern**ment	식별, 안목	1. (체질하여 sieve = cern) (따로 분리해 apart = dis) 식별하다
	dis**cern** [disə́:rn]	식별하다[1]	☞ discern good from evil 선악을 식별하다
	dis**cern**ible [disə́:rnəbl]	식별 가능한, 분명한	☞ a discernible change 분명한 변화

252	dis**cre**tion [diskréʃən]	신중함, 재량권	1. 곡알과 껍질을 (따로 apart = dis) 분리하기 위해
	dis**cree**t [diskrí:t]	신중한[1]	(체질 sieve = cree)을 신중하게 하는 + t

253	con**cern** [kənsə́:rn]	걱정, 관심	1. (함께 with = con) (체질하며 sieve = cern) 통과 여부를
		걱정하다[1], 관련되다	걱정하다
	con**cern**ing	~에 관하여	☞ a major concern 주요 관심사, 주요 걱정거리
	con**cern**ed	걱정하는, 관심 있는	☞ have no concern with ~와는 아무런 관계도 없다

| 254 | interest [íntərest] | 이해관계[1], 이익, 이자 관심, 관심을 끌다 | 1. 두 사람 (사이에 between = inter) 이로움과 해로움이 (존재하는 exist = be = es) 관계 + t |
| | interesting | 흥미로운 | ☞ interest rate 이자율　　☞ self-interest 사리사욕 |

255	certainty [sə́:rtnti]	확실성	1. (체질 sieve = cer) 기준을 통과해서 품질이 확실한 + t + ain
	ascertain [æsərtéin]	확인하다	☞ uncertainty 불확실성
	certain [sə́:rtən]	확실한[1], 특정한	☞ to a certain degree 어느 정도까지

256	certification	증명	1. (체질 sieve = cer) 기준을 통과해 품질을 보증하다 + t + ify
	certify [sə́:rtəfài]	보증하다[1], 증명하다	☞ a certified surgeon 검증된 의사
	certificate [sərtífikeɪt]	증명서	☞ issue a certificate 증명서를 발급하다

257	concert [kɑːnsərt]	연주회, 콘서트[1]	1. (분리된 sieve = cer + t) 악기들의 소리를 (함께 with = con)
	concerted [kənsə́:rtid]	합의된	조화롭게 연주하는 행위
	concerto [kəntʃéərtou]	협주곡, 콘체르토	☞ in concert with ~와 협력하여

258	separation [sèpəréiʃən]	분리	1. (따로 나누어서 apart = se) (만들다 make = par) + ate
	separate [sépərèit]	분리하다[1], 개개의	☞ separation of power 권력분립
	separative [sépərèitiv]	분리된, 독립적인	☞ separate at the intersection 교차점에서 헤어지다

★ 자르다 cut = cid, cis

259	con**cis**ion [kənsíʒən]	간결	1. 불필요한 것을 (완전히 entirely = con) (자른 cut = cis) + e
	con**cis**e [kənsáis]	간결한[1], 축약된	☞ a concise description 간결한 묘사

260	in**cis**ion [insíʒən]	절개	1. (내부 in)를 (잘라내다 cut = cis) + e
	in**cis**e [insáiz]	절개하다[1], 새기다	2. 음식 (내부 in)를 (자르는 cut = cis) 이빨 + or
	in**cis**or [insáizər]	앞니[2]	☞ scalp incision 두피 절개
	in**cis**ive [insáisiv]	날카로운	☞ an incised wound 절개된 상처

261	pre**cis**ion [prisíʒən]	정밀, 정확성	1. 치수에 맞도록 (미리 before = pre) (잘라내는 cut = cis) + e
	pre**cis**e [prisáis]	정밀한[1], 정확한	☞ precision instrument 정밀 기기
	impre**cis**e [imprəsáis]	부정확한	☞ precise figures 정확한 수치

262	de**cis**ion [disíʒən]	결정, 결심	1. 불필요한 대안을 (분리해 off = de) (잘라내다 cut = cid) + e
	de**cid**e [disáid]	결정하다[1], 결심하다	☞ indecision 망설임
	de**cis**ive [disáisiv]	과단성 있는, 결정적인	☞ a decisive evidence 결정적 증거

263	sui**cid**e [sjú:əsàid]	자살, 자살하다[1]	1. (자신 self = sui)을 (잘라내 죽이다 cut = kill = cid) + e
	sui**cid**al [sù:əsáidl]	자살 충동을 느끼는	☞ suicidal competition 자멸적인 경쟁

264	herbi**cid**e [hə́:rbəsàid]	제초제[1]	1. (풀 grass = herb + i)을 (죽이는 kill = cid) 물질 + e
	pesti**cid**e [péstisàid]	살충제[2], 농약	2. (해충 pest = pest + i)을 (죽이는 = kill = cid) 물질 + e
	geno**cid**e [dʒénəsàid]	종족학살	☞ insecticide 살충제

먹다, 집어삼키다 eat = vor

265	carni**vor**e [ká:rnəvò:r]	육식동물[1]	1. 고기를 (잘라서 cut = car + ni) (먹는 eat = vor) 동물 + e
	carni**vor**ous	육식성의, 육식동물의	☞ a carnivorous plant 벌레잡이 식물
	carni**val** [ká:rnəvəl]	카니발, 축제, 사육제	☞ a carnival atmosphere 축제 분위기

266	**cannibal**ization	동족 식인, 시장 잠식[1]	1. 자사의 신상품이 자사의 기존 상품 시장을 잠식하는 현상
	cannibalize	서로 잡아먹다	☞ a cannibalization effect 자기잠식 효과
	cannibal [kǽnəbəl]	식인의	☞ a cannibal tribe 식인종

267	herbi**vor**e [hə́:rbəvò:r]	초식동물[1]	1. (식물 grass, plant = herb + i)을 (먹는 eat = vor) 동물 + e
	herbi**vor**ous	초식성의	☞ a herbivorous mammal 초식성 포유동물

268	omni**vor**e [ámnivò:r]	잡식동물[1]	1. 동식물 (모두 all = omn + i)를 (먹는 eat = vor) 동물 + e
	omni**vor**ous	잡식성의, 마구잡이의	☞ omnivorous reading 마구잡이의 독서

★ 막대기로 찌르다 stick = sta, stea, sti, stig, stin, stu, bro, pok

269 **stick** [stik]	막대기, 지팡이	☞ sticker 스티커
	찌르다, 달라붙다, 고수하다	☞ walking stick 지팡이
sticky [stíki]	끈적거리는	☞ sticky substance 끈적끈적한 물질
270 **sti**ng [stiŋ]	침, 따가움, 찌르다[1], 따갑다	1. 막대기로 (찌르다 stick = **sti**) + ng
stingy [stíŋi]	찌르는, 인색한[2]	2. (침 sting)으로 찔러도 돈을 쓰지 않을 정도로 인색한 + y
271 **stig**ma [stígmə]	반점, 낙인[1], 오점, 암술머리	1. 달군 쇠로 피부를 (찔러서 stick = **stig**) 발생한
stigmatize	오명을 씌우다, 낙인찍다	(자국 mark = **ma**)
272 **stin**k [stiŋk]	악취[1], 악취가 나다	1. 코를 (찌르는 stick = **stin**) 불쾌한 냄새 + k
stinky [stíŋki]	악취가 나는	2. 코를 (찌르는 stick = **sten**) 불쾌한 냄새 + ch
stench [stentʃ]	악취[2]	☞ foul 반칙, 더럽히다, 악취가 나는
273 **sti**mulant [stímjulənt]	자극제[1], 흥분제	1. (찔러서 stick = **sti**) 자극하는 것 + mul + ant
stimulus [stímjuləs]	자극	☞ a stimulant abuser 흥분제 남용자
stimuli [stímjulài]	자극들	☞ stimulus and reaction 자극과 반응
274 **sti**mulation	자극, 고무	1. 신체나 정신을 (찔러서 stick = **sti**) 자극하다 + mul + ate
stimulate [stímjulèit]	자극하다[1], 고무하다	2. 말의 옆구리를 (차서 kick = **spur**) 빨리 달리도록 하는
stimulative	자극적인, 고무하는	신발 뒤축에 댄 톱니 모양의 쇠
spur [spəːr]	박차[2], 자극제, 자극하다	☞ visual stimulation 시각적 자극
275 in**stig**ation	선동, 부추김	1. 막대기로 (찔러서 stick = **stig**) 행동 (안으로 in)
in**stig**ate [ínstəgèit]	부추기다[1], 선동하다	들어가도록 부추기다 + ate
in**stig**ative	부추기는, 선동하는	☞ instigator 선동자
276 **sta**b [stæb]	찌르기, 통증, 찌르다[1]	1. 날카로운 막대기로 (찌르다 stick = **sta**) + b
back**sta**b [bǽkstæb]	험담하다	☞ jab (권투) 찌르기, 찌르다
277 **pok**e [pouk]	찌르기, 주머니	1. 손가락 등으로 (찔러서 stick = **pok**) 구멍을 내다 + e
	찌르다, 구멍을 내다[1]	2. 물건을 찔러 넣는 (작은 small = **et**) (주머니 poke = **pock**)
pocket [pákit]	호주머니[2], 포켓	☞ pickpocket 소매치기
278 **pou**ch [pautʃ]	주머니[1], 우편물 가방	1. 돈 또는 물건을 (찔러 넣는 poke = **pou**) 가죽 주머니 + ch
	주머니에 넣다	☞ a diplomatic pouch 외교 행낭

| 279 | **sti**tch [stiʧ] | 바늘땀, 꿰매다[1] | 1. 가는 막대기로 천을 (찔러서 stick = sti) 꿰매다 + t + ch |
| | **sti**tchless | 꿰매지 않은 | ☞ stitchwork 자수, 바느질 ☞ sew 바느질하다 |

| 280 | **broo**ch [brouʧ] | 브로치, 핀 고정 장신구[1] | 1. 물건을 (찔러 stick = broo) 고정하는 덮개 있는 바늘 + ch |
| | **bro**chure [brouʃuər] | 안내용 소책자[2] | 2. 긴 바늘로 (찔러 stick = bro) 엮어 만든 책 + ch + ure |

281	**pam**ph**let** [pǽmflət]	팸플릿, 작은 책자[1]	1. (모두 all = pam)가 좋아하는 (사랑 love = ph)에 관한
	leaflet [líːflit]	광고 전단지[2]	(작은 small = let) 시집
	booklet [buklit]	작은 책자	2. (나뭇잎 leave = leaf)처럼 가볍고 (작은 small = let) 종이

| 282 | **rod** [rɔd] | 막대[1], 회초리, 매 | 1. 가느다란 (막대기 stick = rod) |
| | **rod**like [rɔdlaik] | 막대 같은 | ☞ a fishing rod 낚싯대 ☞ a welding rod 용접봉 |

283	at**tack** [ətǽk]	공격, 공격하다[1]	1. 적(에게 to = at) (막대기 stick = tack)로 찌르다
	counter**attack**	반격, 반격하다[2]	2. (되받아 against = counter) (공격하다 attack)
	at**tack**able	공격할 수 있는	☞ heart attack 심장마비

284	**stagg**er [stǽgər]	충격을 주다, 비틀거리다[1]	1. (막대기 stick = stag + g)로 맞아서 어리둥절하다 + er
	staggering	충격적인, 믿기 어려운	☞ staggering news 깜짝 놀랄 뉴스
	staggeringly	비틀거리며, 주저하며	☞ stagger across the road 비틀거리며 길을 건너다

285	**stub** [stʌb]	토막[1], 몽당연필	1. 짧고 두껍게 잘린 (막대기 stick = stub)
	stubby [stʌbi]	뭉툭한	2. (막대기 stick = stub + b)처럼 구부러지지 않는 + orn
	stubbornness	완고함	☞ a stubborn opposition 완강한 반대
	stubborn [stʌbərn]	완고한[2], 고집스러운	☞ a stubborn old man 고집 센 노인

286	**stu**ff [stʌf]	물건, 채우다[1]	1. 땔감용 막대기를 (비축하거나 stock = stu) 채워 넣다 + ff
	stuffy [stʌfi]	숨이 막히는	2. 솜 따위로 (채워진 stuffed) 입체감이 있는 (장난감 toy)
	stuffed toy	봉제완구[2]	☞ food stuff 식료품

287	**sta**ke [steik]	더미[1], 말뚝, 이해관계[2]	1. 쌓아 올린 (막대기 stick = sta) + ke
		말뚝에 매다, 돈을 걸다	2. 토지의 경계에 박는 끝이 뾰족한 (막대기 stick = sta) + ke
	peg [peg]	말뚝, 고정하다	☞ at stake (화형용 막대기 더미 위에 있어서) 위태로운

막대기를 쌓거나 세우다 stick = tach, sto, val, wal

| 288 | at**tach**ment | 부착, 첨부, 애착 | 1. 화형을 위해 (막대기 stick = tach) (에 to = at) 죄인을 묶다 |
| | at**tach** [ətǽʧ] | 붙이다[1], 연관 짓다 | ☞ attachable 붙일 수 있는 |

289	de**tach**ment	분리, 파견	1. (막대기 stick = **tach**)에 묶은 것을 (분리하다 apart = **de**)
	de**tach** [ditǽʧ]	분리하다[1], 파견하다	☞ detach the trailer 트레일러를 분리하다
	de**tach**ed [ditǽʧt]	떨어져 있는, 공정한	☞ a detached house 단독 주택

| 290 | **wal**l [wɔːl] | 담[1], 벽, 에워싸다 | 1. 경계를 표시하기 위해 일렬로 세운 (말뚝 stake = **wal** + **l**) |
| | fire**wal**l [faiərwɔːl] | 방화벽, 보안 시스템 | ☞ wallpaper 벽지   ☞ the Great Wall 만리장성 |

291	**mur**al [mjúərəl]	벽화[1]	1. (벽 wall = **mur**)에 그린 그림 + **al**
	inter**mur**al	학교 대항의	☞ muralist 벽화가
	intra**mur**al [intrəmjʊˈrəl]	학교 교내의	☞ intramural speech contest 교내 웅변대회

292	inter**val** [íntərvəl]	간격[1]	1. 세워진 (말뚝 stake = **val**) (사이의 between = **inter**) 공간
		(연극) 막간[2], 휴식시간	2. 공연 (사이에 between = **inter**) 휴식을 위해
			(장막 wall = **val**)을 치는 시간
			☞ interval velocity 구간 속도

293	**sto**ck [stɔk]	재고, 주식, 비축하다[1]	1. 땔감용으로 미리 (막대기 stick = **sto**)를 쌓아 놓다 + **ck**
	stockholder	주주[2]	2. (주식 stock)을 (보유하고 hold) 있는 개인 또는 법인 + **er**
	over**stock** [ouˈvərstɑˈk]	재고 과잉	☞ livestock 가축

| 294 | **stor**age [stɔ́ːridʒ] | 저장, 창고 | 1. 땔감용 막대기를 (비축해 stock = **stor**) 놓다 + **e** |
| | **stor**e [stɔːr] | 상점, 저장하다[1] | ☞ storage capacity 저장 능력 |

295	be**stow**al [bistóuəl]	증여, 수여, 저장	1. 막대기를 (비축 stock = **stow**)하도록 (옆에 by = **be**) 놓다
	be**stow** [bistóu]	수여하다, 주다[1]	☞ bestowal of an honorary award 명예상의 수여
	be**stow**ment	증여자	☞ bestow a heritage 유산을 주다

296	re**stor**ation [rèstəréiʃən]	복구, 반환, 부활	1. 막대기를 (다시 again = **re**) (세우다 stand = **stor**) + **e**
	re**stor**e [ristɔ́ːr]	복구하다[1], 반환하다	☞ force of restoration 복원력
	re**stor**ative [ristɔ́ːrətiv]	강장제, 복원하는	☞ restore self-confidence 자신감을 회복하다

297	re**stau**rant	식당[1], 레스토랑	1. 배고픔을 (복구 restore = **restaur**)하는 장소 + **ant**
	re**fec**tory [riféktəri]	구내식당[2]	2. 음식을 (반복해 again = **re**) (만드는 make = **fec**) 곳 + **t** + **ory**
	cafeteria [kæfitíəriə]	간이식당[3]	3. 셀프서비스로 (커피 coffee = **cafe**) 마시는 (장소 place = **teria**)

★ 막대기로 불을 붙이다 stick = tinc, tingu, stinc

298	ex**tingu**ishment	소화, 소멸	1. 불붙은 (막대기 stick = **tingu**)를 (밖으로 out = **ex**) 꺼내 끄다
	ex**tingu**ish [ikstíŋgwiʃ]	불을 끄다[1], 끝내다	+ **ish**
	ex**tingu**ishable	끌 수 있는	☞ extinguisher 소화기

299	**ex**tinction [ikstíŋkʃən]	멸종, 소멸	1. 불붙은 (막대기 stick = **tinc**)를 (밖으로 out = **ex**) 꺼내서
	extinct [ikstíŋkt]	멸종된, 소멸된[1]	불이 꺼진 + t
	extinctive [ikstíŋktiv]	소멸하는	☞ an extinct volcano 사화산

300	in**stinc**t [ínstiŋkt]	본능[1], 직감	1. (막대기 stick = **stinc**)로 찌르는 자극에 의해 표출되는
	in**stinc**tive [instíŋktiv]	본능적인	정신 (내부에 **in**) 있는 감정 + t
			☞ an instinctive behavior 본능적인 행동

301	dis**tinc**tion [distíŋkʃən]	구분, 뛰어남	1. 땔감용 (막대기 stick = **tingu**)를 (분리해 apart = **dis**) 골라내다
	dis**tingu**ish [distíŋgwiʃ]	구분하다[1]	+ **ish**
	dis**tinc**tive [distíŋktiv]	독특한, 특유의	☞ a distinctive taste 독특한 맛
	dis**tinc**t [distíŋkt]	뚜렷한, 별개의	☞ a distinct difference 뚜렷한 차이

막대기로 차단하다 stick = bar

302 bar
막대기, 술집[1]
차단하다[2]
1. 여관에서 (막대기 stick = bar)로 분리해 배정된 술을 파는 공간
2. 문을 잠그는 (막대기 stick = bar)로 출입을 차단하다

bartender [bartendər]
바텐더[3]
3. (술집 bar)에서 (시중드는 attend = tend) 사람 + er

barrister [bǽrəstər]
법정 변호사[4]
4. 법정에서 판사석을 구분하는 (막대기 난간 stick = bar + r)을 붙잡고 변론하는 변호사 + i + ster

303 barbell [baˈrbeˌl]
역기, 바벨[1]
1. 양쪽에 (종 bell)이 달린 (막대기 bar)

dumbbell [dəmbel]
아령[2]
2. 소리가 나지 않는 (바보 dumb) 같은 (종 bell)

304 clock [klɑk]
시계[1]
1. 시간을 알려주는 (종 bell = clock)

clockwise [klakwaiˌz]
시계 방향의
☞ around-the-clock 24시간 계속

305 cloak [klouk]
망토[1], 가리다, 덮다
1. 길고 소매가 없는 (종 bell = clock = cloak) 모양의 옷

cloakroom [kloukrum]
휴대품 보관소, 화장실
☞ cloaked in secrecy 비밀에 싸여 있다

306 mantle [mǽntl]
망토[1], 외투, 맨틀[2]
덮다
1. 어깨와 (손 hand = man)을 덮는 종 모양의 옷 + t + le
2. (망토 mantle)처럼 지구 내부의 핵을 덮고 있는

disman**tle** [dismǽntl]
해체하다
지각 아래에 위치한 부분

307 embar**go** [imbάːrgou]
무역 통상 금지령[1]
수출입을 막다
1. 외국 선박이 항구 (안으로 into = em) 들어오는 것을
(막는 bar) 명령 + go

barrier [bǽriər]
장벽, 장애물[2]
2. 출입을 차단하는 (막대기 stick = bar + r) + i + er
☞ a tariff barrier 관세 장벽

308 embar**rassment**
당황, 곤란한 상황
1. 성문 (안으로 into = em) 들어가는 것을
embar**rass** [imbǽrəs]
당황하게 하다[1]
(차단해서 bar = bar + r) 곤란하게 만들다 + a + ss
disembar**rass**
안심시키다
☞ embarrass the advance 진보를 방해하다

막대기로 고정하다 stick = fix

309 fixation [fikséiʃən]
정착, 고정, 응고
1. 땅에 (막대기를 박아 stick in = fix) 고정하다
fixture [fíkstʃər]
고정물, 설치물, 가구
☞ lighting fixture 조명 기구
fix
고정하다[1], 고치다
☞ fix a machine 기계를 고치다
fixate [fíkseit]
고정하다
☞ fixate on positive thoughts 긍정적인 생각에 고정시키다

310 affix [əfiks]
접사, 부착하다[1]
1. 어떤 것(에게 to = af) 움직이지 않게 (고정하다 fix)
prefix [príːfiks]
접두사[2]
2. 어근 (앞에 before = pre) (고정하는 fix) 형태소
suffix [sʌfiks]
접미사[3]
3. 어근 (아래에 under = sub = suf) (고정하는 fix) 형태소

★ 한계, 끝 end = fin

311 **infin**ity [infínəti] 무한함 1. (끝이 end = **fin**) 존재하지 (않은 not = **in**) + **ite**
  infinite [ínfənət] 무한한[1] ☞ infinite decimal 무한 소수
  finite [fáinait] 유한한, 끝이 있는 ☞ infinitesimal 극소량의

312 **fin**ale [finǽli] 마지막 부분, 피날레 1. 예술작품에서 (결말 end = **fin**) 부분의 + **al**
  finalize [fáinəlàiz] 마무리 짓다 ☞ make a great finale 멋진 피날레를 장식하다
  final [fáinəl] 마지막의, 최종적인[1] ☞ semi-final 준결승전

313 **fin**e [fain] 벌금[1] 1. 재판 (끝 end = **fin**)에 나온 결과인 벌로 내는 돈 + **e**
    벌금을 부과하다 2. (마무리 end = **fin**)가 잘 되어 있는 + **e**
    좋은[2], 건강한, 미세한[3] 3. 크기가 작은 쪽으로 (끝 end = **fin**)에 도달한 + **e**
      ☞ fine-tune 미세 조정을 하다 ☞ fine art 예술, 미술

314 **fin**ance [fáinæns] 자금, 재무 1. (벌금 fine = **fin**)을 내기 위해 돈을 조달하다 + **ance**
    자금 조달하다[1] ☞ a financial year 회계 연도
  financial [finǽnʃəl] 금융의, 재정의 ☞ a fiscal year 회계 연도

315 **refine**ment 정제, 개선, 세련됨, 품위 1. (완전히 entirely = **re**) 다듬어 (미세하게 **fine**) 하다
  refine [rifáin] 정제하다[1], 개선하다 ☞ a oil refinery 정유 공장
  refinery [rifáinəri] 정제 공장 ☞ a refinery product 정제 제품

316 **confine**ment 제한, 감금 1. (함께 with = **con**) 제한된 (한계 end = **fin**) 안에 놓다 + **e**
  confine [kənfáin] 제한하다[1], 가두다 ☞ a confinement facility 수감 시설

317 **defin**ition [dèfəníʃən] 정의, 의미, 선명도[1] 1. 사진에서 (미세함 fine = **fin** + **i**)의 (완전한 entire = **de**)
  define [difáin] 정의하다[2], 경계 정하다 정도 + **t** + **ion**
  definite [défənit] 분명한 2. (완전히 entirely = **de**) 의미의 (한계 end = **fin**)를 정하다 + **e**

318 **affin**ity [əfínəti] 친근함 1. (경계 end = **fin** + **i**)를 맞대고 사는 사람들이
  affinitive [əfínətiv] 친근한[1], 혈연의 서로(에게 to = **af**) 친근한 + **t** + **ive**

경계 boundary = lim, term

319 **lim**itation [lìmətéiʃən] 한계, 제한 1. (끝 finale = boundary = **lim**)이 표시된 지역 + **i** + **t**
  limit [límit] 한계[1], 제한, 제한하다 ☞ limited-edition 한정판의
  limited [límitid] 제한된, 유한 책임의 ☞ a limited company 유한회사

320	elimination	제거, 삭제	1. (경계 boundary = lim) (밖에 out = e) 추방하다 + in + ate
	eliminate [ilímənèit]	제거하다[1]	☞ elimination of nuclear weapons 핵무기의 제거
	eliminative	제거할 수 있는	☞ eliminate impurity 불순물을 제거하다

321	preliminary	서론, 예비 행위	1. 본론으로 향하는 (경계 boundary = lim)를 넘기
	[prilímənèri]	예비의[1]	(이전의 before = pre) + in + ary
			☞ preliminary talks 예비회담

322	term [tə:rm]	학기, 임기, 기간[1]	1. 시간의 정해진 (한계 limit = term)
		용어[2], 칭하다	2. 의미를 정하는 (한계 limit = term)
	terms	계약 조건[3], 말투	3. 권리와 의무의 (한계 limit = term)를 정해 놓은 조건 + s
	terminology	전문 용어	☞ in terms of ~에 관하여

323	termination	종료	1. (경계의 끝 limit = term)에 다다르다 + in + ate
	terminate [tə́:rmənèit]	끝나다[1], 끝내다	☞ terminator 종결자, 끝내는 주체
	terminal [tə́:rmənl]	종점, 단말기	☞ a terminal illness 불치병

324	extermination	근절, 몰살	1. (경계의 끝 limit = term) (밖으로 out = ex) 몰아내다
	exterminate	모조리 없애다[1]	+ in + ate
	[ikstə́:rmənèit]		☞ parasite extermination 기생충 박멸

325	determination	결정	1. 분명하게 정하고 (완전히 entirely = de)
	determinant	결정 요인	(끝 limit = term)을 맺다 + in + e
	determine [ditə́:rmin]	결정하다[1]	☞ determined 단단히 결심한
	determinate	확정적인	☞ determinedly 단호히

고정하다 fasten = fast, lock, pac, peas

326	fasten [fǽsn]	매다, 고정시키다[1]	1. (단단하게 firm = fast) 묶다 + en
	unfasten [ʌnˈfæsn]	풀다, 끄르다	☞ fastener 고정 장치
			☞ fasten the seatbelt 안전벨트를 매다

327	compact [kəmpǽkt]	협정, 조약[1], 채우다	1. 합의 사항에 당사자들을 (함께 with = com)
		조밀한[2], 소형의	(고정시켜 fasten = pac) 놓는 행위 + t
	pact [pækt]	협정, 조약	2. (함께 with = com) 촘촘히 (고정시켜 fasten = pac) 놓은 + t

328	impaction [impǽkʃən]	밀착시킴	1. 독 이빨을 먹이 (안으로 in = im) (고정시켜 fasten = pac)
	impact [ímpækt]	영향, 충격, 영향 주다[1]	생명에 영향을 주다 + t
	impactful [ímpæktfəl]	영향력이 강한	☞ an environmental impact 환경에 미치는 영향
	impactive [impǽktiv]	충격적인	☞ soften the impact 충격을 완화시키다

| 329 | **peas**ant [péznt] | 소작농[1] | 1. 시골에 (박혀 fasten = peas) 땅을 빌려 농사짓는 농부 + ant |
| | **peas**antry [pézntri] | 소작농 계급 | ☞ a poor peasant 영세농민 |

330	**lock** [lɑ:k]	자물쇠[1], 타래, 잠그다	1. 문을 닫고 가로질러 (잠그는 빗장 bolt = lock)
	un**lock** [ʌnlák]	자물쇠를 열다, 풀다	2. (잠겨서 lock) (움직이지 못해 dead) 진전이 없는 상태
	dead**lock** [dedlɑ:k]	교착 상태[2]	☞ unlock a secret 비밀을 풀다

331	inter**lock** [intərlák]	서로 맞물리다[1]	1. (서로 between = inter) (잠그다 lock)
	locksmith [láksmiθ]	자물쇠 수리인[2]	2. 금속을 (잘라 cut = smi + th) (자물쇠 lock)를 만드는 사람
	locker [lákər]	사물함	☞ interlock fingers 손가락을 깍지 끼다

★ 서 있다 (1) stand = st, sta, stead, sto

332	**st**and [stænd]	위치, 자리, 입장, 태도	1. (막대기 stick = st)가 박힌 상태로 오랫동안 서 있다 + and
		서다[1], 세우다, 견디다	2. (막대기 stick = st)가 서 있는 모습 + ance
	stance [stæns]	자세[2], 입장, 태도	☞ handstand 물구나무서기 ☞ standpoint 관점

| 333 | out**stand**ing | 뛰어난, 미해결된[1] | 1. 해결해야 할 일이 (밖에 out) (서 있는 stand) + ing |
| | out**stand** [autstǽnd] | 눈에 띄다, 뛰어나다[2] | 2. (완전히 entirely = out) (서서 견뎌낼 stand) 능력이 있다 |

| 334 | with**stand** [wiðstǽnd] | 견디다, 저항하다[1] | 1. 어떤 것에 (대항 against = with)하여 (서 있다 stand) |
| | notwith**stand**ing | ~에도 불구하고 | ☞ withstand every temptation 모든 유혹에 견디다 |

335	by**stand**er [baistændər]	구경꾼[1], 행인	1. (옆에 beside = by) (서서 stand) 지켜보는 사람 + er
	bystander effect	방관자 효과[2]	2. (구경꾼 bystander)이 주변 사람의 눈치를 보며 위험에 처한
	on**look**er [ɔnlʊkər]	구경꾼	사람을 돕지 않고 서서 지켜보기만 하는 행위

| 336 | **stand**by [stændbai] | 대기, 대기하는[1] | 1. 비상사태에 대처하기 위해 (옆에 beside = by) (서 있는 stand) |
| | **stand** by | 대기하다 | ☞ standby power 대기 전력 |

| 337 | **sto**ol [stu:l] | 의자, 스툴[1] | 1. 등받이와 팔걸이가 없는 (서 있는 stand = sto + o) 의자 + l |
| | foot**stool** | 발을 얹는 받침 | ☞ closestool 실내용 변기 |

| 338 | **strid**e [straid] | 활보, 보폭 | 1. (싸우기 fight = strid) 위해 양쪽 발을 벌리며 걷다 + e |
| | | 성큼성큼 걷다[1] | ☞ overstride 앞지르다, 능가하다 |

339	**stand**ardization	표준화	1. 소집하기 위해 땅에 (굳게 hard = ard) (서 있는 stand) 깃대
	standard [stǽndərd]	기준[1], 표준, 표준의	2. (기준 standard) (아래에 under = sub) 있는
	standardize	표준화하다	☞ a double standard 이중 잣대
	sub**standard**	수준 이하의[2]	☞ substandard components 기준미달의 부품

340	**sta**ff [stæf]	지팡이, 참모[1], 직원	1. (지팡이 walking stick = **sta**)처럼 상사를 지탱하는 직원 + **ff**
		직원으로 일하다	☞ administrative staff 행정 직원

341	**sta**ple [stéipl]	주산물[1], 주요한	1. (막대기 stick = **sta**)로 만든 아케이드 기둥 양쪽에 늘어선
		스테이플[2]	상점들에서 파는 주요 물품 + **p** + **le**
	stapler [stéiplər]	스테이플러, 호치키스	2. U자로 (서 있는 막대기 standing stick = **sta**) 2개 + **p** + **le**

342	arre**st**ment	체포, 억류	1. 누군가를 (향해 to = **ar**) (뒤로 back = **re**) 가서
	arre**st** [ərést]	체포, 저지하다[1], 막다[1]	움직이지 못하도록 (서 있다 stand = **st**)
	arre**st**ive [əréstiv]	저지하는	☞ an arrest warrant 구속 영장

343	e**sta**blishment	설립, 확립, 기관, 시설	1. (완전히 entirely = **e**) (세워서 stand = **sta**) 자리 잡도록
	e**sta**blish [istǽbliʃ]	설립하다, 확립하다[1]	하다 + **bl** + **ish**
	re**esta**blish [rìːistǽbliʃ]	재건하다[2], 회복하다	2. (다시 again = **re**) (설립하다 establish)
	e**sta**blished [istǽbliʃt]	자리 잡은, 저명한	☞ well established 자리를 확실히 잡은

344	**stead**iness [stédinis]	견실함, 끈기, 불변	1. 어떤 상황에서도 견고하게 (서 있는 stand = **stead**) + **y**
	steady [stédi]	꾸준한[1], 변함없는	☞ unsteady 불안정한
			☞ steady-going 꾸준히 나아가는

345	**stead**fastness	견고함	1. (견고하게 solid = **fast**) (서 있는 stand = **stead**)
	steadfast [stedfæst]	변함없는[1]	☞ unsteadfast 확고하지 못한

346	**sta**dium [stéidiəm]	경기장, 스타디움[1]	1. 거리 표시판이 (세워져 stand = **sta**) 있는 경주로가 있는
	main stadium	주경기장	경기장 + **di** + **um**

★ 서 있다 (2) stand = sist, st, sta, ste, sti, stil, stou, stu

347 **still**ness [stílnis]
    still [stil]

고요
컷 사진, 정지한[1], 고요한
아직, 그러나, 훨씬

1. 움직이지 않고 조용히 (서 있는 stand = **stil**) + l
☞ still life 정물화
☞ still water 고요한 물

---

348 stand**still** [stǽndstiˌl]
    stand **still**

정지, 멈춤[1]
가만히 있다, 참다

1. (움직이지 않고 **still**) (서 있는 stand) 상태
☞ respiratory standstill 호흡 정지

---

349 **sil**ence [sáiləns]
    silent [sáilənt]

정적, 고요함, 침묵시키다
조용한, 고요한[1]

1. 소리가 전혀 나지 않아 (고요한 still = **sil**) + ent
☞ silent majority 침묵하는 다수

---

350 **sta**tus [stéitəs]
    status quo
    stature

신분, 지위[1], 상태
현재 상황, 현상 유지
키, 위상

1. 사람 또는 사물이 (서 있는 stand = **sta**) 위치 + tu + s
☞ marital status 결혼 여부
☞ ascribed status 생득 지위

---

351 **stati**stics [stətístiks]
    statistical [stətístikəl]
    statistician

통계, 통계학[1]
통계적인
통계학자

1. 인구 (상태 status = **statis**) 등 통치에 관련된
수를 다루는 학문 + t + ic + s
☞ demographic statistics 인구 통계

---

352 **sta**tue [stǽtʃuː]
    statuary [stǽtʃuèri]

조각상[1]
조각상들

1. 깎아서 만든 (서 있는 stand = **sta**) 입체 형상 + tu + e
☞ the Statue of Liberty 자유의 여신상
☞ a sedentary statue 좌상, 앉아 있는 조각상

---

353 **coloss**us [kəlásəs]
    colossal [kəlásəl]

거대한 상[1]
거대한

1. 실물보다 (큰 gigantic = **coloss**) 조각상 + us
☞ Colosseum 콜로세움 (거대한 원형 경기장)

---

354 **sta**ge [steidʒ]

    on**sta**ge [ɔ́ːnsteɪdʒ]

무대[1], 단계
무대에 올리다
무대 위에서의

1. 연극을 공연하기 위해 배우가 (서 있는 stand = **sta**)
장소 + ge
☞ a stage fright 무대 공포증

---

355 **scen**e [siːn]
    scenery [síːnəri]
    scenic [síːnik]

장면[1], 현장
경치, 무대 배경
경치가 좋은

1. 배우가 (무대 stage = **scen**)에서 만드는 사건 + e
☞ scene of crime 범죄 현장
☞ admire the mountain scenery 산의 경치에 감탄하다

---

356 **scen**ario [sinéəriòu]
    scenarist [sinéərist]

시나리오, 각본[1]
시나리오 작가

1. (무대 stage = **scen**)에서 연기할 대사를 적은 글 + ario
☞ scenario analysis 시나리오 분석

---

357 **ste**m [stem]
    stump [stʌmp]

줄기, 유래하다[1]
그루터기[2], 밑동

1. (서 있는 stand = **ste**) 식물의 줄기에서 가지가 뻗다 + m
2. 짧고 두껍게 (서 있는 stand = **stu**) 잘려진 줄기 + mp

358	system	체계¹, 시스템¹	1. 구성 요소들이 질서 있게 (함께 with = sy)
	systematize	체계화하다	(서 있는 stand = ste) 상태 + m
	systematic [sìstəmǽtik]	체계적인	☞ unsystematic 비체계적인

359	station [stéiʃən]	역¹, 관공서¹, 기지¹	1. 고정된 상태로 (서 있는 stand = sta) 시설 + t + ion
		주둔시키다, 배치하다	☞ a power station 발전소
	stationary [stéiʃənèri]	주둔하는, 정지된	☞ geostationary orbit 지구 정지 궤도

| 360 | stationery [stéiʃənèri] | 문구류¹ | 1. 대학 등 (고정된 장소 station)에서 판매되는 문구류 + ery |
| | stationery store | 문구점 | ☞ stationery supply 사무용품 |

361	state [steit]	상태, 지위, 주, 국가¹	1. (세워져서 stand = sta) 국가의 지위를 얻은 상태 + te
		국가의, 주의	☞ state-run firms 국영 기업체
	statesman [stéitsmən]	정치가	☞ state of the art 최첨단의, 최신식의

362	statement [stéitmənt]	진술, 입출금 내역서	1. 어떤 지위에 (서 있는 stand = sta) 사람이 선언하다 + te
	state [steit]	진술하다¹, 말하다	☞ an oral statement 구두 진술
	overstate	과장하여 말하다	☞ state their opinions 그들의 의견을 말하다

363	estate [istéit]	토지¹, 재산¹	1. (지위 state)를 (밖으로 out = e) 드러내는 상속 받은 땅
	real estate	부동산²	2. 세금을 납부해야 하는 (왕실 royal = real)의 (토지 estate)
			☞ a real estate agent 부동산 중개인

364	reality [riǽləti]	현실, 실재	1. (재산 property = real) 또는 물건이 실제로 존재하는
	real	진짜의¹, 실수의, 부동산의	☞ realism 현실주의, 사실주의
	realistic [rìːəlístik]	현실적인, 사실적인	☞ real number 실수

365	realization [rìːəlizéiʃən]	깨달음, 실현	1. (실제 real) 사물을 보는 것처럼 진짜 의미를 알다 + ize
	realize [ríːəlàiz]	깨닫다¹, 실현되다²	2. 꿈, 목표, 기대 등이 (실제로 real) 이루어지다 + ize
	self-realization	자아실현	☞ realization of revenue 수익의 실현

366	steering [stiəriŋ]	조종 장치	1. 배 위에 (서 있는 stand = ste + e) 키를 조정하다 + r
	steer [stiər]	조종하다¹, 몰고 가다	☞ a steering wheel 운전대
	steerable [stíərəbl]	조종 가능한	☞ steer a sled 썰매를 조종하다

367	government	정부	1. 사람들을 (조종하고 steer = govern) 규제하다
	governance	통치, 관리	☞ governor 통치자, 주지사, 총독, 관리자
	govern [gʌvərn]	통치하다, 통제하다¹	☞ govern a colony 식민지를 통치하다

368 **stal**k [stɔːk]	줄기[1], 꽃자루, 버팀대	1. 식물이 버티도록 (서 있는 stand = stal) 줄기 + k
	뒤를 밟다[2], 활보하다	2. (강탈하기 steal = stal) 위해 어색하게 뒤를 밟다 + k
stalking	스토킹	☞ stalker 스토커, 사냥꾼
369 circum**stance**	주변 환경[1], 상황, 형편	1. (주변에 around = circum) (서 stand = st) 있는 것
circum**stantial**	상황과 관련된	+ ance
370 **peri**phery [pərífəri]	주변[1], 비주류	1. 중심부를 맴돌며 (움직이는 move = pher + y)
perimeter [pərímitər]	둘레, 주변	(주변 around = peri)
circum**fer**ence	원주, 구의 둘레	☞ a perimeter wall 외벽
371 con**sti**tution	구성	1. (함께 together = con) (세우다 stand = sti) + tu + te
con**sti**tute [kánstətjùːt]	구성하다, 설립하다[1], 되다	☞ The Constitution 헌법
con**sti**tuent [kənstítʃuənt]	구성하는, 주민, 구성 요소	☞ constitute a social problem 사회 문제가 되다
372 con**sist**ency [kənsístənsi]	일관성, 농도	1. (함께 together = con) (세우다 stand = sist)
con**sist** [kənsíst]	구성하다[1], 일치하다	☞ inconsistency 불일치
con**sist**ent [kənsístənt]	일관된, 일치하는	☞ self-consistent 자기모순이 없는
373 con**st**ancy [kánstənsi]	불변성	1. (완전히 entirely = con) (서 있는 stand = st) + ant
con**st**ant [kánstənt]	항수, 변함없는[1], 끊임없는	☞ inconstant 일정하지 않은
374 di**st**ance [dístəns]	거리	1. 멀리 (떨어져 apart = di) (서 있는 stand = st) + ant
di**st**ant [dístənt]	멀리 있는[1]	☞ at a distance 멀리서
375 in**st**ance [ínstəns]	사례[1], 경우, 사건	1. (가까이 near = in) (서 있어서 stand = st)
in**st**antiate [instǽnʃièit]	예를 들어 설명하다	쉽게 이해할 수 있는 본보기 + ance
for in**stance**	예를 들면	☞ a specific instance 특정한 경우
376 in**st**ant [ínstənt]	순간, 즉각적인[1]	1. (가까이 near = in) (서서 stand = st) 대응하는 + ant
in**st**antaneous	즉각적인	☞ instantly 즉시 　☞ instant food 즉석 식품
377 in**sti**tution [ìnstətjúːʃən]	기관, 시설, 제도, 설립	1. (안에 in) (세워진 stand = sti) 건물 + tu + te
in**sti**tute [ínstətjùːt]	기관[1], 협회, 학교, 연구소	☞ a financial institution 금융 기관
	설립하다, 임명하다	☞ a research institute 연구 기관
in**sti**tutional	기관의, 제도의	☞ an institutional investor 기관 투자자
378 **academ**y [əkǽdəmi]	학회, 협회[1], 학원	1. 플라톤이 학문을 가르친 (숲 Academia = academ) + y
academic [ækədémik]	학업의, 학문의	☞ Military Academy 육군사관학교

379	**sub**stance [sʌ́bstəns]	본질[1], 물질, 중요성	1. (아래에 under = **sub**) (서 있는 stand = **st**)
	substantial [səbstǽnʃəl]	중요한, 많은, 물질의	근본적인 성질 + **ance**
			☞ foreign substance 이물질
380	**sub**stitution	대체, 대용	1. 대체용으로 (아래에 under = **sub**)
	substitute [sʌ́bstitjùːt]	후보 선수, 대체품[1]	(세워 놓은 stand = **sti**) 것 + **tu** + **te**
		대신하다	☞ substitutional goods 대체재
	substitutional	대체하는	☞ complementary goods 보완재
381	**sub**sistence [səbsístəns]	최저생활	1. 평균 (아래에 under = **sub**) (서서 stand = **sist**) 생활하다
	subsist [səbsíst]	근근이 살다[1]	☞ subsistence wage 최저 임금
382	**super**stition [sùːpərstíʃən]	미신[1]	1. 인간의 이성을 (넘어서 above = **super**)
	superstitious	미신적인	(서 있는 stand = **sti**) 것에 대한 믿음 + **t** + **ion**
383	**dest**ination [dèstənéiʃən]	목적지[1]	1. 도착지점에 (완전히 entirely = **de**) (서 있는 stand = **st**)
	destiny [déstəni]	운명	장소 + **in** + **at** + **ion**
	destine [déstin]	운명 짓다	☞ destined 운명에 처한 ☞ doomed 운이 다한
384	**ob**stacle [ábstəkəl]	장애물[1], 저항	1. (앞에 front = **ob**) (서서 stand = **sta**) 진행을 막는 것 + **cle**
			☞ obstacle removal 장애물 제거
385	**ob**stinacy [ábstənəsi]	완고함, 고집	1. 확고한 의견 (옆에 beside = **ob**) (서 있는 stand = **st**)
	obstinate [ábstənit]	고집 센, 완강한[1]	+ **in** + **ate**
			☞ an obstinate will 집요한 의지
386	**in**sistence [insístəns]	주장, 고집	1. 확고한 의견 (위에 upon = **in**) (서 있다 stand = **sist**)
	insist [insíst]	주장하다[1], 고집하다	☞ insistingly 강요하듯이
	insistent [insístənt]	주장하는, 계속되는	☞ insistent demands 꾸준한 수요
387	**per**sistence [pəːrsístəns]	지속, 끈기	1. (끝까지 through = **per**) 계속 (서 있다 stand = **sist**)
	persist [pəːrsís]	지속하다[1]	☞ nonpersistent 지속성이 없는, 일시적인
	persistent [pəːrsístənt]	끈질긴, 지속되는	☞ persistent drought 지속되는 가뭄
388	**con**trast [kántræst]	대조, 대비	1. 2개의 대상을 (반대편에 against = **contra**) (세우다 stand = **st**)
		대조하다[1]	☞ on the contrary 반대로
	contrary [kántreri]	반대되는	☞ pros and cons 찬성과 반대

★ 서 있다 (3) stand = sist, st, sta, stal

389	as**sist**ance [əsístəns]	도움, 원조
	as**sist** [əsíst]	돕다, 지원하다[1]
	as**sist**ant [əsístənt]	보조자, 보조의

1. (가까이에 near = as) (서서 stand = sist) 지원하다
  ☞ financial assistance 재정적 원조
  ☞ an assistant professor 조교수

390	re**sist**ance [rizístəns]	저항
	re**sist** [rizíst]	저항하다[1]
	re**sist**ant [rizístənt]	저항하는

1. (반대 against = re) 하면서 (서 있다 stand = sist)
  ☞ irresistible 저항할 수 없는, 유혹하는
  ☞ Resistance 레지스탕스 (나치의 점령에 저항한 유럽의 지하운동)

391	**rest** [rest]	휴식[1], 나머지[2]
		쉬다, 놓여 있다
	restless [réstlis]	불안한

1. 진행하지 않고 (뒤에 back = re) (서 있는 stand = st) 상태
2. (뒤에 back = re) 남아 (서 있는 stand = st) 것
  ☞ take a rest 휴식을 취하다   ☞ political unrest 정치적 불안

392	ec**sta**sy [ékstəsi]	황홀감
	Ecstasy	(마약) 엑스터시
	ec**sta**tic [ekstǽtik]	황홀한[1]

1. 기뻐서 영혼이 몸 (밖으로 out = ec) 나가 (서 있는 stand = sta)
  + t + ic
  ☞ an ecstatic pleasure 황홀한 기쁨

393	**stal**l [stɔ:l]	마구간[1], 가판대
		꼼짝 못하다, 멎다

1. 말이 (서 있는 stand = stal) 있는 칸막이가 설치된 작은 공간 + l
  ☞ a stall holder 노점상

394	in**stal**lation	설치, 시설
	in**stal**l [instɔ́:l]	설치하다[1]

1. 공간 (안에 in) 건물이나 프로그램을 (세워 넣다 stand = stal) + l
  ☞ install equipment 장비를 설치하다
  ☞ uninstall 삭제하다

395	in**stal**lment	할부[1], 1회분, 할부의
	[instɔ́:lmənt]	

1. (가판대 stall) (안에서 in) 여러 번 나누어 지불하는 방식 + ment
  ☞ installment plan 할부 판매

396	**st**ability [stəbíləti]	안정
	stabilize [stéibəlàiz]	안정시키다
	stable [stéibl]	마구간[1], 안정적인[2]

1. 말이 (서 있는 stand = st) 장소 + able
2. 말이 편안하게 (서 있을 stand = st) 수 있는 + able
  ☞ unstable 불안정한

397	**horse**	말
	horsepower	마력 (동력 단위)
	horseman	기수

  ☞ mare 암말, 암당나귀   ☞ zebra 얼룩말
  ☞ ass 당나귀, 엉덩이, 멍청이
  ☞ pony 조랑말   ☞ ponytail 포니테일, 드리운 머리

398	**knight** [nait]	기사[1]
	knighthood [náithùd]	기사 작위

1. 왕 또는 주인을 따르는 (하인, 소년, 젊은이 boy = knight)
  ☞ knightly 기사다운

399	**chival**ry [ʃívəlri]	기사들[1], 기사도 정신[2]
	chivalrous [ʃívəlrəs]	정중한

1. (말 horse = chival)을 타는 기사들의 무리 + ry
2. 여성에 대한 남성의 정중한 예의

400	**caval**ry [kǽvəlri]	기병대[1]	1. (말 horse = **caval**)을 타고 싸우는 병사들의 무리 + **ry**
	cavalryman	기병	☞ a police cavalryman 기병 경찰관
	cavalier [kæ̀vəlíər]	기사	☞ cavalierism 기사도 정신

서 있는 막대 기둥 post = po, pol

401	**post** [poust]	기둥[1], 위치, 우편물	1. 집 (앞에 front = **po**) (서 있는 stand = **st**) 말을 묶는 기둥
		게시하다[2], 발송하다[3]	2. 공지할 내용을 (기둥 **post**)에 붙이다
	postage [póustidʒ]	우편 요금	3. 말을 타고 가서 편지를 (기둥 **post**) 아래에 놓다
	postman [póustmən]	집배원	☞ postal service 우편 사업 ☞ postal code 우편 번호

| 402 | **pole** [poul] | 막대기, 기둥, 극[1] | 1. 지구 (자전축 또는 기둥 post = **pol**)의 양쪽 끝 + **e** |
| | flag**pole** [flǽˈgpou̖l] | 깃대 | ☞ the South Pole 남극   ☞ the North Pole 북극 |

403	**pol**arization	양극화	1. 지구 (자전축이나 기둥 post = **pol**)의 한쪽 끝에 있는 + **ar**
	polarize [póuləràiz]	양극화하다	☞ polaroid 인조 편광판
	polar [póulər]	극지방의[1]	☞ polar expedition 극지 탐험

| 404 | **pulle**y [púli] | 도르래[1] | 1. (막대기 pole = **pulle**) 축에 끼우는 바퀴 + **y** |
| | **per**ch [pəːrtʃ] | 횃대, 앉아서 쉬다[2] | 2. 새가 (막대기 pole = **per**) 위에서 쉬다 + **ch** |

| 405 | **gaug**e [geidʒ] | 치수, 측정기[1], 측정하다 | 1. 측정에 사용되는 (막대기 pole = **gaug**) + **e** |
| | **gaug**eable [géidʒəbl] | 측정할 수 있는 | ☞ a gauge board 계기판 |

| 406 | **beam** [biːm] | 기둥, 광선[1], 활짝 웃다 | 1. (기둥 pole = **beam**)처럼 일직선으로 뻗어나가는 빛 |
| | **beam**ing | 빛나는, 기쁨에 넘친 | ☞ sunbeam 햇살   ☞ a high beam 상향등 |

뾰족한 막대기 stick = fin, peak, pick, pik, spear, spir, spik

| 407 | **spear** [spiər] | 창[1], 작살, 찌르다 | 1. 끝이 뾰족한 사냥용 (막대기 pole = **spear**) |
| | **spear**head | 선봉, 선봉에 서다 | ☞ spearman 창병, 창 쓰는 사람   ☞ a fish spear 작살 |

408	**spir**e [spaiər]	첨탑[1], 소용돌이	1. (창 spear = **spir**)처럼 끝이 뾰족한 교회의 탑 + **e**
	spiral [spáiərəl]	나선형, 나선형의[2]	2. (휘감아 도는 turn = **spir**) + **al**
			☞ a spiral staircase 나선형 계단

409	**lance** [læns]	긴 창[1], 작살, 찌르다	1. 기병들이 사용하는 (긴 창 long spear = **lance**)
	free**lance** [friːlæns]	프리랜서로 일하다	2. 군주와 (자유 free) 계약을 맺은 (창 spear = **lance**)병 + **r**
	free**lance**r	프리랜서[2], 자유계약자	☞ lancer 창기병

410	**laun**ching **laun**ch [lɔːntʃ]	발사, 착수, 출시, 발간 발사하다, 시작하다[1] 출시하다, 발간하다	1. (창 lance = **laun**)을 던지며 전쟁을 시작하다 + **ch** ☞ orbital launching 궤도발사 ☞ launch social reforms 사회 개혁을 착수하다
411	**pik**e [paik] **spik**e [spaik] **spok**e [spouk]	창, 가시, 찌르다[1] 뾰족한 못[2], 찌르다 바퀴살	1. 가늘고 끝이 뾰족한 (창 spear = **pik**)으로 찌르다 + **e** 2. (창 spear = **spik**)처럼 가늘고 끝이 뾰족한 큰 못 + **e** ☞ spiky 뾰족뾰족한, 성을 잘 내는
412	**peak** [piːk]	절정, 정점, 산꼭대기[1]	1. (창 spear = pike = **peak**)처럼 끝이 뾰족한 모양의 산꼭대기 ☞ peak season 성수기 ☞ off season 비수기, 비수기의
413	**pick** **pick**et [píkit] tooth**pick** [tuːθpɪk]	고르다, 따다[1], 뽑다[1] 팻말[2], 시위하다 이쑤시개	1. (창 pike = **pick**)처럼 끝이 뾰족한 도구로 찌르고, 따고, 뽑다 2. (창 pike = **pick**) 모양의 자루가 달린 (작은 small = **et**) 널빤지 ☞ pickpocket 소매치기
414	**peck** [pek] **peck**er [pekər]	쪼다[1] 쪼는 사람, 곡괭이	1. (창 pike = **peck**)처럼 끝이 뾰족한 부리로 쪼다 ☞ woodpecker 딱따구리 ☞ pecking order 먹이 쪼는 서열
415	**fin** [fin] **fin**ny [fíni]	지느러미[1], 물갈퀴 지느러미가 있는	1. 물고기의 몸 밖으로 튀어나온 (창 pike = **fin**)처럼 뾰족한 것 ☞ shark fin 상어 지느러미
416	**pinn**acle [pínəkəl] **pin**point [ˈpɪnpɔɪnt]	작은 첨탑[1], 정점 콕 집어내다, 정확한	1. (창 pike = **pinn** + a)처럼 뾰족하게 돌출한 (작은 small = **cle**) 탑 ☞ clothespin 빨래집게
417	**spin**e [spain] **spin**al [spáinl] **spin**ach [spínitʃ]	척추, 등뼈, 가시[1] 척추의, 가시의 시금치[2]	1. (핀 pin = **spin**)처럼 끝이 뾰족한 모양으로 돋아난 것 + **e** 2. (가시 spine = **spin** + a)가 있는 열매를 맺는 시금치 + **ch** ☞ spinal cord 척수, 등골

★ 구멍이 나도록 찌르다 prick = pinc, pit, poin, punc, pung

418	**prick** [prik] **prick**le [príkəl]	찌르기, 따끔거림, 찌르다 뾰족한 끝, 따끔거리다	☞ prickly 가시가 있는 ☞ prick an arm 팔을 찌르다
419	em**bezzl**ement em**bezzl**e [embézəl]	착복, 횡령 착복하다[1]	1. 타인의 돈을 주머니 (안으로 into = **em**) (찔러 prick = **bezzl**) 넣다 + **e** ☞ crime of embezzlement 횡령죄
420	**pit**ch [pitʃ] **pit**cher [pítʃər]	정점, 음 높이, 던지다[1] 투수, 주전자	1. 최대의 힘으로 (찌르듯이 prick = **pit**) 던지다 + **ch** ☞ high-pitched 매우 높은 ☞ pitch-black 매우 어두운

421 **pung**ency	얼얼함, 자극	1. 날카롭게 (찌르는 prick = pung) 냄새나 맛이 나는 + ent
pungent [pʌ́ndʒənt]	톡 쏘는[1], 날카로운	☞ a pungent odor 자극성 냄새
422 **punc**ture [pʌ́ŋktʃər]	구멍, 펑크, 구멍 내다[1]	1. 뾰족한 것으로 (찔러 prick = punc) 구멍을 내다 + t + ure
acu**punc**ture	침술[2]	2. 바늘을 피부에 (날카롭게 sharp = acu)
acu**punc**turist	침술사	(찔러 prick = punc) 병을 고치는 기술 + t + ure
423 **punc**tuation	구두법, 구두점[1]	1. 문장을 마치거나 쉴 때 (찍는 prick = punc)
punctuate	구두점을 찍다	마침표와 쉼표 등의 구두점 + tu + at + ion
[pʌ́ŋktʃuèit]		☞ mispunctuate 구두점을 잘못 찍다
		☞ a punctuation mark 구두점
424 **punc**tuality	시간 엄수	1. (콕 찍은 prick = punc) 시간에 정확히 도착하는 + tu + al
punctual [pʌ́ŋktʃuəl]	시간을 잘 지키는[1]	☞ unpunctual 시간을 지키지 않는
425 **punc**h [pʌntʃ]	구멍 뚫는 도구, 주먹질	1. 구멍이 나도록 (찌르다 prick = punc) + h
	구멍을 뚫다[1], 치다	☞ a hole punch 구멍 뚫는 기구
counter**punc**h	반격	☞ counterattack 반격, 반격하다
[káuntərpʌ̀ntʃ]		☞ counterblow 반격
426 **poin**t [pɔint]	점[1], 요점, 가리키다[2]	1. 뾰족한 것으로 (찌른 prick = poin) 작은 자국 + t
pointless [pɔintləs]	무의미한	2. 손가락으로 (찌르며 prick = poin) 대상을 가리키다 + t
point out	가리키다, 지적하다	☞ point-blank 단도직입적인, 딱 잘라 말하는
427 ap**poin**tment	지명, 약속	1. 만나기 위해 특정 시간을 (향해 to = ap) (가리키다 point)
ap**poin**t [əpɔ́int]	약속하다[1], 지명하다[2]	2. 특정한 사람을 (향하여 to = ap) (가리키다 point)
ap**poin**tee [əpɔ̀intíː]	지명된 사람	☞ appoint a mediator 중재자를 임명하다
428 dis**appoin**tment	실망	1. (지명 appoint)를 (취소해서 undo = dis) 실망시키다
dis**appoin**t [dìsəpɔ́int]	실망시키다[1]	☞ disappointing 실망스러운 ☞ disappointed 실망한
429 **pinc**h [pintʃ]	꼬집기, 꼬집다[1], 죄다	1. 피부의 특정 (지점 point = pinc)을 집어 비틀다 + h
pincette [pænsét]	핀셋	☞ a pinch hitter (야구) 지명타자, 내역
pincers [pínsərz]	펜치	☞ These new shoes pinch. 이 새 신발이 죄어 발이 아프다.

뚫고 지나가다 through = fer, pene, pierc

430 **pierc**ing	뚫은 구멍, 찢는 듯한	1. 피부 등을 (뚫고 through = pierc) 지나가다 + e
pierce [piərs]	뚫다[1]	☞ a pierced earring 귓볼을 뚫어서 다는 귀고리
trans**pierc**e [trænspíərs]	꿰뚫다, 관통하다	☞ piercing eyes 꿰뚫어 보는 듯한 날카로운 눈

431 inter**fer**ence [intərfíərəns] 간섭, 방해　　　　1. (중간에 between = **inter**) (뚫고 pierce = **fer**) 들어가다 + **e**
　　inter**fer**e [intərfíər] 　간섭하다, 방해하다[1]　　☞ noninterference 불간섭
　　inter**fer**ential 　　　　간섭의　　　　　　☞ have no right to interfere 간섭할 권리가 없다

432 **pene**tration [pènətréiʃən] 침투, 관통　　　1. 가장 안쪽까지 (뚫고 pierce = **pene**) 들어가다 + **tr** + **ate**
　　penetrate [pénətrèit] 　침투하다[1], 관통하다[1]　☞ market penetration 시장 침투
　　penetrative [pénətrèitiv] 관통하는　　　　☞ penetrative weapons 관통하는 무기

61

이득을 얻다 gain = merit, vi

433 **gain** [gein] 이득[1], 증가, 얻다 1. 사냥, 경작의 결과물을 팔아서 얻는 (이득 profit = **gain**)
(시계) 빠르다 ☞ gainful 돈벌이가 되는
regain [rigéin] 되찾다, 회복하다 ☞ gain by ten minutes a day 하루에 십 분 빨리 가다

434 **mer**it [mérit] 가치, 공적[1], 장점 1. 행동의 결과로 (얻게 되는 이익 gain = **mer**) + i + t
가치 있다 ☞ a merit system 실적평가제
demer**it** [di:mérit] 단점, 약점, 벌점 ☞ relative merit 상대적인 장점

435 **inv**itation [invətéiʃən] 초대 1. 즐거움을 (얻기 gain = **vi**) 위해 손님이 (안으로 **in**) 오도록
invite [inváit] 초대하다[1], 초래하다 간청하다 + **te**
invitatory [inváitətɔ̀:ri] 초대의 ☞ an invitational card 초대장

436 **recipro**city [rèsəprásəti] 상호 이익, 상호 관계 1. 가치가 동등한 물건들이 (뒤로 back = **re** + **ci**)
reciprocate [risíprəkèit] 주고받다[1] (앞으로 forward = **pro**) 왔다 갔다 하다 + **c** + **ate**
reciprocal [risíprəkəl] 상호간의 ☞ reciprocal altruism 상호 이타주의

소 cattle = fe, feu, fie

437 **fie**f [fi:f] 봉지[1] 1. (소 cattle = **fie**)와 함께 경작하도록 빌려 준 땅 + **f**
fee [fi:] 요금[2], 수수료, 회비 2. 소작농이 (소 cattle = **fe**)를 이용해 봉지를 경작하는
serf [sə:rf] 농노[3] 대가로 영주에게 바치는 소작료 + **e**
3. 농장에서 노동을 제공하는 (하인 servant = **serf**)

438 **feu**d [fju:d] 영지[1], 불화 1. 영주가 왕에게서 받은 (소 cattle = **feu**)로 경작하는 땅 + **d**
feudal [fjú:dl] 봉건적인, 봉건 제도의 2. 소의 소유권 때문에 (불화 feud = **fo**)를 야기하는 사람 + **e**
foe [fou] 적[2], 장애가 되는 것 ☞ feudalism 봉건 제도

439 **re**pay**ment** [ripéimənt] 상환 1. 남에게 빌린 것을 (되돌려 back = **re**) (지불하다 **pay**)
repay [ripéi] 갚다[1] ☞ repayment period 상환 기간
payback 자금 회수, 보상, 보복 ☞ repay the pains 노고에 보답하다

440 **pay**check [pei`ʧek] 급료, 급료 지불 수표[1] 1. 급료로 (지불하는 **pay**) (수표 check)
payroll [pei`roul] 급여 대상 명단[2] 2. 급료 (지불 **pay**) 대상자 이름이 적힌 (둘둘 말린 **roll**) 명부
급여 총액 ☞ two-paycheck 맞벌이의
☞ payroll costs 인건비

441 **pay**off [pei`ɔf] 지불, 보상, 보복 1. 돈 또는 원한을 (갚고 **pay**) 그 상황에서 (떨어져 **off**)
pay off 보람이 있다[1], 해고하다 나와서 보람이 있다
다 갚다, 성과를 올리다 ☞ mortgage payoff 담보대출금 상환

빚지다 owe = deb, due, dut, pi

442 **deb**t [det]   빚, 부채[1]   1. (빚진 owe = **deb**) 돈 + t
     in**deb**t [indét]   빚지게 하다   ☞ debtor 채무자, 차변   ☞ creditor 채권자, 대변

443 en**deav**or   노력, 애씀   1. (빚 debt = **deav**) 갚는 것을 의무로 (만들다 make = en) + or
     [endévər]   노력하다[1]   ☞ a collective endeavor 집단적 공동 노력

444 **dut**y [djú:ti]   세금[1], 의무, 임무   1. 국가에 갚아야 할 (빚 debt = **dut**) + y
     dutiful [djú:tifəl]   의무를 다하는   ☞ duty-free 세금이 없는   ☞ off-duty 근무 중이 아닌

445 **due**s   회비, 요금   1. (빚 debt = **due**)을 지급할 기한이 되어서 갚아야 할
     due [dju:]   예정인, 갚아야 할[1]   ☞ duly 적절한 때에

446 over**due** [oʊvərˈduː]   기한이 지난[1]   1. (빚 debt = **due**)을 지급할 기한이 (지난 over)
     un**due** [ʌnduː]   지불기한 이전의, 부당한   ☞ due date 만기일, 출산 예정일   ☞ due to 때문에

447 **pi**ty [píti]   연민, 동정심[1], 유감   1. 불쌍한 사람들에 대해 느끼는 (의무감 duty = **pi**) + t + y
     pitiful [pítifl]   측은한, 연민을 느끼는   2. 신, 국가, 부모에 대한 (의무감 duty = **pie**) + t + y
     piety [páiəti]   신앙심[2], 애국심[2], 효심[2]   ☞ a pitiful fate 가엾은 운명

448 **yield** [ji:ld]   산출량, 생산량, 총수익   1. (빚 debt = **yield**)을 갚기 위해 농작물을 생산하다
     산출하다[1], 양도하다   ☞ crop yield 곡물 수확량
     굴복하다   ☞ dividend yield ratio 배당 수익률
     yieldable   산출할 수 있는   ☞ yield to temptation 유혹에 굴복하다

449 **guilt** [gilt]   죄책감, 유죄   1. (빚 debt = **guilt**)을 갚지 못해서 죄책감을 느끼는 + y
     guilty [gílti]   죄책감을 느끼는[1], 유죄의   ☞ innocent 무죄의, 순진한

★ 상품을 교환하다 trade = merc, mark

450 **mark**et [mάːrkit]   시장[1], 팔다   1. 가축과 곡식을 (교환하는 trade = **mark**) 장소 + et
     flea market   벼룩시장[2]   2. (벼룩 flea)이 있을 정도로 오래된 물품을 파는 (시장 market)
     niche market   틈새시장   ☞ stock market 주식시장
     marketplace   시장, 장터   ☞ black market 암시장

451 **mark**eting [mɑːrkitiŋ]   마케팅[1], 판매활동   1. 상품을 (판매하기 market) 위한 다양한 활동들 + ing
     tele**mark**eting   원거리 판매   ☞ a marketing strategy 마케팅 전략

452	**bazaar** [bəzáːr]	바자[1], 시장	1. 페르시아 지역의 (시장 market = **bazaar**)
	mall [mɔːl]	쇼핑몰, 산책길[2], 망치	2. 가로수가 있는 (산책로 open alley = **mall**)

453	**merch**andise	상품, 판매하다	1. 구입한 상품을 다시 (교환하는 trade = **merch**) 방식으로
	merchant [məːrtʃənt]	상인[1], 무역의, 상인의	이익을 얻는 사람 + **ant**
	merchandiser	상인	☞ general merchandise 잡화

454	com**merc**e [kámərs]	상업[1], 통상	1. (함께 with = **com**) 상품을 (교환하는 trade = **merc**) 행위 + **e**
	e-com**merc**e	전자 상거래	☞ chamber of commerce 상공 회의소

455	com**merc**ialization	상업화, 상품화	☞ media commercialism 언론의 상업화
	com**merc**ialize	상업화하다	☞ commercialization of leisure 여가의 상업화
	com**merc**ial [kəməːrʃəl]	상업의, 상업 광고	☞ commercial morality 상업상의 도덕
	com**merc**ialism	상업주의	☞ excessive commercialism 지나친 상업주의

456	**merc**y [məːrsi]	자비[1]	1. 가난한 사람에게 (상품 merchandise = **merc**)을 주는 행위 + **y**
	merciful [mɜːrsɪfl]	자비로운, 다행스러운	☞ at the mercy of ~에 좌우되는

457	**Merc**ury	수성, 상인의 신[1]	1. (상업 commerce = **Mercury**)을 관장하고 신의 심부름을
	mercury [məːrkjəri]	수은	신속하게 전달하는 수성의 이름을 딴 신
	quick silver	수은[2]	2. 상온에서 액체 상태로 심부름꾼처럼 (신속하게 **quick**)
			움직이는 (은백색 **silver**)의 금속

열을 가하다 boil = brew, bri, bro, broi

458	**brew** [bruː]	양조 맥주	1. 곡물을 (끓이고 boil = **brew**) 발효시켜
		끓이다, 양조하다	술, 간장, 식초 따위를 만드는 공장 + **ery**
	brewery [brúːəri]	양조장[1], 맥주 공장	☞ brew coffee 커피를 끓이다
			☞ ferment 발효되다, 발효시키다

459	**bro**th [brɔθ]	수프, 죽[1]	1. 육류, 생선, 채소를 약한 불에 (끓인 brew = **bro**) 육수 + **th**
			☞ snow-broth 질퍽하게 녹은 눈

460	**bri**de [braid]	신부[1]	1. 음식을 (끓이고 brew = **bri**) 요리하는 며느리 + **d** + **e**
	bridal [braidl]	신부의	☞ a bridal veil 신부의 면사포
	bridesmaid [braidzmeid]	신부 들러리	☞ a bridal shower 신부 친구들이 선물 하는 축하 파티

461	**bri**degroom [bráidgrùm]	신랑[1]	1. (신부 bride)를 돌보는 (젊은 남자 youth = **groom**)
	groom [grum]	마부, 신랑, 돌보다	☞ groomer 동물 조련사
	groomsman	신랑 들러리	☞ groom a horse 말을 손질하다

462	**broil** [brɔil]	굽기, 굽다[1]	1. 식품, 도자기 등에 직접 (열을 가하다 brew = **broi**) + l
	broiling	타는 듯이 뜨거운	☞ em**broil** 휩쓸어 넣다, 휘말리게 하다
	broiler [brɔilər]	굽는 기구	☞ **broil** a steak 스테이크를 굽다

463	**broo**d [bru:d]	(한 배에서 태어난) 새끼들	1. 알을 품속에 넣어 (열을 가하다 brew = **bro** + o) + d
		알을 품다[1], 생각하다[2]	2. 새가 (알을 따뜻하게 품으며 **brood**) 곰곰이 생각하다
	brooder [brú:dər]	인공 부화기	☞ **brood**ingly 생각에 잠겨, 시무룩해서

464	**bree**d [bri:d]	품종, 새끼 낳다, 양육하다[1]	1. 새끼를 (따뜻하게 품으며 **brood** = **bree**) 기르다 + d
	breeder [bri:dər]	사육자	☞ a **breed**ing ground 번식지, (나쁜 것의) 온상
	cross**bree**d [krɔ:sbri:d]	잡종, 이종 교배하다	☞ Poverty **breed**s strife 가난은 불화를 낳는다

465	hy**brid**ization	이종 교배	1. 암퇘지와 멧돼지를 (상호 between = **hy**)
	hy**brid** [háibrid]	잡종[1], 혼합물	이종 교배한 (품종 breed = **brid**)
	hy**brid**ize [haibridaiz]	잡종을 만들다	☞ a **hybrid** vehicle (휘발유와 전기 병용의) 자동차

열 heat = calm, fer, ferv, fev, ther

| 466 | **fev**er [fí:vər] | 열[1], 흥분 | 1. 질병으로 인해 발생하는 (열 heat = **fev**) + er |
| | **fev**erish [fí:vəriʃ] | 열이 나는, 몹시 흥분한 | ☞ yellow **fever** 황열병 |

| 467 | **ferv**ency [fə́:rvənsi] | 열렬, 열성 | 1. 신체에 (열 fever = **ferv**)이 날 정도로 열성적인 + ent |
| | **ferv**ent [fə́:rvənt] | 열렬한[1] | ☞ **fervent** patriotism 열렬한 애국심 |

468	**fer**mentation	발효 작용, 인심의 동요	1. 발효 과정에서 (열 fever = **fer**)로 인해
	ferment [fə́:rment]	효모, 발효	거품이 발생하다 + ment
		발효되다[1], 발효시키다	☞ **ferment**ation microbiology 발효 미생물학

469	**ther**mal [θə́:rməl]	상승 온난 기류	1. (열 heat = **ther**)이 올라오는 + m + al
		열의[1], 온천의	2. (땅 land = **geo**)에서 나오는 (열 heat = **ther**)의 + m + al
	geo**ther**mal [dʒi:ouθə́:rməl]	지열의[2]	☞ **thermal** water 온천수

470	**ther**mograph [θə́:rməgræf]	온도 기록계[1]	1. (열 heat = **ther** + mo)을 (기록하는 write = graph) 기구
	thermometer [θərmámitər]	온도계, 체온계	☞ a centigrade **thermometer** 섭씨 온도계
	thermostat [θə́:rməstæt]	온도 조절 장치	☞ a **thermos** bottle 보온병

471	**cal**mness [ká:mnis]	고요, 침착	1. 태양 (열기 heat = **cal**) 아래에서 휴식을 취하는 + m
	calm [ka:m]	진정시키다, 차분한[1]	☞ a **calm**ing effect 진정 효과
			☞ **calm** down 진정하다, 진정시키다

472 **seren**ity [sirénəti]　　　고요함, 맑음, 평온함　　　1. 구름과 습기가 없이 평화롭고 (차분한 calm = **seren**) + **e**
　　　Serenity　　　　　　　　전하 (왕의 경칭)　　　　　☞ the serenity of her mind　그녀 마음의 평온함
　　　serene [sirí:n]　　　　　평온한, 차분한[1]　　　　☞ serene weather　맑은 날씨

물이 없어서 마른 dry = ari, drai, drough

473	**drai**nage [dréinidʒ]	하수, 배수 징치	1. 물을 밖으로 빼내 (마르게 dry = drai) 하다 + n
	drain [drein]	배수, 배수하다[1]	☞ a drainage pipe 배수관
	drainpipe [dreɪnpaɪp]	배수관, 홈통	☞ brain drain 두뇌 유출

474	**drough**tiness [dráutinis]	건조함	1. 물이 부족해서 (마른 dry = drough) 상태 + t
	drought [draut]	가뭄[1]	☞ drought-ridden 가뭄에 시달리는

475	**ari**dity [ərídəti]	건조	1. 매우 (마른 dry = ari) + d
	arid [ǽrid]	메마른[1], 무미건조한	☞ an arid region 건조 지대

얼어서 물의 흐름이 멈춘 freeze = crus, crys, fri, fros

476	**fri**gidity [frìdʒídəti]	한랭, 냉담	1. (얼어붙을 freeze = fri) 정도로 추운 + **gi** + d
	frigid [frídʒid]	몹시 추운[1]	☞ a frigid zone 빙설대, 한대

477	re**fri**geration	냉장	1. (다시 again = re) (얼 freeze = fri) 정도로
	re**fri**gerate [rifrídʒərèit]	냉장하다[1]	차갑게 만들다 + **ger** + ate
	re**fri**gerator [rifrídʒərèitər]	냉장고	☞ fridge 냉장고 ☞ freezer 냉동고

478	**fros**t	서리[1], 서리 내리다	1. 증기가 표면에 (얼어서 freeze = fros) 생긴 잔얼음 + t
	perma**fros**t [pəˈːrməfrɔ̀ːt]	영구 동토층[2]	2. 1년 (내내 through = perma) (얼어 freeze = fros) 있는
	de**fros**t [diːfrɔ́ːst]	서리를 제거하다	지대 + t
			☞ frosty 싸늘한, 서리가 내리는

479	**crus**t [krʌst]	딱딱한 껍질[1], 지각	1. 부드러운 내부를 감싸는 (얼어 freeze = crus) 있는
	en**crus**t [enkrʌ́st]	외피로 덮다	상태처럼 딱딱한 층 + t
	crustacean [krʌstéiʃən]	갑각류	☞ crusted habits 굳어버린 습관

480	**crys**tallinity [krìstəlínəti]	결정도, 투명함	1. 얼음처럼 투명하고 (딱딱한 층 crust = crys)으로
	crystal [krístl]	결정체, 유리, 수정[1]	구성된 광물질 + t + al
	crystallize [krístəlàiz]	결정체를 이루다	☞ liquid crystal 액정

얼어붙게 만들 정도로 차가운 cold = chill, cool

481	**chill** [ʧil]	냉기[1], 오싹한 느낌	1. 떨게 만들 정도의 (찬 cold = chill) 기운
		오싹하게 만들다, 쌀쌀한	☞ the chill of early dawn 이른 새벽의 냉기
	chilly [ʧíli]	쌀쌀한, 오싹한	☞ a chilly reaction 냉담한 반응

482	**glac**ier [gléiʃər]	빙하[1]	1. 언 상태로 움직이는 (얼음 ice = **glaci**) 덩어리 + **er**
	glacial [gléiʃəl]	빙하의, 빙하기의	☞ glacialist 빙하학자
			☞ glaciology 빙하학

483	**ice**berg [áisbəːrg]	빙산[1]	1. (얼음 **ice**) (산 mountain = **berg**)
	icicle [áisikəl]	고드름	☞ tip of the iceberg 빙산의 일각

어떤 what = qu

484	**qu**ality [kwáləti]	품질[1], 자질, 품질이 좋은	1. (어떤 what = **qu**) (종류 kind = **al**)의 상태를
	qualitative [kwálitèitiv]	질적인	알려주는 것 + **ity**
			☞ quality time 귀중한 시간

485	**qu**alification	자격	1. (어떤 what = **qu**) (종류 kind = **al** + **i**)를
	qualify [kwáləfài]	자격을 얻다[1], 자격을 주다	(만들기 make = **fy**) 위해 필요한 자격을 얻다
	qualifiable [kwántəfàiəbl]	적격인	☞ disqualification 자격 박탈, 무자격

486	**qu**antity [kwántəti]	양, 수량[1], 다수, 다량	1. (어떤 what = **qu**) (크기 size = **ant**)인지 알려주는 것 + **ity**
	quantify [kwántəfài]	수량화하다	☞ a considerable quantity 상당히 많은 양
	quantitive [kwántətiv]	양적인	☞ quantitative 양적인

487	**qu**otation [kwoutéiʃən]	인용, 견적	1. (어떤 what = **qu** + **o**) 책에서 내용을 가져오다 + **te**
	quote [kwout]	인용하다[1], 견적을 내다	☞ a quotation mark 인용-부호, 따옴표 (" ")

488	wh**ether** [hwéðər]	~인지 아닌지[1]	1. 둘 중 (어떤 what = **wh**) (하나 either = **ether**)이든지 간에
	either [íːðər]	둘 중 어느 하나	2. 둘 중 어떤 (하나 **either**)에도 속하지 (않는 not = **n**)
	n**either** [níːðər]	둘 중 어느 것도 아닌[2]	☞ neither A nor B A와 B 둘 다 아닌

489	**neutra**lity [njuːtrǽləti]	중립	1. (한쪽 either = uter = **utr**)에 속하지 (않는 not = **ne**) + **al**
	neutralize [njúːtrəlàiz]	무효화하다, 중화시키다	☞ neuter 거세하다, 중성의
	neutral [njúːtrəl]	중립의[1]	☞ gender neutral 남녀의 구별이 없는

두드려 만든 형태 type = typ

490	**typ**e [taip]	유형, 종류, 형태[1], 활자	1. (두드려서 strike = **typ**) 만든 형태 + **e**
		타자 치다, 분류하다	☞ typewriter 타자기, 타자수
	typical [típikəl]	전형적인, 보통의	☞ typist 타자수

491	a**typ**icality	특이함	1. 일반적인 (형태 type = **typ**)가 (아닌 not = **a**) + **ic** + **al**
	a**typ**ical [eitípik]	이례적인[1]	☞ an atypical behavior 이상 행동

492	prototype [próutoutàip]	원형[1]	1. (최초의 first = proto) (형태 type)
	genotype [dʒénoutàip]	유전자형[2]	2. (유전자 gene = geno)의 구성 (형질 type)
	phenotype [fíːnətàip]	표현형[3]	3. 환경과 (관련되어 pertain = pheno) 발현하는
			유전 (형질 type)

493	stereotype [stériətàip]	금속 인쇄판, 고정관념[1]	1. 어떤 (형태 type) 안으로 (굳어진 solid = stereo) 생각
		고정관념을 형성하다	☞ reinforce a stereotype 틀에 박힌 생각을 강화하다
	stereotypical	틀에 박힌, 진부한	☞ a stereotypical phrase 상투적 문구

494	click [klik]	클릭하다	1. (금속 인쇄판 stereotype)을 만드는 과정에서
		딸깍 소리를 내다[1]	(딸깍 소리 click)를 내다
	cliché [kliʃéi]	상투적인 표현[2]	2. (금속 인쇄판 stereotype = click = cliché)에 박혀 있는 문구

★ 평평하고 얇은 판자 board = bank, bord, tab

495	board [bɔːrd]	하숙하다[1]	1. (판자 board)로 만든 식탁에서 식사를 제공받다
	boarder [bɔ́ːrdər]	기숙사생, 하숙인	2. (판자 board) 탁자에서 (이사들 directors)이 참여하는 회의
	board of directors	이사회[2]	☞ boarding school 기숙학교 ☞ boarding house 하숙집

| 496 | board [bɔːrd] | 판자, 판, 탑승하다 | 1. (판자 board)로 만든 배의 바닥 (위로 on = a) 들어가는 |
| | aboard [əbɔ́ːrd] | 탑승한[1] | ☞ a boarding pass 탑승권 |

497	clipboard [klípbɔ̀ːrd]	클립보드[1]	1. 종이를 (끼우는 집게 clip)가 달린 (판 board)
	billboard [biˈlbɔˌrd]	옥외 광고판[2]	2. (글 writing = bill)이 적힌 광고(판 board)
	cardboard [kaˈrdbɔˌrd]	판지	☞ a bulletin board 게시판
	blackboard	칠판	☞ a notice board 게시판

498	border [bɔ́ːrdər]	경계[1], 국경	1. (판자 board = bord)의 가장자리 + er
		경계를 접하다	☞ borderline 경계선, 국경선
			☞ cross-border 국경을 넘는

| 499 | table | 탁자, 판[1], 표 | 1. 필기 또는 게임 용도의 (판자 board = tab) + le |
| | tabulate [tǽbjəlèit] | 표로 만들다 | ☞ timetable 시간표 ☞ the multiplication tables 구구단표 |

| 500 | tablet [tǽblit] | 판[1], (둥글넓적한) 약 | 1. (작은 small = let) (판자 board = tab) |
| | | 메모장에 적다 | ☞ a tablet PC 휴대용 소형 컴퓨터 |

501	bank	은행[1], 둑[2]	1. 돈을 빌려줄 때 이용하는 (탁자 table = bank)
	embankment	둑, 제방	2. (등받이가 없는 긴 의자 bench = bank) 모양을 한 제방
	[imbǽŋkmənt]		☞ a bank account 예금계좌 ☞ a piggy bank 돼지 저금통

502	**bench**mark [bentʃmɑːrk]	기준점[1]	1. 수위 측정을 위해 (둑 bank = bench)에 그은 (표시 mark)
	benchmarking	벤치마킹[2]	2. 타 기업의 장점을 (기준 benchmark)으로 삼는 경영 기법
			+ ing

503	**bank**ruptcy	파산	1. 파산한 후에 돈을 거래하는 (탁자 table = bank)를
	bankrupt [bǽŋkrʌpt]	파산자, 파산한[1]	(부수는 break = rup) + t

504	**banqu**et [bǽŋkwit]	연회, 만찬[1]	1. 연회 도중 (긴 의자 bench = banqu)에 앉아 먹는 간식 + et
	bunk [bʌŋk]	(배, 기차) 침대[2]	2. 배의 내부에 있는 잠자리용 (긴 의자 bench = bunk)
	bunker [bʌŋkər]	석탄 창고, 은신처	☞ give a magnificent banquet 성대한 연회를 개최하다

나무 바구니 basket = bin, coffin, crad

505	**coffin** [kɔ́ːfin]	관, 나무 틀[1]	1. 귀중한 것을 담는 나무 (바구니 basket = coffin)
	cassette tape	카세트테이프[2]	2. (작은 small = ette) (상자 case = cass)에 넣는 (테이프 tape)
	casket [kǽskit]	관, 장식함	☞ a jewel casket 보석 상자

506	**bin**	통[1], 저장소	1. 물건이나 쓰레기를 담는 뚜껑이 달린 (바구니 basket = bin)
		버리다	☞ wastebin 쓰레기통
	dust**bin** [dʌstbin]	휴지통	☞ an overhead bin 머리 위에 있는 짐칸

507	**crad**le [kréidl]	요람[1], 아기 침대, 발생지	1. 등에 메고 다니는 (바구니 basket = crad) + le
	crib [krib]	구유, 여물통[2], 유아 침대	2. 소 여물통 (관리인 manger = crib)
	cot [kɑt]	유아용 침대	☞ cradle-to-grave 요람에서 무덤까지의 평생 복지

둘둘 말린 종이 roll = rol

508	**roll** [roul]	두루마리[1], 구르다, 굴리다	1. (둘둘 말린 roll) 종이 또는 양피지
	roller [róulər]	돌림판, 굴림대	☞ roller coaster 급변하는 상황
	rollback	역행, 물가 인하	☞ unroll 풀다, 풀리다

509	en**roll**ment	등록, 입학, 입대	1. (둘둘 말린 roll) 명부 (안에 in = en) 이름을 적어 넣다
	en**roll** [enróul]	등록하다[1]	☞ enrollment fee 입회비
	disen**roll**ment	제적	☞ enroll at college 대학에 등록하다

510	cont**rol** [kəntróul]	통제	1. 양의 숫자가 적힌 (둘둘 말린 roll = rol) 양피지를
		통제하다[1], 제어하다	양과 (대조하여 contra = cont) 확인하다
	cont**roll**able	통제 가능한	☞ control group 실험 대조군, 제어 집단

511	**rol**e [roul]	역할[1]	1. (둘둘 말린 roll = rol) 종이에 적혀 있는 배우의 역할 + e
			☞ a role play 역할극 ☞ play a role 역할을 하다

종이 paper = card, cart, chart

512 **cart**on [káːrtən]

갑, 통, 상자[1]

1. (종이 paper = **cart**)를 여러 장 붙인 판지로 만든 상자 + on

postcard

우편엽서[2]

2. (우편 post) 요금 증표를 인쇄한 편지 (용지 paper = **card**)

cartoon [kɑːrtúːn]

만화[3]

3. 두꺼운 (종이 paper = **cart**) 위에 그린 그림 + oon

---

513 **chart** [tʃɑːrt]

지도[1], 도표
기록하다

1. (종이 paper = **chart**) 위에 그린 항해용 지도
   - ☞ an organization chart 조직도
   - ☞ an uncharted area 미개척 지역
   - ☞ a bar chart 막대그래프
   - ☞ a pie chart 원그래프

---

514 **chart**er [tʃɑ́ːrtər]

헌장, 선언문, 양도증서[1]
인가하다, 전세 내다

1. 법적 효력을 적은 (작은 little = **er**) (종이 paper = **chart**)
   - ☞ a charter flight 전세 비행기

---

515 dis**card** [diskáːrd]

폐기, 폐기물
버리다[1]

1. (카드 card) 놀이에서 나쁜 패를 (멀리 away = **dis**) 버리다
   - ☞ discard a habit 습관을 버리다
   - ☞ dispose 버리다, 배치하다

dis**card**able

포기할 수 있는

판매용으로 제조된 물품 goods = ware

516 ware [wɛər] 제품[1], 용품 1. (판매용으로 제조된 물품 goods for sale = **ware**)
tableware 식기류 ☞ silverware 은제품, 은식기류
clay**ware** [kléiwɛər] 질그릇 ☞ stoneware 사기그릇
☞ earthenware 도기, 질그릇

517 hardware [hardwer] 철물[1], 컴퓨터 하드웨어 1. (딱딱한 hard) 금속 (물품 ware)
share**ware** [ʃerwer] 셰어웨어[2] 2. 소비자에게 (공유 share)하는 (소프트웨어 soft**ware**)

518 warehouse [werhaus] 창고[1] 1. 판매용 (제품 ware)을 저장하는 (장소 house)
warehousing 창고 저장, 입고 ☞ a bonded warehouse 보세 창고

만물의 근원 basic = ele, el

519 element [éləmənt] 원소[1], 요소 1. 물, 불, 흙, 공기 등 만물의 근원이 되는 4개의
elements 비바람, 폭풍우 (기본 basic = **ele**) 원소 + ment
elementary [èləméntəri] 기본적인 ☞ an elementary school (미국) 초등학교

520 pixel [píksəl] 화소[1] 1. (사진 picture = **pix**)의 (기본 요소 element = **el**)인
pix**el**ate [píksəlèit] 화소로 나누다 점, 선, 면의 선명도
☞ pixel resolution 픽셀 해상도

덩어리 mass = mol

521 molecule [máləkjù:l] 분자[1] 1. 극도로 (작은 minute = cul + e) (덩어리 mass = **mol** + e)
molecular [məlékjulər] 분자의 ☞ a molecular formula 분자식

522 demo**li**tion [dèməlíʃən] 파괴, 폭파 1. (덩어리 mass = **mol**)를 (아래로 down = **de**) 부수다 + ish
de**mol**ish [dimáliʃ] 파괴하다[1] ☞ demolish a barrier 장애물을 파괴하다

전기를 발생하는 광물질 호박 amber = electr

523 electricity [ilèktrísəti] 전기[1] 1. 마찰 전기가 발생하는 (호박 광물 amber = **electr**) + ic + ity
electrical [iléktrikəl] 전기의 ☞ electrical appliance 전기 기구
electric [iléktrik] 전기의, 전기 장치의 ☞ electric charge 전하

524 electrode [iléktroud] 전극[1] 1. (전기 electricity = **electr**)가 다니는 (길 road = od) + e
anode [ǽnoud] 양극[2] 2. 전기가 (위로 up = **an**) 올라가는 (길 road = od) + e
cathode [kǽθoud] 음극[3] 3. 전기가 (아래로 down = **cat**) 내려가는 (길 road = hod) + e

525	**electr**onics [ilektrániks]	전자공학, 전자장치	1. 음-(전하 electric charge = electr)를 띠며 원자핵 주위를
	electron [iléktrɑn]	전자[1]	(도는 go = on) 작은 입자
	electronic [ilektránik]	전자의	☞ electronic goods 전자 제품

바위 rock = cliff, pier, pil

526	**cliff** [klif]	절벽[1]	1. (가파른 바위 steep rock = cliff)
	rock [rak]	바위, 흔들리다, 흔들다	☞ a rocking chair 흔들의자
	rocky [ráki]	바위가 많은	☞ rocky soil 바위가 많은 땅

527	em**bed** [imbéd]	끼워 넣다[1], 파견하다	1. 화석을 (암반 bedrock) (안에 in = em) 끼워 넣다
	death**bed** [deθbed]	임종, 임종의 자리	☞ seabed 해저
	bedrock [bedrak]	암반, 기반, 바닥의	☞ an embedded software 내장형 소프트웨어

528	**pier** [piər]	교각[1], 기둥, 부두	1. 방파제나 배를 대는 구조물 역할을 하는 (바위 rock = pier)
			☞ a pier glass (창문 사이에 거는) 큰 거울
			☞ a loading pier 하역 부두

529	**pil**e [pail]	더미[1]	1. (바위 rock = pil)를 포개어 쌓아 올려 만든 구조물 + e
		쌓아 올리다, 포개다	☞ pile up firewood 장작을 쌓다
			☞ a pile of hay 건초 더미
			☞ heap 더미, 대충 쌓다

530	com**pil**ation [kàmpəléiʃən]	모음집, 편집	1. (함께 with = com) 여러 겹으로 (쌓아 올리다 pile)
	com**pil**e [kəmpáil]	수집하다[1], 편집하다[2]	2. (함께 with = com) (쌓아 올린 pile) 자료를 편집하다
		기계어로 번역하다	☞ compiler 편집자

531	**magnet** [mǽgnit]	자석[1]	1. (Magnesia = magnet) 지역의 철을 당기는 힘을 가진 돌
	magnetize [mǽgnətàiz]	자기를 띠게 하다	☞ magnetic field 자기장
	magnetic [mægnétik]	자석 같은	☞ electromagnetic 전자기의

| 532 | **mar**ble [máːrbəl] | 대리석[1], 구슬 | 1. (빛나는 shine = mar) 돌 + bl + e |
| | **mar**bling | 대리석 무늬 | ☞ a statue of marble 대리석 조각상 |

기름 oil = oint, ol, ole

533	petr**ole**um [pitróuliəm]	석유[1]	1. (암반 bedrock = petr) 사이에 갇힌 (기름 oil = ole) + um
	kerosene [kérəsìːn]	등유[2]	2. 고래 기름에서 만드는 (왁스 wax = keros)를 대체한
	crude **oil**	원유	등에 사용하는 기름 + ene

534	**oint**ment [ɔ́intmənt]	연고[1]	1. 죄를 덜기 위해 바르는 성스러운 (기름 oil = **oint**) + ment
	gas**ol**ine (gas) [gǽsəli:n]	가솔린, 휘발유[2]	2. (가스 gas) (기름 oil = **ol**) 물질 + ine
	petr**ol** [pétrəl]	휘발유[3]	3. (암반 bedrock = **petr**) 사이에 갇힌 (기름 oil = **ol**)

불 (1) fire = car, coal

535	**car**bon [ká:rbən]	탄소[1]	1. 숯을 (불 fire = **car**)에 태울 때 생성하는 물질 + bon
	carbon dioxide	이산화탄소[2]	2. (2개 two = **di**)의 (산소 oxygen = **oxide**)와 결합된
	carbon monoxide	일산화탄소	(탄소 **carbon**)

536	**coal** [koul]	석탄[1]	1. 화석 내부에 갇혀있는 (탄소 carbon = **coal**)
	char**coal** [tʃá:rkòul]	숯[2]	2. 목재를 연소시켜 (석탄 **coal**)으로 (변화시킨 turn = **char**) 것
	coal tar	콜타르, 석탄 타르	☞ carboniferous period 석탄기

537	**carbon**ation	탄산가스, 탄산염화	☞ carbonated beverage 탄산음료
	carbonate [ká:rbənèit]	탄산가스로 포화시키다	☞ soda water 소다수, 탄산수

538	**carbo**hydrate	탄수화물[1]	1. (탄소 carbon = **carbo**)와 (물 water = **hydr**)의 화합물 + ate
	glucose [glú:kouz]	포도당	☞ starch 녹말, 탄수화물

소금 salt = sal, sod, sold, sour

539	**sod**ium [sóudiəm]	나트륨[1], 소듐	1. (소금 salt = **sod**)의 구성 원소 + ium
	salt [sɔ:lt]	소금, 소금을 치다	☞ salinity 염분, 염도　　☞ sodium oxide 산화나트륨

540	**sol**dier [sóuldʒər]	병사[1]	1. 로마시대에 (소금 salt = **sold**)을 받고 싸우는 병사 + i + er
	salary [sǽləri]	급여, 봉급[2]	2. 로마시대에 노동의 대가로 지급한 (소금 salt = **sal**) + ary
	salaryman	샐러리맨, 월급쟁이	☞ an annual salary 연봉

541	**sour**ness [sáuərnis]	시큼함, 신맛	1. (짠맛 salty = **sour**)에서 나중에 신맛의 의미로 변화됨
	sour [sáuər]	시큼한[1], 상한, 시어지다	☞ sourdough 시큼한 맛이 나는 반죽

천 (1) cloth = lab, lap, rag, rug

542	**rag**s	걸레	1. (찢기고 거친 rough = **rag**) 천으로 만든 헌옷
	rag [ræg]	누더기[1], 짓궂게 굴다	☞ a ragged coastline 들쑥날쑥한 해안선

543	**rug** [rʌg]	깔개, 무릎덮개	1. 비바람에 의해 바위가 (거칠게 된 rough = **rug** + g) + ed
	rugged [rʌɡid]	거친, 바위투성이의[1]	☞ a rugged cliff 바위투성이의 절벽

544 **lap** [læp]	무릎 부분¹, 트랙 한 바퀴	1. 무릎 위를 덮어씌우는 (해진 천 rag = lap)
	싸다, 핥다², 찰랑거리다	2. 개가 혀로 (핥다 lick = lap)
overlap [òuvərlǽp]	겹침, 겹치다³, 겹쳐지다	3. 감싼 곳 (위에 over) 다시 한 번 (감싸다 lap)
laptop [lǽptɒp]	노트북 컴퓨터⁴	4. (무릎 lap) (위에 top) 올려놓고 사용하는 컴퓨터

| 545 **lobe** [loub] | 둥근 돌출부¹, 엽 | 1. 폐, 뇌, 콩깍지를 (둘러싸고 lap = lob) 있는 둥근 돌출부 + e |
| ear**lobe** [íərlòub] | 귓불 | ☞ frontal lobe 대뇌 전두엽 ☞ robe 예복 가운 |

| 546 **lab**eling [leiˈbəliŋ] | 표시 | 1. 옷에 매달린 좁고 늘어진 장식용 (작은 small = el) |
| **lab**el [léibəl] | 표, 상표¹, ~라고 부르다 | (천 조각 rag = lab) |

천 (2) cloth = map, mop, pan

| 547 **mop** [mɑp] | 대걸레¹, 대걸레로 닦다 | 1. 배의 갑판을 닦는 거친 (천 cloth = mop) |
| **mop**stick [mɑ́pstìk] | 대걸레의 자루 | ☞ broomstick 긴 빗자루 |

| 548 **pan**e [pein] | 판유리¹, 한 구획 | 1. (천 cloth = pan) 조각 형태의 유리 한 장 + e |
| window**pane** | 창유리 | ☞ a pane of glass 한 장의 창유리 |

| 549 **pan**el [pǽnl] | 판¹, 토론자², 판으로 덮다 | 1. (작은 small = el) 직사각형 (천 cloth = pan) 조각 |
| solar **panel** | 태양전지판 | 2. (작은 small = el) (천 cloth = pan)에 적힌 배심원의 이름 |

얼룩, 점 spot = macul, mol, speck

550 **spot** [spɑt]	얼룩, 점¹, 장소, 발견하다	1. 작은 (조각 piece = spot)
	즉석의, 현물지급의, 현장의	☞ spotted 반점이 있는, 더럽혀진
spotless [spɑ́tlis]	오점이 없는, 결백한	☞ a spot inspection 현장 검사

551 blind **spot**	맹점¹, 약점, 사각지대¹	1. (안 보이는 blind) (장소 spot)
spotlight [spɑtˈlàit]	주목, 주목하다	☞ a blind spot mirror 사각지대 거울
sun**spot** [sʌ́nspɑ̀t]	태양의 흑점	☞ hotspot 분쟁 지대, 신나는 곳

552 **speck**le [spékəl]	작은 얼룩¹	1. (작은 small = le) (점 spot = speck)
speck [spek]	작은 얼룩, 반점, 조금	☞ blot 얼룩, 오점
		☞ blotch 얼룩, 반점

| 553 **mol**e [moul] | 검은 점¹, 사마귀, 두더지 | 1. 피부에 생기는 검은 (점 spot = mol) + e |
| **mol**ehill [móulhìl] | 두더지가 파 놓은 흙 두둑 | ☞ as blind as a mole 아주 눈이 먼 |

554 **macul**ate [mǽkjəlèit]　더럽히다[1], 얼룩진　1. (얼룩 spot = **macul**)지게 만들어 더럽히다 + ate

im**macul**ate　오류가 전혀 없는　☞ clothes maculated with filth 오물로 더럽혀진 옷

염색하다 dye = de, tain, tan, tin

555 **dye** [dai]　염료[1], 염색하다　1. (색 color = **dye**)을 들이는 물질

dyestuff [daistəf]　염료, 색소　☞ dye fabric 직물을 염색하다

556 **tann**ing [tǽniŋ]　햇볕에 탐, 무두질　1. (갈색 염료 brown dye = **tan**)로 물들이다

tan [tæn]　햇볕에 그을리다[1]　☞ suntan 햇볕에 탐　☞ sunburn 햇볕으로 입은 화상

557 **tin**t [tint]　염색, 색조, 색깔을 넣다[1]　1. (착색하다 dye = **tin**) + t

tinct [tiŋkt]　색조, 착색하다, 착색한　☞ tintometer 색도계　☞ hue 색조

558 s**tain** [stein]　얼룩, 녹[1], 얼룩지게 하다　1. (염색 dye = **tain**)을 (제거할 away = s) 때 생기는 얼룩

s**tain**less [stéinlis]　녹슬지 않는　☞ stainless steel 스테인리스 강철

559 **dex**terity [dekstérəti]　손재주　1. (염색 dye = **de**)하는 (여성 woman = ster = **xter**)이

dexter [dékstər]　오른쪽의　오른손을 능숙하게 잘 사용하는 + ous

dexterous [dékstərəs]　손재주가 비상한[1]　☞ sinister 왼쪽의, 재수 없는, 불길한

　　☞ southpaw 왼손잡이 선수　☞ left-handed 왼손잡이의

560 ambi**dexter**ity　양손잡이, 손재주　1. (양쪽 both = **ambi**) 손을 (능숙하게 잘 쓰는 **dextrous**)

ambi**dextr**ous　양손잡이의[1]

착색하다, 그리다 pigment = pic, pig

561 **pig**mentation　염색, 착색, 색소 형성　1. 물에 녹지 않는 (착색 color paint = **pig**) 분말 + ment

pigment [pígmənt]　안료[1], 색소, 착색하다　☞ the evolution of skin pigmentation 피부 색소 진화

pigmentary　색소의　☞ pigment cell 색소 세포

562 **pic**ture [píktʃər]　그림, 사진, 상상하다　☞ pictograph 상형문자, 그림 도표

picturesque [piktʃərésk]　그림 같은　☞ picture the whole scene 그 전경을 마음에 그리다

pictorial [piktɔ́ːriəl]　그림을 이용한　☞ a highly picturesque scenery 매우 그림과 같은 풍경

563 de**pic**tion [dipíkʃən]　묘사, 서술　1. (아래에 down = **de**) (그리다 paint = **pic**) + t

de**pic**t [dipíkt]　그리다, 묘사하다[1]　☞ motion depiction 동작 묘사

de**pic**tive [dipíktiv]　묘사적인　☞ depict a scene 경치를 묘사하다

굵고 낮게 울려 퍼지는 소리 boom = bomb

564 boom [buːm]
호황, (쾅, 쿵, 윙윙) 소리[1]
쾅 하는 소리를 내다

1. 굵고 낮게 울려 퍼지는 (말벌떼 소리 boom)
☞ sonic boom 음속 폭음

565 bomb [bɑm]
폭탄[1], 폭격하다
bombard [bɑmbáːrd]
퍼붓다, 폭격하다

1. (굵게 울려 퍼지는 소리 boom = bom)를 내는 폭발물 + b
☞ bomber 폭격기
☞ a nuclear bomb 핵폭탄

566 weapon [wépən]
무기[1]
weaponry [wépənri]
무기류

1. (전투에서 쓰이는 도구 instrument of fighting = weapon)
☞ a lethal weapon 살인 무기, 흉기

삐악삐악 소리 peep = pip

567 pistol [pístl]
권총[1]
rifle [ráifəl]
소총[2]
revolver [riválvər]
회전식 연발 권총[3]

1. 말 위에서 발사할 수 있는 (피리 pipe = pistol) 모양의 총
2. 총신 내부에 나선형 (홈이 파여져 groove = rif) 있는 총 + le
3. (반복 again = re) (회전 turn = volv)하며 발사하는 총 + er
☞ machinegun 기관총

★ 불 (2) fire = foc, fuel, hear, igni, volcan

568 fire
불, 발사하다, 해고하다
fiery [fáiəri]
불의, 격분한, 맹렬한
firearm [fáiərɑ̀ːrm]
화기[1]

1. (불 fire)을 내뿜는 (무기 arms = arm)
☞ beacon fire 봉화, 신호용 불
☞ He got fired from his job. 그는 직장에서 해고되었다.

569 firecracker
폭죽[1]
firework [faiərwəːrk]
폭죽, 불꽃놀이
fire engine
소방차

1. 종이로 만든 통에 화약을 넣어 (불 fire)을 붙이면 (날카로운 소음을 내는 crack) 물건 + er
☞ a fire drill 화재 대피 훈련

570 backfire [bǽkfai,r]
역화, 역효과를 낳다[1]
firewood [faiərwʊd]
장작
wildfire [waildfaiər]
도깨비불, 들불

1. (불 fire)이 (뒤로 back) 타오르듯이 역효과를 가져오다
☞ cease fire 사격 중지, 휴전
☞ bonfire 모닥불

571 hearth [hɑːrθ]
난로[1], 가정
fireplace [fáiərplèis]
난로, 벽난로
stove [stouv]
난로

1. 가정에서 (불 fire = hear)이 있는 장소 + th
☞ hearthside 난로 주변
☞ hearth and home 따뜻한 가정

572 ignition [igníʃən]
점화, 시동 장치
ignite [ignáit]
점화하다[1]

1. (불 fire = igni)을 붙이다 + te
☞ an ignition plug 점화 플러그

573	**foc**us [fóukəs]	초점[1], 초점을 맞추다	1. 볼록렌즈가 (불 fire = foc)을 지피는 지점 + us
	focal [fóukəl]	초점의	☞ defocus 초점을 흐리게 하다
	focusable [fóukəsəbl]	집중할 수 있는	☞ the focus of attention 주목의 대상

574	**fuel** [fjúːəl]	연료[1], 자극하다	1. (불 fire = fuel)을 피우는 땔나무
	bio**fuel** [báioufjùːəl]	바이오 연료, 생물 연료	☞ fuel-efficient 연료 효율이 좋은

575	**volcan**o [vɑlkéinou]	화산[1]	1. (불의 신 Vulcan = volcan)이 불을 내뿜는 산 + o
	volcanic [vɑlkǽnik]	화산의	☞ an active volcano 활화산
			☞ a dormant volcano 휴화산

불타다, 태우다 burn = ard, ba, brand, bus, furn, warm

576	**burn** [bəːrn]	화상, 타다, 태우다, 굽다	1. 에너지가 (완전히 completely = out) (타서 burn)
	burnout	연료 소진, 극도의 피로[1]	소진된 상태
	sun**burn**	햇볕으로 입은 화상	☞ burner 버너, 가열 기구
	heart**burn**	속쓰림	☞ slash-and-burn agriculture 화전 농업

577	com**bus**tion	불이 탐, 연소	1. (완전히 completely = com) (태우다 burn = bus) + t
	com**bus**t [kəmbʌ́st]	연소하다[1]	☞ internal-combustion 내연기관의
	com**bus**tible	불이 잘 붙는, 가연성인	☞ combustible liquid 가연성 액체

578	**brand** [brænd]	상표, 브랜드[1], 낙인을 찍다	1. 죄인이나 소를 식별하기 위해 뜨거운 쇠로
	brand new	완전 새로운	(태운 burn = brand) 자국
	brandy [brǽndi]	과일을 증류한 술	☞ house brand 판매자 브랜드, 자사 브랜드

579	**furn**ace [fəːrnis]	용광로[1], 노, 가열하다	1. 내부에 불이 활활 (타고 burn = furn) 있는 그릇 + ace
	urn [əːrn]	단지, 유골단지[2], 주전자	2. 시신을 (태운 burn = urn)후 재를 담는 그릇

580	**ard**or [áːrdər]	열정[1]	1. (타오르는 burn = ard) 불같이 강렬한 감정 + or
	arduous [áːrdʒuəs]	고된	☞ arduous manual labor 고된 육체노동

581	**warm**th [wɔːrmθ]	따뜻함	1. (미지근하게 tepid, weak = luke) (따뜻한 warm)
	warm [wɔːrm]	데우다, 따뜻한, 따스한	☞ global warming 지구 온난화
	luke**warm** [lúːkwɔ̀ːrm]	미지근한[1], 미온적인	☞ a lukewarm response 미온적인 반응

582	**bak**e [beik]	빵 굽기, 굽다[1]	1. 빵을 (따뜻하게 warm = bak) 하다 + e
	bakery [béikəri]	제과점	☞ a pastry shop 빵집
			☞ confection 과자

| 583 | **ceram**ic [sərǽmik] | 도예[1], 도자기류 | 1. 흙을 (구워서 burn = ceram) 도자기를 만드는 공예 + ic |
| | **ceram**ist [sérəmist] | 도예가 | ☞ potter 도공, 도예가 |

액체를 담는 그릇 vessel = jar, vas, ves

| 584 | **vess**el [vésəl] | 그릇[1], 선박 | 1. 액체를 담는 (작은 small = el) (그릇 container = ves + s) |
| | blood vessel | 혈관[2] | 2. (피 blood)를 담는 (그릇 vessel) |

| 585 | **vas**e [veis] | 병[1], 꽃병 | 1. 꽃 또는 장식물을 담는 (그릇 container = vas) + e |
| | **jar** [dʒɑːr] | 병, 단지, 항아리[2] | 2. 흙으로 만든 물을 담는 원통형 (그릇 vessel = jar) |

| 586 | **tub** [tʌb] | 통[1] | 1. 바닥에 구멍이 있는 손잡이가 (2개 two = tu) 달린 통 + b |
| | bath**tub** [bǽθtəb] | 욕조 | ☞ washtub 빨래 통 |

증기 vapor = breath, damp

587	**vapor** [véipər]	증기, 증발시키다	☞ water vapor 수증기
	vaporize [véipəràiz]	증발시키다, 증발하다	☞ Vapor is condensed into water. 증기는 물로 액화된다.
	vaporous [véipərəs]	수증기가 가득한	☞ vaporize water 물을 기화시키다

588	e**vapor**ation	증발, 발산	1. (밖으로 out = e) (증기 vapor)가 나가다 + ate
	e**vapor**ate [ivǽpərèit]	증발하다[1]	☞ evaporation procedure 증발 과정
	e**vapor**ative	증발하는	☞ evaporated residue 증발 찌꺼기

589	**steam** [stiːm]	증기, 김, 김을 내다	☞ steam away 증발하다
	steamy [stíːmi]	김이 자욱한, 찌는 듯한	☞ the steam age 증기기관 시대
	steamer [stíːmər]	증기선, 기선. 찜통	☞ a steamer moved by steam 증기에 의해 움직이는 증기선

590	**damp**ness [dǽmpnis]	축축함, 눅눅함	1. 석탄 광산에서 떠다니는 축축한 (증기 vapor = damp)
	damp [dæmp]	습기[1], 축축한	☞ a damp ground 습지
	dampen [dǽmpən]	축축하게 하다	☞ dampen his enthusiasm 그의 열정을 꺾다

591	**breath** [breθ]	숨, 호흡, 입김[1]	1. 숨을 쉴 때 코를 통해 나오는 (증기 vapor = breath)
	breathe [briːð]	호흡하다	☞ out of breath 숨이 가쁜
	breathtaking	(놀라서) 숨이 막히는	☞ a breathtaking view 숨이 막히는 경치

592	**sigh** [sai]	한숨[1]	1. 실망, 안심의 표시로 깊은 (숨 breath = sigh)을 내는 소리
		한숨짓다, 산들거리다	☞ a resigned sigh 체념의 한숨
			☞ a profound sigh 깊은 한숨

593	in**hal**ation [inhəléiʃən]	흡입	1. (안으로 in) (숨을 쉬다 breathe = **hal**) + e
	in**hal**e [inhéil]	숨을 들이쉬다[1]	2. (밖으로 out = **ex**) (숨을 쉬다 breathe = **hal**) + e
	ex**hal**ation [èkshəléiʃən]	숨을 내쉼, 발산, 증발	☞ inhaled pollutant particles 흡입된 오염 물질 입자
	ex**hal**e [ekshéil]	숨을 내쉬다[2], 발산하다	☞ exhale a poisonous gas 유독가스를 발산하다

목구멍 throat = fauc, foc, gorge

594	**throat** [θrouter]	목구멍[1]	1. 목구멍에 튀어나온 (후두 larynx, Adam's apple = **throat**)
	throttle [θrátl]	조절판	2. (목 throat = **throt** + t)을 졸라 공기의 흐름을 막다 + **le**
		조절하다, 목을 조르다[2]	☞ a sore throat 인후염, 아픈 목구멍

595	**fauc**et [fɔ́ːsit]	수도꼭지[1], 물 주둥이	1. (목구멍 throat = **fauc**)의 윗부분 + **et**
			☞ a lavatory faucet 세면기 수도꼭지

596	suf**foc**ation [sʌ̀fəkéiʃən]	질식시킴	1. (목구멍 throat = **foc**) (아래 under = **suf**) 부분을 눌러
	suf**foc**ate [sʌ́fəkèit]	숨 막히게 하다[1]	호흡을 못하게 하다 + **ate**

597	**gorge** [gɔːrdʒ]	협곡, 포식, 포식하다[1]	1. (목구멍 throat = **gorge**)으로 음식을 마구 집어넣다
	gorgeous [gɔ́ːrdʒəs]	아주 멋진[2]	2. (목걸이 necklace = **gorge**) 장식이 멋진 + **ous**

연기 smoke = smok, smoth

598	**smok**e	연기	☞ a smoked trout 훈제 송어
		담배 피우다, 훈제하다	☞ second-hand smoke 간접흡연
	smoked [smóukt]	그을린, 훈제한	☞ a smoke detector 화재 경보기
	smoky [smóuki]	연기가 자욱한	☞ a smoking gun 명백한 증거
	chain-**smok**er	골초	

599	**cigar** [sigáːr]	시가[1], 여송연	1. 연기를 내뿜는 (매미 cicada = **cigar**) 몸통 모양의 담배
	cigarette [sìgərét]	담배[2]	2. (작은 small = **ette**) (시가 **cigar**)
			☞ a cigarette butt 담배꽁초 ☞ tobacco 담배

600	**smoth**er [smʌ́ðər]	숨 막히게 하다[1]	1. (연기 smoke = **smoth**)로 질식시키다 + **er**
	smothery [smʌ́ðəri]	숨이 막히는	2. 공기 흐름을 막아 (숨 막히게 하다 smother = **stif**) + **le**
	stifle [stáifəl]	숨 막히게 하다[2], 억누르다	☞ stifle a yawn 하품을 참다

601	**sm**og [smɑg]	스모그[1]	1. 오염된 (연기 smoke = **sm**)와 (안개 fog = **og**)의 혼합 물질
	fog [fɔg]	안개, 혼미	☞ smog phenomenon 스모그 현상
	foggy [fɔ́gi]	안개가 낀	☞ a fog lamp 안개등

602	**haz**e [heiz]	연한 안개[1], 아지랑이	1. 시야를 흐리게 하는 (잿빛 gray = **haz**)의
	hazy [héizi]	실안개가 낀, 흐릿한	미세한 먼지 또는 액체 방울 + **e**
			☞ haze of illusion 막연한 환상

603	**mist** [mist]	연한 안개[1], 분무제, 이슬비	1. 공기 중에 있는 (미세한 액체 방울 cloud = **mist**)
		안개로 덮다, 흐리게 하다	☞ thick mist 짙은 안개
	misty [místi]	안개가 낀, 흐릿한	☞ a misty memory 흐릿한 기억

먼지 dust = dwell

604	**dwell**ing	주거지, 주택	1. (먼지 dust = **dwell**)처럼 떠돌지 않고 장소에 머무르다
	dwell [dwel]	살다, 거주하다[1]	☞ dwell on (upon) ~을 깊이 생각하다
	dweller [dwélər]	거주자	☞ resident 거주자, 주민 ☞ inhabitant 거주자, 서식 동물

605	pa**goda** [pəgóudə]	탑[1], 파고다	1. (신 god = **pa**)이 거주하는 (집 dwelling = **goda**)
	stupa [stú:pə]	사리탑	☞ a stone stupa 부도

공기 air = oar

606	**air**	공기, 공중, 느낌	☞ air force 공군
		방송하다, 환기하다, 공기의	☞ an air conditioner 에어컨
	airs	으스대는 태도	☞ aerial 안테나, 공기의, 공중에 솟은
	airy [έəri]	바람이 잘 통하는	☞ an airy scheme 비현실적인 계획
	airtight [έərtait]	공기가 밀폐된	☞ an airtight defense 빈틈없는 방어

607	**air**craft [έərkræf]	항공기[1]	1. (공중 air)에서 비행하는 모든 (탈것 craft)
	airborne [έər[bɔ:rn]	공기로 운반되는[2]	2. (공기 air)로 (나르는 carry = born) + e
		공중에 있는	☞ airborne germs 공기로 전염되는 병원균

608	**craft** [kræft]	공예[1], 기교, 술책, 탈것	1. 만드는 (기술 skill = craft)
		공들여 만들다	☞ handicraft 수공예, 수공예품
	crafty [krǽfti]	교활한	☞ spacecraft 우주선
	craftsman [krǽftsmən]	공예가, 장인	☞ craftsmanship 손재주, 솜씨

| 609 | **soar** [sɔ:r] | 치솟다[1], 급등하다 | 1. (밖에 out = ex = s) 있는 (공기 air = oar)층으로 오르다 |
| | out**soar** [àutsɔ́:r] | ~보다 높이 날다 | ☞ soaring price 급등하는 가격 |

| 610 | **lung** [lʌŋ] | 폐, 허파[1] | 1. 공기가 들어 있어서 (가벼운 장기 light organ = lung) |
| | | | ☞ lung cancer 폐암   ☞ lung capacity 폐활량 |

611	**meteo**r [mí:tiər]	유성[1], 별똥별	1. 하늘에 (매달려 suspend = meteo) 지나가는 물체 + r
	meteoric [mì:tiɔrik]	유성의	2. (유성 meteor)이 타지 않고 땅에 떨어진 돌 + ite
	meteorite [mí:tiəràit]	운석[2]	☞ a shooting star 유성

| 612 | **meteo**rology | 기상학[1] | 1. 하늘에 (매달린 suspend = meteo + ro) 물체와 대기의 |
| | **meteo**rologist | 기상학자 | 물리적 현상을 연구하는 (학문 study = logy) |

바보 dumb = dum, dull, stumb

613	**dum**b [dʌm]	말을 못 하는[1], 바보 같은	1. 머리가 바람에 흔들려 (현기증 dizziness = dum)이
	dumber [dʌ́mər]	멍청이	발생하여 말을 못하는 + b
	dummy [dʌ́mi]	멍청이, 인형[2], 모조품	2. (말을 못하는 dumb = dum + m) 인형 + y
		가짜의, 말이 없는	☞ a dummy director 허수아비 임원

614	**dull**ness [dʌ́lnis]	둔함, 지루함	1. 정신이 흐릿해서 (바보 dumb = dull) 같은
	dull [dʌl]	둔해지다	☞ dullard 멍청이, 굼벵이, 둔한
		둔한[1], 재미없는, 지루한	☞ a dull conversation 지루한 대화

615	**ted**ium [tíːdiəm]	지겨움	1. 너무나 (지루해서 dull = ted) 지겨운 + i + ous
	tedious [tíːdiəs]	지겨운[1]	☞ a tedious negotiation 지루한 협상

616	**bor**edom [bɔ́ːrdəm]	지루함	1. 짜증날 정도로 (지루하게 dull = bor) 하다 + e
	bore [bɔːr]	구멍, 구멍을 뚫다	☞ the boredom of everyday life 일상생활의 지루함
		지루하게 하다[1]	☞ bore a well 우물을 파다
	boresome [bɔ́ːrsəm]	지루한	☞ a boring job 지루한 일

617	**stum**ble [stʌ́mbəl]	헛디디다[1], 더듬거리다[1]	1. (바보 dumb = stum) 짓을 하다 + ble
	fumble [fʌ́mbəl]	더듬거리기, 실수	2. 손이 서툴러서 이리저리 짐작하여 (더듬다 grope = fum) + ble
		더듬거리다[2]	3. 곡예사가 넘어져서 몸이 (돌다 turn = tum) + ble
	tumble [tʌ́mbəl]	굴러 떨어지다[3]	☞ tumbler 텀블러 (손잡이 없이 굴러다니는 바닥이 납작한 잔)

618	**dump** [dʌmp]	폐기장, 버리다[1]	1. 쓰레기를 수레로부터 (세게 떨어뜨리다 fall hard = dump)
	dumping [dʌ́mpiŋ]	쏟아 버림, 투매	2. 떨어지는 (dump = thump) 물체가 쿵 소리 내며 바닥을 치다
	thump [θʌmp]	쿵 소리, 세게 치다[2]	☞ a garbage dump 쓰레기 처리장

619	**strug**gle [strʌ́gəl]	분투, 노력	1. (넘어진 stumble = strug + g) 후에 일어나려고 애쓰다 + le
		분투하다[1]	☞ the history of class struggle 계급투쟁의 역사
			☞ a desperate struggle 필사적인 노력

620	re**luct**ance [rilʌ́ktəns]	꺼림	1. 해야 할 일에 (저항하려고 against = re)
	re**luct**ant [rilʌ́ktənt]	꺼리는[1], 주저하는	(분투하는 struggle = luct) + ant
	re**luct**antly	마지못해, 싫어하며	☞ reluctant acceptance 마지못해 하는 수락

냄새 smell = aroma, fragr, fum, odor

621	**fum**e [fjuːm]	가스[1], 연기, 화	1. 불쾌한 냄새가 나는 (연기 smoke = fum) + e
		매연을 뿜다, 씩씩대다	2. 연소하는 물질을 (통해 through = per) 나오는
	per**fum**e [pəːrfjuːm]	향수, 향기[2], 향기롭다	(연기 smoke = fum) + e
			☞ noxious fume 유독 가스

622	**aroma** [əróumə]	향기[1]	1. 향신료에서 나오는 (달콤한 냄새 sweet odor = aroma)
	aromatic [ærəmǽtik]	향이 좋은	☞ an aromatic compound 방향족 화합물
	aromatherapy	방향 요법	☞ diffuse a savory aroma 향기로운 냄새를 퍼뜨리다

623	**fragr**ance [fréigrəns]	향기[1]	1. 달콤하고 강한 (암캐의 냄새 brach's smell = fragr) + ance
	fragrant [fréigrənt]	향긋한	☞ scent 냄새, 향기

624	**odor** [óudər]	냄새[1]	1. 생물 또는 물질에서 나오는 고유의 (냄새 smell = odor)
	de**odor**ant [diːóudərənt]	냄새 제거제	☞ odor recognition 냄새 인식 ☞ odorless 냄새 없는

바람이 불다 blow = bree, wea, wi

625	**wi**nd [wind] **wi**ndy [wíndi]	바람 바람이 부는[1]	1. (부는 blow = **wi**) + nd + y ☞ windmill 풍차, 팔랑개비 ☞ windfall 뜻밖의 횡재
626	**wi**nd [waind] **wi**nd up un**wi**nd [ənwaind]	감다[1], 구불구불하다 마무리 짓다[2], 그만두다 풀다	1. (바람 wind)이 빙빙 도는 것처럼 무언가를 감싸다 2. 일을 마치고 물건들을 (집어 올려 up) 가방에 (싸다 wind) ☞ wound the wool into a ball 털실을 공 모양으로 감았다
627	**wi**ther [wíðər] **wea**ther [wéðər] **wea**thering	시들다[1], 색이 바래다 날씨[2], 비바람, 풍화되다 풍화	1. (부는 blow = **wi**) 바람을 맞아서 약해지다 + ther 2. (부는 blow = **wea**) 바람의 변화 + ther ☞ weatherproof 비바람을 막아 주는
628	**vent** [vent] **vent**ilation [vèntəléiʃən] **vent**ilate [véntəlèit]	통풍구[1], 구멍, 발산하다 통풍, 환기 환기하다[2]	1. (바람 wind = **vent**)이 쪼개져 나가는 출구 2. 신선한 (바람 wind = **vent**)을 주입하다 + il + ate ☞ ventilative 바람이 잘 통하는
629	**bree**ze [briːz] **bree**zy [bríːzi]	산들바람[1], 미풍 산들바람이 부는, 경쾌한	1. (경쾌하고 brisk) 시원하게 (부는 blow = **bree**) 바람 + ze ☞ sway in the breeze 산들바람에 흔들리다
630	**typhoon** [taifúːn] **typhon**ic [taifánik]	태풍[1] 태풍의	1. 회오리바람을 일으키는 그리스 신화의 반인반수 (티폰 Typhon = **typhoon**) 또는 큰 바람

바람처럼 떠돌다 wander = il, vag, wand, wear

631	**wand**er [wándər] **wand**erer [wándərər]	방황하다[1] 방랑자	1. (바람 wind = **wand**)처럼 정처 없이 돌아다니다 + er ☞ wander in darkness 어둠 속을 헤매다
632	**roam** [roum] **ram**ble [ræmbəl]	배회, 배회하다[1] 긴 산책, 거닐다	1. 주변을 (방황하다 wander = **roam**) ☞ roam around the town 시내를 배회하다
633	**vag**ueness [véignis] **vag**ue [veig]	막연함, 애매함 막연한, 모호한[1]	1. (방황하여 wander = **vag**) 해야 할 일을 결정 못하는 + ue ☞ a vague attitude 모호한 태도
634	extra**vag**ance extra**vag**ant	낭비, 사치품 낭비하는[1], 터무니없는	1. (방황하며 wander = **vag**) (과도한 extra) 돈을 쓰는 + ant ☞ extravagant spending 사치스런 소비
635	**wear**y [wíəri] **wear**isome [wíərisəm]	몹시 지친[1] 지치게 하는, 지루한	1. (방황해서 wander = **wear**) 몹시 피곤한 + y ☞ a weary work 힘겨운 일

| 636 | **exile** [égzail] | 유배, 추방된 사람 추방하다[1] | 1. (밖에서 out = **ex**) (방황하도록 wander = **il**) 추방하다 + e ☞ an exiled leader 망명 지도자 |

| 637 | **daz**e [deiz] | 멍한 상태, 눈이 부심 멍하게 하다[1] | 1. 충격으로 마음을 (지치게 weary = **daz**) 만들다 + e ☞ in a bewildered daze 당혹하고 멍한 상태에서 |
| | **dazz**le [dǽzəl] | 눈부신 빛, 현혹시키다 | ☞ a dazzling advertisement 현혹적인 광고 |

반죽 dough = mass, past

638	**mass**age [məsá:ʒ]	마사지, 안마, 안마하다[1]	1. 손으로 몸을 (반죽 dough = **mass**)처럼 주무르다 + age
	dough [dou]	반죽[2]	2. 특정한 형태로 (주물러 만들 form = **dough**) 수 있는 것
	doughnut [dóunət]	도넛[3]	3. (반죽 **dough**)을 구워 만든 (견과 **nut**)처럼 작고 둥근 덩어리

| 639 | **past**a [pá:stə] | 밀가루 반죽, 파스타[1] | 1. 이탈리아식 밀가루 (반죽 dough = **past**) 요리 + a |
| | **past**e [peist] | 반죽[2], 풀, 풀로 붙이다 | 2. 밀가루 (반죽 dough = **past**) + e |

존재하다 exist = bo, bu, ent, ess, s, sin, soo

640	**ex**ist**ence** [igzístəns]	존재, 생계	1. 눈에 보이는 것이 (밖에 out = **ex**) (서 있다 stand = **ist**)
	exist [igzíst]	존재하다[1]	☞ coexist 공존하다
	exist**ent** [igzístənt]	존재하는	☞ bring into existence 생겨나게 하다

| 641 | **boo**th [bu:θ] | 작은 공간[1], 전시장 | 1. 임시로 (존재 exist = be = **boo**)하게 하는 칸막이 공간 + th |
| | toll**boo**th [toulbuθ] | 도로 요금소 | ☞ a phone booth 공중전화 박스 |

| 642 | neigh**b**or [néibər] | 이웃 사람[1], 이웃의 | 1. (가까이 near = **neigh**) (존재하는 exist = be = **b**) 사람 + or |
| | neigh**b**orhood | 이웃, 동네, 이웃 사람 | ☞ adjacent 인접한 ☞ neighboring 이웃의, 인접한 |

| 643 | **ent**ity [éntəti] | 독립체, 존재, 실체[1] | 1. (존재하는 exist = **ent**) 것 + ity |
| | non**ent**ity [nɑ:nentəti] | 보잘것없는 사람 | ☞ a private entity 민간 기업 ☞ a political entity 독립국 |

644	id**ent**ification	신분 증명, 식별	1. 항상 (동일한 same = **id**) (존재 exist = **ent**)인 상태 + ity
	id**ent**ity [aidéntəti]	동일함[1], 신분, 독자성	☞ an identification card 신분증 (ID card)
	id**ent**ify [aidéntəfài]	식별하다, 동일시하다	☞ an identical twin 일란성 쌍둥이
	id**ent**ical [aidéntikəl]	동일한	☞ a fraternal twin 이란성 쌍둥이

645	pre**s**entation	발표[1], 수여	1. (앞에 before = **pre**) (존재하는 exist = **s**) 사람에게
	pre**s**ence [prézəns]	참석, 존재, 면전	설명하는 행위 + ent + at + ion
	pre**s**ent [prézənt]	현재[2], 선물[2]	2. (앞에 before = **pre**) (존재하는 exist = **s**) 시간, 물건 + ent
		참석한[3], 현재의	3. (앞에 before = **pre**) 사람이 (존재 exist = **s**) 하는 + ent
		참석하다, 주다, 발표하다	☞ doubt the presence of life 생명체의 존재를 의심하다

646 re**present**ation re**present** [rèprizént] re**present**ative	대표, 표현 대표하다[1], 표현하다 대표자, 대리인, 대표하는	1. 사람, 상징을 (완전히 completely = re) (내세우다 present) ☞ misrepresent 잘못 전하다 ☞ a sales representative 외판원
647 ab**s**ence [ǽbsəns] ab**s**ent [ǽbsənt] ab**s**entee [æ̀bsəntí:]	부재, 결근, 결석 불참하다, 부재의[1], 멍한 결근자	1. (멀리 떨어진 away = ab) 곳에 (존재 exist = s) 하는 + ent ☞ absent-minded 딴 데 정신이 팔린 ☞ absentee vote 부재자 투표
648 **ess**ence [ésəns] **ess**entials **ess**ential [isénʃəl]	본질[1] 필수적인 것, 핵심 본질적인, 필수적인	1. 밑바닥에 (존재 exist = es + s)하는 근본적인 성질 + ence ☞ nonessential 비본질적인 ☞ the essence of democracy 민주주의의 본질
649 **sin** **sin**ful [sínfəl] **sin**ner [sínər]	죄[1], 죄를 짓다 죄악의, 나쁜 죄인	1. 아담과 이브 때문에 태어날 때부터 인간에게 (존재 exist = sin)하는 종교적 또는 도덕적 죄 ☞ sin tax (술, 담배, 도박 등의) 죄악세
650 **soo**th [su:θ] **soo**the [su:ð]	진실, 부드러운 달래다[1], 진정시키다	1. 진실이 (담긴 exist = soo) 말로 설득하며 달래다 + th + e ☞ soother 고무젖꼭지 　　☞ pacifier 고무젖꼭지

부드러운 soft = meek, mel, mi, mil

651 **mil**dness [máildnis] 온화, 유순, 상냥, 순함 1. (부드러운 soft = **mil**) + **d**
    mild [maild] 온화한, 상냥한, 순한[1] ☞ mild climate 온화한 기후
        ☞ a mild stimulant 약한 흥분제

652 **meek**ness [mí:knis] 유순함, 온순함 1. (부드러운 soft = **meek**) 성격을 가져서 말을 잘 듣는
    meek [mi:k] 유순한, 온순한[1] ☞ as meek as a lamb 양처럼 온순한

653 **mel**t [melt] 용해, 녹다, 녹이다[1] 1. 열을 가하여 (부드러운 soft = **mel**) 액체로 만들다 + **t**
    meltable 녹기 쉬운 ☞ a melting point 녹는점
    s**mel**t [smelt] 제련하다, 용해하다 ☞ smelt ore 광석을 제련하다

654 **mell**owness [mélounis] 익음, 연함 1. 과일이 익어서 달콤하고 (부드러운 soft = **mel + l**) + **ow**
    mellow [mélou] 익은, 달콤한, 부드러운[1] ☞ a mellow song 감미로운 노래

655 **mit**igation [mitəgéiʃən] 완화, 경감 1. 규제 또는 고통을 줄여 (매끄럽게 soft = **mi + t**)
    mitigate [mítəgèit] 완화시키다, 진정시키다[1] (행동하도록 act = **ig**) 만들다 + **ate**
    mitigative [mítəgèitiv] 완화시키는 ☞ a mitigation action 완화 조치

★ 비우다 empty = vac, van, vast, vi, voi, wast

656 **voi**d [vɔid] 빈 공간, 무효로 하다 1. (텅 비어 있는 empty = **voi**) + **d**
        텅 빈[1], 무효의 2. (멀리 away = **de**) 떠나서 (비어 있는 empty = **voi**) + **d**
    de**voi**d [divɔ́id] ~이 없는, 결여된[2] ☞ voidable 비울 수 있는

657 a**voi**dance [əvɔidəns] 회피 1. 장소를 (비우고 empty = **voi + d**) (밖으로 out = **a**) 가다
    a**voi**d [əvɔid] 피하다[1] ☞ unavoidable 피할 수 없는, 불가피한
    a**voi**dable [əvɔ́idəbl] 피할 수 있는 ☞ avoidance of double taxation 이중 과세 방지

658 ine**vi**tability 불가피함, 필연성 1. 장소를 (비우고 empty = **vi + t**) (밖으로 out = **e**)
    ine**vi**table [inévitəbəl] 피할 수 없는, 불가피한 피할 수 있는 + **able**
    e**vi**table [évətəbəl] 피할 수 있는[1] ☞ an inevitable result 당연한 결과

659 **vac**uum [vǽkjuəm] 진공[1], 진공 청소하다 1. 공기가 없어서 (텅 빈 empty = **vac**) 상태 + **uu** + **m**
    vacuate [vǽkjuèit] 진공으로 만들다 ☞ a vacuum cleaner 진공청소기
        ☞ a vacuum-packed product 진공 포장된 제품

660 e**vac**uation 대피, 철수 1. 위험 지역을 (비운 empty = **vac + u**)후
    e**vac**uate [ivǽkjuèit] 대피하다[1] (밖으로 out = **e**) 나가다 + **ate**
    e**vac**uatee 난민 ☞ an evacuation facility 대피 시설

661	**vac**ancy [véikənsi]	공석[1], 빈 방	1. 점유자가 없어서 (텅 빈 empty = **vac**) 상태 + **ancy**
	vacant [véikənt]	비어 있는	☞ vacancy rate 공실률
	vacantly [véikəntli]	멍하게, 물끄러미	☞ a vacant look 멍한 시선

| 662 | **van**ity [vǽnəti] | 허영심[1], 헛됨 | 1. 마음에 실속이 (비어 있는 empty = **van**) 상태 + **ity** |
| | **vain** [vein] | 헛된, 허영심이 많은 | ☞ in vain 헛되이 ☞ intellectual vanity 지적 허영심 |

| 663 | **van**ishment | 소멸 | 1. 공간이 (텅 비도록 empty = **van**) 사라지다 + **ish** |
| | **van**ish [vǽniʃ] | 사라지다[1] | ☞ vanish into space 허공으로 사라지다 |

| 664 | de**vast**ation | 황폐화 | 1. (완전히 completely = **de**) (비게 empty = **vast**) 하다 + **ate** |
| | de**vast**ate [dévəstèit] | 황폐하게 하다[1] | ☞ a devastating tsunami 파괴적인 쓰나미 |

665	**vast**ness [vǽstnis]	광대함	1. 시야를 가리는 것이 (없어서 empty = **vast**) 공간이 넓은
	vastitude [vǽstətjùːd]	광대한 공간	☞ the vastness of space 우주의 방대함
	vast [væs]	넓은, 방대한[1]	☞ a vast empire 광대한 제국

완전한 whole = holo, sal, sav, sol

666	**whol**eness [hóulnis]	전체, 완전	1. (다친 곳이 없는 uninjured = **whol**) 완전한 상태의 + **e**
	whole [houl]	전체, 전체의[1], 건강한	☞ wholly 완전히, 전적으로 ☞ wholehearted 전심전력의
	wholesome [hóulsəm]	건강에 좋은, 건전한	☞ a whole number 정수
	wholesale [hóulsèil]	도매, 도매의, 대량의	☞ whole milk 전지유

667	**sol**idity [səlídəti]	견고함, 확실함	1. 속이 비어 있지 않고 (완전히 whole = **sol**) 꽉 찬 + **i** + **d**
	solid [sɔlid]	고체, 덩어리, 견고한[1]	☞ a solid evidence 확실한 증거
	solidify [səlídəfài]	굳어지다, 굳히다	☞ solidly 확고하게

668	**sol**idarity [sɔlədǽrəti]	연대, 결속	1. 서로 붙어 있도록 한 (덩어리 solid)로 묶다 + **ar** + **ize**
	solidarize [sɔlədəràiz]	결속하다[1]	2. (함께 with = **con**) (덩어리 solid)로 묶다 + **ate**
	con**solid**ation	합병, 통합, 강화	☞ consolidate the foundation 기반을 강화하다
	con**solid**ate	굳히다, 통합하다[2]	☞ consolidate two companies into one 두 회사를 합병하다

669	**holo**caust [hάləkɔːst]	대참사[1], 대학살	1. (완전하게 whole = **holo**) (불에 타는 burn = **caust**) 사건
	hologram [hάləgræm]	홀로그램[2]	2.. (완전한 whole = **holo**) 또는 3차원 입체
	holograph [hάləgræf]	자필 문서	(사진술 photography = **gram**)에 의한 화상

670	**saf**ety [séifti]	안전[1]	1. (완전히 잘 whole = sol = **saf**) 유지되는 상태 + **e** + **ty**
	safeguard [séifgɑːrd]	안전장치[2], 보호하다	2. (안전하게 safe) (지켜주는 guard) 장치
	save [seiv]	구하다, 저축하다	☞ a safety precaution 안전 예방책
	safe [seif]	금고, 안전한	☞ an economic safeguard measure 경제 보호 대책

671	**salu**te [səlúːt]	경례, 경의를 표하다[1]	1. 상대방의 (안전 safe = **salu**)을 소망하다 + **te**
	salutation [sæ̀ljətéiʃən]	인사	☞ a parting salutation 작별 인사
	salutatory [səlúːtətɔ̀ːri]	인사말, 인사의	☞ fire a salute 예포를 쏘다

★ 용감한, 강한 힘 brave = for, fort, viol

672	**fort**itude [fɔ́ːrtətjùːd]	불굴의 용기[1]	1. 요새에서 병사들의 (용감한 brave, force = **fort**) 마음가짐
	fort (fortress)	요새	+ **i** + **tude**
	fortification	요새화	☞ besiege the fort 요새를 포위하다
	fortify [fɔ́ːrtəfài]	요새화하다, 강화하다	☞ fortify the foundation 초석을 강화하다

673	com**fort** [kʌ́mfərt]	편안	1. (매우 completely = **com**) 강한 (힘 force = **fort**)을 소유해서
		위로, 위로하다	마음이 편안한 + **able**
	com**fort**able	편안한[1]	☞ discomfort 불편, 불편하게 하다 ☞ uncomfortable 불편한

674	**sol**ace [sáləs]	위안, 위로, 위로하다[1]	1. 마음을 (편안 comfort = **sol**)하게 해주다 + **a** + **ce**
	con**sol**ation	위안	2. (매우 completely = **con**) (편안 comfort = **sol**)하게 하다 + **e**
	con**sol**e [kənsóul]	제어반, 위로하다[2]	☞ solace the departed soul 죽은 영혼을 달래다
	con**sol**atory	위로가 되는, 위문의	☞ a letter of consolation 위문편지

675	**for**ce [fɔːrs]	힘, 군대[1], 강요하다	1. (용감한 brave = **for**) 사람들의 집합체 + **ce**
	forceful [fɔ́ːrsfəl]	강압적인, 단호한	☞ armed forces 군대
	work**for**ce [wɜ́ːrkfɔ̀ːrs]	노동자, 노동력	☞ a unionized workforce 노동조합에 가입된 노동자

676	en**for**cement	강요, 집행	1. 강제적으로 (힘 force)을 사용하다 + **en**
	en**for**ce [enfɔ́ːrs]	강요하다[1], 집행하다	2. (다시 again = **re**) (힘 force)을 사용하게 (만들다 make = **in**)
	rein**for**cement	강화, 증강	☞ enforced education 의무교육
	rein**for**ce [rìːinfɔ́ːrs]	강화하다[2], 보강하다	☞ reinforce national defense 국방을 강화하다

| 677 | ef**fort** [éfərt] | 노력[1], 수고 | 1. (힘 force = **fort**)을 (밖으로 out = **ef**) 보내는 행위 |
| | ef**fort**ful [éfərtfəl] | 노력한, 부자연스러운 | ☞ make an effort 노력하다 ☞ effortless 힘이 들지 않는 |

| 678 | **viol**ence [váiələns] | 폭력[1], 격렬함 | 1. (힘 force = **viol**)으로 부수는 행위 + **ence** |
| | **viol**ent [váiələnt] | 폭력적인, 강렬한 | ☞ a movement of nonviolent resistance 비폭력 저항 운동 |

| 679 | **viol**ation [vàiəléiʃən] | 위반, 침해 | 1. 법이나 약속 등을 (힘 force = **viol**)으로 깨다 + **ate** |
| | **viol**ate [váiəlèit] | 위반하다[1], 침해하다 | ☞ violation of privacy 사생활 침해 |

폭력 violence = hast, hur

680 haste [heist] 서두름
hasten [héisn] 서둘러 하다, 재촉하다
hasty [héisti] 서두르는[1]

1. (폭력 violence = hast)이 발생한 현장으로 서둘러 가는 + y
☞ hasteless 서두르지 않는
☞ Haste makes waste. 서두르면 일을 그르친다

---

681 hurt [hə:rt] 상처, 다치다[1], 상처 주다
hurtful [hə́:rtfəl] 마음을 상하게 하는

1. (폭력 violence = hur) 상황에서 충돌하여 다치다 + t
☞ hurtless 해가 없는

---

682 hurl [hə:rl] 투척, 던지다[1], 덤벼들다[1]
hustle [hʌ́səl] 격렬한 춤, 법석, 밀치다

1. (폭력 violence = hur) 상황에서 몸을 세게 던지다 + l
☞ hurl a spear 창을 던지다

힘이 넘치는 strong = pos, pot, sturd

683 strength [streŋkθ] 힘, 강점
strengthen [stréŋkθən] 강화하다

☞ strong 튼튼한, 강한
☞ weak 약한

---

684 sturdiness [stə́:rdinəs] 억셈, 기운찬 모습
sturdy [stə́:rdi] 기운찬[1], 견고한, 건장한

1. (힘이 넘치는 strong = sturd) + y
☞ sturdy furniture 튼튼한 가구
☞ robust 원기 왕성한, 튼튼한

---

685 empowerment 권한 이양
empower [empáuər] 권한을 부여하다[1]
overpower 제압하다, 압도하다
manpower 인력, 노동력

1. 타인에게 (권한 power)을 사용하도록 (만들다 make = em)
☞ disempower 권력을 빼앗다
☞ hydro-electric power 수력발전
☞ power supply 전력 공급
☞ manpower utilization 인력 활용

---

686 possibility [pàsəbiləti] 가능
possible [pásəbəl] 가능한[1]

1. (힘 power = pos + s)을 발휘할 수 있는 + ible
☞ impossibility 불가능   ☞ impossible 불가능한

---

687 potence [póutəns] 힘, 효능
potential [pouténʃəl] 잠재력이 있는[1]
potent [póutənt] 강한[2]

1. 미래에 (힘 power = pot)을 발휘할 수 있는 + ent + ial
2. (힘 power = pot)이 있는 + ent
☞ impotent 무력한, 발기 불능의

---

688 possession [pəzéʃən] 소유, 소유물
possess [pəzés] 소유하다[1], 귀신이 붙다
possessive [pəzésiv] 소유의, 소유욕이 강한

1. 권좌에 (앉아 sit = sess) (힘 power = pos)과 재산을 가지다
☞ possessor 소유자, 주인
☞ possess enormous wealth 막대한 재산을 소유하다

---

689 owner [óunər] 주인
ownership [óunərʃip] 소유, 소유권[1]
own [oun] 소유하다, 자신의

1. (소유한 사람 possessor = owner)이 가지는 권리 + ship
☞ landowner 토지 소유자, 지주
☞ Mind your own business. 당신 일에만 신경 쓰세요.

690	**ough**t [ɔːt]	의무, 의무가 있다[1]	1. (빚진 owe = **ough**) 것을 갚을 의무가 있다 + **t**
	owe [ou]	빚지고 있다[2], 덕분이다	2. 빌린 것을 (소유하고 own = **ow**) 있다 + **e**
	owing [óuiŋ]	갚아야 할	☞ owing to ~ 때문에, ~ 덕분에

| 691 | fr**eigh**t [freit] | 화물[1] | 1. 배가 (완전히 entirely = **fr**) (소유한 own = **eigh**) 물품 + **t** |
| | | 화물을 운송하다 | ☞ freight charge 화물 운송비 |

일하는 능력 ability = mach, mag, main, may

692	**mach**ine [məʃíːn]	기계[1]	1. 일을 수행할 (능력 ability = **mach**)이 있는 장치 + ine
	machinery	기계류	☞ heavy industrial machinery 산업 중장비
	mechanize	기계화하다	☞ mechanical 기계의, 기계적인
	mechanic [məkǽnik]	기계공	☞ an auto mechanic 자동차 기계공

| 693 | **mech**anism | 기계장치, 작동원리[1], 기제[2] | 1. (기계 machine = **mechan**)나 생물이 기능하는 원리 + ism |
| | **mech**anismic | 기계장치의 | 2. 인간 행동에 영향을 미치는 심리의 작용이나 원리 |

| 694 | **gadg**et [gǽdʒit] | 작은 도구[1], 기기 | 1. 이름이 없는 (작은 small = **et**) |
| | **widg**et [wídʒit] | 작은 장치 | (기계 부품 mechanical part = **gadg**) |

695	dis**may** [disméi]	실망, 실망시키다[1]	1. 수행 (능력 ability = **may**)이 (부족해 lack = **dis**) 실망시키다
	might [mait]	힘[2], 권력, ~할지도 모르다	2. 수행할 수 있는 (능력 power = **migh**) + t
	mighty [máiti]	강력한, 웅장한, 대단히	☞ almighty 전능한, 엄청난, 맙소사

| 696 | **main** [mein] | 힘[1], 주요 부분, 주된 | 1. 조직에서 우두머리가 보유한 (능력 ability = **main**) |
| | **main**stream | 주류, 주류의 | ☞ mainly 주로, 대개 |

단단하고 유연하지 않은 stiff = thor, star, ster

697	**stiff**ness [stífnis]	뻣뻣함, 완고함	1. 유연하지 않고 (강한 strong = **stiff**)
	stiffen [stífən]	뻣뻣해지다, 경직시키다	☞ stiffen cloth with starch 천을 녹말로 뻣뻣하게 하다
	stiff [stif]	뻣뻣한[1]	☞ a stiff attitude 무뚝뚝한 태도

698	**ster**nness [stə́ːrnnis]	엄격함	1. (조종 steer = **ster**) 장치가 부착된 배의 뒷부분 + n
	stern [stəːrn]	배의 선미[1]	2. 말, 태도, 규칙 따위가 (융통성이 없는 stiff = **ster**) + n
		엄격한[2], 가혹한	☞ a stern rebuke 호된 비난

| 699 | **thor**n [θɔːrn] | 가시[1], 골칫거리 | 1. 줄기에 붙어 있는 (단단하고 stiff = **thor**) 뾰족한 가시 + n |
| | **thor**ny [θɔ́ːrni] | 가시가 있는, 골치 아픈 | ☞ thornbush 가시나무 덤불   ☞ a thorny path 가시밭길 |

| 700 | **star**ch [staːrtʃ] | 녹말[1], 풀을 먹이다 | 1. 파피루스를 붙이기 위해 사용하는 |
| | **star**chy [stáːrtʃi] | 녹말의, 뻣뻣한 | 식물에서 추출한 (단단한 stiff = **star**) 결정체 + ch |

| 701 | **star**e [stɛər] | 응시, 응시하다[1] | 1. 대상을 (단단하게 stiff = **star**) 고정시키는 시선으로 보다 + e |
| | **star**er [stɛ́ərər] | 빤히 쳐다보는 사람 | ☞ stare vacantly 멍하니 바라보다 |

702	**star**vation **star**ve [stɑːrv]	기아, 굶주림 굶주리다[1]	1. 장기간 먹지 못해서 몸이 (뻣뻣해지다 stiff = **star**) + ve ☞ starve to death 굶어 죽다 ☞ fund starvation 자금 고갈
703	**fam**ine [fǽmin] **fam**ish [fǽmiʃ]	기근[1] 굶주리게 하다	1. 흉년으로 (굶주린 hungry = **fam**) 상태 + ine ☞ famine-stricken 기아에 시달리는
704	**star**t **star**tle [stάːrtl] **star**ter [stάːrtər]	출발, 시작하다[1] 깜짝 놀라게 하다[2] 전채 요리, 출발 신호원	1. 빠르고 (단호하게 stiff = **star**) 출발하다 + t 2. 두려워 갑작스러운 움직임을 (시작하게 **star**t) 하다 + le ☞ a start-up company 신생 기업
705	**hard**iness [hάːrdinis] **hard**en [hάːrdn] **hard** **hard**ly [hάːrdli]	강건함 굳게 하다, 굳어지다 딱딱한, 어려운, 힘든 거의 ~가 아닌[1]	1. (어려워서 **hard**) 거의 할 수 없는 + ly ☞ harden steel 쇠를 단단하게 하다 ☞ give him a hard time 그를 힘들게 하다 ☞ can hardly believe 좀처럼 믿지 못하다
706	**ord**eal [ɔːrdíːəl] **hard**ship [hάːrdʃip] **hard**y [hάːrdi]	시련[1] 어려움, 역경[2] 강인한	1. 신에 의해서 유죄 여부를 (완전히 entirely = **or**) 　(나누는 divide = **de**) 시험대에 서 있는 상황 + al 2. (어려운 **hard**) 상황 + ship ☞ endure hardship 고난을 견디다

★ 가공하지 않은 raw = coar, cru, ru

707	**raw**ness [rɔ́ːnis] **raw** [rɔː]	날것, 미숙 날것의[1], 원자재의	1. (요리되지 않은 **raw**) 붉은 살코기의 ☞ raw material 원재료 ☞ raw data 가공하지 않은 자료
708	**ru**deness [rúːdnis] **ru**de [ruːd]	무례함 무례한[1]	1. 태도나 말투가 (정제되지 않고 raw = **ru**) 거친 + de ☞ a rude remark 무례한 발언
709	**cru**elty [krúːəlti] **cru**el [krúːəl]	잔인함 잔인한[1]	1. (피가 흥건한 살코기 raw = **cru**)를 요리하는 + el ☞ cruelly 잔혹하게 ☞ cruel treatment 모진 학대
710	**cru**de [kruːd] **cru**dely [krúːdli]	천연 그대로의, 조잡한[1] 조잡하게	1. (가공되지 않아서 raw = **cru**) 조잡한 + de ☞ refine crude oil 원유를 정제하다
711	**coar**seness [kɔ́ːrsnis] **coar**se [kɔːrs]	조잡함, 거침 거친[1], 굵은, 천한	1. 평민들의 옷이 (가공되지 않아서 raw = **coar**) 거친 + se ☞ coarse salt 굵은 소금 ☞ coarse texture 거친 옷감

조용히 쉬다 rest = qui, whi

712 **qui**t [kwit]
    quietude [kwáiətjùːd]
    quiet [kwáiət]

포기, 그만두다[1], 갚다
정적, 고요
조용한[2], 조용하게 하다

1. 하던 일을 그만두고 (쉬다 rest = qui) + t
2. 방해하는 것이 없이 (조용히 쉬고 있는 rest = quie) + t
   ☞ quieten 진정시키다

---

713 **whi**le [hwail]
    mean**whi**le [míːnhwàil]
    worth**whi**le [wəːrθhwáil]

잠시, 동안에, 반면에
한편, 그 동안에[1]
가치가 있는[2]

1. (잠시 쉬는 rest = whi + le) (중간 middle = mean)에
2. (잠시 동안 while) 생각할 만한 (가치가 있는 worth)
   ☞ awhile 잠시, 잠깐   ☞ meantime 그동안

---

714 tran**qui**lity [trænkwíləti]
    tran**qui**lize
    tran**qui**l [trǽŋkwil]

평온함, 고요함
조용하게 하다
고요한[1], 평온한

1. (조용한 quiet = qui + l) 상태를 (넘어 over = tran) 고요한
   ☞ the tranquility of the countryside 시골의 고요함
   ☞ tranquil atmosphere 고요한 분위기

---

715 Pacific Ocean
    Atlantic Ocean

태평양[1]
대서양

1. 대서양보다 (평화롭고 peaceful = pacific) (큰 바다 ocean)
   ☞ Indian Ocean 인도양   ☞ Arctic Ocean 북극해

---

716 **pac**ify [pǽsəfài]
    pacific [pəsífik]
    pacifier [pǽsəfàiər]

달래다, 평화롭게 하다
평화로운[1]
고무젖꼭지[2]

1. 잔잔하고 (평화롭게 peaceful = pac + i) (만드는 make = fic)
2. 아기를 (평화롭게 peaceful = pac + i) (만드는 make = fi)
   도구 + er

서로 유사해서 좋아하다 = like

717 **like**ness [láiknis]
    like
    liken [láikən]

유사성
좋아하다, ~와 같은
비유하다

☞ likewise 마찬가지로, 비슷하게
☞ alike 비슷한, 비슷하게
☞ unlike 서로 다른, ~와는 달리   ☞ dislike 싫음, 싫어하다

---

718 **like**lihood
    likely [láikli]

가능성
~할 것 같은, 아마도

☞ the likelihood of infection 감염 가능성
☞ unlikely ~할 것 같지 않은

끈적한 sticky = glu, le, li, lim, slim

719 **slim**e [slaim]
    slimy [sláimi]

끈적한 물질, 점액[1]
끈적끈적한, 점액질의

1. 나뭇가지에 발라 새를 잡는 (끈적한 sticky = slim) 물질 + e
   ☞ slime bacteria 점액 세균

---

720 de**le**tion [dilíːʃən]
    de**le**te [dilíːt]
    de**le**table

삭제
삭제하다[1]
삭제 가능한

1. (끈적끈적한 물질 slime = le + te)을 (떼어내다 away = de)
   ☞ delete a file 파일을 삭제하다
   ☞ indelible 지울 수 없는

| 721 | **lim**e [laim] | 석회[1], 라임, 끈끈이 | 1. 회반죽의 재료인 (끈적끈적한 slime = **lim**) 광물질 가루 + **e** |
| | **lim**estone | 석회석 | ☞ lime water 석회수 |

722	**glu**e [glu:]	풀, 접착제[1], 붙이다	1. 나뭇가지에 발라서 (새를 잡는 끈끈이 birdlime = **glu**) + **e**
	clay [klei]	점토, 찰흙[2]	2. 끈적끈적해서 (달라붙는 glue = **clay**) 흙
	proto**col**	통신 규약, 외교 의정서[3]	3. (첫 first = **proto**) 장에 규약을 (붙인 glue = **col**) 문서

723	**clew** [klu:]	실 뭉치, 실타래[1]	1. 서로 (달라붙은 glue = **clew**) 실뭉치
	clue [klu:]	단서[2], 단서를 제공하다	2. 미궁에서 나오도록 테세우스를 안내한 (실타래 clew = **clue**)
	cue [kju:]	신호, 단서, 신호를 주다	☞ a critical clue 중요한 단서

★ 미끄러지다 slide = lubr, sle, sli, slo

| 724 | **slee**ve [sli:v] | 소매[1], (음반) 커버 | 1. 팔이 (미끄러져 slip = **sle** + e) 들어가는 옷의 부분 + **ve** |
| | **slee**veless [slí:vlis] | 소매 없는 | ☞ sleeve length 소매 길이 ☞ wristband 소매 끝동 |

725	**sli**ghtness [sláitnis]	하찮음, 경미함	1. (매끄럽고 slip, smooth = **sli**) 무게가 가벼운 + **ght**
	slight [slait]	약간의, 가냘픈[1]	☞ slightly 약간
			☞ a slight mishap 작은 불행

| 726 | **slo**pe [sloup] | 경사지[1], 경사지다 | 1. 기울어져서 (미끄러지기 slip = **slo**) 쉬운 지형 + **pe** |
| | down**slope** | 내리막 비탈 | ☞ a slippery slope 미끄러운 비탈 |

727	**sli**mness [slímnis]	날씬함	1. 안쪽으로 오목하게 (미끄러져 slip = **sli**) 굽어진 + **m**
	slim [slim]	날씬한[1], 얇은	☞ maintain a slim figure 날씬한 몸매를 유지하다
	slimline [slímlain]	날씬한	☞ slender 날씬한, 빈약한

| 728 | **sli**de [slaid] | 미끄러짐, 미끄러지다 | ☞ slide down a slope 경사를 미끄러져 내려가다 |
| | land**slide** [læ´ndslai,d] | 산사태 | ☞ snowslide 눈사태 |

729	**sle**d [sled]	썰매[1], 썰매를 타다	1. 눈 위에 (미끄러지는 slide = **sle**) 아동용 작은 썰매 + **d**
	sledge [sledʒ]	썰매[2], 썰매로 운반하다	2. 동물이 끄는 눈 위에서 (미끄러지는 slide = **sle**) 썰매 + **dge**
	sleigh [slei]	썰매[3], 썰매로 운반하다	3. 말이 끄는 눈 위에서 (미끄러지는 slide = **sle**) 썰매 + **igh**
	bob**sle**igh [ba:bslei]	봅슬레이[4] (경기용 썰매)	4. (머리를 움직이는 bob) 2-5인승의 경기용 (썰매 sleigh)

730	**lubr**ication	미끄럽게 함, 윤활	1. 윤활유를 발라서 (미끄럽게 slide = **lubr**) 만들다 + **ic** + **ate**
	lubricate [lú:brikèit]	기름을 치다[1]	☞ lubricate an engine 엔진에 기름을 치다
	lubricant [lú:brikənt]	윤활유	☞ grease 기름, 윤활유

★ 물 water = hydr, ound, und

731	**hydr**ogen [háidrədʒən]	수소
	hydrate [háidreit]	수화시키다
	de**hydr**ate [di:háidreit]	건조시키다[1]

1. (물 water = **hydr**)을 (분리 off = **de**)하다 + **ate**
   - ☞ a fire hydrant 소화전
   - ☞ dehydrated vegetables 건조된 야채

732	in**und**ation [ínəndèit]	범람, 침수
	in**und**ate [ínəndèit]	침수시키다[1]

1. (안으로 **in**) (물 water = **und**)이 들어오다 + **ate**
   - ☞ an inundation disaster 침수 재해, 수해

733	ab**und**ance [əbʌ́ndəns]	풍부
	ab**ound** [əbáund]	풍부하다[1]
	ab**und**ant [əbʌ́ndənt]	풍부한

1. 장소로(부터 from = **ab**) (물 water = **ound**)이 넘쳐흐르다
   - ☞ overabundant 남아도는
   - ☞ an abundant compound 풍부한 화합물

734	surr**ound**ings	주변 환경
	surr**ound** [səráund]	둘러싸다[1]

1. (물 water = **ound**)이 (위로 넘쳐 over = **sur** + **r**) 둘러싸다
   - ☞ surround the enemy 적을 에워싸다

735	ir**rig**ation [irəgéiʃən]	관개, 물을 끌어들임
	ir**rig**ate [írəgèit]	물을 대다[1]
	ir**rig**able [írigəbəl]	물을 댈 수 있는

1. 경작지 (안에 in = **ir**) (빗물 rain = **rig**)을 끌어들이다 + **ate**
   - ☞ an irrigation canal 관개 수로
   - ☞ irrigate a orchard 과수원에 물을 대다

물로 씻다 wash = laund, lav, lu, wa

736	**wa**sh [wɑʃ]	세탁, 세탁하다, 씻다[1]
	washable [wɑ́ʃəbl]	물빨래가 가능한
	brain**wa**sh [brei'nwaˌʃ]	세뇌시키다
	washtub [wɑʃtʌb]	빨래 통

1. (물 water = **wa**)로 깨끗하게 하다 + **sh**
   - ☞ a washing machine 세탁기
   - ☞ washstand 세면대
   - ☞ washboard 빨래판

737	di**lu**tion [dilú:ʃən]	묽게 함, 희석
	di**lu**te [dilú:t]	묽게 하다[1], 희석된
	de**lu**ge [délju:dʒ]	대홍수, 범람시키다[2]

1. 물에 (씻어서 wash = **lu** + **te**) 농도를 (묽게 apart = **di**)하다
2. 물이 (멀리 away = **de**) (휩쓸고 wash = **lu**) 가다 + **ge**
   - ☞ deluge of fire 불바다

738	**lav**atory [lǽvətɔ̀:ri]	세면대, 화장실[1], 변기
	latrine [lətrí:n]	(군대, 공장) 화장실
	washroom [waʃrum]	화장실

1. 주로 비행기 내부의 (씻는 wash = **lav**) 장소 + **at** + **ory**
   - ☞ toilet 화장실, 변기
   - ☞ rest room 화장실   ☞ water closet 화장실
   - ☞ men's room 남자 화장실   ☞ ladies' room 여자 화장실

739	**lav**ishness	낭비, 풍부함
	lavish [lǽviʃ]	아끼지 않다, 후한[1]

1. 물 (흐르듯이 wash = **lav**) 아끼지 않거나 나누어 주는 + **ish**
   - ☞ lavish money 돈을 아끼지 않다

740	**lav**a [lá:və]	용암[1]

1. 화산에서 분출하는 물로 (씻겨 wash = **lav**) 내려가는 돌 + **a**
   - ☞ solidified lava 굳은 용암   ☞ molten lava 녹은 용암

| 741 | **foam** [foum] | 거품, 거품이 일다 | ☞ defoam 거품을 없애다 |
| | **foam**y [fóumi] | 거품이 생기는 | ☞ froth (맥주 등 액체 위의) 거품, 포말 |

젖어 있는 wet = hum, mir, moist, mos, muc

742	**moist**ure [mɔ́istʃər]	수분[1], 습기[1]	1. 약간 (젖어 있는 wet = moist) 상태 + ure
	moisturize [mɔ́istʃəràiz]	촉촉하게 하다	☞ moisture-proof 방습의
	moisten [mɔ́isən]	촉촉해지다, 촉촉하게 하다	☞ moisture-laden 습기찬
	moist [mɔist]	촉촉한	☞ moist skin 촉촉한 피부

743	**muc**us [mjú:kəs]	점액[1]	1. 동물에서 나오는 (젖어 있는 wet = muc) 물질 + us
			☞ nasal mucus 콧물
			☞ secrete mucus 점액을 분비하다

| 744 | **mos**s [mɔ:s] | 이끼[1] | 1. (젖은 wet = mos) 습지에서 자라는 하등식물 + s |
| | **mos**sy [mɔsi] | 이끼가 낀 | ☞ moss-grown 이끼가 낀, 고풍스러운 |

| 745 | **mir**e [maiər] | 진흙탕[1], 수렁, 곤경 | 1. 흙이 (젖어서 wet = mir) 질척질척하게 된 땅 + e |
| | **mir**y [máiəri] | 진흙투성이의, 더러운 | ☞ mired 진흙탕에 빠진 ☞ bog 늪지, 수렁 |

746	**hum**idity [hju:mídəti]	습도[1]	1. (젖은 wet = hum) 상태 + id + ity
	humidify [hju:mídəfài]	축축하게 하다	☞ humidifier 가습기
	humid [hjú:mid]	습한	☞ humid temperate climate 습한 온대 기후

아래로 떨어지다 (1) drop = drip, drow, lack, leak, still

747	**drop** [drɑp]	액체 방울, 강하, 떨어지다	1. (작은 small = let) (방울 drop)
	droplet [drɑ́plit]	작은 방울[1]	☞ drop by 잠깐 들르다
	back**drop** [bǽkdrὰp]	배경, 환경	☞ drop-off 절벽, 감소
	dropout [drɑ́pὰut]	중퇴자	☞ drop off 깜빡 잠이 들다, 줄어들다

748	**drip** [drip]	뚝뚝 떨어짐, 떨어지다[1]	1. 액체가 (한 방울씩 떨어지다 drop = drip)
	dribble [dríbəl]	뚝뚝 떨어지는 것, 소량	☞ drip coffee 드립 커피
		질질 흘리다, 공을 몰다	☞ dribble saliva 침을 질질 흘리다

749	**leak**age [lí:kidʒ]	누출, 새어나감	1. 물이 용기 밖으로 (떨어지다 drip = leak)
	leak [li:k]	새는 곳, 새다[1]	☞ leakproof 새지 않는, 비밀을 지킬 수 있는
	leaky [lí:ki]	새는	☞ a leaky faucet 물이 새는 수도꼭지

750	**drow**se [drauz]	졸음, 졸다, 활기가 없다	1. 반수면 상태로 (떨어져 drop = **drow**) 활기가 없는 + **sy**
	drowsy [dráuzi]	졸리는[1]	2. 비가 (한 방울씩 떨어져서 drop = **dre**) 우울한 + **ary**
	dreary [dríəri]	우울한[2], 쓸쓸한, 지루한	☞ a dreary film 지루한 영화

751	di**still**ation	증류	1. 기체를 냉각하여 다시 (분리된 apart = **di**)
	di**still** [distíl]	증류하다[1]	액체 (방울 drop = **still**)로 만들다
			☞ distillate 증류액
			☞ distilled liquor 증류주

★ 향하다 turn = ward

| 752 | awk**ward**ness | 어색함, 다루기 어려움 | 1. 물건이 (손등 back-hand = **awk**) 쪽으로 |
| | awk**ward** [ɔ́:kwərd] | 어색한[1], 다루기 힘든 | (향해 turn = **ward**) 있어서 다루기 힘든 |

753	for**ward**ing	추진, 촉진, 발송	1. 일이나 물건을 (앞으로 front = **for**) (향해 turn = **ward**)
	for**ward** [fɔ́:rwərd]	진척시키다[1], 전송하다[1]	보내다
		앞으로 가는, 앞으로	☞ forwarding agency 운송업자

754	back**ward**	뒤쪽의, 뒤쪽으로	☞ rearward 뒤쪽의
	out**ward**	밖으로 향하는, 밖으로	☞ inward 안쪽으로 향한, 안쪽으로
	to**ward**	쪽으로, 향하여	☞ onward 전진하는
	after**ward**	나중에, 그 후에	☞ homeward 집으로, 본국으로

| 755 | lee**ward** [lí:wərd] | 바람이 불어가는 쪽의[1] | 1. (따뜻한 warm = **lee**) 높새바람이 불어내리는 골짜기 |
| | wind**ward** [wíndwərd] | 바람이 불어오는 쪽의 | (방향 turn = **ward**)의 |

죽다 die = dea, dwi

756	**dea**th [deθ]	죽음	1. 숫자를 (주는 give = **die**) 놀이 도구
	die [dai]	주사위[1], 금형, 죽다[2]	2. 사는 것을 (멈추다 cease = **die**)
	dead [ded]	죽은	☞ at a death-bed 임종할 때
	deadly [dédli]	치명적인, 극도의, 극도로	☞ pass away 사망하다, 사라지다

| 757 | **die**hard [daihɑ:rd] | 보수주의자, 완강한[1] | 1. 기존의 태도가 (사라지기 die) (어려운 hard) |
| | **die** hard | 쉽게 사라지지 않다 | ☞ Old habits die hard. 세 살 버릇 여든까지 간다. |

| 758 | **dead**line [dedlain] | 최종 기한[1], 마감 시간 | 1. 교도소에서 넘어서는 안 되는 (죽음의 dead) (선 line) |
| | **dead** end | 막다른 상황 | ☞ dead-end 막다른, 발전성이 없는 ☞ deadlock 교착 상태 |

| 759 | **dwi**ndle [dwíndl] | 점점 줄어들다[1] | 1. 점점 (사라져 die = **dwi** + nd) (작은 small = **le**) 상태로 되다 |
| | **dwi**ndler [dwíndlər] | 발육이 나쁜 사람 | ☞ dwindling profit 감소하는 이익 |

뒤 back = dors, hind, post

---

760 hindrance [híndrəns]   방해   1. (뒤에서 back = **hind**) 당겨 앞으로 나가는 것을 막다 + **er**
     hinder [híndər]   방해하다[1], 뒤쪽의   ☞ hind leg 뒷다리   ☞ behind 뒤에 있는
     hind [haind]   암사슴, 뒤쪽의   ☞ hinder progress 진행을 방해하다

---

761 endors**ement**   배서, 서명, 승인   1. 승인하는 의미로 증서의 (뒤면 back = **dors** + **e**)
     en**dorse** [endɔ́:rs]   배서하다[1], 승인하다   (위에 on = **en**) 서명하다
     dorse [dɔ́:rs]   등, 뒷면   ☞ endorse a candidate 후보자를 지지하다
     dorsal [dɔ́:rsəl]   등에 있는   ☞ dorsal fin 등지느러미

---

762 posterity [pɑstérəti]   후손   1. 어떤 것보다 (더 more = **ior**) (뒤에 after = **post**) 있는 + **er**
     posterior [pɑstíəriər]   뒤의[1], 엉덩이   2. 대학을 (졸업한 **graduate**) (이후의 after = **post**) 학생
     postgraduate   대학원, 대학원생[2]   ☞ posterior to World War Ⅱ 제2차 세계 대전 이후
     [poustgrǽdʒuit]   ☞ anterior 앞의

반대편 opposite = coun

---

763 country [kʌ́ntri]   시골[1], 국가[2]   1. 도시 (반대편 opposite = **coun**)에 있는 (땅 land = terra = **try**)
     cross-**coun**try   국토를 횡단하는   2. 적과 (마주 opposite = **coun**)하는 경계 안쪽의 (땅 land = **try**)
     countryside   시골 지역   ☞ countryman 동포

---

764 encoun**ter** [enkáuntər]   만남, 마주치다[1]   1. (반대편 opposite = **coun** + **ter**) 길 (안에 in = **en**) 있는
     en**coun**terer   만난 사람   사람과 만나다

문 door = for, hur

---

765 doorway   출입구   ☞ doorstep 현관문 밖의 계단
     out**door**   야외의   ☞ indoor 실내의   ☞ an outdoor activity 야외 활동
     doorknob [dɔ́:rnὰb]   문손잡이   ☞ doorman 문지기, 수위   ☞ doorbell 초인종

---

766 hurdle [hə́:rdl]   장애물[1]   1. 가지를 엮어 만든 (작은 small = **le**) (문 door = **hur** + **d**)
     장애를 극복하다   ☞ a hurdle race 장애물 경주

---

767 foreign [fɔ́:rin]   외국의[1], 이질의   1. 국경의 (관문 door = **for**) (밖에 out = **e**) 있는 + **ign**
     foreigner [fɔ́rinər]   외국인   ☞ foreign exchange 외화   ☞ foreign affairs 외교 문제

---

768 forest [fɔ́:rist]   숲[1], 삼림   1. 궁 (문 door = **for**) (밖 out = **es**)의 왕이 사냥하는 숲 + **t**
     forestry [fɔ́:ristri]   임학, 삼림 관리   ☞ forestal 삼림지대의   ☞ a rain forest 우림

| 769 | de**forest**ation | 삼림 벌채, 삼림 파괴 | 1. (숲 forest)을 (제거하다 cut down = **de**) |
| | de**forest** [diːfɔ́ːrist] | 삼림을 없애다[1] | ☞ forest clearing 산림 개간   ☞ dense forests 우거진 숲 |

| 770 | **sava**gery [sǽvidʒəri] | 야만성 | 1. (숲 forest = **sava**)에서 온 길들이지 않은 거친 사람 + **ge** |
| | **sava**ge [sǽvidʒ] | 야만인[1], 야만적인 | ☞ a savage tribe 미개한 부족   ☞ brutal 잔혹한 |

★ 바깥 out = ex, exo, exter, extra, extre, ut

771 **extra** [ékstrə]　추가, 보조 출연자
　　　　　　　　추가의, 여분의[1]
　　extraneous [ikstréiniəs]　이질적인, 외래의
　　extraterrestrial　외계인(E.T.)[2], 외계의

1. (바깥쪽 outside = extra)에 남아도는
2. (지구 earth = terres) (바깥쪽 outside = extra)에
　　존재하는 생명체 + tri + al
　　☞ an extraneous substance 이물질

---

772 **exo**ticism [igzátəsìzəm]　이국적임
　　exotic [igzátik]　이국적인 것, 이국적인[1]

1. (바깥쪽 outside = exo)에서 와서 친숙하지 않은 + t + ic
　　☞ exotic species 외래종　☞ indigenous species 토착종

---

773 **exter**iority [ikstìəriárəti]　외면성
　　exteriorize [ikstíəriəràiz]　외면화하다, 구체화하다
　　exterior [ikstíəriər]　외관, 외부의[1]

1. 다른 것보다 (더 more = ior) (밖에 outside = exter) 있는
　　☞ an exterior policy 대외 정책
　　☞ interior 실내장식, 내부, 내부의

---

774 **exter**nalization　외적 표현, 객관성
　　externalize　외면화하다, 구체화하다
　　external [ikstə́:rnəl]　외부, 외부의[1]

1. 다른 것보다 (바깥쪽 outside = exter)에 있는 + n + al
　　☞ external trade 대외 무역
　　☞ internal 내부의

---

775 **extre**mity [ikstréməti]　극단, 맨 끝
　　extreme [ikstrí:m]　극단적인[1], 너무 지나친

1. (바깥 outside = extre)으로 (가장 most = m) 멀리 간 + e
　　☞ extremist 과격주의자

---

776 **out**skirt [autskərt]　교외, 변두리[1]
　　outcast [autkæst]　버림받은 사람[2], 버림받은
　　output [áutpùt]　산출[3], 산출량, 출력
　　put out　생산하다, 불을 끄다

1. 도심 (바깥 out)을 (치마 skirt)처럼 둘러싼 지역
2. (밖으로 out) (던져진 cast) 사람
3. (밖으로 out) (내놓은 put) 결과
　　☞ outcome 결과　☞ input 투입, 입력, 정보

---

777 **out**line [áutlàin]　윤곽, 개요, 윤곽을 그리다[1]
　　outlet [autlet]　배출구[2], 할인점[2], 콘센트[2]
　　outlook [áutlùk]　전망, 관점

1. (바깥 out) 부분에 (선 line)을 그어 표시하다
2. 물건이나 전기가 (밖으로 out) (나가는 go = let) 장소
　　☞ inlet 주입구, 작은 만, 끼워 넣다

---

778 **out**most [áutmòust]　가장 바깥쪽의[1]
　　outermost [autərmoust]　가장 바깥쪽의
　　utmost [ʌ́tmòust]　최대한도[2], 가장 떨어진
　　uttermost [ʌ́tərmòust]　최대한도, 가장 떨어진

1. (가장 most) (바깥에 out) 있는
2. (가장 most) (바깥에 out = ut) 떨어져 있는
　　☞ the outermost planet 가장 바깥쪽의 행성
　　☞ the utmost interest 최대의 관심

---

779 **ut**terance [ʌ́tərəns]　발언
　　utter [ʌ́tər]　말하다[1], 완전한

1. 소리를 (더 more = er) (바깥으로 out = ut + t) 보내다
　　☞ utter a sigh 한숨을 쉬다
　　☞ an utter denial 단호한 부인

미친 mad = fur, rag

780 rage [reidʒ]   분노, 화를 내다[1]
    1. (광견병 rabies = **rag**)에 걸린 개가 으르렁거리다 + **e**

    en**rage** [enréidʒ]   격분하게 만들다
    2. (과도한 excess = **out**) (분노 **rage**)를 유발하다

    out**rage** [áutrèidʒ]   격분, 격분하게 만들다[2]
    ☞ outrageous 너무 충격적인

---

781 fury [fjúəri]   분노
    1. 분개하여 (미친 듯 madly = **fur**) 화를 내는 + **i** + **ous**

    furious [fjúəriəs]   분노한[1], 맹렬한
    ☞ a furious outburst 격렬한 폭발

---

782 fierceness [fíərsnis]   사나움
    1. (야생 wild = **fier**) 짐승처럼 강하고 폭력적인 + **ce**

    fierce [fiərs]   사나운[1], 맹렬한
    ☞ fiercely 사납게   ☞ a fierce debate 열띤 논쟁

아래 down = infer, infra

783 down   솜털[1], 아래로, 아래에
    1. 깃털 (아래에 **down**) 있는 솜털

    downside   불리한 면, 아래쪽, 하강의
    ☞ upside 긍정적인 면, 위쪽

    downturn   감소, 하락
    ☞ upturn 상승, 호전

    downward   아래쪽으로
    ☞ upward 위쪽으로

---

784 downsizing [daυnsàiziŋ]   기구 축소, 인원 삭감
    ☞ downsize 규모를 줄이다

    downstream   하류의, 하류로
    ☞ upstream 상류의, 상류로

    downplay [daυn'plei]   경시하다, 작게 취급하다
    ☞ play down 경시하다, 작게 취급하다

---

785 shutdown [ʃʌtdaun]   폐쇄
    ☞ shut down 폐쇄하다   ☞ knock down 때려눕히다

    break**down** [bréikdàun]   고장, 붕괴, 자료 분석
    ☞ break down 고장나다, 세분하다

    let**down** [letdaun]   실망, 감소, 낙심한
    ☞ let down 실망시키다, 낮추다

---

786 inferiority [infiəriorəti]   열등함
    1. (더 more = **ior**) (아래에 under = **infer**) 있는

    inferior [infíəriər]   하급자, 열등한[1]
    ☞ superior 상급자, 상사, 우수한

---

787 infrastructure   기반 시설[1], 하부 조직
    1. 도로 등 사회 (기반 under = **infra**) (시설 **structure**)

    [infrəstrəktʃər]
    2. 햇빛을 프리즘에 분산시킬 때

    infrared [infrəred]   적외선의[2]
    (적색 red) (아래 under = **infra**)에 있는 선의

    ☞ an infrared ray 적외선

    ☞ an ultraviolet ray 자외선

땅, 기초 ground = bas, base, bot, found, fund

788 ground zero 　　　　재난 지점[1]
　　ground [graund] 　땅바닥, 기초, 근거를 두다
　　groundwork 　　기초 작업
　　under**ground** 　　지하, 지하의, 비밀의

1. 핵폭탄이 터져서 (아무 것도 남아 있지 않은 zero)
　(땅 ground)
　☞ groundless 근거 없는　　☞ ground floor (영국) 1층
　☞ foreground 전경　　　　☞ background 배경

---

789 **bott**om [bátəm] 　　바닥[1]
　　　　　　　　　　　　　맨 아래의
　　bottom line 　　　　핵심, 요점, 최종결과

1. (땅 ground = **bot** + t) + om
　☞ bottom up 상향식의, 거꾸로
　☞ get to the bottom 원인을 알아내다

---

790 **found**ation [faundéiʃən] 　기초, 재단, 기초화장품
　　found [faund] 　　　설립하다[1], 기반을 두다
　　foundational 　　　기본의, 기초적인

1. (땅 ground = **found**) 위에 세우다
　☞ a foundation stone 초석, 주춧돌
　☞ found a company 회사를 설립하다

---

791 pro**found**ness 　　　지적인 깊이
　　pro**found** [prəfáund] 　깊은 장소, 깊은, 심오한[1]

1. (바닥 ground = **found**) (앞쪽으로 forward = pro)
　깊이 내려가는
　☞ a profound insight 깊은 통찰

---

792 **fund** [fʌnd] 　　　기금, 자금[1], 자금을 대다
　　re**fund** [rí:fʌnd] 　환불금, 환불하다[2]
　　re**fund**able [rifʌndəbl] 　환불 가능한

1. 사업의 (기초 foundation = **fund**)가 되는 돈
2. (자금 **fund**)을 (되돌려 back = re)주다
　☞ fund raising 자금 조달, 기금 모금

---

793 **fund**amentality 　　기본
　　fundamental 　　　기본적인[1]

1. (기본 foundation = **fund**)이 되는 + a + ment + al
　☞ a fundamental principle 기본 원칙

---

794 **base**ment [béismənt] 　지하층[1]
　　basement cell 　　　지하실

1. 건물 구조에서 (땅 아래 base) 층 + ment
　☞ basement level 지하층

---

795 a**base**ment [əbéismənt] 　굴욕, 비하
　　a**base** [əbéis] 　　　낮추다[1], 비하하다
　　de**base**ment 　　　저하, 악화
　　de**base** [dibéis] 　　저하시키다[2]

1. 상대방을 (향해 to = a) 자세를 (낮추다 lower = base)
2. 지위, 품질을 (아래로 down = de) (낮추다 lower = base)
　☞ self-abasement 자기 비하, 겸손
　☞ debase a currency 화폐 가치를 떨어뜨리다

---

796 **ba**ss [bæs] 　　　저음, 농어, 저음의
　　contra**ba**ss [kántrəbèis] 　최저음의

　☞ baritone 남성 중음, 바리톤
　☞ bass guitar 베이스 기타

떨어지다 (2) fall = lap, rou, ru, slump

797	**slump** [slʌmp]	쿵 떨어짐[1], 불황, 부진 쿵 떨어지다, 폭락하다	1. 진흙탕으로 (쿵 떨어짐 fall = **slump**) ☞ a global slump 세계 불황 ☞ a slump in profit 수익 급감
798	**lap**se [læps] e**lap**se [ilǽps] col**lap**se [kəlǽps]	시간의 경과, 착오 실수하다[1], 소멸되다 시간이 흐르다 붕괴, 실패, 붕괴되다[2]	1. (미끄러지거나 떨어지다 slip or fall = **lap**) + se 2. (함께 with = col) (떨어지다 fall = **lap**) + se ☞ a memory lapse 기억 착오 ☞ the global economic collapse 세계 경제 붕괴
799	**ru**ins **ru**in [rúːin] **ru**inous [rúːinəs]	폐허, 유적 파멸, 손상, 파멸시키다[1] 파괴적인, 손상된	1. 폭력적으로 (무너뜨리다 collapse = **ru**) + in ☞ ancient ruins 고대 유적 ☞ ruin her reputation 그녀의 평판을 잃게 하다
800	**rou**ghness **rou**ghen [rʌ́fən] **rou**gh [rʌf]	울퉁불퉁함, 조잡 거칠게 만들다 밑그림, 거친[1], 대략적인	1. (무너뜨려서 collapse = **rou**) 무질서하게 만드는 + gh ☞ roughly 대략, 거칠게 ☞ rough translation 개략적인 번역

★ 안 in = inter, intest

801	**in**n [in] **in**nkeeper [iˈnkipər]	여관[1], 여인숙[1] 여관 주인	1. (안에서 in) 숙박할 수 있는 임시숙소 + n ☞ bed-and-breakfast 아침 식사를 제공하는 민박
802	**in**ner [inər] **in**most [ínmòust] **in**nermost [inərmoust]	내부의[1], 내면의 가장 안쪽의 가장 안쪽의	1. 어떤 것보다 (더 more = er) (안에 in = **in** + n) 있는 ☞ an inner circle (조직의 권력을 쥐고 있는) 핵심층 ☞ the innermost layer 가장 안쪽의 층
803	**in**timacy [íntəməsi] **in**timate [íntəmit] pre**in**timate	친밀함 넌지시 알리다, 친밀한[1] 미리 알리다	1. (내면 in = **in** + ti)을 (가장 most = m) 깊이 아는 + ate ☞ intimacy versus isolation 친밀감 대 고립감 ☞ intimate relations 친근한 관계
804	**am**ity [ǽməti] **am**icable [ǽmikəbəl] en**em**y [énəmi]	친목, 친선[1] 우호적인 적[2], 적군	1. (친근한 friendly = **am**) 관계 + ity 2. (친구 friend = **em** + y)가 (아닌 not = en) 적 ☞ an amicable settlement 원만한 해결
805	**am**iability [èimiəbíləti] **am**iable [éimiəbəl]	상냥함 상냥한	☞ unamiable 퉁명스러운, 불친절한 ☞ ran amiable characte 귀염성 있는 성격

806	**inter**iority [intìəriɔ́ːrəti	내면	1. 보다 (더 more = **ior**) (안쪽 inner = **inter**)에 있는
	interior [intíəriər]	내부, 실내 장식	☞ an interior design 실내 장식
		내부의[1]	☞ an interior angle 내각

807	**inter**nalization	내면화, 내재화	1. (안쪽 inner = **inter**)에 있는 + n + al
	internality [intərnǽləti]	내면성	☞ core value internalization 핵심 가치 내면화
	internalize [intəːrnəlàiz]	내면화하다	☞ internalize those images 그 이미지들을 내면화하다
	internal [intəːrnl]	내부의[1], 내면의	☞ an internal structure 내부 구조

808	**intern** [intəːrn]	수련의, 교생, 피억류자	1. (안쪽 inner = **inter**)의 공간에 감금하다 + n
		인턴 근무하다, 억류하다[1]	☞ intern a prisoner 포로를 억류하다
	internship [intəːrnʃip]	실무수습	☞ a medical internship 병원 인턴 과정

809	**intest**ine [intéstin]	창자[1], 장	1. 신체 (내부 internal = **intest**)에 있는 장 + ine
	intestinal [intéstənəl]	창자의	☞ a sharp pain in the small intestine 날카로운 소장 통증

두려운 afraid = fear, fri, scar, tim, ug

810 **fri**ght [frait]　　　공포, 놀람　　　　　1. (두려운 afraid = fri + ght) 상태로 (만들다 make = en)
　　　frighten [fráitn]　놀라게 하다[1]　　　☞ frightened 겁먹은　　☞ a stage fright 무대 공포증

811 **scar**e [skɛər]　　　공포, 놀람, 겁주다[1]　1. 상대를 (두렵게 afraid = scar) 하여 소심하게 만들다 + e
　　　scary [skéəri]　　겁나는　　　　　　☞ scarecrow 허수아비

812 **peri**l [pérəl]　　　위험　　　　　　　1. (위험 risk = peri + l) (안으로 in = im) 들어가도록 만들다
　　　im**peri**l [impéril]　위험에 빠뜨리다[1]　☞ a deadly peril 치명적인 위험
　　　perilous [pérələs]　위험한　　　　　☞ tread a perilous path 위험한 길을 걷다

813 **pir**ate [páiərət]　　해적[1], 저작권 침해자　1. 배를 강탈한 후에 (위험 risk = pir)을 가하는 강도 + ate
　　　　　　　　　　　불법 복제하다　　　　☞ a pirate edition 해적판
　　　piracy [páiərəsi]　해적질, 저작권 침해　☞ literary piracy 저작의 표절

814 **ug**ly [ʌ́gli]　　　　보기 흉한 것, 흉한[1]　1. (두려움 fear = ug)을 유발할 정도로 보기 흉한 + ly
　　　ugly duckling [dʌ́kliŋ]　미운 오리 새끼[2]　2. 처음에는 매력이 없지만 나중에 흠모를 받는 사람

815 **tim**idity [timídəti]　겁 많음　　　　　1. (두려워서 fear = tim) 대담하지 못한 + i + d
　　　in**tim**idate [intímədèit]　겁주다　　　☞ intimidate negotiating partners 협상 상대에게 겁을 주다
　　　timid [tímid]　　　소심한[1]　　　　☞ timid by nature 천성적으로 소심한

★ 앞, 이전 before, forward = an, far, for, fro, pri, pro, van

816 be**for**e　　　　　　앞에[1], 전에　　　　1. 어떤 것 (앞에 forward = for + e) (존재하는 exist = be)
　　　beforehand　　　사전에　　　　　　☞ before tax 세금 납부 이전의
　　　　　　　　　　　　　　　　　　　　　☞ the day before 그 전날

817 **for**mer [fɔ́ːrmər]　전자, 전자의[1], 전임의　1. (더 more = mer) (앞에 before = for) 있는
　　　formerly [fɔ́ːrmərli]　이전에　　　　2. (가장 most) (앞에 before = for + e) 위치해서 가장 중요한
　　　foremost [fɔ́ːrmòust]　가장 중요한[2]　☞ the latter 후자, 후자의

818 **an**cientness [éinʃəntnis]　오래됨　　　1. (이전에 before = an + ci) 존재한 + ent
　　　ancient [éinʃənt]　고대의[1], 아주 오래된　☞ an ancient civilization 고대 문명

819 **an**cestor [ǽnsestər]　조상[1]　　　　　1. (앞서 before = an) (가버린 go = cest) 사람 + or
　　　ancestral [ænséstrəl]　조상의　　　　2. (예전에 before = for + e) (존재했던 exist = be) 사람 + ar
　　　forebear [fɔrber]　선조, 조상[2]　　　☞ ancestral heredity 선조의 유전

820	**archaeo**logy [à:rkiálədʒi]	고고학[1]	1. (고대 ancient = archaeo) 인류 연구 (학문 study = logy)
	archaeologist	고고학자	☞ marine archaeology 해양 고고학

821	**paleo**ntology	고생물학, 화석학	1. (고대에 ancient = Paleo) (생활 live = zo)한 + ic
	Paleozoic [pèiliəzóuik,]	고생대의[1]	2. (최근에 recent = Ceno) (생활 live = zo)한 + ic
	Cenozoic [sìnəzóuik]	신생대의[2]	☞ the Mesozoic Era 중생대

822	**anti**queness [æntí:knis]	오래됨, 고풍스러움	1. (이전 before = an + ti) 것으로 (보이는 seem = qu) 것 + ity
	antiquity [æntíkwəti]	고대, 유물[1]	☞ of immemorial antiquity 태고의
	antique [æntí:k]	골동품, 골동품의	☞ a rare antique 희귀한 골동품

823	**an**tecedent	선행사건, 선조	1. (이전에 before = an + te) (진행된 go = ced) 사건의 + ent
		이전의[1]	☞ antecedent events 선행 사건들
	antecede [æntəsí:d]	~보다 앞서다	

824	a**van**t-garde	전위파 예술가[1]	1. 예술을 새로운 유행 (앞 before = van + t) (쪽으로 to = a)
	vanguard [vǽngà:rd]	선봉, 선구자	이끄는 (선발대 guard = garde)

825	**an**teriority [æntì:riɔ́:rəti]	앞섬	1. (더 more = ior) (앞에 before = an + te) 있는 + r
	anterior [æntíəriər]	앞의[1]	2. 동물의 (눈 eye = ler) (앞에 before = an + t) 튀어나온 뿔
	antler [ǽntlər]	가지진 뿔[2]	☞ posterior 뒤의, 엉덩이

826	**pro**perty [prápərti]	소유물[1], 재산, 특성	1. (자신 private = per + ty) (앞에 before = pro) 놓여있는 것
	proprietor [prəpráiətər]	소유자	☞ common property 공유지 ☞ personal property 사유재산

827	**pro**priety [prəpráiəti]	적절성, 예의 바름	1. (자신 private = per)에 맞도록 (앞 before = pro)에 놓여진
	proper [prápər]	적절한[1]	☞ a proper posture 적절한 자세
	im**pro**per [imprápər]	부적절한	☞ impropriety 부적당

828	ap**propri**ation	도용, (예산) 책정	1. 불법으로 자신에게 (적합한 proper = propri)
	ap**propri**ate [əpróuprièit]	도용하다[1], 적절한	(쪽으로 to = ap) 돈을 사용하다 + ate
	inap**propri**ate	부적절한	☞ an appropriate measure 적절한 대책

829	**van**tage [vǽntidʒ]	유리, 유리한 점	1. 남보다 목표 (쪽으로 to = ad) (앞선 before = van + t)
	ad**van**tage [ædvǽntidʒ]	장점[1], 유리하게 하다	상태 + age
	disad**van**tage	단점	☞ a vantage point (전망이) 좋은 위치, 관점

830	ad**van**cement	전진, 진보	1. 목표 (쪽으로 to = ad) (앞서 before = van) (가다 go = ce)
	ad**van**ce [ædvǽns]	전진, 전진하다[1]	☞ an advanced course 고급 과정 ☞ headway 전진

831	**pro**be [proub]	조사, 탐사	1. (앞에 before = **pro**) (존재하는 exist = **be**) 것을 찾다
		탐사하다[1]	☞ probe thoroughly 철저하게 조사하다
			☞ a probing question 캐묻는 질문

832	**pro**of [pru:f]	증명, 입증, 견디는	1. (앞에 before = **pro**) (존재하는 exist = be = **ve**) 것과
	prove [pru:v]	증명하다, 입증하다[1]	비교하여 증명하다
	provable [prú:vəbəl]	입증할 수 있는	☞ proof read 교정하다

833	water**proof** [wɔ́:tərprù:f]	방수의[1]	1. (물 water)의 침투에 (견딜 수 있는 **proof**)
	fire**proof** [faiˈərpru:f]	방화의	☞ bulletproof 방탄의
	weather**proof**	비바람에 견디는	☞ childproof 아이들이 열 수 없게 만든

| 834 | dis**proof** [disprú:f] | 반증 | 1. 사실이 (아니라고 not = **dis**) (증명하다 **prove**) |
| | dis**prove** [disprú:v] | 반증하다[1] | ☞ disprove a hypothesis 가설을 반증하다 |

835	re**proof** [riprú:f]	나무람	1. 가치 있다고 (증명 **prove**)되지 않아 (돌려 back = **re**) 주며
	re**prove** [riprú:v]	책망하다[1]	나무라다
	re**prov**able [riprú:vəbəl]	비난할 만한	☞ rebuke 질책하다, 꾸짖다 ☞ reproach 비난하다

| 836 | im**pro**vement | 개선, 향상 | 1. (앞서 before = **pro**) (있는 be = **ve**) 상태 |
| | im**pro**ve [imprú:v] | 개선하다[1] | (안으로 in = **im**) 만들다 |

837	ap**prov**al [əprú:vəl]	승인	1. 올바른 (쪽으로 to = **ap**) (증명 **prove**) 되어서 승인하다
	ap**prove** [əprú:v]	승인하다[1]	2. (승인하지 approve) (않다 not = **dis**)
	disap**prove** [dìsəprú:v]	승인하지 않다[2]	☞ disapproval 반감, 못마땅함

838	**prob**ability [prὰbəbíləti]	가능성, 확률	1. (증명 prove = **prob**)하면 옳다고 판단될 것 같은 + able
	probable [prάbəbəl]	그럴듯한[1], 상당한	☞ a probability sample 확률 표본
	probably [prάbəbli]	아마도, 십중팔구는	☞ a probable error 확률 오차

| 839 | **fro**ntier [frʌntíər] | 국경[1], 한계, 최첨단[1] | 1. 가장 (앞에 before = **fro**) 있는 지역이나 기술 + nt + i + er |
| | **fro**ntline [frʌntláin] | 최전선의 | ☞ the frontier spirit 개척자 정신 |

| 840 | af**fron**t [əfrʌ́nt] | 마음의 상처, 모욕하다[1] | 1. (이마 forehead = **fron**)를 (향해 to = **af**) 때리다 + t |
| | af**fron**tive [əfrʌ́ntiv] | 모욕적인, 무례한 | ☞ a personal affront 개인적인 모욕 |

| 841 | con**fron**tation | 대치, 대립 | 1. (함께 with = **con**) (이마 forehead = **fron**)를 맞대다 + t |
| | con**fron**t [kənfrʌ́nt] | 맞서다, 직면하다[1] | ☞ confrontational 대립하는 |

842	**af**for**d** [əfɔ́ːrd]	여유가 있다¹, 제공하다	1. (앞 forward = for) (쪽으로 to = af) 나갈 여유가 있다 + d
	af**for**dable [əfɔ́ːrdəbl]	가격이 적당한	☞ afford a preference 우선권을 제공하다
	unaf**for**dable	비싸서 감당할 수 없는	☞ an affordable price 알맞은 가격

843	**for**th [fɔːrθ]	앞으로¹, 바깥으로	1. (앞쪽으로 forward = for) 나가는 + th
	hence**for**th [hènsfɔ́ːrθ]	이후로 계속	☞ back and forth 뒤 앞으로 ☞ and so forth 등등

844	**pro**neness	엎드린 자세	1. (앞으로 forward = pro) 엎드려서 밟히기 쉬운 + n + e
	prone [proun]	당하기 쉬운¹, 엎드린	☞ prone to injury 부상당하기 쉬운

845	**pro**se [prouz]	산문¹	1. 생각대로 (앞으로 forward = pro) 쪽 써 내려간 글 + se
	prosy [próuzi]	산문체의	☞ a poetic prose 시적 산문
	prosaic [prouzéiik]	평범한, 상상력이 없는	☞ verse 운문

846	**far**	먼, 저쪽의, 멀리, 훨씬	1. 물리적 거리가 (더 more = er) (앞에 forth = far) 있는 + th
	farther [fɑ́ːrðər]	더 먼, 더 멀리에¹	2. 심리적 또는 추상적으로 거리가 (더 more = er) 멀리
	further [fə́ːrðər]	진행하다	(앞에 forth = fur) 있는 + th
		추가의², 더 나아가	☞ furthermore 더욱이, 게다가

847	**far**-sighted [fɑ́ːrsáitid]	선견지명이 있는	☞ near-sighted 근시안의, 멀리 못 보는
	far-reaching	멀리 영향을 미치는	☞ the Far East 극동 지역

위험을 무릅쓰고 시도하다 try = per, pir

848 ex**per**iment
ex**per**imental
[ikspèrəméntl]

실험, 실험하다[1]
실험적인

1. 이론을 (밖에서 our = **ex**) (시험하다 try = **per**) + i + ment
   ☞ a controlled experiment 대조실험
   ☞ a quasi-experiment 유사 실험

849 ex**per**ience [ikspíəriəns]
ex**per**ienced
inex**per**ienced

경험, 경험하다[1]
경험이 있는, 능숙한
경험이 부족한

1. (밖에 out = **ex**) 나가서 (시도하다 try = **per**) + i + ence
   ☞ an experienced investigator 경험이 있는 조사자
   ☞ unexperienced 미경험의

850 ex**per**t [ékspə:rt]
ex**per**tise [èkspərtí:z]
ex**per**tize [ékspərtàiz]

전문가[1], 전문적인
전문 지식, 전문 기술
전문적 의견을 말하다

1. (밖에서 out = **ex**) (시도한 try = **per**)
   경험이 많은 사람 + t
   ☞ a domain expert 특정 분야의 전문가
   ☞ display expertise 전문 지식을 발휘하다

851 em**pir**ical [empírikəl]
em**pir**icism
em**pir**ic [empírik]

경험에 의거한[1]
경험주의, 실증주의
경험주의자

1. (시도 try = **pir**)한 경험 (안에 in = **em**) 의거한 + ic + al
   ☞ empirical philosophy 경험 철학
   ☞ experimental empiricism 실험적 경험주의

★ 양쪽, 옆 both, side = amb, ambi, amphi, par, para, pro

852 **side**burns [sáidbə̀:rnz]
along**side** [ələ̀ŋsaid]
sidewalk [sáidwɔ̀:k]
sideway [sáidwèi]

짧은 구레나룻[1], 귀밑털
옆에, 나란히
인도, 보도
샛길, 옆길

1. 남북전쟁 당시 (Burnside 장군 = **sideburns**)의 머리 스타일
   ☞ side by side 나란히
   ☞ a side effect 부작용
   ☞ whisker (고양이, 쥐 등의) 수염, 구레나룻

853 **amphi**bian [æmfíbiən]
toad [toud]
tadpole [tǽdpòul]

양서류[1]
두꺼비
올챙이[2]

1. 수류 (양쪽에 both = **amphi**) (사는 live = **bi**) 동물 + an
2. (두꺼비 toad = **tad**) (머리 head = **pol** + e) 모습 올챙이
   ☞ an amphibian tank 수륙양용 탱크

854 **ambi**valence
ambivalent [æmbívələnt]
un**ambi**valent

모순, 양면 가치
양면적인[1], 양면 가치의[1]
확실한

1. (양쪽 both = **ambi**) 둘 다에게 (가치 value = **val**)를
   부여하는 + ent
   ☞ an ambivalent behavior 양면적인 행동

855 **ambi**guity [æ̀mbigjú:əti]
ambiguous [æmbígjuəs]
un**ambi**guous

애매모호
애매모호한[1]
확실한

1. 의미가 (양쪽 both = **ambi**)을 왔다 갔다
   (움직여서 move = **gu**) 애매한 + ous
   ☞ an ambiguous sentence 중의성 문장

856 a**bout**
where**about** [wéərəbàut]
round**about**

주변에[1], 관한, 대략
소재, 행방
회전교차로

1. 어떤 지점의 (위 on = **a**), (옆 beside = **bo**), 또는
   (밖에 out = **ut**) 있는
   ☞ About face! 뒤로 돌아!   ☞ At ease! 쉬어!

| 857 | **amb**assador | 대사[1] | 1. (주변 about = **amb**)을 (이동하는 go = **ass**) 하인 + ad + or |
| | **emb**assy [émbəsi] | 대사관 | ☞ consul 영사 |

858	**amb**le [ǽmbəl]	느긋하게 걷다[1]	1. 말을 타고 (주변 about = **amb**)을 천천히 (가다 go = **le**)
	somn**amb**ulism	몽유병	2. 말을 타고 (주변 about = **al**)을 (다니는 go = **le**) 좁은 길 + y
	alley [ǽli]	골목[2]	☞ a bowling alley 볼링장

859	**amb**ulance [ǽmbjuləns]	구급차[1]	1. (주변 about = **amb** + **u**)을 (다니는 go = **l**) 병원 + ance
	ambulate [ǽmbjulèit]	걷다, 돌아다니다	☞ ambulance corps 야전 의무대
	ambulant [ǽmbjulənt]	걸어 다닐 수 있는	☞ an ambulant patient 외래 환자

860	**amb**ition [æmbíʃən]	야망, 포부	1. 표를 얻기 위해 (주변 around = **amb**)을
	ambitious [æmbíʃəs]	야망이 있는[1]	(돌아다니는 go = **it**) + i + ous
			☞ an ambitious politician 야망이 있는 정치가

| 861 | **pro**ximity [prɑksíməti] | 가까움, 근접 | 1. (최대한 maximum = **xim**) (가까이 near = **pro**) 있는 + ate |
| | **pro**ximate [prɑ́ksəmit] | 근접한[1] | ☞ spatial proximity 공간 근접성 |

862	ap**pro**ximation	근사치, 가까움	1. (최대한 maximum = **xim**) (가까운 near = **pro**)
	ap**pro**ximate	비슷하다, 대략적인[1]	(쪽으로 to = **ap**) 오는 + ate
	ap**pro**ximately	거의, 대략	☞ an approximate value 근삿값

| 863 | ap**pro**ach [əpróutʃ] | 접근법, 다가가다[1] | 1. 목표 (쪽으로 to = **ap**) (가까이 near = **pro**) (가다 go = **ach**) |
| | ap**pro**achable | 접근 가능한 | ☞ a holistic approach 전체론적 접근법 |

| 864 | re**pro**ach [ripróutʃ] | 비난, 비난하다[1] | 1. (반대 oppose = **re**)하기 위해 (가까이 near = **pro**) |
| | re**pro**achful | 비난하는 | (가다 go = **ach**) |

865	**greet**ing [grí:tiŋ]	인사, 인사말	1. 손님에게 (다가가서 approach = **greet**) 맞이하다
	greet [gri:t]	맞이하다[1], 들어오다	☞ a greetings card 축하 카드
			☞ a cordial greeting 따뜻한 인사말

866	**para**site [pǽrəsàit]	기생 생물[1]	1. (숙주 생물 host) (옆에 beside = **para**) 붙어서
	parasitic [pærəsítik]	기생하는	(음식 food = **sit**)을 섭취하며 사는 생물 + e
	anti**para**sitic	구충제	☞ a parasitic volcano 기생 화산

867	**par**enthesis [pərénθəsis]	괄호, 삽입구[1]	1. (옆에 beside = **par**) 있는 어구 (안으로 in = **en**)
	parenthesize	괄호 안에 넣다	끼워 (넣어진 put = **the**) 것 + sis
	parish [pǽriʃ]	(교회, 성당) 교구[2]	2. 성직자 (옆에 beside = **par**) 위치한 (집 house = **ish**)

868	**para**dise [pǽrədàis]	낙원[1]	1. 아담과 이브 (주변에 around = **para**)
	im**para**dise [impǽrədàis]	황홀하게 하다	(만들어진 make = **dis**) 에덴동산 + **e**
	paradisiacal	낙원의	☞ a earthly paradise 지상낙원

869	**para**sol [pǽrəsɔ̀ːl]	양산, 파라솔[1]	1. (태양 sun = **sol**)을 (막아주는 defense = **para**) 큰 양산
	parachute [pǽrəʃùːt]	낙하산[2], 낙하하다	2. (떨어지는 fall = **chute**) 것을 (막는 defense = **para**) 기구

통과하다, 가로지르다 across = dia

870	**dia**betes [dàiəbíːtis]	당뇨병[1]	1. 포도당과 소변이 과도하게 몸을 (통과하여 through = **dia**)
	diabetic [dàiəbétik]	당뇨 환자, 당뇨병의	(나가는 go = **be**) 병 + **te** + **s**

871	**dia**rrhea [dàiəríːə]	설사[1]	1. 배설물이 몸을 (통과하여 through = **dia**)
	diarrheal [dàiəríːəl]	설사의	(흘러 flow = **rrhea**) 나가는 증상

872	**dia**gonal [daiǽgənəl]	대각선[1], 사선의	1. 사선으로 (가로지르는 across = **dia**)
	diameter [daiǽmitər]	지름, 직경	(각도 angle = **gon**)로 그은 선 + **al**

873	**dia**gram [dáiəgræ̀m]	도표[1], 도해	1. 문서 내부에 (걸쳐 across = **dia**) (그려진 draw = **gram**) 표
	diagrammatic	도표의, 도식의	☞ a tree diagram 수형도
	diagraph [dáiəgræ̀f]	도면 확대기	☞ a scatter diagram 산포도, 점도표

★ 기울이다 lean = cli, clin, lad

874	**lean** [liːn]	살코기, 경사, 기울다[1]	1. 옆 사람 쪽으로 (굽혀서 bend = **lean**) 기울이다
		마른, 기름기 없는[2]	2. 쉽게 (굽혀질 bend = **lean**) 정도로 야위고 기름기가 없는

875	**ladd**er [lǽdər]	사다리[1], 단계	1. 올라가기 위해 (기대어 lean = **lad** + **d**) 놓는 도구 + **er**
	ladderlike	사다리 같은	☞ the social ladder 사회 계층

876	**cli**max [kláimæks]	절정[1], 절정을 이루다	1. (기대어 lean = **cli**) 놓은 사다리의 꼭대기 + **ma** + **x**
	climactic [klaimǽktik]	절정의	☞ a thrilling climax 스릴 만점의 순간

877	**cli**mate [kláimit]	기후[1], 분위기	1. 태양 (경사 lean = **cli**)에 따라 변하는 대기 상태 + **ma** + **te**
	climatic [klaimǽtik]	기후의	☞ a climate refugee 기후변화 난민
	climatology	기후학	☞ a climatic zone 기후대

878	**cli**ent [kláiənt]	고객[1], 의뢰인	1. 생계를 위해 판매자가 (기대는 lean = **cli**) 사람 + **ent**
	cliental [klaiéntl]	고객의	2. 서비스를 제공하는 중앙 서버와 고객의 컴퓨터 사이의 통신
	client server	클라이언트 서버[2]	☞ a regular client 고정 거래처, 단골 고객

879	**clin**ic [klínik]	병원, 진료소[1]	1. 치료를 위해 (기대는 침대 leaning bed = clin)가
	clinical [klínikəl]	임상의, 간소한	있는 진료소 + ic
	clinician [kliníʃən]	임상의사	☞ clinical treatment 진료

880	in**clin**ation [inklənéiʃən]	성향, 경사	1. 대상 (안으로 into = in) 마음을 (기울이다 lean = clin) + e
	in**clin**e [inkláin]	하고 싶다[1], 경사지다	☞ a natural inclination 타고난 성향
	disin**clin**e [dìsinkláin]	마음이 안 내키다	☞ incline the ear to a request 요구에 귀를 기울이다

881	de**clin**ation	사퇴, 거절	1. 마음을 (먼 쪽으로 away = de) (기울이다 lean = clin) + e
	de**clin**e [dikláin]	거절, 감소	2. (아래쪽으로 down = de) (기울이다 lean = clin) + e
		거절하다[1], 감소하다[2]	☞ steady decline 꾸준한 감소

★ 규칙, 통치하다 rule = reig, reg

882	**rul**e [ru:l]	규칙[1], 통치하다	1. 측량의 기준으로 사용하는 (곧은 straight = rul) 막대기 + e
	rule out	제외시키다, 배제하다	☞ bend the rule 규칙을 변칙으로 적용하다
	ruler [rú:lər]	자, 통치자	☞ the ruling party 제1당, 여당

883	**reg**ularity [règjulǽrəti]	규칙적임, 정기적임	1. 질서와 (규칙 rule = reg)에 맞는 + ul + ar
	regularize [régjuləràiz]	규칙화하다	☞ irregular 불규칙적인
	regular [régjələr]	규칙적인[1], 정기적인	☞ a regular distribution 정규 분포

884	**reg**ulation [règjəléiʃən]	규칙, 규정, 통제	1. (규칙 rule = reg)에 의하여 통제하다 + ul + ate
	regulate [régjələit]	규제하다[1], 통제하다	☞ a penal regulation 벌칙 규정
	de**reg**ulate [di:régjulèit]	규제를 철폐하다	☞ regulate the traffic 교통을 정리하다

885	**roy**alty [rɔ́iəlti]	왕족, 저작권 사용료[1]	1. (통치자 ruler = roy)의 소유물을 사용한 대가로
	royal [rɔ́iəl]	국왕의, 장엄한	바치는 세금 + al + ty

886	**reig**n [rein]	통치, 지배, 통치하다[1]	1. 주권을 가지고 (지배하다 rule = reig) + n
	sove**reig**nty [sávərinti]	통치권, 자주권	2. 가장 (위에서 over = sover) (통치하는 rule = reig) 사람 + n
	sove**reig**n [sávərin]	군주[2], 자주적인	☞ the reign of terror 공포 정치

887	**reg**ime [reiʒí:m]	정권[1], 제도	1. (통치하는 rule = reg) 정부의 정치권력 체계 + ime
			☞ an oppressive regime 억압적인 정권
			☞ a regime change 정권 교체

888	**reg**ion [rí:dʒən]	지역[1]	1. (통치하는 rule = reg) 범위 + ion
	regional [rí:dʒənəl]	지역의	2. 왕의 (통치 rule = re) 범위 + al + m
	realm [relm]	영역[2], 왕국	☞ watery realms 해상 영역

★ 곧은 자 ruler = ra, rec, res, rig, rog

889 **rig**idity [ridʒídəti]   엄격, 단단함   1. 막대기 (자 ruler = **rig**)처럼 곧은 성질을 가진 + i + d
     rigidify [ridʒídəfài]   엄격하게 하다   ☞ the rigidity of bureaucrats 관료들의 경직성
     rigid [rídʒid]   엄격한[1], 융통성이 없는   ☞ a rigid attitude 융통성 없는 태도

890 **rig**or [rígər]   엄격[1], 고됨   1. 막대기 (자 ruler = **rig**)처럼 곧은 성질 + or
     rigorous [rígərəs]   엄격한, 철저한   ☞ a rigorous discipline 엄격한 규율

891 cor**rec**tion [kərékʃən]   정정, 수정   1. (완전히 completely = **cor**) (곧은 자 ruler = **rec**)처럼
     cor**rec**t [kərékt]   올바르게 고치다[1], 맞는   올바르게 만들다 + t
     incor**rec**t [ìnkərékt]   맞지 않는   ☞ a correct spelling 올바른 철자

892 es**cort** [ésko:rt]   호위[1], 호송, 호위자   1. (밖에서 ex = **es**) (올바른 correct = **cort**) 방향으로
     이끄는 행위

893 di**rec**tion [dirékʃən]   지시, 명령, 방향   1. (멀리 떨어진 apart = **di**) 목표까지 사람들을
     di**rec**t [dirékt]   지시하다, 안내하다[1]   (곧은 자 ruler = **rec**)처럼 올바른 길로 가도록 하다 + t
     직접적인   ☞ direct mail 소비자에게 직접 우송하는 광고 인쇄물
     di**rec**tor [diréktər]   임원, 감독, 지휘자   ☞ an executive director 전무이사

894 in**direct**ion [ìndirékʃən]   간접적인 행동   1. (직접적 direct)이지 (않은 not = **in**)
     in**direct** [ìndirékt]   간접적인[1]   ☞ an indirect cost 간접비
     ☞ an indirect object 간접 목적어

895 e**rec**tion [irékʃən]   건립   1. (밖으로 out = **e**) (곧은 자 ruler = **rec**)처럼
     e**rec**t [irékt]   똑바로 세우다[1]   똑바로 세우다 + t
     똑바로 선   ☞ an erect posture 직립 자세

896 **aler**tness [ələ́:rtnis]   조심성 있음   1. (똑바로 세워진 erect = **aler**) 망루에서 경보를 알리다 + t
     alert [ələ́:rt   경계, 경보를 발하다[1]   ☞ an air alert 공습 경계 경보
     경계하는, 기민한   ☞ an alert pilot 기민한 조종사

897 **ra**il [reil]   철도[1], 난간[1]   1. (곧은 자 ruler = **ra**)처럼 똑바로 뻗어있는 것 + il
     de**ra**il [diréil]   탈선하다   ☞ railway 철로, 철도   ☞ a guard rail 난간

898 ar**rog**ance [ǽrəgəns]   오만   1. 사람을 (향해 to = **ar**) (자 ruler = **rog**)처럼 똑바로 보는 + ant
     ar**rog**ant [ǽrəgənt]   오만한[1]   ☞ arrogance and prejudice 오만과 편견

899	**rig**hteousness	정의, 공정	1. (자 ruler = **rig** + **ht**)처럼 올바른 (길 way = **e**)로 가는 + **ous**
	righteous [ráitʃəs]	옳은[1], 공정한	☞ self-righteous 독선적인
	up**right** [ʌ́pràit]	수직 기둥, 똑바른	☞ an upright posture 꼿꼿한 자세
	out**right** [áutráit]	명백한, 노골적으로	☞ an outright loss 완전한 손실

900	**dress**ing	소스, 붕대[1]	1. 세균과 (분리 apart = **d**)하기 위해 상처를
	dress [dres]	예복, 차려입다[2]	(올바르게 right = **res** + **s**) 감싸는 천
		정돈하다, 치료하다	2. 타인과 (구분하기 apart = **d**) 위해
	dress code	복장 규정	지위에 (알맞게 right = **res** + **s**) 옷을 차려입다

| 901 | at**tire** [ətáiər] | 복장, 차려입히다[1] | 1. 사람(에게 to = **at**) (지위 rank = **tire**)에 맞게 차려입히다 |
| | | | ☞ costume 의상 ☞ garment 의복 ☞ apparel 의류 |

902	ad**dress** [ədrés]	주소[1], 연설, 연설하다[2]	1. 목적지를 (향해 to = **ad** + **d**) (곧은 자 ruler = **res** + **s**)처럼
		제기하다, 다루다	편지가 바르게 전달되도록 안내하는 이름
	ad**dress**er [ədrésər]	발신인, 말하는 사람	2. 청중들(에게 to = **ad** + **d**) (자 ruler = **res** + **s**)처럼
	ad**dress**ee [ǽdresíː]	수신인	똑바로 의견을 보내다

아래에서 위로 up from below = sor, sou, su

903	**sou**rce [sɔːrs]	원천[1], 공급처를 찾다	1. (아래에서 위로 up from below = **sou**)
	out**sou**rce [àutsɔ́ːrs]	외부에서 조달하다	(똑바로 straight = **rce**) 솟아오르는 물
	re**sou**rce [ríːsɔːrs]	자원[2], 지략[2]	2. (반복해서 again = **re**) (위로 up = **sou**)
	re**sou**rceful [risɔ́ːrsfəl]	지략이 있는	(똑바로 straight = **rce**) 솟아나는 물질이나 생각

904	re**sor**t [rizɔ́ːrt]	휴양지[1], 의지	1. 에너지를 (다시 again = **re**) (위로 up = **sor**)
		의지하다, 자주 드나들다	솟아오르게 하는 장소 + **t**
			☞ a last resort 마지막 수단

905	**surf** [səːrf]	파도[1]	1. 밀려오는 파도가 (돌진하는 소리 rushing sound = **surf**)
		파도 타다, 자료를 찾다	2. (위로 up = **su**) (자 ruler = **rg**)처럼 똑바로 올라가다 + **e**
	surge [səːrdʒ]	급증, 큰 파도, 급증하다[2]	☞ upsurge 급증

906	re**su**rgence	활동 재기	1. 생명을 (다시 again = **re**) (위로 up = **su**)
	re**su**rge [risəːrdʒ]	소생하다[1], 되돌아오다	(곧은 자 ruler = **rg**)처럼 솟아오르게 하다 + **e**
	re**su**rgent	다시 유행하는	☞ a resurgent memory 되살아난 기억

말을 타다 ride = raid, read, road

907 **ride** [raid]　　　　　　　타고 달리기, 타다　　　　1. 상관의 명령을 (타고 ride) (넘어가 over) 무효로 하다
　　ridership [rai'dərʃi͜p]　이용자 수, 승객 수　　　　☞ ride a seesaw 시소를 타고 놀다
　　over**ride** [ouvərraid]　무시, 무효로 하다[1], 짓밟다　☞ override the board's veto 이사회의 거부를 무효로 하다

908 **read**iness [rédinis]　준비가 되어 있음　　　　1. 비상 상황에 (쉽게 readily) 대처할 수 있도록 말을
　　ready [rédi]　　　　준비된[1]　　　　　　　　(타고 ride = read) 떠날 준비가 된 + y
　　readily [rédəli]　손쉽게, 순조롭게　　　　☞ ready-made 기성품의

909 ar**ray**al [əréiəl]　정렬, 배열　　　　　　1. 목적지로 (향해 to = ar) 떠날 (준비 ready = ray)를
　　ar**ray** [əréi]　집합체, 배열, 배열하다[1]　　　하기 위해 말들을 배열하다
　　disar**ray** [dìsəréi]　혼란　　　　　　　☞ battle array 전투 대형

910 **raid** [reid]　습격, 급습, 급습하다[1]　　　1. 군인들이 말을 (타고 ride = raid) 갑자기 공격하다
　　raider [réidər]　침입자　　　　　　　☞ an air raid 공습

줄을 세워 배열하다 line = ran, tact, tax

911 **ran**king [rǽŋkiŋ]　순위　　　　　　1. 계급에 맞추어 (줄 line = ran)을 세우다 + k
　　rank [ræŋk]　계급, 열, 순위 매기다[1]　☞ advance in rank 승진하다

912 **ran**ge [reindʒ]　줄, 열, 범위　　　　1. 사람들 또는 산들이 (줄지어 line = ran) 서 있다 + ge
　　　　　　　　범위가 ~이다, 배열하다[1]　☞ a mountain range 산맥
　　ranger [réindʒər]　관리원, 유격대원　☞ a range of 다양한　☞ a park ranger 공원 경비원

913 ar**ran**gement　준비, 협의, 배치　　　1. 전투 상황(에 to = ar) 맞추어 병사들을
　　ar**ran**ge [əréindʒ]　미리 마련하다, 배열하다[1]　(줄지어 line = ran) 세우다 + ge
　　disar**ran**gement　혼란　　　　　　　☞ an arrangement committee 준비 위원회
　　disar**ran**ge [dìsəréindʒ]　어지럽히다　☞ a flower arrangement 꽃꽂이

914 re**arrange**ment　재배열　　　　　1. (다시 again = re) (배열하다 arrange)
　　re**arrange** [rì:əréindʒ]　재배열하다[1]　2. (배열 range)된 상태를 (분리 apart = de)하다
　　de**range**ment　교란　　　　　　　☞ rearrange furniture 가구를 재배치하다
　　de**range** [diréindʒ]　어지럽히다[2], 미치게 하다　☞ derange mind 정신을 어지럽히다

915 syn**tax** [síntæks]　구문[1], 구문론, 구성　1. 단어들을 (함께 with = syn) 체계적으로
　　syn**tact**ic [sintǽktik]　구문론의　　　　(배열하여 arrange = tax) 문장을 구성하는 방식
　　　　　　　　　　　　　　　　　☞ syntax analysis 구문 분석　☞ semantics 의미론

916 **tax**onomy [tӕksánəmi]	분류학[1], 분류	1. 진화 계통에 따라 생물을 (배열 arrange = **tax** + **o**)
taxonomic	분류의, 분류학상의	하는 (방식 method = **nom**) + **y**
plant **taxonomy**	식물 분류학	☞ kingdom (계) - division (문) - class (강) - order (목)
chemo**taxonomy**	화학 분류	- family (과) - genus (속) - species (종)

917 **tact**ic [tӕ́ktik]	전술[1]	1. 군대를 (배열하는 arrange = **tact**) 기술 + **ic**
tactical [tӕ́ktikəl]	전술적인	☞ tactician 전술가 ☞ strategy 전략

높은 high = hea

918 **high**ness [háinis]	높음, 고도	1. (언덕 hill = **high**)이 높은
height [hait]	높이, 키	☞ Highness 전하 (왕에 대한 경칭)
heighten [háitn]	높게 하다, 강화되다	☞ heighten an effect 효과를 높이다
high	높은[1], 높이가 ~인	☞ highly-specialized 매우 전문화된

919 **high**light [hailait]	강조하다[1]	1. (밝게 **light**) 하여 (매우 highly = **high**) 잘 보이도록 하다
highland [háilənd]	고지대, 산악지대, 고지대의	☞ highlighter 형광펜, (화장품) 하이라이터
high-end	고급의	☞ low-end 저가의

920 **high**way [háiwèi]	고속도로	1. 자동차가 (빨리 달리는 express) (길 **way**)
expressway [ikspréswèi]	(미국) 고속도로[1]	☞ autobahn (독일) 속도 무제한 고속도로
motorway [móutərwèi]	(영국) 고속도로	☞ an interstate highway 주와 주 사이의 고속도로

921 **hea**p [hi:p]	더미[1], 대충 쌓다	1. 물건을 모아 (높이 high = **hea**) 쌓은 큰 덩어리 + **p**
heapy [hí:pi]	수북한	☞ a compost heap 퇴비 더미

★ 위로 넘어서 above = ul, ultra, su, super, supre

922 **super**iority [səpìərió:rəti]	우월성	1. 어떤 것보다 (더 more = **ior**) (위에 above = **super**) 있는
superior [səpíəriər]	상급자, 상사, 우수한[1]	2. 가장 (위에 above = **super**) (존재하는 exist = be = **b**)
superb [supə́:rb]	최고의[2], 아주 훌륭한	☞ superbly 아주 훌륭하게

923 **supre**macy [səpréməsi]	우위	1. (가장 most = **m**) (위에 above = **supre**) 존재하는 + **e**
supreme [səprí:m]	최고의[1]	☞ the Supreme Court 대법원

924 **su**m [sʌm]	합계[1], 합계하다	1. 청구서 (가장 most = **m**) (위에 upper = **su**) 적힌 금액 합계
summary [sʌ́məri]	요약, 개요, 간략한	☞ a lump sum 일시불
summarize [sʌ́məràiz]	요약하다	☞ a summary financial statement 간략한 재무제표

925 **su**mmit [sʌ́mit]	정상[1], 산꼭대기	1. (가장 most = **m** + **m**) (위 above = **su**)에 있는 것 + **i** + **t**
		☞ a summit conference 정상회담

926	**ul**timatum [ʌ̀ltəméitəm]	최후통첩	1. (가장 most = **m**) 멀리 (넘어서 beyond = **ul** + **ti**)
	ultimate [ʌ́ltəmit]	궁극적인¹, 최고의	끝에 도달한 + **ate**
	ultimately [ʌ́ltəmətli]	궁극적으로, 결국	☞ an ultimate destination 최종 목적지

927	**ultra**violet [əltrəvaiəlit]	자외선¹, 자외선의	1. 프리즘을 통과할 때 (자색선 **violet**) (위에 beyond = **ultra**)
	ultraviolet ray	자외선	있는 광선
			☞ an invisible ray 불가시광선 ☞ an infrared ray 적외선

928	**ultra**sound [ʌ́ltrəsàund]	초음파¹	1. 들리는 (소리 **sound**) 범위를 (넘어선 beyond = **ultra**) 음파
	ultrasonic [ʌ̀ltrəsánik]	초음파의	☞ an ultrasound therapy 초음파 요법

929	**over**whelm [òuvərhwélm]	압도하다¹, 제압하다	1. 파도가 (위에서 **over**) 덮쳐 배가 (뒤집어지다 turn = **whelm**)
	overwhelmed	어쩔 줄 모르는	☞ an overwhelming victory 압도적 승리

★ 중심 center = cent, med, mid

930 centralization
centralize [séntrəlàiz]
de**central**ization
de**central**ize

중앙 집권화
중앙 집권화하다[1]
분산, 분권화
분권화하다

1. 권력이나 기능을 (중앙에서 **central**) 통제하다 + ize
   ☞ centralism 중앙 집권주의
   ☞ a centralized control room 중앙 집중 통제실
   ☞ decentralized authorization 분산된 권한

---

931 eccentricity
eccentric [ikséntrik]

별남, 기이함
별난[1], 기이한

1. (중심 center = **centr**)에서 (벗어나서 out = **ec**) 별난 + ic
   ☞ an eccentric habit 별난 습관
   ☞ an eccentric fellow 묘한 녀석

---

932 centrifugal force
centripetal force
[sentrípətl]

원심력[1]
구심력[2]

1. (중심 center = **centri**)에서 (도망가는 flee = **fug** + al) 힘
2. (중심 center = **centri**)으로 (날아가는 fly = **pet** + al) 힘
   ☞ a centrifugal machine 원심 분리기

---

933 middle
middleman [mídlmæn]
Middle Ages

중간, 중간의
중간 상인, 중개인[1]
중세시대[2]

1. 도, 소매상의 (중간에서 **middle**) 중개 역할을 하는 (사람 man)
2. 고대와 근대 (중간에 **Middle**) 위치한 (시대 Ages)
   ☞ middle age 중년기
   ☞ middle-aged 중년의

---

934 medievalize
medieval [mìːdíːvəl]
Mediterranean Sea
[mèdətəréiniən]

중세풍으로 하다
중세의[1]
지중해[2]

1. 고대와 근대 (중간 middle = **mid** + i) (시대 ages = **ev**)의
   + al
2. (육지 land = **terra**) (중간에 middle = **med** + i)
   위치(한 **nean**) (바다 **sea**)
   ☞ the best-preserved medieval city 가장 잘 보존된 중세 도시

---

935 medium [míːdiəm]
media [míːdiə]

매체[1], 매개물, 중간의
미디어, 매체들

1. (중간에서 middle = **med**) 무언가를 전달하는 수단 + i + um
   ☞ mass media 대중 매체   ☞ medium-rare 약간 덜 익힌

---

936 mediation [mìːdiéiʃən]
mediate [míːdièit]

중재, 조정
중재하다[1], 전달하다

1. (중간에서 middle = **med**) 해결하는 역할을 하다 + i + ate
   ☞ mediator 중재인   ☞ mediatory 중재의

---

937 immediacy [imíːdiəsi]
immediate [imíːdiət]

직접성, 신속성
즉각적인[1], 가까운

1. (중간 middle = **med** + i) 역할이 필요하지
   (않아서 not = **im**) 즉각적인 + ate
   ☞ an immediate supervisor 직속 상사

---

938 intermediation
intermediate
intermediary

중재
중재하다[1], 중급의, 중급자
중재자

1. 당사자들 (사이 between = **inter**)
   (중간에서 middle = **med** + i) 해결하다 + ate
   ☞ an intermediate school 중학교

119

939	**mid**st [midst]	중앙, 한가운데[1]	1. (가장 most = **t**) (가운데에 middle = **mid**) 있는 + **s**
	mid	중앙의	2. (가운데에 middle = **mid**) (안에 in = **a**) 있는
	a**mid** [əmíd]	가운데에[2]	☞ mid day 정오

| 940 | **med**ian [míːdiən] | 중앙값[1], 중앙에 있는 | 1. 통계 자료에서 (중간에 middle = **med**) 위치한 값 + **i** + **an** |
| | **mean** [miːn] | 평균의, 비열한, 의미하다 | ☞ the median income 중간 소득 |

섞다 mix = mak, mas, mash, med, ming, mong, misc, cra

| 941 | **mix**ture [míkstʃər] | 혼합 | ☞ mixer 믹서기 |
| | **mix** | 혼합하다 | ☞ impure mixtures 불순 혼합물 |

| 942 | **mash** [mæʃ] | 사료[1], 홀딱 반한 상대 | 1. (혼합한 mix = **mash**) 곡물을 삶은 돼지 사료 |
| | | 으깨다 | ☞ two scoops of mashed potato 으깬 감자 두 숟갈 |

| 943 | **misc**ellaneous | 여러 종류의, 잡다한[1] | 1. 여러 종류를 함께 (섞은 mix = **misc** + **ell**) + **ane** + **ous** |
| | [mìsəléiniəs] | | ☞ miscellaneous income 잡수익 |

| 944 | **medd**le [médl] | 간섭하다, 참견하다[1] | 1. 관계없는 남의 일에 (섞여 mix = **med** + **d**) 참여하다 + **le** |
| | **medd**lesome | 간섭을 좋아하는 | ☞ meddler 참견하는 사람 |

| 945 | **cra**ter [kréitər] | 분화구[1], (달의) 크레이터 | 1. 물과 용암이 (섞인 mix = **cra**) 화산 분출구 + **t** + **er** |
| | **cra**terous | 분화구가 많은 | ☞ a volcano crater 화산 분화구 |

946	a**mong** [əmʌ́ŋ]	~ 중에서[1], ~ 사이에	1. (안에 in = **a**) (섞여 있는 mix = **mong**) 것들 중에서
	minglement	섞기, 어울림	2. 찰흙이나 밀가루를 (섞어 이기다 mix = **ming**) + **le**
	mingle [míŋgəl]	섞다[2], 어울리다	☞ amongst ~ 중에서, ~ 사이에
	inter**ming**le	섞다, 혼합하다	☞ mingle wine and soda 포도주와 소다를 섞다

947	**mas**s [mæs]	덩어리[1], 대규모의, 대중의	1. 찰흙, 밀가루를 (섞어 이기서 mix = **mas**) 만든 덩어리 + **s**
	massive [mǽsiv]	거대한	2. (동물 도살장 slaughterhouse = **massacre**)
	massacre [mǽsəkər]	대학살[2]	☞ biomass 생물량

948	**mak**e	만들다[1], 벌다, 시키다	1. 찰흙, 밀가루를 (섞어 mix = **mak**) 무언가를 만들다 + **e**
	re**make** [riːméik]	다시 만들다	☞ makeover 단장, 변신
	make up for	보상하다, 만회하다	☞ compensate 보상하다
	make up	화장하다, 구성하다	☞ make-up 화장품, 구성

949	make believe	~인 척하다	☞ pretend ~인 척하다
	make sense	타당하다, 이해가 되다	☞ make clear 명료하게 하다
	make sure	확실히 하다, 확인하다	☞ make it 성공하다, 해내다

| 950 | **mas**on [méisən] | 석공[1] | 1. 돌을 다루어 물건을 (만드는 make = **mas**) 사람 + **on** |
| | home**maker** | 주부 | ☞ trouble**maker** 말썽꾼　☞ pace**maker** 선두 주자 |

타오르는 burn = ard, as, cen, cin, ed, flam

| 951 | **ard**ency [ά:rdnsi] | 열심 | 1. (타오르는 burn = **ard**) 애정이나 태도를 가진 + **ent** |
| | **ard**ent [ά:rdənt] | 열렬한[1] | ☞ **ard**ent patriotism 열렬한 애국심 |

952	**flam**e [fleim]	불꽃[1], 정열, 활활 타다	1. (타오르는 burn = **flam**) 불 + **e**
	in**flam**e [infléim]	불태우다, 흥분시키다	☞ **flam**mable 가연성의, 불에 잘 타는
	a**flam**e [əfléim]	불타올라	☞ a**flam**e with curiosity 호기심에 불타서

| 953 | **flam**ingo [fləmíŋgou] | 홍학, 플라밍고[1] | 1. (타오르 burn = **flam**) 분홍색 깃털을 가진 학 + **ing** + **o** |
| | **crane** [krein] | 기중기, 두루미, 학 | ☞ a hydraulic **crane** 수압 기중기 |

954	in**cen**sement	격분시킴	1. (태워서 burn = **cen**) 냄새를 (만드는 make = **in**) 물건 + **se**
	in**cen**se [ínsens]	향[1], 화나게 하다[2]	2. (타는 burn = **cen**) 불처럼 화나게 (만들다 make = **in**) + **se**
	in**cen**diary [inséndièri]	방화범, 불을 내는	☞ mosquito in**cen**se 모기향

| 955 | in**cin**eration | 소각, 화장 | 1. (태워서 burn = **cin** + **er**) 재(로 into = **in**) 만들다 + **ate** |
| | in**cin**erate [insínərèit] | 소각하다[1] | ☞ in**cin**erate the trash 쓰레기를 소각하다 |

★ 빛나다 (1) shine = arg, fa, pha, phe, photo

956	**spark**le [spά:rkəl]	반짝거림, 반짝이다[1]	1. (불꽃 **spark**)이 튀기는 것처럼 반짝거리다 + **le**
	spark [spɑ:rk]	불꽃, 발화 장치	☞ **spark**le with delight 기쁨으로 빛나다
		불꽃이 튀다, 유발하다	☞ a **spark** plug 점화 플러그

957	**arg**ument [ά:rgjəmənt]	논쟁, 논거, 주장	1. 의견을 분명하게 (밝히다 shine = **arg**) + **ue**
	argue [ά:rgju:]	논쟁하다, 주장하다[1]	☞ a radical **arg**ument 과격한 주장
	arguable [ά:rgjuəbl]	논쟁할 만한	☞ **arg**umentative 따지기 좋아하는

958	**pha**se [feiz]	모습[1]	1. (빛에 비쳐 shine = **pha**) 단계적으로 변화하는 달의 모습 + **se**
		단계[1]	☞ a design **pha**se 계획 단계
		단계적으로 하다	☞ **pha**se out 단계적으로 폐지하다

959	**fa**ntasy [fǽntəsi]	상상, 공상, 환상[1]	1. 빛과 어우러져 (비치는 shine = **fa** + **n**) 모습 + **ta** + **sy**
	fantastic [fæntǽstik]	환상적인, 굉장한	☞ a **fa**ntasy fiction 공상 소설
	fantasia [fæntéiʒiə]	환상곡	☞ a **fa**ntastic achievement 환상적인 성취

960 **fa**ncy [fǽnsi]   상상[1], 공상, 좋아함   1. 빛과 어우러져 (비치는 shine = **fa** + **n**) 모습 + **cy**

                         상상하다, 애호하다   ☞ fancy work 자수

     fanciful [fǽnsifəl]   상상의   ☞ a fanciful scheme 공상적인 계획

---

961 **phe**nomenon   현상[1], 경이로운 것   1. (빛에 비쳐서 shine = **phe** + **no**) 보이는 특이한 모습

     phenomena [finámənə]   현상들   + **men** + **on**

     phenomenal [finámənl]   경이적인   ☞ a global phenomenon 세계적인 현상

---

962 **pa**nt [pænt]   헐떡이다[1]   1. (빛에 비친 shine = **pa** + **n**) 환영을 보아서 헐떡거리다 + **t**

     phantom [fǽntəm]   환영[2], 유령[2], 상상의   2. 실제가 아닌 (빛에 비쳐진 shine = **pha** + **n**) 이미지 + **tom**

     phantomlike   유령 같은   ☞ a phantom pregnancy 상상 임신

---

963 **photo**copy [foutoukapi]   복사, 복사하다[1]   1. (빛을 비추는 shine = **photo**) 방식으로 원본을 (복사하다 **copy**)

     photocopier   복사기   ☞ photocopy paper 복사 용지

     photon [fóutan]   광자   ☞ a thermic photocopier 열복사기

---

964 em**pha**sis [émfəsis]   강조   1. (내부 in = **em**)를 (비추어 shine = **pha**) 밝게 하다 + **s** + **ize**

     em**pha**size [émfəsàiz]   강조하다[1]   ☞ primary emphasis 주된 강조

     over**empha**size   지나치게 강조하다   ☞ emphasized practical learning 실용적 학문을 강조하다

빛나다 (2) shine = ba, bea, bla, ble, blea, bli, blo, blu, bri, buo

---

965 **bea**con [bíːkən]   신호 불빛[1], 등대   1. (빛을 비추는 shine = **bea**) 방식의 신호 + **con**

     beckon [békən]   신호하다, 손짓하다   ☞ an aerial beacon 항공 표지

---

966 **buo**yancy [bɔ́iənsi]   부력, 상승 경향   1. 햇빛에 (반짝이는 shine = **buo**) 표식이

     buoy [bɔi]   부표, 띄우다, 떠오르다   물 위에서 표류하는 + **y** + **ant**

     buoyant [bɔ́iənt]   물에 뜨는[1], 경기가 좋은   ☞ buoyant force 부력

---

967 **bla**nk [blæŋk]   공백, 희게 하다, 멍해지다   1. 백마의 표면이 (하얗게 빛나는 shine = **bla**) + **n** + **k**

                         백색의[1], 빈, 멍한, 순진한   ☞ a blank space 여백

     blankly [blǽŋkli]   멍하니, 딱 잘라서   ☞ point-blank 단도직입적인, 딱 잘라 말하는

---

968 **blea**kness [blíːknis]   황량함, 적막함   1. 황야의 바람 때문에 얼굴이 (창백한 blank = **blea**) + **k**

     bleak [bliːk]   창백한[1], 황량한, 암울한   ☞ a bleak landscape 황량한 풍경

                                       ☞ a bleak outlook 암울한 전망

---

969 **ble**mish [blémiʃ]   티, 흠, 반점[1], 흠집을 내다   1. (창백하게 blank = **ble**) 변한 천, 피부의 일부 + **m** + **ish**

     measles [míːzəlz]   홍역[2]   2. 붉은 (반점 blemish = **measle**)이 생기는 전염병 + **s**

     blot [blat]   얼룩, 오점, 더럽히다   ☞ a trivial blemish 사소한 흠

     blotch [blatʃ]   얼룩, 검버섯, 부스럼   ☞ a blot on the landscape 경관을 더럽히는 것

970	**bla**ze [bleiz]	불꽃, 화염, 눈부시게 빛나다[1]	1. (빛나는 shine = **bla**) 하얀 말이 눈부시게 보이다 + **ze**
	em**bla**ze [imbléiz]	비추다, 태우다	2. (화염 **blaze**) (위에 on = **a**) 있는
	a**blaze** [əbléiz]	불길에 휩싸인[2]	☞ a blaze of fury 격노

971	**ba**nner [bǽnər]	현수막[1]	1. 깃대 끝에서 (하얗게 빛나는 shine = **ba** + **nn**) 깃발 + **er**
	blanket [blǽŋkit]	담요[2], 뒤덮다	2. (빛나는 shine = **bla** + **nk**) 하얀 (작은 small = **et**) 요
	pillow [pílou]	베개[3]	3. 새털로 채운 작은 (쿠션 cushion = **pill**) + **ow**
	quilt [kwilt]	누비이불[4], 침대 덮개	4. 부드러운 안감이 있는 (매트리스 mattress = **quilt**)

| 972 | **blo**nd [bland] | 금발[1], 금발의 | 1. 흐릿한 금색으로 (빛나는 shine = **blo**) 머리털 + **n** + **d** |
| | **blo**nde [bland] | 금발 머리 여자 | ☞ blond hair 금발 머리 ☞ gray hair 백발, 흰머리 |

973	**blu**sh [blʌʃ]	얼굴을 붉힘, 얼굴을 붉히다[1]	1. 얼굴이 붉게 (빛나다 shine = **blu**) + **sh**
	blushful [blʌʃfəl]	얼굴을 붉히는, 수줍어하는	☞ blush with embarrassment 당황해서 얼굴이 붉어지다
	a**blu**sh [əblʌʃ]	얼굴을 붉히고	☞ flush 얼굴이 확 붉어지다

974	**bri**lliance [bríljəns]	광채, 총명, 탁월	1. (빛나는 shine = **bri**) 보석처럼 눈부신 + **lli** + **ant**
	brilliant [bríljənt]	눈부신[1], 뛰어난	☞ a brilliant talent 특출한 재능
			☞ a brilliant career 뛰어난 경력

975	**bli**nk [bliŋk]	깜박거림, 깜박이다[1]	1. 불, 별, 눈이 빛에 (비쳐서 shine = **bli**) 번쩍거리다 + **n** + **k**
	blizzard [blízərd]	눈보라[2]	2. 바람에 날리는 (빛나는 shine = **bli**) 하얀 눈 + **zz** + **ard**
	avalanche	눈사태[3]	3. 산 아래로 미끄러져 (내려오는 descend = **aval**) 눈
	[ǽvəlænt]		+ **anch** + **e**

123

빛을 발하는 신 god = de, the, thu

976 **de**ity [díːəti]　　　신[1]　　　　　　1. 스스로 빛을 (발하는 shine = **de**) 영적 존재 + **ity**
　　divinity [divínəti]　　신성[2]　　　　　2. 스스로 빛을 발하는 (영적 존재의 deity = **divin**) 특성 + **ity**
　　divineness [diváinnis]　신성함　　　　　　☞ a mountain deity 산신령
　　divine [diváin]　　　　신의, 신성한　　　　☞ divine grace 신의 은총
　　　　　　　　　　　　예언하다

977 **the**ology [θiːálədʒi]　　신학[1]　　　　　1. (신 deity = **the** + o)을 연구하는 (학문 study + **logy**)
　　theism [θíːizəm]　　　유신론[2]　　　　2. (신 deity = **the**)의 존재를 믿음 + **ism**
　　athe**ism** [éiθiìzəm]　　무신론　　　　　　☞ theologist 신학자

978 **en**thu**siasm**　　　　　열광[1]　　　　　1. (신 deity = **thu**)이 마음(속으로 in = **en**) 들어올 때
　　enthu**se** [enθjúːz]　　열광하게 하다　　　　느끼는 감정 + **si** + **asm**
　　enthu**siastic**　　　　열광적인　　　　　　☞ unenthusiastic 열성이 없는

979 **al**mighty [ɔːlmáiti]　　전능한[1], 엄청난　　1. 완전히 (모든 all = **al**) 것을 수행할 (능력 ability = **might**)이
　　all-purpose [pəˊːrpəs]　다목적의, 만능의　　　있는 + **y**
　　all-round　　　　　　전반적인, 만능의　　　☞ an all-purpose tool 만능 도구
　　over**all** [óuvərɔ̀ːl]　　전체의, 전부　　　　☞ an all-round education 전인 교육

980 **evil**ness [íːvəlnis]　　악　　　　　　　1. 도덕적으로 (나쁜 bad, wicked = **evil**)
　　evil [íːvəl]　　　　　악, 나쁜[1], 불길한　2. (악 evil)을 (행하는 do) 사람 + **er**
　　evildoer [íːvəlduər]　악당[2]　　　　　　☞ an evil spirit 악령

981 **de**mon [díːmən]　　　악령, 귀신[1], 귀재　1. 인간의 운명을 (좌우하는 divide = **de**) 기독교 영역
　　devil [dévl]　　　　악마[2], 악령　　　　밖에 있는 초자연적인 신 + **mon**
　　devilish [dévliʃ]　　사악한, 악마 같은　2. 인간을 고통 (쪽으로 across = **de**) (내던지는 throw = **vil**)
　　goblin [gáblin]　　　도깨비, 마귀　　　　악령들의 우두머리

★ 빛나다 (3) shine = gla, gle, gli, glo, gol, yel

982 **gla**dness [glǽdnis]　　기쁨　　　　　　1. 기분이 좋아서 얼굴이 밝게 (빛나는 shine = **gla**) + **d**
　　gladden [glǽdn]　　기쁘게 하다　　　　☞ fill her heart with gladness
　　　　　　　　　　　　　　　　　　　　　그녀의 마음을 기쁨으로 채우다
　　glad [glæd]　　　　　기쁜[1], 반가운　　☞ gladly 기꺼이, 기쁘게

983 **gle**e [gliː]　　　　　신이 남, 고소함　　1. 다른 사람의 불행을 보고 얼굴이 (빛나는 shine = **gle**e) + **ful**
　　gleeful [glíːfəl]　　신나는[1]　　　　☞ chuckle with glee 좋아서 킥킥거리다

984 **gla**ss [glæs]	유리¹, 유리잔	1. 단단하지만 깨지기 쉬운 (빛나는 shine = **gla**) 물질 + **ss**
glassware [glǽswer]	유리 제품	☞ a glass of champagne 샴페인 한 잔
hour**glass** [auərglæs]	모래시계	☞ fiberglass 유리 섬유

985 **gla**ze [gleiz]	광택¹, 유약	1. (빛나게 shine = **gla**) 만드는 물질 + **ze**
	광내다	2. 실내를 (빛나게 shine = **gla**) 만들기 위해 유리를 끼우다 + **ze**
	유리창을 끼우다²	☞ a double glazed window 이중 유리창

986 **glea**m [gli:m]	흐릿한 빛¹, 빛나다	1. 물체에 반사되어 (비치는 shine = **glea**) 희미한 빛 + **m**
	눈의 반짝거림²	2. 행복감을 보여주는 (반짝거리는 shine = **glea**) 눈빛 + **m**
a**gleam** [əglí:m]	번들거리는	☞ gleamless 빛이 없는

987 **gli**sten [glísn]	반짝이다, 번들거리다¹	1. 기름기 있는 표면이 (빛나다 shine = **gli**) + **st** + **en**
glimmer [glímər]	깜박이는 빛², 깜박이다	2. 부드럽게 반복해서 (깜박이는 shine = **gli**) 빛 + **mm** + **er**
a**glimmer** [əglímər]	깜박깜박 빛나는	☞ glistening apparel 번쩍이는 의상

988 **gli**tter [glítər]	반짝거림, 화려한 빛¹	1. 금처럼 물체 그 자체에서 지속적으로 나오는
	반짝이다, 번득이다	환하게 (빛나고 shine = **gli**) 눈이 부시는 빛 + **tt** + **er**
glittery [glítəri]	반짝반짝하는	☞ glitteringly 번쩍이며

989 **glo**w [glou]	불빛¹, 홍조	1. 불꽃이 나지 않고 은은하게 (빛나는 shine = **glo**) 불빛 + **w**
	빛나다, 타오르다	☞ glower 발광체, 노려보다
a**glow** [əglóu]	환히 빛나는	☞ the soft glow of candlelight 촛불의 은은한 불빛

990 **gla**re [glɛər]	눈부신 빛¹, 노려봄	1. 눈이 부실 정도로 강렬하게 (빛나는 shine = **gla**) 빛 + **re**
	눈부시다, 노려보다²	2. 상대방을 쏘아보며 강렬한 눈빛을 (비추다 shine = **gla**) + **re**
a**glare** [əglέər]	눈부시게 빛나는	☞ glary 눈부신

991 **gli**mpse [glimps]	일견¹	1. 간략하게 눈빛을 (비추다 shine = **gli**) + **mp** + **se**
	언뜻 보다, 깨닫다	2. (얼음 glacier)처럼 차가운 눈빛을 (비추다 shine = **gla**) + **n** + **ce**
glance [glæns]	흘깃 봄², 흘깃 보다	☞ at first glance 언뜻 보기에는
		☞ side-glance 곁눈질

992 **glo**ss [glɔːs]	윤, 광택¹	1. 윤기가 흐르고 (빛나는 shine = **glo**) 매끄러운 물질의 표면 + **ss**
	주석², 주석을 달다	2. 글을 (윤기가 흐르는 shine = **glo**) 것처럼
glossy [glɔ́ːsi]	윤이 나는	매끄럽게 이해시키기 위한 설명 + **ss**
glossary [glásəri]	용어집, 어휘 사전	

993 **gli**de [glaid]	미끄러짐, 활공하다¹	1. 큰 힘을 들이지 않고 (매끄럽게 smooth = **gli**) 움직이다 + **de**
glider [gláidər]	글라이더, 활공기	☞ hang glide 행글라이더로 날다

빛나다 (4) shine = cand, chlor, nea, splend

994 **chlor**ophyll [klɔ́ːrəfil] 엽록소[1] 1. 황록색으로 (빛나는 shine = chlor + o) (잎 leaf = phyll)
   chloroplast 엽록체[2] 2. (엽록소 chlorophyll)를 함유하는 (형태 form = plast)

995 **chlor**ine [klɔ́ːrin] 염소[1] 1 황록색으로 (빛나는 shine = chlor) 소독제용 화학물질 + ine
   chloroform (마취제) 클로로폼[2] 2. 수소를 황록색으로 (빛나는 shine = chlor + o) 염소로 치환한
   [klɔ́ːrəfɔ̀ːrm] 마취제용 화합물 (형태 form)
   ☞ chlorine dioxide 이산화염소

996 **cand**idness 솔직함, 노골적임 1. (빛을 내는 shine = cand) 하얀 초처럼 마음이 깨끗한 상태의 + id
   candor [kǽndər] 솔직함 2. (솔직함 candid)을 보여주기 위해 하얀 옷을 입었던
   candid [kǽndid] 솔직한[1] 로마시대 정치 후보자 + ate
   candidate 후보자[2], 지원자 ☞ candidate selection 후보 선출
   [kǽndidèit]

997 **nea**tness [níːtnəs] 정돈됨, 깔끔함 1. 먼지가 끼지 않아서 순수하게 (빛을 발하는 shine = nea) + t
   neat [niːt] 정돈된, 깔끔한[1] ☞ a neat explanation 깔끔한 설명
   neaten [níːtn] 정돈하다 ☞ neaten the living room 거실을 정돈하다

998 **splend**or [spléndər] 화려함, 광채, 탁월 1. 크고 밝게 (빛나는 shine = splend) + id
   splendid [spléndid] 눈부신[1], 화려한 ☞ splendid costumes 화려한 의상

★ 빛, 밝은 light = lu

999 **light**ning [láitniŋ] 번갯불[1] 1. 구름 사이 또는 구름과 땅 사이에 에너지를 방출하여
   번개 같은, 빠른 (빛 light)을 (만드는 make = n) 것 + ing

1000 **lu**minance [lúːmənəns] 밝기 1. (빛 light = lu)을 내는 물체 + min + ant
   luminant [lúːmənənt] 발광체[1], 광채를 내는 ☞ luminary 발광체, 인공조명, 지도자
   luminous [lúːmənəs] 어둠에서 빛나는 ☞ lucent 빛나는, 번쩍이는

1001 i**llus**tration [iləstréiʃən] 삽화 1. 어두운 곳 (안에 in = il) (빛 light = lu)을 비춘 것처럼
   i**llus**trate [iləstrèit] 예를 들어 설명하다[1] 그림을 이용하여 분명히 이해하게 만들다 + str + ate
   i**llus**trative [iləstrèitiv] 분명히 보여주는 ☞ illustrator 삽화가

1002 i**llu**mination 빛, 조명, 깨달음 1. (안에 in = il) (빛 light = lu)을 비추다 + min + ate
   i**llu**minate [ilúːmənèit] 비추다[1], 계몽하다 ☞ spiritual illumination 영적인 깨달음
   i**llu**minative 밝게 하는, 계몽적인 ☞ illuminate young students 젊은 학생들을 계몽하다

1003 **lu**na [lúːnə]	달[1], 달의 여신	1. 햇빛을 반사하여 밤에 (빛 light = **lu**)을 비추는 위성 + **na**
lunar [lúːnər]	달의	☞ a lunar eclipse 월식
bi**mon**thly [baimʌ́nθli]	두 달에 한 번	☞ a solar eclipse 일식
	한 달에 두 번	☞ a lunar month 태음월 (약 29.5일)

| 1004 se**me**ster [siméstər] | 학기[1] | 1. (6개 six = **se**) (월 moon = **me**) + **ster** |
| mid**semester** | 학기 중간 | ☞ the fall semester 가을학기   ☞ term 학기 |

1005 **lu**cidity [luːsídəti]	밝기, 명료, 명석	1. (빛 light = **lu**)이 비춰져서 머릿속이 맑은 + **ci** + **d**
lucid [lúːsid]	번쩍이는[1], 명석한	☞ the lucidity of expression 표현의 명쾌함
lux [lʌks]	럭스 (조도 단위)	☞ a lucid explanation 명쾌한 설명

| 1006 **lu**ster [lʌ́stər] | 광택, 영광, 윤을 내다[1] | 1. (빛 light = **lu**)이 비춰져서 광택이 나다 + **ster** |
| **lu**sterless [lʌ́stərlis] | 광택이 없는 | ☞ luster ware 광택이 나는 도자기 |

빛이 약해지다 dull, gray = fal, pal, polio, tarn

| 1007 **tarn**ish [táːrniʃ] | 퇴색, 변색, 변색시키다[1] | 1. (광택 luster)을 (무디게 dull, dark = **tarn**)하다 + **ish** |
| **tarn**ishable | 변색하기 쉬운 | ☞ recover the reputation 명성을 회복하다 |

| 1008 **pal**e [peil] | 말뚝 | 1. 색체의 강도가 약해져 (옅은 색 light-color = **pal**)을 내는 + **e** |
| | 흐릿해지다, 창백한[1] | ☞ pale with fear 두려움에 질려 창백해진 |

| 1009 **fal**con [fǽlkən] | 매[1] | 1. (갈고리 falc) 모양 발톱을 가진 (회색 gray = **fal**) 새 + **c** + **on** |

| 1010 **pol**io [póuliou] | 소아마비[1] | 1. poliomyelitis의 축약형: 척수의 (회색 gray = **pol** + **io**) |
| polio vaccine | 소아마비 백신 | (골수 marrow = **myel**)가 감염되어 마비된 운동기능 + **itis** |

빛줄기 light beam = radi, ray

1011 **ra**y [rei]	광선[1], 빛살, 가오리	1. 방사하는 (빛줄기 light beam = **ray**) 또는 수레바퀴의 바퀴살
radius [réidiəs]	반지름[2], 반경, 복사선	2. (바퀴살 spoke of a wheel = **radi**)의 길이 + **us**
ra [rɑː]	(이집트 신화) 태양신	☞ a visible ray 가시광선 ☞ a heat ray 열선, 적외선

1012 **radi**ation [rèidiéiʃən]	방사, 복사, 방사능	1. 열 또는 (빛줄기 light beam = **radi**)를 사방으로 내뿜다 + **ate**
radiate [réidièit]	내뿜다, 방사하다[1]	☞ radiation dose 방사선량
radial [réidiəl]	방사상의	☞ radiate in all directions 모든 방향으로 퍼지다

1013 **radi**oactivity	방사능	1. 원자핵이 붕괴하면서 방사선 (빛줄기 light beam = **radi** + **o**)를
radioactive	방사능의[1]	(나가게 move = **act**)하는 + **ive**
radiotherapy	방사선 치료	☞ a radiation therapy 방사선 치료

1014 **radi**ance [réidiəns]   광채   1. 열, 전자기파가 (빛줄기 light beam = **radi**)처럼 방사하는 + **ant**
 radiant [réidiənt]   빛나는, 복사의[1]   ☞ radiant heat 복사열

하얀, 순수한 white, clean = per, pour, pur, wheat

| 1015 | **wheat** [hwiːt] | 밀[1] | 1. (하얀 곡식 white grain = **wheat**) |
| | **wheat** flour [flauər] | 밀가루 | ☞ whole-wheat bread 통밀 빵　　☞ barley 보리 |

| 1016 | dia**per** [dáiəpər] | 기저귀[1] | 1. (완전한 thorough = **dia**) (하얀색 white = **per**) 천 |

1017	**pur**eness [pjúərnis]	순수함	1. 불순물을 제거하여 (깨끗하게 clean = **pur**) 하다 + ify
	purity [pjúərəti]	순수성, 순도	☞ spiritual purity 정신적 순수성
	purify [pjúərəfài]	정화하다[1]	☞ pure-bred 순종의
	pure [pjuər]	순수한	☞ pure water 깨끗한 물

1018	im**pur**eness	불순	1. (깨끗 clean = **pur**)하지 (않은 not = **im**) + e
	im**pur**ity [impjúərəti]	불순물, 불결	☞ innocuous impurity 무해한 불순물
	im**pur**e [impjúər]	불순물이 섞인[1], 부도덕한	☞ impure mixtures 불순 혼합물

1019	**pur**itan [pjúərətən]	청교도[1], 청교도의, 엄격한	1. 금욕주의를 통해 (순수한 pure = **pur** + i) 신앙생활을
	puritanism	청교도주의, 금욕주의	주장한 개신교도 + **t** + an
	puritanical	금욕주의적인	☞ the Puritan Revolution 청교도 혁명

1020	**pour** [pɔːr]	쏟아붓다[1]	1. (깨끗한 pure = **pour**) 곡물을 가려내기 위해 체에 붓다
	down**pour** [daunpɔr]	폭우	☞ pour sauce 소스를 치다
	out**pour** [áutpɔ̀ːr]	유출, 흘러나오다	☞ get caught in a downpour 폭우를 만나다

붉은 red = robus, rus

1021	**rus**t [rʌst]	녹, 녹슬다, 부식시키다	1. 금속 표면이 (붉게 red = **rus**) 변하는 + **t** + y
	rusty [rʌ́sti]	녹슨[1]	☞ a rusty sword 녹슨 칼
	rustproof [rəstpruf]	녹 방지 처리를 한	☞ a rust belt 사양화된 공업 지대

1022	**robus**tness [roubʌstnis]	건장함	1. Oak 나무의 (붉은색 red = **robus**)을 띄는
	robust [roubʌ́st]	원기 왕성한, 튼튼한[1]	(심재 heartwood)처럼 튼튼한 + **t**
	robustious [roubʌ́stʃəs]	소란스러운	☞ a robust physique 강건한 체격

검은, 어두운 dark = dim, dusk, melan, shad

1023	**melan**in [mélənin]	멜라닌[1]	1. 피부, 머리털의 (검은 black = **melan**)색 화학물질 + in
	melancholy [mélənkàli]	우울감[2]	2. (검은 black = **melan**) (쓸개즙 bile = **chol**)의
	melancholic	구슬픈, 우울한	과다 방출로 인해 발생하는 감정 + y

1024 **shad**ow [ʃǽdou]	그림자[1]	1. 빛이 가려져 생기는 (어두운 dark = **shad**) 이미지 + ow
over**shadow**	그늘지다, 우울하게 하다	☞ shadowy 그늘이 진, 어둑어둑한
fore**shadow** [fɔrʃǽdou]	조짐을 나타내다	☞ overshadow her life 그녀 생에 어두운 그림자를 던지다

| 1025 **shad**e [ʃeid] | 그늘[1], 가리개, 가리다 | 1. 그림자가 만드는 (어두운 dark = **shad**) 부분 + e |
| lamp**shade** [lǽmpʃèid] | 램프의 갓 | ☞ a shade plant 녹음수   ☞ sunshade 차양, 양산 |

| 1026 **dusk** [dʌsk] | 황혼[1], 땅거미 | 1. 해가 진 이후 (어둡게 dark = **dusk**) 될 때까지의 시기 |
| **dusk**y [dʌ́ski] | 어스름한 | ☞ twilight 황혼   ☞ dawn 새벽 |

| 1027 **dim** [dim] | 어둑해지다, 흐릿한[1] | 1. (어두워서 dark = **dim**) 분명하게 볼 수 없는 |
| **dimm**er [dímər] | 어둑하게 하는 것 | ☞ dim the light 불빛을 어둑하게 하다 |

흐린 cloudy = ble, bli, blu

1028 **ble**nd [blend]	혼합[1], 혼합하다	1. 색을 (흐리게 cloudy = **ble**) 만드는 액체의 혼합 + nd
blender [bléndər]	믹서기	☞ incompatible blend 양립할 수 없는 혼합
inter**blend** [intərblénd]	혼합하다, 섞이다	☞ blend different cultures 상이한 문화들을 융합하다

1029 **bli**ndness [bláindnis]	실명, 맹목적	1. 시야를 (흐리게 cloudy = **bli**) 하다 + nd
blind [blaind]	커튼, 눈을 멀게 하다[1]	☞ blind obedience 맹목적인 순종
	눈이 먼, 맹목적인	☞ blindly 맹목적으로
blindfold [blaindfould]	눈가리개	☞ a blind spot 맹점, 약점, 사각지대
color-**blind**	색맹의	☞ blind belief 맹신

| 1030 **blu**nder [blʌ́ndər] | 실수 | 1. 시야가 (흐려져서 cloudy = **blu**) 실수하다 + nd + er |
| | 실수하다[1], 머뭇거리다 | ☞ a fatal blunder 치명적인 과실 |

1031 **blu**ntness [blʌ́ntnis]	무딤, 무뚝뚝함	1. 시야가 (흐려져 cloudy = **blu**) 행동을 무디게 하다 + nt
blunt [blʌnt]	둔화시키다[1], 뭉툭하게 하다	☞ bluntly 직설적으로
	무딘, 뭉툭한, 직설적인	☞ a blunt blade 무딘 칼날

★ 흐르다 flow = de, liqu, flo, flu, strea

1032 **de**w [dju:]	이슬[1], 이슬로 적시다	1. 표면에 맺히거나 (흐르는 flow = **de**) 물방울 + w
dewdrop [du:drɑ:p]	이슬방울	☞ dewy 이슬 맺힌
		☞ dew point 이슬점

1033 **flo**w [flou]	흐름, 흐르다, 밀려오다	☞ ebb and flow 썰물과 밀물, 흥망성쇠를 되풀이하다
in**flow** [ínflòu]	유입	☞ outflow 유출
over**flow** [òuvərflóu]	넘쳐흐르다	☞ overflow population 과잉 인구

1034 **flu**idity [flu:ídəti]	유체성, 유동성, 우아함	1. (흐르는 flow = flu) 성질을 가진 물체 + id
fluid [flú:id]	유체[1], 체액, 유동적인	☞ correction fluid 수정액
fluidify [flu:ídəfài]	유체화하다	☞ the fluidity of human behaviour 인간 행위의 가변성

1035 **fluor**escence	형광[1], 발광	1. (유체 fluid = fluor)에서 발생한 자외선이 형광물질에
fluorescent [flùərésnt]	형광성의, 화사한	반응하여 발생(되는 becoming = esc) 가시광선 + ence
		☞ a fluorescent lamp 형광등

1036 **lan**tern [lǽntərn]	랜턴, 손전등[1]	1. 유리 덮개와 손잡이가 있는 (램프 lamp = lan) + ter + n
jack-o'-lantern	호박등	☞ a lantern display 등불 행렬

1037 **liqu**idity [likwídəti]	유동성	1. (흐르는 flow = liqu) 능력이 있는 물질 + id
liquid [líkwid]	액체[1], 유동적인	☞ liquidity ratios 유동성 비율

1038 **liqu**idation	파산, (부채) 청산	1. 부채를 (흘려버리고 flow = liqu) 회사를 정리하다
liquidate [líkwidèit]	파산하다[1]	+ id + ate
		☞ liquidation procedures 청산 절차

1039 **flu**sh [flʌʃ]	화끈거림, 물을 내림	1. 피가 얼굴 부위로 빠르게 (흐르다 flow = flu) + sh
	붉어지다[1], 물을 내리다	2. 새가 빠르고 격하게 (날갯짓 fly = flu)을 하다 + sh
	날아오르다[2], 낙제하다	☞ a flush toilet 수세식 화장실

1040 af**flu**ence [ǽfluəns]	풍족, 부유	1. 누군가(에게 to = af) 돈이 (흘러 flow = flu) 들어와
af**flu**ent [ǽfluənt]	풍족한[1], 부유한	풍부한 + ent
		☞ economic affluence 경제적 풍요

1041 in**flu**ence [ínfluəns]	영향, 영향을 주다[1]	1. 별의 힘이 사람의 몸(안으로 in) (흘러 flow = flu)
in**flu**ential [ìnfluénʃəl]	영향력 있는	들어와 영향을 미치다 + ence
		☞ an influential critic 영향력 있는 비평가

1042 **pneumon**ia [njumóunjə]	폐렴[1]	1. 공기가 흐르는 (폐 lung = pneumon)에 발생하는 병 + ia
flu (in**flu**enza)	유행성 감기[2]	2. 별의 나쁜 (영향 influence = influenza)으로 걸리는 유행병
in**flu**enzal [ìnfluénzəl]	인플루엔자성의	☞ avian flu 조류 독감

1043 **flu**x [flʌks]	유동, 흐름, 흐르다[1]	1. 거침없이 과도하게 (흐르다 flow = flu) + x
in**flu**x [ínflʌks]	유입, 밀어닥침	2. 액체가 (뒤로 back = re) (흐르는 flow = flu) 현상 + x
re**flu**x [rí:flʌks]	역류[2], 썰물	☞ efflux 유출, 시간의 경과

1044 **flu**ency [flú:ənsi]	유창함	1. 말과 글을 물 (흐르듯 flow = flu) 사용하는 + ent
fluent [flú:ənt]	유창한[1]	☞ a fluent speaker 웅변가

1045 **flu**ctuation	변동, 동요	1. (흐르는 flow = **flu**) 파도처럼 상하로 변동하다
fluctuate [flʌ́ktʃuèit]	변동하다¹, 오르내리다	+ c + tu + ate
fluctuational	변동하는, 오르내리는	☞ a fluctuation range 변동 범위

1046 **strea**m [striːm]	흐름, 시내¹, 흐르다	1. 물이 (흐르는 flow = **strea**) 경로 + m
streamline	유선형으로 하다	2. (시냇물 **stream**)의 (주된 **main**) 경로
[striˈmlai,n]	유선형의	☞ a tributary stream 지류
main**strea**m	주류², 주류의	☞ jet stream 제트 기류
down**strea**m	하류의, 하류로	☞ bloodstream 혈류
up**strea**m	상류의, 상류로	

1047 **floa**tation [floutéiʃən]	뜸, 부양	1. (흘러 flow = **floa**) 다니다 + t
float [flout]	흘러 다니다¹, 뜨다	☞ float on the surface of the water 수면 위를 떠다니다
a**floa**t [əflóut]	떠 있는, 떠서	☞ floater 부유물

| 1048 **flu**tter [flʌ́tər] | 흔들림, 퍼덕이다¹ | 1. 새가 공중에 (떠서 float = **flu**) 날개를 빠르게 흔들다 |
| **flu**ttery [flʌ́təri] | 퍼덕거리는 | + tt + er |

| 1049 **flick**er [flíkər] | 깜박임, 깜박거리다¹ | 1. 빛이 빠르게 (흔들리며 flutter = **flick**) 깜박거리다 + er |
| **flick**ery [flíkəri] | 깜박거리는 | ☞ a flicker signal 점멸 신호 |

1050 **flip** [flip]	톡 던지기, 재주넘기	1. 엄지손가락으로 (가볍게 쳐서 던지다 toss = **flip**)
	톡 던지다¹	☞ flip-flap 회전 시소, 퍼덕퍼덕 소리
flipper [flípər]	지느러미 발, 물갈퀴	☞ the flip side 다른 면, 뒷면

| 1051 **flap** [flæp] | 퍼덕임, 덮개, 퍼덕이다¹ | 1. 날개, 꼬리, 납작한 덮개로 크고 가볍게 (치다 beat = **flap**) |
| **flop** [flɔp] | 펄썩 떨어짐, 퍼덕이다 | ☞ flip-flop 급변, 퍼덕퍼덕, 돌변하다 |

1052 **fl**ee [fliː]	달아나다, 도망하다¹	1. 새가 (물 흐르듯이 날아서 flow = fly = **fl**) 달아나다 + ee
flight [flait]	도피, 비행, 항공편	☞ flee from a revolution 혁명을 피해 도망치다
fly [flai]	파리, 날다, 비행하다	☞ a flight attendant 비행기 승무원

1053 re**fug**e [réfjuːdʒ]	피난, 피난처¹, 보호시설	1. (뒤로 back = **re**) (달아나 flee = **fug**) 대피하는 장소 + e
re**fug**ee [rèfjudʒíː]	피난민	☞ refuge status 난민 지위
		☞ provide refuge 피난처를 제공하다

하루 day = da, di, dia, journ

1054 dial [dáiəl] 눈금판[1], 문자반
다이얼을 돌리다

1. (하루 day = **dia**)의 경과를 알려 주는 시계의 숫자판 + l
   ☞ sundial 해시계

1055 dawn [dɔːn] 새벽, 날이 새다[1]

1. (하루 day = **da**)를 시작하다 + w + n
   ☞ the dawn man 원시인   ☞ dusk 땅거미, 황혼

1056 dismalness [dízməlnis] 음침함, 우울함
dismal [dízməl] 음침한, 우울한[1]

1. (여러 날 days = **di** + **s**) 동안 운이 (나쁜 bad = **mal**)
   ☞ dismal weather 음산한 날씨

1057 meridian [mərídiən] 자오선, 최고점
A.M. (ante meridiem) 오전[1]
P.M. (post meridiem) 오후[2]

1. (하루 day = **diem**) (중간 middle = **meri**)의 (앞 before = **ante**)
2. (하루 day = **diem**) (중간 middle = **meri**)의 (뒤 after = **post**)
   ☞ midday 정오, 한낮

1058 journal [dʒɔ́ːrnəl] 신문, 잡지, 일지[1]
journalize [dʒɔ́ːrnəlàiz] 일지에 적다
journalism 언론, 보도

1. (하루 day = **journ**)의 일을 기록한 글 + al
   ☞ journalist 저널리스트, 언론인, 기자
   ☞ yellow journalism 선정적 언론

1059 journey [dʒə́ːrni] 여행, 여정[1], 여행하다
journeywork 날품팔이 일
itinerary [aitínərèri] 여행 일정표[2], 여정의

1. (하루 day = **journ**)에 해야 할 일이나 가야 할 힘든 여행 + ey
2. (여행 journey = **itiner**) 가는 길을 표시한 기록표 + ary
   ☞ a hazardous journey 모험 여행

1060 adjournment 연기, 휴회
ad**journ** [ədʒə́ːrn] 중단하다, 연기하다[1]
so**journ** [sóudʒəːrn] 체류, 체류하다[2]

1. 다음 (날 day = **journ**) (까지 to = **ad**) 잠시 미루다
2. 어떤 지역 (아래 sub = **so**)에서 (하루 day = **journ**)를 묵다
   ☞ sojourn at an inn 여관에 묵다

1061 procrastination 지연
procrastinate 꾸물거리다[1]
[proukrǽstənèit]

1. (내일 tomorrow = **cras**) (앞으로 forward = **pro**) 미루다
   + tin + ate
   ☞ delay 지연, 미루다   ☞ defer 미루다

★ 동등한 identical = equ, even, pair, par, peer

1062 equality [iːkwáləti] 동등, 평등
equal [íːkwəl] 동등하다, 동일한[1]
equivalent [ikwívələnt] 대응하는 것, 대등한[2]

1. 저울 양쪽이 (동일한 identical = **equ**) 무게를 유지하는 + al
2. (동일한 identical = **equ** + i) (가치 value = **val**)를 갖는 + ent
   ☞ inequality 불평등   ☞ unequal 불평등한

1063 egalitarian 평등주의자[1]
[igæ̀lətéəriən] 평등주의의
egalitarianism 평등주의

1. (평등 equality = **egalitari**)을 지향하는 사람 + an
   ☞ egalitarian liberalism 평등주의적 자유주의

| 1064 **equ**ilibrium [ìːkwəlíbriəm] | 평형¹, 균형 | 1. (동등한 identical = **equ** + ili) (균형 balance = **brium**) |
| dis**equ**ilibrium | 불균형 | ☞ an equilibrium state 평형 상태 |

1065 **equ**ator [ikwéitər]	적도¹	1. 지구 남북을 (동등 identical = **equ**)하게 나눈 선 + **at** + **or**
equation [ikwéiʒən]	방정식²	2. 좌우를 (동등 identical = **equ**)하게 하는 계산식 + **at** + **ion**
equate [ikwéit]	동일시하다	☞ equational 동등한, 방정식의

1066 ad**equ**acy [ǽdikwəsi]	적절함	1. 목적(에 to = **ad**) (일치하게 identical = **equ**) 만든 + **ate**
ad**equ**ate [ǽdikwət]	적절한¹	☞ an adequate stimulus 적절한 자극
inad**equ**ate [inǽdikwit]	적절하지 않은	☞ inadequate nutrition 불충분한 영양

1067 **equ**ity [ékwəti]	공평¹, 자본²	1. 사람들을 (동등 identical = **equ**)하게 대우하는 행위 + **ity**
equitable [ékwətəbəl]	공평한	2. (자산 asset)에서 (부채 debt)를 차감한 가치와
in**equ**ity [inékwəti]	불공평	(동등한 identical = **equ**) 회사의 자기 자본 + **ity**
		☞ Social equity win. 사회적 공평은 승리한다.

1068 **equ**ivocality	모호함	1. 진실과 (동일한 identical = **equ** + i) 것처럼
equivocation	얼버무림	얼버무려 (말하는 speak = **voc**) + **al**
equivocal [ikwívəkəl]	애매모호한¹	☞ ambiguous 애매모호한

| 1069 **par**ity [pǽrəti] | 동등함 | 1. (동등 equal = **par**)하지 (않은 not = **dis**) 상태 + **ity** |
| dis**par**ity [dispǽrəti] | 불일치¹ | ☞ a huge disparity 엄청난 차이 |

1070 com**par**ison	비교	1. (함께 with = **com**) 놓고 가치의 (동등 equal = **par**)
com**par**e [kəmpéər]	비교하다¹	여부를 판단하다 + **e**
com**par**ative	비교급, 비교의	☞ a comparative advantage 비교 우위

1071 break-**even**	이익도 손해도 없는¹	1. 특정한 기간의 매출액이 총비용과 (균등한 equal = **even**)
even [íːvən]	저녁², 평평하게 하다	2. 일몰에서 어두울 때까지의 (저녁 시간 eve = **even**)
	평평한, ~조차도, 훨씬	☞ even number 짝수 ☞ odd number 홀수
un**even** [əníːvən]	고르지 않은	☞ an even contest 대등한 시합

★ 올바른, 공정한 right = ju, jur, just, ver

1072 **just**ness [dʒʌ́stnis]	올바름, 공정	1. 법적으로 또는 신이 판단하기에 (올바른 right = **just**)
just [dʒʌ́st]	공정한¹, 막, 바로, 그저	☞ justly 바르게, 정당하게, 정확하게
un**just** [ʌndʒʌ́st]	부당한, 불공평한	☞ an unjust persecution 부당한 박해

1073 **just**ice [dʒʌ́stis]	정의¹, 공정, 사법, 법관	1. 치우침이 없이 법이 정한 바를 (올바르게 right = **just**)
justify [dʒʌ́stəfài]	정당화하다, 해명하다	따르는 것 + **ice**
in**just**ice [indʒʌ́stis]	부당함, 불평등	☞ justiceship 법관의 신분

1074 prejudice [prédʒədis]　편견[1], 선입견
1. 법을 확인하지 않고 (미리 before = **pre**) (옳다고 right = **ju**)
　　(말하는 say = **dic**) 태도 + **e**

judgment　판단, 심사
judge [dʒʌdʒ]　판사, 심판, 판단하다[2]
2. 법에 의거 (올바른 right = **ju**) 것을 (말해주다 say = **d**) + **ge**
judicial [dʒuːdíʃəl]　사법의, 재판의
　☞ the fairness of the judicial system　사법 제도의 공정성

1075 jury [dʒúəri]　배심원단[1]
1. 재판에서 진술한 내용이 (올바른지 right = **jur**)에 대해
　　판단을 내리는 일반 시민들 + **y**
juror [dʒúərər]　배심원
jurist [dʒúərist]　법학자
　☞ verdict 배심원단의 평결

1076 arbitration　중재
1. 분쟁하는 사람들(에게 to = **ar**) (가서 go = **bit**)
　　판단을 내려 주다 + **r** + **ate**
arbitrate [ɑ́ːrbitrèit]　중재하다[1]
arbitrary [ɑ́ːrbitrèri]　임의적인, 제멋대로인
　☞ arbitrator 중재자

1077 injury [índʒəri]　부상, 상처
1. (바르지 right = **jur**) (않은 not = **in**) 행동으로 피해 주다 + **e**
injure [índʒər]　부상을 입히다[1]
　☞ injury insurance 상해 보험

1078 verification　입증, 확인, 검증
1. (진실 true = **ver**)인지 아닌지를 확인하다 + **ify**
verify [vérəfài]　입증하다[1], 확인하다
　☞ various verification procedures 다양한 검증 절차
verism [víərizəm]　진실
　☞ verify a fact 사실을 확인하다

적합한, 온전한 suitable = apt, att, ept, fit, habil, san

1079 fitness [fítnis]　건강, 적합함
1. 주변 환경에 대처하도록 (적절한 suitable = **fit**) 힘을 기르다
fit [fit]　일시적 흥분
2. (적절한 suitable = **fit**) 운동을 통해 외부 활동에
　적합하다, 맞추다[1]
　　대처할 수 있을 만큼 건강한
　적합한, 건강한[2]
　☞ a fitness center 헬스클럽
outfit [áutfit]　옷, 장비[3], 마련해 주다
3. (외부 **out**) 활동에 (적절한 suitable = **fit**) 장비
unfit [ənfit]　부적합한, 건강하지 못한
　☞ a bicycle repair outfit 자전거 수리 장비

1080 rehabilitation　부흥, 재건, 재활
1. (다시 again = **re**) (적합하게 fit = **habil**) 만들다 + **it** + **ate**
rehabilitate　재활 치료 하다[1]
　☞ a rehabilitation institution 재활 시설
[riːhəbílətèit]
　☞ rehabilitate a juvenile delinquent
habilitation　자격 획득, 투자
　비행 청소년을 갱생시키다
habilitate [həbílətèit]　자격을 얻다, 투자하다

1081 sanity [sǽnəti]　온전한 정신, 분별
1. 정신이 (건강한 healthy, sound = **san**) + **e**
sane [sein]　정신이 온전한[1]
　☞ sanity and reason 온전한 정신과 이성
insanity [insǽnəti]　정신 이상
　☞ insane 제정신이 아닌

1082 **san**itation [sænitéiʃən]	위생 시설	1. (건강한 health = san) 상태를 유지하는 조건을 갖춘
sanitariness	위생적임, 청결	+ it + ary
sanitate [sǽnətèit]	위생적으로 하다	☞ a sanitation facility 위생 시설
sanitary [sǽnətèri]	위생적인[1]	☞ a sanitary certificate 위생 증명서

1083 **apt**itude [ǽptitù:d]	적성	1. 어떤 일을 하기에 (적합한 fit = apt)
apt [æpt]	적절한[1], ~하기 쉬운	☞ SAT (Scholastic Aptitude Test) 미국 학업 적성능력 시험
in**apt** [inǽpt]	부적절한	☞ It is apt to rain. 비가 올 것 같다.

1084 **att**itude [ǽtitjù:d]	태도[1]	1. 그림 내부의 상황에 (적합하게 fit = att) 배치된
attitudinal [ætitjú:dənl]	태도의, 사고방식의	인물의 자세 + it + ude
		☞ an irresponsible attitude 무책임한 태도

1085 ad**apt**ation [ædəptéiʃən]	적응, 각색	1. 상황(에 to = ad) (적합한 fit = apt) 상태로 만들다
ad**apt** [ədǽpt]	적응하다[1], 각색하다[2]	2. 연극 상황(에 to = ad) (적합하도록 fit = apt)
ad**apt**able [ədǽptəbl]	적응할 수 있는	원작을 고쳐 쓰다
		☞ adopt 채택하다, 입양하다

1086 ad**ept**ness [ədéptnis]	숙련	1. (적합한 fit = ept) 기술적 수준(에 to = ad) 도달한
ad**ept** [ədépt]	능숙한[1]	2. (적합한 fit = ept) 기술이 (없는 not = in)
mal**adept** [mælədépt]	서투른	☞ an adept mechanic 능숙한 기계공
in**ept** [inépt]	부적당한, 서투른[2]	☞ an inept metaphor 적절하지 않은 은유

★ 좋은 good = beau, bene, beni, bon, boun

1087 **bene**volence	자비	1. (좋은 good = bene) 행위를 (바라는 wish = vol) + ent
benevolent	자비로운, 자선을 위한[1]	2. (좋은 good = bene) 행위를 (만드는 make = fic) + ent
beneficence	선행, 자선	☞ a benevolent fund 자선기금
beneficent [bənéfəsənt]	선을 베푸는[2]	☞ beneficent to the poor 가난한 사람들에게 선을 베푸는

1088 **bene**fit [bénəfit]	혜택, 혜택을 주다	1. (좋은 good = bene) 것을 (만드는 make = fic + i) + al
beneficial [bènəfíʃəl]	유익한[1]	2. (좋은 good = bene) 행위를 (만드는 make = fac) 사람
beneficiary [bènəfíʃièri]	수혜자, 수령인	+ t + or
benefactor	은인, 후원자[2]	☞ mutually beneficial 상호간에 이익이 되는

1089 **ben**ignity [binígnəti]	상냥함, 온화함	1. (좋은 good = beni) (유전자 gene = gn)를 소유한 + ant
benign [bináin]	상냥한, 온화한, 양성의	2. (나쁜 bad = mali) (유전자 gene = gn)를 소유한 + ant
benignant [binígnənt]	상냥한[1], 유익한, 양성의	☞ a benign omen 좋은 징조
malignant [məlígnənt]	악의에 찬[2], 악성의	☞ a malignant tumor 악성 종양

1090 **bon**us [bóunəs]	보너스[1], 상여금, 덤	1. (좋은 good = bon) 행위에 대해 주어지는 특별 보상 + us
bonanza [bounǽnzə]	풍부한 광맥, 행운[2]	2. 수익성이 (좋은 good = bon) 광산 또는 농장 + anza
bounty [báunti]	풍부함, 너그러움[3]	3. 보너스를 주는 것 같은 (좋은 good = boun) 행위 + ty
bountiful [báuntifəl]	풍부한, 너그러운	☞ a bountiful harvest 풍부한 수확, 풍작

운, 제비 lot = cler, hap

1091 lot
운¹, 제비, 구역², 많음
1. (무더기 lot) 중에서 (제비뽑기 lot)로 할당되어 가지는 것
　a lot of　많은
2. 특정 목적으로 (할당된 땅 lot)
　a lot　많이, 훨씬
　☞ a parking lot　주차장

1092 lotto [látou]
복권, 로또
1. (행운 lot = lot + t)의 당첨금을 지급하기 위해
　lottery [látəri]
복권¹
　발행하는 표 + ery

1093 allot**ment** [əlátmənt]
할당, 배당
1. 사람들(에게 to = al) (제비뽑기 lot) 방식으로 분배하다
　al**lot** [əlát]
할당하다¹
　☞ financial allotment　재정 분담

1094 allowance [əláuəns]
허가, 용돈¹, 수당, 할인
1. (할당 allot = allow) 금액을 정기적으로 주는 돈 + ance
　allow [əláu]
허락하다, 정기 지급하다
　☞ an overtime allowance　초과 근무 수당

1095 clergy [klə́ːrdʒi
성직자들¹
1. 신에 의해 (제비 lot = cler) 뽑힌 사람들 + gy
　cleric [klérik]
성직자
　☞ priest　성직자, 사제
　clergyman [klə́ːrdʒimən]
성직자

1096 clerk [klə:rk]
서기, 사무원¹, 점원
1. (성직자들 clergy = cler)처럼 읽고 쓸 수 있는 사람 + k
　clerical [klérikəl]
성직자의, 사무직의
　☞ a bank clerk　은행원　☞ a county clerk　군 서기

1097 hap [hæp]
우연, 운, 우연히 일어나다
1. (운 fortune = hap + p)이 좋아서 매우 기쁜 + y
　mis**hap** [míshæp]
작은 사고, 불행
　☞ a slight mishap　경미한 사고
　happy [hǽpi]
행복한¹
　☞ shed tears of happiness　행복한 눈물을 흘리다

1098 wealth [welθ]
부, 재산¹
1. (행복 happiness = weal)을 가져다주는 돈 + th
　wealthy [wélθi]
부유한
2. (행복 happiness = well)한 상황에
　wellbeing
행복, 안녕², 복지²
　(존재 exist = be)하는 상태 + ing
　☞ commonwealth　연방국

1099 silliness [silinis]
어리석음
1 순진해서 (행복해 happy = sill)하지만 바보 같은 + y
　silly [síli]
어리석은¹, 바보 같은
　☞ a silly fool　멍청이　☞ a silly gossip　어이없는 소문

1100 happening
우연한 사건
1. (운 fortune = hap + p)에 의해 우연히 발생하다 + en
　happen [hǽpən]
발생하다¹
2. (우연한 chance = hap) (위태로운 risk = hazard) 사건
　haphazard
우연한 일², 계획성 없는
　☞ happen to　우연히 ~하다

예절 manners = mor

1101 morality [mɔrǽləti] 도덕[1] 1. 준수해야 할 적절한 (예절 manners = mor) + al + ity
moralize [mɔrəlàiz] 도덕을 가르치다, 설교하다 ☞ traditional moral values 전통적인 도덕 가치
moral [mɔ́rəl] 도덕적인 ☞ moralist 도덕주의자

1102 immorality [imɔrǽləti] 부도덕, 악덕 1. (도덕적인 moral) 행위가 (아닌 not = im)
immoral [imɔ́rəl] 비도덕적인[1], 부도덕한 2. (도덕적인 moral) 행위와 관계(없는 without = a)
amorality [èimɔrǽləti] 도덕관념이 없음 ☞ an immoral conduct 부도덕한 행위
amoral [eimɔ́ːrəl] 도덕과 관계없는[2] ☞ Science is amoral. 과학은 도덕과 관계가 없다.

1103 morale [mourǽl] 사기, 의욕[1] 1. (도덕적 moral) 행위를 실행 하고자 하는 마음 + e
demoralize [dimɔ́ːrəlàiz] 사기를 꺾다 ☞ enhance employees' morale 직원들의 사기를 높이다

무리, 구성원 band = ethn, idio

1104 ethics [éθiks] 윤리, 윤리학 1. 함께 사는 무리의 (도덕적 moral = eth) 규범 + ic
ethic [éθik] 윤리[1] ☞ a strong professional ethic 강력한 직업 윤리
ethology [iθálədʒi] 인성학 ☞ ethical 윤리적인

1105 ethnicity [eθnísəti] 민족성 1. 동일 조상에서 유래한 (함께 사는 무리 band = ethn)의 + ic
ethnic [éθnik] 인종의[1], 민족의[1] ☞ an ethnic minority 소수 민족 집단
multiethnic [mʌ́ltiéθnik] 다민족의 ☞ a multiethnic state 다인종 국가

1106 ethnology [eθnálədʒi] 민족학, 인종학 1. (민족 ethnic = ethn + o) (중심 center = centr)적인 + ic
ethnocentric 자기 민족 중심적인[1] ☞ ethnologist 민족학자 ☞ anthropology 인류학

1107 idiot [ídiət] 바보, 멍청이[1] 1. 준수해야 할 규범을 모르는 사회 (구성원 band = idio) + t
idiotic [idiátik] 바보 같은 ☞ an idiotic suggestion 어리석은 제안
idiotically [idiátikəli] 바보스럽게 ☞ a stupid idiot 바보 멍청이

1108 idiom [ídiəm] 관용구[1], 숙어 1. 사회 (구성원 band = idio)의 특유의 언어 표현 + m
idiomatic [ìdiəmǽtik] 관용적인 ☞ an idiomatic phrase 관용구

★ 법 law = leg, loy

1109 legality [li:gǽləti] 합법성 1. (법 law = leg)에 합당한 + al
legalize [líːgəlàiz] 합법화하다 ☞ illegal 불법적인
legal [líːgəl] 법률상의, 합법적인[1] ☞ a legal system 법률 체계

| 1110 **leg**itimation | 정당화, 합법화 | 1. (법 law = **leg**)에 적합한 + **i** + **ti** + **m** + **ate** |
| **leg**itimate [lidʒítəmit] | 합법화하다, 적법한[1] | ☞ illegitimate 사생아, 사생아의, 법으로 용인되지 않는 |

| 1111 **leg**islation [lèdʒisléiʃən] | 법률의 제정 | 1. (법 law = **leg** + **is**)을 (제안하고 propose = **lat**) 만들다 + **e** |
| **leg**islate [lédʒislèit] | 법을 제정하다[1] | ☞ legislate against abortion 낙태 금지법을 제정하다 |

1112 **leg**islature [lédʒislèitʃər]	입법부[1]	1. (법 law = **leg** + **is**)을 (제안하고 propose = **lat**) 만드는
legislative [lédʒislèitiv]	입법부의	기관 + **ure**
legislator [lédʒislèitər]	입법자, 국회의원	☞ judiciary 사법부, 법관들

1113 privi**leg**e [prívəlidʒ]	특권[1]	1. (개인 private = **privi**)에게 주는 (법률 law = **leg**) 특혜 + **e**
	특혜를 주다	☞ the privilege of diplomatic immunity 외교적 면책 특권
		☞ a privileged class 특권 계층

| 1114 **leg**acy [légəsi] | 유산[1] | 1. (법적 law = **leg**)으로 재산을 후손에게 물려주다 + **acy** |
| | | ☞ inherit a legacy 유산을 상속하다 |

| 1115 **loy**alty [lɔ́iəlti] | 충실, 충성심[1] | 1. 왕 또는 (법 law = **loy**)에 충실한 태도 + **al** + **ty** |
| **loy**al [lɔ́iəl] | 충실한, 충성스러운 | ☞ royalty 왕족, 저작권 사용료 |

법정, 소송 court = caus, cus, lit

| 1116 **lit**igation [litəgéiʃən] | 소송, 고소 | 1. 분쟁을 (법정 court = **lit**)으로 (이동 move = **ig**)하다 + **ate** |
| **lit**igate [lítigèit] | 소송하다[1], 고소하다 | ☞ litigation expense 소송비 |

1117 **caus**e [kɔ:z]	원인, 대의명분, 야기하다[1]	1. (소송 lawsuit = **caus**)을 일으키다 + **e**
causation [kɔ:zéiʃən]	원인, 인과 작용	☞ principles and causes 원칙과 명분
causality [kɔ:zǽləti]	인과 관계	☞ cause side effects 부작용을 일으키다
causal [kɔ́:zəl]	인과 관계의	☞ a causal relation 인과 관계

| 1118 ac**cus**ation | 고발, 비난 | 1. 일을 (소송 lawsuit = **cus** + **e**) (쪽으로 to = **ac**) 몰고 가다 |
| ac**cus**e [əkjú:z] | 고발하다[1], 비난하다 | ☞ accuser 고소인, 고발인 ☞ accused 피고인 |

1119 ex**cus**e [ikskjú:z]	변명, 용서, 면제	1. (소송 lawsuit = **cus** + **e**)에서 변명을 잘해서
	변명하다, 용서하다[1]	(밖으로 out = **ex**) 보내주다
ex**cus**atory	변명하는	☞ excusal 허용, 면제

1120 al**leg**ation [ӕligéiʃən]	주장	1. 분쟁을 (법정 court = **leg**) (으로 to = **al**) 이동시킨 후에
al**leg**e [əlédʒ]	혐의 제기하다[1], 주장하다	정식으로 혐의를 제기하다 + **e**
al**leg**edly [əlédʒidli]	주장된 바에 의하면	☞ allegeable 단언할 수 있는

기준, 규범 = norm

1121 norm [nɔːrm] 기준, 규범[1], 표준   1. 목재를 측정할 때 사용하는 (직각 자 square ruler = norm)
normative [nɔ́ːrmətiv] 규범적인   ☞ an ethical norm 윤리적 규범

1122 normality [nɔːrmǽləti] 정상   1. (기준 norm)에 맞는 + al
normal [nɔ́ːrməl] 정상적인[1], 보통의   2. (기준 norm)에서 (멀리 away = ab) 떨어진 + al
abnormality 비정상   ☞ a normal distribution (통계) 정규 분포
abnormal [æbnɔ́ːrməl] 비정상의[2]   ☞ an abnormal behavior 비정상적 행동

1123 enormity [inɔ́ːrməti] 막대함   1. (기준 norm) (밖으로 out = e) 크게 벗어난 + ous
enormous [inɔ́ːrməs] 막대한[1]   ☞ an enormous pillar 거대한 기둥

★ 자유로운 free = fra, liber, licen, leis, liver

1124 freedom [fríːdəm] 자유   ☞ duty-free 세금이 없는   ☞ carefree 걱정이 없는
free 자유롭게 하다   ☞ handsfree 손을 사용하지 않아도 되는
   자유로운, ~이 없는, 무료의   ☞ free of charge 무료로   ☞ freeway 무료 고속도로

1125 liberty [líbərti] 자유[1]   1. 노예가 아닌 (자유로운 free = liber) 상태 + ty
liberalize [líbərəlàiz] 자유화하다   2. (자유 liberal) 시민이 교양을 쌓기 위해 배워야할 7개
liberal [líbərəl] 자유주의의, 교양의, 진보의   (과목 arts) - 문법, 논리, 수사학, 수학, 기하, 음악, 천문
liberal arts 교양과목[2]   ☞ the Statue of Liberty 자유의 여신상

1126 liberation [lìbəréiʃən] 해방   1. (자유로운 free = liber) 상태로 만들다 + ate
liberate [líbərèit] 자유롭게 하다[1]   ☞ women's liberation 여성 해방 운동
liberalism [líbərəlìzm] 진보주의, 자유해방주의   ☞ conservatism 보수주의

1127 delivery [dilívəri] 배달[1], 출산[1], 연설[1]   1. 물건, 아기, 의견 등을 (멀리 away = de) 보내어
deliver [dilívər] 출산하다, 배달하다   (자유롭게 freely = liver) 해주는 행위 + y
   연설하다   ☞ delivery charge 배달료

1128 licence [láisəns] 면허, 면허증[1]   1. 법적으로 (자유 free = licen) 활동을 허가하는 증서 + ce
license [láisəns] 면허, 면허증, 허가하다   ☞ a driving licence 운전 면허증

1129 leisure [léʒər] 여가[1]   1. (자유롭게 freely = leis) 사용할 수 있는 시간 + ure
leisurely [líːʒərli] 여유로운, 여유롭게   ☞ mass leisure 대중여가

1130 frankness [frǽŋknis] 솔직함   1. (자유롭게 freely = fra) 말하는 + n + k
frank [fræŋk] 솔직한[1]   ☞ frankly speaking 솔직히 말하면

| 1131 **fran**chise [frǽntʃaiz] | 체인점, 독점 사업권[1]
독점 판매권을 주다 | 1. (자유롭게 freely = fra) 행사할 수 있는 권리 + n + ch + ise
☞ enfranchise 석방하다, 자치권을 주다 |

신성한 holy = sacr, sain

1132 **sain**t [seint] **sain**tlike [seintlaik]	성인, 성자[1] 성인다운	1. (신성한 holy = sain) 사람 + t ☞ saintly 성인다운
1133 **sanct**ion [sǽŋkʃən] **sanct**ionable **sanct**uary [sǽŋktʃuèri]	제재, 벌칙, 허가 제재하다[1], 허가하다[2] 허가할 수 있는 성역, 신전, 피난처	1. (성자 saint = sanct)가 아닌 사람을 못 들어가게 하다 + ion 2. (성자 saint = sanct)만 들어가게 하다 + ion ☞ an economic sanction 경제 제재 ☞ a wildlife sanctuary 야생동물 보호구역
1134 **sacr**edness [séikridnis] **sacr**ed [séikrid]	신성함 성스러운, 신성한[1]	1. (신성한 holy = sacr) + ed ☞ a sacred place 성스러운 장소
1135 **sacr**ifice [sǽkrəfàis] **sacr**ificial [sæ̀krəfíʃəl]	희생, 제물[1], 희생하다 제물로 바쳐진	1. 신을 기쁘게 하기 위해 (신성하게 holy = sacr + i) (만든 make = fic) 것 + e
1136 **victi**mization **victi**mize [víktəmàiz] **victi**m [víktim]	희생시킴, 희생 희생시키다 피해자, 희생물[1]	1. 신에게 (제물 sacrifice = victi)로 바쳐지는 사람. 동물 + m ☞ a victimized trader 피해를 입은 상인 ☞ a sacrificial victim 제물로 바쳐진 희생물

★ 술을 부으며 서약하다 pledge = spon, spous

1137 response [rispáns] 반응, 대답
　　respond [rispánd] 반응하다[1]
　　responsive [rispánsiv] 반응하는

1. 술을 부으며 (서약한 pledge = spon + d) 것에 대해 신이 (되돌려 back = re) 반응하다
　☞ respondent 응답자

1138 responsibility 책임
　　responsible 책임을 지는
　　irresponsible 무책임한

☞ share responsibility 책임을 분담하다
☞ a responsible official 책임 있는 정부 당국자
☞ an irresponsible criticism 무책임한 비판

1139 correspondence 편지, 관련성
　　correspond 상응하다[1], 일치하다
　　correspondent 통신원, 특파원

1. 서로 (함께 with = cor) (반응하다 respond)
☞ enter into correspondence with ~와 서신 왕래를 시작하다
☞ correspondently 상응하게

1140 sponsor [spánsər] 후원자[1], 후원하다
　　sponsorial [spansó:riəl] 후원자의
　　sponsorship 후원, 협찬

1. 세례의식에서 (서약한 pledge = spon + s) 신앙 보증인 + or
☞ an official sponsor 공식 후원자
☞ sponsor jointly 공동 협찬을 하다

1141 spouse [spauz] 배우자[1]
　　spousal [spáuzəl] 결혼의

1. 신에게 (서약한 pledge = spous) 후에 함께 사는 사람 + e
☞ spouse inheritance 배우자 상속

여성 woman = marry, matri

1142 matrimony 결혼, 혼인[1]
　　intermarry [intərmǽri] 근친결혼을 하다[2]
　　　　이민족과 결혼하다[3]
　　marital [mǽrətl] 결혼의, 결혼생활의

1. (어머니 mother = matri)의 (지위 state = mony)를 얻는 의식
2. 친족 (사이에 between = inter) (결혼을 하다 marry)
3. 다른 종족 또는 씨족 (사이에 between = inter) (결혼을 하다 marry)

1143 fiancé [fì:a:nséi] 약혼남[1]
　　fiancée 약혼녀

1. (신뢰 trust = fianc)해서 결혼할 남자 + é
☞ engagement 약혼, 약속, 참여

1144 oath [ouθ] 맹세[1], 서약[1]

1. 신에게 하는 엄숙하고 진실한 (약속 promise = oath)
☞ swear an oath 맹세하다

도시 city = poli, polis

1145 polis [póulis] 도시 국가
　　acropolis [əkrápəlis] 아크로폴리스[1]

1. (도시 city = polis) 주변의 (가장 높은 highest = acro) 언덕
☞ a satellite city 위성 도시

1146 metro**polis** [mitrápəlis]	대도시[1], 대주교 관구	1. 대주교가 거주하는 (어머니 mother = **metro**) (도시 city = **polis**)
metro**poli**tan	대도시의	2. 대도시가 연결되어 있는 (거대한 great = **megalo**)
megalo**polis**	거대 도시[2]	(도시 city = **polis**) 집중지대

1147 cosmo**polis**	국제 도시[1]	1. (세계적인 world = **cosmo**) (도시 city = **polis**)
cosmo**poli**tan	범 세계주의자	☞ cosmopolitanization 세계화
[kàzməpálətən]	세계적인	☞ a cosmopolitan species 세계 보편종

1148 **poli**tics [pálitiks]	정치[1]	1. (도시 city = **poli**)를 다스리는 일 + **t** + **ics**
politic [pálitik]	현명한, 정치의	☞ politician 정치가
political [pəlítikəl]	정치의, 정당의	☞ a political party 정당

1149 **poli**cy [páləsi]	정책[1], 증서[2]	1. (도시 city = **poli**)를 다스리는 정부의 행동 방침 + **cy**
policy maker	정책 입안자	2. 돈을 받았다는 사실을 (말해주는 say = **poli**) 계약서 + **cy**
policyholder	보험 계약자	☞ an insurance policy 보험 증서

★ 탄생 (1) birth = gen, gene, germ, gien, gine, gn, kin

1150 **gene** [dʒen]	유전자[1]	1. (탄생 birth = **gene**)할 때 물려받은 유전 정보의 단위
genetic [dʒənétik]	유전의	2. 생명이 처음 (탄생한 birth = **gene**) 사건 + **sis**
genetics [dʒinétiks]	유전학	☞ gene manipulation 유전자 조작
genesis [dʒénəsis]	창시[2], (성경) 창세기	☞ the genetic code of humans 인간의 유전자 암호

1151 anti**gen** [ǽntidʒən]	항원[1]	1. (항체 antibody) (생성 produce = **gen**)을 유발하는 세균
anti**gen**ic [æ̀ntidʒénik]	항원의	☞ antibody 항체

1152 **germ** [dʒəːrm]	세균, 기원, 배아, 싹	1. 씨앗에서 (싹 **germ**)이 나다 + **in** + **ate**
germinate [dʒəːrmənèit]	싹트다[1]	☞ a germ carrier 보균자

1153 **gem** [dʒem]	보석[1]	1. (꽃봉오리 bud = **gem**)
gemstone [dʒemstoun]	보석의 원석	☞ a rare gem 희귀한 보석

1154 hy**gien**e [háidʒiːn]	위생[1]	1. 세균 없이 (오래 long = **hy**) 지속하는 (생명 life = **gien**)을
hy**gien**ic [hàidʒiénik]	위생적인	가지도록 관리하는 행위 + **e**
		☞ oral hygiene 구강 위생 ☞ sanitary 위생적인

1155 pre**gn**ancy [prégnənsi]	임신[1]	1. (탄생 birth = **gn**) (이전의 before = **pre**) 상태 + **ancy**
pre**gn**ant [prégnənt]	임신한	☞ conceive 고안하다, 임신하다

1156 gender [dʒéndər] · 성[1], 종류, 분류

en**gen**der [endʒéndər] · 낳다, 불러일으키다

1. (탄생 birth = **gen**)할 때 구별 되는 선천적인 특성 + **d** + **er**
   - ☞ gender discrimination 성차별
   - ☞ gender-specific 한쪽 성에 국한된

1157 genre [ʒάːnrə] · 장르[1]

genus [dʒíːnəs] · 속[2]

1. 특성에 따른 예술의 (분류 gender = **gen**) + **re**
2. 생물 (분류 gender = **gen**) 체계에서
   (종 species)과 (과 family) 중간에 위치한 단계 + **us**

1158 generation · 세대[1]

generate [dʒénərèit] · 발생시키다, 낳다

generator [dʒénərèitər] · 발전기[2]

1. (탄생 birth = **gene**)에서 죽을 때까지 기간 + **r** + **at** + **ion**
1. 탄생에서 부모 일을 계승할 때까지의 약 30년의 기간
2. 전기를 (발생시키는 birth = **gene**) 기계 + **r** + **at** + **or**

1159 degeneration
[didʒènəréiʃən]

degenerate · 퇴화하다[1], 악화되다

1. (유전자 **gene**) 특성이 점점 (사라지다 away = **de**) + **r** + **ate**
   - ☞ macular degeneration 시력 감퇴
   - ☞ deteriorate 악화되다

1160 genius [dʒíːnjəs] · 천재성, 천재[1], 귀재

genii [dʒíːniài] · 천재들, 요정들

genie [dʒíːni] · 요정, 귀신

1. (탄생 birth = **gen**)할 때 수호신에게서
   (독창성 ingenuity)을 받은 사람 + **i** + **us**
   - ☞ a literary genius 문단의 거성

1161 genuineness · 진짜임

genuine [dʒénjuin] · 진짜의[1], 진심 어린

1. (탄생 birth = **gen**)의 기원을 명확히 알아서 진짜인 + **u** + **ine**
   - ☞ a genuine leather 진짜 가죽

1162 ingen**uity** [ìndʒənjúːəti] · 독창성[1]

in**gen**ious [indʒíːnjəs] · 독창적인

1. (탄생 birth = **gen**)할 때 (안에 **in**) 가지고 있는 특성 + **u** + **ity**
   - ☞ an ingenious theory 독창적인 이론

1163 ingen**uousness** · 솔직함, 순진함

in**gen**uous [indʒénjuːəs] · 순진한[1]

naive [nɑːíːv] · 순진한[2], 바보 같은

1. 귀족 신분 (안으로 **in**) (태어나 birth = **gen**) 순진한 + **u** + **ous**
2. (탄생 birth = **na**)할 때의 순수한 특성을 유지하고 있는 + **ive**
   - ☞ an ingenuous youth 세상 물정을 모르는 젊은이

1164 indigen**e** [índidʒìːn] · 원주민

indi**gen**ous [indídʒənəs] · 토착의[1], 고유의

1. 어떤 지역 (안에서 within = **indi**) (탄생 birth = **gen**)한 이후
   계속 머무르는 + **ous**
   - ☞ indigenous people 토착민, 토박이

1165 gentleness [dʒéntlnis] · 상냥함, 관대함

gentle [dʒéntl] · 상냥한, 관대한[1]

gentry [dʒéntri] · 상류층

1. 좋은 (유전자 gene = **gen**)를 가진 귀족 출신의 특성 + **t** + **le**
   - ☞ a man of gentle birth 가문이 좋은 사람
   - ☞ gentleman 신사

| 1166 | **gene**rosity [dʒènərásəti] | 너그러움, 관용 | 1. 좋은 (유전자 gene)를 가진 귀족이 아량이 있는 + r + ous |
| | **gene**rous [dʒénərəs] | 너그러운[1], 비옥한 | ☞ a generous benefactor 후한 기부자 |

| 1167 | **gen**iality [dʒìːniǽləti] | 상냥함, 친절 | 1. 후손을 (낳은 birth = gen) 부부가 정이 두터운 + i + al |
| | **gen**ial [dʒíːnjəl] | 다정한[1], 상냥한 | ☞ a genial disposition 상냥한 성질 |

1168	con**gen**iality	(성질) 일치, 적응성	1. 동일한 성질을 (함께 with = con) 보유하고
	con**gen**ial [kəndʒíːnjəl]	같은 성질의[1], 즐거운	(탄생 birth = gen)한 + i + al
	uncon**gen**ial	마음에 안 드는	☞ a congenial companion 다정한 친구

1169	**gene**ralization	일반화	1. 동일 (유전자 gene = gene)를 가진 종류를 묶다
	generalize [dʒénərəlàiz]	일반화하다[1]	+ r + al + ize
	general [dʒénərəl]	장군, 일반적인	☞ overgeneralization 과잉 일반화
	generic [dʒənérik]	총칭의, 포괄적인	☞ generic terms 일반 용어

1170	**kin** [kin]	친족[1]	1. 동일한 (유전자 gene = kin)를 가진 친척 또는 종족
	a**kin** [əkín]	친족의[2], 유사한	2. (친족 kin) (의 of = a)
	kinship [kínʃip]	친족 관계, 연대감	☞ a kinship relation 친족 관계

★ 탄생 (2) birth = na

1171	**nation**ality [nǽʃənǽləti]	국적[1]	1. 특정한 (국가 nation)에 소속된 상태 + al + ity
	nationalism	민족주의, 국수주의	☞ dual nationality 이중 국적
	nationalist [nǽʃənəlist]	애국주의자, 국수주의자	☞ nationalism movement 민족주의 운동

1172	inter**nation**alize	국제적으로 관리하다	1. (국가 nation)들 (사이 between = inter)의 + al
	inter**nation**al	국제적인[1]	☞ internationalization 국제화
	multi**nation**al	다국적의	☞ a multinational enterprise 다국적 기업

1173	**na**tive [néitiv]	원주민, 원주민의[1]	1. 특정 지역에서 (탄생 birth = na)한 사람의+ t + ive
		타고난	☞ a native speaker 모국어 사용자
	native-born	토박이의	☞ Native American 북미 원주민

| 1174 | in**na**teness | 타고남 | 1. (탄생 birth = na)할 때부터 (안에 in) 가지고 있는 + te |
| | in**na**te [inéit] | 타고난, 선천적인[1] | ☞ inborn 타고난 |

| 1175 | super**natural**ism | 초자연주의 | 1. (자연적인 natural) 현상을 (넘어서 above = super) 있는 |
| | super**natural** | 초자연적인[1] | ☞ supernatural strength 초자연적인 힘 |

1176 **natural**ization	귀화	1. 새로운 환경에서 (자연스럽 **natural**)게 자라게 하다 + **ize**
naturalize [nǽtʃərəlàiz]	귀화시키다¹, 도입하다	☞ a naturalized species 귀화종
un**natural**ize	시민권을 빼앗다	☞ native species 토착종 ☞ indigenous species 토착종

신체, 자연 nature = phys

1177 physics [físiks] 물리학[1]
    physical [fízikəl] 물리적인, 신체의
    physicist [fízisist] 물리학자

1. (자연 nature = **phys**)의 본질을 연구하는 학문 + ic + s
  ☞ metaphysics 형이상학
  ☞ physics science 형이하학

1178 physic [fízik] 약제, 의술, 치료하다
    physician [fizíʃən] 내과의사[1]
    physique [fizí:k] 체격

1. (약제 **physic**)를 조제하여 치료하는 의사 + i + an
  ☞ a practicing physician 개업 의사
  ☞ a physic garden 약초 재배원

1179 physiology [fìziálədʒi] 생리학[1]
    physiological 생리적인
    physiologist 생리학자

1. (신체의 physical = **phys** + io) 생물적 기능을 다루는
(학문 study = **logy**)
  ☞ psychiatrist 정신과 의사　　☞ psychology 심리학

자라다, 나이 들다, 익다 grow = al, gra, ol, rip, sen, ul, veter

1180 undergrowth 덤불, 관목[1]
    outgrowth [autgrouθ] 성장, 곁가지
    outgrow [autgrou] ~보다 더 커지다

1. 큰 나무 (밑에서 under) (자라는 grow) 작은 나무 + th
  ☞ underbrush 덤불
  ☞ bush 관목, 덤불, 미개간지

1181 coalition [kòuəlíʃən] 연립[1], 연합
    colligation [kàləgéiʃən] 결합
    colligate [káligèit] 결합하다[2]

1. (함께 with = **co**) (성장 grow = **al** + i)하기 위해
다수의 정당이 연합하는 행위 + t + ion
2. (함께 with = **col**) (묶다 bind = **lig**) + ate

1182 lush [lʌʃ] 풀이 많은, 무성한[1]

1. 풀이 (풍성하게 loose, luxuriant = **lush**) 자라는
  ☞ lush vegetation 무성한 초목들

1183 graze [greiz] 풀을 뜯다[1], 방목하다
    grazer [gréizər] 방목 가축, 방목자

1. (자라는 grow = **gra**) 풀을 뜯어 먹다 + ze
  ☞ browse 풀을 뜯어먹다, 둘러보다

1184 greenish [grí:niʃ] 녹색을 띤[1]
    greenery [grí:nəri] 화초
    greenhouse 온실

1. 자라는 (풀 grass = **green**)의 색을 띤
  ☞ evergreen 상록수　　☞ green belt 녹지대
  ☞ green algae 녹조　　☞ greenhouse gas 온실 가스

1185 weed [wi:d] 잡초[1], 잡초를 뽑다
    weedicide [wí:dəsàid] 제초제
    seaweed [si:wi:d] 해초

1. 유용하지도 않고 아름답지도 않은 (풀 grass = **weed**)
  ☞ a noxious weed 유해한 잡초
  ☞ a marine algae 해조류

1186 tangle [tǽŋgəl] 얽힌 것, 혼란
    얽히게 하다, 엉키다[1]
    entangle [entǽŋgl] 얽어매다

1. (노 oar)가 (해초 seaweed = **tang**)에 걸리다 + le
  ☞ tangle of branches 얽힌 나뭇가지들
  ☞ unravel a tangle 엉킨 것을 풀다

1187 **al**umnus [əlʌ́mnəs]	남자 졸업생[1]	1. 학교에서 (성장한 grow = al) (남학생 man pupil = umnus)
alumni [əlʌ́mni]	졸업생들	☞ alumna 여자 졸업생　　☞ alumni reunion 동창회

1188 pro**lif**eration	확산	1. (앞으로 forth = pro) (성장 grow = li)할 자손을
pro**lif**ic [prəulífik]	다산하는[1]	(만드는 make = fic)
		☞ nuclear proliferation 핵확산　☞ a prolific author 다작 저자

1189 **alt**itude [ǽltətjùːd]	고도[1], 고지	1. 성장하여 (높은 high = alt) 위치에 있는 상태 + i + tude
altar [ɔ́ːltər]	제단[2]	2. 제물을 바치기 위해 (높은 high = alt) 위치에 세운 제단 + ar
		☞ altimeter 고도계　　　☞ a sacred altar 신성한 제단

1190 ex**alt**ation	승격, 기쁨[1]	1. (밖으로 out = ex) (높이 high = alt) 날아갈 것 같은 감정
ex**alt** [igzɔ́ːlt]	승격시키다[2], 칭찬하다	+ at + ion
ex**alt**ed [igzɔ́ːltid]	고위층의, 너무 기쁜	2. (밖으로 out = ex) (높이 high = alt) 올리다
		☞ exalted beings 고귀한 사람들

1191 en**han**cement	향상	1. (높은 high = han) 지위에 위치하게 (만들다 make = en) + ce
en**han**ce [enhǽns]	향상시키다[1]	☞ enhanced efficiency 향상된 효율성

1192 a**dul**t [ədʌ́lt]	성인, 성인의, 성숙한[1]	1. 생물(에게 to = ad) (자라도록 grow = ul) 양분을 주어
a**dul**thood	성인기	성숙해진 + t
[ədʌ́lthùd]		☞ an adult stem cell 성체 줄기세포

1193 **puber**ty [pjúːbərti]	사춘기[1], 성숙기	1. (성숙하는 adult = puber) 시기 + ty
adolescence	청소년기[2]	2. (성숙 adult = adol) 단계에 가깝게 자란 상태 + esc + ence
adolescent	청소년	☞ adolesce 청소년기에 이르다

1194 **r**e**ap** [riːp]	거두다, 수확하다[1]	1. 곡식이 (익어서 ripe = reap) 낫으로 자르다
ripen [ráipən]	익다, 숙성하다	☞ ripeness 성숙, 원숙
ripe [raip]	익은, 숙성한	☞ overripe 지나치게 익은

1195 **ma**turity [mətjúərəti]	성숙함, 만기	1. 섭취하기에 좋을 만큼 완전히 (익은 ripe = ma) + t + ure
mature [mətjúər]	다 자라다, 성숙한[1]	☞ on mature consideration 충분한 고려 이후에
pre**ma**ture	너무 이른, 조산의	☞ immature 미숙한

1196 **el**der [éldər]	연장자, 연장자의	1. (나이 old = el + d)가 (더 more = er) 많은 + ly
elderly [éldərli]	나이가 지긋한[1]	☞ the elderly 중년이 지난 사람들

1197 **sen**iority [siːnjɔ́ːriti]	연장자임, 연공서열	1. (더 more = ior) (나이가 많은 old = sen) 사람
senior [síːnjər]	연장자[1], 상급의	☞ a senior citizen 고령자
	대학 4학년, 중등 3학년	☞ a senior vice president 수석 부사장

1198 The **Sen**ate [sénət] **sen**ator [sénətər]	미국 상원, 로마 원로원[1] 상원의원	1. 고대 로마 공화정 시대의 (나이든 old = **sen**) 사람들로 구성된 입법 및 자문 기관 + ate
1199 ob**solesc**ence ob**solesc**e [àbsəlés] ob**solet**e [àbsəlí:t]	노후화 퇴화하다[1], 쇠퇴하다 더 이상 쓸모가 없는	1. (용도 usage = **solesc**)로부터 (멀어지다 away = **ob**) + e ☞ obsolescent 쇠퇴해 가는 ☞ an obsolete machine 쓸모없는 기계
1200 ab**ol**ition [æbəlíʃən] ab**ol**ishment ab**ol**ish [əbáliʃ]	폐지 폐지 폐지하다[1]	1. (오래 old = **ol**) 되어서 (멀리 away = **ab**) 내버리다 + ish ☞ the abolition of slavery 노예제도 폐지 ☞ abolitionist 폐지론자
1201 **al**iment [ǽləmənt] **al**imentation **al**imentary	영양물[1], 양분을 주다 영양, 자양 영양의, 영양을 주는	1. (성장하게 grow = **al**) 해주는 물질 + i + ment ☞ the alimentary tract 소화관 ☞ ailment 질병
1202 **veter**an [vétərən]	퇴역 군인[1] 노련한 사람	1. 전쟁 경험이 있는 (나이든 old = **veter**) 병사 + an ☞ Veterans Day 재향 군인의 날
1203 **veter**inarian **veter**inary [vétərənèri]	수의사[1] 수의과의	1. (나이든 old = **veter**) 가축을 치료하는 의사 + in + ari + an ☞ a veterinary surgeon 수의사

★ 생물, 생명 life = be, bi, bio

1204 **bio**logy [baiálədʒi] **bio**logic [bàiəládʒik]	생물학[1] 생물학의	1. (생물 life = **bio**)을 연구하는 (학문 study = **logy**) ☞ biotic 생물의　　☞ biologist 생물학자
1205 **bio**mass [baiámæs] **bio**diversity **bio**medical	생물량[1], 생물자원 생물다양성 생체 의학의	1. 지역에 사는 (생물 life = **bio**) (량 또는 덩어리 lump = **mass**) ☞ a biomass power plant 생물자원 발전소 ☞ a biological clock 생체 시계
1206 sym**bio**sis [sìmbaióusis] sym**bio**tic [sìmbaiátik] sym**bio**nt [símbaiànt]	공생[1] 공생하는 공생자	1. (생명 life = **bio**)을 유지하기 위해 서로 다른 생물들이 (함께 with = **sym**) 사는 행위 + sis ☞ a symbiotic relationship 공생관계
1207 anti**bio**tic [æntibaiátik] anti**body** [ǽntibàdi]	항생제[1] 항체[2]	1. 세균 (생명 life = **bio**)에 (대항하는 against = **anti**) 물질 + tic 2. 세균의 (몸 **body**) 또는 항원에 (대항 **anti**)하는 신체의 단백질 ☞ antibiotic resistance 항생제 대한 내성
1208 aero**bic** [ɛəróubik] aero**bic**s [ɛəróubiks]	호기성의, 유산소의[1] 에어로빅	1. (공기 air = **aero**)가 있는 곳에 (생존하는 live = **bio** = **bi**) + c ☞ aerobic respiration 호기성 호흡

1209	micro**be** [máikroub]	미생물[1]	1. (작은 small = **micro**) (생명체 life = bio = **be**)
	micro**bi**al [maikróubiəl]	미생물의	☞ microbiology 미생물학
	antimicro**bi**al	항균성의	☞ an antimicrobial action 항균 작용

남아 있다, 살다 remain, live = lay, leave

| 1210 | de**lay** [diléi] | 지연, 미루다[1] | 1. 할 일을 미래로 (멀리 away = **de**) (남겨 놓다 leave = **lay**) |
| | | | ☞ an inevitable delay 불가피한 연기 |

1211	**life**	생명, 인생, 삶, 생물	1. 생명이 계속 (남아있다 remain = leave = **live**)
	live	살다[1], 생방송의	2. (살아가고 live = **live** + li) 있는 형편이나 (방법 way = **hood**)
	livelihood [láivlihùd]	생계[2]	☞ lively 활기 넘치는
	out**live** [àutlív]	~보다 더 오래 살다	☞ alive 살아 있는
			☞ a live broadcast 생방송, 실황 방송
			☞ make a living 생계를 꾸리다

1212	**life**time	일생, 평생	1. (생물 **life**)이 살아 있는 (기간 span)
	lifelong	평생 동안의	☞ lifeguard 인명 구조원
	life span [spæn]	수명[1]	☞ lifeboat 구명정

1213	still life	정물화[1]	1. (움직이지 않는 still) 물체 또는 (생물 **life**)을 그린 그림
	half-life	(방사성 물질) 반감기	☞ for dear life 필사적으로
	shelf life [ʃelf]	유통기한, 저장기간	☞ all walks of life 사회 각계각층
	wild**life** [waiˈldlaif]	야생 생물	☞ afterlife 사후 세계

1214	**live**stock [láivstɑk]	가축[1]	1. 야생동물을 사냥할 수 없을 때를 대비해서
	liver [lívər]	간[2]	집에서 기르는 (살아 있는 **live**) (비축물 stock)
		적갈색의	2. 생명이 (살도록 **live**) 피를 만드는 조직이라 여겨진 장기 + r
			☞ a domestic animal 가축

★ 살아 있는 alive = qui, veg, vi, vig, vit, viv, wak, zoo

1215 vividity [vi̇rídəti] 생생함, 선명함 1. 생생하게 (살아 live = **viv**) 있는 + **id**
　vivify [vívəfài] 생생하게 하다 　☞ vivify an image 이미지를 생생하게 하다
　vivid [vívid] 생생한[1] 　☞ vivid description 생생한 묘사

1216 reviv**alism** 부흥운동 1. (다시 again = **re**) (살아나다 live = **viv**) + **e**
　revival [riváivəl] 회복, 부흥 　☞ economic revival 경제 회복
　revive [riváiv] 소생하다[1], 부활시키다 　☞ revive diplomatic relations 외교 관계를 부활시키다

1217 surviv**al** [sərváivəl] 생존 1. 힘든 상황을 (넘어 beyond = **sur**) (살아남다 live = **viv**) + **e**
　survive [sərváiv] 생존하다[1], 견뎌내다 　☞ survivor 생존자 　☞ a survival technique 생존 기술

1218 viability** [vàiəbíləti] 생존 능력, 실행 가능성 1. (살아남을 live = **vi**) 능력이 있는 + **able**
　viable [váiəbəl] 생존 가능한[1], 실행 가능한 　☞ inviability 생존 불가능 　☞ a viable economy 자립 경제

1219 vita** [wíːtɑː] 이력서, 약력 1. (살아온 live = **vitae**) (과정 course = **curriculum**)를 적은 글
　curriculum vit**ae** 이력서[1] 　☞ resume 이력서 　☞ a personal history 이력, 경력

1220 vitality** [vaitǽləti] 활력, 생명력 1. (생명 life = **vit**)은 필수적이어서 중요한 + **al**
　vitalize [váitəlàiz] 생기를 불어넣다 2. (살아 live = **vit**) 움직이는 힘이 넘치는 + **al**
　vital [váitl] 중요한[1], 활력이 넘치는[2] 　☞ a vital element 필수적 요소

1221 vivacity** [vivǽsəti] 생기[1], 활기[1] 1. (생명력 life = **viv**)이 넘치는 상태 + **ac** + **ity**
　vivacious [vivéiʃəs] 활기찬, 쾌활한 2. 만년 동안 (사세요 live = **viv**) + **a**
　viva [váivə] 만세[2], 잘한다 　☞ a vivacious lady 쾌활한 부인

1222 vigor** [vígər] 활력[1], 힘 1. (살아 live = **vig**) 움직이는 힘 + **or**
　vigorous [vígərəs] 활기찬 　☞ a vigorous argument 활발한 토론
　　☞ lack of vigor 기력 부족

1223 vegetable** [védʒətəbl] 채소[1], 야채, 야채의 1. 뿌리로 (살아갈 live = **veg**) 능력이 있는 식물 + **et** + **able**
　vegetarian 채식주의자 　☞ fruit and vegetable wholesalers 청과물 도매상
　vegetation 초목, 나무와 풀 　☞ luxuriant vegetation 무성한 초목

1224 zoology** [zouálədʒi] 동물학[1] 1. 동물 (생명체 life = **zoo**)를 연구하는 (학문 study = **logy**)
　zookeeper [zúːkìːpər] 사육사 　☞ zoologist 동물학자 　☞ a zoological garden 동물원

1225 quiver** [kwívər] 화살통, 떨면서 흔들리다[1] 1. 화살이 (살아서 alive = **qui**) 떨면서 날아가다 + **ver**
　quicksand [kwiksænd] 유사[2] 2. (살아 alive = **qui** + **ck**) 움직이는 (모래 sand)
　quick silver 수은[3] 3. (살아 alive = **qui** + **ck**) 움직이는 (은색 silver)의 고체 금속

| 1226 **awake** [əwéik] | 깨다, 깨우다, 깨어 있는[1] | 1. (살아 있는 alive = **wak** + **e**) 상태(의 on = **a**) |
| **a**w**ak**en [əwéikən] | 깨다, 깨닫다, 깨닫게 하다 | ☞ awake from an illusion 환상에서 깨어나다 |

지켜보다 watch = thea, theor, ve, vig, war

1227 **watch**	시계, 지켜보다[1]	1. 움직이는 것을 (깨어있는 awake = **watch**) 상태로 주시하다
watchful [wátʃfəl]	지켜보는	☞ watch out 조심해라
watchdog [watʃdɔg]	감시인, 감시 단체	☞ a human rights watchdog 인권 감시 단체

1228 **a**w**are**ness [əwéərnis]	자각, 인식	1. (완전히 entirely = **a**) (지켜보아서 watch = **war**)
aw**are** [əwéər]	알고 있는[1], 자각하는	상황을 잘 알고 있는 + **e**
be**war**e [biwéər]	조심하다	☞ brand awareness 브랜드 인지도
		☞ beware of fire 불조심

| 1229 **war**ning [wɔ́:rniŋ] | 경고, 주의 | 1. 위험이 오는지 (지켜보게 watch = **war**) 하다 + **n** |
| **war**n [wɔ:rn] | 조심시키다[1], 경고하다 | ☞ wary 조심하는 |

1230 **war**rant [wɔrənt]	보증서, 영장, 보증하다[1]	1. 적을 (지켜보며 watch = **war** + **r**) 안전을 보증하다 + **ant**
warranty [wɔ́:rənti]	품질보증서	2. (보호 guard = **guar**)할 것을 (보증 warrant = **ant**)하다 + **ee**
guarantee [gærəntí:]	보증서, 출연료, 보증하다[2]	☞ warrantor 보증인

1231 **vouch**er [váutʃər]	상품권[1], 할인권, 쿠폰	1. 현금 대신 사용하는 구매 (보증서 warrant = **vouch**) + **er**
vouch [vautʃ]	보증하다	☞ a uncheon voucher 점심 식권
a**vouch** [əváutʃ]	자인하다, 승인하다	☞ a gift certificate 상품권

1232 **vig**il [vídʒil]	간호	1. 크리스마스가 오는 것을 (지켜보기 watch = **vig**) 위해
vigilance [vídʒələns]	경계, 조심, 불침번	이브 날 밤을 지새는 + **il** + **ant**
vigilant [vídʒələnt]	경계하는, 지켜보는[1]	☞ a vigilant soldier 경계병

| 1233 sur**ve**illance | 감시[1] | 1. (위에서 over = **sur**) (지켜보는 watch = **ve**) 행위 + **ill** + **ance** |
| [sərvéiləns] | | ☞ a surveillance camera 감시 카메라 |

1234 **ga**ze [geiz]	시선, 눈길, 응시하다[1]	1. (주의를 기울이며 heed = **ga**) 똑바로 바라보다 + **ze**
star**ga**ze [stɑ:rgèiz]	별을 관찰하다	☞ a level gaze 침착한 시선
		☞ stare 빤히 쳐다보다, 응시하다

1235 **fav**or [féivər]	호의[1], 부탁, 선호하다	1. (주의를 기울이며 heed = **fav**) 친절을 베푸는 마음 + **or**
favorite [féivərit]	좋아하는 것, 좋아하는	☞ ask a favor 부탁하다
favorable [féivərəbl]	호의적인, 유리한	☞ disfavor 싫어함, 불찬성, 냉대하다

1236 **thea**ter [θíətər]	극장¹, 연극	1. 연극을 (관람하는 watch = **thea**) 장소 + ter
theatrical [θiǽtrikəl]	극장의, 연극의, 과장된	☞ the national theater 국립 극장
theatergoer	극장에 자주 가는 사람	☞ a theatrical gesture 과장된 몸짓

1237 **cine**ma [sínəmə]	영화관¹	1. (움직이는 move = **cine**) 사진을 보는 장소 + ma
cinematize	영화화하다	☞ cinematographer 영화 촬영 기사
cinematic	영화의	☞ a movie theater 영화관

1238 **theo**ry [θíːəri]	이론¹, 학설	1. (관찰 watch = **theor**)을 통해
theorize [θíːəràiz]	이론을 세우다	사물의 이치를 설명하기 위한 논리적 명제 + y
theorist [θíːərist]	이론가	☞ theory and practice 이론과 실제
		☞ thesis 논문, 논지

★ 죽다 die = mar, mor, mur, nec, noc, nox, nuis, funer

1239 **mor**tality [mɔːrtǽləti]	사망¹	1. (죽은 dead = **mor**) 상태 + t + al + ity
mortal [mɔ́ːrtl]	언젠가는 죽는	2. (죽음 death = **mor**) (이후의 after = post) + t + em
post**mor**tem	부검, 사후의²	☞ infant mortality rate 유아 사망률

1240 im**mor**tality [imɔːrtǽləti]	불멸	1. 영원히 (죽지 die = **mor**) (않는 not = im) + t + al
im**mor**talize [imɔ́ːrtəlàiz]	영원히 남기다	☞ the immortality of the soul 영혼의 불멸
im**mor**tal [imɔ́ːrtl]	불사신, 신, 불멸의¹	☞ an immortal work 불후의 명작

1241 night**mar**e [náitmèər]	악몽¹, 가위눌림	1. (암말 mare) 모습을 한 마귀에게 (죽임 death = **mar** + e)을
murder [mɔ́ːrdər]	살인, 살인하다	당하는 (밤 night) 사이의 꿈
murderer [mɔ́ːrdərər]	살인자²	2. (죽이는 kill = **mur**) 사람 + der + er

1242 **assass**ination	암살, 비방	1. 중독되게 만든 후에 천천히 사람을 죽이는
assassinate [əsǽsənèit]	암살하다	(대마 hashish = **assass**) + in
assassin [əsǽsin]	암살자¹	☞ a character assassination 인신공격

1243 **mor**tgage [mɔ́ːrgidʒ]	담보 대출¹	1. 돈을 빌리는 대가로 작성하는
	저당 잡히다	(죽음 death = **mor** + t)의 (서약 pledge = gage)
		☞ mortgage repayment 담보 대출 상환

| 1244 in**noc**ence [inəsəns] | 무죄, 순진함 | 1. 죄가 없어서 (죽일 kill = **noc**) 수 (없는 not = in) + ent |
| in**noc**ent [inəsnt] | 무죄의¹, 순진한 | ☞ an innocent civilian 무고한 시민 |

| 1245 **nec**tar [néktər] | 꽃의 꿀, 과즙¹ | 1. (죽음 death = **nec**)을 (극복하는 overcome = tar) 신의 음료 |
| **nec**tarous [néktərəs] | 감미로운 | ☞ nectar concentration 과즙 농도 |

1246 nuisance [njú:səns]   성가신 것, 골칫거리[1]   1. (죽음 death = nuis)에 이를 정도로 해를 끼치는 것 + ance
noxious [nάkʃəs]   유독한, 유해한[2]   2. (죽음 death = nox)을 초래하는 + i + ous
nocuous [nάkjuəs]   유독한   ☞ innoxious 해가 없는, 독이 없는

1247 funeral [fjú:nərəl]   장례식[1]   1. (죽은 dead = funer) 사람을 매장하는 의식 + al
funerary [fjú:nərèri]   장례의   ☞ a funeral parlor 장례식장
    ☞ a funeral urn 유골 단지

동물 animal = beast, cattle, dog, hare, swine

1248 beast [bi:st]   짐승, 야수[1]   1. (야생 동물 wild animal = beast)
beastlike [bí:stlàik]   짐승 같은   ☞ beastie 작은 동물   ☞ wildebeest 영양

1249 underdog   약자[1]   1. 싸움 중에 (밑에 under) 깔려 이길 가능성이 희박한 (개 dog)
canine [kéinain]   개, 송곳니, 개의[2]   2. (개 dog = can) 의 + ine
hound [haund]   사냥개, 괴롭히다   ☞ sympathy for the underdog 약자를 위한 동정
    ☞ a sled dog 썰매견   ☞ a canine dog 경찰견

1250 hare [hɛər]   산토끼[1]   1. (잿빛 gray = har)의 털을 가진 동물 + e
rabbit [rǽbit]   토끼, 집토끼[2]   2. (어린 또는 작은 young, small = it) (토끼 cony = rab + b)
    ☞ a hare and a tortoise 토끼와 거북이

1251 harassment   괴롭힘   1. 개가 (토끼 hare = hara)를 귀찮게 하다 + ss
harass [hərǽs]   괴롭히다[1]   ☞ sexual harassment 성희롱

1252 buck [bʌk]   수사슴[1], 수토끼, 달러   1. 껑충 뛰는 동물의 (수컷 male = buck)
butcher [bútʃər]   정육점, 정육점 주인   2. 동물의 (수컷 buck = butch)을 죽이다 + er
    도축하다[2]   ☞ butcher a cow 소를 도축하다
    ☞ butchery 도축

1253 cynic [sínik]   냉소가[1]   1. 헐뜯기 좋아해서 (개 dog = cyn)에 비유되는 철학자 + ic
cynical [sínikəl]   냉소적인, 비꼬는   ☞ cynicism 냉소주의
    ☞ a cynical remark 냉소적인 발언

1254 sardonicism   냉소적 성질   1. (Sardinia = sardon) 섬에서 병든 노인을 죽이기 위해 먹였던
sardonic [sɑːrdάnik]   냉소적인[1]   야릇한 미소를 유발하는 독초 + ic

1255 swine [swain]   돼지   ☞ swinery 양돈장, 돼지우리
sow [sou]   암퇘지, 심다   ☞ sower 씨 뿌리는 사람(기계)
hog [hɔːg]   거세한 수퇘지   ☞ hedgehog 고슴도치   ☞ boar 거세하지 않은 수퇘지

| 1256 **sock**et [sάkit] | 소켓, 꽂는 구멍[1] | 1. (돼지 sow = **sock**) 주둥이에 있는 (작은 small = **et**) 구멍 |
| | | ☞ a socket outlet 콘센트 　☞ a power point 콘센트 |

| 1257 **ranch** [rǽntʃ] | 목장[1] | 1. 양치기들이 함께 (식사하는 방 mess hall = **ranch**) |
| **ranch**er [rǽntʃər] | 목장 주인, 목장 일꾼 | ☞ run a ranch 목장을 운영하다 |

1258 **cattle** [kǽtl]	소[1]	1. 가축의 (우두머리 head = cap = **cat** + **t**) + **le**
ox [ɔks]	(거세한) 황소	☞ oxen 황소들
cow [kau]	암소, (소, 하마 등) 암컷	☞ bull (거세하지 않은) 황소, (소, 하마, 코끼리 등) 수컷
calf [kɑːf]	송아지, 종아리, 새끼	☞ cow hide 소가죽

1259 **pecul**iarity	특색[1]	1. 자신의 (소 cattle = **pecu**)가 가진 고유한 성질 + **liar** + **ity**
peculiarize	특유화하다	☞ a genetic peculiarity 유전적 특색
peculiar [pikjúːljər]	독특한, 특유한	☞ a peculiar correlation 특이한 상관관계

벌레 = bug

1260 **bug** [bʌg]	벌레[1], 작은 곤충	1. 마귀처럼 추해서 (깜짝 놀라게 하는 frightening = bug) 벌레
lady**bug** [léidibʌ̀g]	무당벌레	☞ bughunting 곤충 채집
de**bug** [di:bʌ́g]	프로그램 결함을 고치다	☞ bedbug 빈대
1261 **cat**erpillar [kǽtərpilər]	애벌레[1], 무한궤도 장치	1. (고양이 cat = **cat** + **er**)처럼 (털 hair = **pill**) 많은 벌레 + ar
larva / **larva**e	유충[2] / 유충들	2. 성충의 모습과 다른 (가면 mask = **larva**)을 쓴 어린 벌레
1262 **moth** [mɔθ]	나방[1]	1. (구더기 maggot = **moth**)에서 나온 곤충
mosquito [məskí:tou]	모기[2]	2. (구더기 maggot = **mos**)에서 나온 곤충 + quito
canopy [kǽnəpi]	덮개[3], 차양	3. (모기장 mosquito curtain = **canopy**)처럼
	덮개로 덮다	기둥으로 받쳐 매달아 놓은 그늘용 덮개

조류, 알 bird, egg = avi, cavi, ey, ov

1263 **kidn**ey [kídni]	신장, 콩팥[1]	1. (자궁 womb = **kidn**) 안에 있는 (알 egg = **ey**) 모양의 장기
		☞ a kidney bean 강낭콩
		☞ a kidney transplant 신장 이식
1264 **ov**ary [óuvəri]	난소, 씨방	1. (알 egg = **ov**) 모양의 + al
oval [óuvəl]	타원형, 타원형의[1]	☞ ovum 난자
		☞ ovoid 알 모양의 것, 알 모양의
1265 **avi**ation [èiviéiʃən]	항공[1]	1. (새 bird = **avi**)의 비행 + at + ion
aviate [éivièit]	조종하다	☞ the aviation industry 항공 산업
avian [éiviən]	새의, 조류의	☞ avian influenza 조류 독감 ☞ aviator 비행사
1266 **cavi**ar [kǽviɑ̀:r]	상어 알[1]	1. 소금에 절인 철갑상어의 (알 egg = **cavi**) + ar
ostrich [ɔ́stritʃ]	타조[2]	2. 날지 못하는 큰 (새 bird = avi = **o**) + **strich**
1267 **crow** [krou]	까마귀, 새가 울다[1]	1. (까마귀 crow) 또는 (수탉 cock)이 (울다 **crow**)
scare**crow** [skǽrkrou]	허수아비	2. (작은 small = **spar**) (까마귀 crow = **row**)
spar**row** [spǽrou]	참새[2]	☞ magpie 까치

어류 = fish

1268 **fish**ing [fíʃiŋ]	낚시	☞ fishy 생선 냄새가 나는
fishery [fíʃəri]	어장, 어업	☞ a fish farm 양어장
over**fishing**	어류의 남획	☞ an oyster fishery 굴 양식장

157

1269	**trout** [traut]	송어	☞ loach 미꾸라지
	carp [kɑːrp]	잉어	☞ herring 청어
	cod [kɔd]	대구	☞ mackerel 고등어
	shrimp [ʃrimp]	새우	☞ flatfish 가자미, 넙치 ☞ salmon 연어 ☞ tuna 참치

★ 인류 human being = anthrop, dem, pop, pub, vul

1270	**anthrop**ology	인류학[1]	1. (인류 humanity = **anthrop** + o)에 관한 (학문 study = **logy**)
	anthropological	인류학의	☞ major in anthropology 인류학을 전공하다
	anthropologic	인류학의	☞ anthropologist 인류학자

| 1271 | phil**anthrop**y | 인류애[1], 박애, 자선 | 1. (인류 humanity = **anthrop** + y)에 대한 (사랑 love = **phil**) |
| | phil**anthrop**ic | 자선의, 동포애의 | ☞ philanthropist 자선가 ☞ a man of charity 자선가 |

1272	**person** [pɔ́ːrsən]	개인[1]	1. 가면을 (통해 through = **per**) (소리 sound = **son**) 내는 연기자
	personality	개성, 인격, 인간성	2. (사람 person) (사이 between = **inter**)의 + **al**
	personal [pɔ́ːrsənəl]	개인적인	☞ the third person 3인칭
	inter**person**al	대인관계의[2]	☞ person-to-person 개인적으로 직접 만나서 하는

| 1273 | im**person**ality | 비인간성 | 1. (인간 person)미를 가지고 있지 (않은 not = **im**) + **al** |
| | im**person**al | 인간미 없는[1], 비개인적인 | ☞ an impersonal pronoun 비인칭 대명사 |

1274	spokes**person**	대변인[1]	1. 의견을 대신 (발표 speak = **spokes**)하는 (사람 person)
	sales**person**	판매원	☞ a missing person 실종자
	chair**person**	회장, 의장	☞ nominate him as a chairperson 그를 의장으로 지명하다

| 1275 | **person**nel [pɔ̀ːrsənél] | 인원, 직원들[1] | 1. 기관에 종사하는 (인적 person + n) 자원 + **el** |
| | | 직원의, 인사의 | ☞ personnel department 인사부 |

| 1276 | **people** [píːpl] | 사람들 | 1. (사람들 people)로 채워진 집단 + **s** |
| | **people**s | 국민[1], 민족[1], 종족[1] | ☞ indigenous people 원주민 |

1277	**folk** [fouk]	사람들, 민중[1], 민속의	1. 나라를 (채우는 fill = **folk**) 보통 사람들
	folklore [fóuklɔ̀ːr]	민속[2]	2. (민중 folk)에 의해 전승된 (지식 knowledge = **lore**)
	folklorist [fóuklɔ̀ːrist]	민속학자	☞ Korean Folk Village 한국 민속촌 ☞ kinfolk 친족
	lore [lɔːr]	구전 지식	☞ a folk tale 설화 ☞ a folk song 민요, 대중음악

1278	**race** [reis]	인종, 민족, 경주, 경주하다	☞ racecourse 경마장
	racism [réisizəm]	인종차별주의	☞ racial 인종의, 민족의
	racialism [réiʃəlìzm]	인종차별주의	☞ racist (racialist) 인종차별주의자

1279 **vul**garity [vʌlgǽrəti]	천박함, 상스러움	1. (평민 common people = **vul**)의 말투가 천박한 + **g** + **ar**
vulgarize [vʌlgəràiz]	품격을 떨어뜨리다	☞ vulgarian 천박한 사람
vulgar [vʌlgər]	천박한[1]	☞ vulgar decorations 천박한 장식

1280 **pub**lic [pʌblik]	공공의, 대중의[1], 공립의	1. (성인들 adults = **pub**)에게 속하는 + **l** + **ic**
pup [pʌp]	선술집, 동네 술집[2]	2. (성인들 adults = **pub** = **pup**)이 서서 술을 마시는 선술집
go public	공개하다	☞ a public holiday 공휴일, 국경일

1281 re**pub**lic [ripʌblik]	공화국[1], 공화제	1. (성인들 adults = **pub**)이 특정한 (문제 matter = **re**)를
re**pub**lican [ripʌblikən]	공화당원, 공화국의	결정하는 정치 체계를 가진 국가 + **l** + **ic**
		☞ the Federal Republic of Germany 독일 연방 공화국

| 1282 **pub**lication | 출판, 공포 | 1. (성인들 adults = **pub**)에게 알리다 + **l** + **ish** |
| **pub**lish [pʌbliʃ] | 출판하다, 공포하다[1] | ☞ publisher 출판인, 출판사 |

| 1283 **pub**licity [pʌblísəti] | 공표[1], 홍보[1] | 1. (성인들 adults = **pub**)에게 알리는 행위 + **l** + **ic** + **ity** |
| **pub**licize [pʌbləsàiz] | 알리다, 홍보하다 | ☞ publicity material 홍보물 |

1284 **pop**ulation	인구[1], 개체수, 모집단	1. (사람들 people = **pop**)의 숫자 + **ul** + **at** + **ion**
populate [pápjəlèit]	거주하다, 이주시키다	☞ population density 인구 밀도
populous [pápjələs]	인구가 많은	☞ a populous country 인구가 많은 국가

1285 **pop**ularity	인기	1. (사람들 people = **pop**)에게 사랑 받는 + **ul** + **ar**
popularize	대중화하다	☞ populism 포퓰리즘, 대중 영합주의
popular [pápjələr]	인기 있는, 대중적인[1]	☞ degenerate popular culture 퇴폐적인 대중문화

1286 epi**dem**ic [èpədémik]	유행병, 유행하는[1]	1. (사람들 people = **dem**) (사이에 among = **epi**) 퍼진 + **ic**
pan**dem**ic	세계적인 유행병[2]	2. (모든 all = **pan**) (사람들 people = **dem**)에게 퍼진 병 + **ic**
[pændémik]	전반적인, 유행병의	☞ epidemic measles 유행성 홍역

| 1287 **dem**ography | 인구 변동, 인구 통계학[1] | 1. (사람들 people = **dem** + **o**)의 변동 내역을 |
| **dem**ographic | 인구의, 인구 통계학의 | (기록 writing = **graphy**)하는 학문 |

★ 무리, 모이다 flock, gather = agor, gor, greg, celebr

1288 **celebr**ation	기념, 축하	1. (사람들이 모여 populous = **celebr**) 의식을 수행하다 + **ate**
celebrate [séləbrèit]	기념하다[1], 축하하다[1]	☞ a celebration ritual 축하 행사
celebrative	축하하는	☞ celebrate the anniversary 기념일을 경축하다

159

| 1289 | **celebr**ity [səlébrəti] | 명성, 유명 인사[1] | 1. 주변에 (사람들이 모이는 populous = celebr) 사람 + ity |
| | **celebr**ated | 유명한 | ☞ a celebrated personality 유명 인사 |

1290	**agor**a [ǽgərə]	아고라, 광장[1]	1. 고대 그리스의 대중이 (모이는 gather = agor) 집회 장소 + a
	agoraphobia	광장 공포증[2]	2. (광장 agora)에 홀로 갈 때 느끼는 (공포 phobia) 증상
	claustrophobia	폐쇄 공포증	☞ plaza 광장
	[klɔ̀:strəfóubiə]		

1291	**categor**y [kǽtəgɔ̀:ri]	범주	1. 범주 (아래 down = cate)에 (모으다 gather = gor) + ize
	categorize	분류하다[1]	☞ subcategory 하위 범주
	[kǽtigəràiz]		☞ classify 분류하다

1292	**greg**ariousness	군생, 사교	1. 함께 (무리 flock = greg)지어 사는 + ari + ous
	gregarious [grigéəriəs]	모이는, 군생하는[1]	2. (무리 flock = greg) (쪽으로 to = ag) 모으다 + ate
	ag**greg**ation	집단	☞ a gregarious habit 군생하는 습성
	ag**greg**ate [ǽgrigèit]	총액, 모으다[2], 총계의	☞ aggregate revenue 총수입

| 1293 | con**greg**ation | 신도들 | 1. (함께 with = con) (무리 flock = greg) 짓다 + ate |
| | con**greg**ate | 모이다[1] | ☞ congregational 집합의, 집회의 |

| 1294 | se**greg**ation | 분리, (인종, 성) 차별 | 1. (무리 flock = greg)로부터 (분리 apart = se) 하다 + ate |
| | se**greg**ate [ségrigèit] | 분리하다[1], 차별하다 | ☞ segregational 분리 수용의 |

1295	**swar**m [swɔ:rm]	(곤충) 떼, 무리[1]	1. 벌떼가 (윙윙거리는 buzz = swar) 소리 + m
	pack [pæk]	(늑대, 개) 무리[2], 꾸러미	2. 사냥하기 위해 함께 모인 동물의 (무리 group = pack)
	flock [flɑk]	(양, 염소, 새떼) 떼, 모이다	☞ a flock of sheep 양의 무리
	shoal [ʃoul]	(물고기) 떼, 모래톱	☞ a shoal of fishes 물고기 떼

| 1296 | **herd** [hə:rd] | (가축, 동물, 사람) 떼, 무리 | 1. (양 sheep = shep) (무리 herd)를 다루는 사람 |
| | shep**herd** [ʃépərd] | 양치기[1] | ☞ herdsman 목동 |

마을 village = troop, vic, vill

1297	**troop** [tru:p]	무리[1], 병력	1. (마을 village = troop) 사람들의 무리
	crowd [kraud]	군중[2], 몰려들다	2. 많아서 서로를 (밀치는 push = crowd) 사람들의 무리
	school	(물고기) 떼, (학생) 무리	☞ school of whales 고래 떼
	mob [mɔb]	폭도, 패거리	☞ throng 군중, 떼를 지어 모이다

1298 **vic**inity [visínəti]	근처[1], 근접	1. 같은 (마을 village = **vic**)에 사는 이웃 + **in** + **ity**
village [vílidʒ]	마을[2]	2. (씨족 clan = **vill**)이 모여 사는 공동 집단 + **age**
villager [vílidʒər]	마을 사람	☞ in the immediate vicinity 바로 근처에 있는
villa [vílə]	시골 저택, 시골 별장	☞ a global village 지구촌

| 1299 **vill**ain [vílən] | 악당[1] | 1. 악역을 맡은 시골 (마을 village = **vill**) 하층 사람들 + **ain** |
| **vill**ein [vílein] | (중세시대) 농노 | ☞ villainous 악랄한   ☞ serf 농노 |

| 1300 **n**astiness [nǽstinis] | 몹시 더러움, 불결함 | 1. (농노 villein = **n**) (처럼 like = **ast**) 더러운 + **y** |
| **n**asty [nǽsti] | 고약한, 지저분한[1] | ☞ a nasty odor 고약한 냄새   ☞ stinky 악취가 나는 |

자신, 하나 self = ego, s, seld

1301 self-esteem [istíːm]　자존심[1], 자부심　　1. (자기 self) (존중 respect = esteem)
self-evident [évidənt]　자명한　　　　　　☞ self-made 자수성가한, 손수 만든
self-confidence　자신감　　　　　　　　☞ self-directed learning 자기 주도 학습
self-conscious　남의 시선을 의식하는　　☞ a self-evident fact 따로 설명할 필요가 없는 사실
selfish [sélfiʃ]　이기적인　　　　　　　☞ selfless 이타적인　　☞ altruistic 이타적인

1302 seldomness　희귀함　　　　　　　1. 어쩌다가 (한 번씩 one = self = seld) 있는 + om
seldom [séldəm]　드물게, 거의 ~하지 않는[1]　☞ barely / scarcely / hardly / rarely 거의 ~하지 않는
un**seld**om [ʌnséldəm]　빈번히

1303 custom [kʌstəm]　습관[1], 관습[1]　　1. (자신 self = s) 또는 공동체에 (완전히 completely = cu)
customs　세관　　　　　　　　　맞추어져서 굳어진 관행 + t + om
customer [kʌstəmər]　고객[2]　　　2. 동일한 상점에서 (습관 custom)적으로 구입하는 사람 + er
customary [kʌstəmèri]　습관적인, 관례적인　☞ a customs declaration form 세관 신고 서식
ac**custom** [əkʌstəm]　길들이다, 익숙해지다　☞ a potential customer 잠재 고객

1304 customization　주문 제작　　　　1. (고객 customer = custom) 요구에 맞추어 제작하다 + ize
customize [kʌstəmàiz]　주문 제작하다[1]　☞ a customized product 고객의 요구에 맞춘 제품

1305 costume [kʌstjuːm]　의복, 복장[1]　　1. (자신 self = s)이 (완전히 completely = co)
　　　　　　　　　　　　　　　　시대와 장소에 어울리도록 입는 옷 + t + um + e
　　　　　　　　　　　　　　　　☞ a costume ball 가장무도회

1306 ego [íːgou] [égou]　자아, 자존심　　1. (자기 self = ego) (중심적 center = centr)인 + ic
egocentric　자기중심적인[1]　　　☞ egoism (egotism) 자기중심주의
egoist [íːgouist]　자기중심주의자　　☞ an ego defense mechanism 자아 방어 기제

어머니, 자연 mother = mater, matter

1307 Mother Nature　대자연[1]　　　1. 생명을 탄생시킨 (어머니 Mother) 같은 (자연 Nature)
mother　어머니, 수녀　　　　☞ motherly 어머니 같은　　☞ mother tongue 모국어
step**mother**　의붓어머니, 계모　☞ mother-in-law 시어머니, 장모
motherland　모국, 조국　　　☞ motherhood 어머니 상태, 모성

1308 maternity [mətə́ːrnəti]　어머니다움, 임산부의　1. (어머니 mother = mater)의 + n + al
maternal [mətə́ːrnl]　어머니의[1], 모성의　☞ maternity leave 엄마 출산 휴가

1309 matter [mǽtər]   문제[1]   1. (자연 Mother Nature = **matter**) 세계에 관한 중요한 주제
문제가 되다, 중요하다   ☞ matter of fact 사실   ☞ matter-of-fact 사무적인

1310 material [mətíəriəl]   물질[1], 재료, 자료[2]   1. (자연 Mother Nature = **mater**)에서 나온 것들 + ial
materialize   현실화하다, 구체화되다   2. (문제 matter = **mater**) 연구에 바탕이 되는 자료 + ial
materialism   물질주의, 유물론   ☞ immaterial 무형의, 중요하지 않은

아버지 father = pater, patr, piter

1311 father   아버지, 신부   ☞ fatherhood 아버지인 상태, 부성
fore**father** [fɔ́:rfὰ:ðər]   조상, 선조   ☞ godfather (천주교) 대부

1312 paternity [pətə́:rnəti]   아버지임   1. (아버지 father = **pater**)의 + n + al
paternal [pətə́:rnl]   아버지의[1], 부계의   ☞ paternity leave 아빠 출산 휴가
paternalistic   온정주의적인   ☞ on the paternal side 아버지 쪽의

1313 patriot [péitriət]   애국자[1]   1. (아버지 father = **patr**)같은 나라를 사랑하는 사람 + i + ot
patriotic [pèitriátik]   애국적인   ☞ an ardent patriot 열렬한 애국자
patriotism [péitriətìzəm]   애국심   ☞ a patriotic movement 애국 운동

1314 patriarch [péitriὰ:rk]   가장[1], 족장   1. 가족을 (다스리는 rule = **arch**) (아버지 father = **patr** + i)
patriarchal [pèitriά:rkəl]   가부장제의, 가장의   ☞ patriarchal family system 가부장제
patriarchism   가부장제   ☞ matriarch 여자 가장

1315 patron [péitrən]   후원자[1], 고객, 홍보대사   1. (아버지 father = **patr**) 역할을 하는 보호자 + on
patronage [péitrənidʒ]   후원, 애용   ☞ patronizer 후원자
patronize [péitrənàiz]   후원하다, 애용하다   ☞ a royal patron 왕실의 후원자

1316 priest [pri:st]   성직자[1]   1. 신도를 관리하고 경전을 가르치는 (원로 elder = **priest**)
priesthood [pristhʊd]   사제직, 사제들   ☞ priestly 사제의   ☞ a high priest 제사장

1317 shaman [ʃά:mən]   무당[1], 주술사   1. 신과 인간을 연결하는 아시아의 (성직자 priest = **shaman**)
☞ medium 무당, 영매, 매개물

1318 gossip [gásip]   소문[1], 험담, 험담하다   1. (대부모 godparent = god = **go**)의 (자녀 sibling = **ssip**)가
gossipy [gásipi]   수다스러운   엿들은 사건을 사람들에게 전하는 이야기
gossiper [gásəpər]   수다쟁이   ☞ hearsay 전해들은 말

형제 brother = frater, sib

1319 sibling [síbliŋ]
형제자매[1]
1. 동일한 부모의 피를 나눈 (친족 kin = sib) + l + ing

nephew [néfju:]
남자 조카[2]
2. (형제 또는 자매의 아들 sibling's son = nephew)

niece [ni:s]
여자 조카
☞ a sibling species 자매 종

1320 fraternity [frətə́:rnəti]
형제애[1], 동포애, 우애
1. (형제 brother = frater) 사이의 유대 + n + ity

brotherhood
인류애, 형제애
☞ fraternal twins 이란성 쌍생아

[brʌ́ðərhùd]
☞ identical twins 일란성 쌍생아

아이, 아들 kid = fil, orphan

1321 orphan [ɔ́:rfən]
고아[1], 고아로 만들다
1. 아버지를 (상실한 deprived = orph) 아이 + an

orphanage
고아원
☞ a war orphan 전쟁고아

1322 childlike [tʃáildlàik]
아이 같은, 순진한
☞ childbirth 출산

childish [tʃáildiʃ]
어린애 같은, 유치한
☞ child rearing 자녀 양육

childhood
어린 시절
☞ grandchild 손주

1323 affil**iation** [əfìliéiʃən]
자회사[1], 입회, 제휴
1. 모기업(에게 to = af) 속한 (아들 son = fil) 회사 + i + at + ion

affil**iate** [əfílièit]
가입시키다, 제휴하다
☞ an affiliated company 계열 회사, 자회사

disaffil**iation**
탈퇴, 제명
☞ have no affiliation with ~와는 관계가 없다

1324 kid
새끼 염소[1], 아이[1]
1. (어린 염소 young goat = kid)

농담하다[2]
2. 어떤 사람을 (아이 child = kid)처럼 다루며 놀리다

kidnap [kídnæp]
유괴하다[3]
3. (아이 child = kid)를 (잡아채서 snatch = nap) 멀리 데려가다

kidnaper
유괴자, 납치자
☞ no kidding 정말이야, 농담이 아냐

젊은 남성 youth = bachelor, jun, juven, you

1325 bachelor [bǽtʃələr]
미혼 남성[1]
1. 무기 사용이 서툰 (젊은 기사 youthful knight = bachelor)

학사 학위 소지자
☞ a bachelor's degree 학사 학위

1326 youth [jubilatiɔn:θ]
젊음, 청년
1. 미숙하지만 (활력 vital force = you)이 넘치는 + ng

young
어린[1], 덜 성숙한
☞ youthhood 젊음, 청춘, 젊은이들

youthful [jú:θfəl]
젊은이의, 젊은
☞ a youthful enthusiasm 청년다운 열정

1327 juvenility [dʒù:vəníləti]
젊음, 청소년
1. 나이가 (어린 young = jeven) + il + e

juvenile [dʒú:vənəl]
청소년의[1], 유치한
☞ juvenile delinquency 청소년 범죄

1328 juniority [dʒùːniɔ́ːrəti] 하급, 손아래 1. 직급이 낮거나 나이가 (더 more = ior) (어린 young = jun)
junior [dʒúːnjər] 연소자, 하급자, 하급의[1] ☞ a junior employee 하급 직원
대학 3학년, 중등 2학년 ☞ senior 대학 4학년, 중등 3학년, 상급의

1329 sophomore [sáfəmɔ̀ːr] 대학 2학년생[1], 미숙한 1. (현명한 wise = sopho) (바보 fool = more)
freshman [fréʃmən] 신입생 ☞ an orientation for freshman 신입생 적응교육

여성 maid = dai, dy, fe, femin, maid, virg

1330 dairy [déəri] 유제품의[1] 1. 유제품을 요리하는 (여자 하인 female servant = dai) + ry
☞ a dairy product 유제품 ☞ a dairy farm 낙농장

1331 lady [léidi] 부인, 숙녀[1] 1. (빵 loaf = la)을 만드는 (여자 하인 female servant = dy)
ladybug [léidibʌg] 무당벌레 ☞ ladylike 숙녀다운 ☞ the first lady 대통령 부인

1332 maid [meid] 하녀, 처녀[1] 1. 결혼하지 않은 (젊은 여성 female youngster = maid)
maiden [méidn] 처녀, 처녀의, 미혼의 ☞ maiden name 결혼 전 여성의 성
☞ bridesmaid 신부 들러리

1333 virginity [vərdʒínəti] 순결 1. (어린 새싹 young shoot = virg) 또는 미혼 여성 + in
virgin [və́ːrdʒin] 동정녀, 동정남, 처녀의[1] ☞ a virgin voyage 처녀항해
virginal [və́ːrdʒənl] 처녀의, 순결한 ☞ virginal purity 처녀다운 청순함

1334 female [fíːmeil] 여성, 암컷[1], 여성의 1. (젖을 빠는 suck = fe + ma) (작은 small = le) 여자 아이
male [meil] 남성, 수컷, 남성의 ☞ ambisexual 양성을 가진 ☞ transsexual 성전환자

1335 fetus [fíːtəs] 태아[1] 1. 자궁 안에서 (젖을 빠는 suck = fe) 아기 + t + us
fetal [fíːtl] 태아의 ☞ embryo 배아

1336 masculinity 남성다움 1. (남성적 male = mascul)인 + ine
masculine [mǽskjəlin] 남성, 남성의[1] ☞ a masculine voice 남성다운 목소리
macho [máːtʃou] 남자다움을 과시하는 ☞ unmasculine 남성답지 못한

1337 femininity [fèmənínəti] 여성다움 1. (여성적 female = femin)인 + ine
feminine [fémənin] 여성, 여성의[1] ☞ a feminine attraction 여성적인 매력
feminism [fémənìzm] 페미니즘, 여성주의 ☞ feminist 페미니스트, 여성주의자

힘, 군주 lord, power = dyna, tyran

1338 tyrannosaurus   티라노사우루스[1]   1. (도마뱀 lizard = **saurus**) 모습의
     tyranny [tírəni]   독재, 폭압   (포악한 cruel = **tyrann** + o) 공룡
     tyrant [táiərənt]   폭군[2], 전제군주   2. 법을 무시하는 (포악한 cruel = **tyran**) 군주 + t
                                       ☞ tyrannous 포악한

1339 throne [θroun]   왕좌[1], 왕위   1. 받들어 (들어 올려진 의자 elevated seat = **throne**)
     en**throne** [inθróun]   자리에 앉히다   ☞ inherit the throne 왕위를 계승하다

1340 dynast [dáinæst]   군주[1], 왕[1]   1. 강력한 (힘 power = **dyna**)을 가진 왕 + st
     dynasty [dáinəsti]   왕조   ☞ the Joseon Dynasty 조선 왕조
     dynastic [dainǽstik]   왕조의   ☞ early dynastic period 초기 왕조 시대

1341 dynamic [dainǽmik]   힘, 동력의[1], 역동적인   1. 강력한 (힘 power = **dyna**)을 가지고 있는 + m + ic
     aero**dynamic**   공기역학의   ☞ dynamo 발전기   ☞ dynamite 다이너마이트

종교 = religion

1342 Buddha [búːdə]   부처[1], 석가모니   1. (깨달은 enlightened = **Buddh**) 사람 + a
     Buddhism [búːdizm]   불교   ☞ Buddhist 불교도   ☞ a Buddhist scripture 불교 경전

1343 Confucius [kənfjúːʃəs]   공자   ☞ Confucian 유교의
     Confucianism   유교, 공자의 가르침   ☞ Taoism 도교, 노자의 가르침

1344 Judaism [dʒúːdiizm]   유대교   1. 신에 의해 (축복받은 celebrated = **jew**) (야곱 Jacob)의 자손들
     Jew [dʒuː]   유대인[1]   ☞ an orthodox Jew 정통파 유대교도
     Jewish [dʒúːiʃ]   유대인의   ☞ a Jewish autonomous region 유대인 자치 지역

1345 Catholicism [kəθǽlisizm]   가톨릭교[1], 천주교, 구교   1. 교황이 이끄는 (보편적으로 받아들여지는
     Catholic [kǽθəlik]   가톨릭교도, 가톨릭교의   universally accepted = **cathol**) 종교 + ic + ism

1346 Christianity [krìsʧiǽnəti]   기독교[1], 신교   1. (예수 그리스도 Jesus Christ = **Christ**)의 인격과 교훈을
     Jesus **Christ**   예수   중심으로 하는 종교 + ian + ity
     Christian [krístʃən]   기독교도, 기독교의   ☞ protestant 신교도, 항의하는 사람

1347 Islam [ísləm]   이슬람교[1], 회교   1. (마호메트 Mahomet)가 창시한 알라신에게
     Islamist [ízləmist]   이슬람교도   (복종 submission = **islam**)을 강조하는 종교
     Muslim [múzləm]   이슬람교도   ☞ Islamic 이슬람교의

★ 낯선 사람, 적 enemy = hat, hos, host, guest

1348 slavery [sléivəri] 노예제도, 노예 상태
    slave [sleiv] 노예[1]
    en**slave** [insléiv] 노예로 만들다

1. 노예로 팔렸던 (슬라브족 Slav = **slave**) 전쟁 포로
  ☞ antislavery 노예제도 반대
  ☞ bill of abolition of the slave trade 노예무역 폐지 법안

1349 hostility [hastíləti] 적대감[1]
    hostile [hástil] 적대적인
    hostage [hástidʒ] 인질[2]

1. 상대를 (적 enemy = **host**)이라고 느끼는 감정 + **il** + **ity**
2. (적 enemy = **host**)에게 사로잡힌 사람 + **age**
  ☞ release a hostage 인질을 석방하다

1350 hatred [héitrid] 증오
    hate [heit] 몹시 싫어하다[1]

1. 상대방을 (적 enemy = host = **hat**)처럼 싫어하다 + **e**
  ☞ hateful 혐오스러운   ☞ racial hatred 인종간의 증오

1351 guest [gest] 초대 손님[1]
    host [houst] 주인[2], 진행자, 무리[3]
           주최하다
    hostess [hóustis] 안주인, 여성 진행자

1. 우연히 방문한 (낯선 사람 host = **guest**)
2. (낯선 사람 또는 적 enemy = **host**)을 맞이하는 주인
3. (적 enemy = **host**)을 맞이하는 군대의 무리
  ☞ a host cell 숙주 세포
  ☞ a host country 행사 개최국, 현지국

1352 hospitality [hàspətǽləti] 환대
    hospitable [háspitəbəl] 환대하는[1], 쾌적한
    in**hos**pitable 불친절한, 살기 힘든

1. (방문객 guest = **hos**)에게 친절하게 대하는 + **pit** + **able**
  ☞ the hospitality industry (호텔, 식당업 등) 서비스업
  ☞ soil hospitable for farming 농업에 알맞은 토양

1353 hospice [háspis] 말기환자 전용 병원[1]
    hostel [hástl] 호스텔[2]

1. 아픈 (방문객 guest = **hos**)이 머무는 수도원 + **pi** + **ce**
2. (방문객 guest = **hos**)이 머무는 싼 (숙박시설 hotel = **tel**)

★ 마음, 심장 (1) heart = card, cord, core, cour

1354 sweetheart 애인, 연인
    heartfelt [hartfelt] 진심 어린
    heartbreak [hartbreik] 비통

  ☞ learn by heart 암기하다
  ☞ heartful 진심 어린   ☞ hearten 용기를 북돋우다
  ☞ heartburn 속쓰림

1355 core [kɔːr] 핵심[1], 핵심적인

1. 가장 안쪽에 있는 (심장 heart = **core**) 부분
  ☞ a core value 핵심 가치

1356 cardiac [káːrdiæk] 심장의
    cardiac arrest [ərést] 심장마비[1]

1. (심장 heart = **card** + **i** + **ac**)의 기능을 (저지 arrest)함
  ☞ a cardiac chamber 심실

1357 cordiality [kɔ̀ːrdʒtǽləti] 진심
    cordial [kɔ́ːrdʒəl] 진심 어린[1], 다정한
    un**cord**ial 진심이 아닌

1. (마음 heart = **cord**)을 다하는 + **i** + **al**
  ☞ a cordial reception 진심 어린 환영
  ☞ greet her with cordiality 그녀를 진심으로 맞이하다

1358	accordance [əkɔ́ːrdns]	일치, 조화	1. 상대 마음(에 to = ac) 나의 (마음 heart = cord)을 맞추다
	accord [əkɔ́ːrd]	일치, 조화, 일치하다[1]	☞ a peace accord 평화 협정
	accordingly [əkɔ́ːrdiŋli]	그에 맞춰, ~에 따라서	☞ according to ~에 따르면

1359	discordance	불화, 불일치, 불협화음	1. (마음 heart = cord)이 서로 (분리된 apart = dis) 상태
	discord [dískɔːrd]	불화, 불일치[1], 불협화음	☞ discordance between words and action 언행의 불일치
	discordant [diskɔ́ːrdənt]	화합을 못하는	☞ dissonant 불협화음의, 부조화의

| 1360 | chord [kɔːrd] | 화음, 현 | 1. 음이 (일치 accord = chord)하는 + al |
| | chordal [kɔ́ːrdl] | 화음의[1] | ☞ a fundamental chord 기본 화음 |

| 1361 | concord [kánkərd] | 화합[1] | 1. (함께 with = con) (마음 heart = cord)이 일치된 상태 |
| | concordant [kankɔ́ːrdnt] | 화합하는 | ☞ family concord 집안의 화목 |

1362	courage [kə́ːridʒ]	용기[1]	1. (심장 heart = cour)에 의해 유발되는 굳센 기운 + age
	encouragement	격려	2. (용기 courage)를 갖도록 (만들다 make = en)
	encourage [enkə́ːriddʒ]	격려하다[2], 권장하다	☞ encourage savings 저축을 장려하다

| 1363 | discouragement | 낙담 | 1. (용기 courage)를 (빼앗다 away = dis) |
| | discourage [diskə́ːridʒ] | 낙담시키다[1], 막다 | ☞ discouraged 낙담한 |

★ 마음, 심장 (2) heart = cred, creed

| 1364 | credo [kríːdou] | 신조[1] | 1. (마음 heart = cred)속으로 굳게 믿어 새겨진 생각 + o |
| | creed [kriːd] | 교리, 신조 | ☞ Honesty is his credo. 정직은 그의 신조이다. |

1365	credit [krédit]	신용[1], 외상, 공적, 학점, 대변	1. (마음 heart = cred)속에서 우러나오는 믿음 + it
		신용하다, 공을 인정하다	☞ creditor 채권자
	creditable [kréditəbl]	칭찬할 만한, 신용할 수 있는	☞ discredit 불신, 불신하다

| 1366 | accreditation | 승인 | 1. 어떤 것(에게 to = ac) (공적 credit)을 인정하다 |
| | accredit [əkrédit] | 승인하다[1], 파견하다[2] | 2. (공적 credit)이 있는 사람을 타 지역(에 to = ac) 보내다 |

1367	credibility [krèdəbíləti]	신뢰성	1. (마음 heart = cred)속으로 믿을 수 있는 + ible
	credible [krédəbəl]	신뢰할 수 있는[1]	☞ a third party credibility 제3자에 의한 신뢰성 증명
	incredibly [inkrédəbli]	믿을 수 없을 만큼, 놀랍게도	☞ a credible evidence 믿을 만한 증거

1368	credulity [krədjúːləti]	쉽게 믿음	1. (마음 heart = cred)으로 쉽게 믿어 잘 속는 + ul + ous
	credulous [krédʒələs]	잘 믿는, 쉽게 속는[1]	☞ credulous as a child 어린애처럼 쉽게 속는
	overcredulous	너무 쉽게 믿는	☞ incredulous 믿지 않는

1369 **grant** [grænt]	보조금	1. (공적 credit = **grant**)을 인정하여 권리 등을 수여하다
	승인하다, 수여하다[1]	☞ grant a scholarship 장학금을 수여하다
grantor [grǽntər]	수여자, 양도자	☞ take it for granted 당연시 여기다

몸 body = corp

1370 em**bodi**ment	구체화, 구현, 통합체	1. 어떤 생각을 (물리적 형태 physical structure = **body**)
em**body** [embádi]	구체화하다[1], 구현하다[1]	(안으로 in = **em**) 구현하다
		☞ poetic embodiment 시적 형상화

1371 **corp**s [kɔ:rz]	군단[1]	1. 군인들의 (무리 body = **corp**) + s
	특정 임무를 하는 단체	2. (전투 bat = battle = **battal**)하는 군인들의 집단 + ion
battalion [bətǽljən]	대대[2]	☞ corps 군단 - division 사단 - brigade 여단
		- regiment 연대 - battalion 대대 - company 중대
		- platoon 소대 - squad 분대

1372 **corp**se [kɔ:rps]	시체[1]	1. 죽은 (몸 body = **corp**) + se
carcass [kάːrkəs]	동물 사체[2]	2. 동물의 (죽은 몸뚱이 dead body = **carcass**)
autopsy [ɔ́ːtɑpsi]	시체 부검[3]	3. (자신의 self = **auto**) 눈으로
		시체 내부를 (보는 see = **p**) 행위 + sy

1373 **corp**oration	기업, 법인, 조합, 자치 단체	1. 부분이 합쳐 하나로 된 (몸 body = **corp**)의 + or + ate
corporate [kɔ́ːrpərit]	기업의, 공동의[1]	☞ public utility corporation 공익사업 단체
in**corp**oration	합병, 통합, 법인 설립	☞ an incorporated company 유한 책임 회사
in**corp**orate	포함하다, 설립하다, 정신적인	☞ incorporate art into buildings 예술을 건물에 접목하다

고기 meat = chunk, fle, mat

| 1374 **fle**sh [fleʃ] | 살[1], (과일) 과육, (채소) 엽육 | 1. (찢겨진 tear = **fle**) 돼지고기 조각 + sh |
| **fle**shy [fléʃi] | 살집이 있는 | ☞ flesh and blood 인간   ☞ carrion 썩은 고기 |

1375 **lamb** [læm]	어린 양, 새끼양고기	☞ mutton 양고기
pork [pɔ:rk]	돼지고기	☞ porkchop 갈비가 붙은 돼지고기 토막
beef [bi:f]	소고기	☞ ground beef 기계로 간 쇠고기

1376 **mat**e [meit]	짝[1], 친구, 짝짓기를 하다	1. 식탁에서 함께 (고기 meat = **mat**)를 먹는 사람 + e
in**mat**e [ínmèit]	피수용자, 수감자, 입원 환자	☞ a running mate (선거) 동반 출마자
		☞ littermate 동물 한배 새끼

1377 chunk [tʃʌŋk] 큰 덩어리[1], 덩어리가 되다 1. 크고 두껍게 잘린 (고기 조각 piece of meat = **chunk**)
chunky [tʃʌŋki] 덩어리가 든, 두툼한 ☞ a **chunk** of cheese 치즈 덩어리

1378 muscle [mʌ́səl] 근육[1] 1. (작은 small = **cle**) (쥐 mouse = **mus**)의 근육
muscular [mʌ́skjələr] 근육의, 근육이 발달한 ☞ **mus**cleman 근육질 남자

가죽, 피부, 털 = fur, hair, hide, leather

| 1379 | **leather** [léðər] | 가죽[1] | 1. 동물 (생가죽 hide = **leather**)을 말려 부드럽게 만든 가죽 |
| | **leather**y [léðəri] | 가죽 같은 | ☞ synthetic leather 인조가죽 |

| 1380 | **peel** [pi:l] | 껍질, 껍질을 벗기다[1] | 1. 동물의 (털 hair = **peel**)을 벗기다 |
| | **peel**er [pí:lər] | 껍질 벗기는 칼 | ☞ peel a cucumber 오이 껍질을 벗기다 |

1381	**dens**ity [dénsəti]	밀도	1. (털이 무성한 hairy = **dens**) + e
	densify [dénsəfài]	밀도를 높이다	☞ population density 인구 밀도
	dense [dens]	빽빽한, 밀집한[1]	☞ a dense forest 밀림

1382	con**dens**ation	압축, 응결	1. (완전히 completely = **con**) (빽빽한 **dens**) 상태로 만들다
	con**dens**e [kəndéns]	농축하다[1], 응결하다[1]	☞ condensation of a classical work 고전 작품의 축약
	con**dens**ate	응축액	☞ condense a sentence 문장을 줄이다

| 1383 | **fur** [fə:r] | 털, 모피[1] | 1. 신체를 (보호하는 protect = **fur**) 털가죽 |
| | **fur**ry [fə́:ri] | 털로 덮인, 털 같은 | ☞ fur trade 모피 거래 |

1384	gym**na**sium (gym.)	체육관[1]	1. (벗고 unclothed = **na**) (운동하는 exercise = **gym**) 곳 + sium
	nakedness [néikidnis]	벌거숭이	2. (옷을 걸치지 않은 unclothed = **na**) + k + ed
	naked [néikid]	벌거벗은[2]	☞ naked-eye 맨눈

★ 머리 head = cab, cap, chap, chief, chop, cip, cop

1385	**cap**	모자, 덮다, 한도 정하다	1. (우두머리 head = **cap**)의 위치에 있는 도시 + i + t + al
	capital [kǽpitl]	수도[1], 자본[2], 대문자[3]	2. 물질의 (우두머리 head = **cap**)인 돈 + i + t + al
		사형의	3. (머리 head = **cap**)의 위치에 있는 철자 + i + t + al
	capitalize [kǽpətəlàiz]	자본화하다, 활용하다	☞ the virtues of capitalism 자본주의의 미덕
	capitalism	자본주의	

1386	**cap**sizal [kǽpsaizəl]	뒤집히기, 전복	1. (머리 head = **cap**)를 아래로 (돌리다 turn = **size**)
	capsize [kǽpsaiz]	뒤집다[1]	☞ capsize a canoe 카누를 뒤집다
	over**turn** [ouvərtərn]	뒤집히다, 뒤집다	☞ overturn convictions 유죄 판결을 뒤집다

| 1387 | **chief** [tʃi:f] | 장[1], 주요한 | 1. 조직의 (우두머리 head = **chief**) |
| | **chef** [ʃef] | 주방장[2] | 2. 주방의 (우두머리 head = **chef**) 요리사 |

| 1388 | **kit**chen [kítʃən] | 부엌, 주방[1] | 1. (요리 cook = **kit**)하는 (작은 small = **chen**) 장소 |
| | **kit**chenware | 주방용품 | ☞ a kitchen garden 텃밭   ☞ a soup kitchen 무료 급식소 |

| 1389 | **cuis**ine [kwizíːn] | 요리, 요리법[1] | 1. 주방에서 요리사가 (요리하는 cook = cuis) 방법 + ine |
| | **cul**inary [kʌlɪneri] | 요리의, 주방의 | ☞ a fusion cuisine 퓨전 요리 |

1390	**cap**tain [kǽptin]	선장[1], 주장, 대위[1]	1. (우두머리 head = cap) 지위에 있는 사람 + t + ain
		통솔하다	2. 책 내용을 작은 (머리 head = chap) 주제별로 분류한
	chapter [tʃǽptər]	(책) 장, 단원[2], 사제단	부분 + t + er

1391	mis**chief** [místʃif]	장난, 피해[1]	1. (머리 head = chief)를 (나쁘게 badly = mis) 사용해서
	mis**chiev**ous	말썽꾸러기의, 해로운	상대에게 끼치는 피해
			☞ a mischievous child 개구쟁이

1392	a**chiev**ement	성취, 업적	1. (우두머리 chief = chiev)의 위치(에 to = a) 도달하다 + e
	a**chiev**e [ətʃíːv]	성취하다[1]	☞ an achievement motive 성취 동기
	a**chiev**able [ətʃíːvəbl]	성취할 수 있는	☞ underachievement 저성취

| 1393 | per **cap**ita | 1인당[1] | 1. (머리 head = cap + i + ta) 하나 (당 per) |
| | in **cap**ita | 사람 수에 따라 | ☞ per capita GDP 1인당 국내 총생산 |

1394	**cap**e [keip]	(지형) 곶[1]	1. 내민 (머리 head = cap)처럼 바다 쪽으로 뻗은 육지 + e
		망토[2]	2. 어깨 위를 (모자 cap)처럼 덮어서 둘러 입는 외투 + e
	cope [koup]	긴 외투[3]	3. (모자 hood, cap = cop)가 달린 성직자의 망토 + e
		대처하다[4]	4. 전투에서 (머리 head = cop)가 잘릴 위험에 맞서 싸우다 + e

1395	**chop** [tʃap]	내리치다, 썰다[1]	1. 머리를 (자르다 cut = chop)
	chopper [tʃápər]	큰 칼, 도끼, 헬리콥터	2. 손 안에서 (재빠르게 quickly = chop) 움직이는 (막대기 stick)
	chopstick [tʃápstik]	젓가락[2]	☞ a chopping board 도마

| 1396 | es**cap**e [iskéip] | 탈출, 도피, 탈출하다[1] | 1. (망토 cape)를 걸치고 (밖으로 out = ex) 탈출하다 |
| | es**cap**able [iskéipəbl] | 피할 수 있는 | ☞ escapism 현실도피주의 ☞ escapist 도피주의자 |

| 1397 | **cabb**age [kǽbidʒ] | 양배추[1] | 1. (머리 head = cab + b)와 유사한 형태의 양배추 + age |
| | | | ☞ a cabbage lettuce 양상추 ☞ radish 무 |

1398	**head**	머리, 우두머리, 향하다	1. (머리 head) (앞 front = fore) 부분
	fore**head** [fɔ́ːrhèd]	이마[1]	☞ an overhead power line 머리 위의 전깃줄
	over**head** [ouvərhed]	머리 위에	☞ overhead costs 간접비용
	a**head** [əhéd]	앞으로, 미리	☞ ahead of schedule 계획보다 앞서서

1399	**head**quarters	본사, 본부[1]	1. 군대의 (우두머리 head)가 머무는 (막사 quarters)
	headline [hédlàin]	주요 뉴스, 표제	2. 깊이 생각하지 않고 (머리 head)부터 앞으로 내밀면서 + long
	headlong [hédlɔ̀ːŋ]	머리부터 거꾸로, 성급히[2]	☞ heading 제목 붙이기 ☞ headway 전진, 진보

1400	precipitation	강수, 침전	1. (앞으로 forth = **pre**) (머리 head = **cip**)가
	precipitate	침전시키다, 재촉하다[1]	(가도록 go = **it**) 하다 + ate
	[prisípətèit]		☞ slight precipitation 적은 강수량

통로 course = artery, min, vein

1401	**artery** [á:rtəri]	동맥[1]	1. 사망 후 혈액 대신에 (바람이 통과하는 관 windpipe = **artery**)
	arterial [a:rtíəriəl]	간선도로, 동맥의	☞ a spinal artery 척수 동맥
			☞ a coronary artery 관상 동맥

| 1402 | **vein** [vein] | 정맥[1], 잎맥[1], 광맥[1] | 1. 혈액, 물, 광물질이 흐르는 (통로 course = **vein**) |
| | **ven**ous [víːnəs] | 정맥의 | ☞ a thread vein 실핏줄　　☞ vain 헛된 |

1403	**min**e [main]	광산[1], 지뢰, 나의 것	1. 광물이 흐르는 (통로 course = vein = **min**)가 있는 광산 + e
	miner [máinər]	광부	☞ mining 채굴　　☞ the mining industry 광업
			☞ data mining 많은 자료를 토대로 새로운 정보를 찾아내는 것

| 1404 | under**mine** | 약화시키다[1], 손상시키다 | 1. (광산 **mine**)을 만들기 위해 땅 (밑 **under**)의 기반을 약화시키다 |
| | [ʌndərmáin] | | ☞ undermine authority 권위를 손상시키다 |

1405	**mine**ral [mínərəl]	광물질, 무기물, 미네랄[1]	1. (광산 **mine**)에서 채굴한 물질 + r + al
	mineralogy	광물학	☞ mineral water 탄산음료, 광천수
	[mìnərálədʒi]		☞ mineral resource 광물 자원

1406	**copp**er [kápər]	구리[1], 동, 경찰관	1. (키프로스 Cyprus = **copp**)에서 채굴되는 붉은색 금속 + er
	nickel [níkəl]	백동, 5센트 동전	☞ dime 10센트 동전　　☞ quarter 25센트 동전
	bronze [brɑnz]	청동	☞ brass 황동, 놋쇠

1407	**alloy** [əlɔ́i]	합금, 합금하다[1]	1. 금속(에 to = **al**) 성질이 다른 금속을 (묶다 bind = **loy**)
	tin [tin]	주석, 깡통, 통조림	☞ alloy gold with copper 금과 구리를 합금하다
	lead [led] [iːd]	납, 선두, 이끌다	☞ zinc 아연

자르고 만드는 대장장이 smith = fabr, forg, smi

| 1408 | black**smith** | 대장장이[1] | 1. 불에 달군 (검정색 **black**) 금속을 (자르는 cut = **smi**) 직공 + th |
| | gold**smith** | 금세공인 | ☞ silversmith 은세공인　　☞ locksmith 자물쇠 수리인 |

1409	**forg**ery [fɔ́:rdʒəri	위조, 위조품	1. 대장장이가 달군 후 두들겨 철물을 (만들다 make = **forg**) + e
	forge [fɔ́:rdʒ]	단조, 대장간	☞ a crude forgery 조잡한 위조품
		단조하다[1], 위조하다	☞ forge a check 수표를 위조하다

1410 **fabr**ic [fǽbrik]	직물, 구조	1. 직공이 물건을 (만들다 make = **fabr**) + ic + ate
fabricate	제작하다[1], 조작하다	2. (천 조각 piece of cloth = **drap**) + ery
drapery [dréipəri]	직물[2], 천	☞ a fabric softener 섬유 유연제

가라앉다, 뛰어들다 = plunge, sink, sag

| 1411 **plunge** [plʌndʒ] | 낙하 | 1. (납 lead = **plung**) 추가 달린 어망을 던지다 + e |
| | 내던지다[1], 뛰어들다 | ☞ plunge into danger 위험에 뛰어들다 |

1412 **plumb** [plʌm]	연추, 수직으로 하다[1]	1. (납 lead = **plumb**)으로 만든 추를 수직으로 늘어뜨리다
plumbing	배관[2], 배관 공사	2. 건물 외부 (아래로 수직으로 늘어뜨려진 **plumb**) 배수관 + ing
plumber [plʌmər]	배관공	☞ plumbum 납

1413 **sink**age [síŋkidʒ]	가라앉음, 구덩이	1. (물이 잠길 수 있는 submerged = **sink**) 설거지대
sink [siŋk]	싱크대[1], 가라앉다	2. 이미 (지출해서 회수할 수 없는 **sunk**) (비용 **cost**)
sunk cost	매몰비용[2]	☞ The vessel sank. 배가 가라앉았다.

1414 **sag** [sæg]	처짐, 하락, 처지다[1]	1. 와인 속의 앙금이 축 처지면서 (가라앉다 sink = **sag**)
saggy [sǽgi]	축 늘어진	2. 아래로 (처진 drop = **droop**) + y
droopy [drú:pi]	축 늘어진[2]	☞ droopy moustache 아래로 처진 수염

가지 branch = bough, lam, lim, loom

1415 **lim**b [lim]	팔다리, 날개, 나뭇가지[1]	1. (작은 나뭇가지 small branch of a tree = **lim**) + b
limp [limp]	다리를 절다, 축 처진	2. 다리가 (부러져서 break = **lam**) 절뚝거리는 + e
lame [leim]	절뚝거리는[2]	3. 지도력을 잃어서 재선될 가능성이 없는 임기 말기에
lame duck	레임덕[3]	(절름발이 오리 **lame duck**) 신세의 정치인

1416 **loom** [lu:m]	베틀[1]	1. 직물을 짜는 (도구 tool = **loom**)
	흐릿하게 나타나다[2]	2. 무서운 야수가 (절룩거리며 lame = **loom**) 천천히 다가오다
	(직물) 짜다	☞ loom in sight 어렴풋이 보이다

| 1417 **shuttle** [ʃʌtl] | 왕복, 왕복하다[1] | 1. (베틀 loom) 북이 왕복하도록 (던지다 shoot = **shutt**) + le |
| **shuttle**cock [ʃʌtlkɔk] | 배드민턴의 셔틀콕 | ☞ a space shuttle 우주 왕복선 |

1418 **bough** [bau]	큰 가지[1]	1. 나무의 (팔 arm = **bough**)
boughpot [báupɑt]	큰 꽃병, 꽃다발	2. 나무 몸통에서 갈라진 (큰 가지 bough = **branch**)
branch [bræntʃ]	나뭇가지[2], 지점, 갈라지다	☞ an overseas branch 해외 지점

1419	**twi**g [twig]	잔가지[1]	1. (둘 two = **twi**)로 갈라진 작은 가지 + **g**
	twiggy [twígi]	잔가지의, 연약한	2. (앞면 front = pro = **p**)을 (둥글게 round = **run**) 자르다 + **e**
	prune [pruːn]	말린 자두, 가지를 치다[2]	☞ spray 분무, 잔가지, 살포하다

뼈 bone = knuck, ost, oyst

1420	**knuck**le [nʌ́kəl]	관절[1], 마디	1. (작은 small = **le**) (뼈 bone = **knuck**)
	bone [boun]	뼈	☞ bony 뼈의, 앙상한 ☞ bone marrow 골수
	back**bone**	척추, 등뼈	☞ joint 관절, 공동의
1421	**oyst**er [ɔ́istər]	굴[1]	1. (뼈 bone = **oyst**)처럼 딱딱한 껍질을 가진 연체동물 + **er**
			☞ mussel 홍합 ☞ abalone 전복 ☞ pearl 진주
1422	**ost**eology [ɔstiálədʒi]	골학[1], 골격	1. (뼈 bone = **ost** + **eo**)를 연구하는 (학문 study = **logy**)
	osteologic	골 조직의	☞ osteologist 골학자
	osteological	골학의	

갈대 reed = can, chan, chun

1423	**botan**y [bátəni]	식물, 식물학	1. (식물 plant = **botan**)의 + ic
	botanic [bətǽnik]	식물학의, 식물의[1]	☞ botanist 식물학자
	botanical [bətǽnikəl]	식물학의, 식물의	☞ a botanical garden 식물원

| 1424 | **reed** [ri:d] | 갈대, 악기의 리드 | ☞ reed pipe 갈대 피리 |
| | **reed**y [rí:di] | 갈대가 우거진 | ☞ as flexible as a reed 갈대처럼 유연한 |

1425	**can**al [kənǽl]	운하[1], 수로[1], 관	1. (갈대 대롱 reed cane = **can**)처럼 물이 흐르는 통로 + al
	channel [tʃǽnl]	방송 채널, 해협, 수로[2]	2. (갈대 대롱 reed cane = **chan** + n)처럼 물이 흐르는 통로 + el
	chunnel [tʃʌ́nəl]	해저 터널	☞ a distribution channel 유통 경로

1426	**can**yon [kǽnjən]	협곡[1]	1. (갈대 대롱 reed cane = **can** + y)처럼 물이 흐르는
	valley [vǽli]	계곡	좁은 골짜기 + on
	vale [veil]	계곡	☞ gorge 협곡, 포식, 포식하다

| 1427 | **can**non [kǽnən] | 대포[1] | 1. 물이 통과하는 (갈대 대롱 reed cane = **can** + n)처럼 |
| | **can**nonball | 포탄 | 포탄이 통과하는 포 + on |

| 1428 | **can**e [kein] | 사탕수수 줄기[1], 지팡이 | 1. (갈대 reed = **can**)처럼 속이 빈 식물 줄기 + e |
| | sugar **can**e | 사탕수수 | ☞ a cane made of an ivory 상아로 만든 지팡이 |

작물 = crop, group

| 1429 | **crop** [krɑp] | 농작물, 수확하다 | ☞ cropper 농작물 재배자 |
| | **crop**land [krɑplænd] | 농경지 | ☞ crop rotation 윤작 |

1430	**group**	집단[1], 모으다, 모이다	1. (작물 crop = **group**)을 모아 놓은 것
	sub**group** [sʌbgrup]	소집단, 하위 집단	2. 실험의 적절성 여부를 판단하기 위해 동일한 실험에서
	control **group**	대조 집단[2]	(실험 조건을 가하지 control) 않은 (집단 group)

1431	**bar**ley [bɑ́:rli]	보리[1]	1. (거칠고 굵은 coarse = **bar**) 곡물 + ley
	barn [bɑ:rn]	헛간[2], 저장하다	2. (보리 barley = **bar**)를 저장하는 장소 + n
	barnyard [bɑ́:rnjɑ̀:rd]	농가 마당	☞ shed 헛간, 광, 흘리다

| 1432 | **cotton** [kɔ́tn] | 목화, 면직물 | 1. (면 cotton)으로 만든 (자루 끝에 달린 뭉치 mop = **swab**) |
| | **cotton** swab [swɑb] | 면봉[1] | ☞ cotton wool 탈지면   ☞ cotton candy 솜사탕 |

곡물, 알갱이 grain = corn, gran, grav, gren, grin, mill, mol

1433 grain [grein]
곡식, 알갱이, 조금
낟알로 만들다
1. 정제하지 않은 (온갖 whole) (곡식 grain)
2. 빻은 (곡물 grain = **grav**)이 첨가된 고기 국물 + **y**

 whole grain 전곡[1]
 ☞ grainy 거친, 알갱이가 있는

 gravy [gréivi] 육즙[2], 육즙 소스
 ☞ grain harvest 곡물 수확

1434 granule [grǽnju:l] 작은 알갱이[1]
 granulate [grǽnjəlèit] 낟알로 만들다
 grenade [grənéid] 수류탄[2]
1. (작은 little = **le**) (알갱이 grain = **gran** + **u**)
2. 터지는 (알갱이 grain = **gren**) 파편을 가진 무기 + **ade**
 ☞ pomegranate 석류

1435 grind [graind] 갈다[1], 빻다
 grindstone 맷돌, 숫돌
1. (곡물 grain = **grin**) 또는 이빨을 갈다 + **d**
 ☞ an ax to grind 딴 속셈, 사욕

1436 gravel [grǽvəl] 자갈[1], 귀에 거슬리는
 grit [grit] 모래, 아주 작은 돌[2]
뿌리다
1. 물에 (갈려서 grind = **grav**) 반질하게 된 (작은 small = **el**) 돌
2. 돌에서 (갈려 grind = **gri**) 나온 아주 작은 돌 + **t**
 ☞ gravel-voiced 굵고 쉰 목소리의

1437 mill [mil] 방앗간, 제분소, 갈다
 wind**mill** [wíndmil] 풍차[1], 팔랑개비
 millstone [milstoun] 맷돌
1. (바람 wind) 힘을 이용하여 곡식을 (가는 grind = **mill**) 장치
 ☞ treadmill 러닝머신, 단조로운 반복
 ☞ a steel mill 제강 공장

1438 molar [móulər] 어금니[1], 질량의
 fang [fæŋ] 독 이빨[2], 송곳니, 엄니
 tusk [tʌsk] (코끼리) 엄니, 상아
1. 음식물을 (갈아서 으깨는 mill = **mol**) 이빨 + **ar**
2. 독을 주입하기 위해 박아서 (고정하는 fasten = **fan**) 이빨 + **g**
 ☞ a wisdom tooth 사랑니

1439 bean [bi:n] 콩
 bean sprout [spraut] 콩나물[1], 숙주나물
 pea [pi:] 완두콩
1. (뿌린 spread = **sprout**) (콩 bean)에서 나온 싹 (shoot = **sprout**)
 ☞ soy bean paste 된장 ☞ chickpea 병아리콩

1440 nut [nʌt] 견과[1], 너트 (암나사)
 pea**nut** [pí:nʌt] 땅콩
1. 익어도 열리지 않는 껍질에 쌓인 (씨앗 알갱이 grain = **nut**)
 ☞ walnut 호두 ☞ chestnut 밤, 밤나무

1441 nucleus [njú:kliəs] 원자핵, 세포핵, 핵심[1]
 nuclear [njú:kliər] 원자핵의
1. (작은 small = **le**) (견과 nut = **nuc**) + **us**
 ☞ a nuclear weapon 핵무기
 ☞ a nuclear family 핵가족

덤불 bush = bouqu, broom, brush, buk

1442 bouquet [boukéi]   부케, 꽃다발[1]
bush [buʃ]   덤불
ambush [ǽmbuʃ]   매복 공격
     매복 공격하다[2]

1. (작은 small = et) (덤불 bush = bouqu)
2. (덤불 bush) (안에 in = am) 숨은 후에 공격하다
   ☞ bushy 무성한, 숲이 많은
   ☞ bushman 오지 거주자

1443 brush [brʌʃ]   붓, 덤불
     솔질하다, 칫솔질하다
brushstroke   솔질, 붓놀림[1]

1. (덤불 bush = brush)로 만든 붓으로 (톡톡 치는 stroke) 행위
   ☞ brush away the dust 먼지를 털다
   ☞ underbrush (큰 나무 밑에 자라는) 덤불

1444 broom [brum]   비[1], 비로 쓸다
broomstick   대가 긴 빗자루

1. (가시가 있는 덤불 thorny bush = broom)로 만든 청소 도구
   ☞ sweep with a broom 빗자루로 쓸다

1445 rebuke [ribjú:k]   비난, 꾸짖다[1]
reprimand   질책하다[2]
[réprəmæ̀n]

1. (덤불 bush = buk) 회초리로 (등 back = re)을 때리다 + e
2. (소환 summon = mand)하여 (등 back = re)을
   (때리다 strike = pri)
   ☞ rebuke sternly 단호하게 꾸짖다

포도 덤불 vine = vin, wine

1446 vine [vain]   포도나무, 덩굴 식물[1]
wine [wain]   포도주, 와인
raisin [réizən]   건포도[2]
winery [wáinəri]   포도주 양조장

1. (포도주 wine = vine)를 만드는 포도나무 덩굴
2. (말린 달콤한 포도 dried sweet grape = raisin)
   ☞ vineyard 포도밭
   ☞ vintage 포도 수확 연도, 오래됨, 고급의

1447 vinegar [vínigər]   식초[1]
vinegary [vínigəri]   신맛이 나는

1. (포도주 wine = vin)에 산소가 많아 (시큼한 sour = egar) 액체
   ☞ cider vinegar 사과즙 발효 식초

뿌리 root = rad

1448 root [ru:t]   뿌리, 근, 뿌리내리다
uproot [ˌʌpru:t]   뿌리째 뽑다, 근절하다

   ☞ a root cause 근본 원인
   ☞ square root 제곱근

1449 radicality   급진성
radical [rǽdikəl]   급진적인[1], 급진주의자
radish [rǽdiʃ]   무[2]

1. 사회나 정치 등을 (뿌리 root = rad)부터 개혁하는 + ic + al
2. (뿌리 root = rad)에서 잎이 나는 채소 + ish
   ☞ radicalism 급진주의
   ☞ conservatism 보수주의

1450 **erad**ication	근절	1. (밖으로 out = e) (뿌리 root = rad)를 뽑아내다 + ic + ate
eradicate [irǽdəkèit]	근절하다[1]	☞ eradicate illiteracy 문맹을 퇴치하다
eradicable	근절할 수 있는	☞ an ineradicable superstition 근절할 수 없는 미신

견고한 firm = dur, tri, tru

1451 **dur**ability	내구성	1. 나무처럼 (견고해서 firm = dur) 오래갈 수 있는 + able
durable [djúərəbəl]	내구성 있는, 오래가는[1]	☞ consumer durables 내구 소비재
1452 **dur**ation [djuəréiʃən]	지속, 지속 기간[1]	1. 꾸준히 (견고하게 firm = dur) 지속되는 기간 + at + ion
during [djúəriŋ]	~하는 동안	☞ durational 지속적인 ☞ moderate duration 적당한 기간
1453 en**dur**ance	인내력, 지구력	1. 힘든 상황에서 (견고하게 firm = dur + e) 유지하도록
en**dur**e [endjúər]	지속되다, 참다[1]	(만들다 make = en)
		☞ physical and mental endurance 육체적 및 정신적 인내력
1454 **tru**ce [tru:s]	휴전, 중단, 휴전하다[1]	1. (견고한 firm = tru) 신뢰 아래 잠시 싸움을 중단하다 + ce
1455 **tru**st [trʌst]	신뢰, 신탁, 신뢰하다	1. 견고하게 (신뢰 trust)할 (가치 worth)가 있는 + y
trustworthy	신뢰할 만한[1]	2. (신뢰 trust) (하지 않다 not = dis)
dis**trust** [distrʌst]	불신, 불신하다[2]	☞ antitrust 독점 금지의
1456 en**trust**ment	위탁	1. (신뢰 trust)하는 사람에게 맡겨 처리하도록 (만들다 make = en)
en**trust** [entrʌst]	맡기다[1], 위탁하다[1]	☞ entrust valuables 귀중품을 맡기다
1457 **tri**m [trim]	다듬다[1], 깔끔한	1. 나무가 (견고하게 firmly = tri) 자라도록 잔가지를 자르다 + m
trimmer [trímər]	손질 도구 (낫, 가위)	☞ trim shrubbery 관목을 다듬다

나무 tree = lum, tim, tra, wood

1458 **tra**y [trei]	쟁반[1], 식판	1. (나무 tree = tra)로 만든 그릇 + y
tar [tɑ:r]	타르[2]	2. (나무 tree = tar)를 건류나 증류할 때 생기는 검고 끈끈한 액체
		☞ coal tar 콜타르, 석탄 타르
1459 **pine** [pain]	소나무	1. (솔방울 pine cone)과 (사과 apple)를 결합한 모습의 열매
pineapple	파인애플[1]	☞ a pine cone 솔방울
fir [fə:r]	전나무	☞ spruce 가문비나무
1460 **book**	책[1], 예약하다	1. (너도밤나무 beech = book) 껍질의 안쪽
booking [búkiŋ	예약	☞ booklet 작은 책자 ☞ textbook 교과서

1461 **title** [táitl]	제목, 직함, 칭호, 권리	1. 제목 (밑에 under = sub) 덧붙어 보충하는 (제목 title)
entitle [entáitl]	제목을 붙이다, 권리를 주다	☞ entitled ~라는 제목의
subtitle [sʌbtaitəl]	자막, 부제[1], 부제를 달다	☞ a title printed in bold caps 볼드체 대문자로 인쇄된 제목

1462 **wood**	나무, 목재[1], 작은 숲	1. 다양한 용도로 이용하기 위해 벌채한 (수목 tree = wood)
wooden [wúdn]	나무로 된, 목재의	☞ woodenware 목제 기구
woodland	삼림 지대	☞ woody 나무 같은, 나무가 우거진

1463 **lumber** [lʌ́mbər]	톱으로 켠 나무[1], 제재하다	1. 톱으로 (잘린 broken in pieces = lum) 목재용 수목 + ber
timber [tímbər]	목재용 수목[2]	2. (집 house = tim)을 짓기 위해 심는 나무 + ber
timberland	목재용 삼림지	☞ timberline 수목 한계선

| 1464 **skid** [skid] | 미끄러짐, 미끄러지다[1] | 1. (스키 ski)를 움직이도록 하는 굴대가 미끄러지다 + d |
| **skidproof** [skídprù:f] | 미끄러지지 않는 | ☞ a skid mark (타이어가) 미끄러진 자국 |

통나무 log = bloc, clog, knot, lump, raft

1465 log
logarithm (log)
b**log**
logging [lɔ́ːgin]

통나무, 일지[1], 일지를 적다
로그[2], 대수
블로그[3]
벌목

1. (통나무 log)로 측정한 배의 속도를 기록한 항해 일지
2. (비율 ratio = log)을 나타내는 (수 number = arithm)
3. 매일 글을 기록하여 (웹 web = b)에 올리는 (일지 log)
   ☞ logger 벌목꾼

1466 lump [lʌmp]

lumpy [lʌ́mpi]

덩어리[1], 다량
한 번에 지불하는
덩어리가 많은

1. 제재하지 않은 (통나무 log = lump) 덩어리
   ☞ pay the tuition in a lump sum 학비를 일시불로 지불하다
   ☞ a sugar lump 각설탕

1467 knot [nɔt]

knothole [nάthòul]

매듭[1], 옹이, (배) 속도 단위
매듭을 매다
(목재) 옹이구멍

1. 배의 속도를 측정하기 위해 통나무에 매어진 긴 밧줄에
   일정한 간격으로 (엮인 intertwine = knot) 매듭
   ☞ knotted 매듭이 있는, 얽힌

1468 knit [nit]
tight-**knit**
well-**knit**

뜨개질하다[1], 짜다
조밀하게 짠, 유대가 긴밀한
잘 짜여진, 튼튼한

1. 실로 (매듭 knot = knit)을 만들며 옷을 짜다
   ☞ knitwear 뜨개질한 옷, 니트
   ☞ a hand-knitted cardigan 손으로 짠 카디건

1469 dot [dɔt]
dotty [dɔ́ti]

점[1], 점을 찍다, 산재하다
점점이 산재하는, 점이 있는

1. 매우 작고 둥근 (혹 knot = dot)
   ☞ dot the landscape 도처에 산재하다

1470 clogginess [klάginis]
clog [klɔg]

방해가 됨, 굳기 쉬움
나막신, 막다[1], 막히다

1. (옹이 있는 통나무 knotty log = clog)가 가공을 방해하다
   ☞ cloggy 막히는   ☞ unclog a toilet 변기를 뚫다

1471 coagulation
coagulate [kouǽgjəlèit]
coagulant [kouǽgjələnt]

응고
응고하다[1]
응고제

1. 액체가 옹이처럼 (덩어리 clot = coag) 지다 + ul + ate
   ☞ blood coagulation 혈액 응고
   ☞ coagulated protein 응고된 단백질

1472 raft [ræft]
rafting [rǽftin]

뗏목[1]
뗏목으로 급류 타기

1. (통나무 log = raft)를 엮은 수상 운송 수단
   ☞ rafter 서까래, 뗏목 타는 사람
   ☞ a life raft 구명 뗏목

1473 block [blɔk]

road**block** [roudblak]

덩어리, 장애물[1], 구역
막다
바리케이드, 방어벽

1. 길가에서 진행을 막는 (통나무 log = bloc) + k
   ☞ sunblock 자외선 차단 크림
   ☞ a building block 구성 요소, 집짓기 블록

1474 blockbuster [blάːkbʌstər]
bloc [blɔk]

성공한 책이나 영화[1]
(국가, 정당) 연합[2]

1. (구역 block)을 완전히 (부수는 destroy = bust) 폭탄 + er
2. 정치, 경제 분야의 (연합 또는 덩어리 block = bloc)
   ☞ the Communist bloc 공산권
   ☞ a trade bloc 무역권, 무역 블록

| 1475 | **block**age [blɔkidʒ] | 막혀 있는 것, 차단물 | 1. 적국의 선박 출입을 (차단하는 block) 군사적 행동 + ade |
| | **block**ade [blɔkéid] | 봉쇄[1], 차단, 봉쇄하다 | ☞ an economic blockade 경제 봉쇄 |

★ 앞 before = pre, pri

1476	**pri**vacy [práivəsi]	사생활, 프라이버시	1. 특정 개인 (앞에 before = pri) 따로 놓여 있는 + v + ate
	private [práivit]	이등병	☞ an invasion of privacy 사생활 침해
		사적인[1], 사립의	☞ the private sector 민간 부문

1477	de**pri**vation	박탈	1. (앞에 before = pri) 놓여 있는 것을
	de**pri**ve [dipráiv]	빼앗다[1], 파면하다	(완전히 entirely = de) 빼앗다 + ve
	de**pri**ved [dipráivd]	빼앗겨서 궁핍한	☞ sensory deprivation 감각 상실

1478	**pri**ority [praiɔ́rəti]	우선권	1. 다른 것보다 (더 more = ior) (먼저 before = pr)
	prioritize [praiɔ́ːritàiz]	우선순위를 두다[1]	(가도록 go = it) 정하다 + ize
	prior [práiər]	이전의	☞ a top priority 최우선 사항

| 1479 | **pri**me [praim] | 전성기, 최상품 | 1. 품질이 (가장 most = m) (앞서 before = pri) 있는 + e |
| | | 제1의[1], 주요한, 소수의 | ☞ a prime minister 수상   ☞ a prime number (수학) 소수 |

| 1480 | **pre**mier [primíər] | 수상, 주지사, 최고의[1] | 1. (가장 most = m) (앞선 before = pre) 곳에 (있는 be = i) + er |
| | **pre**mium [príːmiəm] | 할증료, 보험료[2], 고급의 | 2. 미래의 보상을 (미리 before = pr) (사다 buy = em) + i + um |

1481	**pri**mary [práimèri]	예비선거	1. (가장 most = m) (앞선 before = pri) 단계에 있는 + ary
		기본적인[1], 주요한	☞ a primary school 영국 초등학교
			☞ primary level 초보 단계 ☞ primary industry 1차 산업

1482	**pri**mate [práimeit]	영장류[1]	1. 서열이 (가장 most = m) (앞선 before = pri) 동물 + ate
	primitive [prímətiv]	원시적인, 초기 단계의	2. 인간을 제외한 영장류인 (원숭이 monkey = ape)
	ape [eip]	유인원[2]	☞ primitive tribes 원시 부족들

★ 하나 one = mon, mono, oni, uni

| 1483 | **uni**t [júːnit] | 단일체[1], 장치, 단위 | 1. 전체로서의 (하나 one = uni) + t |
| | **uni**tary [júːnətèri] | 단일의, 일원화된 | ☞ a monetary unit 화폐 단위   ☞ an input unit 입력 장치 |

1484	**uni**onization	노동조합 형성	1. 개개의 구성단위가 (하나 one = uni)로 결합된 형태 + on
	[jùːnjənizéiʃən]		☞ unionize 노동조합을 결성하다
	union [júːnjən]	조합, 결합, 연방, 연합[1]	☞ a union representative 노조 대표
	re**uni**on	동창회, 재결합	☞ a student union 학생 회관, 학생 자치회
			☞ a labor union 노동조합
			☞ the Union Jack 영국 국기

1485 **uni**fication	통일, 단일화	1. 구성단위를 (하나 one = uni)로 통합하여 (만들다 make = fy)
unify [júːnəfài]	통합하다, 통일하다[1]	☞ a unification movement 통일운동
re**uni**fy [riːjúːnəfài]	재통합하다	☞ unify public opinion 여론을 통일하다

1486 **uni**ty [júːnəti]	통합, 통일, 일치	☞ disunity 분열
unite [juːnáit]	연합하다, 통합시키다	☞ reunite 재결합하다

1487 United Kingdom	영국[1]	1. England + Scotland + Wales + Northern Ireland의 연합 국가
United States	미국	☞ United Nations 유엔, 국제 연합 ☞ UN Charter 유엔 현장

1488 The Great Britain	영국[1]	1. Britain 섬의 England + Scotland + Wales로 구성된 국가
Britain [brítən]	브리튼 섬, 영국	☞ Briton 영국인
British [brítiʃ]	영국의, 영국인의	☞ British empire 대영 제국

1489 **uni**queness [juːníːknis]	유일함, 독특함	1. 세상에 (하나 one = uni) 밖에 없어서 독특한 + que
unique [juːníːk]	유일무이한, 독특한[1]	☞ a unique talent 특별한 재능

1490 **uni**corn [júːnəkòːrn]	유니콘[1]	1. 이마에 (한 개 one = uni)의 (뿔 horn = corn)이 있는
unisex	남녀 공용의	말의 형상을 한 신화 속의 동물
unison [júːnəsən]	동음, 조화, 동음의	☞ in unison 일제히, 합심하여

1491 **uni**formity [jùːnəfɔ́ːrməti]	균일성, 획일성	1. 구성원들의 (하나의 one = uni) 동일한 복장 (형태 form)
uniform [júːnəfɔ̀ːrm]	유니폼[1], 제복, 교복	☞ apply a uniform standard 획일적인 기준을 적용하다
	획일적인, 균일한	☞ uniformize 균일화하다

1492 **lone** [loun]	혼자의, 외로운	1. (완전히 wholly = al) (혼자 one) 따로 떨어진
a**lone** [əlóun]	외로운, 혼자[1]	☞ lonesome 외로운, 인적이 드문
lonely [lóunli]	외로운, 쓸쓸한	☞ remain behind all alone 혼자만 뒤에 처지다

1493 **mon**k [mʌŋk]	수도승[1], 스님	1. (혼자서 one = mono = mon) 수도하는 종교인 + k
nun [nʌn]	수녀, 여승	☞ father 신부 ☞ mother 수녀

1494 **mono**logue [mánəlɔ̀ːg]	독백[1]	1. (혼자서 mono) 하는 (말 speech, word = logue)
monocular [mənákjələr]	외눈의, 단안용 기구[2]	2. (하나의 one = mon) 유리로 (보는 see = ocul) 안경 + ar
monogamy [mənágəmi]	일부일처제[3]	3. 배우자 (한 명 one = mono)과
monorail [manəreil]	모노레일, 단궤 열차	(결혼 marry = gamy)하는 제도

1495 **mono**poly [mənápəli]	독점[1], 부동산 취득 게임	1. 경쟁자 없이 (혼자 one = mono) (파는 sell = poly) 행위
oligopoly [àligápəli]	과점, 소수독점[2]	2. (소수 small = oligo)의 판매자가 (파는 sell = poly) 행위
duopoly [djuːápəli]	두 회사에 의한 독점	☞ the monopoly prohibition law 독점 금지법

★ 우두머리, 다스리다 rule = arch

1496 monarch [mánərk]　　군주[1], 왕
　　　monarchy [mánərki]　　군주 정치
1. (혼자 one = mono = **mon**) (다스리는 rule = **arch**) 사람
　☞ monarchical 군주제의
　☞ monarchism 군주주의

1497 hierarchy [háiərɑ̀ːrki]　　계층[1], 위계[1]
　　　hierarchize　　계층화하다
　　　hierarchical　　계층적인
1. 서열이 낮은 천사를 (다스리는 rule = **arch** + y)
　지위가 (높은 high = **hier**) 천사들 사이의 계층
　☞ hierarch 고위 성직자, 권력자

1498 anarchy [ǽnərki]　　무정부 상태
　　　anarchic [ænɑ́ːrkik]　　무법상태의[1], 무질서의
　　　anarchism　　무정부주의
1. (다스리는 rule = **arch**) 사람이 (없는 without = **an**) + ic
　☞ utter anarchy 완전한 무정부 상태
　☞ anarchic global trade 무질서한 세계 무역

1499 architecture　　건축물[1]
　　　architectural　　건축술의
　　　architect [ɑ́ːrkitèkt]　　건축가
1. 장인의 (우두머리 chief = **arch** + i)가 (지은 build = **tect**)
　아치형 건물 형태 + ure
　☞ Gothic architecture 고딕 건축

★ 혼자 alone = sam, sem, sim, sing, sol, som, sul, hen

1500 solitude [sɑ́litjùːd]　　고독
　　　solitary [sɑ́litèri]　　혼자 사는, 외로운[1]
1. (혼자 alone = **sol**) 살면서 삶을 (진행 go = **it**)하는 + ary
　☞ a solitary wanderer 고독한 방랑자

1501 desolation　　황량함, 쓸쓸함
　　　desolate [désəlit]　　외롭게 하다[1], 황량한
1. (완전히 entirely = **de**) (혼자 alone = **sol**) 살게 하다 + ate
　☞ a desolate plain 황량한 벌판

1502 sullenness [sʌ́lənnis]　　시무룩함
　　　sullen [sʌ́lən]　　시무룩한, 침울한[1]
1. (혼자 sole = **sul** + l) 있도록 (만들어 make = **en**) 우울한
　☞ sullen resignation 침울한 체념

1503 singularity　　특이성
　　　single [síŋɡəl]　　독신, 단 하나의[1]
　　　singular [síŋɡjələr]　　(문법) 단수형의, 남다른
1. (작은 small = **le**) (하나의 one = **sing**)
　☞ single out 선정하여 뽑아내다
　☞ single-minded 외골수의, 일편단심의

1504 something　　어떤 것[1], 대단한 것
　　　somehow　　어떻게든
　　　somewhat　　어느 정도
1. 어떤 (하나의 one = **som** + e) (물건 thing)
　☞ sometime 언젠가
　☞ sometimes 때때로

1505 hyphen [háifən]　　하이픈 (-)[1]
　　　hyphenate [háifənèit]　　하이픈으로 연결하다
　　　dash [dæʃ]　　대시 기호 (—), 돌진하다
　　　slash [slæʃ]　　사선 (/) 기호, 베다
1. (하나의 one = **hen**) 덩어리 (밑에 under = **hyp**)
　밀접한 의미를 가진 단어들을 열거하는 표기법
　☞ dash into a pole 기둥에 충돌하다
　☞ drastic slash of prices 가격의 대폭 인하

1506 assembly [əsémbli]	의회, 집회	1. 여러 부품을 모아서 (하나 one = sem) (로 to = as)
assemble [əsémbəl]	모이다, 모으다, 조립하다[1]	조립하다 + ble
disassemble	분해하다, 해체하다	☞ an assembly line 조립 라인

1507 simplicity [simplísəti]	간단함, 소박함	1. (한 번 one = sim) (접어서 fold = pl) 간단한 + e
simplify [símpləfài]	단순화하다	☞ simplify the curriculum 교육과정을 단순화하다
simple [símpəl]	간단한[1]	☞ complex 복잡한

★ 같은 same = homo, sem, sim

1508 **fac**s**im**ile (fax)	사진을 전송하다[1]	1. 사진처럼 (똑같이 same = **sim**) (만들어 make = **fac**)
similarity [sìmǝlǽrǝti]	유사점	전송하다 + il + e
similar [símǝlǝr]	비슷한, 유사한[2]	2. 어떤 것과 (같은 same = **sim**) 종류에 속하는 + il + ar
simile [símǝli:]	직유	☞ metaphor 은유, 비유 ☞ liken 비유하다

1509 **as**s**im**ilation	흡수, 동화	1. 자신(에게 to = **as**) 맞도록 (비슷하게 similarly = **sim**)
ass**im**ilate [ǝsímǝlèit]	흡수하다, 동화시키다[1]	만들다 + il + ate
		☞ assimilate readily 쉽게 동화되다

1510 **sim**ulation	모의 실험, 흉내 내기	1. 미리 (비슷한 similar = **sim**) 상황을 시험적으로
simulate [símjǝlèit]	모의 실험하다[1]	재현하다 + ul + ate
simulative	흉내 내는, 속이는	☞ a virtual simulation 가상 모의 훈련

1511 **sim**ultaneousness	동시성	1. 두 사건이 (같이 same = **sim**) 발생하는 + ul + tane + ous
simultaneous	동시에 일어나는[1]	☞ occur simultaneously 동시에 발생하다
[sàimǝltéiniǝs]		☞ spontaneous 자발적인, 즉흥적인

1512 **re**s**em**blance	닮음, 비슷함	1. (완전히 entirely = **re**) (비슷하다 similar = **sem**) + ble
res**em**ble [rizémbǝl]	닮다[1]	2. 구성 요소들이 (완전히 entirely = **en**)
res**em**blant	닮은, 재현하는	(비슷하게 similarly = **sem**) 만들어진 상태 + ble
ens**em**ble	조화[2], 앙상블, 합주단	☞ bear no resemblance 닮지 않다, 차이가 있다

1513 **homo**geneity	동종성, 동질성	1. (같은 same = **homo**) (유전자 gene)를 보유한 + ous
homogeneous	동종의[1], 동질의	2. (다른 different = **hetero**) (유전자 gene)를 보유한 + ous
heterogeneity	이질성	☞ a homogeneous country 단일민족 국가
heterogeneous	이질적인[2], 잡다한	☞ a heterogeneous community 다민족 사회

1514 trans**gender**	성전환의[1], 트랜스젠더의	1. (성 gender) 정체성이 (왔다 갔다 across = **trans**)하는
queer [kwiǝr]	동성애자, 퀴어, 괴상한[2]	2. 비스듬히 (꼬여 있어서 twist = **queer**) 이상하게 보이는
queerish [kwíǝriʃ]	이상한	☞ peculiar 이상한, 독특한

1년 one year = ann, enn

| 1515 **ann**ual [ǽnjuǝl] | 연보, 졸업 앨범, 일년생 식물 | 1. (1년 one year = **ann**)에 한 번 발생하는 + u + al |
| | 매년의, 연례의[1] | ☞ semi-annual 반년마다의, 연 2회의 |

1516 bi**ann**ual [baiǽnjuǝl]	1년에 두 번, 2년에 한 번[1]	1. (2 two = **bi**) (년 year = **ann**)에 한번 발생하는 + u + al
bi**enn**ial [baiéniǝl]	2년 주기 행사, 2년생 식물	2. 여러 (해 year = **enn** + i)에 걸쳐 (내내 through = **per**)
	2년마다의	살아가는 + al
per**enn**ial [pǝréniǝl]	다년생 식물, 다년생의[2]	☞ perennial youth 영원한 젊음

1517 **ann**iversary	기념일[1]	1. (1년 one year = **ann** + **i**)마다 (돌아오는 turn = **vers**)
[ǽnəvə́:rsər]		기념일 + **ary**
		☞ a centennial anniversary 100주년 기념의 해

1518 **ann**uity [ənjú:əti]	연금[1]	1. (1년 one year = **ann**) 단위로 지급하는 돈 + **u** + **ity**
		☞ annuity income 연금 소득
		☞ pension 연금, 작은 호텔

★ 둘 two = bi, ba, deu, di, do, dou, du, twi

1519 com**bi**nation	조합, 결합	1. (함께 with = **com**) (둘 two = **bi**)을 묶다 + **n** + **e**
com**bi**ne [kəmbáin]	(농기구) 콤바인, 결합하다[1]	☞ the law of chemical combination 화학 결합의 법칙
com**bi**national	결합의	☞ a combined operation 연합 작전, 공동 작업

1520 **ba**lance [bǽləns]	균형, 잔액, 균형 유지하다[1]	1. 양팔 저울 (2개 two = **ba**)의 (접시 dish = **lanc**)를
balanced	균형 잡힌, 안정된	평행하게 하다 + **e**
im**ba**lance	불균형	☞ trade imbalance 무역 불균형
un**ba**lance	평형을 깨뜨리다	☞ balance of payments 국제 수지
		☞ a balance sheet 대차대조표

1521 **bi**nary [báinəri]	둘로 이루어진[1], 2진법의	1. (2 two = **bi**) 부분으로 이루어진 + **n** + **ary**
binary digit	0과 1의 두 가지 숫자	☞ binary numeral 이진수 ☞ binary fission 2분열

1522 **bi**noculars	쌍안경[1]	1. (두 two = **bi** + **n**) 유리로 (보는 see = **ocul**) 안경 + **ar** + **s**
binocular	두 눈으로 보는	☞ binocular vision 쌍안시 ☞ monocular 외눈의

1523 **di**lemma [dilémə]	궁지, 진퇴양난[1]	1. (둘 two = **di**) 중 (선택할 take = **lemma**) 것을 고민하는 상황
dilemmatic	딜레마의	☞ prisoner's dilemma 죄수의 딜레마 (상대를 배신하고 자백할지
ethical dilemma	도덕적 딜레마	또는 상대를 믿고 비밀을 지킬지 고민하는 상황)

1524 **du**ality [dju:ǽləti]	이중성[1]	1. 특성이 (2개 two = **du**)인 상태 + **al** + **ity**
dualize [djú:əlàiz]	겹치다, 이중으로 하다	☞ dualism 이원론
dual [djú:əl]	이중의	☞ a dual personality 이중인격

1525 **deu**ce [dju:s]	2의, 듀스[1]	1. 한 점을 남겨 놓고 동점일 경우 승리하기 위해
double [dʌ́bəl]	2배, 2배의	(2점 two = **deu**)을 더 득점해야 하는 상황 + **ce**
double digit	두 자리 숫자	☞ double-edged sword 양날의 칼 (긍정과 부정의 양면성)

1526 **dou**bt [daut]	의심, 의심하다[1]	1. (2개 two = **dou**) 모두가 확신을 주지 못해 의심하다 + **b** + **t**
doubtful [dáutfəl]	의심스러운	☞ doubtless 거의 틀림없이 ☞ no doubt 틀림없는
dubious [djú:biəs]	의심하는, 수상쩍은	☞ a dubious attitude 수상쩍은 태도

| 1527 | **do**zen [dʌzn] | 다스[1], 12개 | 1. (2 two = **do**) 더하기 (10 ten = **zen**) |
| | **score** [skɔ:r] | 점수, 악보, 20, 득점하다 | ☞ dozens of times 수십 번 |

| 1528 | **twi**light [twáilàit] | 황혼, 땅거미[1] | 1. 햇빛과 달빛 (2개 two = **twi**)의 (빛 **light**)이 공존하는 시간 |
| | **twi**n [twin] | 쌍둥이 | ☞ identical twin 일란성 쌍둥이 |

| 1529 | **two**fold [tufould] | 2배의[1], 2겹의, 2배로 | 1. (2번 two) (접은 fold) |
| | **twi**ce [twais] | 2번, 2배로 | ☞ twofold increase in demand 수요의 두 배 증가 |

★ 셋 three = tra, tri

1530	**tri**viality [trìviǽləti]	사소한 문제[1]	1. (3개 three = **tri**)의 (도로 road = **vi**)가 만나는 공공장소에서의
	trivialize [tríviəlàiz]	하찮아 보이게 만들다	대중들의 사소한 화젯거리 + al + ity
	trivial [tríviəl]	사소한, 하찮은	☞ nontrivial 사소하지 않은 ☞ threefold 3배, 3배의

| 1531 | **fad** [fæd] | 일시 유행[1], 변덕 | 1. (사소하지만 trivial = **fad**) 별난 것에 대한 단기간의 유행 |
| | **fad**dish [fǽdiʃ] | 유행하는, 변덕스러운 | ☞ the latest fad 최신 유행 |

1532	**tra**vail [trǽveil]	고생[1]	1. 고문할 때 사용하는 (3개 three = **tra**)의 (말뚝 stake = **vail**)
	travel [trǽvəl]	여행, 여행하다	☞ a travel agency 여행사
			☞ a travel brochure 여행 안내책자

| 1533 | **tri**be [traib] | 부족, 종족[1] | 1. 고대 로마에 (존재 exist = **be**)했던 (3개 three = **tri**)의 부족 |
| | **tri**bal [tráibəl] | 부족의, 종족의 | ☞ tribesman 부족 구성원   ☞ a tribal society 부족 사회 |

1534	**tri**bute [tríbju:t]	공물[1], 찬사[2]	1. 고대 로마의 (3개의 부족 three = tribe = **tribu**)이
	at**tribu**tion	귀속	납부하는 할당금 + te
	at**tribu**te [ətríbju:t]	속성, 탓으로 돌리다[3]	2. 죽은 사람에게 (공물 tribute)로 바치는 글이나 꽃
	at**tribu**tional	귀속되는	3. 특정 (부족 tribe = **tribu**) (에게 to = **at**) 책임을 돌리다 + te

1535	con**tribu**tion	기부, 공헌, 개인 분담금	1. (부족들이 tribe = **tribu**) (함께 with = **con**)
	[kàntrəbjú:ʃən]		분담금을 지불하다 + te
	con**tribu**te	기부하다, 기여하다[1]	☞ contributive 기여하는 ☞ contributory 기여하는

1536	dis**tribu**tion	분배	1. 분담금을 (부족 tribe = **tribu**)별로 (나누다 divide = **dis**) + te
	dis**tribu**te [distríbju:t]	분배하다[1], 유통하다	☞ a distribution channel 유통 경로
	dis**tribu**tor	분배자, 대리점	☞ distributive 유통하는

넷 four = quart, squa

1537 quarter [kwɔ́ːrtər]   1/4, 25센트, 15분,   1. 도시를 (4 four = quarter) 등분하여 나누다
           4등분하다[1], 숙박시키다   2. 군대를 위해 도시의 (1/4 = one quarter)을 할당한 장소 + s
    quarters   막사[2]   ☞ quarterfinal 준준결승   ☞ a quarter note 4분음표

1538 quart [kwɔːrt]   쿼트[1]   1. 액량 단위인 (갤런 gallon)의 (1/4 one quarter = quart)
    quadrant [kwɑ́drənt]   4분면[2], 4분원[2]   2. 면 또는 원을 (4 quarter = quadr)등분한 부분 + ant

1539 square [skwɛər]   정사각형[1], 제곱, 광장   1. 변의 길이와 내각의 크기가 모두 같은 (정사각형 square)
                      제곱하다   2. 전투할 때 (정사각형 square = squa) 대형으로 싸우는
                      정사각형의, 직각의   군대의 가장 작은 단위 + d
    squad [skwɑd]   분대[2], 선수단   ☞ a square root 제곱근   ☞ a square bracket 꺾쇠괄호

1540 fortnight [fɔ́ːrtnàit]   2주일[1]   1. (14 fourteen = fort)일간의 (밤 night)
    fortnightly   2주에 한 번의   ☞ fortnight publication 격주 발행

열 ten = de, dec

1541 decade [dékeid]   10년간[1]   1. (10 ten = dec + a)년 동안 + de
    dean [diːn]   학과장, 주임 사제[2]   2. (10 ten = de)명의 수도사들 중에서 우두머리 + an

1542 decimalization   십진법화   1. 0부터 9까지 (10 ten = dec)개의 숫자로 수를 나타내는
    [dèsəmələzéiʃən]   소수   방식의 + im + al
    decimal [désəməl]   십진법의[1]   ☞ a decimal notation 십진 표기법   ☞ dime 10센트

백, 천 hundred, thousand = cent, mili

1543 century [séntʃuri]   100년, 세기   1. (100 hundred = cent) (년 year = enn) 마다의 + i + al
    centennial [senténiəl]   100년마다의[1]   ☞ a centennial celebration 100주년 기념행사
    bi**cent**ennial   200년마다의   ☞ a quarter of a century 4반세기

1544 military [mílitèri]   군대[1], 군사의   1. (천 thousand = mili) 명 단위의 병사들 집합체 + t + ary
    militarize [mílətəràiz]   무장시키다   ☞ the military academy 육군사관학교
    militarism [mílətərizəm]   군국주의   ☞ military service 군 복무

1545 million [míljən]   100만[1]   1. (천 thousand = milli)의 제곱 + on
    millionaire [mìljənéər]   백만장자   ☞ a million and one 매우 많은
    millennium [miléniəm]   천 년, 새 천 년의 시작   ☞ millennia 수천 년

1546 **billi**on [bíljən]   (미국) 10억, (영국) 1조[1]   1. (백만 million = **lli**)의 (2 two = **bi**) 제곱 + **on**

    billionaire [biljənέər]   억만장자   2. (백만 million = **lli**)의 (3 three = **tri**) 제곱 + **on**

    trillion [tríljən]   (미국) 1조, (영국) 100경[2]   ☞ zillion 헤아릴 수 없이 많은 수

★ 구부리다 (1) bend = anch, ang, ank, flec, flex, gon

1547 angle [ǽŋgl]
각[1], 기울기, 기울이다
1. 무릎이 (구부러진 bend = **ang**) 정도 + **le**

angular [ǽŋgjələr]
각이 진, 몹시 여윈
2. 다리와 발 사이에 있는 (구부러진 bend = **ank**) 부분 + **le**

ankle [ǽŋkl]
발목[2]
☞ angler 낚시꾼

1548 anchor [ǽŋkər]
닻[1], 뉴스 앵커[2]
1. 배를 고정하기 위해 가라앉히는

정박하다, 고정시키다
(구부러진 bend = **anch**) 갈고리가 달린 기구 + **or**

anchorage [ǽŋkəridʒ]
정박하는 장소, 보관대
2. (고정 anchor)된 장소에서 뉴스를 진행하는 아나운서

1549 flexibility [flèksəbíləti]
유연성, 융통성
1. (구부러지는 bend = **flex**) 성질이 있는 + **ible**

flexible [fléksəbəl]
유연한[1], 융통성 있는
☞ flexibility of labor market 노동시장의 유연성

in**flex**ible [infléksəbəl]
융통성이 없는
☞ a flexible tariff 탄력 관세

1550 reflection [riflékʃən]
반사, 반영, 숙고, 반성
1. 빛의 방향이 (뒤로 back = **re**) (구부러지다 bend = **flec**) + **t**

reflect [riflékt]
반사하다[1], 숙고하다
☞ follow suit without reflection 숙고 없이 전례를 따르다

reflective [rifléktiv]
반사하는, 사색적인
☞ self-reflective 자기반성적인

1551 polygon [páligàn]
다각형[1]
1. (많은 many = **poly**) (각 angle = **gon**)이 있는 도형

poly**gon**al [pəlígənl]
다각형의
☞ a convex polygon 볼록 다각형

1552 trigon [tráigɑn]
삼각자
1. (3개 three = **tri**)의 (각 angle)이 있는 도형

tri**angle** [tráiæ̀ŋgəl]
삼각형[1]
☞ tripod 삼각대, 삼각의

1553 rectangle [réktæŋgəl]
직사각형[1]
1. (직 right = **rect**) (각 angle)을 가진 도형

rect**angul**ar
직사각형의
2. (4개 four = **tra**)의 (다리 foot = **pez**)를 가진 탁자

tra**pez**oid [tr&pəzɔ̀id]
부등변 사각형[2]
(모양 shape = **oid**)의 도형

rhombus [rámbəs]
마름모꼴[3]
3. 2쌍의 변이 (비뚤어진 twist = **rhomb**) 체로 보는 형태 + **us**

1554 pentagon [péntəgàn]
5각형, 미국 국방부 건물
☞ heptagon 7각형

hexa**gon** [héksəgàn]
6각형
☞ octagon 8각형 ☞ octopus (8개의 다리를 가진) 문어

구부리다 (2) hook = arc, beak, creek, crook, curb, hoop

1555 hoop [hu:p]
고리, 링
1. 하와이 (훌라 hula) 춤에서 사용하는 (고리 ring = **hoop**)

hula hoop
훌라후프[1]
☞ an iron hoop 쇠 테두리

loop [lu:p]
고리, 고리로 만들다
☞ loophole 빠져나갈 수 있는 허술한 구멍

1556 hook [huk]
갈고리[1], 걸다
1. 예리한 (각 angle = **hook**)으로 구부러진 금속 조각

☞ a hook shot (농구) 훅 숏 ☞ a fish hook 낚싯바늘

| 1557 | **beak** [biːk] | 부리¹, 주둥이¹, 뱃머리¹ | 1. (구부러져 hook = beak) 돌출한 형상 |
| | **beak**like [bíːklàik] | 부리 같은 | ☞ a pointed beak 날카로운 부리 |

| 1558 | **creek** [kriːk] | 작은 개울¹, 시내, 지류 | 1. (구부러져 hook = creek) 흐르는 작은 물줄기 |
| | **crook** [kruk] | 갈고리, 구부리다² | 2. 팔 또는 활을 갈고리 모양으로 (구부리다 hook = crook) |

| 1559 | **crouch** [krautʃ] | 웅크림, 웅크리다¹ | 1. 몸을 (구부려 hook = crouch) 작게 하다 |
| | **crest** [krest] | 물마루, (새) 볏², 용마루² | 2. 꼭대기가 산등성이 모양으로 (굽은 hook = crest) 것 |

| 1560 | **curb** [kəːrb] | 연석¹, 재갈, 억제하다 | 1. 완만하게 (굽은 hook = curve = curb) 모양의 경계석 |
| | **kerb** [kəːrb] | (인도와 차도 사이) 연석 | ☞ uncurb 구속을 풀다 |

| 1561 | **arc** [ɑːrk] | 원호, 포물선¹ | 1. 하늘에서 태양의 (활 bow = arc) 모양의 이동 경로 |
| | **arc**h [ɑːrtʃ] | 아치형 모양, 구부리다 | ☞ a triumphal arch 개선문 |

1562	**arr**ow [ǽrou]	화살¹, 화살표	1. (포물선 arc = ar + r)으로 하늘을 가로지르는 무기 + ow
	archery [ɑ́ːrtʃəri]	활쏘기²	2. (활 bow = arch)을 쏘는 기술 + ery
	archer [ɑ́ːrtʃər]	궁수	☞ quiver 화살 통, 떨다, 떨리다

줄 line = grill

1563	**line**	선, 줄, 경계, 대사, 노선	1. 강조하기 위해 단어 (아래에 under) (줄 line)을 긋다
		줄을 세우다, 안감을 대다	☞ cut in line 새치기하다
	linear [líniər]	직선의	☞ linear perspective 직선 원근법
	under**line** [ʌ̀ndərláin]	밑줄을 긋다¹, 강조하다	☞ underline the important passage 중요 지문에 밑줄을 긋다

1564	**line**r [láinər]	여객선¹, 직선 타구, 안감	1. 전쟁에 나가기 위해 (줄 line)을 서서 기다리는 배 + r
	eye**line**r [ailainər]	눈의 윤곽을 그리는 것	2. 동물의 (꼬리 tail = queue)처럼 사람들이 늘어선 줄
	queue [kjuː]	줄², 줄을 서서 기다리다	☞ jump the queue 새치기하다

1565	**line**age [láinidʒ]	혈통¹, 가계	1. 조상으로부터 후손까지 이어지는 (줄 line) + age
	lineal [líniəl]	직계의	☞ matrilineal 모계의
			☞ patrilineal 부계의

1566	**line**n [línin]	마직류¹, 리넨 제품	1. 아마에서 추출한 (실 line)로 짠 침대 시트 따위의 직물 + n
	wool [wul]	털, 모직	☞ cotton 목화, 면직물
			☞ silk 비단, 명주실

1567 **gril**l [gril]	석쇠[1], 석쇠에 굽다	1. 철사 (줄을 엮어서 entwine = **gril**) 만든 구이용 기구 + l
grillwork [grílwɔ̀:rk]	격자 모양으로 만든 것	2. 직교하도록 (줄을 엮어서 entwine = **gri**) 만든 무늬 + d
grid [grid]	격자무늬[2], 기준선	☞ gridlock 교통 정체, 교착 상태

계산하는 돌 석회석 limestone = calc, chal

| 1568 **calc**ulation | 계산 | 1. (석회석 limestone = **calc**) 조각을 가지고 세다 + ul + ate |
| **calc**ulate [kǽlkjəlèit] | 계산하다[1] | ☞ calculative 계산적인　　☞ calculator 계산기 |

| 1569 **calc**ulus [kǽlkjələs] | 미적분학 | ☞ differential calculus 미분학 ☞ integral calculus 적분학 |

나누다 divide = de, di, vid, vis, wid

1570 **di**vis**ion** [divíʒən]	분배, 나눗셈, 부문, 사단	1. (분리하여 apart = **di**) (나누다 separate = **vid**) + e
divide [diváid]	나누다[1], 갈라지다	☞ the sales division of the company 회사의 판매부문
divis**ional** [divíʒənəl]	부문의	☞ divisible 나눌 수 있는

1571 indi**vid**ual	개인[1], 개체[1]	1. 더 이상 (분리하여 apart = **di**) (나눌 separate = **vid**) 수
[indəvídʒuəl]	개인의, 개별적인	(없는 not = **in**) 것 + u + al
indi**vid**ualize	개인의 요구에 맞추다	☞ individualistic 개인주의적인
indi**vis**ible [ìndivízəbəl]	나눌 수 없는	☞ individual difference 개인 차이

1572 di**vid**end [dívidènd]	배당금[1], 도박 상금	1. (분리해 apart = **di**) (나눈 separate = **vid**) 금액 + end
	피제수[2]	2. 제수에 의해 (나누어지는 separated = **dividend**) 수
di**vis**or [diváizər]	제수	☞ a common divisor 공약수

1573 de**vic**e [diváis]	고안된 장치, 방법	1. 아이디어를 얻기 위해 물체를 따로 (분리하여 apart = **de**)
de**vis**e [diváiz]	고안하다[1]	(나누다 separate = **vis**) + e
de**vic**eful	계획적인	☞ mobile device 휴대할 수 있는 장치

1574 **de**al [di:l]	거래[1], 많음, 카드 돌리기	1. 서로의 이익을 위해 물건을 (나누는 divide = **de**) 행위 + al
	거래하다, 돌리다[2]	2. 카드 패를 여러 사람들에게 (나누어 divide = **de**)주다 + al
dealership [dí:lərʃìp]	대리점	☞ deal with ~을 다루다

| 1575 **wid**ow [wídou] | 과부, 미망인[1] | 1. 남편과 (분리되어 separated = **wid**) 홀로된 여성 + ow |
| **wid**ower [wídouər] | 홀아비 | ☞ a sorrowful widow 슬픔에 잠긴 미망인 |

1576 **di**et [dáiət]	식사, 다이어트[1]	1. 체중 감량을 위해 음식료의 양을 (따로 apart = **di**)
dietary [dáiətèri]	음식물의, 식이요법의	측정한 후에 (섭취하는 take = **et**) 방식
dietetic [dàiətétik]	영양학적	☞ dietician 영양사

★ 시간 time = chron, tempo, ti

1577 times 시대, 배, 번
  timely [táimli] 시기적절한
  over**time** [óuvərtàim] 초과 근무
  over **time** 시간이 지나면서

☞ at times 가끔, 때때로 　☞ from time to time 가끔
☞ in time 이윽고, 결국 　☞ in no time 곧, 당장에
☞ on time 정시에
☞ by the time ~할 무렵에

1578 part-time 시간제의
  full-**time** 전임의, 전 시간제로
  pas**time** [pǽstàim] 취미, 소일거리[1]

1. (시간 time)을 (보내기 pass = **pas**) 위해 심심풀이로 하는 일
☞ real time 실시간
☞ pastime activities 오락 활동

1579 timeline [táimlàin] 연대표, 시각표
  time table 시간표

☞ time-worn 오래되어 낡은
☞ prime time 황금 시간대

1580 tempo (음악) 속도[1]
  temporal [témpərəl] 시간의[2], 현재의
  temporary 임시의

1. 음악 또는 움직임의 (시간 time = **tempo**) 속도
2. (시간 time = **tempo**)의 + **r** + **al**
☞ temporize 시간을 끌다

1581 contempo**rary** 동시대 사람
  [kəntémpərèri] 동시대의[1], 현대의
  con**tempo**rize 현대화하다
  시기를 같이하다

1. (시간 time = **tempo**)이 (함께 with = **con**) 일치하는 + **r** + **ary**
☞ contemporary art 현대 미술
☞ He is contemporary with Jesus. 그는 예수와 동시대 사람이다.

1582 temple [témpəl] 사원[1], 절[1], 관자놀이
  con**templ**ation 사색
  con**templ**ate 사색하다[2]

1. 명상하기 위해 속세와 (분리된 divide = **temp**) 장소 + **le**
2. (절 temple = **templ**)에서 (완전히 entirely = **con**)
　명상하다 + **ate**
☞ a buddhist temple 불교 사원

1583 temperament 기질, 신경질적임
  temper [témpər] 기질, 화, 진정시키다[1]
  temperamenta 신경질적인

1. 사색하며 화를 (억제하다 restrain = **temper**)
☞ a quick temper 급한 성미
☞ Don't lose your temper 화내지 마라.

1584 temperature 온도, 기온
  temperate [témpərit] 온화한[1], 절제하는

1. 온도가 (억제되어 restrain = **temper**) 덥거나 춥지 않은 + **ate**
☞ room temperature 상온, 평상시 온도
☞ a temperate climate 온대 기후

1585 tide [taid] 조수[1], 흐름
  tidal [táidl] 조수의

1. (시간 time = **ti**)을 (분리하는 divide = **de**) 해수면의 높낮이
☞ tideland 개펄, 간석지 　☞ tidal current 조류

1586 **tid**iness	청결, 정돈	1. (조수 tide = **tid**) 발생 시간처럼 순서에 맞게 정리된 + **y**
tidy [táidi]	정돈하다, 깔끔한[1]	☞ a tidy profit 상당한 수익
un**tid**y [ʌntáidi]	단정치 못한, 어수선한	☞ tidy a room 방을 치우다

1587 **chron**icle [kránikl]	연대기	1. 연도별 (시간 time = **chron** + o) 순으로
chronology	연대표[1]	(진술 statement = **logy**)한 표
[krənálədʒi]		☞ chronological order 연대순 ☞ timeline 연대표, 시각표

| 1588 **chron**icity [krənísəti] | 만성 | 1. 병에 걸린 (시간 time = **chron**)이 지속되며 낫지 않는 + **ic** |
| **chron**ic [kránik] | 만성적인[1] | ☞ chronic indigestion 만성적인 소화 불량 |

1589 syn**chron**ization	동기화	1. (같은 same = **syn**) (시간 time = **chron**)에 발생하다 + **ize**
syn**chron**ize [síŋkrənàiz]	동시 발생하다[1]	2. (시간 time = **chron**)에 (역행 against = **ana**)하는 행위
ana**chron**ism	시대착오[2]	+ **ism**
[ənǽkrənìzm]		☞ synchronize watches 여러 시계를 같은 시각으로 맞추다

씨앗, 심다 sow = se, semin

1590 season [síːzən] 계절[1], 좋은 시기
양념을 치다
seasoning [síːzəniŋ] 양념[2], 조미료
seasonal [síːzənəl] 계절적인, 계절 특유의

1. 씨앗을 (심기 sow = se)에 알맞은 시기 + ason
2. (계절 season)에 맞게 맛을 돋우는 재료 + ing
   ☞ dry season 건기　　　☞ in season 제철인
   ☞ high season 성수기　　☞ off-season 비수기

1591 seed [siːd] 씨앗[1], 씨가 맺다
seedling [síːdliŋ] 묘목

1. (심는 sow = se + e) 종자 + d
   ☞ seed money 종잣돈

1592 dissemination 파종, 보급
disseminate 흩뿌리다, 퍼뜨리다[1]
[disémənèit]

1. 여러 (방향으로 direction = dis) (씨앗 seed = semin)을
   뿌리다 + ate
   ☞ disseminate infection 전염병을 퍼뜨리다

1593 seminar [sémənàːr] 세미나[1], 토론회
seminary [sémənèri] 신학대학

1. (씨앗 seed = semin)을 키우듯이
   교수가 학생을 양성하는 토론 + ar
   ☞ a graduate seminar 대학원 세미나

축제 festival = fair, feast, fest

1594 festival [féstəvəl] 축제[1]
festive [féstiv] 축제의
festal [féstl] 축제의, 유쾌한

1. (성스러운 날 holy day = fest) 개최하는 교회 행사 + iv + al
   ☞ a festive atmosphere 축제 분위기
   ☞ festivalgoer 축제에 가는 사람

1595 feast [fiːst] 연회[1], 축제일, 포식하다
fanatic [fənǽtik] 열광자[2], 광신도
fanatical [fənǽtikəl] 광적인

1. (축제 festival = feast)에 참석해 마음껏 먹고 즐기는 행위
2. (연회 feast = fan)에서 열광적으로 즐기는 사람 + at + ic
   ☞ fan 팬, 지지자

1596 fair [fɛər] 시장[1], 박람회[1]
fairgoer [fɛərgóuər] 박람회 가는 사람

1. 휴일에 (축제 festival = fair)가 열리는 장소
   ☞ a fair trade 공정한 거래　　☞ a job fair 채용 박람회

1597 fairness [fɛərnis] 공정성, 금발
fair [fɛər] 예쁜[1], 맑은[2], 공정한[3]
꽤 많은
fairly [fɛərli] 상당히, 꽤, 매우

1. 얼굴이 보기에 (아름다운 beautiful = fair)
2. 하늘이 (아름답고 beautiful = fair) 맑은
3. 한쪽에 치우치지 않아 (아름답고 beautiful = fair) 공정한
   ☞ a fairy tale 요정 이야기, 동화

★ 새로운 new = cen, nov

1598 newness [njúːinis] 새로움
anew [ənjúː] 다시, 새로이
brand new 완전 새로운[1]

1. 반짝반짝 (빛날 glowing = brand) 정도로 (새로운 new)
   ☞ play the tune anew 멜로디를 처음부터 다시 연주하다
   ☞ create a brand new culture 완전 새로운 문화를 창조하다

1599	**new**born [nubərn]	신생아, 갓 태어난	1. (새로 new) 가입해서 (온 come) 사람 + r
	newcomer [nukəmər]	신입자, 신참자[1]	☞ a new coinage 신조어
	newlyweds [njúːliwèd]	신혼부부	☞ a newcomer award 신인상

1600	re**new**al [rinjúːəl]	재개, 갱신	1. (다시 again = re) (새롭게 new) 하다
	re**new** [rinjúː]	재개하다, 갱신하다[1]	2. 그리스와 로마의 고전 문화를 (다시 again = re) 새롭게
	re**naiss**ance	르네상스[2], 문예 부흥	(태어나도록 born = naiss)한 운동 + ance

1601	re**cen**cy [ríːsənsi]	최신	1. (매우 completely = re) (새로운 new = cen) + t
	re**cen**t [ríːsənt]	최근의[1]	2. 물을 이용하여 (다시 again = rin) (새롭게 new = se)하다
	rinse [rins]	헹굼, 헹구다[2]	☞ recently 최근에

1602	in**nov**ation [inəvéiʃən]	혁신	1. (안으로 in) (새로운 new = nov) 것을 가져오다 + ate
	in**nov**ate [ínouvèit]	혁신하다[1]	☞ an age of technological innovation 기술 혁신 시대
	in**nov**ative [ínouvèitiv]	획기적인	☞ introduce an innovative design 혁신적 디자인을 도입하다

1603	re**nov**ation	개조, 쇄신, 혁신	1. (다시 again = re) 새롭게 (new = nov) 하다 + ate
	re**nov**ate [rénəvèit]	개조하다[1]	☞ an educational renovation 교육 혁신
	re**nov**ative	개조하는	☞ renovate a society 사회를 혁신하다

| 1604 | **nov**el [návəl] | 소설[1], 새로운 | 1. (새로운 new = nov) 경험을 보여 주는 문학 장르 + el |
| | **nov**elty [návəlti] | 새로움[2], 신기함 | 2. (새로운 new = nov) 상태 + el + ty |

| 1605 | **nov**ice [návis] | 초보자[1] | 1. (새롭게 new = nov) 도착하여 경험이 없는 노예 + i + ce |
| | **nov**icelike | 초보자 같은 | ☞ a novice therapist 초보 치료사 ☞ rookie 신참자, 신인 |

행동, 연기 play = dra, mime

1606	**dra**ma [dráːmə]	연극[1], 극적인 사건	1. 극장에서 대본에 기초하여 수행하는 (연기 action = dra) + ma
	dramatize	각색하다	☞ comedy 코미디, 희극 ☞ tragedy 비극
	dramatic [drəmǽtik]	극적인, 감격적인	☞ dramatic tension 극적 긴장감

| 1607 | **dra**stic [drǽstik] | 과감한[1], 급격한 | 1. 주저함이 없이 (연기 action = dra)하는 + st + ic |

1608	**mime** [maim]	광대, 무언극	1. (광대 mime)가 (모든 all = panto) 행동을 흉내 내는 연극
	panto**mime**	팬터마임, 무언극[1]	2. (가면 mask = mum + m)을 쓰고 연기하는 연극 + ery
	mummery [mʌ́məri]	무언극, 가면극[2]	☞ mummer 무언극 배우

1609	**mim**icry [mímikri]	흉내	1. (어릿광대 mime = mim)가 행동을 모방하다 + ic
	mimic [mímik]	흉내쟁이, 흉내 내다[1]	☞ vocal mimicry 성대모사
	bio**mim**icry	생체 모방 기술	☞ mimic his facial expressions 그의 얼굴 표정을 흉내 내다

예술의 여신 muse = mus

1610 muse [mju:z]   예술의 신[1], 사색하다   1. 예술가에게 영감을 주는 (예술의 여신 뮤즈 muse)
     museful [mjúːzful]   생각에 잠기는   2. (예술의 여신 뮤즈 muse)를 모시는 사당 + um
     museum [mjuːzíːəm]   박물관[2]   ☞ an art museum 미술관

1611 gallery [gǽləri]   미술관, 화랑[1], 골프 관중   1. (현관 porch = gallery)에서 교회 또는 미술관 내부로
     gallerygoer   미술관 애호가   조용히 들어가는 지붕이 있는 좁은 통로

1612 amusement   재미, 오락   1. 누군가 (에게 to = a) (예술의 여신 muse)을 접하게 하여
     amuse [əmjúːz]   즐겁게 해주다[1]   즐거움을 주다
     amusing   재미있는   ☞ an amusement park 놀이공원

도로 (1) road = od

1613 exod**us** [éksədəs]   대규모 탈출[1]   1. (바깥에 ex) 있는 (도로 road = od)로 나가 피신함 + us
     ☞ rural exodus 농민의 도시권 이동 현상

1614 period [píəriəd]   기간, 시기   1. 시간 (주변 around = peri)의 (길 road = od)을 반복하는 + ic
     period**ic** [pìəriádik]   주기적인[1]   ☞ a period of rotation 자전 주기
     period**ical**   정기 간행물   ☞ the periodic table 주기율표

1615 method**ology**   방법론   1. 무언가를 (추구 pursuit = meth)해 나가는 (길 road = od)
     method [méθəd]   방법[1]   ☞ a conservative method 보수적인 방식
     method**ize**   방식에 따라 정리하다   ☞ methodical 체계적인

1616 episod**e** [épəsòud]   에피소드[1], 일화   1. 인생(길 road = od) 위에 (추가 addition = epis)된 이야기 + e
     episod**ic** [èpəsádik]   일화의   ☞ a touching episode 감동적인 에피소드

★ 마차, 차 car = career, cart, char

1617 cart [kɑːrt]   수레[1], 운반하다   1. 말 한 마리가 끄는 바퀴가 2개 달린 (마차 car) + t
     go-**car**t   유모차, 손수레   2. 고대의 전투 또는 경주용 (마차 car = char) + i + ot
     chariot [tʃǽriət]   마차[2], 전차[2]   3. (마차 car)에 싣고 (가는 go) 물건
     cargo [kɑ́ːrgou]   화물[3]   ☞ oxcart 소달구지

1618 coach [koutʃ]   마차[1], 지도자, 버스   1. 마차를 처음 만든 헝가리의 (도시 이름 Kocs = coach)
     마차로 나르다, 지도하다   2. 목적지로 가는 (마차 coach)처럼 선수를 목표로 끌고 가는 사람

1619 **career** [kəríər]	경력¹, 직업, 질주하다²	1. (전차 chariot = **career**)의 길처럼 인생길을 달려온 흔적
careerism	출세 제일주의	2. (전차 chariot = **career**)가 경주로를 달리다
		☞ a dual-career couple 맞벌이 부부

| 1620 **carica**ture | 캐리커처, 풍자만화¹ | 1. (수레에 짐을 싣는 load = **carica**) 것처럼 종이 위에 |
| [kǽrikətʃùər] | | 사람의 특징을 과장하여 싣다 + t + ure |

1621 **carous**el [kǽrəsél]	회전목마¹, 회전식 컨베이어	1. (전차 chariot = **carous**)에서 경주로를 돌면서
merry-go-round	회전목마	창으로 찌르는 시합 + el
carpenter [kɑ́ːrpəntər]	목수²	2. (마차 **car**)를 (만드는 사람 maker = **penter**)

1622 **char**ge [tʃɑːrdʒ]	화물¹, 청구	1. (수레 cart = **char**)에 싣는 짐 + ge
	책임², 비용², 공격, 공격하다	2. 일 또는 금전상의 짐
	충전³, 장전⁴, 기소⁴	3. 배터리에 전기를 싣는 행위
re**char**ge [riːtʃɑ́ːrdʒ]	재충전하다, 재공격하다	4. 총에 탄약을 장전하거나 피고에게 죄를 싣는 행위

★ 운송하다 carry = car, ger, ges, gis

1623 **carr**iage [kǽridʒ]	마차, 객차, 운송, 통과	1. (수레 cart = **car** + r)로 운송하다 + y
carry [kǽri]	나르다¹, 이동하다	☞ the carriage of rail freight 철도 화물 운송
	떠맡다, 취급하다	☞ carry out 수행하다

1624 **bring**	가져오다	☞ bring forth 낳다, 생산하다
up**bring**ing [əpbríŋiŋ]	양육, 가정교육	☞ bring into play 활동하도록 하다
		☞ bring about 초래하다

| 1625 con**ges**tion | 혼잡, 막힘 | 1. 군중들이 (함께 with = **con**) (나르다 carry = **ges**) + t |
| con**ges**t [kəndʒést] | 혼잡하게 하다¹ | ☞ traffic congestion 교통 혼잡 |

1626 di**ges**tion [didʒéstʃən]	소화	1. 음식물을 (분해 away = **di**)하여
di**ges**t [didʒést]	요약, 소화하다¹, 이해하다	양분을 (나르다 carry = **ges**) + t
di**ges**tive [didʒéstiv]	소화의	☞ the digestive system 소화계

1627 in**ges**tion [indʒéstʃən]	섭취	1. 음식물을 입 (안으로 in) (나르다 carry = **ges**) + t
in**ges**t [indʒést]	섭취하다¹, 삼키다	☞ nutrient ingestion 영양분 섭취
in**ges**tive [indʒéstiv]	섭취의	☞ an ingestive behavior 섭식 행동

1628 sug**ges**tion	암시, 시사, 제안	1. (아래에서 위로 up from below = sur = **sug**)
sug**ges**t [səgdʒést]	시사하다, 제안하다¹	의견을 (전달하다 carry = **ges**) + t
sug**ges**tive	암시하는	☞ a suggestion system 제안 제도

1629	re**gis**tration	등록	1. 기억으로부터 (되돌려 back = **re**) (가져오기 bring = **gis**)
	re**gis**ter [rédʒəstər]	등록기	위해 기록하다 + **t** + **er**
		기록하다¹, 등록하다	☞ a cash register 금전 등록기

1630	exag**ger**ation	과장	1. (과도하게 overly = **ex**) 어떤 측면 (쪽으로 to = **ag**)
	exag**ger**ate [igzǽdʒərèit]	과장하다¹, 허풍 떨다	강조하여 (전달하다 carry = **ger**) + **ate**
	exag**ger**ative	과장하는	☞ exaggerate a fact 사실을 과대 포장하다

★ 항구, 통과하다, 나르다 port = fort, por

1631 port [pɔːrt]   항구[1], 입구, 피난처
     portable [pɔːrtəbəl]   휴대용의
     porter [pɔːrtər]   운반인[2], 문지기

1. 사람이나 물건이 (통과하는 pass = por) 장소 + t
2. (항구 port)에서 짐을 (나르는 carry = por + t) 사람 + er
   ☞ airport 공항

1632 porch [pɔːrtʃ]   현관[1]
     portal [pɔːrtl]   건물의 입구, 시작

1. 지붕이 얹혀 있는 (통과하는 pass = por) 문 + ch
   ☞ a portal site 포털 사이트
   ☞ the front porch 앞쪽 현관

1633 opport**unity** [ὰpərtjúːnəti]   기회[1]
     op**port**une [ὰpərtjúːn]   시기적절한

1. 배가 순조롭게 입항하도록 (항구 port)
    (쪽으로 toward = op) 부는 바람 + un + ity
   ☞ an opportunity cost 기회비용

1634 export [ekspɔːrt]   수출, 수출하다[1]
     im**port** [impɔːrt]   수입, 수입하다[2]
     importance [impɔːrtəns]   중요성
     important [impɔːrtənt]   중요한[3]

1. 물품을 (항구 port) (밖으로 out = ex) 나르다
2. 물품을 (항구 port) (안으로 in = im) 나르다
3. 해외에서 (수입 import)한 물건이기 때문에 중요한 + ant
   ☞ an import restriction 수입 제한

1635 report [ripɔːrt]   보고, 보고하다[1]
     reportedly [ripɔ́ːrtidli]   전하는 바에 따르면
     rap**port** [ræpɔːrt]   친밀한 관계[2]

1. 일의 결과를 (되돌려 back = re) (나르다 carry = por) + t
2. 제공한 사람(에게 to = ap) 받은 것을 (되돌려 back = r)
    (전달해 주는 carry = por) 관계 + t
   ☞ reporter 기자, 보고자

1636 support [səpɔːrt]   지지, 후원, 부양
                    지지하다[1], 부양하다
     sup**por**tive [səpɔ́ːrtiv]   지지하는

1. (아래에서 위로 up from under = sup) 무거운 짐을
    떠받쳐 (전달하다 carry = por) + t
   ☞ supporter 후원자

1637 help   도움, 돕다[1], 피하다
     helping   음식의 양[2]
     helpful [hélpfəl]   도움이 되는
     helpless [hélplis]   무력한

1. 위험을 (피할 수 help) 있도록 (지원 support = help)하다
2. (시중드는 help) 사람이 1인 몫으로 덜어 주는 양 + ing
   ☞ cannot help ~ing ~을 피할 수 없다 (할 수밖에 없다)
   ☞ cannot help but 동사원형 ~을 할 수밖에 없다
   ☞ have no choice but to 동사원형 ~을 할 수밖에 없다

1638 transport**ation**   운송
    [trὰnspərtéiʃən]
     trans**port** [trænspɔːrt]   운송, 운송하다[1]

1. 물건을 (가로질러 across = trans) (나르다 carry = por) + t
   ☞ transportable 운송할 수 있는
   ☞ transporter 운송자

1639 overcharge   과충전[1], 과대 청구하다[1]
     sur**charge** [sə́ːrtʃὰːrdʒ]   추가요금, 추가 부과하다[2]
     dis**charge** [distʃὰːrdʒ]   방출, 제대
                     하역하다, 해고하다

1. (지나치게 over) (충전하거나 또는 부과하다 charge)
2. 요금을 (추가로 over = sur) (부과하다 charge)
   ☞ discharge the cargo 짐을 내리다
   ☞ a mass discharge of workers 노동자들의 대량 해고

1640 **for**tune [fɔ́ːrtʃən]	행운[1], 재산	1. 우연히 (날아온 carry = for) 기회 + t + un + e
fortunate [fɔ́ːrtʃənit]	행운의	☞ fortunately 다행스럽게도 ☞ unfortunately 불행하게도
mis**for**tune	불행	☞ fortune-teller 점쟁이

★ 가치 value = cens, esteem, estim, val, vail, worth

1641 **val**ue [vǽljuː]	가치, 소중히 여기다	1. (가치 worth = val)를 측정할 수 (없을 not = in) 만큼
valuables	귀중품	매우 귀중한 + u + able
in**val**uable [invǽljuəbəl]	매우 귀중한[1]	☞ priceless 값을 매길 수 없을 만큼 귀중한
valuable [vǽljuːəbəl]	가치 있는, 소중한	☞ valueless 가치 없는 ☞ a face value 액면 가치

| 1642 **val**uation [væljuéiʃən] | 가치, 평가 | 1. (가치 worth = val)를 산정하다 + u + ate |
| **val**uate [vǽljuèit] | 평가하다[1] | ☞ the valuation of real property 부동산의 평가 |

| 1643 over**val**ue [òuvərvǽljuː] | 과대평가하다[1] | 1. (가치 worth = val)보다 (높게 over) 평가하다 + u + e |
| under**val**ue | 과소평가하다 | ☞ value added tax 부가가치세 (VAT) |

1644 e**val**uation [ivæljuéiʃən]	가치 평가	1. (가치 worth = val) 산정 결과를 (밖으로 out = e) 내놓다
e**val**uate [ivǽljuèit]	평가하다[1]	+ u + ate
e**val**uative [ivǽljuèitiv]	평가하는	☞ a subjective evaluation 주관적인 평가

1645 de**val**uation	평가절하	1. 화폐 (가치 worth = val)를 (낮추어 down = de) 평가하다
de**val**ue [diːvǽljuː]	평가절하하다[1]	+ u + e
re**val**uation	평가절상, 재평가	☞ currency devaluation 화폐의 평가절하
re**val**ue [rivǽˈlju]	평가절상하다	☞ devalue with the yuan 위안화를 평가절하하다

1646 **val**idity [vəlídəti]	유효함, 타당성	1. (가치 worth = val) 있다고 입증된 + i + d
validate [vǽlədèit]	입증하다, 승인하다	2. (강한 strong = val) 상태가 (아닌 not = in) + i + d
valid [vǽlid]	유효한, 타당한[1]	☞ validate a contract 계약을 승인하다
in**val**id [ínvəlid]	무효한, 약한[2], 병약자	☞ a valid remedy 효과적인 치료

1647 a**vail**ability [əvèiləbíləti]	이용 가능성	1. 누군가(에게 to = a) 이용할 (가치 worth = vail)가 있는
a**vail** [əvéil]	유용성, 쓸모가 있다	+ able
a**vail**able [əvéiləbəl]	이용 가능한[1]	☞ no avail 소용이 없다
		☞ readily available 쉽게 이용 가능한

1648 pre**val**ence [prévələns]	널리 퍼짐, 유행	1. 남보다 (가치 worth = vali)가 (앞 before = pre)서다
pre**vail** [privéil]	우세하다[1], 퍼져 있다	☞ the prevalence of bribery 뇌물의 유행
pre**val**ent [prévələnt]	널리 퍼져 있는	☞ a prevalent crime 널리 퍼진 범죄

| 1649 **vali**antness | 용맹함 | 1. (강한 strong = **val**) 힘과 정신력을 소유한 + **i** + **ant** |
| **vali**ant [vǽljənt] | 용맹한[1] | ☞ a valiant knight 용맹한 기사 |

1650 **estim**ation [èstəméiʃən]	평가	1. (가치 value = **estim**)를 평가하다 + **ate**
estimate [éstəmèit]	추정, 견적서, 추정하다[1]	☞ an objective estimation 객관적인 평가
over**estim**ate	과대평가, 과대평가하다	☞ overestimation 과대평가
under**estim**ate	과소평가, 과소평가하다	☞ underestimation 과소평가

1651 **esteem** [istí:m]	존중, 존경, 존경하다[1]	1. (가치 value = **esteem**)를 평가한 결과가 높아서 존중하다
dis**esteem** [dìsestí:m]	냉대, 얕보다	☞ a man of esteem 존중되어야 할 사람
self-**esteem**	자존심, 자부심	☞ estimable 존중할 만한

1652 **cens**us [sénsəs]	조사, 인구조사[1]	1. 재산의 가치 (평가 assess = **cens**)를 위한 인구조사 + **us**
censure [sénʃər]	비난, 비난하다[2], 꾸짖다	2. 가치를 속여서 (평가하여 assess = **cens**) 비난하다 + **ure**
censor [sénsər]	검열하다[3], 검열관	3. 과세 목적으로 재산의 가치를 (평가하기 assess = **cens**)
censorship [sénsərʃip]	검열	위해 검열하다 + **or**

1653 **worth** [wəːrθ]	가치, 가치 있는	1. (시간 time = **while**)을 투자할 만한 (가치 **worth**)가 있는
worthy [wə́ːrði]	가치 있는, 자격이 있는	☞ unworthy 가치가 없는
worthwhile [wə́ːrθhwáil]	가치 있는[1]	☞ worthless 쓸모없는, 무가치한

1654 praise**worth**y	칭찬할 만한[1]	1. (칭찬 praise)할 (가치 **worth**)가 있는 + **y**
note**worth**y [noutwərði]	주목할 만한	☞ a praiseworthy achievement 칭찬할 만한 성과
news**worth**y [nuzwərði]	뉴스거리가 되는	☞ a noteworthy observation 주목할 만한 관측

1655 **wor**ship [wə́ːrʃip]	숭배[1], 예배, 숭배하다	1. (가치 worth = **wor**)있게 여겨 공경하는 행위 + **ship**
worshipable	숭배할 수 있는	☞ ancestor worship 조상 숭배
worshipper [wə́ːrʃipər]	숭배자, 예배자	☞ a memorial worship service 추모 예배

1656 **idl**eness [áidlnis]	나태함	1. 능력을 사용하지 않아 (가치가 없는 worthless = **idl**) + **e**
idle [áidl]	빈둥대다, 가동되지 않는[1]	☞ Idleness makes the wit rust. 나태는 재치를 녹슬게 한다.
idly [áidli]	한가하게	☞ an idle asset 유휴 자산

★ 돌아다니다, 흐르다 run = chor, cor, cour, cur, ran, rhy, riv

1657 **curr**ency [kə́ːrənsi]	화폐[1], 통용	1. 사람들 사이에서 (돌아다니는 run = **cur** + **r**) 돈 + **ency**
monetary [mánətèri]	화폐의, 통화의	☞ currency exchange rates 통화의 환율
		☞ a monetary policy 통화 정책

1658 quarter [kwɔ́ːrtər]	25센트 동전	☞ nickel 니켈, 백동, 5센트 동전	
dime [daim]	10센트 동전	☞ pennyworth 소액, 소량	
penny [péni]	1/100 파운드, 1센트	☞ penny-wise 푼돈을 아끼는	

1659 current [kə́ːrənt]	흐름, 해류[1], 전류[1]	1. 현재 (돌아다니는 run = cur + r) 물 또는 전기 + ent
	통용되는, 현재의	☞ a current account 당좌 예금
currently [kə́ːrəntli]	현재, 지금	☞ a current employer 현재의 고용주

1660 recurr**ence** [rikə́ːrəns]	재발, 반복	1. 사건, 질병이 (되돌아 again = re) (달려오다 run = cur)
recur [rikə́ːr]	재발하다[1], 회상하다[2]	2. 생각이 (다시 되돌아 again = re) (달려오다 run = cur)
recurr**ent** [rikə́ːrənt]	재발하는, 반복되는	☞ nonrecurrent 재발하지 않는

1661 chore [tʃɔːr]	잡일, 허드렛일[1]	1. (반복되는 recurrent = chor) 사소한 집안 일 + e
		☞ household chores 가정 가사

1662 occurr**ence**	발생, 나타남	1. (달리는 run = cur) 도중에 예상하지 않은 일 또는 생각에
occur [əkə́ːr]	발생하다[1], 생각나다[1]	(부딪치다 against = oc)
occurr**ent** [əkə́ːrənt]	현재 일어나고 있는	☞ reoccurrence 재발

1663 concurr**ence**	동시 발생, 의견 일치	1. (함께 with = con) 동시에 (달리다 run = cur)
concur [kənkə́ːr]	동시 발생하다[1], 동의하다[2]	2. 마음이 일치해서 (함께 with = con) (달리다 run = cur)
concurr**ent**	동시 발생하는, 공존하는	☞ the number of concurrent users 동시 이용자의 수

1664 corral [kɔráːl]	가축우리[1]	1. 가축이 (달리도록 run = cor + r) 울타리를 친 장소 + al
pen [pen]	우리, 축사	☞ cage 우리, 새장

1665 discour**se** [dískɔːrs]	담화, 길게 이야기하다[1]	1. 머리 (주변 about = dis) 생각이 (달리다 run = cour) + se
intercour**se**	교제[2], 교류, 성교	2. (서로 between = inter) (왕래하는 run = cour) 행위 + se
concour**se**	합류[3], 광장, 산책로	3. (함께 with = con) (달리는 run = cour) 것들의 만남 + se

1666 curriculum	교육과정[1]	1. 학업에서 (달리는 run = cur + r) 과정 + i + cul + um
extracurr**icular**	정식 학과 이외의, 과외의	☞ an extracurricular activity 과외 활동

1667 corridor [kɔ́ːridər]	복도, 통로[1]	1. 마차가 (달리는 run = cor + r) 좁고 긴 길 + i + d + or
		☞ an ambulatory corridor 보행용 통로

1668 excur**sion** [ikskə́ːrʒən]	여행, 소풍[1]	1. (밖에서 out = ex) (달리는 run = cur) 활동 + s + ion
excur**sional**	여행의, 소풍의	☞ a field trip 현장 학습

1669 **run**away [rʌnəwèi]	도망, 배수관, 도망친	☞ runaway marriage 사랑의 도피 결혼
run away	도망치다	☞ runaway teenagers 가출 청소년
runway [rʌnwèi]	활주로, 패션쇼 무대	☞ an airport runway 공항 활주로
out**run** [autrən]	더 빨리 달리다, 초과하다	☞ overrun 지나쳐 가다, 퍼지다, 침략하다

1670 fore**runn**er	선구자¹, 전조, 예보	1. (앞서서 before = **fore**) (달려간 **run** + n) 사람 + **er**
[fɔ́ːrrʌ̀nər]		☞ a running mate 동반 출마자, 부통령 후보

1671 de**riv**ation	파생, 어원	1. (흐르는 run = **riv**) 개울로(부터 from = **de**)
de**riv**e [diráiv]	유래하다, 끌어내다¹	물을 끌어오다 + **e**
de**riv**ative [dirívətiv]	파생상품, 파생적인	☞ a derivative financial product 파생 금융 상품

1672 **riv**alry [ráivəlri]	경쟁, 적대	1. (흐르는 run = **riv**) 강에서 경쟁하며 물을 끌어오는 사람 + **al**
rival [ráivəl]	경쟁자¹, 경쟁하다	☞ fraternal rivalry 형제간의 경쟁
un**riv**alled [ənraivəld]	경쟁자가 없는	☞ rivalrous 경쟁의, 맞서는

1673 **ran**domization	무작위 추출	1. (흐르는 run = **ran**) 개울이 예측할 수 없는 방향으로 가는
randomicity	불균일성, 우발성	+ **dom**
randomize	무작위로 정하다	☞ a randomized control study 임의 대조군 연구
random [rǽndəm]	무작위의¹, 임의의	☞ a random guess 어림짐작

1674 **rhy**thm [ríðəm]	리듬¹, 율동, 운율	1. 규칙에 따라 반복적으로 (흐르는 run = **rhy**) 음 + **th** + **m**
rhythmic [ríðmik]	율동적인	☞ a circadian rhythm 24시간 주기 리듬
rhythmical [ríðmikəl]	율동의, 율동적인, 경쾌한	☞ dance to the rhythmical music 경쾌한 음악에 맞춰 춤추다

1675 **rhy**me [raim]	운¹, 시를 짓다	1. 각 행에서 음조가 비슷한 글자의 (흐름 run = **rhy**) + **me**
rhymeless [ráimlis]	무운의	☞ a nursery rhyme 동요

1676 **ep**ic [épik]	서사시¹, 서사시의	1. 신화, 전설 등을 (이야기 story = **ep**) 형태로 표현한 시 + **ic**
lyric [lírik]	서정시², 서정시의, 가사의	2. (리라 lyre = **lyr**) 악기를 연주하면서 부르는 노래 가사 + **ic**
lyrical [lírikəl]	서정적인	☞ lyricist 작사가

펼치다 spread = pa, pan, pat, pet

1677 pace [peis] 속도[1], 속도를 유지하다 1. 걸음이나 움직임 등이 (펼쳐나가는 spread = pa) 정도 + ce
outpace [autpeis] 앞지르다 ☞ apace 빠른 속도로 ☞ set the pace 선두를 달리다

1678 petal [pétl] 꽃잎[1] 1. 꽃봉오리가 잎처럼 (펼쳐진 spread = pet) 것 + al
bud [bʌd] 꽃봉오리, 싹 ☞ delicate petal sleeves 정교한 꽃잎 모양의 소매

1679 patent [péitənt] 특허[1], 특허의 1. 왕이 (펼쳐 spread = pat) 보여 주는 독점 판매 허가 + ent
☞ grant a patent 특허를 인가하다

1680 pan [pæn] (넓고 속이 얕은) 냄비[1] 1. 바닥으로 열기가 (퍼져 spread = pa) 나가는 요리 기구 + n
saucepan [sɔ́ːspæn] (손잡이와 뚜껑이 있는) 냄비 2. (작은 small = le) (항아리 pot = ket + t)
kettle [kétl] 주전자[2], 솥 ☞ jug 주전자, 항아리, 단지
☞ pitcher (귀 모양의 손잡이가 있는) 주전자, (야구) 투수

1681 expansion [ikspǽnʃən] 확대, 확장 1. (밖으로 out = ex) 널리 (펼치다 spread = pan) + d
expanse [ikspǽns] 넓게 트인 지역 ☞ expansive 광활한, 포괄적인
expand [ikspǽnd] 확장하다[1] ☞ territorial expansion 영토 확장

통과하다 = pass

1682 pass [pæs] 통과, 합격, 탑승권 1. (시간 time)을 (보내기 pass = pas) 위해 하는 행위
통과하다, 합격하다 2. (항구 port)를 (통과 pass)하기 위해 발급한 허가증
pastime [pǽstàim] 취미, 오락[1] ☞ pass on 물려주다, 속이다
passport [pǽspɔ̀ːrt] 여권[2] ☞ pass away 죽다, 보내다
☞ a passport holder 여권 소지자

1683 passage [pǽsidʒ] 통로, 흐름, 통과, 구절, 악절 ☞ secret passage 비밀 통로
통과하다, 나아가다 ☞ play a passage 한 악절을 연주하다
passenger [pǽsəndʒər] 승객 ☞ a passenger car 승용차

1684 overpass [ouvərpæs] 육교, 고가도로[1], 넘어가다 1. 길 위를 (넘어서 over) (통과하는 pass) 도로 구조물
bypass [báipæs] 우회도로[2], 우회하다 2. (옆으로 beside = by) (통과하는 pass) 도로
passerby [pǽsərbái] 통행인 ☞ pass by 옆을 지나가다

1685 trespass [tréspəs] 무단 침입, 침해하다[1] 1. 허가 없이 (가로질러 cross = tres) (통과하다 pass)
surpass [sərpǽs] 능가하다, 뛰어넘다[2] 2. 비교 대상을 (초월하여 beyond = sur) (통과하다 pass)
surpassable [sərpǽsəbl] 능가할 수 있는 ☞ surpass human capabilities 인간의 능력을 초월하다

1686	com**pass** [kʌ́mpəs]	컴퍼스[1], 나침반[1], 둘러싸다	1. 바늘 두 개가 (함께 with = com) (통과하는 pass) 도구
	en**compass**ment	에워싸기, 포위	2. (둘러싸도록 compass) 만들다 (make = en)
	en**compass** [inkʌ́mpəs]	둘러싸다[2], 망라하다	☞ a compass needle 나침반 바늘

★ 가로지르는 across = canc, cruc, crus, tra, trans, tren, trun

1687	**trans**ition [trænzíʃən]	이행, 변천, 변이	1. (가로질러 across = trans) (가다 go = it)
	transit [trǽnsit]	통행, 운송, 변화, 이동하다[1]	☞ a transition process 변천 과정
	transitional [trænzíʃənl]	변천하는, 과도기의	☞ transient 단기 체류자, 단기 체류의

| 1688 | **tren**ch [trentʃ] | 참호[1], 참호를 파다 | 1. 산을 (가로질러 across = tren) 파낸 좁은 도랑 + ch |
| | trench coat | 트렌치코트[2] | 2. (참호 trench) 안에서 비가 올 때 입는 군용 (겉옷 coat) |

| 1689 | **bottle**neck [bátlnek] | 교통 상습정체 구역[1] | 1. 도로 폭이 (병 bottle) (목 neck)처럼 좁아져 발생하는 정체 |
| | | | ☞ heavy traffic 극심한 교통량, 대형 차량 |

1690	**trans**action	거래[1]	1. 물건이 (왔다 갔다 across = trans)하는 (행위 action)
	transact [trænsǽkt]	처리하다, 거래하다	☞ a spot transaction 현금 거래
	transactional	거래의	☞ refuse to transact the business 사업 거래를 거절하다

1691	**trun**k [trʌŋk]	몸통[1], 가방[2], 반바지[2]	1. (가로질러 across = trun) 잘린 나무의 몸통 + k
		코끼리 코[3], 짐칸, 주요한	2. (나무의 몸통 trunk)과 닮은 형태의 것들
	trunk road	간선 도로	3. 악기 (트럼프 trump = trunk) 소리를 내는 코끼리 코

1692	be**tra**yal [bitréiəl]	배신	1. 비밀을 (옆으로 beside = be) (가로질러 across = tra)
	be**tra**y [bitréi]	넘겨주다[1], 배신하다[1]	넘겨주다 + y
	be**tra**yer [bitréiər]	배신자, 밀고자	☞ betray an emotion 감정을 드러내다

| 1693 | **tra**son [trí:zən] | 반역죄 | 1. 비밀을 (가로질러 across = tra + i) 적에게 |
| | **tra**itor [tréitər] | 배반자[1], 반역자 | 넘겨 (주는 give = t) 사람 + or |

| 1694 | **tra**dition [trədíʃən] | 전통[1] | 1. 세대를 (가로질러 across = tra) 넘겨 (주는 give = di) |
| | **tra**ditional [trədíʃənl] | 전통적인 | 사상, 관습, 행동 양식 + t + ion |

| 1695 | **tra**jectory | 탄도, 궤도[1] | 1. (가로질러 across = tra) (던진 throw = ject) 물체의 경로 + ory |
| | [trədʒéktəri] | | ☞ a trajectory velocity 탄도 속도 |

1696	**trans**lation	번역, 통역	1. 언어를 (가로질러 across = trans) (옮기다 carry = lat) + e
	translate [trænsléit]	번역하다[1], 통역하다	☞ an error in translation 번역상의 오류
	translator	번역가, 통역사	☞ a translated version 번역판

1697 **cross**	X 표, 십자가, 가로지르다	☞ crossword 십자말풀이
a**cross** [əkrɔ́:s]	가로질러	☞ crosscut 지름길, 가로로 자른
crosswalk [krɔswak]	횡단보도	☞ crossover 입체 교차로, 육교, 겹침
crossroad [krɔsroud]	교차로	☞ cross section 횡단면, 단면도

1698 **canc**ellation	취소, 무효화, 약분, 소거	1. 격자 모양의 (선을 그어 지우다 cross out = canc) + el
cancel [kǽnsəl]	취소하다[1], 약분하다	☞ cancel out 상쇄하다 ☞ call off 취소하다

1699 **cruis**e [kru:z]	유람선 여행	1. 주어진 경로를 (가로질러 across = cruis) 항해하다 + e
	순항, 순항하다[1]	☞ an autonomous cruise control system 자동 주행 제어 장치
		☞ a cruise ship 유람선 ☞ a cruise liner 유람선

1700 **crus**ade [kru:séid]	십자군[1], 개혁 운동	1. (십자가 cross = crus) 표식을 착용한 기독교 군사원정대 + ade
curse [kə:rs]	저주, 저주하다[2]	2. 파면 당한 교회 신도를 (십자가 cross = curs)로 저주하다 + e
		☞ a moral crusade 도덕성 회복 운동

1701 **cruc**iality [krú:ʃəli]	결정적임, 가혹함	1. (사거리 crossroad = cruc)에서 완전히 다른 결과를 초래하는
crucial [krú:ʃəl]	중대한, 결정적인[1]	방향 표지판을 선택하는 + i + al
		☞ a crucial factor 결정적인 요인

1702 **zip** [zip]	지퍼, 파일을 압축하다	1. (휙 하고 지나가는 소리 zip)를 내며 지퍼를 잠그다
	휙 지나가다	☞ zipper 지퍼
	지퍼를 잠그다[1]	☞ unzip 지퍼를 열다, 압축을 풀다

이동하다 move = veh, vel, vog, wag, weig, wav

1703 **veh**icle [víːikəl]	차량[1], 전달 수단	1. (이동하는 move = veh) 수단 + i + cle
	매개체	2. (스포츠 Sport)를 포함한 (다용도 Utility) (차량 Vehicle)
SUV	스포츠 유틸리티 차량[2]	☞ an off-road vehicle 비도로용 차량

1704 **vel**ocity [vəlásəti]	속도[1]	1. 물체가 (이동 move = vel)하는 빠르기 + oc + ity
speedometer	속도계	☞ acceleration 가속도, 가속
[spidámitər]		☞ momentum 탄력, 가속도, 운동량

1705 **wav**e [weiv]	파도, 물결, 흔들기	1. 배가 파도 위에서 (흔들리며 움직이다 move = wav) + e
	흔들리다[1], 곱슬거리다	☞ waver 흔드는 사람, 떨리다, 망설이다
wavelength	파장, 주파수	☞ tidal wave driven by an earthquake 지진으로 유발된 해일

1706 micro**wav**e	마이크로파, 극초단파	1. (극초단 small = micro) (파 wave)를 이용하는 (오븐 oven)
microwave oven	전자레인지[1]	☞ microwave emissions 마이크로파 방출

1707 **vog**ue [voug]	유행[1]	1. 배가 (흔들리듯이 wave = **vog**) 인기가 변하는 상황 + ue
wag [wæg]	흔들다[2]	2. 앞뒤로 또는 위아래로 (흔들리며 움직이다 move = **wag**)
waggle [wǽgəl]	흔들다, 흔들리다	☞ wiggle 작고 빠르게 흔들다

1708 **wag**on [wǽgən]	사륜마차[1]	1. 화물을 싣고 (흔들리며 이동하는 move = **wag**) 마차 + on
band**wag**on	악대 차량, 행사, 우세한 쪽	☞ wagoner 마부

1709 **weig**ht [weit]	무게[1], 중요성	1. 마차에 실려 (이동하는 move = **weig**) 화물의 무게 + ht
weigh [wei]	무게를 재다, 무게가 ~이다	☞ weight loss 체중 감소
	저울질하다, 중요하다	☞ lay weight on ~을 중시하다
out**weig**h [autwei]	~보다 무겁다	☞ weigh the baggage 짐의 중량을 달다
	~보다 중요하다	☞ outweigh an advantage 손해가 이득보다 더 많다

1710 **wee** [wi:]	아주 작은[1]	1. (무게 weight = **wee**)가 적게 나가는
wee class	심리 상담 교실[2]	2. 부적응 학생을 위한 (소규모 **wee**) 심리 상담 (교실 **class**)
		☞ a wee bit 아주 조금 ☞ a wee girl 아주 작은 소녀

★ 도로 (2) way = vey, vi, via, voy

1711 **via** [víːə]	경유하여[1]	1. 이동하는 (길 way = **via**)을 거쳐서
voyage [vɔ́iidʒ]	긴 여행[2], 항해[2], 항해하다	2. 먼 (길 way = **voy**) 또는 바다 위에 가고 있는 상태 + age
voyager [vɔ́iidʒər]	장거리 여행자	☞ set off on a voyage 항해를 위해 출발하다

1712 con**vey**ance	수송	1. 물품과 (함께 with = **con**) (길 way = **vey**)을 떠나다
con**vey** [kənvéi]	수송하다[1], 전달하다	☞ a conveyor belt 회전 운송장치

1713 con**voy** [kánvɔi]	호송, 호송하다[1]	1. 죄수를 보호하며 (함께 with = **con**) (길 way = **voy**)을 가다
		☞ a motor convoy 차량 호송

1714 en**voy** [énvɔi]	사절[1], 공사	1. 왕의 메시지를 전달하기 위해
special **envoy**	특사	외국으로 가는 (길 way = **voy**) (위에 on = **en**) 있는 사람

1715 ob**vio**usness	명백함	1. (길 way = **vi**)에서 통행을 (막는 against = **ob**) 물체가
ob**vio**us [ábviəs]	분명한, 명백한[1]	눈에 잘 띄는 + ous

1716 pre**vio**usness	앞섬, 사전	1. (먼저 before = **pre**) (길 way = **vi**)을 나서는 + ous
pre**vio**us [príːviəs]	이전의[1]	☞ a previous consent 사전 승낙

1717 in**voi**ce [ínvɔis]	송장[1], 물품 대금 청구서	1. (길 way = **voi**) (위로 on = **in**) 운송되는 물품 설명서 + ce
	청구서를 보내다	☞ invoice amount 송장 금액

1718 deviation [dìːviéiʃən]　　　탈선, 편차　　　1. (길 way = **vi**)에서 (벗어나다 away = **de**) + ate
　　　dev**i**ate [díːvièit]　　　벗어나다¹, 일탈하다　　　☞ a standard deviation 표준 편차

몰다 push = drive, drift, wreck

1719 drift [drift]　　　표류, 표류하다¹　　　1. 바람, 공기 등에 의해 (몰려다니다 push = drive = **drift**)
　　　drifty [drífti]　　　표류하는　　　☞ snowdrift 날려 쌓인 눈 더미

1720 wreckage [rékidʒ]　　　파손된 상태, 잔해　　　1. 해안가로 (밀려 push = **wreck**) 들어온 표류 물체
　　　wreck [rek]　　　잔해¹, 난파, 파괴하다　　　☞ remove the wreckage 잔해를 치우다
　　　ship**wreck** [ʃíprek]　　　난파선　　　☞ a complete wreck 완전한 파멸

★ 배 boat = nau, naus, nav, nois

1721 **nav**y [néivi]	해군[1]	1. (배 boat = **nav**)로 항해하는 군대 + y	
naval [néivəl]	해군의	☞ navy blue 감청색　　☞ a merchant navy 상선	

1722 **nav**igation	항해, 운항	1. (배 boat = **nav**)를 (움직이게 move = **ig**) 하다 + ate
navigate [nǽvəgèit]	길을 찾다, 항해하다[1]	☞ aerial navigation 항공, 항공술
astro**nav**igate	우주 항해하다	☞ navigate by the stars 별에 의지하여 항해하다

1723 astro**nau**t [ǽstrənɔ̀:t]	우주 비행사[1]	1. (별 star = astro) 사이를 항해하는 (배 boat = **nau**) 사람 + t
astro**nau**tical	우주 비행의	2. (공중 air = aero)에서 (배 boat = **nau**)를 항해하는 기술을
aero**nau**tics	항공학[2]	연구하는 학문 + **tic** + **s**
[erənɔtiks]		☞ astronautics 우주 항해학

1724 **naus**ea [nɔ́:ziə]	메스꺼움, 구역질	1. (배 boat = **naus**)로 여행하는 도중 어지럽고 구역질이 나다
nauseate [nɔ́:zièit]	메스껍게 하다[1]	+ e + ate
nauseant [nɔ́:ziənt]	메스껍게 하는	☞ experience nausea 구역질을 경험하다

1725 **row** [rou]	열, 줄[1]	1. (실 tread, string = **row**)처럼 길게 죽 늘여 있는 것
	줄 세우다, 배를 젓다	2. 배를 (저을 row = **rud** + **d**) 때 방향을 조종하는 장치 + er
rudder [rʌ́dər]	배의 키[2], 방향타	

1726 **pilot** [páilət]	조종사, 키잡이, 도선사	1. 배의 (노 oar 또는 키 rudder = **pilot**)를 조종하다
	조종하다[1], 시험하다	☞ a co-pilot 부조종사

1727 **oar** [ɔ:r]	노[1]	1. (배를 젓는 row = **oar**) 도구
oarsman [ɔ́:rzmən]	노 젓는 사람	2. 배를 젓는 (작은 small = le) (주걱 pan = **pad** + **d**) 모양 도구
paddle [pǽdl]	노[2], 노를 젓다	☞ a boat driven by a paddle 노 하나로 젓는 배

★ 집 house = dan, daun, dom, dorm, dun, eco, tam

1728 **dom**estication	사육	1. 가축을 (집 house = **dom**)에 (소속시키다 belong = **est**)
domesticate	사육하다[1], 재배하다	+ **ic** + ate
domestic	국내의[2], 가정의	2. 자기 (집 house = **dom**)이 (속한 belonging = **est**) 국가의 + **ic**
[douméstik]	사육되는	☞ a domestic animal 가축

1729 **tam**eness	길들임, 온순함	1. 가축을 (사육하여 domesticate = **tam**) 고분고분하게 하다 + e
tame [teim]	길들이다[1], 길들여진	☞ as tame as a cat 아주 순한

1730 **daun**t [dɔ:nt]	겁먹게 하다[1]	1. 가축을 (사육하여 domesticate = **daun**) 인간을 두렵게 하다 + t
dauntless [dɔ́:ntlis]	겁이 없는, 불굴의	☞ dauntless courage 불굴의 용기

1731 **man**sion [mǽnʃən] con**dom**inium **dom**icile [dάməsàil]	저택[1], 맨션 콘도[2], 분양 아파트 거주지[3], 주소	1. 죽을 때까지 (머무는 remain = **man**) 장소 + **s** + **ion** 2. 소유권을 다수의 사람들이 (함께 with = **con**) 가지는 　(집 house = **dom**) + **inium** 3. (거주하는 dwell = **cile**) (집 house = **dom** + **i**)
1732 **dom**ain [douméin] **dom**anial king**dom** [kíŋdəm]	영역[1], 인터넷 주소 영토의, 영역의 왕국	1. 지배권을 행사할 수 있는 (집 house = **dom**) 또는 토지 + **ain** ☞ the domain of medicine 의학의 분야 ☞ dukedom 공국, 공작의 영토
1733 **dom**ination **dom**inance **dom**inate [dάmənèit] **dom**inant [dάmənənt]	지배, 우세, 통치 지배, 우세 지배하다[1], 두드러지다 우세한, 지배적인	1. (집의 우두머리 house lord = **domin**)가 하인을 지배하다 + **ate** ☞ market dominance 시장 점유 ☞ dominate the market 시장을 지배하다 ☞ a dominant gene 우성 유전자
1734 pre**dom**inance pre**dom**inate pre**dom**inant	우위, 우세 지배하다[1] 지배적인, 두드러진	1. 가족과 하인들 (앞에서 before = **pre**) 　(집의 우두머리 house lord = **domin**)가 지배하다 + **ate** ☞ a predominant feature 두드러진 특징
1735 **dom**ino [dάmənòu] domino effect domino theory	도미노 패 도미노 효과[1] 도미노 이론[2]	1. 이전 사건이 이후 사건들을 (지배해서 dominate = **domino**) 　연쇄 반응을 초래하는 (효과 effect) 2. 한 나라가 공산화되면 인접 국가들도 공산화된다는 이론
1736 **dun**geon [dʌ́ndʒən]	지하 감옥[1]	1. 귀족의 (집 house = **dun**)인 (성 castle) 지하의 감옥 + **geon**
1737 **dorm**itory [dɔ́:rmətɔ̀:ri] **dorm**ant [dɔ́:rmənt]	기숙사[1] 잠자는, 활동을 중단한	1. (잠을 자기 sleep = **dorm**) 위해 (가는 go = **it**) 건물 + **ory** ☞ a dormant volcano 휴화산
1738 in**somni**a [insάmniə] in**somni**ous a**somni**a	불면증[1] 불면증에 걸린 불면증	1. (잠 sleep = **somni**)을 자지 (못하는 not = **in**) 증상 + **a** ☞ insomniac 불면증 환자 ☞ suffer from insomnia 불면증을 겪다
1739 **hibern**ation **hibern**ate [háibərnèit]	동면 동면하다[1]	1. 잠을 자며 (겨울 winter = **hibern**)을 보내다 + **ate** ☞ hibernator 동면하는 동물 ☞ hibernal 겨울의
1740 **eco**system [ikousístəm] agro**eco**system **eco**-friendly	생태계[1] 농업 생태계 환경 친화적인	1. 생물이 사는 (집 house = **eco**)의 (체계 system) ☞ destroy an ecosystem 생태계를 파괴하다 ☞ ecoactivist 환경보호 운동가

1741	**eco**logy [iːkάlədʒi]	생태학[1]	1. 생물이 사는 (집 house = **eco**)에 관한 (학문 study = **logy**)
	ecological	생태학의	☞ socioecology 사회 생태학
	ecologist [ikάlədʒist]	생태학자	☞ ecological diversity 생태학적 다양성

1742	**eco**nomy [ikάnəmi]	경제[1], 절약	1. (집 house = **eco**)의 수입, 지출에 관한
	economic [èkənάmik]	경제의, 경제성이 있는	(관리 management = **nomy**)
	economical	돈을 절약하는, 알뜰한	☞ economics 경제학

방, 공간 room = chamber, comra, ru

| 1743 | **chamber** [tʃéimbər] | 방[1], 실, 회의실 | 1. 사생활을 위한 개인용 작은 (방 room = **chamber**) |
| | **attic** [ǽtik] | 다락방[2] | 2. 지붕 밑에 있는 (작은 공간 small space = **attic**) |

| 1744 | **comr**ade [kάmræd] | 동료[1], 전우, 동지 | 1. 함께 같은 (방 chamber = **comr**)을 쓰는 사람 + **ade** |
| | **comr**adeship | 동료 관계 | ☞ a genial comrade 다정한 동료 |

1745	**ru**sticity [rʌstísəti]	시골풍, 소박함	1. 넓은 (공간 space = room = **ru**)이 있는 지역의 + **r** + **al**
	rustic [rʌ́stik]	시골 사람, 소박한	☞ rustic manners 촌티가 나는 태도
	rural [rúərəl]	시골의[1]	☞ a rural community 농촌

1746	**urb**anization	도시화	1. (도시 city = **urb**)의 + **an**
	urbanize [ə́ːrbənàiz]	도시화하다	☞ urbane 세련된
	urban [ə́ːrbən]	도시의[1]	☞ urban renewal 도시 갱신, 도시 재개발

| 1747 | su**burb** [sʌ́bəːrb] | 교외[1], 도시 근교의 | 1. (도시 city = **urb**) 근처 (아래에 under = **sub**) 있는 지역 |
| | su**burb**an [səbə́ːrbən] | 교외의 | ☞ suburbanite 교외 거주자　　☞ outskirts 교외 |

머물다 remain = main, man, mn, hover

1748	re**main**s	남은 것, 유적, 유해	1. (뒤 back = **re**)에 (머물다 maintain = **main**)
	re**main** [riméin]	남다, 유지하다[1]	☞ remain steady 안정된 상태를 유지하다
	re**mn**ant [rémnənt]	잔존물, 유물, 나머지의	☞ remainder 나머지

1749	**perm** [pəːrm]	파마[1], 파마하다	1. (영원한 곱슬머리 permanent wave)의 축약형
	per**man**ence	영속성	2. (끝까지 through = **per**) (머무는 remain = **man**) + **ent**
	per**man**ent [pə́ːrmənənt]	영원한[2]	☞ a permanent magnet 영구 자석

| 1750 | **hover**ing | 공중 정지, 방황하는 | 1. 새가 공중에서 빙빙 돌며 (머물다 remain = **hover**) |
| | **hover** [hʌ́vər] | 맴돌다[1] | ☞ hover in indecision 결정을 짓지 못하다 |

★ 기억하다 remember = mem, min, mn, mon, mour

1751	**mem**ory [mémǝri]	기억, 기억력[1]	1. (기억하는 remember = mem) 능력 + or + y
	memorize [mémǝràiz]	암기하다	☞ memorable 기억할 만한
	memorial [mǝmɔ́ːriǝl]	추모하는, 기념비	☞ immemorial 기억할 수 없는 먼 옛날의

1752	com**mem**oration	기념	1. (완전히 entirely = com) (기억하다 remember = mem)
	com**mem**orate	기념하다[1]	+ or + ate
	[kǝmémǝrèit]		☞ commemorative 기념하는

| 1753 | **men**tion [ménʃǝn] | 언급, 언급하다[1] | 1. (기억을 상기시키기 remind = men) 위해 말하다 + t + ion |
| | **men**tionable | 언급할 수 있는 | ☞ not to mention ~는 말할 것도 없고 |

1754	com**men**tation	해설, 논평	1. (기억 remember = men)할 수 있도록
	com**men**t [kɑ́ment]	논평, 논평하다[1]	(완전히 entirely = com) 설명하다 + t
	com**men**tary	해설, 실황방송, 회고록	☞ commentator 해설자, 평론가

1755	cere**mon**y [sérǝmòuni]	의식[1]	1. 로마 근처 (카에레 Caere = cere)에서
	cere**mon**ial	의식의	신을 (기억하기 remember = mon) 위해 행한 의식 + y
			☞ an initiation ceremony 입회식

1756	**mon**ument	기념비[1], 불후의 업적	1. (기억하기 remember = mon) 위해
	[mɑ́njǝmǝnt]		돌로 만든 구조물 + u + ment
	monumental	기념비적인, 대단한	☞ a literary monument 기념비적인 문학 작품

1757	**mour**ning	애도	1. 죽은 사람을 (기억하고 remember = mour) 슬퍼하다 + n
	mourn [mɔːrn]	애도하다[1]	☞ mourn for the dead 죽은 사람을 애도하다
	mournful [mɔ́ːrnfǝl]	애절한	☞ mournful news 비보, 슬픈 소식

1758	de**monstr**ation	보여줌, 입증, 설명, 시위	1. (괴물 monster = monstr)을 통해 신의 저주를
	de**monstr**ate	입증하다, 보여주다[1]	(완전히 entirely = de) 보여주다 + ate
	de**monstr**ative	드러내 놓고 표현하는	☞ a mass demonstration 대중 시위

| 1759 | sum**mon**s | 호출, 소환장 | 1. (아랫 under = sum)사람에게 |
| | sum**mon** [sʌ́mǝn] | 소환하다, 호출하다[1] | 본 것을 (기억해 내도록 remind = mon) 소환하다 |

| 1760 | **mon**itor [mɑ́nitǝr] | 감시 장치[1], 화면 | 1. 주시하면서 (기억하도록 remember = mon) |
| | | 감시하다, 관찰하다 | 도와주는 장치 + i + t + or |

1761 ad**mon**ition	책망	1. 사람(에게 to = ad) 잘못한 것을
ad**mon**ishment	책망	(기억해 내도록 remind = mon) 하다 + ish
ad**mon**ish [ædmάniʃ]	꾸짖다, 책망하다[1]	☞ admonishingly 타이르듯이

| 1762 a**mn**esia [æmníːʒə] | 기억상실 | 1. (기억해 낼 remind = mn) 수 (없는 not = a) + es + ic |
| a**mn**esic [æmníːzik] | 건망증의[1] | ☞ traumatic amnesia 정신적 외상에 의한 기억 상실 |

1763 re**min**iscence	회상, 회고록	1. 과거를 (다시 again = re) (기억하는 remind = min)
re**min**iscent	회상하는[1]	+ isc + ent
[rèmənísənt]		☞ indulge in reminiscence 추억에 젖다

생각하다 think = mind, ment

1764 **ment**ality [mentǽləti] **men**tal [méntl]	사고방식[1] 정신적인	1. (생각하는 think = **ment**) 태도 + **al** + **ity** ☞ a mental impairment 정신적 결함
1765 **ment**or [méntər] **ment**ee [menti:]	멘토, 조언자[1] 멘티, 조언 받는 사람	1. (생각할 수 think = **ment**) 있도록 조언하는 충고자 + **or** ☞ mentorial 조언자의 ☞ mentorship 조언자의 지위
1766 **mind** **mind**ful [máindfəl] **mind**set [maindset]	마음, 정신 신경 쓰다, 조심하다 염두에 두는 사고방식	☞ Mind your head! (낮은 천장에 찧지 않도록) 머리 조심! ☞ mindless 생각 없는, 어리석은 ☞ a conservative mindset 보수주의적 사고방식 ☞ 'not-in-my-backyard' mindset 님비 (NIMBY)적 사고방식
1767 re**mind**er [rimáindər] re**mind** [rimáind] re**mind**ful [rimáindfəl]	상기시키는 것 상기시키다[1] 생각나게 하는	1. (다시 again = **re**) (생각나게 think = **mind**) 하다 ☞ a reminder slip 독촉장 ☞ remind employees to submit 직원에게 제출을 상기시키다

둘러싸다, 마당, 정원 enclose = chard, chor, garten, urt, yard

1768 **yard** **yard**stick [jɑːrdstik] **yard**age [jɑ́ːrdidʒ] court**yard** [kɔ́ːrtjɑ̀ːrd]	마당[1], (거리) 야드, 모이다 기준[2], 척도[2] 야드로 잰 크기 뜰, 마당	1. 주택 내부에 울타리로 (둘러싸인 enclose = **yard**) 땅 2. (야드 yard) 거리를 재는 91cm 정도의 (막대기 **stick**) ☞ churchyard 교회 경내, 교회 묘지 ☞ yard sale 중고품 마당 세일 ☞ backyard 뒷마당
1769 or**chard** [ɔ́ːrtʃərd] or**chard**ist [ɔ́ːrtʃərdist]	과수원[1] 과수 재배자	1. 과일 (나무 plant = **or**)가 자라는 (마당 yard = **chard**) ☞ a citrus orchard 감귤 과수원
1770 kinder**garten** [kindərgɑ̀ːrtn] **gard**en [gɑ́ːrdn]	유치원[1], 유아원 정원[2], 밭	1. (아이들 children = **kinder**)의 (정원 garden = **garten**) 2. 울타리로 (둘러싸인 마당 yard = **gard**) + **en** ☞ gardener 정원사 ☞ a vegetable garden 텃밭, 채소밭
1771 **court** [kɔːrt] **court**ly [kɔ́ːrtli] Supreme **Court**	궁정[1], 법정[2], (운동) 코트[3] 구애하다, 환심을 사다 공손한, 품위 있게 대법원	1. 왕과 신하들을 (함께 with = **co**) (둘러싼 마당 yard = **urt**) 2. 판사와 방청객을 (함께 with = **co**) (둘러싼 마당 yard = **urt**) 3. 선수와 관중을 (함께 with = **co**) (둘러싼 마당 yard = **urt**) ☞ a criminal court 형사 법원
1772 **court**esy [kɔ́ːrtəsi] **court**eous [kə́ːrtiəs] **court**ship [kɔ́ːrtʃip]	공손함, 예의[1] 공손한 구애[2], 환심 사기[2]	1. (법정 또는 궁정 court)에서 지켜야 할 태도 + **esy** 2. (궁 court)에서 (신하 courtier)가 왕의 환심을 사는 기술 + **ship** ☞ a courtship behavior 구애 행위

| 1773 | **chor**us [kɔ́ːrəs] | 합창단, 합창곡, 합창하다[1] | 1. 원으로 (둘러싼 enclose = **chor**) 형태로 노래하다 + **us** |
| | **choir** [kwáiər] | 성가대, 합창단 | ☞ choirmaster 성가대 지휘자   ☞ a choir loft 성가대석 |

| 1774 | **maz**e [meiz] | 미로, 복잡한 것 | ☞ an intricated maze 뒤얽힌 미궁 |
| | **maz**y [méizi] | 미로 같은, 구불구불한 | ☞ maze of regulations 복잡한 규정들 |

| 1775 | a**maze**ment [əméiz] | 놀라움[1] | 1. (미로 **maze**)에 갇혀 (매우 very = **a**) 당황한 상태 + **ment** |
| | a**maze** [əméiz] | 놀라게 하다 | ☞ Amazing Grace 놀라운 은총 |

★ 장소 place = loc, top, uch

| 1776 | **loc**ation [loukéiʃən] | 장소, 위치, 야외 촬영지 | 1. 건물 등을 (장소 place = **loc**)에 위치시키다 + **ate** |
| | **loc**ate [lóukeit] | 위치시키다[1], 위치를 찾다 | ☞ locus 장소   ☞ a resort location 휴양지 |

| 1777 | al**loc**ation | 할당, 배분 | 1. 사람들(에게 to = **al**) (장소 place = **loc**)를 배분하다 + **ate** |
| | al**loc**ate [ǽləkèit] | 할당하다[1] | ☞ budget allocation 예산 배분 |

1778	**local**ization	지방 분권, 지방화	1. 권한을 (지방으로 **local**) 분산시키다 + **ize**
	localize [lóukəlàiz]	지방화하다[1], 분권화하다[1]	☞ locale (극, 소설, 영화 등의) 배경, 현장
	local [lóukəl]	지역의, 현지의	☞ a local community 지역 사회

| 1779 | **loc**omotion | 이동 능력 | 1. (장소 place = **loc** + o)를 (이동 move = **mot**)하는 + **ive** |
| | **loc**omotive | 이동의[1], 운동의 | ☞ a locomotive engine 기관차 |

| 1780 | co**uch** [kautʃ] | 긴 의자[1], 몸을 웅크리다 | 1. 몸 전체를 (함께 with = **co**) 눕힐 수 있는 (장소 place = **uch**) |
| | studio couch | 침대 겸용 소파 | ☞ a couch potato 오랫동안 가만히 앉아 TV만 보는 사람 |

| 1781 | u**top**ia [juːtóupiə] | 이상향, 유토피아[1] | 1. 현실에서 존재하지 (않는 not = **u**) 완벽한 (삶 life = **ia**)을 |
| | u**top**ian [juːtóupiən] | 이상향의, 공상적인 | 사는 (지역 place = **top**) |

| 1782 | **top**ography | 지형, 지형학[1] | 1. (장소 place = **top** + o)에 관한 (기록 recording = **graphy**) |
| | **top**ographic | 지형의 | ☞ a topographic map 지형도 |

★ 튀어나오다 project = min, mou, moun

1783	**mustach**e [mʌ́stæʃ]	콧수염[1]	1. (입 mouth = **mustach**) 위에 자라는 수염 + **e**
			☞ beard 턱수염
			☞ sideburn 구레나룻, 귀밑털

1784 **moun**t [maunt] dis**mount** [dismáunt]	산¹, 받침대 올라가다, 고정시키다² 하차, 내리다, 분해하다	1. 위로 높게 (튀어나온 project = moun) 지형 + t 2. (튀어나온 project = moun) 말 등에 안장을 고정하다 + t ☞ mountable 올라갈 수 있는
1785 a**mount** [əmáunt]	총액¹, 양, 금액 총계가 ~에 이르다	1. (산 mount)을 (향해 to = a) 오르는 것처럼 더해진 숫자 총액 ☞ amount payable 지급해야 할 돈 ☞ negligible amount 무시해도 될 정도의 양
1786 para**mount**cy para**mount** [pǽrəmàunt]	최고, 탁월 최고의¹, 가장 중요한	1. 역경을 (통과하여 through = par) (산 mount) 정상(에 to = a) 오른 ☞ a paramount leader 최고 지도자
1787 sur**mount** [sərmáunt] sur**mount**able insur**mount**able	극복하다¹ 극복할 수 있는 극복하기 어려운	1. (산 mount) 정상을 (넘어 beyond = sur) 가다 ☞ surmount an obstacle 장애를 극복하다 ☞ an insurmountable antagonism 이겨내기 어려운 반대
1788 **moun**d [maund]	작은 언덕¹, 더미	1. 지면 위에 낮게 (튀어나온 project = moun) 지형 + d ☞ the pitcher's mound 투수 마운드 ☞ a burial mound 봉분, 무덤
1789 e**min**ence [émənəns] e**min**ent [émənənt]	명성, 고귀 탁월한¹, 저명한	1. (밖으로 out = e) (튀어나와 project = min) 눈에 띄는 + ent ☞ an eminent architect 저명한 건축가
1790 im**min**ence im**min**ent [ímənənt]	위급, 절박 임박한¹	1. (위로 on = im) (튀어나와 project = min) 떨어질 것 같은 + ent ☞ an imminent risk 임박한 위험
1791 pro**min**ence pro**min**ent [prámənənt]	명성, 현저함, 중요성 두드러진¹, 중요한	1. (앞으로 forward = pro) (튀어나와 project = min) 눈에 띄는 + ent ☞ a prominent symptom 현저한 증상

밀다 push = threa, thrus, trud, trus

1792 **thrus**t [θrʌst] **threa**t [θret] **threa**ten [θrétn]	찌르기, 밀다¹, 찌르다¹ 협박, 위협² 위협하다	1. 앞으로 거칠게 (밀고 push = thrus) 찌르다 + t 2. (거칠게 밀고 push = threa) 찌르는 행위 + t ☞ a threatened species 멸종 위기종
1793 ex**trus**ion [ikstrúːʒən] ex**trud**e [ikstrúːd] ex**trus**ive [ikstrúːsiv]	밀어냄, 분출 쫓아내다¹, 분출하다 분출된	1. (밖으로 out = ex) 거칠게 (밀어내다 push = trud) + e ☞ an extrusion press 압출기 ☞ extrude poisonous gases 유독 가스를 분출하다

1794	intrusion [intrúːʒən]	침해, 침입	1. (안으로 in) 거칠게 (밀고 push = trud) 들어오다 + e
	intrude [intrúːd]	침입하다, 끼어들다[1]	☞ intrusion on her privacy 그녀의 사생활에 대한 침해
	intrusive [intrúːsiv]	침입의, 방해하는	☞ intrusional 침해의

1795	protrusion	돌출, 돌출부	1. (앞으로 forward = pro) (내밀다 push = trud) + e
	protrude [proutrúːd]	돌출하다[1]	☞ protrusion of the eyeballs 안구의 돌출
	protrudent	튀어나온	☞ a protruding tooth 뻐드렁니

뿔 horn = car, cer, corn, knob

1796	rhinoceros (rhino) [rainásərəs]	코뿔소[1]	1. (코 nose = rhino) (뿔 horn = cer) (소 ox = os)
			☞ a rhino horn 코뿔소 뿔

1797	knob [nɔb]	덩어리, 혹[1], 손잡이	1. (짧고 둥근 뿔 short round horn = knob)
	knobby [nábi]	혹 같은, 우툴두툴한	☞ a volume control knob 음량 조절 손잡이
	doorknob [dɔ́ːrnàb]	문손잡이	☞ a knob on her head 머리 위의 혹

1798	corner [kɔ́ːrnər]	(밖에서 보면) 모서리[1]	1. 뾰족하게 튀어나온 (뿔 horn = corn) 모양의 공간 + er
		(안에서 보면) 구석[1], 궁지	☞ around the corner 코앞에 와 있는, 임박한
	cornerstone	초석, 주춧돌	☞ a cornerstone of liberty 자유의 초석

1799	carrot [kǽrət]	당근[1], 보상	1. 원(뿔 horn = car + r) 모양의 붉은 뿌리를 가진 식물 + ot
	cucumber [kjúːkəmbər]	오이	☞ a carrot and stick approach 당근과 채찍 접근법, 회유와 위협
	sea cucumber	해삼	☞ as cool as a cucumber 대단히 침착한

1800	scorn [skɔːrn]	경멸, 경멸하다[1]	1. (뿔 horn = corn)이 (밖으로 out = s) 빠진 모습을 비웃다
	scornful [skɔ́ːrnfəl]	경멸하는	☞ contempt 경멸, 멸시

웃음, 조롱 laugh = rid

1801	derision [diríʒən]	조소	1. (큰 웃음 laughter = rid)과 함께 (아래로 down = de) 낮추어 보다 + e
	deride [diráid]	조소하다[1]	
	derisive [diráisiv]	조소하는	☞ a derisive smile 비꼬는 웃음

1802	ridicule [rídikjùːl]	조롱, 비웃다[1]	1. (웃으면서 laugh = rid) 빈정대다 + i + cul + e
	ridiculous [ridíkjələs]	웃기는, 어리석은	☞ a ridiculous suggestion 어리석은 제안

1803	mockery [mákəri]	조롱, 흉내, 가짜	1. 상대가 한 말을 (중얼거리며 mumble = mock) 흉내 내다
	mock [mɑk]	조롱하다[1], 가짜의	☞ a mere mockery 가벼운 조롱
	mockingbird	흉내지빠귀	☞ mock the poor 가난한 사람들을 조롱하다

★ 땅 (1) earth = hom, homo, hum, man

1804 humbleness   겸손함, 하찮음   1. (땅 earth = hum)에 낮게 엎드려 있는 + ble
humble [hʌ́mbəl]   겸손하게 하다   ☞ humble oneself 겸손하게 굴다, 자신을 비하하다
   겸손한[1], 미천한[1]   ☞ a man of humble origin 미천한 집안에 태어난 사람

1805 humility [hju:mĭləti]   겸손[1], 비하[1]   1. (땅 earth = hum)에 낮게 엎드려 있는 상태 + il + ity
humiliation   굴욕, 창피   ☞ an act of genuine humility 진정한 겸손을 보여 주는 행동
humiliate [hju:mĭlièit]   창피를 주다   ☞ humiliative 창피를 주는

1806 humanity [hju:mǽnəti]   인간, 인간성[1]   1. 신과는 반대로 (땅에 사는 earth = human) 인간의 특성 + ity
humanities   인문학[2]   2. (인간 human)의 사상과 문화를 연구하는 학문 + i + tie + s
humankind   인류, 인간   ☞ a human being 인간 존재, 인간

1807 humaneness   인정이 있음   1. (인간 human)에 걸맞은 자질, 즉 친절하고 인정이 있는 + e
humane [hju:mĕin]   인정이 있는[1]   ☞ inhuman 인간미 없는
   인도적인   ☞ a humane conduct 인정미 있는 행위

1808 humanitarian   인도주의적인   ☞ humanitarian relief efforts 인도적 구호 노력
humanitarianist   인도주의자   ☞ humanitarianism 인도주의, 박애주의

1809 Homo sapiens [séipiənz]   호모 사피엔스[1]   1. (지혜로운 wise = sapiens) (인류 man = Homo)
Homo erectus [irektəs]   호모 에렉투스[2]   2. (똑바로 선 erect = erectus) 직립 (원인 man = Homo)
Homo habilis [hǽbilis]   호모 하빌리스[3]   3. 도구를 (만드는 make = habilis) 능력이 있는
hominid [hámənid]   현대 인간과 원시 인류   (인류 man = Homo)

1810 homicide [háməsàid]   살인[1]   1. (인간 man = hom + i)을 (죽이는 kill = cid) 행위 + e
   ☞ commit homicide 살인을 저지르다

★ 땅 (2) earth = geo

1811 geometry [dʒi:ámətri]   기하학[1]   1. (땅 earth = geo)을 (재는 measure = metr) 학문 + y
geometric [dʒi:əmétrik]   기하학의, 기하학적인   ☞ a geometric pattern 기하학적인 무늬
geometer [dʒi:ámitər]   기하학자   ☞ geometrical 기하학의, 기하학적인

1812 geology [dʒi:álədʒi]   지질학[1]   1. (땅 earth = geo)에 관련된 (학문 study = logy)
geologic [dʒi:álədʒik]   지질의, 지질학의   ☞ a geologic cross section 지질 단면도
geologist [dʒi:álədʒist]   지질학자   ☞ geological 지질의, 지질학의

1813 **geo**centricism	지구 중심설, 천동설[1]	1. (지구 earth = **geo**)를 (중심 center = **centr**)으로
[dʒì:ouséntrisìzm]		천체가 공전한다는 학설 + **ic** + **ism**
heliocentricism	태양 중심설, 지동설[2]	2. (태양 helio = **sun**)을 (중심 center = **centr**)으로
[hì:liəséntrisìzm]		천체가 공전한다는 학설 + **ic** + **ism**

1814 **geo**politics [dʒì:oupálitiks]	지정학	1. (지리 earth = **geo**) (정치학 **politic**)적인 + **al**
geopolitical	지정학적인[1]	☞ geopolitical factors 지정학적 요인들
geophysics [dʒì:oufíziks]	지구물리학	☞ geothermal 지열의

1815 **geo**graphy [dʒì:ágrəfi]	지리, 지리학[1]	1. (땅 earth = **geo**)에 관련된 (글 writing = **graph**) + **y**
geographic [dʒì:əgrǽfik]	지리의, 지리학의	☞ study continental geography 대륙 지리를 공부하다
geographer [dʒì:ágrəfər]	지리학자	☞ geographical 지리의, 지리학의

땅 (3) earth = dirt, or

1816 **dir**t [də:rt]	먼지, 오물, 흙[1]	1. 헐거운 (흙 earth = **dir**) 또는 더러운 물질 + **t**
earthen [ə́:rθən]	흙으로 빚어 구운	☞ earthenware 도기의
un**earth** [ənər'θ]	파내다, 발굴하다	☞ earthquake 지진 ☞ earthly 세속적인, 도대체

| 1817 **or**e [ɔ:r] | 광석[1] | 1. 경제적 가치가 있는 (땅 earth = **or**) 속의 광물 + **e** |
| iron **or**e | 철광석 | ☞ the exports of iron ore 철광석의 수출 |

1818 **era** [íərə]	시대[1]	1. (광물 ore = **era**)인 구리를 채굴한 이후의 청동기 시대
epoch [épək]	시대[2], 신기원	2. 근본적인 변화나 중요한 사건 등으로 특징지어지는 시대
epochal [épəkəl]	획기적인	☞ make an epoch in the field 그 분야의 신기원을 만들다

땅 (4) land = lawn

| 1819 **land** | 육지, 땅, 착륙하다 | 1. (땅 **land**)의 (상태 condition = ship = **scap**) + **e** |
| **land**scape [lǽndskèip] | 풍경[1], 풍경화, 조경하다 | ☞ fatherland 조국   ☞ homeland 고국, 조국 |

1820 in**land** [ínlənd]	내륙에 있는, 내륙으로	☞ wetland 습지대
high**land** [háilənd]	고지대, 고지대의	☞ marshland 습지대 ☞ farmland 농장
main**land** [méinlænd]	본토	☞ island 섬 ☞ woodland 삼림 지대

1821 **land**mark [lǽndmà:rk]	주요 지형지물[1]	1. (땅 **land**)의 경계를 (표시 **mark**)하거나
	획기적 사건	항해의 길잡이가 되는 물체
landfill [lǽndfil]	쓰레기 매립지	☞ a recognizable landmark 식별할 수 있는 지형지물
landslide [lǽndslaid]	산사태	☞ landform 지형

1822	**land**lord [lǽndlɔ̀ːrd]	남자 주인, 임대주[1]	1. 땅을 임대한 (땅 land)의 (주인 lord)
	landlady [lǽndlèidi]	여자 주인, 안주인	2. (집 house = **don** + n)의 (여주인 madam = **ma**) + a
	ma**donn**a [mədάnə]	성모 마리아[2], 성모상	☞ a prima donna 오페라의 주역 여성 가수

| 1823 | **lawn** [lɔːn] | 잔디밭[1], 숲속의 빈 터 | 1. 숲 사이에 풀이 펼쳐져 있는 (땅 land = **lawn**) |
| | **turf** [təːrf] | 잔디, 뗏장, 잔디를 깔다 | ☞ a lawn mower 잔디 깎는 기계 |

★ 마른 dry = ter, thir, toas, tor

| 1824 | **terr**itory [térətɔ̀ːri] | 영토[1], 영역 | 1. 통치권이 미치는 (마른 dry = **ter** + r) 땅 + i + t + ory |
| | **terr**itorial [tèrətɔ́ːriəl] | 영토의 | ☞ a territorial dispute 영토 분쟁 |

| 1825 | **thir**st [θəːrst] | 갈증, 목마름, 목마르다 | 1. 신체에 (물이 마른 dry = **thir**) + s + ty |
| | **thir**sty [θə́ːrsti] | 목이 마른[1], 갈망하는 | ☞ bloodthirsty 피에 굶주린, 잔인한 |

| 1826 | **toas**t [toust] | 토스트[1], 건배, 건배하다[2] | 1. (건조한 dry = **toas**) 열로 구운 빵 + t |
| | **toas**ty [tóusti] | 훈훈한 | 2. 술잔의 술을 다 마셔 비워서 (물기를 없애다 dry = **toas**) + t |

1827	**tor**rent [tɔ́ːrənt]	마구 쏟아짐[1], 급류[1]	1. (마른 dry = **tor** + r) 땅에 물이 쏟아져 내림 + ent
	torrential [tɔːrénʃəl]	퍼부어 내리는	☞ torrentially 격렬하게
			☞ torrential rain 폭우

1828	**ter**rain [təréin]	지형[1]	1. (마른 땅 dry land = **ter** + r)의 형세 + ain
	terrace [térəs]	계단식 논[2], 주택 테라스	2. 계단처럼 튀어 올라온 (마른 농지 dry land = **ter** + r) + ace
			☞ terraced paddy fields 다랭이 논

들판 field = camp, champ, wild

1829	**camp** [kæmp]	캠프, 야영지[1], 수용소	1. 군대가 숙박하는 (들판 field = **camp**)
		야영하다	2. 담장으로 둘러싸인 넓은 (들판 field = **camp**) + us
	campsite [kǽmpsait]	캠프장	☞ camper 야영객, 캠핑용 자동차
	campus [kǽmpəs]	대학 교정[2]	☞ campus life 대학 생활

1830	**camp**aign [kæmpéin]	캠페인[1]	1. 군대가 (들판 field = **camp**)에서 하는 공격 작전 + aign
	champion	챔피언[2], 우승자	2. (들판 field = **champ**)에서 싸워 이긴 병사 + ion
	champ [tʃæmp]	챔피언, 우적우적 씹다	☞ an election campaign 선거 운동

1831	**wild**erness [wíldərnis]	황야, 황무지	1. 삼림지역에 살아서 (길들여지지 않은 untamed = **wild**)
	wildness [wáildnis]	야생, 난폭	☞ wildfire 들불, 도깨비불, 번갯불
	wild	야생의[1], 사나운	☞ a wildlife reserve 야생 생물 보호구역
	wildlife [waildlaif]	야생 생물	☞ a wildlife habitat 야생 생물 서식지

| 1832 be**wild**erment | 어리둥절함 | 1. (사슴 deer = er)을 (완전히 thoroughly = be) 숲에서 |
| be**wild**er [biwíldər] | 어리둥절하게 만들다[1] | (황야 **wild**)로 유인해 방향을 못 잡아 어리둥절하게 만들다 |

1833 **bother** [báðər]	성가심	1. (어리둥절한 bewilder = **bother**) 상황에 처하게 하다
	귀찮게 하다[1]	☞ Don't bother! 신경 쓰지 마세요!
	일부러 ~하다	☞ It's no bother. 누워서 떡 먹기야, 별거 아니야
bothersome	귀찮게 하는	

언덕 hill = bur, cel, col, cul, dun, town

1834 ex**cell**ence [éksələns]	탁월함	1. 제일 먼저 (밖으로 out = **ex**) (튀어 prominent = hill = **cel**)
ex**cel** [iksél]	탁월하다[1]	나오다
ex**cell**ent [éksələnt]	탁월한	☞ Your Excellency 각하

1835 **col**umn [káləm]	기둥[1], 종렬	1. 땅 위로 (튀어 나온 prominent = hill = **col**) 원형 기둥 + umn
	신문 칼럼[2]	2. 신문에서 (기둥 column)처럼 세로로 쓰인 글
columnist	칼럼니스트, 기고가	☞ a spinal column 척추

| 1836 **colon**el [kəˈrnəl] | 대령[1] | 1. (종렬 column = **colon**)로 서 있는 연대급 군인의 지휘관 + el |
| **major** [méidʒər] | 소령 | ☞ lieutenant colonel 중령   ☞ captain 대위 |

1837 **cul**mination	정점, 최고조	1. (튀어 올라가서 prominent = **cul**) 최고점에 다다르다
[kʌlmənéiʃən]		+ min + ate
culminate [kʌlmənèit]	최고조에 달하다[1]	☞ culminate in victory 승리로 끝나다

1838 **tip**	끝 부분[1], 사례금, 귀띔	1. 물체 (맨 끝 부분 tip)으로 (가볍게 치거나 기울이다 tap = **tip**)
	기울다[1]	2. 돈 또는 정보를 (건네주다 hand = **tip**)
	팁을 주다[2], 귀띔하다[2]	☞ a tipping point 극적인 변화의 시작점
tiptoe [típtòu]	살금살금 걷다	☞ tiptop 최고의

1839 **cumul**ation	축적	1. 서서히 누적되어서 (쌓이다 heap = **cumul**) + ate
cumulate [kjú:mjəlit]	축적하다[1], 쌓이다	☞ cumulated deficit 누적된 적자
cumulative	누적되는, 누계의	☞ cumulative amount 누계 금액

| 1840 ac**cumul**ation | 축적 | 1. (완전히 completely = **ac**) (쌓이다 heap = **cumul**) + ate |
| ac**cumul**ate | 축적하다[1], 늘어나다 | ☞ capital accumulation 자본 축적 |

1841 **burg**lary [bəˈrgləri]	절도	1. (언덕에 세운 요새 hill fort = **burg**)를 침입하는 사람 + l + ar
burglar [bəˈrglər]	도둑[1], 절도범	☞ burglary insurance 도난 보험
burglarproof	도난 방지의	☞ a burglar alarm 도난 경보기

1842 **borough** [bə́ːro]	자치구¹	1. (언덕에 세운 요새 hill fort = **borough**) 안에 있는 거주지
burgess [bə́ːrdʒis]	자치 도시 시민	☞ a municipal borough 자치 도시
inter**borough**	자치 도시들 사이의	☞ a borough council 자치 의회

| 1843 **burr**ow [bə́ːrou] | 굴¹, 굴을 파다, 파묻다 | 1. (언덕 hill = **bur** + **r**)을 뚫어 만든 동물의 방어 요새 + **ow** |
| | | ☞ hibernates in a burrow 굴에서 동면하다 |

| 1844 **dun**e [djuːn] | 모래 언덕¹, 사구 | 1. 바람에 의해 형성된 작고 둥근 모래 (언덕 hill = **dun**) + **e** |
| **dune**land | 사구가 많은 지역 | ☞ an artificial sand dune 인공 사구 |

1845 **cast**le [kǽsl]	성¹	1. 공격을 (차단하는 cut off = **cast**) 언덕 위의 요새 마을 + **le**
town	소도시², 읍	2. (언덕 hill = **town**) 위에 요새화된 지역
down**town**	도심지, 도심의	☞ uptown 도심을 벗어난 주택지구

Day 45

경계 boundary = horiz, marg, mark

1846 mark [mɑːrk]
표식[1], 자국, 점, 부호
표시하다
1. (경계 boundary = **mark**)를 알려주는 표식
☞ a punctuation mark 구두점

marked [mɑːrkt]
두드러진, 표식이 있는
☞ miss the mark 빗나가다, 실패하다

mark-up
가격을 인상하다
☞ marked progress 현저한 진보

1847 trademark
상표, 특징
1. Goldsmiths 회사의 (현관 **hall**)에 걸려 있는

hall**mark** [hɔːlmɑːrk]
품질 보증 마크[1]
귀금속의 함유량을 보여주는 품질 (마크 **mark**)

quotation mark
따옴표
☞ an exclamation mark 느낌표, 감탄 부호

1848 remark [rimɑːrk]
말, 주목, 언급하다[1]
1. 특정 (표식 **mark**)에 (매우 very = **re**) 주의하도록 말하다

re**mark**able
주목할 만한[2]
2. (분명하게 clearly = **re**) (표시 **mark**)해서 눈에 띄는 + able

[rimɑːrkəbəl]
☞ remarkable progress 현저한 진보

1849 march [mɑːrtʃ]
3월
1. 전쟁의 달인 (3월 March)에 병사들이
행진, 행진곡, 행진하다[1]
발자국을 (표시 mark = **march**)하며 행진하다

wedding march
결혼 행진곡
☞ Forward march! 앞으로 가!

☞ a marching band (행진하면서 연주하는) 악단

1850 margin [mɑːrdʒin]
주변, 여백[1], 차이
1. 종이에 적힌 부분의 (경계 boundary = **marg**) 밖에 있는
이윤 폭[2]
공간 + in

marginalize
무시하다, 소외시키다
2. 원가의 (경계 boundary = **marg**)를 넘어서는 판매가 + in

marginal [mɑːrdʒənəl]
주변의, 중요하지 않은
☞ a marginal state 주변 국가

☞ marginal utility 한계 효용

1851 horizon [həráizən]
수평선[1], 지평선, 범위
1. 바다와 하늘이 (경계 boundary = **horiz**)를 이루는 선 + on

horizontality
수평 상태
☞ exercise on the horizontal bar 철봉에서 연습하다

horizontal [hɔːrəzántl]
수평의
☞ horizontal integration (기업의) 수평적 통합

1852 latitude [lætətjùːd]
위도[1]
1. 지구 좌표에서 가로로 (넓게 broadly = **lat**) 뻗은 선 + i + tude

longitude [lándʒətjùːd]
경도
☞ altitude 고도   ☞ attitude 태도, 자세

★ 바다 sea = mar, mer

1853 mermaid [məːrmèid]
여자 인어[1]
1. (바다 sea = **mer**)속에 사는 물고기 (처녀 **maid**)

merman [məːrmæn]
남자 인어
☞ a mermaid princess 인어공주 ☞ a mermaid statue 인어상

1854 mariner [mǽrənər]
뱃사람[1]
1. (바다 sea = **mar**)에서 일하는 사람 + ine + r

marine [məríːn]
바다의
☞ marina 해안의 산책길

maritime [mǽrətàim]
해변의, 뱃사람다운
☞ a maritime climate 해양 기후

1855 sub**mar**ine [sʌ́bməri:n]	잠수함, 해저의[1]	1. (바다 sea = mar) (아래에 under = sub) 있는 + ine	
ultra**mar**ine	군청색, 해외의[2]	2. (바다 sea = mar) (건너편에 beyond = ultra) 있는 + ine	
Marine Corps	해병대	☞ ultramarine trade 해외 무역	

1856 over**seas** [óuvərsi:z]	해외의[1], 해외로	1. (바다 seas) (건너에 over) 위치한 나라의
seagull [si:gʌl]	갈매기[2]	2. (바다 sea) 해안가에 서식하는 (새 bird = gull)
seashore [sí:ʃɔ́:r]	해안	☞ an overseas subsidiary 해외 자회사
		☞ sea level 해수면

물 water = aqua, mar, mer, mor, ot, wer

1857 **mer**e [miər]	작은 호수[1]	1. (물 water = mer)을 담고 있는 호수 + e
	단순한[2]	2. 이물질과 (섞이지 않아 unmixed = mer) 순수하고 단순한 + e
merely [míərli]	한낱, 단지	☞ not merely because 단순히 ~ 때문만 아니라

1858 **mor**ass [məræs]	늪[1], 곤경	1. 항상 (물 water = mor)이 괴어 있어서 빠지기 쉬운 땅 + ass
bog [bɔg]	늪지, 습지[2], 수렁	2. 낙엽 등이 부패하여 쌓인 (신축성 flexible = bog)이 있는 땅
marsh [mɑːrʃ]	습지[3]	3. (물 water = mar)이 잘 빠지지 않아서 습기가 많은 땅 + sh
marshland	습지대	☞ inhabit this marsh area 이 습지에 서식하다

1859 **swamp** [swɑmp]	늪, 습지[1], 침수시키다	1. (스펀지 sponge = swamp)처럼 물을 빨아들이는 땅
swampy [swɑ́mpi]	습지가 있는	☞ swampland 습지대

1860 **stag**nation	경기 불황[1], 침체	1. 습지처럼 돈이 지하로 (스며들어 seep = stag)
stagnate [stǽgneit]	물이 괴다	흐르지 않는 경제 상황 + n + at + ion
stagnant [stǽgnənt]	침체된, 고여 있는	☞ a stagnant economy 불경기

1861 **ot**ter [átər]	수달[1]	1. (물 water = ot + t)에 사는 동물 + er
aquarium [əkwéəriəm]	수족관[2]	2. 소들이 (물 water = aqua)을 마시는 장소 + rium
aquatic [əkwǽtik]	물에서 사는	☞ aquatic products 수산물

1862 **sew**age [sú:idʒ]	하수, 오물	1. (물 water = wer)을 (밖으로 out = se) 빼내는 연못의 수문
sewer [sjú:ər]	하수관[1]	2. (바느질하는 sew) 사람 + er
sewer [sóuər]	재봉사[2]	☞ a sewer system 하수도
		☞ sewage disposal 하수 처리

섬 island = insul, isle, isol

1863 island [áilənd]
섬[1]
1. (물 water = **is**) 위에 있는 (땅 **land**)

insular [ínsələr]
섬의[2]
2. (섬 isle = **insul**)의 + **ar**

pen**insula** [pinínsələ]
반도[3]
3. 삼면이 바다로 둘러싸여 (거의 almost = **pen**)

isle [ail]
작은 섬, 고립시키다
(섬 isle = **insul**)과 같은 땅 + **a**

1864 insulation [insəléiʃən]
절연, 단열, 방음
1. (섬 isle = **insul**)처럼 연결을 차단하다 + **ate**

insulate [ínsəlèit]
격리하다[1]
☞ insulation material 단열 재료

절연 처리하다

1865 isolation [àisəléiʃən]
고립, 분리
1. (섬 isle = **isol**) 안에 혼자 있게 하다 + **ate**

isolate [áisəlèit]
고립시키다[1]
☞ social isolation 사회적 고립

1866 bay [bei]
만[1]
1. gulf보다 규모가 작으며 바다가 육지 속으로

gulf [gʌlf]
만[2], 갈라진 틈
(파고든 inlet = **bay**) 지형으로 (곶 cape)의 반대 개념

빨아들이다
2. bay보다 크고 입구가 좁은 (아치 arch = **gulf**) 형태의

en**gulf** [engʌlf]
집어삼키다, 에워싸다
지형으로 (반도 peninsula)의 반대 개념

☞ the Gulf of Panama 파나마 만

인간 man = vir, wor

1867 virtue [və́ːrtʃuː]
선, 미덕[1], 장점
1. 남성은 고결하고 여성은 정숙하게 되는

virtuous [və́ːrtʃuəs]
덕이 높은, 정숙한
(인간다움 manhood = **vir**)의 추구 + **tu** + **e**

☞ a virtuous circle 선순환   ☞ a vicious circle 악순환

1868 virtualization
가상현실화
1. (인간 man = **vir**)이 사는 진짜 세상처럼 보이는 + **tu** + **al**

virtualize
가상현실이 되다
☞ virtual reality 가상현실

virtual [və́ːrtʃuəl]
가상의[1], 사실상의
☞ virtually 가상으로, 사실상

1869 cosmos [kɔ́zmɔs]
우주[1], (식물) 코스모스[2]
1. (질서 있는 배열 orderly arrangement = **cosm** + **o**)을

cosmic [kɔzmik]
우주의, 어마어마한
갖춘 공간 + **s**

micro**cosmos**
소우주
2. 조화를 나타내는 꽃잎 배열을 가진 신이 만든 최초의 꽃

1870 cosmetic [kɔzmétik]
성형의[1], 화장품[1]
1. 얼굴을 (질서 order = **cosm** + **e**) 있게 보이기 위한

cosmeticize
화장하다, 꾸미다
행위 및 제품 + **t** + **ic**

cosmetologist
미용사
☞ cosmetic surgery 성형수술

[kὰzmətálədʒist]
☞ plastic surgery 성형수술

공중 air = lift, loft, lob, lodg, roof

1871 lift [lift]
엘리베이터, 들어 올리다[1]
1. 물건을 (공중 air = lift)으로 들어 올리다

    shoplift [ʃʌplift]
가게 물건을 훔치다
  ☞ lift off 이륙하다　　☞ lift up 고양시키다, 황홀해지다

1872 loftiness
우뚝 솟음, 고상함
1. (공중 air = loft)에 높이 올라간 층

    loft [lɔːft]
위층[1], 다락, 높이 올리다
  ☞ lofty 아주 높은, 고귀한, 오만한

    a**loft** [əlɔːf]
위로 높이
  ☞ raise a boy aloft 소년을 위로 높이 들어 올리다

1873 lodge [lɑdʒ]
오두막[1], 산장
1. (나뭇잎 leaf = lodg)으로 덮은 사냥꾼의 임시 거처 + e

숙박하다, 하숙하다
  ☞ a hunting lodge 사냥꾼 오두막

    lodger [lɑ́dʒər]
숙박인, 하숙인, 세든 사람
  ☞ lodge in a hotel 호텔에서 숙박하다

1874 logistics
물류 관리[1], 세부 실행 계획
1. 병력 또는 물자의 공급, 운송 및 (숙박 lodge = log)에

    logistic [loudʒístik]
기호 논리학
    대한 관리 + i + st + ic + s

물류업무의, 논리주의의
  ☞ logistical 수송의

태양 sun = sol, sou

1875 south [sauθ]
남쪽
1. (태양 sun = sou)이 비치는 (쪽 ward = th)의 + ern

    southern [sʌ́ðərn]
남쪽의[1]
  ☞ northern 북쪽의

1876 solarize [sóuləràiz]
태양에 노출시키다
1. (태양 sun = sol + ar) 빛이

    solar [sóulər]
태양의
    (밖으로 out = ec) 떨어져 (나가는 leave = lipse) 현상

    solar eclipse [iklíps]
일식[1]
  ☞ lunar eclipse 월식　　☞ solarium 일광욕실

    sundial [sʌndáiəl]
해시계
  ☞ sunrise 일출　　　☞ sunset 일몰

★ 별 star = aster, astro, sider, sir, stell

1877 consideration
숙고, 배려
1. (별 star = sider)을 (함께 with = con) 연구하며

    con**sider** [kənsídər]
숙고하다[1], 고려하다
    의미를 숙고하다

    con**sider**ate [kənsídərit]
사려 깊은
2. (함께 with = con) 관찰할 (별 star = sider)이 많은 + able

    con**sider**able
상당히 많은[2]
  ☞ an inconsiderate behaviour 사려 깊지 못한 행동

    [kənsídərəbəl]
  ☞ considerable magnitude 엄청난 크기

1878 desire [dizáiər]
욕구, 바람, 바라다[1]
1. (별 star = sir)이 하늘 (아래로 down = de)

    de**sir**able [dizáiərəbəl]
바람직한
    가져다줄 것을 기대하다 + e

    de**sir**ous [dizáiərəs]
바라는
  ☞ a fervent desire 강렬한 바람

1879	**dis**aster [dizǽstər]	재난[1]	1. (별 star = aster)이 원래 위치에서 (벗어나 away = dis)
	disastrous [dizǽstrəs]	처참한, 피해가 큰	발생하는 사건
	asterisk [ǽstərisk]	별표 (*)[2]	2. (작은 little = isk) (별 star = aster)
		별표 (*) 붙이다	☞ a natural disaster 자연재해

1880	**stell**ar [stélər]	별의	1. (별 star = stell) (사이의 between = inter) + ar
	inter**stell**ar [intərstélər]	별 사이의, 성간[1]	2. (별 star = stell)이 (함께 with = con) 모인 패턴 + at + ion
	con**stell**ation	별자리, 성좌[2]	☞ interstellar magnetic field 성간 자기장
	con**stell**ate [kánstəlèit]	떼를 짓다	☞ the constellation of Orion 오리온 별자리

1881	**astro**nomy [əstránəmi]	천문학[1]	1. (별 star = astro)의 (규칙 rule = nom)성을 연구하는 학문 + y
	astronomical	천문학의	☞ an authority on astronomy 천문학의 권위자
	astronomer	천문학자	☞ an astronomical figure 천문학적 숫자

1882	**astro**logy [əstrálədʒi]	점성술[1]	1. (별 star = astro)을 관찰하여 길흉을 점치는
	astrologic [æstrəládʒik]	점성술의	(학문 study = logy)
	astrologer [əstrálədʒər]	점성술사	☞ astrological 점성술의

1883	**stroll** [stroul]	산책, 거닐다[1]	1. (점성술사 astrologer = stroll)가 별을 관찰하며 거닐다
	troll [troul]	찾으려고 애쓰다[2]	2. 사냥감을 찾기 위해 (돌아다니다 stroll = troll)
	trolley [tráli]	수레, 광산용 작은 트럭	☞ stroller 거니는 사람, 유모차

1884	**astro**naut [ǽstrənɔ̀ːt]	우주비행사[1]	1. (별 star = astro) 사이를 (항해하는 사람 sailor = naut)
	astronautic [æstrənɔ́ːtik]	우주비행사의, 우주비행의	☞ a retired astronaut 은퇴한 우주비행사
	astrophysics	천체물리학	☞ astrography 천체사진학

1885	**aster**oid [ǽstərɔ̀id]	소행성[1]	1. (별 star = aster) (형태 shape = oid)를 가진 작은 행성
	comet [kámit]	혜성[2]	2. (긴 머리털 long hair = come)을 지닌 별 + t
			☞ meteor 유성 ☞ a shooting star 유성

1886	**Mar**s [mɑːrz]	화성, 전쟁의 신[1]	1. 피를 상징하는 붉은 빛을 띠는 (전쟁의 신 Mars)
	Martian [máːrʃən]	화성인, 화성의	☞ the canals of Mars 화성의 운하
	martial [máːrʃəl]	싸움의, 전쟁의	☞ a martial artist 무술인 ☞ a martial art 무술

넓은 wide = ampl, broad, wid

1887	**wid**th [widθ]	폭, 너비	1. (넓게 wide = wid) (만들다 make = en)
	widen [wáidn]	넓어지다, 넓히다[1]	☞ widen a gap 격차를 넓히다
	wide [waid]	폭넓은, 빗나간	☞ narrow 좁게 하다, 좁은

1888 **wide**spread [wáidspréd]	널리 퍼진[1]	1. (널리 wide) (펼쳐진 spread)
		☞ nationwide 전국적인 ☞ worldwide 세계적인
state**wide** [steitwaid]	주 전체의	

1889 **bread**th [bredθ]	폭넓음, 너비	1. (넓게 wide = broad) (만들다 make = en)
broaden [brɔ́ːdn]	넓어지다, 넓히다[1]	☞ abroad 해외에서, 해외로, 널리 퍼져
broad [brɔːd]	폭넓은, 전반적인	☞ broad knowledge of medicine 폭넓은 의학 지식

1890 **broad**band [brɔ́ːdbænd]	광대역 주파수[1]	1. (넓은 wide = broad) 주파수 (범위 band)를 가진 통신망
broadcast [brɔ́ːdkæ̀st]	방송, 방송하다[2]	2. 소리 또는 영상을 (널리 wide = broad) (던지다 cast)
		☞ a broadcasting station 방송국

1891 **ampl**ification	증폭, 확대	1. (크게 large = ampl + i) (만들다 make = fy)
amplify [ǽmpləfài]	증폭시키다[1]	☞ amplifier 앰프, 증폭기
ample [ǽmpl]	풍부한, 넓은	☞ ample evidence 풍부한 증거

★ 충분한 enough = sa, se

1892 **sa**tisfaction	만족, 충족	1. (충분한 enough = sa + tis) 상태로 (만들다 make = fy)
satisfy [sǽtisfài]	만족시키다, 충족시키다[1]	☞ dissatisfaction 불만
satisfactory	만족스러운, 충분한	☞ satisfactory evidence 만족할 만한 증거

1893 **sa**tire [sǽtaiər]	풍자, 해학	1. 지루한 비극 작품에 해학적인 유머를 섞어서
satirize [sǽtəràiz]	풍자하다[1]	관객을 (충분히 enough = sa + tir) 만족시키다 + ize
satiric [sətírik]	풍자적인	☞ satirical 풍자적인 ☞ satirist 풍자가

1894 **sa**turation	포화	1. (충분히 enough = sa + tur) 채우다 + ate
saturate [sǽtʃərèit]	적시다, 포화시키다[1]	☞ unsaturation 불포화
saturant [sǽtʃərənt]	포화제, 포화시키는	☞ a saturated fat diet 포화 지방 식품

1895 as**se**t [ǽset]	자산[1]	1. 소유자(에게 to = as) (충분한 enough = se) 만족을 주는 재산 + t
		☞ an intangible asset (특허권, 영업권 등) 무형 자산
		☞ asset and liability 자산과 부채

긴, 오래가는 long = etern, ever, ling, loung

1896 **long**ing [lɔ́:ŋiŋ]	열망, 열망하는	1. 한쪽 끝을 (밖으로 out = e) (길게 long) 늘이다 + ate
e**long**ate [ilɔ́:ŋgeit]	길게 늘이다[1], 길어지다	2. 간절히 바라는 마음이 오래 (지속되다 go = long)
long	열망하다[2], 긴, 오랫동안	☞ yearning 갈망

| 1897 be**long**ing [bilɔ́:ŋiŋ] | 소유물[1] | 1. (완전히 entirely = be) 함께 따라(가는 go = long) 것 + ing |
| be**long** [bilɔ́ŋ] | 속하다, 소속하다 | ☞ personal belonging 개인 소지품 |

1898 **length** [leŋkθ]	길이, 기간	1. (길이 length)가 늘어나도록 (만들다 make = en)
lengthen [léŋkθən]	길어지다, 길게 하다[1]	☞ the length of a sentence 문장의 길이
lengthy [léŋkθi]	너무 긴	☞ a lengthy explanation 장황한 설명

1899 **ling**er [líŋgər]	오래 머물다[1]	1. 머무는 시간을 (길게 long = ling) (만들다 make = er)
pro**long**ment	연장, 연기	2. (앞으로 forth = pro) (길게 long) 늘이다
pro**long** [proulɔ́:ŋ]	연장하다[2]	☞ lingerer 꾸물거리는 사람

1900 **long**evity [lɑndʒévəti]	장수[1], 오래 지속됨	1. (오래도록 long) (생존 life = evi)함 + ty
lounge [laundʒ]	휴게실[2], 느긋하게 있다	2. (길게 long = loung) 뻗고 누울 수 있는 장소 + e
ob**long**ness	가늘고 김	3. 한쪽 방향으로 (완전히 entirely = ob) (길게 long) 늘어진
ob**long** [ɑ́blɔːŋ]	길쭉한[3]	☞ a sky lounge 건물의 꼭대기에 있는 라운지

1901	**etern**ity [itəːrnəti]	영원함	1. (오랫동안 삶 long life = etern)이 지속되는 + al
	eternalize [itəːrnəlàiz]	영원하게 하다	☞ an eternity tenant right 영구 소작권
	eternal [itəːrnəl]	영원한[1]	☞ an eternal truth 영원한 진리

1902	**ever**	항상, 한번이라도, 훨씬	1. 삶이 (앞으로 forward = for) (영원히 eternal = ever) 뻗는
	for**ever** [fərévər]	영원히[1]	☞ ever since ~ 이후로 계속
	everlasting [èvərlǽstiŋ]	영원한	☞ ever-present 항상 존재하는
	evergreen [evərgriːn]	상록수	☞ ever so 대단히, 아무리 ~라도 ☞ as ever 종래와 같이

★ 큰 giant = giga, mag, maj, mas, max, may

1903	**giant** [dʒáiənt]	거인, 거대한	1. (엄청 큰 giant = giga) 단위인 대략 10억 (바이트 = byte)
	gigantic [dʒaigǽntik]	거대한	☞ a gigantic leap 거대한 도약
	gigabyte [gigəbait]	기가바이트[1]	☞ terabyte 테라바이트 (1조 바이트)

1904	**mag**nitude	규모[1], 광도[2]	1. (크기 greatness = mag)의 정도 + ni + tude
	mega [mégə]	백만, 엄청나게 큰	2. 밝기의 (크기 greatness = mag)를 표시한 숫자 + ni + tude
	megacity [mégəsíti]	천만 이상 거대 도시	☞ megaphone 메가폰, 확성기

1905	**mag**nification	확대	1. (큰 great = mag + ni) 상태로 (만들다 make = fy)
	magnify [mǽgnəfài]	확대하다[1]	☞ magnifiable 확대할 수 있는
	magnifier [mǽgnəfàiər]	확대경	☞ a magnifying glass 확대경, 돋보기

1906	**mag**nificence	장엄함, 훌륭함	1. (크고 great = mag + ni) 위엄이 있게
	magnificent	장엄한[1], 훌륭한	(만드 make = fic)는 + ent
	[mægnífəsənt]		☞ a magnificent cathedral 장엄한 성당

1907	**maj**ority [mədʒɔrəti]	다수[1]	1. (더 more = or) (큰 great = maj) 수를 차지함 + ity
	major [méidʒər]	전공과목[2], 소령, 전공하다	2. 중요도가 (더 more = or) (큰 great = maj) 과목
		(음악) 장조의, 주요한	☞ majority rule 다수결 원칙

| 1908 | **may**or [méiər] | 시장[1], 군수 | 1. (더 more = or) 권한이 (큰 great = may) 사람 |
| | **may**oral [méiərəl] | 시장의 | ☞ mayorship 시장직   ☞ a deputy mayor 부시장 |

1909	**maj**esty [mǽdʒisti]	장엄함, 위풍당당함	1. 엄청나게 (크고 great = maj) 위엄이 있는 + est + ic
	majestic [mədʒéstik]	장엄한[1], 위풍당당한	☞ Your Majesty 폐하
	majestically	당당하게	☞ the temple's majestic element 사원의 장엄한 요소

1910 **mas**ter [mǽːstər]	주인, 스승, 대가[1], 석사	1. (더 more = er) (큰 great = mas + t) 지배력을 가진 사람
	장인, 숙달하다, 제어하다	2. (장인 master)이 만든 (작품 piece)
mastery [mǽːstəri]	숙달, 지배력	☞ a master plan 종합 계획
masterpiece	걸작[2]	☞ headmaster 교장 ☞ the master of ceremony 사회자

| 1911 **maestro** [mǽistrou] | 명지휘자, 거장[1] | 1. 특정한 분야, 특히 음악을 (숙달한 사람 master = **maestro**) |

1912 **max**imum	최대, 최고, 최대의	1. (가장 most = m) (크게 great = max + i) 만들다 + ize
maximize	최대화하다[1]	2. 교훈이나 진리를 (가장 most = m)
maxim [mǽksim]	격언, 금언[2]	(멋지게 great = max + i) 표현한 글
		☞ maximal 최대한의, 최고조의

★ 작은 (1) small = min

1913 **min**imum [mínəməm]	최소, 최저, 최소의	1. (가장 most = m) (작게 small = min + i) 만들다 + ize
minimize [mínəmàiz]	최소화하다[1]	2. 1시간을 60으로 (작게 small = min + u) 나눈 시간 + te
minimal [mínəməl]	최소의	3. (작은 small = min + u) 메모 + te
minute [mínit] [mainjúːt]	분[2], 잠깐, 회의록[3], 작은	☞ minute particles 매우 작은 입자

1914 **min**ority [minɔ́ːriti]	소수, 소수집단	1. 다른 것들보다 (더 more = or) (작은 small = min)
minor [máinər]	부전공, 단조의, 사소한[1]	☞ an ethnic minority 소수 민족 집단
Asia **Minor**	소아시아	☞ minor damage 경미한 손상

| 1915 **min**ce [mins] | 갈아 놓은 고기, 갈다[1] | 1. (작은 small = min) 조각으로 만들다 + ce |
| **min**cer [mínsər] | 고기 가는 기계 | ☞ minced meat 다진 고기   ☞ ground 갈다 |

1916 **min**ister [mínistər]	장관[1], 성직자[1], 공사	1. 국민 또는 신도들보다 더 (작아서 small = min + i)
ministerial	장관의	국민 또는 신도들을 섬기는 사람 + ster
		☞ the Prime Minister 수상, 국무총리

1917 ad**ministr**ation	관리, 행정, 약물 투여	1. 공무원이 국민(에게 to = ad) (작은 사람 minister)으로서
ad**minister**	관리하다[1], 투여하다	섬기다
ad**ministr**ative	관리상의	☞ business administration 경영학

1918 di**min**ishment	축소	1. (완전히 completely = di) (작게 small = min) 만들다 + ish
di**min**ish [dimíniʃ]	줄이다[1], 줄어들다	☞ a diminished liability 줄어든 책임
di**min**utive [dimínjətiv]	축소형, 소형의	☞ diminishable 줄일 수 있는

1919 **min**iature [míniətʃər]	축소 모형[1], 축소된	1. (작은 small = min + i) 형태 + at + ure
micro**miniature**	초소형의	☞ a miniature edition 축쇄판
ultra**miniature**	초소형의	☞ miniature electronic devices 소형 전자 장치

★ 작은 (2) little, few = fo, ped, pet, po, pu

| 1920 | **pupp**y [pʌ́pi] | 강아지[1] | 1. 작은 (인형 doll = pup + p) + y |
| | **pupp**et [pʌ́pit] | 꼭두각시 인형[2] | 2. 끈으로 움직이는 (작은 little = et) (인형 doll = pup + p) |

1921	**fo**al [foul]	망아지[1], 새끼 당나귀	1. (어린 little = fo) 동물 + al
	pony [póuni]	조랑말[2]	2. (어린 little = po) 말 + ny
	ponytail [póunitèil]	뒤로 묶은 머리	☞ pony-trekking 조랑말 타고 걷기

| 1922 | **fo**wl [faul] | 가금 | 1. 집에서 기르는 (어린 little = po) 조류들 + ul + try |
| | **po**ultry [póultri] | (닭, 오리, 거위) 가금류[1] | ☞ a poultry farm 양계장   ☞ poultryman 양계업자 |

| 1923 | **goose** [gu:s] | 거위 암컷 | ☞ geese 거위들   ☞ gander 숫거위 |
| | **goose**bumps | 소름, 닭살 | ☞ wild goose 기러기 |

| 1924 | **rooster** [rú:stər] | 수탉[1] | 1. (지붕 roof = roost)에서 우는 닭 + er |
| | **hen** [hen] | 암탉, 새의 암컷 | ☞ chick 병아리, 새끼 새   ☞ a hen house 닭장 |

| 1925 | **cock** [kɑk] | 새의 수컷, 수탉, 꼭지 | ☞ shuttlecock 배드민턴의 셔틀콕 |
| | **cock**tail [kɑ́ktèil] | 칵테일, 혼합주 | ☞ weathercock 수탉 모양의 풍향계 |

| 1926 | **pheas**ant [fézənt] | 꿩[1], 꿩고기 | 1. (파시스 강 Phasis river = pheas)에 집단 서식하는 새 + ant |
| | **peacock** [pí:kɑ̀k] | 수컷 공작 | ☞ peahen 암컷 공작 |

1927	**pret**ty [príti]	예쁜[1], 꽤, 매우	1. 기술적으로 (조작해서 trick = pret + t) 아기자기한 + y
	pet	애완동물[2], 쓰다듬다	2. (작고 small = pet) 귀여운 동물
	cute [kju:t]	귀여운, 약삭빠른[3]	3. (예리하거나 교활한 acute = cute)

1928	**pet**ty [péti]	사소한, 하찮은	1. (작고 small = pet + t + i) 귀여운 속(옷 coat)
	petticoat [pétikòut]	페티코트, 속치마[1]	2. 사무실에 비치해 두는 (소액 small = petty) (현금 cash)
	petty cash	소액 현금[2]	☞ a petty quarrel 사소한 말다툼

| 1929 | be**little** [bilítl] | 하찮게 만들다[1] | 1. (작은 little) 상태로 (존재하게 exist = be) 하다 |
| | **little** | 작은, 어린, 거의 없는 | ☞ a little 약간의   ☞ little by little 조금씩, 서서히 |

1930	**less**en [lésn]	줄어들다, 줄이다[1]	1. (더 적은 less) 상태로 (만들다 make = en)
	less [les]	더 적은, 더 적게	☞ no less than ~와 마찬가지로, ~에 못지않게 (as much as)
	lesser [lesər]	더욱 적은	☞ no more than 겨우, 단지 (only)

1931 **least** [liːst]	가장 적은, 가장 적게	☞ not less than 적어도, 최소한 (at least)
lest [lest]	~하지 않도록	☞ not more than 많아야, 기껏해야 (at most)
un**less** [ənlés]	만약 ~하지 않는다면	☞ Make haste lest you should be late. 늦지 않게 서둘러라.

1932 **dwarf** [dwɔːrf]	난장이[1], 작게 하다	1. 정상 크기보다 (작은 사람 또는 사물 something tiny = **dwarf**)
	소형의	2. (작고 날카로운 끄트머리 small sharp point = **tin**)을 가진 + **y**
tininess	자그마함	☞ tine (포크, 사슴뿔 등의) 가지
tiny [táini]	아주 작은[2]	

1933 **pu**pil [pjúːpəl]	어린 학생[1], 눈동자[2]	1. (작은 little = **pu**) 아이 + **pil**
pupillary [pjúːpəlèri]	학생의, 눈동자의	2. 타인의 눈 속에 비친 자신의 (작은 little = **pu**) 모습 + **pil**
		☞ an inattentive pupil 주의를 기울이지 않는 학생

1934 **ped**agogue [pédəgàg]	교육자[1]	1. (작은 아이를 little child = **ped** + **a**) 학교까지
pedagogic	교수법의	(이끌고 가는 lead = **gog**) 노예 + **ue**
pedagogy	교육, 교육학	2. 학문의 모든 범위 (안 in = **en**)에서 A부터 Z까지
encyclo**ped**ia	백과사전[2]	(순환 circle = **cyclo**)하여 설명한 (아동 child = **ped**) 사전 + **ia**
[ensàikloupíːdiə]		☞ a traditional medical encyclopedia 전통 의학 백과사전

1935 **ped**ology [pidálədʒi]	소아학[1]	1. (아이 child = **ped** + **o**)의 병을 연구하는
pediatric [pìːdiǽtrik]	소아과의	(학문 study = **logy**)
pediatrician	소아과 의사[2]	2. (아이 child = **ped**)를 (치료하는 heal = **iatric** + **i**) 의사 + **an**

1936 **po**verty [pávərti]	가난[1]	1. (적게 few = **po**) 생산하여 풍요롭지 못한 상태 + **ver** + **ty**
poor	가난한, 불쌍한, 형편없는	☞ poverty-stricken 가난에 시달리는

1937 im**po**verishment	빈곤	1. (적게 few = **po**) 생산하여 풍요롭지 못한 상태
im**po**verish	가난하게 하다[1]	(안으로 in = **im**) 들어가다 + **ver** + **ish**
[impávəriʃ]	질을 낮추다	☞ impoverished economy 피폐한 경제

짧은, 간단한 short = brev, brief, merri

1938 brevity [brévəti]   간결성[1], 짧음   1. (간단하고 short = **brev**) 깔끔한 상태 + **ity**
    briefing   브리핑[2], 간단한 보고   2. 요점을 간추린 (간단한 short = **brief**) 설명 + **ing**
    brief [bri:f]   간단한, 짧은   ☞ briefly 잠시, 간단히
    briefcase [brífkeis]   서류 가방   ☞ in brief 간단히 말해서
    ☞ a brief summary 간단한 개요

1939 abbrev**iation   축약, 축약형, 악어   1. 문장(을 to = **ab**) (간략 short = **brev**)하게 하다 + **i** + **ate**
    ab**brev**iate [əbrí:vièit]   축약하다[1]   ☞ abbreviate a speech 연설을 짧게 하다

1940 merriment   유쾌함[1]   1. (짧은 brief = **merri**) 기간 동안 지속되는 즐거움 + **ment**
    merry [méri]   즐거운   ☞ merry tune 흥겨운 곡조
    merryman [mérimən]   어릿광대   ☞ merry-go-round 회전목마

★ 부분, 분리, 할당 part = par, piece, por

1941 part   부분[1], 부품, 배역   1. (할당된 allot = **par**) 부분 + **t**
        헤어지다   2. 한쪽 (부분 **part**)에 치우치지 (않는 not = **im**) + **i** + **al**
    partial [pá:rʃəl]   부분적인, 편파적인   ☞ an impartial judge 공정한 재판관
    im**part**ial [impá:rʃəl]   공정한[2], 치우치지 않는

1942 umpire [ʌ́mpaiər]   심판[1], 심판을 보다   1. 치우치지 (않고 not = **um**) (균등한 equal = **par** = **pir**)
        판단을 내리는 테니스, 야구 등의 심판 + **e**
    ☞ referee 심판   ☞ judge 심판, 판사, 심사위원

1943 partner [pá:rtnər]   동반자[1], 동업자   1. 짝의 (부분 **part**)이 되는 상대편 사람 + **er**
    counter**part**   대응 상대[2], 대응물[2]   2. (반대 opposite = **counter**) (편 **part**)에 있는 사람이나 물건
    partnership [pá:rtnərʃip]   동반자 관계   ☞ a business partner 사업 동업자

1944 depart**ment   부서[1], 부처[1], 학과[1]   1. 상위 조직으로(부터 from = **de**) (분리 **part**)된
    de**part**mentalize   부문으로 나누다   하위 조직 + **ment**
    de**part**mental   부서의, 학과의   ☞ a department store 백화점
    ☞ a publicity department 홍보부

1945 depart**ure [dipá:rtʃər]   출발   1. 장소, 직장 또는 삶으로(부터 from = **de**) (분리 **part**)되다
    de**part** [dipá:rt]   그만두다[1], 죽다[1], 출발하다[1]   ☞ airport departure tax 공항 출국세
    de**part**ed [dipá:rtid]   세상을 떠난   ☞ depart from Seoul 서울에서 출발하다

1946	**part**y [pá:rti]	정당[1], 당사자[1], 파티[2]	1. (분리 **part**)된 집단이나 사람 + **y**
	partisan [pá:rtəzən]	열성 당원, 패거리	2. 음식, 비용 등을 (배분 **part**)하여 부담하는 사교 모임 + **y**
	third **party**	제삼자	☞ the ruling party 여당
			☞ the opposition party 야당

1947	**part**icipation	참가	1. 역할의 (일부 part = **part** + **i**)를 (붙잡아 take = **cip**)
	participate [pɑ:rtísəpèit]	참가하다[1]	수행하다 + **ate**
	partake [pɑ:rtéik]	참가하다	☞ take part in 참가하다

1948	**part**iciple [pá:rtəsìpəl]	분사[1]	1. 동사와 형용사의 성질을 (나누어 part = **part** + **i**)
	past **participle**	과거 분사	(가지고 take = **cip**) 있는 품사 + **le**
			☞ present participle 현재 분사 ☞ gerund 동명사

1949	**part**icle [pá:rtikl]	입자[1]	1. (작은 small = **cle**) (부분 part = **part** + **i**)
	particulate [pərtíkjəlit]	미립자의, 입자성 물질	☞ microparticle 극미립자

1950	**part**icularity	특이성, 꼼꼼함	1. (작은 small = **cul**) (부분 part = **part** + **i**)이 특이한 + **ar**
	particular [pərtíkjələr]	특별한[1]	☞ in particular 특히, 특별히

1951	**part**ition [pɑ:rtíʃən]	칸막이, 분할[1], 분할하다	1. (부분 part = **part** + **i**)으로 나누는 행위 + **t** + **ion**
	partitionist [pɑ:rtíʃənist]	분리 독립주의자	2. 꾸러미 안에 있는 (작은 small = **cel**) (부분 part = **par**)
	parcel [pá:rsəl]	소포[2], 구획[3]	3. 땅을 분할한 (작은 small = **cel**) (부분 part = **par**)
		소포를 싸다	

1952	com**part**ment	칸[1], 객실	1. (부분 **part**)으로 (완전히 entirely = **com**) 나눈 공간 + **ment**
	com**part** [kəmpá:rt]	칸막이하다	☞ a storage compartment (버스, 기차 등의) 짐을 싣는 곳
	com**part**mental	구분된	☞ a compartmental organization 구분되는 조직

1953	**por**tion [pɔ́:rʃən]	일부[1], 1인분, 분배하다	1. 부분으로 나누어 (할당 allot = **por**)한 것 + **t** + **ion**
	ap**por**tion	분배하다	☞ a portion of 약간의

1954	pro**por**tion [prəpɔ́:rʃən]	비율, 비례[1], 균형	1. 각자(에게 for = **pro**) 균등하게 (할당 allot = **por**)된 몫
	pro**por**tional	비례하는	+ **t** + **ion**
	pro**por**tionate	비례하는	☞ disproportion 불균형

1955	jeo**pard**y [dʒépərdi]	위험[1], 유죄	1. 숫자에 따라 (몫 portion = **pard** + **y**)이 달라져
	jeo**pard**ize [dʒépərdàiz]	위태롭게 하다	돈을 잃을 위험이 있는 주사위 (게임 game = **jeo**)

1956	**piece** [pi:s]	조각[1], 부분, 작품	1. (작은 부분 small part = **piece**)
	a**piece** [əpí:s]	따로따로, 제각기	☞ centerpiece 중심부 장식, 핵심
	time**piece** [taimpis]	시계	☞ a piece of cake 식은 죽 먹기, 매우 쉬운 일
	master**piece**	걸작	☞ mouthpiece (악기) 입에 대는 부분, 치아 보호 기구

| 1957 **patch** [pætʃ] | 조각[1], 덧대다 | 1. 구멍을 때우는 천(조각 piece = patch) |
| **patch**y [pǽtʃi] | 드문드문 있는 | ☞ eyepatch 안대 |

★ 들러붙다 stick = her, hes

| 1958 ad**her**ence [ædhíːrəns] | 고수[1], 집착, 지지 | 1. 어떤 것(에게 to = ad) (붙은 stick = her) 상태 + ence |
| ad**her**ent [ædhíərənt] | 지지자, 부착하는 | ☞ adherent deposit 점착성 침전물 |

1959 ad**hes**ion [ædhíːʒən]	접착력	1. 어떤 것(에게 to = ad) (붙어 stick = her) 있다 + e
ad**her**e [ædhíər]	들러붙다[1], 부착되다	☞ adhere to a principle 원칙에 집착하다
ad**hes**ive [ædhíːsiv]	접착제, 들러붙는	☞ an adhesive tape 접착테이프, 반창고

1960 co**her**ence [kouhíərəns]	일관성[1]	1. 끝까지 (함께 with = co) 변함없이 (붙어 stick = her)
co**her**e [kouhíər]	일관성이 있다, 결합하다	있는 성질 + ence
co**her**ent [kouhíərənt]	일관성이 있는	☞ incoherent 일관성이 없는, 비논리적인

1961 in**her**ence [inhíərəns]	타고남, 고유, 내재	1. 탄생 때부터 (내부에 in) (붙어 stick = her) 있는 + ent
in**her**e [inhíər]	본래부터 타고나다	☞ Jealousy inheres in love. 사랑에는 질투가 내재되어 있다.
in**her**ent [inhíərənt]	타고난, 내재하는[1]	☞ the inherent value of nature 자연의 내재적 가치

1962 **hes**itation [hèzətéiʃən]	망설임, 우유부단	1. 행동하지 못하고 현재의 것에 (붙어 stick = hes + i) 있다
hesitate [hézətèit]	망설이다[1], 주저하다[1]	+ t + ate
hesitative [hézitèitiv]	망설이는, 주저하는	☞ with hesitation 주저하면서

★ 권력 power = cra

1963 auto**cra**cy [ɔːtákrəsi]	독재정치[1], 전제정치	1. (자기 self = auto) 마음대로 (권력 power = cra)을
auto**cra**tic [ɔ̀ːtəkrǽtik]	독재의	행사하는 정치 + cy
auto**cra**t [ɔ́ːtəkræt]	독재자	☞ monarchy 군주정치

1964 aristo**cra**cy [æ̀rəstákrəsi]	귀족정치[1]	1. (귀족 nobleman = aristo)이 (권력 power = cra)을
aristo**cra**tic	귀족적인, 귀족정치의	행사하는 정치 + cy
		☞ aristocrat 귀족

1965 bureau**cra**cy	관료정치[1], 관료주의	1. 집무실 (책상 desk = bureau)에서 (권력 power = cra)을
bureau**cra**tic	관료의, 관료주의적인	행사하는 정치 + cy
bureau**cra**t [bjúərəkræt]	관료	☞ bureau (관청의) 국

1966 demo**cra**cy [dimákrəsi]	민주주의, 민주정치[1]	1. (대중 common people = demo)이 (권력 power = cra)을
demo**cra**tize	민주화하다	행사하는 정치 + cy
demo**cra**tic	민주주의의, 민주적인	☞ democrat 민주주의 옹호자, 민주당원

1967	plutocracy [plu:tákrəsi]	금권정치[1]	1. 넘쳐 (흐르는 flow = pluto) 돈에 의한 (통치 rule = cracy)
	hierocracy [hàiərákrəsi]	성직자 정치[2]	2. (성스러운 holy = hiero) 성직자에 의한 (통치 rule = cracy)
	technocracy	기술주의 정치[3]	3. (기술 technology = techno) 관료에 의한 (통치 rule = cracy)
	oligarchy [áləgà:rki]	과두정치[4]	4. (소수의 few = ollg) 사람이 (통치하는 rule = archy) 정치

★ 유혹하다 tempt = lic, light, lure, tenta

1968	lash [læʃ]	채찍질, 채찍 끈	1. (눈 eye)을 때리는 부드러운 (채찍 lash) 같은 털
		끈으로 묶다, 후려치다	☞ lash a horse with a whip 말에 채찍질하다
	eyelash [ailæʃ]	속눈썹[1]	☞ lash the cargo to the deck 화물을 갑판에 묶다

| 1969 | elicitation [ilìsitéiʃən] | 끌어냄, 꾀어냄 | 1. (밖에 out = e) 나오도록 (유혹하다 ensnare = lic) + i + t |
| | elicit [ilísit] | 끌어내다[1], 꾀어내다 | ☞ elicit a confession 자백을 끌어내다 |

1970	delicacy [délikəsi]	진미, 연약함, 섬세함	1. 정신이 (멀리 away = de) 빠져나갈 정도로
	delicious	아주 맛있는[1]	(유혹 ensnare = lici)적인 맛이 나는 + ous
	delicate [délikət]	연약한[2], 세심한	2. 정신이 (멀리 away = de) 나갈 정도로
	indelicacy	상스러움, 버릇없음	(유혹적인 ensnare = lic) 여성의 몸이 연약한 + ate

1971	delightfulness	유쾌함	1. 정신이 (멀리 away = de) 빠져나갈 정도로
	delight [diláit]	큰 기쁨, 기쁘게 하다	(유혹 ensnare = light)되어 기분이 좋은 + ful
	delightful [diláitfəl]	기쁜[1]	☞ delightless 기쁘지 않은

1972	lure [luər]	미끼, 매력, 유혹하다	1. 어떤 것(에게 to = al) (미끼 lure)로 꾀다
	allurement	유혹	☞ a fishing lure 낚시용 미끼
	allure [əlúər]	매력, 유혹하다[1]	☞ sexual allure 성적인 매력

1973	temptation	유혹	1. 악마가 못된 짓을 하도록 (시험해 보다 try, test = tempt)
	tempt [tempt]	유혹하다[1]	☞ withstand a temptation 유혹에 저항하다
	temptational	유혹적인	☞ The serpent tempted Eve. 뱀이 이브를 유혹했다.

| 1974 | attempt [ətémpt] | 시도, 시도하다[1] | 1. 어떤 것을 (향하여 toward = at) (시험해 보다 try = tempt) |
| | attemptable | 시도할 수 있는 | ☞ a vain attempt 헛된 시도 |

| 1975 | tentativeness | 시험적임, 망설임 | 1. 임시로 (시험 삼아 해 보는 try, test = tenta) + t + ive |
| | tentative [téntətiv] | 잠정적인[1] | ☞ a tentative conclusion 잠정적인 결론 |

★ 탐구하다 seek = qu

1976 quest [kwest] 탐구, 요구, 탐색 1. (탐구하기 seek = qu + e) 위해
　　　　　　　　탐구하다 　(반복해서 repeatedly = re) 묻다 + st
　request [rikwést] 요청, 요청하다[1] ☞ the quest of truth 진리의 탐구

1977 question [kwéstʃən] 질문[1], 의문, 문제 1. 알기 위해 (탐구하는 seek = qu + e) 행위 + st + ion
　　　　　　　　　질문하다, 제기하다 ☞ a leading question 유도 질문
　questionnaire 설문지 ☞ questionable 의심스러운
　query [kwíəri] 문의, 문의하다 ☞ queryingly 캐물어가며

1978 inquiry (enquiry) 질의, 문의, 취조 1. (탐구하기 seek = qu) 위해 어떤 조직 (안에 into = in)
　inquire (enquire) 문의하다[1], 조사하다 　문의하다 + ire
　inquisitive [inkwízətiv] 캐묻는, 탐구심이 많은 ☞ credit inquiry 신용 조회

1979 requirement 필요 요건, 요구 1. (반복해서 repeatedly = re) (추구하다 seek = qu) + ire
　require [rikwáiər] 요구하다[1], 필요로 하다 ☞ residence requirement 거주 요건
　requisite [rékwəzit] 필요한, 필수품 ☞ required input data 필수 입력 자료
　prerequisite 선행 조건 ☞ a vital prerequisite 중요 선행 조건

1980 acquisition [ækwəzíʃən] 습득, 기업 인수 1. 바깥(쪽으로 to = ac) 나가 (탐색하여 seek = qu) 얻다 + ire
　acquire [əkwáiər] 얻다[1] ☞ merger and acquisition 인수 합병
　acquired 후천적인, 획득한 ☞ acquisitive 소유욕이 많은

1981 conquest [káŋkwest] 정복 1. (완전히 entirely = con) (탐색하여 seek = qu) 얻다 + er
　conquer [káŋkər] 정복하다[1] ☞ extend territory by conquest 정복하여 영토를 확장하다
　conqueror [káŋkərər] 정복자 ☞ conquer an enemy 적을 정복하다

1982 province [právins] 지방[1], 주, 도, 분야 1. 로마제국에 (정복되기 conquer = vinc) (전에 before = pro)
　provincial [prəvínʃəl] 지방의 　존재했던 이탈리아 외곽 지역 + e
　　　　　　　　　　　　　　　☞ an autonomous province 자치주

1983 exquisiteness 정교함 1. (끝까지 thoroughly = ex) (탐색 seek = qu + i)할 만큼
　exquisite [ikskwízit] 아름다운[1], 정교한 　아름다운 + s + ite

시중들다 attend = serv

1984 service [sə́:rvis] 서비스, 용역 1. 주인에게 (시중드는 attend = serv) 하인 + ant
　serve [sə:rv] 근무하다, 제공하다 ☞ server 서비스를 제공하는 사람
　servant [sə́:rvənt] 하인[1], 종업원 ☞ a civil servant 공무원

1985 desert [dézərt]	공적, 사막[1], 버리다	1. (버려진 땅 abandoned land = deser) + t
deserve [dizə́ːrv]	받을 자격이 있다[2]	2. (완전하게 entirely = de) 잘 (시중 들어서 attend = serv)
deserver [dizə́ːrvər]	유자격자	공을 인정받을 자격이 있다 + e
		☞ deserve criticism 비난할 만하다

★ 유지하다 maintain = hero, serv

1986 conservation	보호	1. 현 상태를 (완전하게 entirely = con) 주시하며
conserve [kənsə́ːrv]	보존하다[1], 아끼다	(유지하다 maintain = serv) + e
conservative	보수적인, 보수주의자	☞ the Conservative Party 보수당

1987 preservation	보호	1. 부패하기 전에 (미리 before = pre) 원래의 상태를
preserve [prizə́ːrv]	저장식품, 보존하다	(유지시키는 maintain = serv) 물질 + at + ive
preservative	방부제[1]	☞ preserve in salt 소금에 절이다

1988 reservation [rèzərvéiʃən]	예약, 인디언 보호구역	1. 미래에 사용하기 위해 (뒤쪽에 back = re)
reserve [rizə́ːrv]	비축하다[1], 예약하다	(유지해 놓다 maintain = serv) + e
reservoir [rézərvwɑ̀ːr]	저수지	☞ an indian reservation 인디언 보호구역

1989 observation	관찰	1. 주의를 (앞쪽에 before = ob) (유지하며 maintain = serv)
observance [əbzə́ːrvəns]	준수, 전통 의식, 기념	살피다 + e
observe [əbzə́ːrv]	관찰하다[1], 준수하다[2]	2. (예전 before = ob)부터 수행해 왔던 관습을
observatory	관측소	(유지하다 maintain = serv) + e
[əbzə́ːrvətɔ̀ːri]		☞ observant 관찰하는, 준수하는

뒤섞다, 속이다 shuffle = tric, trigu

| 1990 trick [trik] | 속임수, 비결, 속이다[1] | 1. 속일 목적으로 카드를 (뒤섞다 shuffle = tric) + k |
| trickery [tríkəri] | 사기 | ☞ tricky 까다로운 |

1991 intrigue [intríːg]	음모, 음모를 꾸미다[1]	1. (속임수 trick = trigu) (안으로 in) 빠지도록 계획하다 + e
	호기심을 일으키다[2]	2. (음모 intrigue)가 무엇인지 호기심이 생기게 하다
intriguer [intrígər]	음모자	☞ plot 음모, 줄거리

1992 intricateness	복잡함, 얽힘	1. 카드가 (안에 in) (뒤섞여 shuffle = tric) 있어 복잡한 + ate
intricacy [íntrikəsi]	복잡함	☞ the intricacy of the mechanism 기계 장치의 복잡함
intricate [íntrəkit]	복잡한[1], 뒤얽힌	☞ an intricate pattern 복잡한 무늬

1993 extrication [èkstrikéiʃən]	탈출	1. (뒤섞인 shuffle = tric) 상황 (밖으로 out = ex)
extricate [ékstrəkèit]	탈출시키다[1]	나가도록 하다 + ate
extricable [ékstrəkəbəl]	구출할 수 있는	☞ inextricable 떼어 놓을 수 없는

★ 사용하다 use = frui, frug, funct, us, ut

1994 usage [júːsidʒ] 사용, 용법
use 사용하다
misuse [misjúːz] 오용하다[1], 악용하다
overuse [òuvərjúːz] 과용하다[2]

1. (잘못 wrongly = mis) (사용하다 use)
2. 기준을 넘어서 (과도하게 over) (사용하다 use)
   ☞ usefulness 유용성   ☞ useful 유용한
   ☞ usable 사용 가능한   ☞ useless 쓸모없는

1995 abuse [əbjúːz] 남용, 욕설, 학대
남용하다[1]
욕설하다[2], 학대하다[2]
abusive [əbjúːsiv] 욕설하는

1. 원래 (용도 use)를 (멀리 away = ab) 넘어 함부로 쓰다
2. (사용 use) 기준을 (멀리 away = ab) 넘어
   언어나 힘을 함부로 사용하다
   ☞ abusive language 폭언, 욕지거리

1996 utilization [juːtəlizéiʃən] 이용, 활용
utility [juːtíləti] 공익설비[1], 효용, 용도
utilize [júːtəlàiz] 활용하다[2]

1. 수도, 전기 등 대중이 (이용 use = ut)하는 서비스 + il + ity
2. 충분히 잘 (이용 use = ut) 하다 + il + ize
   ☞ a utility company 공익 회사

1997 utilitarianism 공리주의[1]
utilitarian [juːtìlətéəriən] 실용적인, 공리주의의

1. (다수의 이익을 위해 사용하자는 utilitarian) 주의 + ism
   ☞ utilitarian purpose 실용적인 목적

1998 utensil [juːténsəl] 가정용품[1]

1. 가정에서 (사용 use = ut) 하는 도구 + en + sil
   ☞ a cooking utensil 조리 기구

1999 fruit 과일[1], 결실, 열매 맺다
fruitful [frúːtfəl] 결실이 많은, 생산적인
fruitless [frúːtlis] 결실이 없는

1. 인간과 동물에게 (유용한 useful = frui) 식물의 열매 + t
   ☞ a fruitful occupation 실수입이 많은 직업
   ☞ a fruitless attempt 헛된 시도

2000 frugality [fruːgǽləti] 절약, 검소
frugal [frúːgəl] 절약하는[1], 검소한

1. 미래의 (유용한 useful = frug) 결실을 위해 아끼는 + al
   ☞ extravagant 낭비하는, 사치스러운

2001 function [fʌ́ŋkʃən] 기능, 행사, 기능하다[1]
functionalize 기능적으로 하다
functional [fʌ́ŋkʃənəl] 기능하는

1. (유용한 useful = funct) 역할을 수행하다 + ion
   ☞ a function key (컴퓨터) 기능 키
   ☞ functional foods 영양 등을 강화한 기능성 건강식품

2002 functions 함수
dysfunction [disfʌ́ŋkʃən] 기능 장애, 역기능
malfunction 기능 불량[1], 오작동

1. (잘못 wrong = mal) (기능함 function)
   ☞ dysfunctional 기능을 못하는, 고장난
   ☞ an equipment malfunction 장비 오작동

★ 연결하다 join = junct, just

2003 joint [dʒɔint] 관절, 공동의 1. 함께 (묶다 bind = **join**)
  join [dʒɔin] 가입하다, 연결하다[1] ☞ disjoint 관절을 삐게 하다, 해체하다
  dis**join** [disdʒɔʹin] 분리하다, 분리되다 ☞ a joint venture 합작 투자

2004 adjacency [ədʒéisənsi] 인접, 이웃 1. 손으로 (던져 throw = **jac**) 도달할 수 있는
  ad**jac**ent [ədʒéisənt] 인접한[1], 가까운   거리(에 to = **ad**) 놓여 있는 + ent
  ad**join** [ədʒɔʹin] 인접하다[2] 2. 어떤 것(에게 to = **ad**) (묶여 bind = **join**) 가까이 있다

2005 adjustment 조정, 조절, 적응 1. 어떤 것(에게 to = **ad**) (연결 join = **just**)하기 위해
  ad**just** [ədʒʌ́st] 조정하다[1], 적응하다   조정하다
  malad**just**ment 부적응, 조정 불량 ☞ an adjustment disorder 적응 장애

2006 adjunction [ədʒʌ́ŋkʃən] 부속, 첨가 1. 어떤 것(에게 to = **ad**) (연결 join = **junct**)되어 있는 물체
  ad**junct** [ǽdʒʌŋkt] 부가물, 부속물[1] ☞ an indispensable adjunct 필수적인 부속품
  ad**junct**ive [ədʒʌ́ŋktiv] 부속의, 보조의 ☞ an adjunctive medical therapy 보조의 의학 치료

2007 conjunction 접속사, 결합[1] 1. (함께 with = **con**) (연결 join = **junct**)된 상태 + ion
  con**junct**ional 접속사의, 접속적인 ☞ a subordinate conjunction 종속 접속사
  con**junct**ive [kəndʒʌ́ŋktiv] 접속사, 결합하는 ☞ conjunct 결합한, 공동의

2008 junction [dʒʌ́ŋkʃən] 교차로[1], 합류점 1. (연결 join = **junct**)되어 모이는 지점 + ion
  junctional 접속점의 ☞ a sandwich junction 입체 교차로
  juncture [dʒʌ́ŋktʃər] 접합, 이음매, 관절 ☞ disjuncture 분리, 분리 상태

점검하다 check = chess

2009 check [tʃek] 확인, 저지[1], 체크무늬[2] 1. (장기 chess = **check**)에서 왕을 공격할 경우의 저지
    점검하다, 저지하다 2. (장기판 chessboard = **check**) 위에 그려진 정사각형 패턴
  checkpoint [tʃékpɔ̀int] 검문소[3] 3. (점검 **check**)을 위해서 통과를 저지하는 (지점 **point**)
  cheque (check) [tʃek] 수표 ☞ paycheck 급료, 급료 지불 수표

2010 check in (호텔, 공항) 수속을 밟다 ☞ check out 계산대, 호텔에서의 숙박비 계산
  checklist [tʃeklist] 점검 사항 대조표 ☞ cross-check 대조 확인하다
  check-up 대조, 신체검사 ☞ double check 재확인하다 ☞ raincheck 우천 교환권

참여시키다 engage = dulg, gag, play

2011 engag**ement**
engag**e** [engéidʒ]

참여, 약속, 고용, 약혼
약속하다, 참여하다[1]
약혼하다, 고용하다

1. (서약 pledge = **gag** + e)을 통해 관계 (속으로 into = **en**)
   참여하다
   ☞ a prior engagement 선약

2012 indulg**ence**
indulg**e** [indʌ́ldʒ]
indulg**ent**

탐닉, 관대
탐닉하다, 마음껏 하다[1]
너그러운

1. 즐거움 (속으로 in) 자신을 마음껏
   (참여시키다 engage = **dulg**) + e
   ☞ self-indulgence 제멋대로 굶, 방종

2013 plaything [pleiθiŋ]
down**play**
inter**play** [intərplei]
playwright
[pleirait]

장난감
경시하다
상호작용, 상호작용하다
극작가[1]

1. (연극 **play**) 대본을 (만드는 maker = **weight**) 작가
   ☞ play down 경시하다
   ☞ dirty play 반칙, 비열한 행동
   ☞ shipwright 배 만드는 사람
   ☞ playground 운동장, 놀이터

담보, 약속 pledge = barg, bor, pligh, wag

2014 pledge [pledʒ]

약속, 맹세, 담보
약속하다[1], 저당 잡히다

1. (보증하는 guarantee = **pledg**) 물건을 담보로 맡겨
   빌린 돈을 갚을 것을 약속하다 + e

2015 plight [plait]
plighter

역경[1], 곤경[1]
서약하는 사람

1. 파산할 위험에 처해서 (담보 pledge = **pligh**)를 제공하고
   돈을 빌리는 힘든 상황 + t

2016 wage [weidʒ]
wage war

임금[1], 수행하다
전쟁을 수행하다

1. 육체노동의 대가로 지급하기로 (약속한 pledge = **wag**) 돈 + e
   ☞ a wage earner 임금 노동자

2017 hire [haiər]

임시 고용, 임금, 임차
고용하다[1], 빌리다

1. (임금 wage = **hire**)을 주기로 약속하고 임시로 고용하다
   ☞ hire a private detective 사립 탐정을 고용하다

2018 haggle [hǽgəl]
bargain [bá:rgən]

흥정하다[1]
싼 물건, 매매
협상, 흥정하다[2]

1. 값을 (깎기 chop = hack = **hag** + g) 위해 실랑이하다 + le
2. 차용할 때 (담보 pledge = **barg**)의 범위를 흥정하다 + ain
   ☞ bargaining power 협상력
   ☞ bargain sale 염가 판매

★ 중간 middle = mean, mon, mun

2019 mean [miːn]   평균, 의미하다, 평균의[1]   1. 모두가 (공유 share = mean)해서 흔하고 평균적인
   비천한[2], 비열한, 중간의[3]   2. (평균적인 mean) 평민들이 비천하게 보이는
meaningful   의미 있는, 중요한   3. 양쪽 끝의 (중간 middle = mean)에 놓여 있는
de**mean** [dimíːn]   비하하다, 위신을 떨어뜨리다   ☞ the global mean temperature 세계 평균 기온
de**mean**or [dimíːnər]   위신, 처신, 태도   ☞ a man of mean birth 비천한 태생의 남자

2020 means [miːnz]   수단[1], 돈   1. 목적 달성을 위해 (중간 middle = mean) 과정에
by all means   무슨 수단을 쓰더라도   필요한 도구 + s
by no means   결코 ~이 아닌   ☞ a means to an end 목적을 위한 수단

2021 meantime [míːntàim]   그동안, 그동안에[1], 한편   1. 두 사건이 발생하는 (중간 middle = mean) (시간 time)에
meanwhile   그동안에, 한편   ☞ for the meantime 당분간은
   ☞ for the meanwhile 당분간은

2022 commons   평민, 하원, 하원 의원   1. 모두 (함께 with = com) (공유 share = mon)해서 흔한
com**mon** [kámən]   공유지, 흔한[1], 보통의, 공통의   ☞ uncommon 흔하지 않은

2023 commonplace   흔히 있는 일[1], 흔한   1. 일반적으로 (흔한 common) (주제 topic = place)
common sense   상식   ☞ common people 보통 사람들
   ☞ commonwealth 영연방

2024 commun**ism   공산주의[1]   1. 재산을 (함께 with = com) (공유하는 share = mun) 체제
com**mun**e [kəmjúːn]   공동 생활체, 친교, 교제하다   + ism
com**mun**ist   공산주의자   ☞ oppose Communism 공산주의를 반대하다
   ☞ an ecological commune 생태 공동체

2025 municipality   지방 자치제   1. (공유할 share = mun + i) 권리와 의무를
municipal   자치 도시 시민[1]   (가진 take = cip) 자치 구역의 주민 + al
[mjuːnísəpəl]   자치 도시의   ☞ a municipal council 시의회

2026 remun**eration   보수   1. (공유할 share = mun) 의무를 수행한 시민에게
remun**erate   보수를 지급하다   (되돌려 back = re) 보상하다 + er + ate
[rimjúːnərèit]   보상하다[1]   ☞ director's remuneration 임원의 보수
remun**erative   보수가 많은

2027 immun**ization   면역 조치, 예방주사, 면제   1. (공유해야 share = mun)할 의무를 수행하지
immun**ity [imjúːnəti]   면역력, 면제   (않도록 not = im) 면해주다 + ize
immun**ize [ímjənàiz]   면역력을 갖게 하다   ☞ the immune system 면역 체계
   면제하다[1]   ☞ nonimmune 면역성이 없는
immun**e [imjúːn]   면역력 있는, 영향 받지 않는

2028 com**mun**ication	의사소통, 통신	1. 정보를 (함께 with = com) (공유하다 share = **mun**)
com**mun**icate	소통하다[1], 전달하다	+ ic + ate
com**mun**icative	통신의, 수다스러운	2. (먼 far = tele) 곳으로 (소통하다 communicate)
tele**communicate**	원거리 통신하다[2]	☞ communicational 통신의
[tèləkəmjú:nəkèit]		☞ miscommunicate 잘못 전달하다
		☞ a telecommunications satellite 통신 위성

변하다, 바꾸다 change = mut

2029 com**mut**e [kəmjú:t]	통근, 통학, 통근하다[1]	1. 교통비 지불 방식을 정기권으로 (완전히 entirely = com)
com**mut**er	통근자	(바꾸다 change = **mut**) + e
		☞ a commuter couple 주말 부부

2030 **mut**uality	상호 관계	1. 서로 (교환 exchange = **mut**)하는 + u + al
mutualize	상호 관계를 이루다	☞ mutual cooperation 상호 협력
mutual [mjú:tʃuəl]	상호간의[1]	☞ mutually exclusive 상호 배타적인

2031 **mut**ation [mju:téiʃən]	돌연변이, 변종	1. 유전자나 염색체의 구조가 (변하다 change = **mut**) + ate
mutate [mjú:teit]	돌연변이를 일으키다[1]	☞ vowel mutation 모음 변이
mutant [mjú:tənt]	돌연변이의	☞ mutable 변할 수 있는

가다 go = me, mi, ni

2032 per**me**ableness	침투할 수 있음, 투과성	1. (통과해 through = per) (갈 go = **me**) 수 있는 + able
per**me**able	스며들 수 있는[1], 투과성의	☞ air permeable 통기성이 있는
imper**me**able	스며들지 않는	☞ an impermeable surface 스며들지 않는 표면

2033 **ze**nith [zí:niθ]	천정, 절정, 정점[1]	1. 멀리 (떨어진 apart = **ze**) 하늘로 (가는 go = **ni**) 길 + th
zenithal [zí:nəθəl]	천정의, 절정의	☞ reach a zenith 절정에 이르다
		☞ at one's zenith 전성기에, 절정에

2034 **mi**gration [maigréiʃən]	이주, 이동	1. 한 장소에서 다른 장소로 (가다 go = **mi**) + gr + ate
migrate [máigreit]	이주하다[1], 이동하다[1]	☞ nomad's seasonal migration 유목민의 계절에 따른 이주
migratory [máigrətɔ̀:ri]	이주하는	☞ migratory birds 철새

2035 e**mi**gration	(외국으로 가는) 이민	1. 고국을 (벗어나 out = e) 타국으로 (가다 go = **mi**)
e**mi**grate [éməgrèit]	이민 가다[1]	+ gr + ate
e**mi**grant [éməgrənt]	(외국으로 가는) 이민자	☞ emigrant workers 이주 노동자

2036 im**mi**gration	(외국에서 오는) 이민	1. 외국에서 특정한 나라 (안으로 in = im) (가다 go = mi)
im**mi**grate [íməgrèit]	이민 오다[1]	+ gr + ate
im**mi**grant [ímigrənt]	(외국에서 오는) 이민자	☞ the immigration office 출입국 관리 사무소

★ 날다 fly = feath, peat, pet, pto

| 2037 **feath**er [féðər] | 깃털[1] | 1. (날 수 있도록 fly = feath) 해주는 털 + er |
| **feath**ery [féðəri] | 솜털같이 가벼운 | ☞ featherlight 깃털처럼 가벼운   ☞ down 솜털 |

2038 **plum**age [plú:midʒ]	깃털	1. 공작새 등의 과시용 큰 (깃털 feather = plum) + e
plume [plu:m]	깃털[1], 깃털로 장식하다	☞ an ostrich plume 타조의 깃털
pluck [plʌk]	털을 뽑다, 잡아당기다	☞ pluck her mother's skirt 어머니의 치마를 잡아당기다

2039 re**peat**ition [rèpətíʃən]	반복	1. (비행 fly = peat)중 깃털의 퍼덕임을 (반복하다 again = re)
re**peat** [ripí:t]	반복하다[1]	☞ learning by repetition 반복을 통한 학습
re**pet**itive [ripétətiv]	반복되는	☞ a repetitive drill 반복 훈련

2040 **iter**ation [ìtəréiʃən]	반복	1. 계속 (반복하다 repeat = iter) + ate
iterate [ítərèit]	되풀이하다[1]	☞ iterate his argument 그의 주장을 되풀이하다
iterative [ítərèitiv]	되풀이하는	☞ an iterative process 반복되는 과정

2041 **pet**ition [pitíʃən]	탄원[1], 청원, 탄원하다	1. 신에게 (날아가서 fly = pet) 요청함 + i + t + ion
petitionary [pətíʃənèri]	탄원하는	☞ petitioner 탄원인
petitionable	탄원할 수 있는	☞ turn down a petition 청원을 거부하다

2042 im**pet**us [ímpətəs]	추진력[1], 박차, 자극	1. 깃털을 퍼덕이며 목표 (안으로 in = im) 돌진하여
im**pet**uous [impétʃuəs]	성급한, 맹렬한	(날아가는 fly = pet) 힘 + u + s
		☞ powerful impetus 강력한 자극

2043 per**pet**uation	영구화	1. (끝까지 through = per) (날아가다 fly = pet) + u + ate
per**pet**uate	영구화하다[1]	☞ perpetuate a stereotype 고정관념을 영구화하다
per**pet**ual [pərpétʃuəl]	끊임없이 계속되는	☞ perpetual snow 만년설

2044 ap**pet**ite [æpitàit]	식욕[1], 욕구	1. 먹이 (쪽으로 to = ap) (날아가는 fly = pet) 욕구 + ite
ap**pet**itive [æpətàitiv]	식욕이 있는, 욕구의	☞ an appetitive behavior 욕구 행동
ap**pet**izer [æpitàizər]	에피타이저, 전채	☞ an appetite stimulant 식욕 자극제

2045 com**pet**ition	경쟁, 시합	1. 먹이를 먼저 얻기 위해 (함께 with = com)
com**pet**e [kəmpí:t]	경쟁하다[1]	(날아가다 fly = pet) + e
com**pet**itive	경쟁력 있는, 경쟁하는	☞ competitor 경쟁자

| 2046 competence | 능숙함, 권한 | 1. 동료와 (함께 with = com) (날 fly = pet) 수 있는 + ent |
| competent | 유능한[1] | ☞ linguistic competence 언어 능력 |

2047 symptom [símptəm]	증상[1], 징후	1. 질병과 (함께 with = sym)에 발생하여
symptomize	징후를 보이다	(날아오르는 fly = pet = pto) 이상 현상 + m
asymptomatic	증상이 없는	☞ symptomatic 증상을 보이는

전쟁, 싸움 war = bel, guer, quar, striv, wor

| 2048 **riot** [ráiət] | 폭동[1], 폭동을 일으키다 | 1. 동물이 (으르렁거리며 짖는 소리 bark = roar = riot) |
| **riot**ous [ráiətəs] | 폭동의, 소란을 피우는 | ☞ rioter 폭도 |

2049 **war**	전쟁[1], 전쟁하다, 전쟁의	1. (혼란 confuse = war)을 초래하는 대규모의 군사적 갈등
warfare [wɔ́ːrfèər]	전투 행위[2]	2. (전쟁 war)의 (힘든 여정 journey = fare)
wartime [wɔ́ːrtàim]	전시	☞ civil war 내전, 미국 남북 전쟁
post**war** [póustwɔ̀ːr]	전쟁 이후에	☞ wage war 전쟁을 수행하다 ☞ warrior 전사

2050 **deter**ioration	악화, 가치 하락, 퇴보	1. 상황을 (더 more = ior) (나쁘게 badly = deter)
deteriorate	악화시키다[1], 악화되다	만들다 + ate
[ditíəriərèit]		☞ quality deterioration 품질 저하

2051 **guerr**illa [gərílə]	게릴라병, 비정규병[1]	1. (작은 small = la) 비정규 (전쟁 war = guer + r + il)을
		수행하는 병사
		☞ guerrilla tactics 게릴라 전술 ☞ guerrilla troops 유격대

2052 **bell**icosity	호전성	1. (전쟁 war = bel + l)을 좋아하는 + i + cos + e
bellicose [bélikòus]	호전적인[1]	☞ a bellicose tribe 호전적인 종족
belligerent	교전국, 공격적인	☞ a belligerent attitude 공격적인 태도

2053 re**bell**ion [ribéljən]	반란, 반항	1. 정권에 (반대하여 against = re) (전쟁 war = bel)을 벌이다
re**bel** [rébəl]	반역자, 반대자, 저항하다[1]	☞ suppress a rebellion 반란을 진압하다
re**bell**ious [ribéljəs]	반역하는, 반항하는	☞ a rebellious adolescent 반항적인 청소년

| 2054 **strif**e [straif] | 다툼, 문제 | 1. 있는 힘을 다하여 (싸우다 fight = striv) + e |
| **striv**e [straiv] | 분투하다[1] | ☞ strive vainly 헛고생하다 |

| 2055 **quarr**el [kwɔ́ːrəl] | 말다툼, 싸움, 언쟁하다[1] | 1. 개인적 문제에 대해 (불평하다 complain = quar + r) + el |
| **quarr**elsome | 다투기 좋아하는 | ☞ stir up a quarrel 분쟁을 야기하다 |

★ 표식 mark = bill, seal, sign

2056 signage [sáinidʒ]   신호들, 신호체계   1. 구별하기 위해 찍는 (표식 mark = **sign**)
     sign [sain]   신호¹, 표지판, 부호, 징후   ☞ a traffic signage 도로표지판
         신호 보내다, 서명하다   ☞ sign a cheque 수표에 서명하다
     signal [sígnəl]   신호, 신호를 보내다   ☞ disregard a signal 신호를 무시하다

2057 signature [sígnətʃər]   서명¹   1. 봉인한 자리에 찍는 (표식 mark = **sign**) + at + ure
     sign up   등록하다, 신청하다   ☞ sign language 몸짓 언어, 수화

2058 seal [síːl]   도장, 밀봉, 물개¹   1. 물개 피부에 있는 암갈색 반점 (표식 mark = **seal**)
         밀봉하다²   2. 진짜임을 (표시하기 mark = **seal**) 위해 도장 찍고 밀봉하다
     un**seal** [ənsiˈl]   개봉하다   ☞ stamp a seal 도장을 찍다   ☞ seal pup 새끼 물개

2059 bill [bil]   법안¹, 지폐¹, 부리², 광고지   1. (도장 seal = **bill**)이 찍힌 공식적인 문서 또는 화폐
         청구서, 청구서를 보내다   2. (굽은 칼날 hooked blade = **bill**)을 가진 칼
     billing   청구서 발부   3. 대중에게 알리기 위해 (도장 seal = **bill**)이 찍힌 문서를
     billboard [bilbɔːrd]   옥외 광고판³   게시하는 (판 **board**)

2060 significance   중요성, 의미   1. (표시하여 mark = **sign**) 중요하다는 의미를 전달하다 + ify
     signify [sígnəfài]   의미하다¹, 중요하다¹   ☞ a matter of significance 중대한 문제
     significant   의미 있는, 중요한, 상당한   ☞ an insignificant action 사소한 행위

2061 as signment   과제, 할당   1. 각 사람(에게 to = **as**) 해야 할 일을
     as**sign** [əsáin]   할당하다, 배정하다¹   (표시해서 mark = **sign**) 할당하다
     reas**sign** [rìːəsáin]   재배정하다   ☞ work assignment 작업 배당

2062 de signation   지정, 명칭   1. 찾기 쉽게 (밖에 out = **de**) (표시하다 mark = **sign**) + ate
     de**sign**ate [dézignèit]   지정하다¹   ☞ undesignated 지정되지 않은

2063 re signation [rèzignéiʃən]   사임, 체념   1. (뒤로 back = **re**) 물러나겠다는 의사를
     re**sign** [rizáin]   사직하다¹   (표시하여 mark = **sign**) 알리다
     re**sign**ed [rizáind]   체념한   ☞ a letter of resignation 사직서

확고한 firm = farm

2064 firmness [fə́ːrmnis]   견고, 단단함   1. (서명 signature = **firm**)하는 행위에 의해 운영되는 조직
     firm [fəːrm]   회사¹, 단단하게 하다   2. (서명 signature = **firm**)했기 때문에 변경할 수 없는
         확고한²   ☞ hold firm 단단히 지키다
     firmly [fə́ːrmli]   단호히, 확고히

2065 af**firm**ation [æfərméiʃən] 단언, 확인, 긍정 | 1. 상대방(에게 to = af) (확고하게 firm) 말하다
af**firm** [əfə́:rm] 단언하다[1], 주장하다 | ☞ an affirmative sentence 긍정문
af**firm**ative [əfə́:rmətiv] 긍정적 대답, 긍정하는 | ☞ reaffirm 재확인하다

2066 con**firm**ation 확인 | 1. (완전히 completely = con) (확고하게 firm) 말하다
con**firm** [kənfə́:rm] 확인하다[1], 확정하다 | ☞ official confirmation 공식적인 확인
con**firm**able 확인할 수 있는 | ☞ confirm a reservation 예약을 확실히 하다

★ 글 (1) writing = scratch, scrib, script

2067 **script** 대본[1], 대본을 쓰다 | 1. 연극을 위해 쓴 (글 writing = script)
manu**script** [mǽnjəskrìpt] 원고, 필사본[2] | 2. (손 hand = man + u)으로 쓴 (글 writing = script)
post**script** [póustskrìpt] 편지의 추신 (P.S.)[3] | 3. 편지의 결말 (뒤에 after = post) 쓴 (글 writing = script)
scriptwriter [skríptràitər] 시나리오 작가 | ☞ manuscript submission 원고 제출

2068 **scribb**le [skríbəl] 낙서, 낙서하다[1] | 1. 목적 없이 (쓰다 write = scrib + b) + le
scribe [skraib] 필경사, 쓰다 | ☞ scribble with a pencil 연필로 낙서하다
scripture [skríptʃər] 성서, 경전 | ☞ the Old Testament 구약 성서

2069 **scratch** [skrætʃ] 긁기, 긁힌 자국 | 1. 뾰족한 것으로 진흙 판을 (휘갈기며 긁다 scribe = scratch)
긁다[1], 갈겨쓰다 | 2. 경주할 때 땅에 선을 (그은 scratch) 출발점(부터 from)
from scratch 맨 처음부터[2] | ☞ scratchy 가려운, 휘갈긴

2070 a**scrip**tion [əskrípʃən] 탓으로 돌림, 귀속 | 1. 상대(에게 to = a) 탓하는 글을 (쓰다 write = scrib) + e
a**scrib**e [əskráib] 탓으로 돌리다[1] | 2. 탄생할 때 (귀속되는 ascribed) 사회적 (지위 status)
ascribed status 생득 지위[2] | ☞ ascribe a failure to bad luck 실패를 불운 탓으로 돌리다

2071 de**scrip**tion 묘사, 서술, 설명 | 1. 전시품 (아래 down = de) 부분에 설명하는
de**scrib**e [diskráib] 묘사하다[1], 설명하다 | 글을 (쓰다 write = scrib) + e
de**scrip**tive [diskríptiv] 묘사하는, 서술하는 | ☞ describable 묘사할 수 있는

2072 pre**scrip**tion 처방전 | 1. 규칙을 (미리 before = pre) 규정하여
pre**script** [prí:skript] 규정 | (적다 write = scrib) + e
pre**scrib**e [priskráib] 규정하다[1], 처방하다[2] | 2. 약의 처방전을 (미리 before = pre) (적다 write = scrib) + e
지시하다 | ☞ prescribe an antibiotic 항생제를 처방하다

2073 sub**scrip**tion 구독, 회비 | 1. 계약서 (아래에 underneath = sub)
sub**scrib**e [səbskráib] 구독하다[1], 가입하다 | 이름을 (쓰다 write = scrib) + e
sub**scrip**tive 서명해서 동의하는 | ☞ subscriber 구독자, 가입자

2074 **in**scription [inskrípʃən]	새겨진 글, 비문	1. 돌 (안에 in) 이름을 (쓰다 write = **scrib**) + e
inscribe [inskráib]	새기다[1]	☞ decipher an inscription 새겨진 글자를 해독하다
inscriptive [inskríptiv]	비문의	☞ inscribe her name on a rock 바위에 그녀 이름을 새기다

★ 글 (2) writing = gram, graph

2075 tele**graph** [téləgræf]	전신, 전보를 치다[1]	1. (멀리 far = **tele**) (글 writing = **graph**)을 보내다
tele**graph**ic	전신의	☞ a telegraph code 전신 부호
tele**gram** [téləgræ̀m]	전보, 전문	☞ radiotelegram 무선 전보

2076 auto**graph**y [ɔːtágrəfi]	자필 서명	1. (자신 self = **auto**)이 직접 이름을
auto**graph** [ɔ́ːtəgræf]	사인, 서명하다[1]	(글 writing = **graph**)로 쓰다
auto**graph**ic	자필의, 자동 기록의	☞ an autograph album 서명록
		☞ an autographic recorder 자동 기록기

2077 bio**graph**y [baiágrəfi]	전기[1]	1. 타인의 (인생 life = **bio**)을 기록한 (글 writing = **graph**) + y
bio**graph** [báiougræf]	전기를 쓰다	2. (자신 self = **auto**)의 (인생 life = **bio**)을 기록한
bio**graph**ical	전기의	(글 writing = **graph**) + y
autobio**graph**y	자서전[2]	☞ an anecdotal biography 일화적 전기

| 2078 calli**graph**y [kəlígrəfi] | 서예[1] | 1. (아름다운 beautiful = **cal** + **li**) (글 writing = **graph**) + y |
| calli**graph**ic | 서예의 | ☞ calligraphist 서예가 |

| 2079 para**graph** [pǽrəgræf] | 단락, 문단[1] | 1. 줄지어 (나란히 beside = **para**) 적은 (글 writing = **graph**) |
| para**graph**ic | 단락이 있는 | ☞ condense a paragraph 단락을 요약하다 |

2080 **graph**ite [grǽfait]	흑연[1]	1. (글 writing = **graph**) 쓰는 도구로 사용하는
graffito [grəfíːtou]	벽을 긁어서 그린 그림	(광물질 mineral = **ite**)
graffiti [grəfíːtiː]	(공공장소) 낙서	☞ graffitist 낙서 예술가

2081 histo**gram** [hístəgræ̀m]	도수 분포도, 막대그래프[1]	1. 똑바로 (서 있는 stand = **histo**) (그림 picture = **gram**)
ana**gram** [ǽnəgræ̀m]	철자 바꾸기 놀이[2]	2. (뒤로 backward = **ana**) (철자 letter = **gram**)를 정렬함
picto**gram** [píktəgræ̀m]	그림 문자	☞ Time is an anagram for emit.
mono**gram**	(첫 글자를 짜 맞춘)	time은 emit의 철자를 바꾼 것이다.
	결합 문자	☞ pictograph 상형 문자, 그림 도표

| 2082 epi**graph** [épigræf] | 비문[1] | 1. 비석, 기념비 (위에 on = **epi**) 새긴 (글 writing = **graph**) |
| epi**gram** [épigræ̀m] | 경구, 풍자시 | ☞ engrave a epigraph 비문을 새기다 |

★ 글자, 말 letter = lec, leg, liter, log, pel, spel

2083 letter [létər]   글자, 문자, 편지   1. (글자 letter = liter)에 있는 의미 그대로의 + al
     literal [lítərəl]   글자의[1], 글자대로의   ☞ a letter head (조직의 주소와 이름이 인쇄된) 편지지

2084 grammar [grǽmər]   문법[1]   1. (글자 letter = gram + m)를 쓰는 방법에 관한 규칙 + ar
     grammatical   문법의, 문법에 맞는   2. (글자 letter = gram)를 해독하는 여성의 능력 + our
     glamour [glǽmər]   매력[2], 매혹하다, 매혹적인   ☞ grammar school 영국의 중등학교

2085 literacy [lítərəsi]   문자 해독 능력   1. (글자 letter = liter)를 해독할 능력이 있는 + ate
     literate [lítərit]   글을 읽고 쓸 줄 아는[1]   ☞ illiterate 문맹의
     il**liter**acy [ilítərəsi]   문맹   ☞ illiteracy rate 문맹률

2086 legibility [lèdʒəbíləti]   읽기 쉬움, 가독성   1. (글자 letter = leg)가 또렷해서 읽을 수 있는 + ible
     legible [lédʒəbəl]   글자를 알아볼 수 있는[1]   ☞ increase the legibility of a book 책의 가독성을 높이다
     il**leg**ible [ilédʒəbəl]   글자가 알아보기 힘든   ☞ legible handwriting 또렷한 필체

2087 literature [lítərətʃər]   문학[1]   1. (글자 letter = liter)로 이루어진 글 + at + ure
     literary [lítərèri]   문학의   ☞ a literature search 문헌 조사
         ☞ a literary critic 문학 비평가

2088 lesson [lésn]   수업, 과, 교훈, 수업하다[1]   1. 학생들에게 글을 (선택하여 choose = les + s)
     lecture [léktʃər]   강의, 강의하다[2], 강연하다   읽어 주다 + on
     lecturer [léktʃərər]   강사, 강연자   2. 글을 (선택하여 choose = lec) 설명하다 + t + ure

2089 legend [lédʒənd]   전설[1], 범례[2]   1. 교회 등에서 (읽어 주는 read = leg) 성자 이야기 + end
     legendry [lédʒəndri]   설화집   2. 책이나 지도의 내용을 정확히 (읽도록 read = leg)
     legendary   전설적인   본보기로 표시한 부호에 관한 설명 + end

2090 logic [ládʒik]   논리[1]   1. 선택된 (말 words = log)을 질서있게 표현하는 방식 + ic
     logical [ládʒikəl]   논리적인   ☞ a logical argument 논리적인 주장

2091 analogy [ənǽlədʒi]   유사함, 비유   1. (논리 logic = log)의 흐름에 (따라 according = ana)
     ana**log**ize   추론하다[1], 유추하다[1]   유사한 것을 추론하다 + ize
     ana**log**ous   유사한   2. (논리 logic = log)의 흐름에 (따라 according = ana)
     ana**log** [ǽnəlɔ̀ːg]   유사체, 유사의, 아날로그의[2]   연속적인 값을 표시하는
     ana**log**ue [ǽnəlɔ̀ːg]   아날로그의   ☞ analogous phenomena 유사한 현상들

2092 dialogue [dáiəlɔ̀ːg]   대화[1]   1. 사람들 (사이의 between = dia) 주고받는
     dia**log**ic [dàiəládʒik]   대화의, 대화체의   (말 words = log) + ue
         ☞ the dialogues of Plato 플라톤의 대화편

2093	dia**lec**t [dáiəlèkt]	방언, 사투리[1]	1. 지역 사람 (사이의 between = dia) (말 words = lec) + t
	dia**lec**tal [dàiəléktl]	방언의	☞ dialectically 문답식으로, 변증법으로

2094	mono**log**ue	독백[1]	1. (혼자 alone = **mono**)하는 (말 words = **log**) + ge
	pro**log**ue [próulɔːg]	(글, 연극) 도입부[2]	2. (앞에 before = **pro**) 오는 (글 또는 말 words = **log**) + ge
	epi**log**ue [épilɔ̀ːg]	끝맺는 말[3]	3. 뒤(에 on = **epi**) 덧붙인 (글 또는 말 words = **log**) + ge

2095	apo**log**y [əpάlədʒi]	사과[1]	1. 미안한 마음으로 (부터 from = apo) 나오는
	apo**log**ize [əpάlədʒàiz]	사과하다	(말 words = **log**) + y
	apo**log**etic	사과하는, 미안해하는	☞ deeply apologetic 깊이 사과하는

2096	e**loq**uence [éləkwəns]	웅변, 능변	1. (밖으로 out = e) (말 words = **loq**)을 잘 내뱉는 + u + ent
	e**loq**uent [éləkwənt]	말을 잘하는, 유창한[1]	2. (함께 with = **col**) (말 words = **loq**)하는 + u + i + al
	col**loq**uial [kəlóukwiəl]	구어체의, 회화체의[2]	☞ colloquiality 구어체

2097	**speech** [spiːʧ]	연설, 말하다[1], 연설하다[1]	1. 말을 (퍼뜨리다 scatter = **speech**)
	speechless [spíːʧlis]	말을 못하는	☞ unspoken 무언의
	out**speak** [àutspíːk]	말을 잘하다	☞ outspoken 거침없이 말하는
		솔직하게 말하다	☞ a speech bubble (만화) 말풍선
	spokesman	대변인	

2098	**spell**ing	철자, 철자를 말하다[1]	1. 알파벳을 하나씩 (말하거나 speak = **spel** + l) 쓰다 + ing
	spell [spel]	주술, 교대[2], 지속기간[2]	2. 일을 계속 지속시키기 위한 (교대 shift = **spell**) 근무
	mis**spell** [misspel]	철자를 잘못 쓰다	☞ dry spell 건조기, 불황기

2099	gos**pel** [gάspəl]	복음[1], 좋은 소식	1. 예수의 (좋은 good = **gos**) (말 speak = spell = **pel**)
	tale [teil]	이야기	☞ a gospel choir 복음 성가대 ☞ a folk tale 설화, 전설

2100	**good**s [gudz]	상품[1], 제품[1]	1. 팔기에 (좋은 **good**) 물건 + s
	goodness [gúdnis]	선량함	☞ the common good 공익, 공유 재산
	goodwill [gúdwíl]	호의, 영업권	☞ commodity 상품, 원자재

2101	**bet** [bet]	내기, 돈 걸다[1], 장담하다	1. 미래에 (좋아질 good = **bet**) 것으로 확신하고 돈을 걸다
	better off	더 잘사는	☞ worse off 더 가난한

★ 말하다 (1) speak = ba, bla, fa, fe, phe

2102 ban [bæn]
contra**ban**d
[kɑ́ntrəbæ̀nd]

금지, 금지령, 금지하다[1]
밀수, 밀수품[2]
수출입 금지의

1. 법에 위반된다고 공개적으로 (말하다 speak = ba) + n
2. 법에 (위반 against = contra)되는 수입 (금지 ban) 물품 + d
   ☞ a nuclear test ban treaty 핵실험 금지 조약

2103 banishment
banish [bǽniʃ]

추방
추방하다[1], 제거하다

1. 법을 위반해서 거주를 (금지하고 ban) 추방하다 + ish
   ☞ banish sorrow 슬픔을 몰아내다   ☞ exile 추방, 유배

2104 abandonment
abandon [əbǽndən]

포기, 버림
포기하다[1], 그만두다

1. 상대(에게 to = a) (권한 power = bandon)을 넘겨주다
   ☞ abandon a policy 정책을 포기하다
   ☞ give up 포기하다

2105 fable [féibəl]

fabulous [fǽbjələs]

우화[1]
이야기를 꾸며내다
거짓말 같은, 굉장한

1. 교훈을 주기 위해 꾸며내서 (말하는 speak = fa) 이야기 + ble
   ☞ Aesop's Fables 이솝 우화
   ☞ parable 우화

2106 prefa**ce [préfis]
fore**word** [fɔ́ːrwərd]

서문[1], 서문을 쓰다
서문

1. 본문 (앞에 before = pre) 목적을 (말하는 speak = fa) 글 + ce
   ☞ prologue 프롤로그, 도입부

2107 toddler [tɑ́dlər]
in**fa**ncy [ínfənsi]
in**fa**nt [ínfənt]

걸음마 배우는 아이[1]
유아기, 초창기
유아[2], 유아기의

1. (장난감 toy = tod + d)을 가진 아장아장 걷는 아이 + le + r
2. 아직 (말 speaking = fa)을 할 수 (없는 not = in) 아기 + nt
   ☞ a low birth-weight infant 저체중아

2108 infa**ntry [ínfəntri]
in**fa**ntryman

보병대[1], 보병들
보병

1. 기마병이 되기에는 아직 (어려 infant) 발로 이동하는 병사 + ry
   ☞ cavalry 기병대   ☞ artillery 포병대, 대포

2109 fate [feit]
fatal [féitl]
fateful [féitfəl]

운명[1], ~할 운명이다
치명적인
운명적인

1. 사람의 인생을 좌우하는 신의 (말 speaking = fa) + te
   ☞ fatalist 운명론자
   ☞ a fatality rate 사망률
   ☞ a fatal disease 불치의 병

2110 fascination
fascinate [fǽsənèit]
fascinative

매혹, 매료
매혹하다[1]
매혹적인

1. 마법사가 (주문 spell = fascin)을 걸어 황홀한 상태 안으로
   들어가도록 만들다 + ate
   ☞ fascinate the audience 청중들을 매혹시키다

2111 fame [feim]
famous [féiməs]
in**fa**my [ínfəmi]
in**fa**mous [ínfəməs]

명성[1]
유명한
악명, 오명[2]
악명 높은

1. 좋다고 평판하는 (말 speaking = fa)이 널리 퍼진 상태 + me
2. 좋지 (않은 not = in) 평판의 (말 speaking = fa)이 퍼진 상태
   + my
   ☞ notorious 악명 높은

2112	**confession** [kənféʃən]	자백	1. 신에게 (함께 with = con) 사실대로 (말하다 speak = fe) + ss
	confess [kənfés]	자백하다, 고백하다[1]	☞ a frank confession 솔직한 고백
	confessant [kənfésnt]	고백자, 고해 신부	☞ confess her crime 그녀의 범행을 자백하다

2113	**profession** [prəféʃən]	공언, 전문직	1. (앞으로 forward = pro) 공개적으로 (말하다 speak = fe) + ss
	profess [prəfés]	공언하다[1], 직업으로 하다	2. (앞으로 forward = pro) 공개적으로 (말하는 speak = fe)
	professor [prəfésər]	교수[2]	특정 분야의 전문가 + ss + or
	professional	직업의, 전문적인	☞ professional obligations 직업상의 의무

2114	**blame** [bleim]	탓, 비난하다[1]	1. 타인에 대해 나쁘게 (말하다 speak = bla) + me
	blamable [bléiməbl]	비난할 만한	2. 범죄 때문에 (비난 blame = culp) 받는 사람 + ri + t
	culprit [kʌ́lprit]	범인[2]	☞ blameworthy 비난할 만한

2115	**prophecy** [práfəsi]	예언	1. 미래 일을 (앞서 before = pro) (말하다 speak = phe) + sy
	prophesy [práfəsài]	예언하다[1]	☞ a self-fulfilling prophecy 자기 충족적인 예언
	prophetic [prəfétik]	예언의, 예언자의	☞ prophet 예언자

2116	**eulogy** [júːlədʒi]	찬사[1]	1. 듣기 (좋은 good = eu) (말 words = log) + y
	euphemism	완곡 어구[2]	2. 듣기 (좋게 good = eu) 돌려서 (말 speech = phe)하는
	euphemistic	완곡적 표현의	표현 + m + ism
	[jùːfəmístik]		☞ employ a euphemism 완곡한 어구를 사용하다

★ 말하다 (2) speak = ach, dex, di, dic, dig, parl

2117	**diction** [díkʃən]	말씨[1], 발음	1. (말하는 speak = dic) 방식 + t + ion
	dictional [díkʃənəl]	말씨의, 어법의	☞ a poetic diction 시적 용어
	dictionary [díkʃənèri]	사전	☞ encyclopedia 백과사전

2118	**dictation** [diktéiʃən]	받아쓰기	1. 엄숙하게 (말하다 speak = dic) + t + ate
	dictate [díkteit]	지시하다[1]	2. (말하는 speak = dic) 내용을 쓰도록 하다 + t + ate
		받아쓰게 하다[2]	☞ a dictation test 받아쓰기 시험
	dictational	받아쓰기의, 지시하는	

2119	**dictatorship**	독재 국가, 독재	1. 절대 권력과 함께 (말하는 speak = dic) 사람 + t + at + or
	dictator [díkteitər]	독재자[1]	☞ autocrat 전제 군주, 독재자
	dictatorial	독재적인	☞ a dictatorial government 독재적인 정부

| 2120 | **abdication** | 퇴위, (권력의) 포기 | 1. 권력에 기반해서 (말하는 speak = dic) 위치에서 |
| | **abdicate** [ǽbdikèit] | 왕위에서 물러나다[1] | (멀리 away = ab) 떠나가다 + ate |

2121 predic**tion** [pridíkʃən]   예측
     pre**dic**tability   예측 가능성
     pre**dic**t [pridíkt]   예측하다[1]

1. (미리 before = **pre**) (말하다 speak = **dic**) + t
  ☞ an inaccurate prediction 부정확한 예측
  ☞ predictable 예측할 수 있는

2122 contradic**tion**   반박, 모순
     contra**dic**t [kàntrədíkt]   반박하다[1], 모순되다
     contra**dic**tory   모순되는

1. (반대 against = **contra**) 의견을 (말하다 speak = **dic**) + t
  ☞ an inherent contradiction 내재적 모순
  ☞ a contradictory concept 모순되는 개념

2123 valedic**tion** [væ̀lədíkʃən]   고별사[1]
     ver**dic**t [və́ːrdikt]   배심원단의 평결[2]

1. 이별할 때 (건강 well = **vale**)을 기원하는 (말 speak = **dic**)
  + t + ion
2. (배심원단 jury)이 제시하는 (진실 true = **ver**)이라고
  여겨지는 (말 speak = **dic**) + t

2124 benedic**tion**   축복, 축복 기도[1]
     bene**dic**t [bénədikt]   신혼의 남성
     bene**dic**tional   축복의

1. (좋게 good = **bene**) 되기를 바라며 신에게
  기도하는 (말 speak = **dic**) + t + ion
  ☞ the preacher's benediction 목사의 축복

2125 maledic**tion**   저주
     male**dic**t [mǽlədikt]   저주하다[1]
     male**dic**tory   저주하는

1. (나쁘게 badly = **male**) 되기를 바라며 (말하다 speak = **dic**) + t
  ☞ a bitter and terrible malediction 매섭고 끔찍한 저주
  ☞ maledictive 저주하는

2126 dedic**ation** [dèdikéiʃən]   전념, 헌신
     de**dic**ate [dédikèit]   헌신하다[1], 전념하다
     de**dic**atory [dédikətɔ̀ːri]   헌납하는

1. 성직자가 (멀리 있는 away = **de**) 신에게 자신을 바칠 것을
  (말하다 speak = **dic**) + ate
  ☞ dedicator 헌신자

2127 preach**ment** [príːtʃmənt]   설교, 훈계
     pre**ach** [priːtʃ]   설교하다[1], 훈계하다
     pre**ach**er [príːtʃər]   설교가, 전도자

1. 신도들 (앞에서 before = **pre**) 엄숙하게 (말하다 speak = **ach**)
  ☞ preach a doctrine 교리를 설교하다
  ☞ a gospel preacher 복음 전도자

2128 addic**tion** [ədíkʃən]   중독
     ad**dic**t [ədíkt]   중독자[1], 중독시키다
     ad**dic**tive [ədíktiv]   중독성이 있는

1. 일, 알코올, 마약 등(에게 to = **ad**) 빠져 있다고
  (말해지는 spoken = **dic**) 사람 + t
  ☞ a drug addict 마약 중독자

2129 indic**ation** [indikéiʃən]   보여줌, 표시, 징후
     in**dic**ate [índikèit]   나타내다[1], 가리키다
     in**dic**ative [indíkətiv]   나타내는, 표시하는

1. (안에 in) 숨겨져 있는 생각을 (말하다 speak = **dic**) + ate
  ☞ an ambiguous indication 불확실한 표시
  ☞ indicate the source 출처를 밝히다

2130 index [índeks]   색인[1], 지표, 지수
     index card   색인 카드[2]

1. 책 (내부 in) 내용을 쉽게 찾도록 (말해주는 speak = **dex**) 목록
2. 중요 (항목의 목록 index)을 순서대로 정리한 (카드 card)
  ☞ a retail price index 소매 물가 지수
  ☞ an index finger (가리키는) 검지

2131 con**di**tion [kəndíʃən]	상태, 조건[1], 질병	1. 계약할 때 (함께 with = con) (말해지는 spoken = di) 조건	
	길들이다	+ t + ion	
con**di**tional	조건부의	☞ under no condition 어떤 일이 있더라도	
uncon**di**tional	무조건적인	☞ a conditioned reflex 조건 반사	
precon**di**tion	전제 조건	☞ a serious condition 심각한 병세	

2132 para**dig**m [pǽrədim]	패러다임[1], 이론적 틀	1. (옆에 beside = para) 놓고 비교 대상으로	
	인식체계, 전형적 예	(말할 speak = dig) 수 있는 본보기나 인식체계 + m	
para**dig**matic	전형적인, 모범의	☞ a paradigm shift 인식체계의 전환	

2133 **parl**or [páːrlər]	응접실[1], 객실, 진찰실	1. 신도가 신부에게 죄를 개인적으로 (말하는 speak = parl)	
		장소 + or	
		☞ a beauty parlor 미용실 ☞ a funeral parlor 장례식장	

2134 **parl**iament [páːrləmənt]	의회[1]	1. 의원들이 말하는 speak = parl) 장소 + i + a + ment	
parliamentary	의회의	☞ The National Assembly (한국) 국회	

2135 con**gre**ss [káŋgris]	회의, 의회[1], 모이다	1. 대표들이 (함께 with = con) (가서 go = gre) 하는 회의 + ss	
con**gre**ssional	의회의	☞ contempt of Congress 의회 모독	
con**gre**ssman	하원 의원	☞ senator 상원 의원	

2136 The **Sen**ate [sénət]	미국 상원	☞ the House of Representative 미국 하원	
	로마 원로원	☞ the House of Lords 영국 상원 (귀족대표)	
		☞ the House of Commons 영국 하원 (평민대표)	

소리쳐 알리다 shout = noun

2137 an**noun**cement	발표	1. 사람들(에게 to = an) 소식을 (소리쳐 알리다 shout = noun)	
an**noun**ce [ənáuns]	발표하다[1], 알리다	+ ce	
an**noun**ceable	발표할 수 있는	☞ announcer 아나운서	

2138 de**noun**cement	맹렬한 비난	1. 어떤 사람의 명성을 (끌어내리는 down = de) 소식을	
de**noun**ce [dináuns]	비난하다[1], 폐지하다	(소리쳐 알리다 shout = noun) + ce	
		☞ denounce publicly 공개적으로 비난하다	

2139 pro**nun**ciation	발음	1. 사람들 (앞에서 before = pro)	
pro**noun**cement	선언, 공표	(소리쳐 말하다 shout = noun) + ce	
pro**noun**ce [prənáuns]	발음하다[1], 선언하다[1]	☞ pronounced 확고한, 공표된	

2140 re**noun**cement	포기, 거절, 절교	1. 실행하겠다고 (소리쳐 알린 shout = noun + ce) 것을	
re**noun**ce [rináuns]	포기하다[1], 끊다	(되돌리다 back = re)	
		☞ renounce a religion 신앙을 버리다	

★ 말하다 (3) speak = swer, voc, vok, vot, vow

2141 advocate [ǽdvəkit]　옹호자, 옹호하다¹
　　 advocatory　　옹호자의
　　 advocator　　주장자

1. 법정(으로 to = ad) 소환된 증인이 피고를 옹호하며
　(말하다 speak = voc) + ate
　☞ advocate liberalism 자유주의를 지지하다

2142 vow [vau]　맹세, 서약, 맹세하다¹
　　 avowal [əváuəl]　공언, 고백
　　 avow [əváu]　인정하다², 공언하다

1. 헌신할 것을 신에게 엄숙하게 (말하다 speak = vow)
2. 법정(으로 to = a) 소환되어 잘못을 (말하다 speak = vow)
　☞ avouch 자인하다

2143 swear [swɛər]　맹세, 맹세하다¹
　　　　　　　　　　 욕설, 욕하다²
　　 answer [ǽnsər]　대답, 해답, 대답하다³

1. 자신의 증언이 진실이라고 (말하다 speak = swear)
2. 거짓으로 (맹세해서 swear) 신의 이름을 욕되게 하다
3. 재판관 (앞에서 before = an) 질문에 응하여
　(말하다 speak = swer)
　☞ an answering machine 자동 응답기

2144 devotion [divóuʃən]　헌신, 전념
　　 devote [divóut]　헌신하다¹, 바치다
　　 devotional　　헌신적인

1. 신의 성상 (아래에서 down = de) 자신을 바치겠다고
　(맹세하다 vow = vot) + e
　☞ dedication 헌신, 전념

2145 vote [vout]　의사 표시¹, 투표
　　　　　　　　　 투표하다
　　 voter [vóutər]　투표자
　　 veto [ví:tou]　거부권, (법안을) 거부하다

1. 신에게 자신을 바치겠다고 (맹세하는 vow = vot)
　행위 + e
　☞ vote publicly 공개적으로 투표하다
　☞ veto a bill 법안을 거부하다

2146 evocation　유발, 불러냄
　　 evoke [ivóuk]　불러내다¹

1. 죽은 사람의 영혼을 (밖으로 out = e) (불러내다 call = vok) + e
　☞ evoke sympathy 동정심을 불러일으키다

2147 invocation　불러냄, 기원, 탄원
　　 invoke [invóuk]　불러내다¹, 기원하다¹
　　 invoker　　호출자

1. 마음 (속으로 in) 신을 (불러내서 call = vok) 기원하다 + e
　☞ invoke a spirit 혼령을 불러내다
　☞ invoke judicial power 사법권을 발동하다

2148 provocation　자극, 화나게 함
　　 provoke [prəvóuk]　화를 유발하다¹

1. 분노를 (앞으로 forward = pro) (불러내다 call = vok) + e
　☞ provoke hostility 적대감을 불러일으키다

2149 vocalization　발성
　　 vocalize [vóukəlàiz]　발성하다¹, 노래하다
　　 vocal [vóukəl]　목소리의, 발성의

1. (소리쳐 부르다 call = voc) + al + ize
　☞ vocalist 밴드에서 가수
　☞ vocal cords 성대

2150 **voc**abulary	어휘[1]	1. (불러낸 call = voc + a) 이름 또는 단어들의 목록 + **bul** + **ary**
[voukǽbjulèri]		2. 목에서 자연스럽게 (불러낸 call = **vow**) 소리 + **el**
vowel [váuəl]	모음[2]	☞ the elongation of vowel sounds 모음의 장음화
		☞ consonant 자음 (모음과 함께 조화를 이루는 소리)

2151 **voc**ation [voukéiʃən]	직업[1], 소명[1], 천직	1. 신의 (부름 call = **voc**)을 받아 남을 위해 하는 일 + **at** + **ion**
vocational	직업과 관련된	☞ the teaching profession as a vocation 천직으로서의 교직
calling [kɔ́:liŋ]	소명, 직업, 천직	☞ vocational guidance 취업 지도

소환하다 call = cit

2152 citation [saitéiʃən]　　인용, 소환장, 표창장　　1. 타인의 말이나 글을 (불러내 call = cit) 끌어 쓰다 + e
　　cite [sait]　　　　　　인용하다[1], 소환하다[2]　　2. (불러서 call = cit) 나오게 하다 + e
　　citatory [sáitətò:ri]　　인용의, 소환의　　　　☞ issue a citation 소환장을 발부하다

2153 recit**al** [risáitl]　　　연주회, 낭독회　　　　1. 기억으로부터 (다시 again = re) (불러내다 call = cit) + e
　　recit**ation**　　　　　암송, 낭독, 설명　　　　☞ recitation of a poem 시의 암송
　　recit**e** [risáit]　　　　암송하다[1], 재인용하다　☞ recite a declaration 선언문을 낭독하다

2154 solicit**ation**　　　　간청　　　　　　　　1. (모든 whole = soli) 힘을 다해 타인에게서 도와주려는 마음을
　　solicit** [səlísit]　　　　간청하다[1]　　　　　　(불러내다 call = cit)
　　solicit**ant** [səlísətənt]　탄원하는, 탄원자　　　☞ solicitor 사무 담당 변호사

★ 제3자, 증언하다 third person = test

2155 testament [téstəmənt]　증거, 유언, 성서　　　　1. 예수의 말과 행동을 (제3자 third person = test)가 목격하고
　　testamental　　　　유언의　　　　　　　　증언한 구약 성서에 비해 (새로운 new) 책 + a + ment
　　New Testament　　　신약 성서[1]　　　　　　☞ the Holy Bible 성서

2156 testimony [téstəmòuni]　증언, 증거, 선서　　　　1. (제3자 third person = test)가 목격한 것을 말하다 + i + fy
　　testify [téstəfài]　　　증언하다[1], 증명하다　　☞ give unfavorable testimony 불리한 증언을 하다
　　testimonial　　　　　추천서, 증명의　　　　☞ testify in court 법원에서 증언하다

2157 attest**ation**　　　　증언　　　　　　　　1. 판사(에게 to = at) (제3자 third person = test)가 목격한
　　attest** [ətést]　　　　증언하다[1], 입증하다　　것을 말하다
　　attest**ative** [ætestéitiv]　증언하는, 선서하는　　☞ attestant 증인

2158 protest** [prətést]　　　항의, 항의하다[1]　　　1. (앞에서 forward = pro) 아니라고 (증언하다 witness = test)
　　protest**ant** [prátəstənt]　신교도[2], 항의자　　　2. 구교인 가톨릭에 반대하여 (항의하는 protest) 사람들 + ant
　　Protest**antism**　　　개신교　　　　　　　☞ protest marches 항의 시위

2159 contest** [kántest]　　경쟁, 경쟁하다[1]　　　1. (함께 with = con) 나와서 반대로 (증언하다 witness = test)
　　contest**ant** [kəntéstənt]　경쟁참가자　　　　　☞ a beauty contest 미인대회

2160 detest**ation**　　　　혐오　　　　　　　　1. 어떤 사람을 (매우 very = de) 비난하면서
　　detest** [ditést]　　　　혐오하다[1]　　　　　　(증언하다 witness = test)
　　detest**able** [ditéstəbl]　몹시 싫어하는　　　　☞ detest a coward 겁쟁이를 혐오하다

2161	**loath**ness	싫어함, 꺼림칙함	1. 몹시 (싫어하다 detest = **loath**) + e
	loathe [louð]	질색하다[1]	☞ loathe intensely 심하게 혐오하다
	loath [louθ]	꺼리는	☞ He is loath to go there. 그는 그곳에 가기를 싫어한다.
	loathsome [lóuðsəm]	혐오스러운	☞ a loathsome behavior 혐오스러운 행동

말하지 않는 speechless = mut, myst, myth

2162	**mut**e [mju:t]	벙어리, 소리 줄이다	1. (입 mouth = **mut**)을 닫고 말하지 않는 상태인 + e
		말없는[1]	☞ a mute button 음성 소거 버튼
	muted [mjú:tid]	소리 죽인, 밝지 않은	☞ mutely 말없이

2163	**myst**ic [místik]	신비주의자	1. (말하지 않아서 mute = **myst**) 이해할 수 없는 + ic + al
	mystify [místəfài]	신비화하다	☞ mysticism 신비주의
	mystical [místikəl]	신비스러운[1]	☞ mystical religions 신비스러운 종교들

2164	**myth**ology (myth)	신화[1], 근거 없는 믿음	1. 신이나 영웅의 (신비스러운 mystical = **myth** + o)
	mythological	신화의	(이야기 words = **log**) + y
	mythic [míθik]	신화의	☞ legendary 전설적인, 아주 유명한

기도하다 pray = or, ush

2165	**ush**er [ʌ́ʃər]	수위, 안내원, 안내하다[1]	1. 건물 입구에서 (구두로 oral = **ush**) 안내하는 문지기 + er
	oral [ɔ́:rəl]	구두의[2], 입의	2. (입 mouth = **or**)으로 말하는 + al
	orally [ɔ́:rəli]	구두로	☞ an oral tradition 구전

2166	**or**acle [ɔ́rəkəl]	신탁[1], 신탁 전달자	1. (기도하는 pray = **or**) 장소에서 받는 신의 말씀 + a + cle
	orator [ɔ́rətər]	연설가[2]	2. (입으로 mouth = **or**) 말하는 사람 + at + or
	oratorio [ɔ̀rətɔ́:riò]	성가극	☞ deliver the oracle 신탁을 전달하다

2167	ad**or**ation	경배, 흠모	1. 신(에게 to = ad) (기도하다 pray = **or**) + e
	ad**or**e [ədɔ́:r]	숭배하다[1], 흠모하다[2]	2. 누군가(에게 to = ad) (입 mouth = **or**)을 맞출 정도로
	ad**or**able [ədɔ́:rəbəl]	사랑스러운	좋아하다 + e
			☞ adore a god 신을 숭배하다

★ 소리치다 (1) cry = gan, plor

| 2168 | im**plor**ation | 탄원, 애원 | 1. 신을 (향해 upon = im) (소리치며 cry = **plor**) 애원하다 + e |
| | im**plor**e [implɔ́:r] | 애원하다[1] | ☞ implore forgiveness 용서를 간청하다 |

2169 de**plor**ation	한탄, 애도	1. 마음속 (아래에서 down = de) 울며 (소리치다 cry = plor) + e
de**plor**e [diplɔ́:r]	한탄하다¹, 개탄하다	☞ deplore political corruption 정치권의 부패를 개탄하다
de**plor**able	한탄하는	☞ lament 슬퍼하다

2170 ex**plor**ation	탐사, 탐험, 탐구	1. (밖으로 out = ex) (소리치며 cry = plor) 사냥하러 가다 + e
ex**plor**e [iksplɔ́:r]	탐사하다¹, 탐험하다	☞ Antarctic exploration 남극 탐험
ex**plor**er [iksplɔ́:rər]	탐험가	☞ explore the seabed 해저를 탐험하다

2171 slo**gan** [slóugən]	구호, 함성¹, 표어, 슬로건	1. 병사들의 (도움 help = slo)을 요청하는 (함성 cry = gan)
slo**gan**ize [slóugənàiz]	슬로건으로 하다	☞ a catchy slogan 눈길을 잡는 슬로건
		☞ motto 좌우명, 표어

눈물을 흘리다 weep = fee, lam

2172 **weep** [wi:p]	울다, 눈물을 흘리다¹	1. (소리치며 cry = weep) 눈물을 흘리다
weepy [wí:pi]	눈물이 날 것 같은	☞ weep for gratitude 감사의 눈물을 흘리다

2173 **lam**entation	애도, 한탄	1. (눈물을 흘리며 weep = lam) 울부짖다 + ent
lament [ləmént]	애도, 애도하다¹	☞ lamentingly 큰 소리로 울면서

2174 en**fee**blement	쇠약	1. 연약하고 쉽게 (우는 weep = fee) + ble
en**fee**ble [infí:bəl]	쇠약하게 만들다	☞ The disease enfeebles him. 질병이 그를 약하게 하다.
feeble [fí:bəl]	허약한¹, 희미한	☞ feeble-minded 의지가 약한

★ 소리치다 (2) cry = cla, calend

2175 **cla**im [kleim]	주장, 권리, 청구	1. 소유권이 있다고 (소리치다 cry = cla) + i + m
	주장하다¹, 청구하다	☞ claim for a damage 피해 배상 청구
dis**cla**im [diskléim]	부인하다	☞ disclaim a responsibility 책임을 부인하다
	권리를 포기하다	

2176 re**cla**mation	개간, 간척	1. (매 hawk) 에게 (소리쳐 cry = cla) 사냥감을
re**cla**im [rikléim]	되찾다¹, 개간하다	(뒤로 back = re) 가져오도록 하다 + i + m
re**cla**imable	되찾을 수 있는	☞ baggage reclaim 수하물 찾는 곳

2177 ex**cla**mation	외침, 감탄, 감탄사	1. 놀라서 (밖으로 out = ex) (소리치다 cry = cla) + i + m
ex**cla**im [ikskléim]	외치다¹, 감탄하다¹	☞ an exclamation mark 느낌표
ex**cla**matory	감탄의	☞ exclaim in despair 절망하여 소리치다

2178 ac**cla**mation	환호, 갈채	1. 사람 (에게 to = ac) (소리쳐 cry = cla) 응원하다 + i + m
ac**cla**im [əkléim]	찬사, 환호하다¹	☞ receive much acclaim 많은 찬사를 받다

2179	proclamation	선언, 선포	1. 사람들 (앞에서 before = pro) (소리쳐 cry = cla) 알리다
	proclaim [proukléim]	선언하다[1]	+ i + m
	proclamatory	선언적인, 선포의	☞ publicly proclaim 공언하다

2180	clatter [klǽtər]	달그락거리다[1]	1. 달그락거리는 (소리 call = cla)를 내다 + tt + er
	shriek [ʃri:k]	비명, 날카롭게 울다	☞ a clatter of dishes 접시의 달그락거리는 소리
	screech [skri:tʃ]	끼익, 빽, 꽥, 쌩쌩	☞ shriek with pain 통증으로 비명을 지르다
		날카로운 소리를 내다	☞ a screech of brakes 브레이크의 끽 하는 소리

★ 불러내다 call = chall, cil, sel, sul

| 2181 | recall [rikɔ́:l] | 회상, 상기, 회수 | 1. 결함 제품을 (다시 뒤로 back = re) (소리쳐 call) 가져오다 |
| | | 회수하다[1], 기억해 내다[2] | 2. 기억을 (다시 뒤로 back = re) (소리쳐 call) 불러내다 |

2182	challenge [tʃǽlindʒ]	도전, 어려움	1. (불러내서 call = chall) 도전하다 + en + ge
		이의를 제기하다[1]	☞ unchallenged 도전받지 않는
		도전하다[1]	☞ face a challenge 어려움에 직면하다
	challenger [tʃǽlindʒər]	도전자	

2183	conciliation	회유, 조정	1. (함께 with = con) (불러내 call = cil) 화해시키다 + i + ate
	conciliate [kənsílièit]	달래다, 회유하다[1]	☞ conciliate an enemy 적을 회유하다
	conciliatory	회유하는	☞ adopt a conciliatory policy 회유 정책을 채택하다

2184	reconciliation	화해, 조정, 대조	1. (다시 again = re) (함께 with = con) (불러내 call = cil)
	reconcile [rékənsàil]	화해시키다[1], 대조하다	조정하다 + e
			☞ reconcile a dispute 논쟁을 조정하다

2185	council [káunsəl]	(자치단체) 의회[1], 위원회[1]	1. (함께 with = coun) (불러진 call = cil) 사람들의 회의체
	counsel [káunsəl]	조언, 변호인, 상담하다[2]	2. (함께 with = coun) (불러내 call = sel) 고민을 나누다
	counselor [káunsələr]	상담가, 변호사	☞ the chair of the city council 시의회의 의장

2186	consultation	상담, 참조	1. (함께 with = con) (불러내 call = sul) 의견을 교환하다 + t
	consult [kənsʌ́lt]	상담하다[1]	☞ consultative 상담의, 자문의
	consultant [kənsʌ́ltənt]	상담가, 자문 위원	☞ consult a document 문헌을 참고하다

2187	consulate [kánsəlit]	영사관	1. 로마 (원로원 Senate)에게 (상담해 consult = consul) 주는
	consul [kánsəl]	영사, 집정관[1]	사람
	consular [kánsələr]	영사관의, 영사의	☞ consular districts 영사 관할 지역
			☞ ambassador 대사

등급, 구별하다 class = shift, sci

2188 classification
classify [klǽsəfài]
sub**class**ify

분류
분류하다[1]
하위 분류하다

1. (등급 class)별로 나누다 + i + fy
   ☞ a biological classification 생물학적 분류인
   ☞ classify in alphabetical order 알파벳순으로 분류하다

2189 shift [ʃift]

down**shift** [àunʃift]

전환, 교대, 변속 기어
교대하다[1], 전환하다
생활을 단순화하다[2]

1. 일의 순서를 (구별하여 classify = shift) 분배하다
2. (덜 벌고 스트레스를 덜 받는 down) 방식으로 (바꾸다 shift)
   ☞ a night shift allowance 야간 근무 수당

2190 consci**ence** [kánʃəns]
consci**entious**
[ànʃiénʃəs]

양심[1]
양심적인

1. 선악을 (완전히 entirely = con) (구별하는 distinguish = sci)
   도덕적 의식 + ence
   ☞ conscientious objection 양심적 병역 거부

2191 consci**ousness**
consci**ous** [kánʃəs]
self-**conscious**

의식, 자각
의식적인[1]
남의 시선을 의식하는

1. (완전히 entirely = con) (구별하는 distinguish = sci) + ous
   ☞ a stream of consciousness 의식의 흐름
   ☞ fashion-conscious 유행에 민감한

2192 subcon**sci**ousness
sub**con**sci**ous**
un**con**sci**ous**

잠재의식[1]
잠재의식적인
무의식적인, 의식 없는

1. (의식 consciousness) (밑 under = sub)에 있는
   의식과 무의식의 중간 과정
   ☞ a subconscious desire 잠재적인 욕망

★ 소리 sound = clear, echo, phon, son

2193 **phon**etics [ənétiks] 음성학[1]
    phoneticize 음성 기호로 나타내다
    phonetic [fənétik] 음성의

1. (소리 sound = **phon**)를 연구하는 학문 + e + t + ic + s
    ☞ phonetician 음성학자
    ☞ scientific phonetic system 과학적인 음성체계

2194 **phon**ation [ounéiʃən] 발성
    phonate [fóuneit] 발성하다[1]
    phonational 발성의

1. (소리 sound = **phon**)를 내다 + ate
    ☞ the apparatus for phonation 발성 기관
    ☞ a phonatory organ 발성 기관

2195 tele**phon**e [téləfòun] 전화[1], 전화를 걸다
    mobile phone 휴대전화[2]
    cellular phone 휴대전화
    cell phone 휴대전화[3]

1. (멀리 far = **tele**) (소리 sound = **phon**)를 보내는 도구 + e
2. (이동할 수 있는 movable = **mobile**) 무선 (전화 phone)
3. (작은 전지 **cell**)에 의해 작동하는 무선 (전화 phone)
    ☞ a hand-held cell phone 휴대전화

2196 micro**phon**e 마이크 (mike)[1]
    mega**phon**e 메가폰, 확성기[2]
    xylo**phon**e [záiləfòun] 실로폰[3], 목금
    phonograph 축음기[4], 전축

1. (작은 small = **micro**) (소리 sound = **phon**)를 크게 하는 장치 + e
2. (큰 great = **mega**) (소리 sound = **phon**)를 내는 장치 + e
3. (나무 wood = **xylo**) (소리 sound = **phon**) + e
4. (기록된 write = **graph**) (소리 sound = **phon** + o)의 재생 장치

2197 sym**phon**y [símfəni] 교향곡[1]
    sym**phon**ize 조화시키다
    sym**phon**ic [simfánik] 교향곡의, 조화로운

1. 여러 악기가 (함께 with = **sym**) 내는 (소리 sound = **phon**) + y
    ☞ a symphony orchestra 교향악단
    ☞ Mozart's symphonic works 모차르트의 교향곡 작품들

2198 **lull** [lʌl] 잠잠한 시기, 달래다
    lullaby [lʌ́ləbài] 자장가[1]

1. 아기를 흔들며 (룰라 lul-la)를 반복해서 중얼거리는 소리 + by
    ☞ soothe 달래다

2199 **sw**an [swɑn] 백조[1], 가수
    sonata [sənáːtə] 소나타[2]
    sonnet [sánət] 소네트 (14행 시)

1. 아름다운 (소리 sound = **sw**)를 (만드는 make = en = an) 새
2. 악기에 의해서 (소리 나는 sound = **son**) 기악곡 + a + ta
    ☞ Moonlight Sonata (베토벤의) 월광 소나타

2200 con**son**ance 화음, 조화
    con**son**ant 자음[1], 조화하는
    [kánsənənt]

1. 모음과 (함께 with = **con**) 발성되는 (소리 sound = **son**) + ant
    ☞ in consonance with ~와 일치하여
    ☞ vowel 모음

2201 dis**son**ance 불협화음, 불화
    dis**son**ant [dísənənt] 불협화음의[1]

1. 조화 없이 (따로따로 apart = **dis**) (소리 sound = **son**)나는 + ant
    ☞ discord 불일치, 불일치하다

2202 re**son**ance [rézənəns] 울림, 반향, 공명
    re**son**ant [rézənənt] 공명음, 반향하는[1]

1. 물체에 반사하여 (다시 again = **re**) (소리 sound = **son**)가
    들리는 + ant

| 2203 **echo** [ékou] | 메아리[1], 반향하다 | 1. 퍼지는 소리가 물체에 부딪쳐 (돌아오는 소리 resound = echo) |
| **echo**ic [ekóuik] | 반향의 | ☞ an echo chamber 반향실 |

2204 **clar**ification	명확, 해명	1. 소리가 (분명하게 clear = clar + i) 들리도록 (만들다 make = fy)
clarity [klǽrəti]	명확성, 투명성	☞ perceptual clarity 지각적 명료성
clarify [klǽrəfài]	명확하게 하다[1]	☞ clarify the dubious money deal 의심스러운 돈 거래를 밝히다

2205 de**clar**ation	선언, 공표, 신고서	1. 소리가 (완전히 entirely = de) (분명하게 clear = clar) 들리도록
de**clar**e [dikléər]	선언하다[1], 신고하다	말하다 + e
de**clar**atory	선언하는, 단정적인	☞ declarative 선언하는, 진술의

말 saying = hum, moan, mot, mur, mut

2206 **mut**ter [mʌ́tər]	중얼거림, 중얼거리다[1]	1. 작고 낮은 목소리로 혼잣(말 saying = mut + t) 하다 + er
murmur [məːrmər]	소곤거림, 졸졸거리는 소리	2. 작은 소리로 계속 가만가만 (말 saying = murmur) 하다
	소곤거리다[2]	☞ murmurous 졸졸 소리 나는, 소곤거리는

| 2207 **mot**to [mátou] | 모토, 좌우명[1] | 1. 비전을 짧고 강력하게 표현한 (말 saying = mot + t) + o |
| **mot** [mou] | 명언 | ☞ a school motto 교훈   ☞ maxim 격언, 금언 |

2208 **hum**ming [hʌ́miŋ]	윙윙 소리, 콧노래	1. (응얼거리거나 murmur = hum) 윙윙대는 소리를 내다
	윙윙거리는, 콧노래 부르는	☞ hummingbird 벌새
hum [hʌm]	흥얼거리다[1], 윙윙거리다[1]	☞ hum a song 콧노래를 흥얼거리다

2209 **moan** [moun]	신음, 신음하다[1], 불평하다	1. 고통으로 인해 길고 낮게 (응얼거리다 murmur = moan)
be**moan** [bimóun]	한탄하다	☞ moan in distress 고통으로 신음하다
moanful [móunfəl]	신음하는, 슬퍼하는	☞ bemoan his fate 그의 운명을 한탄하다

2210 **rumble** [rʌ́mbəl]	으르렁 소리, 웅성 소리	1. 마차 바퀴가 (흔들리며 소리 내다 rumble)
	우르릉거리다, 덜커덩거리다[1]	2. 이빨 사이에서 나오는 (중얼거리는 소리 g + rumble)
grumble [grʌ́mbəl]	투덜대는 소리[2], 투덜대다	☞ the rumble of thunder 천둥의 우르릉거리는 소리

| 2211 **growl** [graul] | 으르렁 소리[1], 으르렁거리다 | 1. 짐승이 화가 나서 (낮고 세차게 울부짖는 소리 growl) |
| **grunt** [grʌnt] | 끙끙대다[2], 꿀꿀대다 | 2. 노동자들이 (힘겨워 내는 소리 grunt) |

2212 **whis**tle [hwísəl]	호루라기 소리[1], 기적 소리	1. 공기가 새면서 나는 뱀의 (쉿 소리 hiss = whis)와
	휘파람, 휘파람을 불다	비슷한 소리 + t + le
hiss [his]	쉿 소리, 쉿 소리를 내다	☞ whistle-blower 고발자, 제보자

2213 **whis**per [hwíspər]	속삭임, 속삭이다[1]	1. 뱀의 (쉿 소리 hiss = whis)처럼 제3자가 알아듣지
whispery [wíspəri]	소곤거리는	못하도록 부드럽게 말을 하다 + p + er
whisperer	고자질하는 사람	☞ whisper audibly 남에게 들리도록 속삭이다

★ 듣다 hear = audi, cous, ey

2214 **acous**tics **acous**tic [əkúːstik]	음향 시설, 음향학 음향의, 청각의[1]	1. (함께 with = a) (듣는 hear = cous) + t + ic ☞ an acoustic guitar (전자 기타가 아닌) 일반 기타
2215 **audi**o [ɔ́ːdiòu] **audi**ble [ɔ́ːdəbl] **audi**ovisual	음향기기, 음성의 잘 들리는[1] 시청각의	1. (들을 hear = audi) 수 있는 + ble ☞ audible frequency 들을 수 있는 주파수, 가청 주파수 ☞ inaudible 들리지 않는
2216 **audi**ence [ɔ́ːdiəns] **audi**tion [ɔːdíʃən]	청중[1], 관중, 청취 청취테스트[2]	1. (듣는 hear = audi) 사람들 + ence 2. 가수, 배우를 뽑기 위한 (청취 hear = audi)테스트 + t + ion
2217 **audi**torium **audi**tor [ɔ́ːditər] **audi**tory [ɔ́ːditɔ̀ːri]	객석, 강당 회계감사원, 청강생[1] 청각의	1. 수강 신청 없이 강의를 (듣는 hearing = audi) 학생 + t + or ☞ a predecessor auditor 전임 감사인 ☞ the auditory nerve 청각 신경
2218 ob**edi**ence ob**ey** [oubéi] ob**edi**ent [oubíːdiənt]	복종, 순종 복종하다[1], 준수하다 복종하는, 준수하는	1. 상대방(에게 to = ob) (귀를 기울이다 hear = au = ey) ☞ obey the laws of nature 자연의 법칙을 따르다 ☞ disobedient 반항하는
2219 ab**surd**ity [æbsə́ːrdəti] ab**surd** [æbsə́ːrd]	어리석음, 불합리 어리석은[1], 불합리한	1. (완전히 entirely = ab) (듣지 못하고 말을 못하는 deaf = surd) ☞ an absurd project 터무니없는 계획

★ 가르치다 teach = doc

2220 **doc**tor **doc**toral [dáktərəl] **doc**torate [dáktərit]	의사, 박사[1] 박사 학위의 박사 학위	1. 교회나 학교에서 (가르치는 teach = doc) 사람 + t + or ☞ a newly qualified doctor 최근에 자격을 얻은 의사 ☞ a doctoral thesis 박사 학위 논문
2221 **doc**trine [dáktrin] **doc**trinal [dáktrənəl]	교리[1], 외교 원칙 교리의, 정책의	1. 종교에 관해 (가르치는 teach = doc) 내용 + tr + ine ☞ a fairness doctrine 기회 공평의 원칙
2222 **doc**ument **doc**umentary **doc**umentation	문서[1], 기록하다 기록물, 기록물의 문서화	1. (가르치는 teach = doc) 교재 + u + ment ☞ duplicate copies of a document 서류의 복사본들 ☞ a documentary film 기록 영화
2223 **doc**ility [dasíləti] **doc**ile [dásəl]	온순, 가르치기 쉬움 유순한[1], 고분고분한	1. (가르치는 teach = doc) 사항을 쉽게 받아들이는 + i + le ☞ a docile pupil 유순한 학생　　☞ meek 온순한, 온화한
2224 di**scip**le [disáipəl] apo**st**le [əpásl]	제자[1] 사도[2], 전도자	1. 내용을 (완전히 entirely = dis) (받아들이는 take = cip) 사람 + le 2. 복음 전하기 위해 (멀리 away = apo) (보낸 sent = st) 제자 + le

2225 **discipl**ine [dísəplin]	훈육[1], 절제[1], 학과목[1]	1. (제자 disciple = **discipl**)들이 갖추어야 할 것들 + ine
	훈육하다, 단련하다	☞ cross-disciplinary 여러 학문 분야에 걸친
disciplinary	훈육의, 학문의	☞ self-discipline 자기 절제

받아들이다 take = dain, dog, dox

2226 **dog**ma [dɔgma]	신조[1]	1. 자신만의 것이 진실이라고 (받아들이는 take = **dog**)
dogmatize [dɔgmətàiz]	독단적인 주장을 하다	교리 또는 의견 + ma
dogmatic [dɔgmǽtik]	독단적인	☞ a dogmatic approach 독단적인 접근 방법

| 2227 dis**dain** [disdéin] | 무시, 경멸, 경멸하다[1] | 1. 어떤 교리가 가치가 있다고 (받아들이지 take = **dain**) |
| dis**dain**ful [disdéinfəl] | 업신여기는, 무시하는 | (않다 not = **dis**) |

| 2228 para**dox** [pǽrədàks] | 역설[1] | 1. 가치가 있다고 받아들이는 (의견 opinion = **dox**)에 |
| para**dox**ical | 역설의, 모순의 | (반대되는 contrary = para) 말 |

2229 ortho**dox**y	정설	1. 신학에서 (옳다고 right = **ortho**) 인정되는
ortho**dox** [ɔ́ːrθədàk]	정통의[1]	(의견 opinion = **dox**)의
hetero**dox**y	이교, 이단, 이설	2. 정통(의견 opinion = **dox**)과 (다른 different = **hetero**) 의견의
hetero**dox** [hétərədàks]	다른 의견의[2], 이교의	☞ an orthodox Jew 정통파 유대교도

Day 54

노래 song = can, chan, cen, ed, od, hen, hym, triumph

2230 chant [tʃænt]   성가, 성가를 부르다[1]
                                  구호, 외치다
    chantey [ʃǽnti]   뱃노래

1. 교회에서 단조롭고 반복적으로 (노래하다 sing = **chan**) + t
  ☞ chant slogans while marching 행진하며 구호를 외치다
  ☞ canzone 칸초네 (이탈리아의 서정적 가곡)
  ☞ cantata 칸타타, 성악곡

2231 en chantment   황홀감
    en chant [entʃǽnt]   황홀하게 하다
                            마법을 걸다[1]
    charm [tʃɑːrm]   매력[2], 주문[2], 매혹하다

1. 머리 (속으로 in = en) 반복적으로 주문을
    (노래하다 sing = **chan**) + t
2. 마법의 힘을 가진 주술사의 (노래 song = **charm**) 또는 주문
  ☞ another charm of this game 그 게임의 또 다른 매력

2232 ac centuation   음의 억양법, 강조
    ac cent [ǽksent]   강조, 억양[1], 강조하다
    ac centuate   강조하다

1. 말(에 to = ac) 붙여진 음의 높낮이 또는 (노래 song = **cen**)
    + t
  ☞ accentual 악센트의, 악센트가 있는

2233 in centive [inséntiv]   장려책[1], 상여금[1]
                                   장려하는
    in centivize   장려하다

1. (노래하며 sing = **cen**) 일하는 상황 (안으로 in) 들어가도록
    만드는 수단 또는 돈 + t + ive
  ☞ an incentive for a performance 공연을 위한 장려금

2234 hymn [him]   찬송가[1], 찬송하다
    ode [oud]   송시[2]
    an**them** [ǽnθəm]   성가

1. 신 또는 영웅을 찬미하는 (노래 song = **hym**) + n
2. (노래 song = **od**)를 부르기 위해 지은 시 + e
  ☞ the national anthem 국가

2235 triumph [tráiəmf]   승리[1], 승리하다
    triumphant   의기양양한
    trophy [tróufi]   우승 기념품, 전리품[2]

1. 전쟁에 승리한 후 술을 마시면서 술의 신 디오니소스를
    (찬양하는 노래 hymn = **triumph**)
2. 전쟁에 (승리 triumph = **troph**)한 후에 가져오는 전리품 + y

2236 trump [trʌmp]   나팔[1], 으뜸패, 나팔 불다
    trumpet [trʌ́mpit]   트럼펫[2], 알리다
    trombone   트롬본

1. (승리 triumph = **trump**)를 알려주는 나팔
2. (작은 small = et) (나팔 **trump**)
  ☞ trumpeter 트럼펫 연주자

2237 par ody [pǽrədi]   패러디[1], 풍자, 풍자하다
    mel**od**y [mélədi]   곡, 선율[2]
    mel**od**ize   선율을 만들다

1. (옆에서 beside = **par**) 모방하는 (노래 song = **od**) + y
2. (아름다운 pleasant = **mel**) (노래 song = **od**) + y
  ☞ melodic (melodious) 선율의, 듣기 좋은

2238 com edy [kámədi]   코미디, 희극[1]
    comic [kámik]   희극의, 웃기는
    comical [kámikəl]   웃기는

1. (흥겨운 merry = **com**) 잔치에서 배우가 부르는
    (노래 song = **ed**) + y
  ☞ a comic strip (신문) 연재만화

2239	trag**ed**y [trǽdʒədi]	비극[1]	1. 비극 작품인 (사티로스 극 satyr play)에서 (염소 goat = **trag**)
	tragic [trǽdʒik]	비극적인	분장을 한 배우의 (노래 song = **ed**) + y
	tragico**med**y	희비극	☞ a tragic consequence 비극적인 결과

★ 이름 name = nom, noun, nown, nym, onym

2240	sur**name** [səːrnèim]	성[1]	1. 선조 또는 가문 등 (위에서 above = **sur**) 내려온 (이름 **name**)
	last name	성	2. (처녀 maiden) 시절의 (성 last **name**)
	maiden name	여성의 결혼 전의 성[2]	☞ nickname 별명

| 2241 | fore**name** | 이름[1] | 1. 성 (앞에 before = **fore**) 있는 (이름 first & middle **name**) |
| | **name**plate | 명패, 문패 | ☞ first name 이름   ☞ given name 이름 |

2242	**nom**ination	지명, 임명	1. (이름 name = **nom**)을 지정하여 가리키다 + **in** + ate
	nominate [nάmənèit]	지명하다[1]	☞ nomination to a committee 위원으로 임명
	nominator	지명자, 임명자	☞ a nominated candidate 지명된 후보, 공천 후보
	nominee [nὰməníː]	지명된 사람, 후보	☞ appoint 지명하다

2243	**noun** [naun]	명사[1]	1. 사물의 (이름 name = **noun**)을 나타내는 품사
	pro**noun** [próunàun]	대명사[2]	2. (앞에 before = **pro**) 표기된 (명사 **noun**)를 대신하는 품사
	gerund [dʒérənd]	동명사[3]	3. -ing를 붙여 동사를 명사로 (옮기는 carry = **gerun**) 품사 + **d**
			☞ pronominal 대명사의 ☞ participle 분사

2244	**nom**inalization	명사화	1. (이름 name = **nom**)만 내세우는 + **in** + al
	nominalize	명사형으로 바꾸다	☞ nominal value 액면 가치
	nominal [nάmənl]	명목상의[1], 명사의	☞ nominal wage 명목 임금

2245	re**nown**edness	명성	1. (반복적으로 repeatedly = **re**) (이름 name = **nown**)이
	re**nown** [rináun]	명성	불려지는 + **ed**
	re**nown**ed [rináund]	명성이 있는[1]	☞ win renown as a writer 작가로서 명성을 얻다
			☞ a renowned architect 저명한 건축가

2246	a**nonym**ity	익명, 익명성	1. (이름 name = **onym**) (없거나 without = **an**) 숨기는 + **ous**
	a**nonym** [ǽnənìm]	익명	☞ guarantee anonymity 익명을 보장하다
	a**nonym**ous	익명으로 된[1]	☞ an anonymous donation 익명의 기부

2247	acro**nym** [ǽkrənìm]	머리글자로 만든 단어[1]	1. (머리 top = **acro**) 글자를 합친 단어의 (이름 name = **nym**)
	acro**nym**ize	두문자어로 나타내다	☞ NATO (North Atlantic Treaty Organization)
	acro**nym**ous	머리글자의	북대서양 조약 기구

| 2248 **ant**onym [ǽntənim] | 반의어[1] | 1. (반대 opposite = **ant**) 의미의 단어 (이름 name = **onym**) |
| **ant**onymous | 반의어의 | ☞ Life is the antonym of death. 삶은 죽음의 반의어이다. |

| 2249 **syn**onym [sínənim] | 동의어[1] | 1. (같은 same = **syn**) 의미의 단어 (이름 name = **onym**) |
| **syn**onymous | 동의어의 | ☞ quasi-synonym 유사 동의어 |

| 2250 **homo**nym [hámənim] | 동음이의어[1], 동철이의어 | 1. 발음은 (동일 same = **homo**)하지만 의미가 다른 |
| **homo**nymous | 동음이의어의 | 단어의 (이름 name = **nym**) |

2251 **hetero**nym	동철이음이의어[1]	1. 철자는 동일하지만 음과 의미가 (다른 different = **hetero**)
[hétərənìm]		단어의 (이름 name = **nym**)
heteronymous	별개의 이름을 가진	

★ 끌다 (1) draw = orbit, tra, tre, trea, tri, tir

2252 **tra**il [treil]	자취[1], 오솔길, 끌다, 쫓다	1. 질질 (끌고 draw = **tra**)간 흔적이 남아 있는 길 + il
trailer [tréilər]	차가 끌고 가는 것	2. 사람이나 동물이 (통과하는 pass = **path**) 좁은 (길 way)
path**way** [pǽθwei]	좁은 길[2]	☞ lane 좁은 길, 차선, 경주 코스

2253 **trea**tment [trí:tmənt]	대우, 대접, 처리, 치료	1. 사람을 (끌어당겨 draw = **trea**) 정성을 다해 대우하다 + t
treat [tri:t]	특별한 것, 한턱	☞ a sewage treatment plant 하수 처리장
	대접하다[1], 다루다, 치료하다	☞ mistreatment 학대

| 2254 **trea**ty [trí:ti] | 협정[1], 조약 | 1. 서로 (끌어당겨 draw = **trea**) 사안을 결론짓는 행위 + ty |
| | | ☞ a reciprocity treaty 호혜 조약 |

2255 por**tra**yal [pɔːrtréiəl]	묘사	1. (앞으로 forth = **por**) (끌어당겨 draw = **tra**) 표현하다 + y
por**tra**y [pɔːrtréi]	묘사하다[1]	☞ portrays humans' tendency 인간의 성향을 묘사하다
por**tra**it [pɔ́ːrtrit]	묘사, 초상화	☞ portrayable 묘사할 수 있는

2256 **tra**ce [treis]	흔적[1], 극소량[2], 추적하다	1. (끌고 가는 draw = **tra**) 과정에서 남은 자국 + ce
traceable [tréisəbl]	추적할 수 있는	2. (끌고 간 draw = **tra**) 희미한 흔적 + ce
		☞ trace the history 역사를 더듬다

2257 re**trace**ment	되돌아가기, 회상	1. 지나왔던 길을 (다시 again = **re**) (추적해 **trace**) 따라가다
re**trace** [ri:tréis]	되짚어 가다[1]	☞ retrace the progress of civilization 문명진보를 되짚다
re**trace**able	되돌아갈 수 있는	☞ irretraceable 되돌아갈 수 없는

2258 **tre**kking	등산	1. 황소가 (끄는 draw = **tre**) 우차를 타고 오래 여행하다 + k
trek [trek]	오래 걷기, 오래 걷다[1]	☞ a trekking permit 트레킹 허가증
trekker [trékər]	긴 여행이나 등산하는 사람	☞ trek through the desert 사막을 관통하여 걷다

2259 **orbit** [ɔ́ːrbit]	궤도[1], 영향권, 안구	1. 마차가 지나간 (바큇자국이 난 길 wheel track = **orbit**)
	궤도를 돌다	☞ lunar orbit 달의 공전 궤도
orbital [ɔ́ːrbitl]	외곽 순환 도로, 궤도의	☞ an orbital period 궤도 주기

2260 in**vestig**ation	조사	1. (길 track = **vestig**) 따라 (안으로 in) 가서 조사하다 + ate
in**vestig**ate [invéstəgèit]	조사하다[1]	☞ investigational 조사의
in**vestig**ator	조사하는 사람	☞ investigate an affair 사건을 조사하다

2261 **tra**ck [træk]	길, 자국, 경주로	1. (끌고 가는 draw = **tra**) 차량 + ct + or
	추적하다	☞ trackable 추적할 수 있는
tractor [træktər]	트랙터, 견인차[1]	☞ a fast track 일괄 승인, 빠른 길

2262 re**tra**ction [ritrǽkʃən]	철회, 움츠리다	1. (다시 뒤로 back = **re**) (끌고 가다 draw = **tra**) + ct
re**tra**ct [ritrǽkt]	철회하다[1], 움츠리다[1]	☞ retract a charge 고소를 철회하다
re**tra**ctive [ritrǽktiv]	움츠리는, 수축성의	☞ retractable 오므려 집어넣을 수 있는

2263 ab**stra**ction	추상적 개념, 추출	1. 어떤 것으로(부터 from = **ab**) 특정 요소를
ab**stra**ct [æbstrǽkt]	발췌, 추출하다[1]	(끌어내다 draw = **stra**) + ct
	추상적인[2]	2. (멀리 away = **ab**) (끌어당겨서 draw = **stra**) 형상이
ab**stra**ctionism	추상주의	구체적으로 보이지 않는 + ct

2264 con**tra**ction	수축, 축약형	1. 권리와 의무를 문서로 간략하게 (수축하는 contract) 행위
con**tra**ct [kántrækt]	계약[1], 수축하다[2]	2. (함께 with = **con**) 안쪽으로 (끌어당겨 draw = **tra**)
	병에 걸리다[3]	작게 되다 + ct
con**tra**ctive	수축성의	3. 아파서 신체의 각 부분을 (함께 with = **con**) 안쪽으로
con**tra**ctor [kəntrǽktər]	계약자, 도급업자	(끌어당기다 draw = **tra**) + ct

2265 at**tra**ctiveness	끌어당기는 힘	1. 사람의 마음을 특정한 방향(으로 to = **at**)
at**tra**ction [ətrǽkʃən]	끌림, 매력, 명소[1]	(끌어당기는 draw = **tra**) 장소 + ct + ion
at**tra**ct [ətrǽkt]	끌어당기다[2], 유인하다	2. 특정 방향(으로 to = **at**) (끌어당기다 draw = **tra**) + ct
at**tra**ctive [ətrǽktiv]	매력적인	☞ a tourist attraction 관광 명소

2266 dis**tra**ction [distrǽkʃən]	집중 방해, 오락, 기분전환	1. 주의를 (멀리 away = **dis**) 다른 곳으로
dis**tra**ct [distrǽkt]	산만하게 하다[1], 방해하다	(끌고 가다 draw = **tra**) + ct
dis**tra**ctive [distrǽktiv]	주의를 산만하게 하는	☞ distracting stimuli 산만하게 하는 자극들

2267 ex**tra**ction [ikstrǽkʃən]	추출	1. (밖으로 out = **ex**) (끌어당기다 draw = **tra**) + ct
ex**tra**ct [ikstrǽkt]	추출물, 추출하다[1]	☞ an extraction apparatus 추출 장치
ex**tra**ctable	추출할 수 있는	☞ extract oil from plants 식물에서 기름을 추출하다

2268	subtraction	뺄셈	1. 숫자를 (아래로부터 from under = sub) (끌어내다 draw = tra) + ct
	sub**tra**ct [səbtrǽkt]	빼다[1], 공제하다	
	sub**tra**ctive	빼는	☞ addition 덧셈

2269	pro**tra**ction	오래 끌기, 연장, 돌출	1. 오래가도록 (앞으로 forward = pro) (끌어내다 draw = tra) + ct
	pro**tra**ct [proutrǽkt]	연장하다[1], 내밀다[2]	2. (앞으로 forward = pro) (끌어내어 draw = tra) 뛰어나오다 + ct
	pro**tra**ctive	오래 끄는	☞ prolong 연장하다 ☞ extend 연장하다

| 2270 | re**trea**t [ri:trí:t] | 후퇴, 후퇴하다[1] | 1. (뒤로 back = re) (끌어당기다 draw = trea) + t |
| | re**trea**tive | 후퇴하는 | ☞ retreatant 수도자   ☞ retreater 후퇴자 |

| 2271 | **tri**gger [trígər] | 방아쇠 | 1. 스프링 장치로 (끌어당긴 draw = tri) 후에 풀어 주다 + gg + er |
| | | 유발하다[1] | ☞ trigger a reaction 반응을 유발하다 |

2272	re**tir**ement	은퇴	1. 사회 활동을 마친 후에 (다시 back = re) 사생활을
	re**tir**e [ritáiər]	은퇴하다[1], 은퇴시키다	(끌어내다 draw = tir) + e
	re**tir**ee [ritaiərí:]	은퇴자	☞ a retirement pension 퇴직 연금

2273	**tra**it [treit]	특성, 특징[1]	1. 다른 것과 구별되어 이목을 (끄는 draw = tra) 점 + i + t
			☞ an inheritable trait 유전하는 특성
			☞ a predominant trait 뚜렷한 특징

Day 55

끌다 (2) draw = draf, drag, hau

2274 drag [dræg]
끌기, 방해물[1]
끌다[2], 느릿느릿 걷다
1. (끌고 가는 draw = **drag**) 것에 붙어서 끄는 것을 방해하는 물체
2. (질질 끌다 draw = **drag**)
   ☞ drag and drop 끌어 놓기

2275 haulage [hɔ́ːlidʒ]
화물 수송
haul [hɔːl]
끌기, 잡아당기다[1]
1. 힘을 주어 잡아 (끌다 drag = **hau**) + l
   ☞ hauling equipment 운반 장비   ☞ long haul 장거리 수송

2276 draw [drɔː]
무승부, 추첨, 추첨하다[1]
그리다[2], 비기다[3]
drawing [drɔ́ːiŋ]
소묘, 제도
drawer [drɔ́ːər]
서랍
1. 제비를 위로 (끄집어내다 **draw**)
2. 부드럽게 붓을 뒤로 (끌다 **draw**)
3. (추첨해야 **draw**) 하는 상황을 만들다
   ☞ draw out a thorn 가시를 빼내다

2277 withdraw**al** [wiðdrɔ́ːəl]
철수, 인출, 탈퇴
withdraw [wiðdrɔ́ː]
철수하다[1], 인출하다[2]
withdraw**n** [wiðdrɔ́ːn]
내성적인, 틀어박힌
1. 군대, 장비 등을 (뒤로 back = **with**) (끌어내다 **draw**)
2. 통장에서 돈을 (뒤로 back = **with**) (끌어내다 **draw**)
   ☞ cash withdrawal 현금 인출

2278 overdraw [ouˈvərdrɔː]
초과 인출하다[1]
overdraw**n**
초과 인출된
1. 통장에서 돈을 (초과하여 **over**) (끌어내다 **draw**)
   ☞ overdraw an account 통장에서 초과 인출하다

2279 drawback [drɔːˈbæk]
결점[1], 약점[1], 고장, 철수
blind side
약점, 사각지대
1. (뒤로 **back**) (끌어당겨 **draw**) 진행을 억제하는 것
   ☞ disadvantage 불리한 점   ☞ downside 불리한 면

2280 exhau**stion**
고갈, 기진맥진
exhaust [igzɔ́ːst]
배기가스, 고갈시키다[1]
exhau**sted** [igzɔ́ːstid]
기진맥진한, 지친
1. 신체에서 에너지를 (끌어 올려 draw up = **hau** + st)
   (빼내다 off = **ex**)
   ☞ an exhaust pipe 자동차 배기관

2281 draft [dræft]
밑그림[1], 초안, 틈새 바람
초안 작성하다, 선발하다[2]
updraft [ʌpdræft]
상승 기류
1. 시험적으로 대충 (그리는 draw = **draf**) 그림 + t
2. 후보자들 중에서 선택하여 (끌어내다 draw = **draf**) + t
   ☞ evade the draft 징병을 기피하다

★ 이끌다 lead = doc, du, duc, duk, tow, tug

2282 duke [djuːk]
공작[1]
duke**dom** [djúːkdəm]
공작령, 공작의 지위
1. 사람들을 (이끌고 lead = **duk**) 통치하는 귀족 + e
   ☞ duchess 공작부인   ☞ earl 백작

2283 duct [dʌkt]
배관[1], (생물체) 도관
con**du**it [kándjuit]
도관, 전선관
1. 액체나 가스를 (끌어가는 lead = **duc**) 파이프 + t
   ☞ an air duct 통풍관   ☞ plumber 배관공

2284 dock [dɑk] 부두[1], 선창, 부두에 대다 1. 배를 (끌고 가서 lead = doc) 정박시키는 장소 + k
   docking [dɑ́kiŋ] 두 우주선의 결합, 도킹 ☞ dockside 부둣가　　☞ dockworker 부두 노동자

2285 subdual [səbdjú:əl] 정복, 억제 1. 사람이나 감정을 통제 (아래 under = sub)로
   subdue [səbdjú:] 진압하다[1], 억누르다[1] (이끌다 lead = du) + e
   subduer 정복자, 진압자 ☞ subdue a mob 폭도를 진압하다

2286 education 교육 1. 잠재력을 (밖으로 out = e) (끌어내다 lead = duc) + ate
   educate [édʒukèit] 교육하다[1] ☞ educate a child with a tutor 가정교사로 아이를 교육하다
   educator [édʒukèitər] 교육자 ☞ educational 교육의

2287 abduction [æbdʌ́kʃən] 유괴 1. 아이를 (멀리 away = ab) (이끌고 가다 lead = duc) + t
   abduct [æbdʌ́kt] 유괴하다[1], 납치하다 ☞ abductor 유괴범, 납치범　☞ abductee 유괴된 사람

2288 conduct [kɑ́ndʌkt] 행동, 행동하다, 전도하다 1. 무리를 (함께 with = con) (이끌고 가다 lead = duc) + t
   지휘하다, 안내하다[1] ☞ semi-conductor 반도체
   conductor [kəndʌ́ktər] 지휘자, 차장, 전도체 ☞ nonconductor 부도체　　☞ insulator 절연체

2289 conduction 전도[1] 1. 전기나 열을 (함께 with = con) (이끌고 가는 lead = duc)
   conductivity 전도성 현상 + t + ion
   conductive [kəndʌ́ktiv] 전도하는 ☞ superconductive 초전도의

2290 conduciveness 기여도 1. 무리를 (함께 with = con) (이끌고 가서 lead = duc)
   conduce [kəndjú:s] 이끌다, 기여하다[1] 도와주다 + e
   conducive [kəndjú:siv] 기여하는, 도움이 되는 ☞ inconducive 도움이 되지 않는

2291 deduction [didʌ́kʃən] 공제 1. 금액을 (아래로 down = de) (이끌다 lead = duc) + t
   deduct [didʌ́kt] 공제하다, 차감하다[1] ☞ deduct a commission 수수료를 공제하다
   deductible [didʌ́ktəbl] (세금) 공제가 되는 ☞ nondeductible 공제할 수 없는

2292 deduction [didʌ́kʃən] 추론, 연역법 1. 기존의 지식을 바탕으로 결론을
   deduce [didjú:s] 추론하다[1], 연역하다 (아래로 down = de) (이끌어내다 lead = duc) + e
   deductive [didʌ́ktiv] 연역적인 ☞ a deductive inference 연역적 추리

2293 induction [indʌ́kʃən] 유도, 귀납법[1] 1. 개별적 사실들을 종합하여 일반적인 명재 (안으로 in)
   induct [indʌ́kt] 가입시키다[2] (이끌어내는 lead = duc) 방법 + t + ion
   induce [indjú:s] 유도하다, 분만하다[3] 2. 조직 (안으로 in) (이끌다 lead = duc) + t
   inductive [indʌ́ktiv] 귀납적인, 유도하는 3. 아기를 세상 (안으로 in) (이끌다 lead = duc) + e

2294	product [prάdəkt]	제품, 공산품	1. 생물 또는 제품을 세상 (앞으로 forth = pro)
	produce [prədjúːs]	농산품, 생산하다[1]	(이끌다 lead = duc) + e
	productive [prədΛktiv]	생산적인	☞ productible 생산할 수 있는
	production	생산, (영화) 제작	☞ mass production 대량 생산
	productivity	생산성	☞ by-product 부산물, 부작용

| 2295 | reproduction | 재생, 번식, 복제 | 1. (다시 again = re) (생산하다 produce) |
| | reproduce [riːprədjúːs] | 재생하다[1], 번식하다 | ☞ reproductive 재생하는, 번식하는 |

2296	seduction [sidΛkʃən]	유혹	1. 이성을 (멀리 away = se) (이끌고 가다 lead = duc) + e
	seduce [sidjúːs]	유혹하다[1], 꾀다[1]	☞ seduce him into crime 그를 유혹하여 범죄로 이끌다
	seductive [sidΛktiv]	유혹적인	☞ seduceable 유혹하기 쉬운

2297	introduction	도입, 소개	1. (안으로 inward = intro) (이끌어 lead = duc) 소개하다 + e
	introduce [intrədjúːs]	소개하다[1], 도입하다	☞ the introduction of Buddhism 불교의 도입
	introductory	도입부의, 입문자를 위한	☞ an introductory course 입문 강좌

| 2298 | reduction [ridΛkʃən] | 감소, 할인 | 1. (다시 back = re) 아래로 (끌고 가다 lead = duc) + e |
| | reduce [ridjúːs] | 줄이다[1], 낮추다 | ☞ reduce taxation 과세를 줄이다 |

2299	tow [tou]	견인, 예인, 견인하다[1]	1. 밧줄로 매달아 (끌고 가다 lead = tow)
	tug [tΛg]	잡아당김, 잡아당기다[2]	2. 갑자기 홱 뒤로 (끌다 lead = tug)
			☞ tug of war 줄다리기 ☞ a tug boat 예인선

2300	hitch [hitʃ]	걸다, 매다, 얻어 타다	1. (도보 walk = hike) 여행자를 차량 내부로 갑자기
	hitchhike [hítʃhàik]	차를 얻어 타다[1]	(잡아당기다 hitch)
			☞ hitchhiker 자동차 편승 여행자

속이다, 오류 deceive = fail. fal, faul, mend

2301	failure [féiljər]	실패, 낙제, 부족, 고장	☞ power failure 정전
	fail [feil]	낙제, 불합격	☞ failure to repay the debt 부채 상환의 실패
		실패하다, 부족하다	☞ fail an aptitude test 적성 검사에 떨어지다

2302	fallacy [fǽləsi]	오류[1], 그릇된 생각	1. (속여서 deceive = fal + l) 옳다고 믿도록 함 + acy
	falsehood [fɔ́ːlshùd]	거짓임, 거짓말	2. 종교적 교리를 (속이는 deceive = fal) + se
	false [fɔːls]	틀린, 가짜의[2]	☞ false teeth 틀니

2303	fault [fɔːlt]	잘못, 결점, 나무라다	1. (속여서 deceive = faul) 도덕적으로 비난 받는 + t + y
	faulty [fɔ́ːlti]	잘못된[1], 결함이 있는	☞ a undetected fault 발견되지 않은 단점
	faultfinder	탓하는 사람	☞ sort out faulty goods 결함이 있는 상품을 골라내다

2304 de**faul**t [difɔ́ːlt]	채무 불이행, (컴) 초기 설정	1. 빚을 갚지 않고 (속인 deceive = **faul** + **t**) 후에
	이행하지 않다[1]	(멀리 away = **de**) 도망가다
by default	부전승으로, 자동적으로	☞ the declaration of default 채무 불이행 선언

2305 **mend**ing	고치는 일, 수선	1. (결함 fault = **mend**) 있는 부분을 제거하여 더 좋게 만들다
mend [mend]	수리하다[1], 해결하다	☞ mend the fence 울타리를 수리하다
mendable	수선할 수 있는	☞ mend a matter 사태를 해결하다

2306 a**mend**ment	개정, 수정	1. (결함 fault = **mend**) 있는 부분이 (없도록 free = **a**) 고치다
a**mend**s	보상, 배상	☞ amendable 개정할 수 있는
a**mend** [əménd]	개정하다[1]	☞ an amendment to the Bill 법안에 대한 수정

★ 앉아 있다 sit = sad, sed, sid, sieg, set, ses, soi, soo, st

2307 **ses**sion [séʃən]	(활동) 시간[1], 회기	1. 참석자들이 (앉아 sit = **ses** + **s**) 있는 궁정 회의 시간 + **ion**
sessional	회기 중의	☞ prolong the session 회기를 연장하다

2308 as**sess**ment [əsésmənt]	평가	1. 보조 판사가 (옆에 beside = **as**) (앉아서 sit = **ses** + **s**)
as**sess** [əsés]	평가하다[1], 산출하다[1]	벌금을 산출하다
as**sess**or [əsésər]	배석 판사, 사정인	☞ assess the damage 피해를 산출하다

2309 **sad**dle [sǽdl]	안장[1], 등심[2]	1. 말 등 위에 (앉도록 sit = **sad** + **d**) 올려놓은 도구 + **le**
sedentariness	앉아 있음	2. 소나 돼지의 등뼈에 (붙은 sit = **sad** + **d**) 고기 + **le**
sedentary [sédəntèri]	앉아서 지내는[3]	3. 한 장소에 계속 (앉아서 sit = **sed**) 머무는 + **ent** + **ary**
		☞ a sedentary statue (조각) 좌상

2310 **sed**imentation	퇴적	1. 액체의 바닥에 (가라앉은 sit = **sed**) 물질 + **i** + **ment**
sedimentary	퇴적물의	☞ a sedimentary rock 퇴적암
sediment [sédəmənt]	퇴적물, 침전물[1]	☞ sediment deposit 퇴적물

2311 **sett**lement [sétlmənt]	정착, 해결, 지불	1. 일을 해결하고 편하게 자리를 잡고 (앉다 sit = **set** + **t**) + **le**
settle [sétl]	정착하다[1], 해결하다[1]	☞ the settlement of a debt 빚의 청산
	진정하다	☞ He settled himself in England. 그는 영국에 정착했다.
un**sett**le [ənseˈtəl]	동요시키다	☞ settler 정착민

2312 **sit**com [sítkàm]	상황극[1], 시트콤[1]	1. 매회 다른 (상황 situation)에서 이야기를 전개하는
situation [sìtʃuéiʃən]	상황, 건물의 위치	(코미디 comedy)
situate [sítʃuèit]	위치시키다[2]	2. 정착하기 위해 건물을 (위치 sit) 시키다 + **u** + **ate**
		☞ situational 상황에 따른

2313 upset** [ʌpsét]** 혼란 상황, 뒤집힌, 화난
뒤엎다[1], 화나게 하다[2]

 beset**ment** 포위 공격

 beset** [bisét]** 포위하다[3], 괴롭히다

1. (위쪽 **up**) 면을 엎어 아래쪽으로 (앉히다 sit = **set**)
2. 마음속을 (뒤집어 **upset**) 화나게 하다
3. 적을 둘러싸고 (앉아 sit = **set**) 있다 exist = **be**)
 ☞ His letter upset her. 그의 편지는 그녀를 화나게 했다.

2314 besieg**ement** 포위

 siege [si:dʒ]** 포위

 besieg**e [bisí:dʒ]** 포위하다[1], (질문) 퍼붓다

1. 적을 둘러싸고 (앉아 sit = **sieg** + **e**) 있다 exist = **be**)
 ☞ break through the siege 포위망을 돌파하다
 ☞ besiege a fortress 요새를 포위하다

2315 obsess**ion [əbséʃən]** 집착, 강박관념

 obsess** [əbsés]** 사로잡다, 집착하다[1]

 obsess**ive [əbsésiv]** 사로잡혀 있는

1. 적의 (반대편에 against = **ob**) (앉아 sit = **ses** + **s**) 승리할
방법을 찾기 위해 몰두하다
 ☞ obsessional 사로잡혀 있는

2316 subsid**ence** (지반, 건물) 침하

 subsid**e [səbsáid]** 가라앉다[1], 진정되다[1]

1. 땅이나 감정 등이 (아래로 under = **sub**) 내려
(앉다 sit = **sid**) + **e**

2317 resid**ence [rézədəns]** 거주, 거주지

 resid**e [ri:sáid]** 거주하다[1], 존재하다

 resid**ent [rézidənt]** 거주자, 레지던트 의사
거주하는

1. (영원히 permanently = **re**) (앉아 sit = **sid**) 있다 + **e**
 ☞ residence requirements 거주 요건들
 ☞ reside abroad 해외에 거주하다
 ☞ residential 거주하기 좋은, 주거지의

2318 presid**ency** 대통령직, 사장 직책

 presid**ent [prézidənt]** 대통령[1], 사장[1]

 presid**e [prizáid]** (회의) 주재하다

1. (앞에 before = **pre**) (앉아 sit = **sid**)있는 사람 + **ent**
 ☞ vice-president 부통령, 부사장
 ☞ presidential 대통령의

2319 subsid**y [sʌ́bsidi]** 보조금, 원조

 subsid**ize [sʌ́bsidàiz]** 원조하다[1], 보조금 주다

 subsid**iary [səbsídièri]** 보조의, 자회사의

1. (아래에서 under = **sub**) 떠받치고 (앉아 sit = **sid**) 도와주다
+ **ize**
 ☞ an agricultural export subsidy policy 농업 수출 보조 정책

2320 cathedra**l [kəθí:drəl]** 대성당[1]

 cathedra** [kəθí:drə]** 주교의 자리
권위 있는 자리

1. (아래 down = **cat**)를 내려다보는
주교의 (의자 seat = **hedra**)가 있는 성당 + **l**
 ☞ a medieval cathedral 중세의 대성당

2321 nest** [nest]** 둥지[1], 둥지를 틀다

 nest**le [nésəl]** 편안하게 앉아 있다

 nich**e [nitʃ]** 틈새[2], 아주 편한 자리

1. (아래에 down = **ne**) (앉아 sit = **st**) 쉬는 장소
2. 울타리에 (둥지 nest = **nich**)가 있는 움푹 들어간 장소 + **e**
 ☞ a niche market 틈새시장

2322 soi**l [sɔil]** 토양[1], 흙, 더럽히다[2]

 soi**lborne [sɔ́ilbɔ̀:rn]** 토양에 의해 전달되는

 top**s**oi**l [tápsɔ̀il]** 표층 토, 겉흙

1. 땅 표면 위에 (앉아 sit = **soi**) 있는 흙 + **l**
2. (돼지 swine = **soi**)가 흙을 더럽히다 + **l**
 ☞ soil erosion 토양 침식

★ 놓다 put = paus, pon, pos, the, trea

2323 depos**ition** | 퇴적, 퇴적물, 물러남 | 1. 통치자를 권좌 (아래로 down = de) (놓다 put = pos) + e
depos**e** [dipóuz] | 면직시키다[1] | 2. 돈, 물체를 (아래로 down = de) (놓다 put = pos) + i + t
depos**it** [dipázit] | 보증금 | 3. 물건을 (아래로 down = de) (놓는 put = pos + i + t)
| 예금하다[2], 침전하다[2] | (장소 place = ory)
depos**itory** | 보관소[3] | ☞ deposit money in a bank 은행에 예금하다

2324 repos**itory** | 저장소, 보관소[1] | 1. 물건을 (완전히 entirely = re) (놓는 put = pos + i + t)
repos**e** [ripóuz] | 휴식 | (장소 place = ory)
| 휴식하다[2], 보관되다 | 2. 일을 (완전히 entirely = re) (내려놓고 put = pos) 쉬다 + e

2325 pause** [pɔːz] | 잠깐 멈춤, 멈추다[1] | 1. 하던 일을 잠시 (놓다 stop, put = paus) + e
pause**less** [kɔ́ːzlis] | 중단 없는 | ☞ a pause button 일시 정지 버튼

2326 compos**ition** | 구성, 작품, 작곡, 작문 | 1. (함께 with = com) 맞추어 (놓다 put = pos) + e
compos**e** [kəmpóuz] | 구성하다[1], 작곡하다[1] | ☞ the chemical composition of soil 토양의 화학적 구성
compon**ent** | 구성 요소, 부품 | ☞ internal components 내부 부품

2327 poem** [póuim] | 한 편의 시[1] | 1. 감정을 운율적인 언어로 표현하여 (구성한 compose = poe)
poetry** [póuitri] | 문학 형식으로서의 시 | 글 + m
poetic** [pouétik] | 시적인 | ☞ poet 시인

2328 scold [skould] | 잔소리꾼, 꾸짖다[1] | 1. 욕설을 하는 사람 또는 조롱하는 (시인 poet = scold)
scoldable** [skouldəbl] | 꾸짖을 만한 | ☞ scold severely 호되게 꾸짖다

2329 compos**t** [kámpoust] | 퇴비 | 1. 썩은 동식물을 (함께 with = com) 쌓아 (놓다 put = pos) + t
| 퇴비를 주다[1] | ☞ a compost heap 퇴비 더미   ☞ manure 분뇨 거름

2330 dispos**al** [dispóuzəl] | 배치, 처분 | 1. (분리해서 apart = dis) 질서 있게 (놓다 put = pos) + e
dispos**e** [dispóuz] | 배치하다[1], 제거하다[2] | 2. 불필요한 것을 (분리해 apart = dis) (놓다 put = pos) + e
dispos**able** | 버릴 수 있는, 1회용의 | ☞ at her disposal 그녀 마음대로 할 수 있게

2331 dispos**ition** [dispəzíʃən] | 배치, 성향[1], 처분 | 1. 질서 있게 (분리되어 apart = dis) (배치된 put = pos)
predispos**ition** | 성향, 경향 | 별자리에 의해 영향 받는 성격 기질 + i + t + ion
dispos**itional** | 성향적인 | ☞ a nervous disposition 신경 과민성 기질

2332 expos**ure** [ikspóuʒər] | 노출, 폭로 | 1. 신체 또는 물건을 (밖으로 out = ex) (내놓다 put = pos)
expos**e** [ikspóuz] | 노출하다[1] | + e
overexposure** | 노출 과다 | ☞ automatic exposure (카메라의) 자동 노출

2333 expos**ition** [èkspəzíʃən]　박람회[1], 상세한 설명

1. 상품을 (밖으로 out = **ex**) 잠시 (내놓아 put = **pos**)
   보여주는 장소 + i + t + ion

2334 expon**ent** [ikspóunənt]　해설자[1], 주창자[1]
(수학) 지수, 설명적인

1. 학설을 (밖으로 out = **ex**) (내놓는 put = **pon**) 사람 + ent
   ☞ a reliable exponent　신뢰할 수 있는 해설자

2335 impos**ition** [ìmpəzíʃən]　도입, 강요
impos**e** [impóuz]　부과하다[1], 도입하다

1. 마음(속에 in = **im**) 부담을 (놓다 put = **pos**) + e
   ☞ impose a tax　세금을 부과하다

2336 oppos**ition** [àpəzíʃən]　반대, 반대편
oppos**e** [əpóuz]　반대하다
oppos**ite** [ápəzit]　반의어, 반대편의
oppon**ent** [əpóunənt]　반대자[1]

1. (반대편에 against = **op**) (놓여 있는 put = **pon**) 사람 + ent
   ☞ oppose a nuclear test　핵실험에 반대하다
   ☞ an opposite direction　반대 방향
   ☞ opponents of abortion　낙태 반대자들

2337 propos**ition** [pràpəzíʃən]　제안[1], (수학) 명제
propos**e** [prəpóuz]　제안하다, 청혼하다[2]
propon**ent** [prəpóunənt]　지지자[3], 제안자
propos**al** [prəpóuzəl]　청혼, 제안

1. 의견을 (앞으로 forth = **pro**) (내놓는 put = **pos**) 행위
   + i + t + ion
2. 결혼 의사를 (앞으로 forth = **pro**) (내놓다 put = **pos**) + e
3. (앞에 forth = **pro**) (놓도록 put = **pon**) 밀어 주는 사람 + ent

2338 purpos**e** [pə́ːrpəs]　목적[1]
purpos**eful** [pə́ːrpəsfəl]　목적의식이 있는

1. (앞에 forth = **pur**) (놓여진 put = **pos**) 해야 할 일 + e
   ☞ purposely　의도적으로　　☞ on purpose　의도적으로

2339 position** [pəzíʃən]　위치[1], 자세[1], 배치하다
prepos**ition** [prèpəzíʃən]　전치사[2]
positional** [pəzíʃənəl]　위치상의

1. (놓여진 put = **pos**) 장소 또는 모양 + i + t + ion
2. 명사, 대명사, 동명사 (앞에 before = **pre**) (놓는 put = **pos**)
   품사 + i + t + ion

2340 positivity** [pàzətívəti]　확실함, 실제적인 것
positive** [pázətiv]　긍정적인[1], 양성의

1. (놓여 있는 put = **pos**) 상황에 대해 긍정적인 + i + t + ive
   ☞ a positive correlation　양의 상관관계

2341 pose** [pouz]　자세, 자세를 취하다[1]
제기하다[2], ~인 체하다

1. 몸을 특정한 모양으로 잠시 (놓다 put = **pos**) + e
2. 의견이나 문제를 밖으로 (내어놓다 put = **pos**) + e

2342 posture** [pástʃər]　자세[1], 자세를 취하다
posturize** [pástʃəràiz]　자세를 취하다
postural** [pástʃərəl]　자세의

1. 신체를 움직이거나 (가누는 put = **pos**) 모양 + t + ure
   ☞ forward head posture　거북목 증후군
   ☞ postural deformity　자세의 변형

2343 postpon**ement**　연기, 뒤로 미룸
postpon**e** [poustpóun]　연기하다, 미루다[1]

1. 할 일을 (이후로 after = **post**) 미루어 (놓다 put = **pon**) + e
   ☞ a postponed plan　연기된 계획　　☞ put off　미루다

2344	supposition	추정	1. (아래에 under = sup) 안 보이게 (놓여 있어서 put = pos)
	suppose [səpóuz]	가정하다[1], 추정하다[1]	추정하다 + e
	supposing [səpóuziŋ]	만약 ~라면	☞ supposedly 추정하건대, 아마도

2345	synthesis [sínθəsis]	합성, 통합	1. (함께 with = syn) (놓다 put = the) + s + ize
	synthesize [sínθəsàiz]	합성하다[1], 통합하다[1]	☞ protein synthesis 단백질 합성
	synthetic [sinθétik]	합성한, 인공의	☞ synthetic rubber 합성고무

2346	photosynthesis	광합성[1]	1. (빛 light = photo)을 이용해 이산화탄소와 수분으로
	photosynthesize	광합성을 하다	유기물을 (함께 with = syn) (놓는 put = the) 과정 + sis
	photosynthetic	광합성의	☞ photosynthetic products 광합성 산물

2347	treasure [tréʒər]	보물[1], 귀중히 하다	1. 모르는 곳에 저장해 (놓는 put = trea) 귀중한 물건
	treasurer [tréʒərər]	회계 담당자	+ s + ure
	treasury [tréʒəri]	국고, 재무부	☞ a treasure-hunt game 보물찾기 게임

| 2348 | thesis [θíːsis] | 학위 논문[1] | 1. 학위 취득을 목적으로 (놓여진 put = the) 주제에 대해 |
| | | 논지, 명제 | 논리적으로 쓴 글 + sis |

| 2349 | hypothesis [haipáθəsis] | 가설[1] | 1. 검증이 필요한 (아래에 under = hypo) (놓여진 put = the) |
| | hypothesize | 가설을 세우다 | 명제 + sis |

에워싼 장소, 두드리다 pound = bang, pond

| 2350 | compound | 혼합, 화합물, 복합물 | 1. 다양한 동물을 (우리 pound)에 (함께 together = com) 넣다 |
| | [kəmpáund] | 혼합하다[1], 혼합의 | ☞ a compound eye (곤충의) 겹눈 |

| 2351 | impoundment | 구금, 인공호수 | 1. 주인 없는 동물을 (우리 pound) (안에 in = im) 가두다 |
| | impound [impáund] | 가두다[1], 몰수하다 | ☞ impound alien property 외국인의 재산을 몰수하다 |

2352	pond [pɑnd]	연못[1]	1. 물을 (에워싼 장소 enclosed place = pond)
	pound [paund]	우리[2], 유치장	2. 철창으로 동물을 (에워싼 장소 enclosed place = pound)
		가두다, 두드리다[3]	3. (우리 pound) 안에서 동물들이 쿵쿵 치며 왔다 갔다 하다
		무게 단위[4], 영국 화폐	4. 저울에 (매달아 hang = pound) 측정하는 무게 측정 단위

2353	slam [slæm]	쾅 하고 닫기, 쾅 닫다[1]	1. (쾅 하고 치다 bang = slam)
	grand slam	그랜드 슬램[2]	2. 모든 경기 또는 주요 경기 모두를 우승하는 경우
		만루 홈런	☞ a slam dunk (농구) 강력한 덩크 슛

내려놓다 lay = cub, law, low, lur

2354 lay [lei] — 놓다, (알을) 낳다, 깔다 — 1. 눈에 보이도록 (밖으로 out) (내려놓는 lay) 행위
 layout [leiaut] — 배치[1] — ☞ lay an egg 알을 낳다, 기초를 만들다
 out**lay** [autlei] — 경비, 지출 — ☞ lay out 펼치다, 설계하다 ☞ lay aside 따로 놓다

2355 layoff [léiɔf] — (일시적) 해고[1] — 1. 직원들을 일시적으로 직장으로(부터 from = off)
 lay down — 내려놓다, 사임하다 — (내려놓다 lay)

2356 layman [leimən] — 평신도[1], 비전문가 — 1. 성직자 아래에 (놓여 있는 lay) 세속적인 (사람 man)
 layer [léiər] — 층, 겹[2], 겹겹이 쌓다 — 2. 면과 면 사이에 포개져 (놓여진 lay) 것 + er
  ☞ the ozone layer 오존층

2357 fellow [félou] — 동료[1], 녀석, 동료의 — 1. 함께 (돈 fee = fel)을 (투자한 또는 내려놓은 lay = low) 사람
 fellowship [félouʃip] — 동료애 — ☞ a fellow townsman 동네 사람

2358 low [lou] — 낮은 수준[1], 낮은, 낮게 — 1. 낮은 곳에 (내려 놓여진 lay = low) 상태
 lower [lóuər] — 낮추다, 더 낮은 — 2. 나쁜 짓을 하려고 몸을 (낮춰 low = lur) 숨어 있다 + k
 lurk [ləːrk] — 잠복, 계략, 숨어 있다[2] — ☞ the lowest 최하의, 최저의, 최소의

2359 law [lɔː] — 법[1], 법칙 — 1. 아래로 (놓여진 lay = law) 왕의 명령
 out**law** [áutlɔː] — 범법자, 불법화하다 — ☞ lawful 합법적인
 lawyer [lɔ́ːjər] — 변호사 — ☞ a law school 법학 대학원
 lawbreaker — 범법자 — ☞ a law firm 법률 회사 ☞ law enforcement 법 집행

2360 lawsuit [lɔ́ːsuːt] — 소송[1], 고소 — 1. 해결을 위해 (법 law)에 (따름 follow = su) + i + t
  ☞ criminal law 형법 ☞ civil law 민법
  ☞ file a lawsuit 소송을 제기하다

2361 incub**a**tion — 알을 품음, (미숙아) 보육, 부화 — 1. 둥지 (안에 in) 알을 (놓다 lay = cub) + ate
 in**cub**ate [ínkjəbèit] — 부화하다[1], 배양하다 — ☞ an incubation period 부화 기간, 잠복기
 in**cub**ator — 보육기, 부화장치 — ☞ incubate germs 세균을 배양하다

2362 litter [lítər] — 널린 쓰레기[1], 한배 새끼 — 1. 잠자리에 사용하는 (지푸라기 straw = litter)
   어질러 놓다, 새끼를 낳다[2] — 2. 개, 돼지 등이 (지푸라기 straw = litter) 위에 새끼를 낳다
 littery [lítəri] — 어질러 놓은 — ☞ Do not litter! 쓰레기를 버리지 마시오!

눕다, 놓여 있다 lie = eas

2363 **lie** [lai]	눕다, 놓여 있다, 거짓말하다	☞ a cunning liar 교활한 거짓말쟁이
outlier [áutlàiər]	국외자, 분리물	☞ a statistical outlier 통계 이상점
underlie [əndərlai]	아래에 있다, 기초가 되다	☞ un underlying principle 근본적인 원칙

2364 **ease** [i:z]	쉬움, 편안함	1. (누워 lie = **eas**) 있어서 편안한 + y
easy [í:zi]	쉬운, 편안한¹	☞ unease 불안
easygoing [izigouiŋ]	느긋한, 게으른	☞ at ease 편안한, 쉬어!

2365 **dis**ease [dizí:z]	질병¹	1. (편안함 **ease**)이 멀리 (떨어진 away = **dis**) 상태
		☞ an inherited disease 유전병
		☞ a contagious disease 전염병

★ 놀다, 연기하다 play = lu

2366 allusion [əlúːʒən]
alulude [əlúːd]
allusive [əlúːsiv]

암시
넌지시 말하다[1]
암시적인

1. 상대방(에게 to = al) (가지고 노는 듯이 play = lu)
간접적으로 말하다 + de
☞ a vague allusion 넌지시 내비침
☞ an allusive style of writing 암시적인 문체

2367 delusion [dilúːʒən]
delude [dilúːd]
delusive [dilúːsiv]

기만, 망상
속이다[1], 착각하게 하다
기만적인

1. (연기하는 play = lu + de) 것처럼 속여서
(손상 detriment = de)을 입히다
☞ self-delusion 자기기만

2368 illusion [ilúːʒən]
illusionary
illusive [ilúːsiv]

착각[1], 환상
환상의, 착각의
착각하는

1. (연기하는 play = lu) 것처럼 속여서 감각적 착오
(안으로 in = il) 빠지는 현상 + s + ion
☞ an optical illusion 착시

2369 elusiveness
elude [ilúːd]
elusive [ilúːsiv]

모호함
피하다[1], 빠져나가다
피하는, 알기 어려운

1. (연기하는 play = lu) 것처럼 속여서
(밖으로 out = e) 빠져나가다 + de
☞ an elusive thought 종잡을 수 없는 생각

2370 prelude [préljuːd]
prelusive [prilúːsiv]
interlude [íntərlùːd]

서곡[1], 전주곡
서곡의, 서막의
막간[2]

1. 막을 열기 (전에 before = pre) (연주하는 play = lu) 곡 + de
2. (연극 play = lu)에서 막 (사이의 between = inter) 휴식 + de
☞ a musical interlude 간주곡

남다, 떠나다 leave = lic, linqu, lip, loa, her

2371 eclipse [iklíps]
lunar eclipse
[lúːnər]

빛의 소멸[1], 식, 가리다
월식

1. 빛이 (밖으로 out = ec) (떠나는 leave = lip) 현상 + se
☞ observe a solar eclipse 일식을 관찰하다
☞ yin and yang 음양

2372 loan [loun]
loaner [lóunər]

대출, 대출하다[1]
대여자

1. 돈을 사용하도록 허락하거나 (남겨 주다 leave = loa) + n
☞ loanee 빌리는 사람
☞ a student loan 학자금 대출

2373 delinquency
delinquent
[dilíŋkwənt]

범죄, 태만
과실범, 태만자
체납하는[1]
비행을 저지르는

1. 납부 의무를 (완전히 entirely = de) 뒤로 (남겨 leave = linqu)
체납하는 + ent
☞ delinquent tax 체납된 세금
☞ a juvenile delinquent 청소년 범죄자

2374 heredity [hərédəti]
heir [ɛər]

상속[1], 유전적 형질[1]
상속받는 사람, 계승자

1. 자손에게 (뒤에 남기는 leave behind = her) 특성 + ed + ity
☞ heiress 여성 상속인   ☞ heirship 상속권

| 2375 **her**itage [héritidʒ] | (문화, 사회적) 유산[1] | 1. (남겨 left behind = **her**) 전해지는 사회적 유물 + **i** + **t** + **age** |
| | | ☞ World Heritage Site 세계 문화유산 보호 지역 |

| 2376 **relic** [rélik] | 유물[1], 유적[1] | 1. (뒤에 back = **re**) (남아 있는 leave = **lic**) 물건 또는 구조물 |
| | | ☞ a sacred relic 신성한 유물 |

★ 녹다 melt = fu

2377 **fu**sion [fjúːʒən]	융합[1], 결합	1. 쏟아부은 후에 (녹여서 melt = **fu**) 합쳐진 상태 + **s** + **ion**
fuse [fjuːz]	(전기) 퓨즈[2], 폭파장치	2. 전류가 강할 때 (녹아서 melt = **fu**) 전기를 차단하는 것 + **se**
	녹이다, 융합시키다	☞ a nuclear fusion reactor 핵융합 원자로

2378 **fu**tileness [fjúːtlnis]	무익함, 효과가 없음	1. (녹아서 melt = **fu**) 사용할 수 없는 + **t** + **ile**
futility [fjuːtíləti]	헛됨, 공허	☞ a sense of futility 허무감
futile [fjúːtl]	헛된, 소용없는[1]	☞ a futile endeavor 헛된 노력

2379 con**fu**sion [kənfjúːʒən]	혼란[1], 혼동	1. (함께 with = **con**) (녹여 melt = **fu**) 합쳐져 구분할 수 없는
con**fu**se [kənfjúːz]	혼란시키다	상태 + **s** + **ion**
con**fu**sional	혼란 상태의	☞ confused 혼란스러워 하는

2380 dif**fu**sion [difjúːʒən]	발산, 확산, 보급	1. (녹여서 melt = **fu**) (흩뜨리다 apart = **dif**) + **se**
dif**fu**se [difjúːz]	발산하다[1], 널리 퍼진	☞ gaseous diffusion 기체의 확산
dif**fu**ser [difjúːzər]	냄새 확산 장치	☞ rediffusion 재방송

| 2381 ef**fu**sion [efjúːʒən] | 유출, 감정 토로 | 1. (녹은 melt = **fu**) 것이 (밖으로 out = **ef**) 나오다 + **se** |
| ef**fu**se [efjúːz] | 스며 나오다[1] | ☞ hydrogen effusion 수소 유출 |

| 2382 in**fu**sion [infjúːʒən] | 투입, 우려낸 차 | 1. (녹이기 melt = **fu**) 위해 (안으로 in) 부어 넣다 + **se** |
| in**fu**se [infjúːz] | 불어넣다, 주입하다[1] | ☞ infuse a spirit 활기를 불어넣다 |

쏟아붓다 pour = chem, fu, gu

2383 re**fu**sal [rifjúːzəl]	거절	1. 받은 것을 (뒤로 back = **re**) (부어 pour = **fu**) 내버리다 + **se**
re**fu**se [rifjúːz]	쓰레기	☞ the refusal of payment 지급 거절
	거절하다[1]	☞ a refuse bin 쓰레기통

2384 **gu**sh [gʌʃ]	솟구침, 분출	1. 액체가 (쏟아져 pour = **gu**) 나오다 + **sh**
	솟구치다[1]	2. 비바람이 갑자기 (쏟아져 pour = **gu**) 몰아치다 + **st**
gust [gʌst]	돌풍, 웃음, 몰아치다[2]	

| 2385 **fu**nnel [fʌnl] | 깔때기[1], 굴뚝 | 1. 액체를 안으로 (쏟는 pour = fu) 나팔 모양의 기구 + nn + el |
| **funnel fume** [fju:m] | 매연[2] | 2. (굴뚝 funnel)에서 쏟아져 나오는 (연기 smoke = fume) |

2386 **gu**tter [gʌ́tər]	홈통, 도랑[1]	1. 빗물을 (쏟아내는 pour = gu) 통로 + tt + er
	홈통을 달다, 도랑 파다	2. 찌꺼기를 밖으로 (쏟아내는 pour = gu) 신체 기관 + t
gut [gʌt]	소화관, 내장[2]	☞ intestine 창자

2387 al**chem**y [ǽlkəmi]	연금술	1. 화학물질을 (쏟아부어 pour = chem) 금, 은 또는
al**chem**ize [ǽlkəmàiz]	(금속) 변질시키다	불로영약을 만들려고 시도하는 (그 the = al) 사람 + ist
al**chem**ist [ǽlkəmist]	연금술사[1]	☞ alchemic 연금술의

2388 **chem**istry [kémistri]	화학	1. 화학물질을 (쏟아붓는 pour = chem) 학자 + ist
chemical [kémikəl]	화학의, 화학물질	☞ organic chemistry 유기 화학
chemist [kémist]	화학자[1], 약사	☞ agrochemical 농약

★ 가라앉다 dip = deep, mer

| 2389 **dep**th [depθ] | 깊이 | ☞ deep 깊은 |
| **deep**en [dí:pn] | 깊게 하다, 짙어지다 | ☞ in depth 깊이, 상세히 |

| 2390 **dip** [dip] | 움푹 파인 부분, 하락 | ☞ dipper 퍼내는 기구, 담그는 것 |
| | 담그다, 낮추다 | ☞ dip sharply 급격히 내려가다 |

2391 **mer**gence [mə́:rdʒəns]	합병, 융합	1. 어떤 것을 (가라앉혀 dip = mer) 흡수시켜 합치다 + ge
merge [mə:rdʒ]	합치다[1], 합병하다	☞ merge a lot of data sets 많은 데이터들을 합치다
im**mer**ge [imə́:rdʒ]	뛰어들다, 가라앉다	☞ a corporate merger 법인 합병

| 2392 im**mer**sion [imə́:rʃən] | 담금, 몰두 | 1. (안으로 in = im) (가라앉히다 dip = mer) + se |
| im**mer**se [imə́:rs] | 담그다[1], 몰두하다 | ☞ an immersion course 몰입 교육 과정 |

| 2393 sub**mer**gence | 잠수, 침수, 침몰 | 1. 물 (아래로 under = sub) (가라앉다 dip = mer) + ge |
| sub**mer**ge [səbmə́:rdʒ] | 잠수하다[1], 잠기다 | ☞ the submerge speed of a submarine 잠수함의 잠항 속도 |

2394 e**mer**gence	출현, 탈출	1. (가라앉은 dip = mer) 것이 (밖으로 out = e) 나오다 + ge
e**mer**ge [imə́:rdʒ]	나타나다[1]	☞ the emergence of a multi-polar world 다극화 세계의 출현
e**mer**gent [imə́:rdʒənt]	신생의, 나타나는	☞ an emerging market 신흥 시장

| 2395 e**mer**gency | 비상사태[1] | 1. (가라앉은 dip = mer) 것이 (밖으로 out = e) 예고 없이 |
| [imə́:rdʒənsi] | | 나타나는 현상 + g + ency |

★ 떨어지다 fall = ca, cad, chan, cheat, cid

2396 cheat [tʃiːt]
속이다[1]

   cheating
부정행위

   cheater [tʃiːtər]
사기꾼

1. 도박에서 주사위를 (밖으로 떨어지게 fall out = cheat)
만들어 상대방을 속이다
  ☞ a cheat sheet 커닝 쪽지

2397 chance [tʃæns]
기회, 가능성, 운[1]
우연한

   gamble [gǽmbəl]
도박[2], 도박을 하다

1. 주사위 놀이에서 우연히 (떨어지는 fall = chan) 숫자 + ce
2. 우연한 결과에 의존하는 (게임 game = gam) + ble
  ☞ gambler 도박꾼

2398 occasion [əkéiʒən]
경우[1], 행사, 기회

   occasional
때때로의

1. 주사위가 (아래로 down = oc) (떨어진 fall = ca) 결과 + s + ion
  ☞ a special occasion 특별한 경우

2399 case [keis]
경우[1], 사건, 소송사건
상자[2]

   en**case** [enkéis]
감싸다

1. 주사위가 (떨어져 fall = ca) 발생한 결과 + se
2. 물건이 (떨어질 fall = ca) 때를 대비해 만든 포장 박스 + se
  ☞ case by case 사례별로, 한 건 한 건의
  ☞ a case study 사례 연구

2400 casualness
우발적임

   casualty [kǽʒuəlti]
사상자[1], 피해자

   casual [kǽʒuəl]
우연한[2], 임시의
평상시의[3]

1. (우발적 casual) 사고로 인해 부상하거나 사망한 사람 + ty
2. 주사위가 (떨어져 fall = ca) 우연한 숫자가 나오는 + su + al
3. 사건이 (우발적 casual)으로 발생하는 보통 때의
  ☞ casual clothes 평상복   ☞ causal 인과 관계의

2401 decay [dikéi]
부패, 부패하다[1]

   de**cay**able [dikéiəbl]
부패할 수 있는

   de**cad**ent
타락한

1. 나무로(부터 off = de) 나뭇잎이 (떨어져 fall = ca)
나간 후에 부패하다 + y
  ☞ radioactive decay 방사성 붕괴

2402 rottenness
썩음, 부패

   rot [rɑt]
썩음, 부패, 썩다[1]

1. 세균 또는 유기물 등에 의해 (부패하다 decay = rot)
  ☞ a rotten food 부패한 음식

2403 accident [ǽksidənt]
사고[1], 사건[1], 우연[1]

   ac**cid**ental
우연한

1. 사람(에게 to = ac) 우연히 (떨어져 fall = cid) 발생한 일 + ent
  ☞ by accident 우연히

2404 incident [ínsədənt]
사건[1], 일어나기 쉬운

   in**cid**ental [insədéntl]
부수적인

   in**cid**entally
그건 그렇고, 우연히

1. 상황 (안에 in) 우연히 (떨어져 fall = cid) 발생한 일 + ent
  ☞ an unexpected incident 예상하지 못한 사건
  ☞ incidental expenses 부수적인 비용, 잡비

2405 coincidence
동시 발생, 우연한 일치

   co**incide** [kòuinsáid]
동시에 일어나다

   co**incident**
동시 발생하는[1], 일치하는

1. 여러 (사건 incident)이 (함께 with = co) 발생하는
  ☞ an amazing coincidence 놀라운 우연의 일치
  ☞ coincidental 우연의 일치인

★ 누르다, 밀다 press = curd, prain, prin, urg

2406 pressure [préʃər]
압력[1]
press [pres]
언론, 인쇄, 출판사
누르다, 다림질하다

1. 때리면서 (밀어내는 push = **press**) 힘 + ure
   ☞ peer-group pressure 또래 집단이 주는 압박감
   ☞ pressing 긴급한, 거절하기 힘든

2407 ex pression
표현, 표정
ex press [iksprés]
급행의, 급송하다[1], 표현하다[1]

1. 물건, 생각을 (밖으로 out = **ex**) (밀어내다 push = **press**)
   ☞ expressive 표현하는

2408 ex pressionism
표현주의
ex pressionistic
표현주의적인
es presso
(커피) 에스프레소[1]

1. 압력을 가하여 커피를 (밖으로 out = **es**)
   (밀어내 push = **press**) 내린 커피 + o
   ☞ expressionist 표현주의자

2409 im pression
인상, 감동
im press [imprés]
인상을 주다[1]
im pressive
인상적인

1. 상대방의 마음(속에 in = **im**)에 느낌을 깊이
   (밀어 넣다 push = **press**)
   ☞ impressionist 인상파 화가

2410 de pression
우울, 불황, 경기침체
de press [diprés]
우울하게 하다[1], 침체시키다[2]
de pressive
우울증 환자, 우울증의

1. 기분을 (아래로 down = **de**) (밀다 push = **press**)
2. 경제 상황을 (아래로 down = **de**) (밀다 push = **press**)
   ☞ the Great Depression 대공황

2411 op pression
억압
op press [əprés]
억압하다[1]
op pressive
억압적인

1. (반대 against = **op**) 행동을 (밀어 push = **press**) 누르다
   ☞ oppress the weak 약자를 압박하다
   ☞ an oppressive regime 억압적인 정권

2412 re pression
진압, 억누름
re press [riprés]
진압하다, 감정을 참다[1]
re pressive [riprésiv]
억누르는

1. 감정을 표출하지 못하도록 (뒤로 back = **re**)
   (밀어내다 push = **press**)
   ☞ a repressive dictatorship 억압적인 독재 체제

2413 sup pression
진압, 억제
sup press [səprés]
진압하다, 억누르다[1]
sup pressive
억누르는

1. (아래로 down = **sup**) (밀어서 push = **press**) 짓누르다
   ☞ suppress the appetite 식욕을 억제하다
   ☞ a suppressive ability 억제하는 능력

2414 com pression
압축, 압착
com press [kəmprés]
압축기, 압축하다[1]
com pressive
압축의

1. 사방에서 (함께 with = **com**) (밀어 push = **press**) 짓누르다
   ☞ compress a file 파일을 압축하다
   ☞ compressor 압축기

2415 urgency [əˊːrdʒənsi]
긴급, 긴박성
urge [əːrdʒ]
충동, 욕구, 촉구하다[1]
urgent [əˊːrdʒənt]
긴급한

1. 무언가를 급히 하도록 (압박하다 press = **urg**) + e
   ☞ overlook the urgency 긴박성을 무시하다
   ☞ an urgent affair 긴급한 일

2416 **prin**t	활자, 출판, 자국	1. 마음(속으로 in = **im**) (눌러 press = **prin**) 새기도록 하다 + **t**
	새기다, 인쇄하다	☞ printer 인쇄업자, 프린터
imprin**t** [imprínt]	각인, 찍다, 인상 주다[1]	☞ imprint footsteps 발자국을 남기다

2417 foot**print** [fʊtprɪnt]	발자국	1. 온실 효과를 유발하는 이산화(탄소 carbon)의
finger**print**	지문	(배출량 또는 발자국 footprint)
blue**print**	설계도, 청사진	☞ leave a footprint in the snow 눈에 발자국을 남기다
carbon footprint	탄소 발자국[1]	☞ a genetic blueprint 유전자 청사진

2418 **sprain** [sprein]	삠, 삐다[1]	1. 뼈를 (밖으로 out = **s**) (눌러 press = **prain**) 어긋나게 하다
ligament [lígəmənt]	인대[2]	2. 뼈 사이를 (묶는 bind = **lig**) 띠 모양 결합 조직 + **a** + **ment**
		☞ a sprained ankle 삔 발목 ☞ fracture 골절, 균열

| 2419 **curd** [kəːrd] | 굳은 우유[1] | 1. (눌러서 press = **curd**) 응고된 우유 |
| **curd**le [kəːrdl] | 굳다, 굳히다, 응고하다 | ☞ bean curd 두부 ☞ tofu 두부 |

★ 지켜보다 watch = cau, gar, guar, tut, ver, war

2420 guard [gɑːrd]
경비원[1], 경호원, 보초
지키다, 경비보다

    guardian [gáːrdiən]
수호자, 후견인

1. 계속 (지켜보는 watch = **guar**) 사람 + **d**
   ☞ lifeguard 인명 구조원, 안전 요원
   ☞ guardianship 후견인 지위

2421 tutor [tjúːtər]
가정교사[1], 개인교습하다

    tutorial [tjuːtɔ́ːriəl]
사용 지침서, 개별지도의

    tuition [tjuːíʃən]
교습, 수업료

1. 개인적으로 가르치고 (지켜보는 watch = **tut**) 사람 + **or**
   ☞ a resident tutor 입주 가정교사
   ☞ tuition fee 수업료

2422 disregard [dìsrigáːrd]
무시, 묵살, 무시하다[1]

    dis**regar**dful
무시하는, 무관심한

1. (완전히 entirely = **re**) (지켜보지 watch = **gar** + **d**)
   (않다 not = **dis**)

2423 regard [rigáːrd]
관심[1], 안부, 경의
간주하다[2]

    re**gar**dful [rigáːrdfəl]
주의 깊은, 경의를 표하는

    re**gar**ding
~에 관하여

    re**gar**dless of
~와 관계없이

1. (완전히 entirely = **re**) (지켜보는 watch = **gar**) 태도 + **d**
2. (완전히 entirely = **re**) (지켜본 watch = **gar**) 후에
   그렇다고 여기다 + **d**
   ☞ Give my regards. 안부 전해 주세요.

2424 wardrobe [wɔ́ːrdròub]
옷장[1], 장롱

    ward [wɔːrd]
감시인, 병동[2], 수용실[2]

    warden [wɔ́ːrdn]
관리인

1. (옷 garment = robe)을 (지키는 watch = **war**) 장소 + **d**
2. 환자, 죄수를 내부에서 (지켜보는 watch = **war**) 건물 + **d**
   ☞ warder 교도관

2425 award [əwɔ́ːrd]
상, 수여하다[1]

    re**war**d [riwɔ́ːrd]
보상, 사례금, 보상하다[2]

    re**war**dless [rigáːrdlis]
헛수고의

1. (밖에서 out = **a**) (본 watch = **war**) 후에 상을 주다 + **d**
2. (완전히 entirely = **re**) (지켜본 watch = **war**) 후에
   사례하다 + **d**
   ☞ an award winner 수상자

2426 reverence [révərəns]
숭배[1], 공경

    re**ver**e [rivíər]
숭배하다, 공경하다[1]

    re**ver**end [révərənd]
성직자, 숭배할 만한

1. (완전히 entirely = **re**) (지켜본 watch = **ver**) 후에
   존경하다 + **e**
   ☞ a deep reverence for nature 자연에 대한 깊은 숭배
   ☞ revere old people 노인을 공경하다

2427 stewardship
(재산, 조직체 등의) 관리

    ste**war**d [stjúːərd]
남자 승무원[1]

    ste**war**dess [stjúːərdis]
여자 승무원

1. (집 house = **ste**)에서 하인과 재산을
   (지켜보는 watch = **war**) 집사 + **d**
   ☞ a land steward 토지 관리인

2428 lord [lɔːrd]
주인[1], 군주, 귀족

    land**lor**d [lǽndlɔ̀ːrd]
남자 주인, 임대주

    loaf [louf]
구운 빵 덩어리

1. (빵 덩어리 loaf = **lo**)를 (지켜보는 watch = war = **r**)
   사람 + **d**
   ☞ landlady 안주인, 여주인

2429 **cau**tion [kɔːʃən]	조심[1], 경고, 주의를 주다	1. 적을 조심해서 (지켜보는 watch = cau) 행위 + t + ion
cautious [kɔːʃəs]	조심하는, 신중한	☞ caution him for speeding 그에게 과속 운전 주의를 주다
in**cau**tious [inkɔːʃəs]	부주의한	☞ a cautious policy 신중한 정책

2430 pre**cau**tion [prikɔːʃən]	예방조치[1]	1. 위험을 (미리 before = pre) (지켜본 watch = cau) 후에
pre**cau**tionary	예방의	취하는 조치 + t + ion
pre**cau**tious	조심하는, 신중한	☞ a safety precaution 안전 예방책

보다, 보이다 = see, seem, show

2431 **seem** [siːm]	~처럼 보이다[1]	1. 어떤 것과 (똑같은 same = seem) 것처럼 보이다
seeming	겉보기의	☞ seemingly 겉보기에는
un**seem**ly [ənsiˈmli]	보기 흉한, 부적당한	

2432 in**sight** [ínsàit]	통찰력[1], 이해	1. 사물이나 상황의 (내부 in) (광경 sight)을 꿰뚫어 보는 능력
in**sight**ful [ínsàitfəl]	통찰력 있는	☞ a keen insight 예리한 통찰력

2433 fore**sight** [fɔːrsàit]	예지력, 선견지명	1. (앞으로 before = fore) 일어날 일을 미리 (보다 see)
fore**see** [fɔːrsíː]	예견하다[1]	☞ foresee a recession 경기 후퇴를 예견하다
fore**sight**ful	선견지명이 있는	☞ foretell 예언하다, 예고하다

2434 over**see**ing	감시, 감독	1. (위에서 over) 아래로 내려다(보다 see)
over**see** [óuvərsiː]	감독하다[1], 두루 살피다	☞ oversee workmen 직공들을 감독하다
over**see**r [ouˈvərsiˈər]	감독관	☞ supervisor 감독관, 관리자

2435 **show**case [ʃoukeis]	진열장[1], 전시하다	1. 귀중한 물건을 (보여주는 show) 유리(상자 case)
show	공연, 보여 주다	☞ a showcase filled with rings 반지들이 차 있는 진열장
show up	나타나다	☞ the show business 연예계
show off	과시하다, 으스대다	☞ showy 현란한

2436 **dec**oration	장식, 도배	1. (아름답게 beautify = dec) 꾸며서 보여주다 + or + ate
decor [deikɔːr]	장식	☞ the carved decorations 조각된 장식들
decorate [dékərèit]	장식하다[1]	☞ decorative 장식이 된, 장식용의

★ 보다, 경관 see, view = gui, id, orama, vey, vi, vid, wi

2437 pan**orama** [pænəræm]	파노라마[1], 전경	1. (전체 all = pan)를 지켜볼 수 있는 (경관 view = orama)
view [vjuː]	경관, 살펴보다, 간주하다	☞ vista 경치, 전망
viewpoint [vjúːpɔ̀int]	관점, 견해	☞ a first person viewpoint 1인칭 시점

2438 inter**view** [íntərvjù:] inter**view**er [íntərvjù:ər]	면접, 면접을 보다[1] 면접관	1. (서로서로 each other, between = **inter**) (살펴보다 **view**) ☞ interviewee 면접자
2439 over**view** [óuvərvju:] pre**view** [prí:vjù:] re**view** [rivjú:]	개요[1] 미리 보기[2], 시사회 검토, 논평, 복습, 평가 검토하다[3], 평하다, 복습하다	1. (위에서 **over**) 전체를 (살펴본 **view**) 후에 추려낸 내용 2. (미리 before = **pre**) (살펴봄 **view**) 3. (다시 again = **re**) (살펴보다 **view**) ☞ an expansive review 포괄적인 평가
2440 **haunt** [hɔ:nt] **haunt**ing	귀신이 출몰하다[1] 자주 나오다[1] 잊히지 않는	1. 귀신이 (자주 방문하다 visit = **haunt**) ☞ a haunted house 귀신 나오는 집
2441 **frequ**ency [frí:kwənsi] **frequ**ent [frí:kwənt] **frequ**ently	빈도, 주파수[1] 자주 다니다[2], 빈번한 자주	1. 1초에 전파나 음파 등이 (규칙적으로 방문하는 visit regularly = **frequ**) 횟수 + ency 2. 군중이 많은 곳에 (규칙적으로 방문하다 visit regularly = **frequ**) + ent ☞ radio frequency 무선 주파수
2442 ad**vi**ce [ədváis] ad**vi**se [ədváiz] ad**vi**sory [ædváizəri]	충고 충고하다[1] 충고의, 자문의	1. 상대(에게 to = **ad**) 마주(보며 see = **vi**) 자신의 견해를 말하다 + **se** ☞ adviser 조언자
2443 re**vi**sion [rivíʒən] re**vi**se [riváiz] re**vi**sionable	변경, 수정 변경하다[1] 변경할 수 있는	1. (다시 again = **re**) (본 see = **vi**) 후에 수정하다 + **se** ☞ revisionary 개정의 ☞ a fundamental revision 근본적인 개정
2444 pro**vi**sion [prəvíʒən] pro**vi**sions pro**vi**de [prəváid] pro**vi**sional	대비, 제공, 조항, 규정 식량 제공하다[1] 잠정적인	1. (앞 forward = **pro**)을 (내다보고 see = **vi**) 대비할 목적으로 필요한 물품을 주다 + **d** ☞ the provision of necessities 필수품의 제공 ☞ under the provision 규정에 의거하여
2445 **furn**ishing [fə́:rniʃiŋ] **furn**ish [fə́:rniʃ] **furn**iture [fə́:rnitʃər]	가구, 비품 제공하다, 가구를 비치하다 가구[1]	1. 집 안에 (갖추어진 또는 제공되는 provide = **furn**) 도구 + i + t + ure ☞ a furnished apartments 가구가 비치된 아파트
2446 per**form**ance per**form** [pərfɔ́:rm]	공연, 수행, 실적 수행하다[1], 공연하다[1] 연주하다, 연기하다	1. 일, 공연 등을 (완전히 entirely = **per**) (제공하다 provide = **form**) ☞ performable 수행할 수 있는 ☞ evaluate the performance 실적을 평가하다

2447 **fram**e [freim]	틀, 액자, 인식 방법 짜 맞추다[1], 테를 두르다	1. (향후에 forward = from = **fram**) 수행할 수 있도록 뼈대를 만들다 + **e**	
framework [fréimwə̀:rk]	뼈대, 체계	☞ reframe 재구성하다	
main**frame** [mei`nfrei`m]	본체, 중앙 컴퓨터	☞ a frame of reference 판단 기준이 되는 틀	

2448 **rack** [ræk]	걸이[1], 받침대, 고문대 걸다, 고문하다	1. 막대기로 곧게 짜 맞춘 (뼈대 frame = **rack**) ☞ a laundry rack 빨래 건조대

2449 **prud**ence [prú:dəns]	신중, 사려 분별, 절약	1. 미리 (앞 forward = **pru**)을 (내다보는 see = **d**) + ent
prudential [pru:dénʃəl]	신중한, 자문의	☞ a prudent investor 신중한 투자자
prudent [prú:dənt]	신중한[1]	☞ imprudent 경솔한

2450 super**vi**sion	감독, 감시, 개인지도	1. (위에서 over = **super**) 내려다(보다 see = **vi**) + **se**
super**vi**se [sú:pərvàiz]	감시하다[1]	☞ sanitary supervision 위생 감독
super**vi**sory	감독의	☞ supervise an examination 시험을 감독하다
super**vi**sor [sú:pərvàizər]	감독자	☞ a food sanitation supervisor 식품 위생 감독자

2451 tele**vi**sion	TV	1. (멀리서 far = **tele**) (보도록 see = **vi**) 영상을 보내다 + **se**
tele**vi**se [téləvàiz]	TV로 방송하다[1]	☞ a high-definition TV 고선명도 텔레비전 (HDTV)
		☞ a closed-circuit TV 폐쇄 회로 텔레비전 (CCTV)

2452 impro**vi**sation	즉석에서 하기	1. 악보가 눈 (앞에 forward = **pro**) (보이지 see = **vi** + **se**)
impro**vi**se [ímprəvàiz]	즉흥적으로 하다[1]	(않아 not = **im**) 즉흥적으로 연주하다
impro**vi**sational	즉흥적인	☞ improvise a sermon 즉석에서 설교하다

2453 **vi**sibility [vìzəbíləti]	가시성	1. 눈으로 (볼 see = **vi**) 수 있는 + **s** + **ible**
visible [vízəbəl]	보이는[1]	2. red, orange, yellow, green, blue, indigo, violet
visible ray	가시광선[2]	☞ invisible rays 불가시광선

2454 **vi**sion [víʒən]	시야, 목표[1]	1. 미리 (내다보는 see = **vi**) 미래의 상황 + **s** + **ion**
visionary [víʒənèri]	선지자, 선견지명이 있는	☞ a field of vision 시계, 시야
visionless [visionless]	시력이 없는, 포부 없는	☞ a visionary leader 선견지명이 있는 지도자

2455 **vi**sualization	시각화	1. 눈으로 (보이는 see = **vi**) 형태의 + **su** + **al**
visualize [víʒuəlàiz]	시각화하다	☞ visualize the scene 현장의 모습을 마음속에 그리다
visual [víʒuəl]	시각적인[1]	☞ a visual aid 시각 보조 교재

2456 e**vid**ence [évidəns]	증거[1], 입증하다	1. (밖에 out = **e**) 분명히 (보이도록 **vid**) 입증하는 사실 + **ence**
e**vid**ent [évidənt]	분명한	☞ credible statistical evidence 믿을 만한 통계적인 증거
self-**evident**	자명한	☞ an evident proof 명백한 증거

2457 **wi**tness [wítnis]	목격자¹, 증인, 목격하다	1. 어떤 사건을 (본 see = **wi**) 사람 + **t** + ness
eye**witness** [aiwítnis]	목격자	☞ a witness stand 증인석
2458 en**vi**ousness	부러움, 질투심	1. 상대가 좋은 무언가를 가졌는지 알기 위해 (내부 in = **en**)를
en**vy** [énvi]	부러움, 부러워하다	들여다 (보는 see = **vi**) + ous
en**vi**ous [énviəs]	부러워하는¹	☞ an object of envy 부러움의 대상
2459 sur**vey** [səːrvéi]	조사, 측량, 조사하다¹	1. (위에서 over = **sur**) 아래로 내려다(보다 see = **vey**)
sur**vey**or [sərvéiər]	검사관, 측량사, 감독관	☞ a survey instrument 조사 도구
2460 **pol**l [poul]	여론 조사, 투표	1. 찬반 의견을 가진 사람의 (머리 head = **pol**) 숫자를 세다 + **l**
	여론 조사를 하다¹	2. 결정할 사안을 국민에게 (되돌려 back = **re**)
re**fer**endum	국민 투표², 총선거	(가져가는 carry = **fer**) 행위 + end + um
2461 **wi**sdom [wízdəm]	지혜	1. 다양한 것을 (보아서 see = **wi**) 많이 아는 + **se**
wise [waiz]	현명한¹	☞ a wisdom tooth 사랑니 ☞ a wise decision 현명한 결정
2462 **wi**zard [wízərd]	마법사¹	1. 미래를 (보는 see = **wi**) 사람 + **z** + ard
be**witch** [biwítʃ]	마법을 걸다	☞ witch 마녀
wicked [wíkid]	사악한, 짓궂은	☞ wicked deeds 짓궂은 행위들
2463 **wi**t [wit]	재치, 재치 있는 사람¹	1. 다양한 것을 (보고 see = **wi**) 알아서 재치 있는 사람 + **t**
	알다	☞ outwit an opponent 상대보다 한 수 앞서다
out**wi**t [àutwít]	~보다 한 수 앞서다	☞ witty 재치 있는
un**wit**tingly [ənwiˈtiŋli]	자신도 모르게	
2464 dis**gui**sement	변장, 위장	1. (보이지 see = **gui**) 않도록 (멀리 away = **dis**) 숨다 + **se**
dis**gui**se [disɡáiz]	변장, 위장, 위장하다¹	☞ a master of disguise 변장의 귀재
2465 **iron**y [áirəni]	역설적 상황, 반어법¹	1. 실제 의도를 (감추고 disguise = **iron**) 말을 하는 방법 + **y**
	빈정댐	☞ an ironical remark 빈정대는 말
ironical [airúnikəl]	반어적인, 풍자의	☞ paradox 역설
2466 **gui**dance [ɡáidns]	안내, 지도, 유도	1. 길을 (보며 see = wi = **gui**) 안내하다 + **de**
guide [ɡaid]	안내원, 안내하다¹	☞ misguide 잘못 안내하다
guideline [ɡáidlàin]	안내 지침	☞ an ethical guideline 윤리적 지침
2467 **id**ol [áidl]	우상¹	1. 신처럼 (보이는 see = vid = **id**) 이교도의 가짜 신 + **ol**
idolization	우상화, 맹목적 숭배	☞ idol worship 우상 숭배
idolize [áidəlàiz]	숭배하다, 우상화하다	☞ idolize their king 그들의 왕을 우상화하다

2468 **id**ea [aidíːə]	생각, 발상, 이데아¹, 개념	1. 생각을 통해서 (볼 see = vid = **id**)수 있는 이상적이라고
idealize [aidíːəlàiz]	이상화하다	여겨지는 상황 + **ea**
ideal [aidíːəl]	이상, 이상적인	☞ idealistic 이상적인

2469 **ideo**logy [àidiɑ́lədʒi]	이데올로기, 이념¹, 사상	1. 사회 구성원을 제약하는 (사상 idea = **ideo**) 체계 + **logy**
ideologic	이념적인	☞ bourgeois ideology 자본주의 사상
ideological	이념적인	☞ an ideological conflict 이념적 갈등

보다 look = tui

2470 **look**	바라봄, 표정, 보다[1], 보이다	1. 의도를 가지고 정지되어 있는 것을 (보다 **look**)
over**look** [òuvərlúk]	간과하다, 감독하다	☞ look forward to 기대하다
on**look**er [ɔ'nlʊˌkər]	구경꾼, 방관자	☞ look up (사전 등에서) 정보를 찾다, 올려다보다
look for	찾다	☞ look down on 얕보다, 내려다보다

2471 **look**out [lúkàut]	망보기, 전망대, 감시인	☞ look out 조심하다
out**look**	전망, 관점	☞ look into 조사하다, 들여다보다
look after	보살펴 주다, 주의하다	☞ look like ~처럼 보이다

2472 in**tui**tion [intjuíʃən]	직감, 직관	1. 사유 작용을 거치지 않고 대상의 (내부 **in**)를 직접적으로
in**tui**tive [intjú:itiv]	직감적인, 직관적인[1]	(바라보는 look at = **tui**) + t + ive
counter-in**tui**tive	직관에 반대되는	☞ an intuitive grasp 직감적 이해

★ 채우다 fill = pl, poly

| 2473 **pl**us | 더하기, ~ 이상의, 게다가 | 1. (넘치게 over = **sur**) (채워서 fill = **pl**) 남아도는 + us |
| sur**pl**us [sə́ːrplʌ] | 과잉, 흑자, 과잉의[1] | ☞ a trade surplus 무역 수지 흑자 |

2474 **pl**urality [pluərǽləti]	많은 수, 복수인 상태	1. 하나 이상이 (채워진 fill = **pl**) 형태 + ur + al
plural [plúərəl]	복수형[1], 복수의	☞ singular 단수형, 단수형의
pluralistic [plùərəlístik]	다원적인	☞ a pluralistic society 다원적 문화 사회

| 2475 **pl**enty [plénti] | 많음[1], 풍부한 양, 많이 | 1. 많이 (채운 fill = **pl**) 상태 + en + ty |
| **pl**entiful [pléntifəl] | 풍부한 | ☞ plentiful supply 충분한 공급 |

| 2476 re**pl**enishment | 보충, 보급 | 1. (다시 again = **re**) (채우다 fill = **pl**) + en + ish |
| re**pl**enish [ripléniʃ] | 다시 채우다[1], 보충하다[1] | ☞ replenish fuel 연료를 보충하다 |

2477 **poly**merization	중합	1. 많은 (부분 part = **mer**)을 합쳐 (채운 filled = **poly**) 형태
polymerize [pəlíməràiz]	중합하다	☞ monomer 단량체
polymer [pάləmər]	중합체[1]	☞ the structure of a polymer 중합체의 구조

2478 com**pl**etion	완료, 완성	1. (완전히 entirely = **com**) (채워서 fill = **pl**) 끝내다 + e + te
com**pl**ete [kəmplíːt]	완료하다[1], 완전한	☞ a complete stranger 전혀 모르는 사람
incom**pl**ete [ìnkəmplíːt]	불완전한	☞ an incomplete record 불완전 기록

2479 compliment
[kɒmplɪmənt]

complimentable
complimentary

칭찬, 찬사, 칭찬하다[1]

칭찬할 만한
칭찬하는, 무료의[2]

1. (완전히 entirely = **com**) (채워서 fill = **pl**) 칭찬하다
+ i + ment

2. 칭찬하는 말은 (돈이 들지 않아 무료인 free of charge)
☞ a complimentary ticket 무료 티켓

2480 complement
[|kɒmplɪmənt]

complementary

보완물, 보어, 보완하다[1]

상호 보완적인

1. (완전히 entirely = **com**) (채워지도록 fill = **pl**) 붙이다
+ e + ment
☞ an object complement 목적격 보어

2481 supplement
supplementary

보충물, 부록, 보충하다[1]
보충의

1. (위로 up = **sup**) (채우다 fill = **pl**) + e + ment
☞ a nutritional supplement 영양 보조제

2482 compliance
comply [kəmplái]
compliant [kəmpláiənt]

순응, 준수
순응하다, 준수하다[1]
순응하는, 준수하는

1. 법이 요구하는 것을 (완전히 entirely = **com**)
(채우다 fill = **pl**) + y
☞ comply with a law 법에 따르다

2483 supply [səplái]

공급, 보급품
공급하다[1]

1. (위로 up = **sup**) (채우다 fill = **pl**) + y
☞ power supply 전력 공급   ☞ water supply 상수도

2484 depletion [diplíːʃən]
deplete [diplíːt]
depletive [diplíːtiv]

고갈, 소모
고갈시키다[1]
고갈시키는

1. (채운 fill = **pl**) 것을 (멀리 away = **de**) 빼내다 + e + te
☞ stock depletion 재고 감소
☞ deplete oil reserves 석유 매장량을 고갈시키다

2485 implementation
implement [ímpləmənt]
implemental

실행
도구[1], 실행하다
도구의, 도구적인

1. (내부 in = **im**)를 (채우는 fill = **pl**) 장비 + e + ment
☞ a farm implement company 농기구 회사
☞ implement a strategy 전략을 실행하다

2486 accomplishment
accomplish [əkámpliʃ]
accomplishable

성취, 완성, 업적
완수하다[1], 성취하다[1]
성취할 수 있는

1. 맡은 일(에게 at = **ac**) (완전히 entirely = **com**)
(채우다 fill = **pl**) + ish
☞ accomplish a feat 공적을 달성하다

전체, 큰 gross = grand, groc

2487 gross [grous]

공제하기 이전의 총계
모두 합친[1], 모두 합쳐서

1. 정제하지 않은 (크고 굵은 big and coarse = **gross**) 상태인
☞ gross profit 총이익   ☞ gross weight 총중량

2488 grocer [gróusər]
grocery [gróusəri]

식료품 주인[1]
식료품, 잡화

1. (전체 gross = **groc**) 품목을 파는 상인 + er
☞ a grocery store 식품점
☞ greengrocery 채소 장사, 청과류

2489 grandeur [grǽndʒər]　웅장　　　　1. (크고 big = **grand**) 넓은
　　ag**grand**ize [əgrǽndaiz]　확대하다　　　　☞ grandiose 웅장한, 뽐내는
　　grand [grænd]　웅장한[1]　　　　☞ a grand conception 웅대한 구상

2490 grandparent　조부모　　　　☞ grandchildren 손주
　　grand prize　그랑프리, 대상　　　　☞ granddaughter 손녀

2491 parent [pɛ́ərənt]　부모[1]　　　　1. 아기를 세상 (앞으로 forth = **par**) 생산한 사람 + ent
　　parental [pərɛ́ntl]　부모의　　　　☞ the parental generation 부모의 세대
　　parenting [pɛ́ərəntiŋ]　육아　　　　☞ foster parents 양부모　☞ biological parents 생부모

던지다 cast = cu

2492 cast [kæst]　던지기, 배역[1], 주물, 깁스　1. 무대 위로 (던져진 throw = **cast**) 연기자
　　　　던지다, 주조하다　　☞ The die is cast. 주사위는 던져졌다.

2493 forecast [fɔ́ːrkæst]　예측, 예보, 예보하다[1]　1. 미래에 대한 생각을 (앞으로 before = **fore**) (던지다 **cast**)
　　fore**cast**er　기상요원　　　　☞ a weather forecast 일기 예보

2494 overcast [óuvərkæst]　우울하게 하다[1], 구름 덮인　1. 하늘 (위에 over) 구름이 (던져져 **cast**) 우울하게 만들다
　　out**cast** [autkæst]　버림받은 사람, 버림받은　2. 찬반 숫자가 동일한 상황에서 의장이 (던지는 **casting**)
　　casting vote　캐스팅 보트[2]　　　　(투표 vote)
　　　　　　　　☞ rehabilitate a social outcast 사회 낙오자를 갱생시키다

2495 rescue [réskjuː]　구조, 구조하다[1]　1. 위험한 상황에서 (완전히 entirely = **re**) (밖으로 out = **s**)
　　res**cu**er [réskjuːər]　구조자　　　　(던지다 cast = **cu**) + e
　　　　　　　　☞ a rescue operation 구조 작전

★ 몰고 가다 drive = peal, pel, pol, pul, fil

2496 compulsion　강요, 충동　　　　1. 무언가를 하도록 (함께 with = **com**) 뒤에서
　　com**pel** [kəmpél]　강요하다[1]　　　　(몰고 가다 drive = **pel**)
　　com**pul**sory　강제적인, 의무적인　　　　☞ compulsory education 의무교육

2497 expulsion [ikspʌ́lʃən]　추방, 분출　　1. (밖으로 out = **ex**) (몰아내다 drive = **pel**)
　　ex**pel** [ikspél]　추방하다[1], 배출하다[1]　　☞ expulsive 추방하는　☞ expellant 구충제, 해독약

2498 propell**er [prəpélər]　프로펠러, 추진기　1. (앞으로 forward = **pro**) (몰아가다 drive = **pel**)
　　pro**pel** [prəpél]　추진하다[1]　　　　☞ a self-propellent artillery 자주포
　　pro**pell**ent　추진시키는　　　　☞ propellant 추진체, 압축가스

2499 im**pell**ent [impélənt]   추진력, 밀어붙이는   1. 어떤 상황 (안으로 in = im) (몰아가다 drive = pel)
   im**pel** [impél]   재촉하다[1], 추진시키다   ☞ impel him to the crime   그를 범죄로 몰다

2500 cata**pul**t [kǽtəpʌlt]   새총, 투석기, 발사기   1. 목표를 (향해 against = cata) 돌을 세게
     던지다[1]   (몰아내다 drive = pul) + t
       ☞ a launching catapult   발사 장치

2501 re**pell**ence [ripéləns]   반발성, 격퇴   1. (되받아 back = re) (몰아내다 drive = pel)
   re**pel** [ripél]   격퇴하다[1]   ☞ repel the enemy   적을 격퇴하다
   re**pell**ent [ripélənt]   방충제, 혐오감을 주는   ☞ a mosquito repellent   모기 퇴치제

2502 dis**pel** [dispél]   떨쳐 버리다[1]   1. (멀리 away = dis) (몰아내다 drive = pel)
   dis**pell**able   떨쳐 버릴 수 있는   ☞ dispel that particular prejudice   그 특별한 편견을 없애다

2503 **pul**se [pʌls]   맥박, 파동, 고동치다[1]   1. 심장이 피를 (몰아내며 drive = pul) 심하게 뛰다 + se
   im**pul**se [ímpʌls]   충동[2], 충격[3], 자극   2. 하고 싶은 욕구가 몸 (안에서 in = im) (고동치다 pulse)
   im**pul**sion [impʌ́lʃən]   충동, 욕구   3. (안으로 in = im) (몰고 가서 drive = pul) 부딪침 + se
   im**pul**sive [impʌ́lsiv]   충동적인   ☞ make an impulse purchase   충동구매를 하다

2504 re**pul**sion [ripʌ́lʃən]   반발, 혐오감   1. (되받아 back = re) (몰아내다 drive = pul) + se
   re**pul**se [ripʌ́ls]   격퇴하다[1], 혐오감을 주다   ☞ repulse an invasion   침략을 물리치다
   re**pul**sive [ripʌ́lsiv]   밀어내는, 역겨운   ☞ a repulsive odor   역겨운 냄새

2505 ap**peal** [əpíːl]   매력, 호소[1], 항소[1]   1. 양심 또는 법(에게 to = ap) 사건을
     매력적이다[2]   (몰고 가는 drive = peal) 행위
     호소하다, 항소하다   2. 무언가(에게 to = ap) 마음을 (몰고 가다 drive = peal)
   ap**peal**ing [əpíːlɪŋ]   매력적인, 호소하는   ☞ a court of appeals   항소 법원

2506 **pol**ish [póuliʃ]   광택, 광을 내다[1], 다듬다   1. 이물질을 (밀어내 drive = pol) 반짝이게 하다 + ish
   polishable   닦을 수 있는, 광이 나는   ☞ nail polish   매니큐어   ☞ apple-polish   아첨하다

2507 **varn**ish [vάːrniʃ]   광택, 광택을 내다[1]   1. 표면에 (수지 resin = varn)를 발라 반짝이게 하다 + ish
   varnishy   화려하게 꾸미는   ☞ a nail varnish remover   매니큐어 제거제

2508 **polit**eness [pəláitnis]   정중   1. 행동이 (다듬어진 polish = polit) + e
   polite [pəláit]   정중한, 공손한[1]   ☞ an impolite and sarcastic reply   무례하고 비꼬는 대답
   im**polit**e [impəláit]   무례한   ☞ courteous   정중한, 공손한

2509 de**terg**ence   세척성   1. 이물질을 문질러 (멀리 away = de) 밀어내
   de**terg**e [ditə́ːrdʒ]   씻어 내다   (광을 내는 polish = terg) 물질 + ent
   de**terg**ent [ditə́ːrdʒənt]   세제[1], 깨끗이 씻어 내는   ☞ a synthetic detergent   합성 세제

흔들리다 swing, sway = nod, quak, shak, vib, waiv, wip

2510 swing [swiŋ] 휘두름, 그네, 흔들림 1. 앞뒤로 (힘껏 던지거나 치다 swing)
흔들다¹, 흔들다 ☞ swingy 흔들리는

upswing [əpswiˈŋ] 호전, 상승 ☞ swing a golf club 골프채를 휘두르다

2511 sway [swei] 흔들림, 흔들다¹ 1. 좌우로 (흔들다 swing = sway)
흔들다, 동요시키다 2. 바람에 (흔들릴 swing, sway = dangl) 정도로 어떤 것에

dangle [dǽŋgəl] 매달린 것, 매달리다² 느슨하게 붙어 있다 + e

2512 wipe [waip] 닦기, 닦다¹ 1. 전후좌우로 (흔들면서 swing = wip) 더러운 것을 닦다 + e
wiper [wáipər] 닦는 사람(것), (차) 와이퍼 2. 채찍을 앞뒤로 호되게 (휘두르다 swing = whip)
whip [hwip] 채찍, 채찍질하다² ☞ whip a horse 말에게 채찍질하다

2513 vibration [vaibréiʃən] 떨림, 진동 1. 앞뒤로 빠르게 (흔들리다 swing = vib) + r + ate
vibrate [váibreit] 떨다, 진동하다¹ ☞ vibration resistant 진동에 잘 견디는
vibrant [váibrənt] 활기찬 ☞ vibrational 진동하는

2514 waiver [wéivər] 포기 1. 마음이 (흔들려 swing = waiv) 권리 행사를 포기하다 + e
waive [weiv] 포기하다¹, 면제하다² 2. 특정한 사람에게 규정 적용을 (포기하다 waive)
☞ waive a claim 주장을 철회하다

2515 shake [ʃeik] 흔들기, 떨림, 흔들리다 1. (땅이 earth) 마구 (흔들리다 shake = quak) + e
quake [kweik] 마구 흔들리다, 떨다 ☞ shake the foundation 근간을 흔들다
earthquake 지진¹ ☞ quake at a threat 위협에 몸을 떨다

2516 nod [nɑd] 끄덕임, 끄덕이다¹ 1. 머리를 빠르게 앞쪽과 아래쪽으로 (흔들다 shake = nod)
bob [bɑb] 까닥거림, 까닥거리다 ☞ nod in a doze 꾸벅꾸벅 졸다

★ 걸어 닫다 hook, close = clau, clo, clu

2517 closure [klóuʒər] 폐쇄 1. 빗장을 (걸어 hook = **clo**) 문을 닫다 + **se**
closeness [klóusnis] 밀폐, 친밀, 근사 ☞ bankruptcy or closure of workplaces 직장 도산 및 폐쇄
close [klouz] 닫음, 끝 ☞ close relatives 가까운 친척들
좁히다, 닫다[1], 가까운 ☞ closely 밀접하게, 단단히, 엄밀히

2518 disclosure 폭로, 공개 1. (걸어 hook = **clo**) 닫은 빗장을 (반대 opposite = **dis**)로
disclose [disklóuz] 폭로하다, 공개하다[1] 열다 + **se**
non-**disclo**sure 비공개 ☞ disclose information 정보를 공개하다

2519 clause [klɔːz] 절[1], 조항 1. 주어, 동사를 묶어서 (닫은 close = **clau**) 문장 성분 + **se**
clausal [klɔ́ːzəl] 절의, 조항의 ☞ a relative clause 관계사 절

2520 enclosure [enklóuʒər] 둘러쌈, 동봉물 1. (안에 in = **en**) 넣고 빗장을 (걸다 hook = **clo**) + **se**
enclose [enklóuz] 둘러싸다[1], 동봉하다 ☞ an enclosed document 동봉된 서류

2521 closet [klázit] 벽장[1], 화장실, 변기 1. 빗장으로 (건 hook = **clo** + s) (작은 small = **et**) 공간
☞ water closet (WC) 화장실 ☞ a closet bowl 대변기

2522 conclusion 결론 1. 논쟁을 (함께 with = **con**) (닫다 close = **clu**) + **de**
conclude [kənklúːd] 결론을 내다[1], 체결하다 ☞ make a hasty conclusion 성급한 결론을 내리다
conclusive 결정적인, 확실한 ☞ conclude a contract 계약을 체결하다

2523 inclusion [inklúːʒən] 포함 1. (안에 **in**) 넣은 후에 문을 (닫다 close = **clu**) + **de**
include [inklúːd] 포함하다[1] ☞ social inclusion 사회적 통합
inclusive [inklúːsiv] 포함된, 포용적인 ☞ an inclusive society 포용적인 사회

2524 exclusion [iksklúːʒən] 제외, 배제 1. (밖에 out = **ex**) 두고 문을 (닫다 close = **clu**) + **de**
exclude [iksklúːd] 제외하다[1], 배제하다[1] ☞ exclude critical subjects 중요한 과목을 제외하다
exclusive [iksklúːsiv] 배타적인, 독점적인 ☞ an exclusive right 독점권

2525 preclusion 방해, 배제 1. 들어오지 못하도록 (미리 ahead = **pre**) 문을
preclude [priklúːd] 방해하다[1] (닫다 close = **clu**) + **de**
☞ preclude all doubts 모든 의심을 배제하다

2526 seclusion [siklúːʒən] 호젓함, 은둔 1. 문을 (닫아 close = **clu**) (분리시켜 apart = **se**)
seclude [siklúːd] 고립시키다[1], 은둔하다 못 나오게 하다 + **de**
☞ the policy of seclusion 쇄국 정책

덮다 (1) cover = coz

2527 cover [kʌ́vər]
덮개, 표지, 보장, 덮다[1]
다루다, 보도하다, 보장하다
　uncover [ənkəˈvər]
비밀을 알아내다

1. 물체의 위를 (완전히 entirely = co) (닫다 close = **ver**)
　☞ coverlet 침대보, 덮개
　☞ uncover a conspiracy 음모를 발견하다

2528 discover**y** [diskʌ́vəri]
발견
　discover [diskʌ́vər]
발견하다[1]
　redis**cover**
재발견하다

1. (덮개 cover)를 (분리한 apart = **dis**) 후에 숨어 있는
　것을 찾아내다
　☞ self-discovery 자아 발견

2529 covertness
은밀함
　covert [kʌ́vərt]
은신처, 덮개, 옷, 비밀의[1]
　o**ver**t [óuvəːrt]
공개된, 열린[2]

1. (덮어서 cover) 안 보이게 하는 + **t**
2. (덮은 cover = **ver**) 것을 (멀리 away = o) 떼어 낸 + **t**
　☞ a covert threat 은밀한 협박

2530 coze [kouz]
잡담, 한담, 한담하다
　coziness [kóuzinis]
아늑함, 포근함
　cozy (cosy)
다정한[1], 아늑한, 포근한

1. (뚜껑 cover = **coz**) 달린 찻주전자를 놓고
　나누는 대화가 다정한 + **y**
　☞ a cozy atmosphere 아늑한 분위기

덮다 (2) cover = clo, cur, ker, vest, wear

2531 harness [háːrnis]
장비[1], 마구, 이용하다
　gear [giər]
장비[2], 톱니 장치, 연결하다
　head**gear** [heˈdgiˌr]
머리에 쓰는 것

1. (군대 army = **har**) (보급품 provisions = **ness**)
2. 전투나 일을 하기 위해 몸에 (착용하는 wear = **gear**) 도구
　☞ footgear (신발, 덧신, 양말 등) 신는 것

2532 vest [vest]
조끼[1], 러닝셔츠
　vestment [véstmənt]
예복, 덮는 것

1. 소매가 없는 (옷 clothe = **vest**)
　☞ a life vest 구명조끼　☞ a cotton vest 면 속옷

2533 kerchief [kəˈrtʃif]
머리 수건[1], 머리띠
　hand**ker**chief
손수건

1. (머리 head = **chief**)를 (덮는 cover = **ker**) 천
　☞ neckerchief 목도리

2534 curfew [kəˈrfjuː]
통행금지, 귀가 시간[1]

1. (화로 fire = **few**) 장작을 (덮는 cover = **cur**) 시간

덮다 (3) cover = bur, gar, gow, rib, roof, tec

2535 garment [gáːrmənt]
의복[1], 여성용 긴 웃옷
　gown [gaun]
가운, 긴 겉옷

1. 몸을 (덮어 cover = **gar**) 보호하는 천 + **ment**
　☞ the garment industry 의류 산업

2536 garrison [gǽrəsən]
수비대[1], 요새, 배치하다
　garage [gərάːʒ]
차고[2], 주차장

1. 도시를 (덮어 cover = **gar** + **r**) 보호하는 군대 + **i** + **son**
2. 지붕을 (덮어 cover = **gar**) 차를 보호하는 공간 + **age**
　☞ a parking garage 주차장

| 2537 **bur**ial [bériəl] | 매장 | 1. 시신을 (덮어 cover = **bur**) 보호하기 위해 땅속에 묻다 + **y** |
| **bur**y [béri] | 묻다, 매장하다[1] | ☞ a burial ground 매장지 |

| 2538 **should**er [ʃóuldər] | 어깨[1], 도로의 갓길 | 1. 몸통을 (덮는 지붕 또는 방패 roof, shield = **should**) + **er** |
| cold shoulder | 냉대[2], 무시 | 2. (차가운 cold) 양고기 (어깨 shoulder)를 제공하는 행위 |

2539 **roof** [ru:f]	지붕[1], 지붕으로 덮다	1. 물체 또는 주택을 덮는 (덮개 cover = **roof**)
thatch [θætʃ]	짚, 초가지붕[2]	2. 짚 또는 갈대로 엮은 주택의 (덮개 cover = tec = **that**) + **ch**
tile [tail]	기와[3], 타일	3. 지붕을 (덮는 cover = tec = **tile**) 널빤지
deck [dek]	갑판[4], 장식하다	4. 선박의 (덮개 cover = tec = **dec**) + **k**

2540 **rib** [rib]	갈비, 갈비뼈[1]	1. 가슴을 (덮는 지붕 roof = **rib**) 역할을 하는 뼈
reef [ri:f]	암초[2], 장애물	2. (갈비뼈 rib = **ree**) 모양의 물 위에 튀어 나온 바위, 산호 + **f**
coral [kɔ́:rəl]	산호[3], 산호색의	3. 바다에 있는 (작은 돌 small stone = **coral**)

2541 **pro**tec**tion** [prətékʃən]	보호	1. 피해를 막기 위해 (미리 before = **pro**)
protec**t** [prətékt]	보호하다[1]	(덮개로 덮다 cover = tec) + **t**
protec**tive** [prətéktiv]	보호하는, 방어적인	☞ overprotection 과잉보호

2542 **de**tec**tion** [ditékʃən]	탐지, 발견	1. (덮개 cover = tec + t)를 (떼어내 off = **de**) 찾아내다
detec**t** [ditékt]	탐지하다[1], 발견하다[1]	☞ detect radioactive substances 방사능 물질을 탐지하다
detec**tive** [ditéktiv]	탐지하는, 탐정	☞ a private detective 사립 탐정

덮다 (4) cover = ceal, ceil, hal, hel, hul, lid, scu, veil

| 2543 **ob**scu**rity** [əbskjúərəti] | 모호함, 잊혀짐, 어둠 | 1. (위 over = **ob**)를 (덮어 cover = **scu**) 안 보이게 하다 + **re** |
| **ob**scu**re** [əbskjúər] | 모호하게 하다[1], 모호한 | ☞ an obscure literary allusion 모호한 문학적 암시 |

| 2544 **lid** [lid] | 뚜껑[1] | 1. 열고 닫을 수 있는 (덮개 cover = **lid**) |
| eye**lid** [áilid] | 눈꺼풀 | ☞ a dustbin lid 휴지통 뚜껑 |

2545 **he**av**en** [hévən]	천국[1], 하늘	1. (돌 stone = **av**)로 (덮은 cover = **he**) 신이 사는 집 + **en**
heaven**ly** [hévənli]	하늘의, 천국의	2. 지하에 (덮여 cover = **hel**) 숨겨진 사악한 사람들의 집 + **l**
hell [hel]	지옥[2], 제기랄	☞ hellish 지옥과 같은

2546 **ceil**ing [sí:liŋ]	천장[1]	1. 방을 (하늘처럼 덮는 cover = **ceil**) 것 + **ing**
glass ceiling	유리 천장[2]	2. 여성이 높은 자리에 올라가지 못하게 막는 보이지 않는 장벽
celestial [səléstʃəl]	천사	3. 신이 (거주하는 abide = **esti**) (하늘 heaven = **cel**)의 + **al**
	하늘의[3], 천체의, 천국의	☞ a celestial body 천체

2547 salon [səlán] 응접실[1], 전람회장 1. 상류층에서 친교를 목적으로 모이는 큰 (홀 hall = sal) + on
☞ a beauty salon 미용실

2548 hull [hʌl] 껍질[1], 선체[2] 1. 물체의 표면을 (덮고 cover = hul) 있는 물질 + l
껍질을 벗기다 2. 콩(껍질 hull) 형태인 선박의 선수에서 선미까지 골격
pod [pɑd] 꼬투리 ☞ a ship's hull made of steel 강철로 만들어진 배의 선체
☞ shell 껍질

2549 veil [veil] 장막[1], 면사포, 가리다 1. 보이지 않도록 (감싸는 cover = veil) 천
unveil [ənveil] 벗기다, 밝히다, 발표하다 ☞ unveil a secret 비밀을 밝히다

2550 revel**ation** [rèvəléiʃən] 폭로, (신의) 계시 1. (장막 veil = veal)을 (뒤로 back = re) 젖히다
reveal [riví:l] 폭로하다[1], 드러내다[1] ☞ a supernatural revelation 초자연적인 계시
revel**atory** [rivélətɔ̀:ri] 드러내는, 알게 하는 ☞ reveal the source 출처를 드러내다

2551 conceal**ment** [kənsí:l] 숨김, 은폐 1. 안 보이도록 (완전히 entirely = con) (덮다 cover = ceal)
conceal [kənsí:l] 숨기다[1] ☞ conceal a defect 결점을 숨기다
conceal**er** [kənsí:lər] 흠을 가리는 화장품 ☞ concealable 감출 수 있는

숨다, 은신처 hide = bor, cel, hou, hu, lat

2552 hide [haid]   은신처[1], 가죽, 감추다, 숨다   1. (덮어서 cover = hid) 숨는 장소 + e
hideous [hídiəs]   흉측한, 소름 끼치는   ☞ hide-and-seek 숨바꼭질
hideout [haidaut]   은신처   ☞ hide out 숨다, 잠복하다
hideaway [haidəwei]   은신처   ☞ a hiding place 은신처

2553 hut [hʌt]   오두막[1]   1. 병사가 (은신처 hide = hu)로 사용하는 통나무 구조물 + t
harbor [háːrbər]   항구, 피난처[2], 숨겨주다   2. (군대 army = har) 또는 배를 (숨기는 hide = bor) 장소
cottage [kátidʒ]   작은 집[3], 시골 별장   3. 시골에 있는 (작은 오두막 hut = cot + t) 집 + age
    ☞ the cottage industry 가내 공업

2554 latency [léitənsi]   잠복, 숨어 있음   1. (숨어있는 hide = lat) + ent
latent [léitənt]   잠재적인[1], 잠복기의   ☞ latent period 잠복기
    ☞ lurk 숨어 있다

2555 housing [háuziŋ]   주택   1. 보호와 안전을 위한 (은신처 hide = hut = hous) + e
house [haus]   주택[1], 거처를 제공하다   ☞ a sheltered housing 보호 시설
household   가정   ☞ householder 가장

2556 family   가족[1], (생물) 과, 가족의   1. 가정에 속한 (하인들 servants = famil) + y
familiarity [fəmiljǽrəti]   익숙함, 친숙함   2. (가족 family = famili)처럼 잘 알고 있는 + ar
familiarize [fəmíljəràiz]   익숙하게 하다   ☞ an extended family 대가족
familiar [fəmíljər]   친숙한[2]   ☞ a nuclear family 핵가족
    ☞ family-run 가족 경영의

2557 housekeeper   살림하는 사람, 청소원   1. 분만할 때 (아내 wife)와 (함께 있는 with = mid) 여성
midwife [mídwàif]   산파[1], 조산사   ☞ housewife 주부
housemaid [hausmeid]   가정부   ☞ warehouse 창고
hothouse [hathaus]   온실, 온상   ☞ greenhouse gas 온실 가스

2558 custody [kʌ́stədi]   보호, 구금[1], 양육   1. (감옥 prison = custod)에 가두어 보호함 + y
custodial [kʌstóudiəl]   구금의, 양육권이 있는   ☞ a youth custody centre 소년범 보호 관리소
custodian [kʌstóudiən]   관리인, 수위, 후견인   ☞ a real estate custodian 부동산 관리인

2559 cell [sel]   작은 방[1], 세포, 감방, 전지   1. 수도자가 (은신하는 hide = cel) 작은 공간 + l
cellar [sélər]   지하실[2], 지하에 저장하다   2. 지하에 위치한 물품 저장용 (작은 방 cell) + ar
cellular [séljələr]   세포의   ☞ a stem cell 줄기 세포

구멍 hole = drill, hol, slot

2560 hollow [hάlou]
hollowware

움푹한 곳[1], 움푹 꺼진
오목한 그릇

1. (구멍 hole = hol + l) 뚫린 움푹 들어간 곳 + ow
☞ hollow-eyed 눈이 움푹 들어간

2561 slot [slɑt]

홈 구멍[1], 발자취[2]
구멍에 넣다

1. 동전 넣는 가느다랗게 (움푹 들어간 hollow = slot) 구멍
2. (움푹 들어간 hollow = slot) (말발굽 자국 hoofprint)
☞ a slot machine 동전을 넣는 도박 기계

2562 drill [dril]

drillmaster
[drilmǽstər]

천공기[1], 반복 훈련
구멍 뚫다
훈련 교관

1. 반복적으로 (돌려서 turn = drill) 구멍을 뚫다
☞ a drill instructor 훈련 교관
☞ a fire drill (반복적인) 소방 훈련

2563 bore [bɔːr]

구멍
구멍 뚫다, 지루하게 하다

☞ bore a hole 구멍을 뚫다
☞ borehole 시추공

빙빙 돌다 whirl = ri, stir, stor

2564 storm [stɔːrm]
stormy [stɔ́ːrmi]
hail**storm** [heilstɔːrm]

폭풍[1], 폭풍 불다, 호통치다[2]
폭풍우가 몰아치는
우박을 동반한 폭풍

1. (빙빙 도는 whirl = stor) 바람 + m
2. (폭풍 storm)이 분노하듯이 소리치다
☞ thunderstorm 뇌우

2565 stir [stəːr]

stir up
a**stir** [əstə́ːr]

젓기, 동요, 젓다[1]
유발하다, 선동하다
활기를 띠며

1. 빙빙 (돌려 whirl = stir) 젓다
☞ stir up a controversy 논쟁을 유발하다
☞ agitate 휘젓다, 동요시키다

2566 irritation [irətéiʃən]
irritate [irətèit]
irritative [íritèitiv]

짜증, 자극
짜증나게 하다[1], 자극하다
짜증나게 하는, 자극하는

1. 마음(속 in = ir)을 (저어 stir = ri) 화나게 하다 + t + ate
☞ irritate the skin 피부를 자극하다
☞ irritable 화난

2567 itchiness
itch [itʃ]
itchy [itʃi]

가려움
가려움, 가렵다, 긁다
가려운[1]

1. 진드기가 물어서 (짜증나게 하는 irritating = itch) + y
☞ itch a mosquito bite 모기에 물린 곳을 긁다
☞ scratch a itchy scalp 가려운 두피를 긁다

혼란 turmoil = turb

2568 turbulence
turbulent [təˈrbjələnt]
격동, 난류
요동치는¹, 난기류의

1. 갑자기 휘저어 (혼란스러운 turmoil = turb) + ul + ent
   ☞ political turbulence 정치적 격동

2569 disturbance
disturb [distəˈːrb]
방해
방해하다¹, 불안하게 하다¹

1. (완전히 entirely = dis) (혼란 turmoil = turb)에 빠뜨리다
   ☞ Do not disturb! 깨우지 마시오!, 면회사절!

돌다 (1) turn = cur, tor, tour, trau

2570 turn
upturn
over**turn** [òuvərtəˈːrn]
회전, 순번, 돌다, 되다
호전, 상승
뒤집다, 뒤집히다

☞ in turn 결국, 차례차례
☞ downturn 감소, 하락
☞ turn over 뒤집다, 뒤집히다

2571 turnout
turn out
turnover
turn down
참가자 수, 투표자 수
밝혀지다, 드러내다
전복, 회전율, 매출량
거절하다, 엎어 놓다

☞ voter turnout 유권자의 투표 수
☞ turn out to be a false rumor 거짓 소문으로 밝혀지다
☞ a capital turnover 자본 회전율
☞ turn down a petition 청원을 거절하다

2572 return [ritəˈːrn]

in return
반납, 귀환, 수익
돌아오다¹, 돌려주다¹
보답으로, 대신에

1. (뒤로 back = re) (돌아서 turn) 오다
   ☞ high risk high return 고위험 고수익
   ☞ by return 최대한 빨리

2573 tourism [túərizəm]
tour [tuər]
tourist [túərist]
관광 여행, 관광 사업
관광, 순회하다¹, 관광하다
관광객

1. 도착지에서 출발지로 다시 (돌아오다 turn = tour)
   ☞ an environmental impact 환경적 영향
   ☞ a tourist attraction 관광 명소

2574 contour [kántuər]
윤곽, 등고선
윤곽을 그리다¹

1. 테두리를 (완전히 entirely = con) (돌려 turn = tour) 그리다
   ☞ a contour map 등고선 지도

2575 detour [díːtuər]
우회로, 우회하다¹

1. (옆으로 aside = de) (돌아서 turn = tour) 가다
   ☞ a detour route 우회 경로

2576 trauma [tráumə]
traumatize
traumatic [tráumætik]
부상, 정신적 외상¹
정신적 외상을 초래하다
정신적 외상의

1. 머리를 (돌게 turn = trau) 만드는 감정적 충격 + ma
   ☞ a psychic trauma 정신 충격
   ☞ a traumatic brain injury 외상성 뇌손상

2577 attorney [ətəˈːrni]
lawyer [lɔˈːjər]
변호사¹, 법률 대리인
변호사

1. 의뢰인(에게서 to = at) 법적인 처리 권한을
   (넘겨받은 turn over = tor) 법률가 + n + ey
   ☞ barrister 법정 변호사   ☞ solicitor 사무 변호사

돌다 (2) turn = velop, wrap, weir, wor, wre, wrea

2578 wrap [ræp]   덮개, 둘러싸다, 끝내다   1. 빵을 (빙 돌려서 turn = **wrap** + **p**) 덮어씌우는 천 + **er**
   un**wrap** [ənræˈp]   포장을 풀다   ☞ wrap up (회의 등을) 마무리 짓다
   wrapper [rǽpər]   포장지[1]   ☞ unwrap a parcel 꾸러미를 풀다

2579 develop**ment**   개발, 발달   1. (감싸 wrap = **velop**) 있는 것을 (되돌려 undo = **de**) 펼치다
   de**velop** [divéləp]   개발하다[1], 발달하다   ☞ a developed country 선진국
   de**velop**mental   발달의, 개발 중인   ☞ a developing country 개발도상국
   de**velop**er [divéləpər]   개발업자   ☞ an underdeveloped country 후진국, 저개발국

2580 envelop**ment**   감싸기, 포장지   1. (안으로 into = **en**) (둘러싸다 wrap = **velop**)
   en**velop**e [énvəlòup]   봉투   ☞ a self-adhesive envelope 접착식 봉투
   en**velop** [invéləp]   감싸다[1]   ☞ envelop an army 군대를 포위하다

2581 wreath [ri:θ]   화환[1], 리스   1. 꽃을 원 모양으로 (빙빙 돌려 turn = **wrea**) 만든 것 + **th**
      ☞ a laurel wreath 월계관

2582 wrench [rentʃ]   렌치[1], 삐다, 비틀다   1. 볼트, 너트 등의 머리를 (빙빙 돌려 비트는 turn = **wre**)
   wrenching   고통스러운   도구 + **n** + **ch**

2583 wrestling [résliŋ]   레슬링[1]   1. 상대의 몸을 (돌려 비트는 turn = **wre**) 경기 + **st** + **ling**
   wrestle [résəl]   몸싸움하다, 씨름하다   ☞ wrestler 레슬링 선수

2584 weirdness   기묘함   1. 운명을 (바꾸어 돌릴 turn = **weir**) 수 있는 (마녀 witch)의
   weird [wiərd]   기묘한[1], 이상한   모습이 이상한 + **d**
   weirdo [wíərdou]   괴짜   ☞ a weird costume 이상한 복장

2585 worm [wə:rm]   벌레[1], 천천히 나아가다   1. 긴 몸체를 (구부리고 돌리는 bend, turn= **wor**) 생물 + **m**
   wormy [wɔ́:rmi]   벌레 먹은   ☞ wormhole 벌레 먹은 구멍
   silk**wor**m [silkwə:rm]   누에   ☞ cocoon 누에고치
   book**wor**m   책벌레, 독서광   ☞ earthworm 지렁이   ☞ hookworm 십이지장충

2586 shrinkage [ʃríŋkidʒ]   수축   1. 달팽이 모양처럼 (구부려 bend = **shrink**) 움츠리다
   shrink [ʃriŋk]   줄어들다, 오그라들다[1]   ☞ shrinkable 수축되는

2587 scor**ch** [skɔ:rtʃ]   그을음, 그슬리다[1]   1. (가죽 skin = **cor**)을 (벗겨내 off = **s**) 불로 말리다 + **ch**
   s**cor**chingly   태울 듯이   ☞ a scorching summer 혹서기

★ 돌다 (3) turn = rot, trop, strap

2588 axis [ǽksis] 축[1], 굴대 1. 회전의 중심이 되는 기다란 (직선 straight line = **axis**) 막대
 axle [ǽksəl] 차축 ☞ the axis of evil 악의 축

2589 aisle [ail] 통로[1] 1. (직선 straight line = **ais**)으로 통하여 다니는 길 + **le**
 ☞ an aisle seat (비행기) 통로 쪽 좌석

2590 rotation [routéiʃən] 회전, 자전 1. 축을 중심으로 도는 바퀴처럼 물체가 (돌다 turn = **rot**) + **ate**
 rotate [róuteit] 회전하다, 자전하다[1] ☞ crop rotation 윤작
 교대 근무하다, 윤작하다 ☞ a rotary phone 다이얼식 전화기
 rotary [róutəri] 교차로, 회전하는 ☞ revolve 회전하다, 공전하다

2591 rote [rout] 암기[1] 1. (회전하는 turn = **rot**) 바퀴처럼 반복하여 외우는 행위 + **e**
 by rote 암기하여 ☞ rote learning 암기 학습 ☞ by heart 암기하여

2592 tropics 열대[1], 회귀선 1. 해가 (돌 turn = **trop**)때 직각으로 비치는 남북회귀선의
 tropical [trάpikəl] 열대의 안쪽 지역 + **ics**
 sub**trop**ical 아열대의 ☞ a tropical rain forest 열대 우림

2593 strap [stræp] 끈[1], 고리, 끈으로 묶다 1. 가죽으로 꼬아 (돌려서 turn = **strap**) 만든 말 장신구
 strappy ['stræpi] 끈이 달린 ☞ a shoulder strap 가방 끈, 어깨 끈

2594 catastrophe 대참사, 재앙[1] 1. (아래로 down = **cata**) (뒤집혀진 turn = **stroph**) 사건 + **e**
 cata**stroph**ic 큰 재앙의, 비극적인 2. 때리고 (잘라서 cut = **calam**) 피해를 주는 사건 + **ity**
 calamity [kəlǽməti] 큰 재난[2], 큰 불행 ☞ a financial catastrophe 재정 파탄
 calamitous 불행한 ☞ disaster 재난, 재해

돌다 (4) turn = span, spin, threa

2595 spin
빠른 회전
빠르게 돌다¹, 실을 잣다
1. 중심축을 두고 (빠르게 회전하다 turn = spin)
2. 물레를 (회전 turn = spin)시키며 실을 잣는 처녀 + ster

spinster [spínstər]
(실을 잣는) 처녀²
☞ spinsterhood 여성의 독신

spindle [spíndl]
축, 굴대
☞ spider 거미

2596 span [spæn]
지속 기간¹, 폭, ~에 이르다
1. 물레를 빠르게 회전 (spin = span)시켜 뽑아낸 실의 길이

life**span** [laífspæn]
수명
☞ an attention span 주의 지속 시간

2597 reel [ri:l]
실패¹, 얼레, 실을 감다
1. 실을 감는 (축 spindle = reel)

un**reel** [ʌnríl]
실패에서 풀다
☞ a reel on a fishing rod 낚싯대에 달린 얼레

spool [spu:l]
실감개, 감다
☞ unspool 감긴 것이 풀어지다, 상영되다

2598 thread [θred]
실¹, 가닥, 나삿니, 꿰다
1. (직물용 실 yarn)을 (꼬아 turn, twist = threa) 만든 실 + d

threadlike
실 같은, 가늘고 긴
2. 실을 (돌려서 spin = need) 꿰매는 도구 + le

needle [ní:dl]
바늘², 침
☞ needlework 바느질

2599 fiber [fáibər]
섬유¹, 섬유질, 근성
1. 가늘고 긴 (실 thread = fi) 모양의 물질 + ber

fiberglass
유리섬유
☞ dietary fiber 식이성 섬유, 섬유질 식품

fiber-optic
광섬유의
☞ submarine fiber-optic cables 해저 광케이블

2600 toil [tɔil]
노역, 힘써 일하다¹
1. (천 cloth = toil)을 짜면서 힘들게 일하다

toilet [tɔ́ilit]
화장실², 변기
2. 옷이나 몸치장 물건들을 싸는 (작은 small = et)

toiletry [tɔ́ilitri]
화장품, 세면도구
(천 cloth = toil)을 보관하는 공간

짜다 weave = waf, wasp, web

2601 weave [wi:v]
짜기, 직물의 무늬
짜다¹, 엮다, 누비다
1. (빠르게 왔다 갔다 move quickly = weav) 하며 실을 짜다 + e
☞ weave a fabric 직물을 짜다

inter**weave**
섞어 짜다, 뒤섞다
☞ weaver 베 짜는 사람

2602 waffle [wáfəl]
와플¹
1. 잘 (짜여진 weave = waf + f) 벌집 모양의 와플 표면 + le

wasp [wɑsp]
말벌²
2. 잘 (짜서 weave = wasp) 만든 벌집에 사는 말벌

WASP
앵글로색슨 백인 신교도³
3. 미국의 주류 지배 계급 (White Anglo-Saxon Protestant)

2603 bee [bi:]
벌
1. 둥근 (사발 bowl = hive) 모양을 한 (벌 bee) 집

beehive [bí:haiv]
벌통¹
☞ beekeeper 양봉가

honeycomb
벌집, 벌집의
☞ beekeeping 양봉

2604 **bumble** [bʌ́mbəl]	갈팡질팡하다[1], 윙윙거리다	1. (미숙한 하급 관리 bumble)가 일 처리 방법을 몰라서
bumblebee	호박벌	벌처럼 허둥대다
drone [droun]	수벌, 웅웅 소리, 드론	☞ hornet 말벌　　　　☞ honeybee 꿀벌

★ 비틀다 twist = thr, tor, twi

2605 **twi**ster [twɪstər]	회오리바람	1. (2개 two = **twi**)의 끈을 비틀어 묶다 + st
twist [twist]	트위스트 춤, 비틀다[1], 꼬다	☞ twist a thread 실을 꼬다
en**twi**st [intwíst]	비틀어 꼬다	☞ twisty 꾸불꾸불한

2606 **twi**ne [twain]	노끈[1], 휘감다, 나누다	1. (2개 two = **twi**)의 끈을 비틀어 꼰 가닥으로 만든 끈 + ne
en**twi**ne [entwáin]	꼬다, 휘감다	☞ disentwine 꼬인 것을 풀다
inter**twi**ne	뒤얽히다, 관련되다	☞ closely intertwined processes 밀접하게 뒤얽힌 과정들

2607 **tor**ture [tɔ́ːrtʃər]	고문, 고문하다[1]	1. 몸을 (비틀어 twist = **tor**) 고통을 주다 + t + ure
torque [tɔːrk]	토크, 회전력[2]	2. (비틀어 twist = **tor**) 회전 운동을 일으키는 물리량 + qu + e
torch [tɔːrtʃ]	손전등, 횃불[3], 방화하다	3. 왁스에 담근 재질을 (비틀어 twist = **tor**) 감아서
torment [tɔ́ːrment]	고통, 고뇌, 고통을 주다	불을 붙이는 해 + ch

2608 **dis**tortion [distɔ́ːrʃən]	왜곡, 찌그러진 상태	1. (완전히 entirely = **dis**) (비틀어 twist = **tor**) 본질에서
distort [distɔ́ːrt]	왜곡하다[1]	멀어지다 + t
distortive	왜곡하는	☞ distort a fact 사실을 왜곡하다

2609 ex**tor**tion [ikstɔ́ːrʃən]	강탈, 부당 취득	1. (비틀어 twist = **tor**) 돈을 (밖으로 out = **ex**) 빼내다 + t
ex**tor**t [ikstɔ́ːrt]	강탈하다[1], 강요하다	☞ extort money 돈을 갈취하다
ex**tor**tive	갈취하는	☞ extort confession 자백을 강요하다

2610 re**tor**tion [ritɔ́ːrʃən]	보복, 쏘아붙이기	1. 조인 나사를 (비틀어 twist = **tor**) 푸는 것처럼
re**tor**t [ritɔ́ːrt]	보복하다[1], 반박하다	피해 받은 것을 (되돌려 back = **re**) 갚다 + t
		☞ retort an insult 모욕을 앙갚음하다

★ 원, 회전하다 circle = circ, col, cycl

2611 **circ**ulation	순환, 발행 부수, 유통	1. (고리 ring = **circ**) 모양으로 빙빙 돌다 + ul + ate
circulate [sə́ːrkjəlèit]	순환하다[1], 유통시키다	☞ currency circulation 통화 유통
circular [sə́ːrkjulər]	회보, 원형의, 순환하는	☞ circadian 생물학적 주기의

2612 **circ**us [sə́ːrkəs]	서커스단[1], 원형 광장	1. (고리 ring = **circ**) 모양 원형 무대에서 공연하는 예술단 + us
circuit [sə́ːrkit]	순회 노선[2], 회로[2]	2. (고리 ring = **circ** + u) 모양으로 순환하여 (가는 go = **it**) 길
		☞ a circuit court 순회 재판소
		☞ a circuit board 회로판

2613	**coll**ar [kálər]	(옷) 칼라, 깃[1], (개) 목걸이	1. (고리 ring = col + l) 모양으로 목 주위를 에워싸는 것 + ar
	blue collar	육체노동자	☞ a coat with a fur collar 칼라가 모피로 된 외투
	white collar	사무직 종사자	☞ pink collar 저임금 직종의 여성

2614	re**cycl**ing	재활용	1. (다시 again = re) (순환시키다 revolve = cycl) + e
	re**cycl**e [ri:sáikəl]	재활용하다[1]	☞ recycle bin (컴퓨터) 휴지통
	re**cycl**able	재활용할 수 있는	☞ recyclable domestic wastes 재활용 가능한 가정 폐기물
	[ri:'saɪkləbl]		

2615	**torn**ado [tɔ:rnéidou]	토네이도[1], 회오리바람	1. (천둥 thunder = torn + a)을 동반한 회오리바람 + do
	cyclone [sáikloun]	사이클론[2]	2. 강하게 (회전하는 revolve = cycl) 인도양 열대 폭풍 + on + e
	cyclonic [saiklánik]	사이클론의	☞ typhoon 태풍 (큰 바람)

★ 탐색하다 search = sak, seek, triv

2616	**sear**ch [sə:rtʃ]	검색, 탐색하다[1]	1. 주위를 (돌며 circle = sear) 무언가를 찾다 + ch
	searchable	검색 가능한	☞ a search engine 검색 엔진
	searchlight	탐조등	☞ searchable health sites 검색 가능한 보건 사이트

| 2617 | **seek**ing | 탐색, 추구 | 1. 주위를 예리하게 (탐색 search = seek)하며 찾다 |
| | **seek** [si:k] | 찾다[1], 추구하다 | ☞ hide-and-seek 숨바꼭질 |

2618	re**sear**ch [risə:rtʃ]	조사, 연구, 조사하다[1]	1. 찾기 위해서 (완전히 entirely = re) 주위를
	re**sear**chable	연구할 수 있는	(빙빙 돌다 circle = sear) + ch
	re**sear**cher	연구원, 조사원	☞ a research institute 연구소

| 2619 | **seiz**ure [si:ʒər] | 장악, 압수 | 1. 탐색해서 (찾은 seek = seiz) 것을 잡다 + e |
| | **seiz**e [si:z] | 붙잡다[1], 장악하다 | ☞ seize on a chance 기회를 포착하다 |

2620	**sak**e [seik]	목적[1]	1. 어떤 것을 (찾는 seek = sak) 목적 + e
	for**sak**e [fərséik]	버리다[2], 단념하다	2. 다른 (목적 sake)을 위해 기존 것을 (완전히 entirely = for) 버리다
			☞ for the sake of ~을 위해서

2621	**thri**ft [θrift]	번창, 절약, 검약	1. (찾은 seek = thriv) 것을 절약해서 번창해지다 + e
	thrive [θraiv]	번창하다[1]	☞ New businesses thrive. 새로운 사업체들이 번창하다.
	thrifty [θrifti]	절약하는	☞ a thrifty habit 절약하는 습관

2622	con**triv**ance	교묘한 장치	1. (함께 with = con) 살핀 후에 해결책을 (찾다 seek = triv) + e
	con**triv**e	고안하다[1], 용케 ~하다	☞ contrive a scheme 계획을 꾸미다
	[kəntráiv]		

2623 **retriev**al [ritríːvəl]	회수, 검색, 검색하다	1. 되돌아가서 (다시 again = re) (찾다 seek = **triev**) + e
retrieve [ritríːv]	회수하다[1], 기억하다	☞ a data storage and retrieval system 자료 저장 및 조회 시스템
retriever [ritríːvər]	사냥감을 회수하는 개	☞ retrieve data 데이터를 검색하다

★ 천둥, 깜짝 놀라다 thunder = son, soun, thun, tun, ton

2624 s**tun** [stʌn]	놀라게 함, 놀라게 하다[1]	1. (밖의 out = ex = s) (천둥소리 thunder = **tun**)에 놀라다
s**tun**ning	깜짝 놀랄, 아름다운	☞ a stunning surprise 기절할 만큼의 놀람

2625 a**ston**ishment	깜짝 놀람	1. (밖의 ex = as) (천둥소리 thunder = **ton**)에 놀라다 + ish
a**ston**ish [əstániʃ]	깜짝 놀라게 하다[1]	☞ astonish the world 세계를 놀라게 하다
as**toun**d [əstáund]	깜짝 놀라게 하다	☞ an astounding feat 놀랄 만한 재주

2626 **wonder**ment	경탄, 경이	1. (놀라움 astonishment = **wonder**)의 대상을 보고 놀라다
wonder [wʌ́ndər]	놀라움	☞ wonderland 동화의 나라, 아주 멋진 곳
	궁금해 하다, 놀라다[1]	☞ No wonder! 당연하다!
wonderful	경이로운, 멋진	

2627 **ton**e [toun]	음조[1], 색조, 어조, 논조	1. 악기의 줄이 (늘어진 stretch = **ton**) 정도에 따라 나오는
tonal [tóunəl]	음조의, 색조의	(소리 thunder = sound = **ton**)의 높낮이 + e
a**ton**al [eitóunl]	무조의, 성조가 없는	☞ a tonal language 성조 언어

2628 **tun**e [tjuːn]	곡, 곡조, 음을 맞추다[1]	1. 악기 줄을 (늘려 가면서 stretch = **tun**)
	조정하다, 채널을 맞추다	(소리 sound = **tun**)를 조정하다 + e
fine-**tun**e	미세 조정을 하다	☞ tune-up 튠업, 조정

2629 mono**ton**e	단조로운 소리[1]	1. (하나의 one = **mono**) (소리 sound = **ton**) + e
mono**ton**y [mənátəni]	단조로움	☞ relieve the monotony 단조로움을 해소하다
mono**ton**ous	단조로운, 재미없는	☞ an monotonous journey 단조롭고 지루한 여행

2630 in**ton**ation [intənéiʃən]	억양[1], 어조, 음조	1. 말투 (안에 in) 있는 (소리 sound = **ton**) 높이 + at + ion
in**ton**ate [íntənèit]	억양을 붙여 말하다	☞ a rising intonation 상승 어조
in**ton**ational	억양의, 어조의	☞ fine intonational differences 미세한 억양 차이

2631 de**ton**ation	폭발, 폭파	1. (아래로 down = de) (천둥 thunder = **ton**) 치다 + ate
de**ton**ate [détənèit]	폭발하다[1], 폭발시키다	☞ detonate an explosive 폭발물을 폭발시키다

2632 **soun**d [saund]	소리, 건강한[1], 건전한, 깊은	1. 병에 걸리지 않고 (건강한 healthy, strong = **soun**) + d
	소리 내다, ~처럼 들리다	☞ a sound mind 건전한 정신
soundproof	방음 장치가 되어 있는	☞ a sound sleep (건강에 좋은) 깊은 잠

2633 **son**ic [sánik]	소리의, 음속의	1. (소리 sound = son) 속도를 (초과하는 over = super) + ic
supersonic	초음속의[1]	2. 들을 수 있는 (소리 sound = son)의 범위를
ultrasonic [ʌ́ltrsánik]	초음파의[2]	(넘는 beyond = ultra) 주파수를 가진 + ic
		☞ ultrasonic diagnosis 초음파 진단

박수치다 clap = plau, plo

2634 **clap** [klæp]	박수, 탕 소리, 박수 치다[1]	1. (천둥 thunder = clap)처럼 크게 손바닥을 두드리는 소리
plaudit [plɔ́ːdət]	박수갈채, 칭찬	2. 사람(에게 to = ap) (박수 치며 clap = plau) 칭찬하다 + d
ap**plau**d [əplɔ́ːd]	박수를 치다[2], 칭찬하다	☞ applaudable 칭찬할 만한

2635 **plau**sibility	그럴싸함, 개연성	1. (박수 clap = plau) 치고 싶도록 믿을 만한 + s + ible
plausible [plɔ́ːzəbəl]	그럴듯한[1]	☞ the plausibility of this hypothesis 이 가설의 그럴듯함
im**plau**sible	믿기 어려운	☞ a plausible explanation 그럴듯한 설명

2636 ex**plo**sion [iksplóuʒən]	폭발	1 (박수 clap = plo)와 환호하는 소리가 (밖으로 out = ex)
ex**plo**de [iksplóud]	폭발하다[1], 터뜨리다	터져 나오다 + de
ex**plo**sive [iksplóusiv]	폭발물, 폭발하기 쉬운	☞ inexplosive 비폭발성의

때리다 (1) strike = slap, slay, strip, strok, swa, tap, trick, chip

2637 strike [straik]
치기, 파업
때리다, 공격하다, 떠오르다
striking 놀라운[1], 인상적인[1]
strikeout [stráikàut] 삼진 아웃

1. 세계 (때려 strike = strik) 생생한 인상을 주는 + ing
  ☞ a general strike 총파업
  ☞ a hunger strike 단식투쟁
  ☞ a striking development 놀라운 발전

2638 stricken [stríkən]
시달리는, 병에 걸린
poverty-**stricken** 가난에 시달리는
dumb**struck** 놀라서 말도 못 하는[1]

1. (맞아서 struck) (바보 dumb)처럼 말을 못하는
  ☞ heart-stricken 비탄에 젖은
  ☞ a plague-stricken region 역병이 유행하는 지역

2639 stroke [strouk]
타격[1], 획, 수영법, 뇌졸중
쓰다듬기, 쓰다듬다
breast**stroke** 평형
brush**stroke** 솔질, 붓놀림

1. (때리는 strike = strok) 행위 + e
  ☞ a stroke of lightning 낙뢰
  ☞ stroke his beard 그의 턱수염을 쓰다듬다
  ☞ backstroke 배영

2640 streak [striːk]
줄, 줄무늬, 연속
줄무늬를 넣다, 질주하다[1]

1. 연속된 (획 stroke = streak)이 가볍게 지나가다
  ☞ a streak of good luck 행운의 연속

2641 trickle [tríkəl]
실개울, 물방울, 소량
졸졸 흐르다[1]
똑똑 떨어지다[2]

1. 실개울이 (가볍게 질주하다 streak = trick) + le
2. 물방울이 연속으로 (가볍게 똑똑 떨어지다 streak = trick) + le

2642 stripe [straip]
줄무늬[1], 계급장
stripes 죄수복[2]

1. (두드려 strike = strip) 가늘게 만든 로마의 때를 미는 도구 + e
2. 가느다란 (줄무늬 stripe)들이 새겨진 옷 + s
  ☞ the Stars and Stripes 미국 성조기

2643 strip [strip]
가는 조각[1], 좁고 긴 땅
벗다, 벗기다
air**strip** [erstri,p] 활주로

1. 자르고 (때려서 strike = strip) 가늘고 길게 만든 평평한 조각
  ☞ strip off the skin 가죽을 벗기다
  ☞ outstrip 앞지르다

2644 chip [tʃip]
깨진 조각[1], 감자튀김
현금 대용 칩, 이가 빠지다

1. 목재에서 깨져나간 작고 가느다란 (조각 strike = strip = chip)
  ☞ a blue chip (주식) 우량주, 흑자 기업

2645 slap [slæp]
찰싹 때리기, 찰싹 때리다[1]
slapstick 익살, 바보 연기 코미디[2]
[slǽpstìk]

1. 손바닥으로 (때리는 찰싹 소리 slap)
2. (찰싹 소리 slap)를 내는 갈라진 (막대기 stick)를 이용한 연기
  ☞ slap a person's face 사람의 뺨을 찰싹 때리다

2646 swap [swɑp]
교환
교환하다[1], 교대로 하다

1. 동의하는 표시로 양쪽 당사자가 함께 손바닥을
  (치며 strike = swa) 물물교환하다 + p

2647 **tap** [tæp]	수도꼭지, 마개 두드리다, 박자를 맞추다[1]	1. 손이나 발로 가볍게 (치면서 strike = tap) 박자를 맞추다 ☞ tap water 수돗물 ☞ faucet 수도꼭지
2648 **slay** [slei] **slay**er [sléiər] **slaugh**ter [slɔ́:tər]	살해하다[1] 살해자 도살 도살하다[2], 대량 학살하다	1. 무기를 가지고 (내려쳐 strike = slay) 죽이다 2. 식용을 목적으로 동물을 칼로 (내려쳐 strike = slaugh) 죽이다 + ter ☞ a slaughter house 도살장

★ 때리다 (2) strike = fen, fling, gun, plain, plag

2649 **fling** [fliŋ]	내던지다[1] 욕설을 퍼붓다	1. (항의 complaint) 하면서 물건을 (팽개치다 strike = fling) ☞ fling a pair of dice 한 쌍의 주사위를 던지다
2650 com**plain**t com**plain** [kəmpléin]	항의, 불평, 질환 항의하다[1], 불평하다[1]	1. (강하게 intensively = com) 가슴을 (치며 strike = plain) 항의하다 ☞ a complaint department 고객 불만처리 부서 ☞ a chronic complaint 만성 질환
2651 **plag**ue [pleig] **plag**uesome **plag**uer	전염병[1], 성가시게 하다 귀찮은, 성가신 괴롭히는 사람	1. 가슴을 (치면서 strike = plag) 한탄하게 만드는 전염병 + ue ☞ plague-stricken 역병이 유행하는
2652 **pest** [pest] **pest**er [péstər] **pest**ersome **pest**y [péski] **pest**icide [péstəsàid]	성가신 사람, 해충, 흑사병[1] 조르다, 성가시게 하다[2] 성가시게 구는 성가신, 귀찮은 살충제[3], 농약	1. 쥐에 의해 발생하는 (저주받은 치명적인 전염병 pest) 2. (해충이나 전염병 pest)처럼 괴롭히고 귀찮게 하다 + er 3. (해충 pest + i)을 (죽이는 kill = cid) 화학물질 + e ☞ a pest control officer 해충 방제 공무원 ☞ pesterer 성가시게 구는 사람
2653 de**fen**se [diféns] de**fen**ce [diféns] de**fen**d [difénd] de**fen**sive [difénsiv]	방어, 수비 방어, 수비 방어하다[1], 변호하다 방어적인	1. 적을 (때려 strike = fen + d) (멀리 away = de) 쫓아내다 ☞ a civil defence drill 민방위 훈련 ☞ defendant 피고인 ☞ a defensive measure 방어 조치
2654 **fen**cing [fénsiŋ] **fen**ce [fens] **fen**d [fend]	펜싱[1] 울타리[2] 울타리 치다, 펜싱 하다 오는 것을 막다, 저항하다	1. 칼을 가지고 (방어 defence = fenc)하는 경기 + ing 2. (방어 defence = fence)하는 장벽 ☞ decorate a fence 울타리를 장식하다 ☞ fend against poverty 빈곤에 대항하여 싸우다
2655 **lan**e [lein] **hedg**e [hedʒ]	좁은 길[1], 차선, 경주 코스 생 울타리[2], 장벽, 방지책 둘러싸다, 손해를 막다	1. 시골의 생 울타리 사이의 좁은 (통로 alley = lan) + e 2. 가축 보호를 위한 관목 (울타리 fence = hedg) + e ☞ hedgehog 고슴도치

2656 **hatch** [hætʃ]	위로 젖히는 문	1. 새끼가 알 또는 (울타리 hedge = hatch) 밖으로 나오다
	평행선 무늬	☞ hatchery 부화장
	부화하다[1], 부화시키다	☞ hatcher 알을 품은 새, 부화기

2657 of**fen**ce [əféns]	위법 행위, 모욕, 공격	1. 적에 (대항하여 against = of) (때리다 strike = fen) + d
of**fend** [əfénd]	기분 상하게 하다[1], 위반하다	☞ offender 범죄자, 위반자
of**fen**sive [əfénsiv]	공격적인, 모욕적인	☞ offensive remarks 모욕적인 발언

2658 **gun** [gʌn]	총[1], 대포	1. 적을 (때리기 strike = gun) 위해 돌을 던지는 무기
gunpowder	화약	☞ a machine gun 기관총
gunshot [gənʃat]	발사, 총소리	☞ a spray gun 분무기

때리다 (3) strike = steep, stoop, study, stup

2659 **steep**ness	가파름	1. 뒤에서 (때리고 strike = steep) 밀면서 올라갈 정도로 경사진
steepen [stí:pən]	가파르게 하다, 가파르다	☞ The mountain steepens 그 산은 가파르다
steep [sti:p]	절벽, 담그다, 가파른[1]	☞ a steep incline 가파른 경사면
steeple [stí:pəl]	첨탑	☞ a church steeple 교회 첨탑

| 2660 **stoop** [stu:p] | 구부정한 자세 | 1. (가파른 steep = stoop) 곳을 오르기 위해 상체를 구부리다 |
| | 구부리다[1] | ☞ stoop to pick up a coin 동전을 줍기 위해 몸을 구부리다 |

| 2661 **shrug** [ʃrʌg] | 으쓱하기, 짧은 재킷 | 1. 어깨를 (움츠려 구부리다 stoop = shrug) |
| | 으쓱하다[1] | ☞ shrug away 무시하다, 어깨로 밀치다 |

2662 **stud**y [stʌ́di]	공부, 연구, 서재	1. 자신을 (때리면서 strike = stud) 앞으로 탐구해 나가다 + y
	공부하다[1], 연구하다[1]	2. 예술가가 (연구 study = studi) 또는 작업하는 방 + o
studio [stjú:diòu]	작업실, 영화사, 스튜디오[2]	☞ a sculptor's studio 조각가의 작업실
studious [stjú:diəs]	학구적인, 세심한	☞ a studious student 학구적인 학생

★ 때리다 (4) strike = bump, flic, lid

2663 af**flic**tion [əflíkʃən]	고통	1. 상대방을 (향하여 to = af) (때리다 strike = flic) + t
af**flic**t [əflíkt]	고통을 주다[1], 괴롭히다	☞ confront with an economic affliction 경제적 고통에 직면하다
af**flic**tive [əflíktiv]	고통을 주는	☞ a disease afflicting mankind 인류를 괴롭히는 질병

2664 in**flic**tion [inflíkʃən]	고통을 가함, 고통	1. (때려서 strike = flic) (안으로 in) 고통을 안겨주다 + t
in**flic**t [inflíkt]	고통을 주다[1], 가하다	☞ the infliction of a penalty 처벌을 가함
in**flic**tive [inflíktiv]	고통을 주는	☞ inflict a loss 손해를 입히다

2665 **con**fli**c**t [kɑ́nflikt]	갈등¹, 충돌, 상충하다	1. (함께 with = con) 서로를 (때리는 strike = flic) 상황 + t	
conflic**t**ive	대립하는	☞ class conflict 계층 갈등	

2666 **col**li**s**ion [kəlíʒən]	충돌, 상충	1. (함께 with = col) (때리다 strike = lid) + e
colli**d**e [kəláid]	충돌하다¹	☞ a head-on collision 정면충돌 ☞ a rear-end collision 추돌

2667 **bump**er [bʌ́mpər]	(자동차) 범퍼	1. 튀어나온 물체에 (부딪치다 strike, hit = bump)
bump [bʌmp]	부딪치다¹	☞ a speed bump 과속 방지턱

★ 방망이로 때리다 bat = beat, but, fut, woun

2668 **bat** [bæt]	방망이¹, 박쥐², 때리다	1. (때리기 strike = bat) 위해서 사용하는 방망이	
battered [bǽtərd]	매 맞는, 초라한, 낡은	2. (날개 판 flapper)으로 (때리는 strike = bat) 동물	
batter [bǽtər]	타자, 때리다	☞ a batting average of .333 3할 3푼 3리의 평균 타율	

2669 **bat**tle [bǽtl]	전투¹, 싸움, 전투하다	1. (방망이 bat + t)를 들고 싸우는 행위 + le
battleship [bǽtlʃip]	전함	2. (함께 with = com) (방망이 bat)를 들고 싸우다
com**bat** [kɑ́mbæt]	전투, 싸움, 전투하다²	☞ combatant 전투원 ☞ battalion (군대) 대대

2670 de**bat**e [dibéit]	논쟁	1. 다른 의견을 가진 사람을 말로 (때려 bat)
	논쟁하다¹, 다투다	(아래로 down = de) 눕히다 + e
de**bat**er [dibéitər]	논쟁자	☞ a debate forum 토론회
		☞ a public debate 공청회

2671 a**bat**ement	경감, 완화, 중지	1. 아래 (쪽으로 to = a) (때려 bat) 눕히다 + e
a**bat**e [əbéit]	약화시키다¹, 줄이다	☞ pollution abatement 오염 감소

2672 re**bat**e [rí:beit]	환불, 환불하다	1. 판매 대금의 일부를 (경감하여 abate = bate) 지급인에게
	감소, 할인¹	(다시 again = re) 돌려주는 행위
		☞ a tax rebate 세금 환급

2673 **woun**d [wu:nd]	부상¹, 부상을 입히다	1. 무기로 (두들겨 맞아 beaten = woun) 생긴 상처 + d
beat [bi:t]	리듬, 박자, 운율, 맥박	2. 반복적으로 (때리다 strike = bat = beat)
	때리다², 이기다, 퍼덕이다	☞ a gunshot wound 총상
heart**beat** [hartbit]	심장 박동	☞ beaten 두들겨 맞은, 패배한

2674 re**fut**ation	반박	1. 상대가 말한 것을 (되받아 back = re) (치다 beat = fut) + e
re**fut**e [rifjú:t]	반박하다¹	☞ Kant's Refutation of Idealism 칸트의 관념론 반박
re**fut**able [rifjú:təbəl]	반박할 수 있는	☞ refute a thesis 가설에 이의를 제기하다
re**butt**able [ribʌ́təbl]	반박할 수 있는	☞ irrefutable 반박할 수 없는

2675 **butt** [bʌt]	뭉툭한 끝[1]	1. (막대기 bat = but + t) 모양 물건의 뭉뚝한 끝부분
buttock [bʌ́tək]	엉덩이[2], 볼기	2. (막대기 bat = but + t) 같은 다리 위에 튀어나온 부분 + ock
spank [spæŋk]	찰싹 때리다[3]	3. 손으로 엉덩이 따위를 세게 (때리다 strike = spank)
	엉덩이를 치다	☞ a cigarette butt 담배꽁초

2676 **cush**ion [kúʃən]	방석[1], 완충물	1. (엉덩이 hip = cush) 밑에 까는 깔개 + ion
	충격을 흡수하다	2. (때리는 strike, bat = buf + f) 충격을 완화하는 장치 + er
cushiony [kúʃəni]	쿠션 같은	☞ a downy cushion 솜털 방석
buffer [bʌ́fər]	완충 장치[2], 완화하다	☞ a buffer zone 완충 지대

2677 **button** [bʌ́tn]	단추, 누름단추[1]	1. (때려 bat = but + t) 눌러서 기계를 작동하는 단추 + on
	단추를 채우다	☞ belly button 배꼽
un**butt**on [ʌnbʌ́tən]	단추를 풀다	☞ a button hole 단춧구멍

★ 이동하다 move = mat, mo, mob, mot, mov, dodge

2678 mobility [moubíləti] 이동성
    mobilize [móubəlàiz] 동원하다
    mobile [móubi:l] 이동하는[1], 이동식의

1. (이동 move = **mob**)할 (능력이 있는 capable = **il**) + **e**
    ☞ immobility 부동성
    ☞ a mobile phone 휴대폰

2679 automobile [ɔ́ːtəməbì:l] 자동차[1]
    automotive 자동차의
    automation 자동화
    automatic [ɔ̀ːtəmǽtik] 자동적인[2]

1. (자동으로 self = **auto**) (이동 move = **mob**)할 (능력이 있는 capable = **il**) 차 + **e**
2. (자동으로 self = **auto**) (움직일 move = **mat**) 수 있는 + **ic**
    ☞ the benefits of office automation 사무 자동화의 이점

2680 motor [móutər] 모터, 전동기[1], 자동차
    자동차의, 운동의
    모터가 달린
    motorize [móutəràiz] 모터를 장치하다

1. 기계를 (움직이게 move = **mot**) 하는 장치 + **or**
    ☞ a motor response 운동 반응
    ☞ motorist 운전자

2681 motive [móutiv] (예술 작품) 주제, 동기
    동기 주다, 동기가 되는[1]
    motif [moutí:f] (예술 작품) 주제, 무늬

1. (움직이도록 move = **mot**) 원인을 제공하는 + **ive**
    ☞ a motive force 원동력, 추진력
    ☞ a motif in literature 문학에서의 주제

2682 motivation 동기 부여
    motivate [móutəvèit] 동기를 부여하다[1]
    motivational 동기의

1. 자극하여 (움직이도록 move = **mot**) 만들다 + **iv** + **ate**
    ☞ achievement motivation 성취동기
    ☞ demotivate 의욕을 꺾다

2683 motion [móuʃən] 동작[1], 동작을 하다
    motional [móuʃənl] 운동의, 운동에 관한
    motionless [móuʃənlis] 움직이지 않는

1. 신체를 (움직이는 move = **mot**) 행위 + **ion**
    ☞ motion sickness 멀미
    ☞ a motion picture 영화

2684 commotion 소란[1], 소동[1]
    commove [kəmú:v] 동요시키다, 선동하다

1. (함께 with = **com**) (움직여 move = **mot**) 혼란한 상황 + **ion**
    ☞ cause a commotion 소동을 일으키다

2685 emotionality 감성
    emotion [imóuʃən] 감정[1], 정서
    emotional [imóuʃənəl] 감정의, 정서의
    emoticon [imóutikən] 이모티콘[2]

1. 느낌이 (밖으로 out = **e**) (움직여 move = **mot**) 나온 것 + **ion**
2. (감정 emotion = **emot**) 표현을 위한 (이미지 image = **icon**)
    ☞ the suppression of emotion 감정의 억제
    ☞ emotional intelligence 감성 지능

2686 promotion 홍보, 승진, 증진
    promote [prəmóut] 홍보하다[1], 증진하다
    승진시키다[2]
    promotional 판촉의

1. 상품을 고객 (앞으로 forward = **pro**) (이동하다 move = **mot**) + **e**
2. 직급을 (앞으로 forward = **pro**) (이동하다 move = **mot**) + **e**
    ☞ a sales promotion gift 판촉물

2687 **de**mo**tion** [dimóuʃən]	강등, 좌천	1. 직급을 (아래로 down = **de**) (이동하다 move = **mot**) + e	
demo**te** [dimóut]	강등시키다[1]	☞ demote an officer 장교를 강등시키다	

2688 **re**mo**t**eness [rimóut]	멀리 떨어짐	1. (뒤로 back = **re**) 멀리 (이동해 move = **mot**) 있는 + e
remo**te** [rimóut]	먼[1], 외딴, 원격의	☞ a remote control 리모컨, 원격 조정

2689 **re**mov**al** [rimúːvəl]	제거	1. (뒤로 back = **re**) 멀리 (이동시키다 move)
remov**e** [rimúːv]	제거하다[1]	☞ obstacle removal 장애물 제거

2690 **mob** [mɑb]	폭도[1], 패거리	1. 법을 무시하며 (움직이는 사람들 mobile people = **mob**)
mobbish [mɑ́biʃ]	폭도와 같은	☞ mobster 폭력배 ☞ gang 폭력단, 패거리

2691 **mo**ment [móumənt]	잠깐, 잠시[1]	1. (움직이는 move = **mo**) 바로 그 순간 + ment
momentum	탄력[2], 가속도	2. (움직이는 move = **mo**) 그 순간의 힘의 여세 + ment + um
momentary	순간적인	☞ a momentary power failure 순간적인 정전
momentous	중대한	☞ a momentous conference 중요한 회의

2692 **rush** [rʌʃ]	혼잡, 격렬한 흥분	1. 여러 사람들이 (재빨리 움직이다 move rapidly = **rush**)
	서두르다[1]	☞ rush hour 러시아워, 혼잡한 시간대

2693 **dash** [dæʃ]	돌진, 대시 기호 (—)	1. 맹렬하게 (달려가서 rush = **dash**) 무언가에 충돌하다
	돌진하다[1], 충돌하다[1]	☞ a last-minute dash 마지막 순간의 돌진
dashboard [dǽʃbɔːrd]	(차량) 계기판	☞ dash into a pole 기둥에 충돌하다

2694 **sweep** [swiːp]	쓸다[1]	1. (빠르게 움직이며 dash = **sweep**) 쓰레기를 밀어내다
sweeping [swíːpiŋ]	쓸기, 휩쓰는, 포괄적인	2. 위에서 내려와 먹이를 (휩쓸다 dash = sweep = **swoop**)
swoop [swuːp]	급강하하다[2], 덮치다	☞ sweeper 청소부, 청소기, 수비수

★ 행동하다, 작용하다 act = ag, ac, am, ay, ig

2695 **act**ion [ǽkʃən]	행동[1]	1. (움직이는 move = **act**) 행위 + ion	
activity [æktívəti]	활동	☞ a volcanic activity 화산 활동	
act	행동, 법, 막, 행동하다	☞ actor 배우 ☞ actress 여배우	
actuate [ǽktʃuèit]	작동시키다	☞ actually 실제로	

2696 **act**ive [ǽktiv]	활동적인, 적극적인	1. (움직이지 move = **act**) (않는 not = **in**) + ive
in**act**ion [inǽkʃən]	무대책, 활동부족	☞ an active volcano 활화산
in**act**ive [inǽktiv]	비활동적인[1]	☞ passive 수동적인, 소극적인

2697 en**act**ment	법률 제정, 입법, 시행	1. (행동해야 act) 할 내용을 법으로 (만들다 make = en)
en**act** [enǽkt]	법을 제정하다[1]	☞ the enactment of a reform legislation 개정 법률의 시행
	~ 역을 연기하다	☞ enact a regulation 규칙을 제정하다

2698 **act**ivation [æktəvéiʃən]	활성화	1. 무언가를 (행동하도록 act) 만들다 + iv + ate
activate [ǽktəvèit]	활성화하다[1], 작동시키다	☞ activate the smoke detector 화재 탐지기를 작동시키다

2699 ex**act**itude	정확성, 정밀	1. 지시와 (밖으로 out = ex) 보여주는 (행동 act)이 일치하는
ex**act** [igzǽkt]	요구하다, 정확한[1]	☞ an exact translation 정확한 번역
ex**act**ly [igzǽktli]	정확하게	☞ inexact 부정확한

2700 re**act**ion [ri:ǽkʃən]	반응	1. (되받아서 against = re) (행동하다 act)
re**act** [ri:ǽkt]	반응하다[1]	2. (되받아서 against = counter) (행동하다 act)
re**act**ive [ri:ǽktiv]	반응하는	☞ a chain reaction 연쇄 반응 ☞ reactor 원자로
counter**act**ion	저지, 반작용	☞ counteract the poison 독을 상쇄시키다
counter**act** [kàuntərǽkt]	대응하다[2], 상쇄시키다	☞ counteractive 반작용의

2701 retro**act**ion	반동, 반작용, (법) 소급	1. (뒤로 back = retro) (작용하다 act)
retro**act** [rétrouækt]	반작용하다[1], 소급하다[2]	2. (과거 back = retro) 사건에 (작용하여 act) 영향을 주다
retro**act**ive [retrouæktiv]	역작용하는	☞ permit retroaction 소급을 허용하다
	(효력이) 소급하는	☞ a retroactive law 소급법

2702 inter**act**ion	상호작용	1. (서로 between = inter) (작용하다 act)
inter**act** [íntərækt]	상호작용하다[1]	☞ social interaction skills 사회적 상호 작용 능력
inter**act**ive	상호작용하는, 쌍방향의	☞ interactive media 쌍방향 미디어

2703 pro**act**ive [prouǽktiv]	미리 대책을 강구하는[1]	1. 예방 차원에서 (미리 forward = pro) (행동 act)하는 + ive
over**act**ion	과도한 행동	2. (너무 지나치게 over) (행동하다 act)
over**act** [ouvərækt]	과잉 행동하다[2]	☞ overactive 지나치게 활동적인

2704 **ag**ility [ədʒíləti]	민첩함	1. 재빠르게 (행동할 act = ag) (능력이 있는 capable = il) + e
agile [ǽdʒəl]	민첩한[1]	☞ an agile movement 민첩한 동작

2705 **ag**itation [ædʒitéiʃən]	동요, 소요, 휘저어 섞음	1. 강제로 (행동하도록 act = ag) 만들다 + it + ate
agitate [ǽdʒətèit]	선동하다[1], 불안하게 하다	☞ agitate a crowd 군중을 선동하다
agitative [ǽdʒətèitiv]	선동적인	☞ agitated 불안해하는, 동요된

2706 **ag**ent [éidʒənt]	대리인[1], 중개인, 첩보원	1. 타인이나 국가를 대신해 (행동하는 act = ag) 사람 + ent
	작용제, 병원체	☞ an estate agent 부동산 중개인
agency [éidʒənsi]	대리점, 정부기관	☞ a secret agent 비밀 첩보원
agential [eidʒénʃəl]	대리인의	☞ a travel agency 여행사

| 2707 | **ag**ony [金gəni] | 고통[1] | 1. (행동할 act = ag) 때 수반되는 신체, 정신적 분투 + on + y |
| | **ag**onize [金gənàiz] | 고뇌하다, 괴롭히다 | ☞ mental agony 정신적 고뇌 |

2708	prot**ag**onist	주인공[1], 주창자[1]	1. (앞서서 forward = prot) (행동하는 act = ag) 사람
	ant**ag**onism	적대감[2]	+ on + ist
	ant**ag**onize	적대감을 불러일으키다	2. (반대하여 against = ant) (행동하도록 ag) 만드는 감정
	ant**ag**onist	적수	+ on + ism
	[æntǽgənist]		☞ the protagonist of the tragedy 비극의 주인공

| 2709 | **ag**enda [ədʒéndə] | 안건[1], 의제 | 1. 회의에서 다루는 (행동해야 act = ag) 할 항목들 + end + a |
| | | | ☞ meeting agenda 회의 안건 |

2710	ex**am**ination	시험, 검사	1. 능력을 (밖으로 out = ex) 꺼내 (수행해보도록 act = am)
	ex**am**ine [igzǽmin]	시험보다[1], 검사하다	만들다 + ine
	ex**am**inational	시험의, 검사의	☞ a thorough physical examination 정밀 신체검사

2711	fat**ig**ue [fətí:g]	피로[1], 작업, 작업복	1. 몸이 (붕괴하도록 breakdown = fat) 과도하게
	fat**ig**able [fǽtigəbəl]	피로하기 쉬운	(행동해서 act = ig) 녹초가 된 상태 + ue
			☞ chronic fatigue syndrome 만성적인 피로 증후군

2712	pr**act**icality	실용성, 현실적임	1. 배운 이론을 (통해 through = pr) (행동 act)에
	pr**act**ice [prǽktis]	실행, 실천, 관행, 개업	옮기다 + ic + e
		연습하다, 실행하다[1]	☞ Practice makes perfect. 훈련이 완벽을 만든다.
		개업하다	☞ a practical nurse 보조 간호사
	pr**act**ical [prǽktikəl]	실현 가능한, 실용적인	☞ a practical knowledge 실용적 지식

2713	pr**ag**maticism	실용주의 철학	1. 실제 (행동 act = ag)을 (통해 through = pr) 얻은 결과를
	pr**ag**matism	실용주의[1]	중시하는 주의 + mat + ism
	pr**ag**matic [prægmǽtik]	실용적인	☞ a pragmatic approach 실용적인 접근, 현실적인 접근

65

★ 일하다 work = erg, earn, labor, org, urg

2714 **work**out [wɔ́ːrkàut] work out	운동¹, 워크아웃² 운동하다, 해결하다	1. (시합 bout = out)을 위해 (연습하다 exercise = **work**) 2. 어려운 상황 (밖으로 **out**) 탈피하기 위해 재무 구조를 　 개선하는 (작업 **work**)

2715 **work**aholic [wɔ́ːrkəhɔ́ːlik] **work**load ['wɜ́ːrkloʊd] **work**man [wə́ːrkmən] **work**force ['wɜ́ːrkfɔːrs]	일 중독자¹ 작업량² 직공 노동자, 노동력	1. (술 alcohol = **ahol**)에 중독된 것처럼 (일 **work**)에 중독된 　 사람 + ic 2. (작업 **work**)하기 위해 쌓아 놓은 (화물 **load**) 　 ☞ workmanship 솜씨 　 ☞ workshop 작업장, 연수회

2716 art**work** [artwərk] frame**work** [fréimwɔ̀ːrk] road**work** [roudwɔ́ːrk] ground**work**	미술품 체계, 뼈대, 틀 도로공사 기초 작업	☞ needlework 바느질 ☞ clockwork 시계 장치 ☞ ironwork 철제 부품, 철공소 ☞ brickwork 벽돌, 벽돌쌓기

2717 net**work** [nétwɔ̀ːrk] paper**work**	연결망, (통신망) 연결하다 서류, 문서 업무	☞ hardworking 부지런히 일하는 ☞ piecework 품삯의 일

2718 **labor**atory [lǽbərətɔ̀ːri] **labor** [léibər] **labor**ious [ləbɔ́ːriəs]	실험실 (Lab.)¹ 노동, 노동하다, 애쓰다 힘든	1. (힘든 일 hard work, toil = **labor**)을 하는 장소 + at + ory ☞ a division of labor 분업 ☞ laborious self-discipline 힘든 자기 수양

2719 e**labor**ation e**labor**ate [ilǽbərèit]	공들임, 정교함, 복잡함 정교하게 만들다 정교한¹, 공들인¹	1. (공들인 일 hard work = **labor**)이 (밖으로 out = **e**) 　 드러난 + ate ☞ the elaboration of research method 조사 방식의 정교함 ☞ elaborate decoration 정교한 장식

2720 col**labor**ation col**labor**ate [kəlǽbərèit] col**labor**ative	공동 작업 협력하다¹ 공동의	1. (함께 with = **col**) (힘든 일 hard work = **labor**)을 　 하다 + ate ☞ spontaneous collaboration 자발적인 협력

2721 **earn**ings [ɜ́ːrniŋz] **earn** [əːrn]	소득 벌다¹, 얻다¹	1. 들판에서 (일 work = **earn**)을 수행한 결과로 수확을 얻다 ☞ earn a reputation 평판을 얻다 ☞ earn a living 생계를 유지하다

2722 en**erg**y [énərdʒi] en**erg**ize [énərdʒàiz] en**erg**etic [ènərdʒétik]	에너지¹, 활기 활기를 북돋우다 정력적인, 활력적인	1. (일 work = **erg**)을 하도록 (만드는 make = **en**) 원천 + y ☞ energy efficient 에너지 효율적인 ☞ an energetic politician 활력적인 정치인

2723 **syn**ergy [sínərdʒi]   시너지, 동반 상승[1]   1. (함께 with = **syn**) (일 work = **erg**)을 해서 기대 이상의
     synergic [sinəˈrdʒik]   공동 작용의   효과를 냄 + **y**
     synergetic [sìnərdʒétik]   공동의, 상승 작용의   ☞ a synergy effect 동반 상승효과

2724 **surg**ery [səˈrdʒəri]   수술[1]   1. (손 hand = **s**)으로 (작업 work = **urg**)하는 치료 + **ery**
     surgical [səˈrdʒikəl]   외과의, 수술의   ☞ a plastic surgery 성형 수술
     surgeon [səˈrdʒən]   외과의사   ☞ a prominent surgeon 저명한 외과의사

2725 **org**an [ɔˈːrgən]   (신체) 기관[1], (악기) 오르간   1. 신체에서 (일 work = **org**)하는 장기 + **an**
     organic [ɔːrgǽnik]   유기농의, (신체) 장기의   ☞ organic compound 유기 화합물
                     ☞ organic foods 유기농 식품

2726 **org**anism [ɔˈːrgənizəm]   유기체[1], 생물   1. (일 하는 기관 organ)들로 구성된 생명 체계 + **ism**
     organismal   유기체의, 생물의   ☞ the evolution of the human organism 인류의 진화
     micro**org**anism   미생물   ☞ microorganism decomposition 미생물 분해

2727 **org**anization   조직, 기구   1. 일을 할 수 있도록 (유기적인 기관 organ)을 만들다 + **ize**
     organize [ɔˈːrgənàiz]   조직하다[1], 정리하다   ☞ organize a labor union 노동조합을 조직하다
     organizational   조직의   ☞ reorganize 재조직하다

★ 생산하다, 일하다 produce, work = of, op

2728 **copy**right [kάpirait]   저작권[1], 판권   1. 타인에 의한 무단 (복제 copy)를 금지하는 (권리 right)
     copywriter [kάːpirαitər]   광고문안 작성자   ☞ infringe a copyright 판권을 침해하다
     copycat [kάpikæt]   모방하는 사람   ☞ a duplicate copy 사본, 복제품
     photo**copy**   복사기로 복사하다   ☞ a hard copy 출력된 자료

2729 **op**era [άpərə]   오페라[1], 가극   1. 다양한 장르를 (생산하는 produce = **op**) 종합 예술 + **er** + **a**
     operatic [àpərǽtik]   가극의   2. (비누 soap) 회사가 광고 스폰서를 했었던
     soap **op**era   드라마[2]   (연속극 drama = opera)
                     ☞ a comic opera 희가극

2730 **op**eration [àpəréiʃən]   운영, 수술, 작전   1. 복잡한 (일 work = **op**)을 수행하다 + **er** + **ate**
     operate [άpərèit]   작동하다[1], 운영하다[1]   ☞ a transplant operation 이식 수술
             수술하다[1]   ☞ operative 작동되는, 수술의
     operational   작동 중인, 작전상의

2731 co**op**eration   협력   1. (함께 with = **co**) (일 work = **op**)을 수행하다 + **er** + **ate**
     co**op**erate [kouάpərèit]   협력하다[1]   ☞ industry-academic cooperation 산학 협력
     co**op**erative   협력하는   ☞ mutual cooperation 상호 협력

| 2732 **op**ulence [ápjələns] | 부유, 풍부, 화려함 | 1. 많은 (일 work = **op**)을 해서 생산량이 풍부한 + **ul** + **ent** |
| **op**ulent [ápjələnt] | 부유한, 풍부한[1] | ☞ an opulent mansion 호화 저택 |

2733 **of**fice [ɔfis]	사무실[1], 공직	1. (일 work = **of**)을 (수행하는 do, make = **fic**) 장소 + **e**
official [əfíʃəl]	공무원, 공식적인	☞ CEO (chief executive officer) 최고 경영자
officer [ɔfisər]	공무원, 장교	☞ office supply 사무용품
head **of**fice	본사	☞ officers' quarters 장교 숙사

2734 **of**ficiation [əfiʃiéit]	집행	1. 성직자가 종교적인 (일 work = **of**)을 (수행하다 do = **fic**)
officiate [əfíʃièit]	집행하다[1]	+ **i** + **ate**
	심판 보다, 사회 보다	☞ officiate as a chairman 의장으로서 사회를 보다

2735 **op**timum [áptəməm]	최적 조건, 최적의	1. (일 work = **op**)을 (최고로 잘 best = **tim**) 할 수 있는 + **al**
optimal [áptəməl]	최적의[1]	☞ optimist 낙관주의자
optimism [áptəmìzəm]	낙관주의	☞ pessimist 비관주의자

★ 형태 = form

2736 **form**ation [fɔːrméiʃən]	형성, (군대) 대형	1. (평평한 flat = **plat**) (형태 **form**)를 갖춘 것
form [fɔːrm]	형태, 형식, 형성하다	☞ battle formation 전투 대형
plat**form** [plǽtfɔːrm]	(역) 플랫폼[1], 연단, 기반	☞ an order form 주문서

2737 **form**at [fɔːrmæt]	구성방식, 서식, (컴) 포맷	1. 작업하기 위해 (형태 **form**)를 만들다 + **at**
	서식을 만들다[1], 포맷하다	☞ an eye-catching format 눈길을 끄는 서식
formative [fɔːrmətiv]	형성하는	☞ formatting 서식 설정

2738 **form**ula [fɔːrmjələ]	공식, 제조법, 상투어	1. (형태 **form**)를 만들다 + **ul** + **ate**
formulate [fɔːrmjəlèit]	만들어 내다[1], 세우다	☞ a chemical formula 화학식
formulary [fɔːrmjulèri]	방식의, 상투적인	☞ formulate a hypothesis 가설을 세우다

2739 **form**ality [fɔːrmǽləti]	형식, 격식	1. 격에 맞는 (형식 **form**)을 갖춘 + **al**
formalize [fɔːrməlàiz]	공식화하다, 형식을 갖추다	☞ diplomatic formality 외교상의 격식
formal [fɔːrməl]	격식을 차린[1], 공식적인	☞ a formal legal process 공식적인 법적 절차
in**form**al [infɔːrməl]	일상적인, 평상복의	☞ informal talks 비공식 회담

2740 con**form**ity	(규칙, 관습에) 따름, 순응	1. 모두 (함께 with = **con**) 동일한 (형태 **form**)를 유지하다
con**form** [kənfɔːrm]	일치하다[1], 순응하다[2]	2. 주어진 (형태 **form**)에 자신을 (완전히 entirely = **con**)
		끼워 맞추다

2741	de**form**ation	변형, 기형	1. 기존 (형태 form)에서 (멀리 away = de) 벗어나게 하다
	de**form**ity [difɔ́ːrməti]	변형, 기형 상태	☞ a deformation of the spine 척추의 변형
	de**form** [difɔ́ːrm]	변형시키다[1]	☞ a badly deformed back leg 심하게 변형된 뒷다리
	mal**form**ation	기형	☞ congenital malformation of the heart 선천적 심장 기형

2742	in**form**ation	정보	1. 머리(속에 in) (형태 form)를 그리도록 정보를 전달하다
	in**form** [infɔ́ːrm]	알려주다[1], 통지하다	☞ misinformation 잘못된 정보
	in**form**ational	정보의, 정보를 제공하는	☞ information retrieval 정보 검색
	in**form**ative	유익한	☞ an informative lecture 유익한 강연

2743	re**form**ation	개혁	1. (다시 again = re) 더 좋은 (형태 form)로 만들다
	re**form** [rifɔ́ːrm]	개혁하다[1]	☞ a radical reform 급격한 개혁
			☞ the Reformation 종교개혁

2744	trans**form**ation	변형, 변신, 전환	1. 과정을 (통과하여 across = trans) (형태 form)를 바꾸다
	trans**form** [trænsfɔ́ːrm]	변형하다[1]	☞ a dramatic time of transformation 극적인 전환 시점
	trans**form**ative	변형의	☞ transform A into B A를 B로 변형시키다

손, 손가락 = digit, finger, hand

2745	**hand**ful [hǽndfùl]	움큼, 소량, 소수	☞ Hands off! 손을 대지 마시오!
	handle [hǽndl]	핸들, 다루다	☞ hand out 배포하다 ☞ hands-on 직접 해 보는
	handy [hǽndi]	편리한, 손재주가 있는	☞ a handful of troops 소수의 군대

2746	first**hand**	직접의, 직접	☞ beforehand 사전에
	second**hand**	간접의, 중고의, 간접으로	☞ afterhand 사후에
	short**hand** [ʃɔ́rthænd]	속기, 속기법	☞ secondhand smoke 간접흡연

2747	**cuff** [kʌf]	소매 끝동, 접단	1. (손 hand)을 감싸는 (덮개 cover = cuff)
	hand**cuff** [hǽndkəf]	수갑[1]	2. (쇠사슬 고리 ring of a chain = shackle)
	shackle [ʃǽkəl]	수갑[2], 쇠고랑	☞ manacle 수갑, 족쇄

| 2748 | index finger | 검지[1] | 1. 어떤 것을 향해서 (가리키는 index) (손가락 finger) |
| | **finger**print | 지문 | ☞ forefinger 집게손가락, 검지 ☞ fingernail 손톱 |

2749	**digit** [dídʒit]	손가락, 발가락, 숫자[1]	1. (손가락 finger = digit)으로 셀 수 있는 숫자
	digitalize [dídʒitəlàiz]	숫자화하다	☞ double digit interest rates 2자리 수의 이자율
	digital [dídʒitl]	손가락의, 숫자의	☞ a digital gadget 디지털 기기

2750 **mitt**en [mítn]	벙어리장갑[1]	1. 손을 감싸는 두꺼운 (반 half = middle = **mitt**) 장갑 + **en**	
mitt [mit]	글러브, 벙어리장갑	2. 소리 나지 않도록 (장갑 mitten = **muff**)처럼 감싸는 것	
muffler [mʌ́flər]	목도리, 소음기[2]	+ **le** + **r**	
muffle [mʌ́fəl]	싸다, 덮다	☞ a catcher's mitt 포수 글러브	

★ 흩뿌리다 spread = str, stro, stru

2751 **stru**cture [strʌ́ktʃər]   구조[1], 체계, 구조화하다   1. 밀짚 등 (흩뿌려진 spread = **stru**) 것들을 모아 만든 형태
structural [strʌ́ktʃərəl]   구조적인   + **ct** + **ure**
infra**stru**cture   사회 기반 시설   ☞ a skeletal structure 골격
re**stru**cture   재건설, 개혁, 개혁하다   ☞ infrastructure development 기반 시설 개발

2752 con**stru**ction   건설, 구조, 구성   1. (흩뿌려진 spread = **stru**) 것을 (함께 with = **con**) 세우다 + **ct**
con**stru**ct [kənstrʌ́kt]   건설하다[1], 구성하다   ☞ under construction 공사 중인
con**stru**ctive   건설적인   ☞ constructive criticism 건설적 비판

2753 de**stru**ction [distrʌ́kʃən]   파괴[1]   1. (구조 structure = **struction**)를 (아래로 down = **de**) 부수는 행위
de**stro**y [distrɔ́i]   파괴하다   ☞ the destruction of wildlife habitat 야생 서식지 파괴
de**stru**ctive [distrʌ́ktiv]   파괴적인   ☞ a destructive typhoon 파괴적인 태풍

2754 in**stru**ction [instrʌ́kʃən]   설명, 지시, 명령   1. 머리 (속에 **in**) 지식을 (흩뿌리다 spread = **stru**) + **ct**
in**stru**ct [instrʌ́kt]   가르치다[1], 지시하다   ☞ a shipping instruction 선적 지시
in**stru**ctive [instrʌ́ktiv]   교훈적인, 유익한   ☞ instruct students in botany 학생들에게 식물학을 가르치다
in**stru**ctor [instrʌ́ktər]   강사   ☞ an instructive article 교훈적인 글

2755 indu**str**y [índəstri]   산업[1], 근면   1. (안에서 in = **indu**) 물건을 (만드는 build = **str**) 현장 + **y**
indu**str**ial [indʌ́striəl]   산업의   2. (안에서 in = **indu**) 물건을 부지런히 (만드는 build = **str**)
indu**str**ious [indʌ́striəs]   부지런한[2]   + **i** + **ous**
indu**str**ialization   산업화   ☞ the hospitality industry (관광, 호텔 등) 서비스 산업
indu**str**ialize   산업화하다   ☞ preindustrial 산업화 이전의
[indʌstriəlàiz]   ☞ postindustrial 산업화 이후의, 탈공업화의

2756 in**str**ument   도구[1], 악기, 수단   1. (안에 **in**) 들어가는 부품을 배열하여 (만든 build = **str**) 연장
[ínstrəmənt]   + **u** + **ment**
in**str**umental   도구의   ☞ a musical instrument 악기

2757 ob**stru**ction   방해, 차단   1. (앞에 front = **ob**) 물체를 (흩뿌려 spread = **stru**)
ob**stru**ct [əbstrʌ́kt]   방해하다[1]   통행을 막다 + **ct**
ob**stru**ctive [əbstrʌ́ktiv]   방해하는, 차단하는   ☞ obstruct the view 전망을 가로막다

하다, 내놓다 do, put = deed, deem, doom, di

| 2758 **do**er [dú:ər] | 하는 사람 | ☞ overdo 지나치게 하다 |
| hair**do** [herdu:] | 머리 모양 | ☞ undo 원상태로 돌리다 |

2759 **deed** [di:d]	행위	1. (잘못된 wrong = **mis**) (행위 **deed**)
mis**deed** [mɪsdí:d]	비행[1]	☞ a self-fulfilling deed 자기만족 행위
in**deed** [indí:d]	사실, 정말	☞ commit a misdeed 비행을 저지르다

| 2760 **deem** [di:m] | 생각하다, 간주하다[1] | 1. 재판관이 의견을 (내놓다 put = **deem**) |
| mis**deem** [misdí:m] | 잘못 판단하다 | ☞ I deem he is honest. 나는 그가 정직하다고 생각한다. |

2761 **doom** [du:m]	비운, 죽음, 선고	1. 재판관이 (내놓은 put = **deem** = **doom**) 판결에 따라
	운명 짓다[1], 선고하다	운명이 정해지다
doomsday [dú:mzdèi]	최후의 심판일	☞ doomed 불운한

| 2762 con**di**ment [kándəmənt] | 조미료, 양념[1] | 1. 주재료와 (함께 with = **con**) (넣는 put = **di**) 재료 + ment |
| con**di**mental | 조미료의, 양념의 | ☞ fermented condiment 발효 조미품 |

2763 ab**do**men [ǽbdəmən]	복부[1], 배	1. 내장을 (멀리 away = **ab**) 숨겨 (놓기 put = **do**) 위해
ab**do**minal	복부의	감싸는 부분 + men
[æbdámənəl]		☞ acute abdomen 급성 복통
		☞ lower abdomen 아랫배

★ 자라다, 증가하다 grow = cer, cre, crea, cru

2764 in**cre**ment [ínkrəmənt]	증가	1. (안에서 in) 발생하여 점점 (자라다 grow = **crea**) + se
in**crea**se [inkrí:s]	증가, 인상, 증가하다[1]	☞ an increment in salary 급여의 증가
in**cre**mental	증대하는, 증가의	☞ increasingly 점점 증가하여

2765 de**cre**ment [dékrəmənt]	감소	1. (아래로 down = **de**) (자라다 grow = **crea**) + se
de**crea**se [dí:kri:s]	감소, 감소하다[1], 줄이다	☞ a rapid decrease in population 인구의 급격한 감소
de**cre**mental	축소하는	☞ decreasingly 점점 줄어

| 2766 **cre**scendo [kriʃéndou] | 강해지다[1], 점점 세게 | 1. 연주할 때 특정 지점으로(부터 from = **do**) 소리와 힘이 |
| de**cre**scendo | 점점 약하게 | 점점 (증가하다 grow = **cre**) + scen |

| 2767 **cre**scent [krésənt] | 초승달[1] | 1. 점점 (자라서 grow = **cre**) 커지는 달 + scent |
| **cre**scent [krəsá:nt] | 크루아상[2] | 2. (초승달 crescent = **croissant**) 모양의 빵 |

2768 accru**al** [əkrúːəl] 증가   1. 기존 것에 (덧붙여 add = ac) (증가하다 grow = cru) + e
    accru**e** [əkrúː] 증가하다[1]   ☞ the accrual of interest 이자의 발생
    이자가 붙다

2769 concre**te** [kánkriːt] 콘크리트[1], 굳히다   1. 모래, 물, 시멘트를 (함께 with = con) 혼합하여
    구체적인, 굳어진   (굳힌 또는 자라게 한 grow = cre) 혼합물 + te
         ☞ abstract 추상적인

2770 sincer**ity** [sinsérəti] 성실, 진실, 진심   1. (하나의 one = single = sin) 순수한 마음만
    sincer**e** [sinsíər] 진실된[1], 진심 어린   (증대시키는 grow = cer) + e
    sincer**ely** 진심으로   ☞ sincere gratitude 진심 어린 감사

2771 recru**itment** [rikrúːtmənt] 신규 모집, 채용   1. 조직 규모를 (다시 again = re) (증가 grow = cru) 시키기
    recru**it** [rikrúːt] 신입회원, 채용하다[1]   위해 구성원을 보충하다 + i + t

2772 crew [kruː] 사병[1], 선원[1], 승무원[1]   1. 규모를 (증가 grow = cre)시키기 위해 모집한 사람들 + w
    승무원으로 일하다   ☞ flight crew 비행기 승무원들

★ 경작하다 till = col, cul

2773 culture [kʌ́ltʃər] 문화[1], 재배, 배양균   1. 교육을 통해 (경작 till = cul)되는 문명의 지적인 측면
    배양하다   + t + ure
    cultural [kʌ́ltʃərəl] 문화의   ☞ a culture shock 문화적 충격
    sub**cul**ture [sʌbkʌ́ltʃər] 하위문화   ☞ cell culture techniques 세포 배양 기술

2774 cultivation [kʌ̀ltəvéiʃən] 재배, 관계 구축   1. (경작해서 till = cul) 기르다 + t + iv + ate
    cultivate [kʌ́ltəvèit] 재배하다[1], 기르다[1]   ☞ a field of cultivated land 경작지

2775 acre [éikər] 에이커[1] (면적 단위)   1. 소가 하루에 경작하는 (들판 field = acre) 면적인 약 1,224평
    agri**cul**ture [ǽgrikʌ̀ltʃər] 농업[2]   2. (들판 field = agri)에서 (경작하는 till = cul) 행위 + t + ure
    agri**cul**tural 농업의   ☞ the agriculture revolution 농업 혁명

2776 floricul**ture** [flɔ́ːrəkʌ̀ltʃər] 화초 원예[1]   1. (화초 flower = flori)를 (경작하는 till = cul) 행위 + t + ure
    api**cul**ture [éipəkʌ̀ltʃər] 양봉[2]   2. (벌 bee = api)을 (경작하는 till = cul) 행위 + t + ure
    pisci**cul**ture [písəkʌ̀ltʃər] 양어[3]   3. (물고기 fish = pisci)를 (경작하는 till = cul) 행위 + t + ure

2777 colony [káləni] 식민지[1], 집단   1. 로마 외곽 식민지에서 (경작되던 till = col) 땅 + on + y
    colonial [kəlóuniəl] 식민지의   ☞ exploit a colony 식민지를 착취하다
    colonist [kálənist] 식민지 주민   ☞ a termite colony 흰개미 집단
    colonialist [kəlóuniəlìst] 식민지 개척자   ☞ a colonial policy 식민지 정책

2778	pil**gri**mage [pílgrimidʒ]	성지 순례 여행	1. (들판 field = agri = **gri**)을 (넘어 beyond = **pil**)
	pil**gri**mize [pílgrəmàiz]	순례하다	돌아다니는 외국인 + m
	pil**gri**m [pílgrim]	순례자[1]	☞ temple pilgrimage 사찰 순례

★ 매달다 hang = hing, pen, pend, pond

2779	hang out	어울리다[1]	1. (밖에서 out) 친구들과 함께 시간에 (매달려 **hang**) 있다
	hang up	전화를 끊다[2]	2. 벽에 부착된 송수화기를 (위에 up) (거는 **hang**) 방식으로
	hang on	꽉 붙잡다, 기다려	전화를 끊다
	hanger [hǽŋər]	옷걸이	☞ hangman 교수형 집행인

2780	**hing**e [hindʒ]	경첩[1], 돌쩌귀	1. 문짝을 (매달아 hang = **hing**) 놓는 철물 + e
	hangover [hǽŋouvər]	숙취[2], 후유증	2. 술기운이 밤을 (넘어 over) 머릿속에
			(매달려 **hang**) 있는 상태
	over**hang** [òuvərhǽŋ]	과잉, 돌출부, 돌출하다	☞ a terrible hangover 끔찍한 숙취

2781	**cardin**al [káːrdnl]	추기경[1], 중요한[1]	1. 천국의 문을 여닫는 (돌쩌귀 hinge = **cardin**)을 관리하는
		진홍색의	추기경처럼 중요한 + al
	cardinal number	(one, two 등) 기수[2]	2. (중요한 principal = **cardinal**) 정도를 표시하는 (수 number)
	ordinal number	(first, second 등) 서수[3]	3. (순서 order = **ordinal**)를 표시하는 (수 number)

2782	**pend**ulum [péndʒələm]	추[1], 진자	1. 저울, 시계에 (매달려 hang = **pend**) 있는 물체 + ul + um
	pennant [pénənt]	삼각기[2], 우승기	2. 전함에 (매달려 hang = **pen** + n) 있는 좁고 긴 삼각기
	pend [pend]	매달리다	+ ant
		미해결 상태에 있다	☞ a pendulum movement 진자 운동
	pendant [péndənt]	목걸이 보석, 매달린 것	☞ a pearl pendant 진주 목걸이

2783	**spend**ing	지출	1. (소비하다 expend = **spend**)
	spend [spend]	소비하다[1], 먹다	☞ a surge in consumer spending 소비자 지출의 급증
	spendthrift [spendθrift]	돈을 헤프게 쓰는 사람	☞ spend a fortune 재산을 낭비하다

2784	ex**pen**se [ikspéns]	비용	1. 음식을 저장소 (밖으로 out = **ex**) 꺼낸 후에
	ex**pend**iture	비용, 지출, 경비	추가 (매달린 hang = **pen**) 저울로 무게를 재서 먹다 + d
	ex**pend** [ikspénd]	소비하다[1]	☞ a capital expenditure 자본 지출
	ex**pen**sive [ikspénsiv]	비싼	☞ expend labor for nothing 헛수고하다

2785	**dear** [diər]	친애하는 사람, 애인	1. (귀중하고 비싸서 precious, expensive = **dear**) 소중히 여기는
		친애하는[1], 값비싼[1]	☞ for dear life 필사적으로
	en**dear** [endíər]	사랑 받게 하다	☞ an endearing quality 사람 마음을 끄는 특성

2786 **pon**der [pándər]   숙고하다[1]   1. 금의 진위를 밝히기 위해 추가 (매달린 hang = pon + d)
    ponderable   숙고할 만한   저울로 재면서 심사숙고하다 + er
    ponderingly   생각하면서   ☞ contemplate 심사숙고하다

2787 ap**pen**dix [əpéndiks]   부록, 맹장   1. 본체(에 to = ap) (매달아 hang = pen) 덧붙이다 + d
    ap**pen**dage [əpéndidʒ]   부속물   ☞ add an appendix 부록을 추가하다
    ap**pen**d [əpénd]   첨부하다[1]   ☞ append an index 색인을 달다

2788 de**pen**dence   의존   1. (아래에 down = de) (매달려 hang = pen) 의존하다 + d
    de**pen**d [dipénd]   의존하다[1]   ☞ dependence on exports 수출의존도
    de**pen**dent [dipéndənt]   의존하는   ☞ depending on conditions 조건에 따라
    de**pen**dant [dipéndənt]   부양가족, 종속물   ☞ a dependent variable 종속 변수
                    의지하는

2789 in**depen**dence   독립   1. 어떤 것에 (의존하지 depend) (않는 not = in) + ent
    in**depen**dent   독립적인[1]   ☞ independence day 독립 기념일
    [indipéndənt]   ☞ an independent variable 독립 변수

2790 inter**depen**dence   상호의존   1. (서로 between = inter) (의존하는 depend) + ent
    inter**depen**dent   상호의존적인[1]   ☞ an interdependent relationship 상호의존 관계
    [i̇ntərdipeˈndənt]

2791 **pen**sion [pénʃən]   연금[1], 작은 호텔   1. 국가에 (매달려 hang = pen) 생활하게 하는 돈 + s + ion
    pensionary [pénʃənèri]   연금의   ☞ retirement pension 퇴직 연금

2792 im**pen**d [impénd]   임박하다[1]   1. (위에 on = im) (매달려 hang = pen) 곧 떨어질 것 같다 + d
    im**pen**ding   곧 닥칠, 임박한   ☞ impending retirement 임박한 은퇴

2793 sus**pen**sion [səspénʃən]   보류, 정학, 완충장치   1. (보류해 suspend = suspen) 놓은 일에 대한 불안감 + se
    sus**pen**se [səspéns]   불안감[1], 박진감   2. (아래에 under = sus) 잠시 (매달아 hang = pen) 놓다 + d
    sus**pen**d [səspénd]   보류하다[2], 매달다   ☞ a suspended student 정학을 당한 학생
                    정학시키다

2794 com**pen**sation   보상   1. 저울에 (함께 with = com) (매달아 hang = pen) 측정한 후
    com**pen**sate   보상하다[1], 보충하다[1]   부족한 양을 채워다 + s + ate
    com**pen**satory   보상하는, 보충하는   ☞ compensation criteria 보상 기준들

2795 dis**pen**sation   조제, 분배, ~ 없이 지냄   1. 저울에 약을 (매달아 hang = pen) 측정한 후에
    dis**pen**se [dispéns]   조제하다, 나눠주다[1]   (밖으로 out = dis) 분배하다 + se
    dis**pen**sable   없어도 되는[2], 불필요한   2. 불필요해서 (나누어 dispense = dispens) 줄 수 있는 + able
    dis**pen**sary   조제실   ☞ dispense with ~ 없이 지내다, 면제시키다

²⁷⁹⁶ in**dispens**ability　　　　필수

in**dispens**able　　　　없어서는 안 될[1], 필수적인

1. (나누어 dispense = **dispens**) 줄 수 (없는 not = **in**) + **able**

☞ an indispensable item　필수품

★ 감정 feeling = nerv, neur, pat, path, pas

2797 nerve [nə:rv]   신경¹, 불안, 활력²   1. 몸의 각 부분이 인지한 것을 중추에 전달하는
     neural [njúərəl]   신경의   (끈 thread, string = **nerv**) + **e**
     neurology   신경학   2. 힘을 발생시키는 원천을 (힘줄 tendon)이 아닌
     neurologist   신경과 의사   (신경 nerve)으로 오해해서 생겨난 의미임
     neuron [njúərɑn]   신경 세포   ☞ sensory neuron 감각 신경 세포

2798 omen [óumən]   징조¹, 조짐, 예언하다   1. (불길한 예감 foreboding = **omen**)
     ominous [ámənəs]   불길한   ☞ an evil omen 나쁜 징조

2799 pathos [péiθɑs]   비애감   1. 동정하는 (감정 feeling = **path**)을 가지는 + **et** + **ic**
     pathetic [pəθétik]   불쌍한¹   2. (반대하는 against = **anti**) (감정 feeling = **path**) + **y**
     anti**path**y [æntípəθi]   반감²   ☞ a pathetic and lonely child 불쌍하고 외로운 아이
     anti**path**ic   반감의, 서로 맞지 않는   ☞ arouse antipathy 반감을 일으키다

2800 empath**y [émpəθi]   감정이입¹, 공감¹   1. 타인의 (감정 feeling = **path**)과 똑같이 느끼도록
     em**path**ize   공감하다   (만드는 make = **en** = **em**) 행위 + **y**
     em**path**ic [empǽθik]   감정이입의, 공감하는   2. (감정 feeling = **path**)을 (멀리 far = **tele**) 보내는 행위 + **y**
     tele**path**y [təlépəθi]   텔레파시²   ☞ empathic comprehension 공감적 이해

2801 sympath**y [símpəθi]   동정, 공감¹   1. (함께 with = **sym**) (감정 feeling = **path**)을 공유함 + **y**
     sym**path**ize   동정하다, 공감하다   ☞ express sincere sympathy 진심어린 동정을 표하다
     sym**path**etic   동정적인, 교감하는   ☞ a sympathetic personality 동정심이 많은 인물

2802 apath**y [ǽpəθi]   무관심, 무감각, 냉담   1. 상대에게 (감정 feeling = **path**)이 (없는 without = **a**) + **et** + **ic**
     a**path**etic [ǽpəθétik]   무관심한¹   ☞ political apathy 정치에 대한 무관심

2803 compat**ibility   양립, 공존, 호환   1. (함께 with = **com**) (감정 feeling = **pat**)을 공유하는 + **ible**
     com**pat**ible   양립 가능한¹   ☞ program compatibility 프로그램 호환성
     incom**pat**ible   양립할 수 없는   ☞ compatible theories 양립되는 이론들

2804 passion [pǽʃən]   열정¹, 고난   1. 십자가에서 예수의 (고통의 감정 feeling of suffering =
     passionate [pǽʃənit]   열정적인   **pas** + **s**)은 인류에 대한 사랑의 열정 + **ion**
                 ☞ a passionate romance 정열적인 사랑

2805 compass**ion   동정심¹, 연민   1. (함께 with = **com**) (고통의 감정 feeling of suffering =
     com**pass**ionate   동정을 느끼는   **pas** + **s**)을 느낌 + **ion**
     [kəmpǽʃənit]   ☞ out of compassion 측은히 여겨

2806	**pat**ience [péiʃəns]	인내심	1. (고통의 감정 feeling of suffering = **pat**)을 참는 사람 + **i** + ent
	patient [péiʃənt]	환자[1], 참을 수 있는	☞ cultivate patience 인내심을 기르다
	im**pat**ience	성급함	☞ a terminal patient 말기 환자
	im**pat**ient [impéiʃənt]	성급한, 안달하는	☞ impatient of criticism 비판을 못 참는

| 2807 | **pass**ivity [pæsívəti] | 수동성 | 1. (고통의 감정 feeling of suffering = **pas** + **s**)을 수용하는 + **ive** |
| | **pass**ive [pǽsiv] | 수동적인[1], 소극적인 | ☞ passive resistance 소극적 저항 ☞ the passive voice 수동태 |

분노 anger = ang, anx, annoy, grim

2808	**anx**iety [æŋzáiəti]	불안, 열망	1. (고통 pain = **anx**)을 야기할 정도로 불안한 + **i** + ous
	anxious [ǽŋkʃəs]	불안한[1], 열망하는	☞ an anxiety disorder 불안 장애
	anguish [ǽŋgwiʃ]	괴로움, 괴로워하다	☞ a few anxious moments 몇 번의 불안한 순간들

2809	**annoy**ance [ənɔ́iəns]	짜증, 약오름	1. (화 anger = **annoy**)를 유발하다
	annoy [ənɔ́i]	짜증나게 하다[1]	☞ an annoying interruption 짜증나게 하는 방해
	annoying	성가시게 하는	☞ irritate 짜증나게 하다

2810	**grim**ace [gríməs]	찡그림[1], 찡그리다	1. (화난 표정의 가면 angry mask = **grima**) + ce
	grimness [grímnis]	무서움, 험악함	☞ grimace at a person 사람에게 찌푸린 얼굴을 하다
	grim [grim]	무서운, 암울한	☞ look grim and dreary 암울하고 황량하게 보이다

2811	**mis**er [máizər]	구두쇠[1]	1. 돈을 쓰는 데 인색하여 (비참한 고통 pitiable distress = **mis**)
	misery [mízəri]	비참함, 고통	속에서 사는 사람 + **er**
	miserable [mízərəbəl]	비참한, 비열한	☞ a life-long misery 평생의 비참함

★ 겁, 공포 horror, afraid = aw, hor, shy, ter, trem

2812	**cow**ardice [káuərdis]	겁, 비겁	1. 겁먹은 개처럼 (꼬리 tail = **cow**)를 내리는 사람 + **ard**
	coward [káuərd]	겁쟁이[1]	☞ display cowardice 비겁함을 드러내다
	cowardly	겁이 많은, 비겁하게	☞ a miserable coward 비열한 겁쟁이

2813	**horr**or [hɔ́ːrər]	공포	1. 두려움으로 (털 bristle = **hor** + **r**)이 곤두서고 벌벌 떠는
	horrify [hɔ́ːrəfài]	소름 끼치게 만들다	+ **i** + ble
	horrible [hɔ́ːrəbəl]	끔찍한[1], 무시무시한[1]	☞ a horrible stench 끔찍한 악취

2814	ab**horr**ence	질색	1. (털 bristle = **hor**)이 곤두서는 상황에서 (멀리하다 away = **ab**)
	ab**hor** [æbhɔ́ːr]	질색하다[1]	☞ abhor snakes 뱀을 질색하다
	ab**horr**ent	질색하는	☞ detest 혐오하다
	[æbhɔ́ːrənt]		☞ loathe 혐오하다

2815 **trem**ble [trémbəl]	떨림, 떨다[1], 떨리다	1. 두려움 또는 추위 때문에 (떨다 shiver, shake = **trem**) + **ble**	
a**trem**ble [ətrémbl]	부들부들 떨면서	☞ tremble violently 격렬하게 오들오들 떨다	
tremor [trémər]	떨림, 전율, 작은 지진	☞ tremorous 떨리는, 진동하는	

2816 **trem**endousness	무시무시함, 거대함	1. 무서워서 (떨 shiver = **trem**) 정도로 거대한 + **end** + **ous**
tremendous	무시무시한[1], 거대한[1]	☞ a tremendous explosion 엄청난 폭발
[trəméndəs]		☞ immence 엄청난, 어마어마한

2817 **terr**or [térər]	테러, 공포[1]	1. 두렵게 하여 (벌벌 떨게 tremble = **ter** + **r**) 만드는 것 + **or**
terrorize [térəràiz]	공포에 떨게 하다	☞ create a terror atmosphere 공포 분위기를 만들다
terrorism [térərizəm]	테러 행위, 공포 상태	☞ terrorist 테러범

2818 **terr**ific [tərífik]	훌륭한[1], 엄청난, 무서운	1. (떨게 tremble = **ter** + **ri**) (만들 make = **fi**) 정도로 멋진 + **c**
terribleness	무서움	2. 두렵게 하여 (떨게 tremble = **ter** + **ri**) (만들다 make = **fy**)
terrify [térəfài]	무섭게 하다[2]	☞ run at a terrific speed 엄청난 속도로 달리다
terrible [térəbəl]	끔찍한	☞ make a terrible blunder 끔찍한 실수를 저지르다

2819 de**terr**ence [ditə́:rəns]	저지	1. (떨게 tremble = **ter**) 만들어 어떤 대상에서
de**ter** [ditə́:r]	단념시키다[1], 막다	(멀어지도록 away = **de**) 하다
de**terr**ent [ditə́:rənt]	제지하는 것	☞ deter crime 범죄를 막다

2820 **aw**e [ɔ:]	경외감[1]	1. 공경하면서도 (두려워하는 afraid = **aw**) 감정 + **e**
	경외심을 갖게 하다	☞ an awe-inspiring talent 경외심을 불러일으키는 재능
awesome [ɔ́:səm]	경탄할 만한, 굉장한	☞ awfully 몹시
awful [ɔ́:fəl]	끔찍한, 엄청 많은	

처벌하다 punish = pen, pun, ven

2821 **pun**ishment	벌	☞ capital punishment 사형
punish [pʌ́niʃ]	처벌하다	☞ punish a traitor 배신자를 처벌하다

2822 **pen**alty [pénəlti]	벌칙, 벌금, 위약금	1. 후회하게 만들도록 (처벌 punishment = **pen**)하다 + **al** + **ize**
penalize [pénəlàiz]	벌칙을 주다[1]	☞ death penalty 사형
penal [pí:nəl]	처벌의	☞ penalize the company 그 회사를 처벌하다

2823 re**pen**tance	뉘우침, 후회	1. (처벌 punishment = **pen** + **t**) 받은 후
re**pen**t [ripént]	뉘우치다[1], 후회하다[1]	(완전히 entirely = **re**) 후회하다
re**pen**tant [ripéntənt]	뉘우치는	☞ repent sincerely 진심으로 뉘우치다

2824 **re**ven**ge** [rivéndʒ]	복수, 설욕, 복수하다[1]	1. 개인적으로 (완전히 entirely = **re**)
reven**ge**ful	복수심에 불타는	(벌을 주다 punish = **ven**) + **ge**
reven**ge**r [rivéndʒər]	복수하는 사람	☞ swear revenge 복수를 맹세하다

2825 **ven**geance [véndʒəns]	복수	1. 잘못한 사람(에게 to = **a**) (벌을 주다 punish = **ven**) + **ge**
a**ven**ge [əvéndʒ]	복수하다[1]	☞ avenge his friend's murder 그의 친구의 원수를 갚다
a**ven**geful [əvéndʒful]	보복적인	☞ avenger 복수하는 사람

고통, 슬픔 pain = ache, ail, harm, sor

2826 **pain**	고통[1], 고통스럽게 하다	1. (처벌 punishment = **pain**) 받을 때 느끼는 괴로움
painstaking	고통스러운, 공들인	☞ the pain of separation 이별의 고통
painful [péinfəl]	고통스러운, 골치 아픈	☞ a painstaking research 공들인 연구
painkiller [péinkilər]	진통제	☞ recall a painful memory 고통스러운 기억을 떠올리다

2827 **harm** [hɑːrm]	피해, 해를 끼치다[1]	1. 상대에게 (고통 pain = **harm**)과 슬픔을 안겨 주다
harmful [hɑ́ːrfəl]	해로운	☞ a harmful substance 유해 물질
harmless [hɑ́ːrmlis]	해가 없는	☞ a harmless antigen 무해한 항원

2828 **ail**ment [éilmənt]	질병[1]	1. (고통스러운 painful = **ail**) 상태 + **ment**
ail [eil]	병을 앓다, 고통 주다	☞ a minor ailment 가벼운 질환
ailing	병든	☞ She is ailing from a cold. 그녀는 감기를 앓고 있다.

| 2829 **sor**eness [sɔ́ːrnis] | 쓰림, 화가 남 | 1. (통증 ache = **sor**)으로 인해 아픈 + **e** |
| **sor**e [sɔːr] | 상처, 아픈[1] | ☞ a sore throat 인후염, 아픈 목구멍 |

2830 **sor**ry	유감스러운[1], 미안한	1. 상대방의 (통증 ache = **sor** + **r**)으로 인해 애석한 + **y**
sorrow [sárou]	슬픔, 슬퍼하다	2. 자신의 (통증 ache = **sor** + **r**)으로 인해 슬픈 + **ow** + **ful**
sorrowful [sároufəl]	슬픈[2]	☞ sorrow-stricken 슬픔에 잠긴

2831 **ru**th [ruːθ]	슬픔, 후회	1. 타인의 비참한 상태에 (슬픔 sorrow = **ru**)을 느끼지 못하는
ruthful [rúːθfəl]	동정심 많은, 슬퍼하는	+ **th** + **less**
ruthless [rúːθlis]	무자비한[1]	☞ ruthless tyranny 무자비한 폭정

2832 **re**gret [rigrét]	유감, 후회, 후회하다[1]	1. 처벌을 받아 (반복해서 again = **re**) (울다 weep = **gret**)
	유감스럽게 생각하다[1]	☞ a matter of sincere regret 진정으로 유감스러운 일
regretful [rigrétfəl]	유감스러운, 후회하는	☞ a regretful expression 후회하는 표정

무거운 heavy = brut, grav, griev

2833 gravity [grǽvəti]
gravitate [grǽvətèit]
gravitational

중력¹, 엄숙함
끌다, 끌리다
중력의

1. (무거운 heavy = **grav**) 지구가 물체를 아래로 당기는 힘 + **ity**
   ☞ a low centre of gravity 낮은 무게 중심
   ☞ an gravitational equilibrium 중력의 평형

2834 aggrav**ation
ag**grav**ate [ǽgrəvèit]

심각화, 악화
악화시키다¹

1. (무거운 heavy = **grav**) 상황(쪽으로 to = **ag**) 몰고 가다 + **ate**
   ☞ aggravate an illness 병을 악화시키다

2835 grievance [grí:vəns]
grief [gri:f]
grieve [gri:v]

고충사항¹, 불만사항
큰 슬픔²
비통해 하다

1. (무겁고 heavy = **griev**) 슬픈 감정이나 고충을 유발하는 사항
   + **ance**
2. (무덤 grave)에서 느끼는 (무겁고 heavy = **grief**) 슬픈 감정
   ☞ grief-stricken 비탄에 빠진

2836 brutality [bru:tǽləti]
brutal [brú:tl]
brute [bru:t]

야만성
잔인한, 이성이 없는
짐승¹, 야수, 야만적인

1. 이성보다는 (무거운 heavy = **brut**) 힘에 의존하는 동물 + **e**
   ☞ a brutal treatment 잔인한 대우
   ☞ a brute villain 짐승 같은 악당

슬퍼하다 grieve = alg, dol, wail, woe

2837 condol**ence
con**dol**e [kəndóul]

애도
위안하다¹

1. (함께 with = **con**) (슬퍼하다 grieve = **dol**) + **e**
   ☞ a sign of condolence 애도의 표시

2838 nostalg**ia [nɑstǽldʒiə]
nost**alg**ic
home**sick**ness

향수¹, 고향 생각
향수를 불러일으키는
향수병

1. 고향 (집 home = **nost**)을 그리워하는
   (슬픈 감정 grief = **alg**) + **ia**
   ☞ nostalgic memories 향수 어린 추억들

2839 woe [wou]
woeful [wóufəl]
wail [weil]
wailful [wéilfəl]

비통
비통한¹
통곡하다², 투덜거리다
슬피 우는

1. (탄식 소리 wa! = **woe**)를 낼 정도로 슬픔으로 가득 찬 + **ful**
2. (탄식 소리 wa! = **wail**)를 내며 울다
   ☞ a woeful cry 비통한 외침 소리
   ☞ a wail of despair 절망의 울부짖음

2840 gloom [glu:m]
gloomy [glú:mi]
gloomful [glú:mfəl]

우울, 침울
우울한¹
어둑어둑한, 우울한

1. 시무룩하고 (흐리고 부은 turbid, sullen = **gloom**)
   얼굴 표정을 가진 + **y**
   ☞ a gloomy expression 우울한 표정

2841 howl [haul]

were**wolf** [wə́:rwùlf]

울부짖는 소리¹, 큰 웃음
울부짖다, 껄껄 웃다
늑대 인간²

1. 늑대가 (이빨을 드러내고 세차게 내는 큰 소리 howl)
2. 보름달이 뜨면 (늑대 **wolf**)로 변하는 (인간 man = **were**)
   ☞ a lone wolf 외톨이 늑대, 고립주의자

2842 **groan** [groun]	신음[1], 신음 소리를 내다	1. 고통으로 (이빨을 드러내는 howl = **groan**) 깊고 낮은 소리
groaningly	신음하면서	2. (이빨을 드러내는 howl = **grin**) 소리 없는 활짝 웃음
grin [grin]	싱긋 웃음[2]	☞ a wicked grin 짓궂은 미소

★ 신뢰 trust = fai, fed, fi, fid, bid

2843 **fai**thfulness	충실함	1. (신뢰 trust = **fai**)하는 마음 + **th**
faith [feiθ]	믿음[1], 신뢰, 신앙	☞ freedom of faith 신앙의 자유
faithful [féiθfəl]	충실한	☞ unfaithful 진실하지 않은

2844 con**fid**ence [kánfidəns]	확신, 신뢰, 자신감	1. (완전히 entirely = **con**) (믿는 trust = **fid**) + **ent**
con**fid**ent [kánfidənt]	확신하는[1], 자신감 있는	☞ win public confidence 대중의 신뢰를 얻다
self-**confid**ent	자신감 있는	☞ overconfidence 지나친 자신감

2845 con**fid**entiality	비밀	1. (완전히 entirely = **con**) (믿어서 trust = **fid**)
con**fid**e [kənfáid]	비밀을 털어놓다[1]	비밀을 털어놓다 + **e**
con**fid**ential	비밀의	☞ a confidential inquiry 비밀 조사
[kànfidénʃəl]		

| 2846 bona **fid**e [bóunə fáid] | 진실된[1], 선의의 | 1. (좋은 good = **bona**) (믿음 trust = **fid**)을 가진 + **e** |
| good will | 선의, 호의, 영업권 | ☞ a bona fide third party 선의의 제3자 |

2847 **fed**eration [fĕdəréiʃən]	연방 국가, 연맹	1. 다수의 국가 또는 주정부가 서로 (믿고 trust = **fed**)
federate [fédərit]	연합하다	연합하는 + **er** + **al**
federal [fédərəl]	연방제의, 연방 정부의[1]	☞ the federal government 연방 정부

2848 con**fed**eration	캐나다 연방, 연합	1. (함께 with = **con**) (믿고 trust = **fed**) 동맹을 맺은 국가
con**fed**eracy	연합, 연맹	+ **er** + **ate**
con**fed**erate [kənfédərit]	동맹국[1], 공모자, 연합한	☞ a confederate in crime 범죄 공모자

2849 de**fi**ance [difáiəns]	반항, 저항	1. (믿음 trust = **fy**)에서 (멀어져서 away = **de**) 대들다
de**fy** [difái]	반항하다[1], 견뎌내다	☞ gravity-defying 중력에 저항하는
de**fi**ant [difáiənt]	반항하는	☞ a defiant teenager 반항적인 십대

2850 **bid**e [baid]	머무르다, 기다리다	1. (믿고서 trust = **bid**) 어려움을 견디며 (계속 on = **a**)
a**bid**e [əbáid]	견디다[1], 머무르다	기다리다 + **e**
a**bod**e [əbóud]	거주지, 체류	☞ abide by (법률 등을) 따르다, 준수하다

2851 **libi**do [libí:dou]	성욕[1]	1. (사랑 love = **libi**)으로 인해 발생하는 성적인 욕망 + **do**
eros [érɑs]	관능적 사랑	2. 신과 인간 사이의 (강한 great = **aga**) (사랑 love = **pe**)
aga**pe** [əgéip]	인간과 신의 사랑[2]	☞ platonic love 정신적인 사랑

★ 생각하다 think = ra, re, rea, ri, rid

2852 reading
read
proof**read** [pru:fri:d]

독서[1], 수치표시
읽다, 읽히다, 가리키다
교정을 보다

1. 읽는 내용을 (생각하는 think, reason = **re**) 행위
   + **ad** + **ing**
   ☞ The thermometer reads 6℃. 온도계는 6도를 가리킨다.

2853 rite [rait]
ritualize [rítʃuəlàiz]
ritual [rítʃuəl]

의식, 의례[1]
의례적으로 하다
의식, 의례, 의례적인

1. 경전을 (읽는 read = **ri**) 종교 행사 + **te**
   ☞ a rite of passage (성인식, 결혼식 등) 통과 의례
   ☞ participate in rituals 의례에 참여하다

2854 reason [rí:zən]
reasonable [rí:zənəbəl]
reasonably

이유, 이성[1], 추론하다
합리적인, 타당한
상당히, 타당하게

1. (생각하는 think = **rea**) 능력 + **son**
   ☞ the ability to reason 추론할 수 있는 능력
   ☞ a reasonable profit 적정한 이윤

2855 rationality
rationalize [ræʃənəlàiz]
rational [ræʃənl]
rationale [ræʃənǽl]

합리성
합리화하다
이성적인[1], 합리적인
이론적 설명, 근거, 원리

1. 합당하다고 (생각되는 think = **ra**) + **t** + **ion** + **al**
   ☞ a rational decision 이성적인 결정
   ☞ a physiological rationale 생리적 원리
   ☞ ration 배급, 배급하다

2856 riddle [rídl]
enigma [inígmə]
quiz [kwiz]

수수께끼[1], 구멍을 뚫다
수수께끼[2]
간단한 시험, 질문하다

1. (생각해야 think = **rid** + **d**)만 풀 수 있는 문제 + **le**
2. (불분명한 말 obscure saying = **enigma**)
   ☞ puzzle 수수께끼, 당황하게 하다

2857 recklessness
reckless [réklis]
reck [rek]

무모함
무모한[1], 신중하지 못한
마음을 쓰다

1. (생각하지 think = **re** + **ck**) (않고 not = **less**) 행동하는
   ☞ results of recklessness 무모함의 결과
   ☞ a reckless driver 난폭 운전자

2858 dread [dred]
d**rea**dful [drédfəl]

두려움, 두려워하다[1]
무서운, 무시무시한

1. 안 좋은 일을 (미리 pre = **ad** = **d**) (생각해서 think = **re**)
   무서워하다 + **ad**

2859 dizziness [dízinis]
dizzy [dízi]

현기증
어지러운[1], 멍청한

1. 변화가 심해서 (생각할 수 없는 thoughtless = **dizz**) + **y**
   ☞ nausea 메스꺼움

2860 doze [douz]
dozy [dóuzi]
nap [næp]

낮잠, 졸다[1]
졸리는
낮잠, 보풀, 잠깐 졸다

1. (생각할 수 없는 thoughtless = **doz**) 상태로 접어들다 + **e**
   ☞ doze off 낮에 잠이 들다
   ☞ drowse 졸음, 졸다

계산하다 count = put, ra, ri, unt

2861 count [kaunt]　셈, 세다, 계산하다[1]　　1. 수와 (함께 with = co) (생각 또는 계산하다 reckon = unt)
　　　　　　　　　　　중요하다, 간주하다　　　2. (계산하는 count) 장소 + er
　counter [káuntər]　계산대[2], 반박하다　　☞ countless 셀 수 없이 많은　　☞ countdown 초읽기

2862 count [kaunt]　백작[1]　　　　　　1. 수행원과 (함께 com = co) 관할 구역을 돌아
　county [káunti]　(자치) 군　　　　　　(다니는 go = unt) 지방 귀족 통치자
　country [kʌ́ntri]　시골, 국가　　　　☞ countryside 시골 지역

2863 discount [dískaunt]　할인, 할인하다[1], 무시하다　1. 더하기와 (반대로 opposite = dis) 빼면서 (계산하다 count)
　dis**count**able　할인할 수 있는　　　☞ a discount rate 할인율, 대출 금리

2864 account [əkáunt]　계좌[1], 거래처[2], 설명[3]　1. 고객(에게 to = ac) 지불하는 돈을 (계산하는 count) 장부
　account for　설명하다　　　　　2. (계좌 account)를 개설한 회사의 고객
　　　　　　　　　　　(비율) 차지하다　　　3. (계좌 account)의 입출금 내역을 설명하는 명세서

2865 accounting　회계　　　　　　1. 입출금 내역 (장부 account)를 관리하는 사람 + ant
　accountant　회계원[1], 회계사　　　2. (계좌 account) 내역에 대해 설명할 의무가 있는 + able
　accountability　책임 있음, 의무　　☞ accounting principles 회계원칙
　accountable　책임 있는[2], 설명할 수 있는　☞ an accountable government 책임을 질 수 있는 정부

2866 comput**er**　컴퓨터[1]　　　　　1. 수를 (함께 with = com) (계산하는 count = put) 기계 + er
　com**put**ation　계산　　　　　　☞ computer-literate 컴퓨터 사용에 능한
　com**put**e [kəmpjú:t]　계산하다　　☞ compute interest 이자를 계산하다

2867 disput**e** [dispjú:t]　논쟁, 분쟁, 논쟁하다[1]　1. 서로 (반대로 opposite = dis) (계산하다 count = put) + e
　dis**put**able　논쟁의 여지가 있는　　☞ settle a dispute 분쟁을 해결하다

2868 deput**y** [dépjəti]　조직의 2번째 직급　　1. (계산 count = put)을 부하에게 (멀리 away = de)
　　　　　　　　　　　위임하다[1]　　　　넘기다 + y

2869 reput**ation**　평판, 명성　　　　1. (반복해서 repeatedly = re) (계산한 count = put) 후에
　re**put**e [ripjú:t]　평판, 명성, 평하다[1]　판단하다 + e
　re**put**edly　평판에 의하면　　　　☞ earn a reputation 평판을 얻다

2870 rate [reit]　속도, 비율[1], 요금[1]　　1. (계산한 count = ra) 결과로써 산출된 수치 + te
　　　　　　　　　　　평가하다, 등급을 매기다　2. (계산 count = ra)된 수치의 상대적인 가치 + t + io
　ratio [réiʃou]　비율[2]　　　　　☞ gender ratio 성별 비율

341

| 2871 | **reck**oning [rékəniŋ] | 추산, 심판 | 1. 숫자 또는 생각을 순서에 맞게 |
| | **reck**on [rékən] | 추산하다[1], 생각하다[1] | (직선으로 배열하다 arrange in order = reck) + on |

2872	**ari**thmetic [əríθmətik]	산수[1], 계산	1. 수를 (계산하는 count = **ri** + **th**) (기술 art = **a**) + **met** + **ic**
	arithmetical	산수의, 산술적인	☞ decimal and binary arithmetic 십진 산술법과 이진 산술법
	mathematics	수학 (math)	☞ mathematician 수학자

| 2873 | al**gebra** [ǽldʒəbrə] | 대수학[1] | 1. 숫자와 문자를 (통합하는 unite = **gebra**) (그 the = **al**) 학문 |
| | | | ☞ an algebraic equation 대수 방정식 |

| 2874 | **algorithm** [ǽlgəriðəm] | 연산 규칙의 집합[1] | 1. (아라비아 숫자 체계 Arabic numeral system = **algorithm**) |
| | **algorithm**ic | 알고리즘의 | ☞ an iterative algorithm 반복 수행 알고리즘 |

| 2875 | **aim** [eim] | 목표[1], 겨냥, 겨누다 | 1. (계산해서 count = **aim**) 산출된 도달해야 할 목표 |
| | **aim**less [éimlis] | 목적이 없는 | ☞ aim at a target 과녁을 겨냥하다 |

★ 측정하다 measure = me, mea, med, men, mod, mp

2876 measurement
measure [méʒər]

측정
측정, 대책, 많은 양
재다, (치수) ~이다

☞ a metric measurement 미터 측정법
☞ a preventive measure 예방 대책
☞ a tape measure 줄자

2877 dimension [diménʃən]
dimensional

치수[1], 크기[1], 차원
치수의, 크기의

1. (완전히 utterly = di) (측정된 measure = men) 규모 + s + ion
☞ a three dimensional shape 3차원의 형상

2878 immenseness
immense [iméns]

막대함
엄청난[1]

1. (측정할 measure = men) 수 (없을 not = im) 만큼 큰 + se
☞ an immense territory 광대한 영토

2879 emptiness [émptinis]
empty [émpti]

빈 상태, 허무
비우다, 비어 있는[1]

1. (측정할 measure = e + mp) 곡식이 남아 있지 않은 + ty
☞ an empty nest (성장한 자녀가 떠난) 빈 둥지

2880 symmetry [símətri]
symmetric [simétrik]
asymmetry [eisímətri]
asymmetric

대칭[1]
대칭적인
비대칭
비대칭적인[2]

1. (함께 with = sym) (측정한 measure = me)
같은 길이의 물체가 마주보는 상태 + tr + y
2. (대칭적 symmetric)이 (아닌 not = a)
☞ an axis of symmetry 대칭축

2881 module [mádʒuːl]
modulation
modulate [mádʒəlèit]

구성단위, 조립 부품
조절, 조정
조절하다[1]

1. (측정하여 measure = mod + u) (미세하게 small = le = l)
조절하다 + ate
☞ modulate radio waves 무선 주파수를 바꾸다

2882 moderation
moderate [mádərət]
immoderate

적당함, 온건, 절제
절제하다, 적당한[1]
과도한, 터무니없는

1. (측정한 measure = mod) 결과가
기준치 범위 안에 있는 + er + ate
☞ a moderate climate 온난 기후

2883 medication
medicine [médəsən]
medicate [médəkèit]

약, 투약, 약물 치료
의학[1], 의료, 약
약을 투여하다

1. 마법사가 약초와 독약을 (측정하는 measure = med) 기술
+ ic + ine
☞ medicament 약   ☞ a medicine man 치료 주술사

2884 medicalization
medicalize
medical [médikəl]
medicare [médikèər]

치료
치료하다
의학의, 의료의
의료 보험

☞ medic 의사, 의대생, 위생병
☞ medical care 의료, 건강관리
☞ paramedic 긴급 의료원
☞ a medicare beneficiary 의료 보험 수혜자

2885 remediation
remedy [rémədi]
remedial [rimíːdiəl]

치료 교육, 복원
치료, 치료하다[1]
치료하는, 개선하는

1. (반복해서 again = re) 약초를 (측정하여 measure = med)
복용하다 + y
☞ a popular remedy 민간 치료

2886 **medit**ation	명상, 묵상	1. 생각을 통해 마음의 (약 medicine = **medit**)을 복용하다 + ate
meditate [médətèit]	명상하다[1], 숙고하다	☞ a profound meditation 깊은 명상
meditative	명상하는	☞ meditate on past life 과거의 삶에 대해 숙고하다

2887 **me**ter [míːtər]	미터, 계량기, 재다[1]	1. 무언가를 (측정하다 measure = **me**) + t + er
metric [métrik]	미터법, 미터법의	☞ square meter 제곱미터
metrical [métrikəl]	운율의	☞ the metric system 미터법

2888 dia**me**ter [daiǽmitər]	지름[1], 직경	1. (가로질러 across = **dia**) (측정한 measure = **me**)
dia**me**tric [dàiəmétrik]	직경의, 정반대의	두 점 사이의 거리 + t + er
		☞ a mean diameter 평균 지름 ☞ radius 반지름, 복사선

2889 peri**me**ter [pərímitər]	둘레[1], 주변	1. 물체 (주변 around = **peri**) (측정 measure = **me**) 거리 + t + er
para**me**ter	한도[2]	2. 경계를 (따라 alongside = **para**) (측정하여 measure = **me**)
[pərǽmitər]	매개 변수, 조건	정해진 한도 + t + er

2890 baro**meter** [bərǽmitər]	기압계[1], 지표, 표준	1. 공기의 (무거운 정도 weight = **baro**)을 (측정하는 기구 **meter**)
baro**metric**	기압계의	2. (뜨거운 hot = **thermo**) 정도를 (측정하는 기구 **meter**)
thermo**meter**	온도계[2]	☞ a business barometer 경기 지표

2891 **mod**e [moud]	방식[1], 태도, 유행	1. 적절하게 (측정하는 measure = **mod**) 방법 + e
out**mod**e [àutmóud]	유행에 뒤떨어지다	☞ out of mode 유행이 지난

2892 **mod**esty [mádisti]	겸손[1], 보통	1. 자신에 대한 적당하고 절제된 (태도 **mode**) + sty
modest [mádist]	보통의, 겸손한	☞ the virtue of modesty 겸양의 미덕
im**mod**est [imádist]	자만하는, 야한	☞ a modest attitude 겸손한 태도

2893 **mod**ernity [mádəːrnəti]	현대성, 근대성	1. 현재의 (방식 **mode**)에 맞는 + rn
modernization	현대화	☞ product line modernization 제품 라인 현대화
modernize [mádərnàiz]	현대화하다	☞ modernize public facilities 공공시설을 현대화하다
modern [mádərn]	현대의[1], 근대의	☞ modern farming methods 현대 영농법

2894 **mod**ification	변경, 수식	1. (측정 measure = **mod** + i) 방식을 바꾸어 (만들다 make = **fy**)
modify [mádəfài]	변경하다[1], 수식하다	☞ cognitive behavior modification 인지적 행동 수정
modifiable	변경할 수 있는	☞ a genetically modified organism 유전자가 조작된 유기체

2895 tur**moil** [təːrmɔil]	혼란[1], 소란	1. (3개의 three = **tur**) (측정 방식 mode = **moil**)을 가져서
	불안하게 하다	혼란스러운 상황
		☞ the global economic turmoil 세계 경제 혼란

2896 com**mod**ity [kəmάdəti] com**mod**ify [kəmάdəfài]	상품¹, 원자재 상품화하다	1. (완전히 entirely = com) 똑같이 (측정해서 measure = mod) 만든 제품 + ity ☞ a commodity exchange 상품 거래소
2897 accom**mod**ation accom**mod**ate accom**mod**ative	숙박 시설, 적응 수용하다, 제공하다¹ 적응적인, 순응적인	1. 사람(에게 to = ac) (완전히 entirely = com) 적합한 (방식 mode = mod)으로 제공하다 + ate ☞ furnished accommodation 가구가 비치된 숙박 시설
2898 **mould** [mould] **mold** [mould] re**mold** [ri:móuld]	곰팡이, 틀, 주조하다 틀¹, 곰팡이², 부식토 주조하다 개조하다	1. 흙으로 동일 모양을 만드는 (방식 mode = mold)에 사용되는 틀 2. 헐겁고 (젖은 wet = mol) 흙인 부식토에서 자라는 균 + d ☞ moldy 곰팡이가 핀
2899 **plast**er [plǽstər]	회반죽¹, 깁스 회반죽을 바르다	1. (거푸집 mold = plast) 재료로 쓰이는 석고가루 반죽 + er ☞ a plaster cast 석고 깁스

알려 주다 make aware = bead, beg, bid

2900 **bid** [bid]	입찰, 값을 부르다¹ 명령하다²	1. 판매자에게 구입 가격을 (알려 주다 make aware = **bid**) 2. 해야 할 일을 (알려 주다 make aware = **bid**)
2901 for**bid**dance [fərbídns] for**bid** [fərbíd] for**bid**den [fərbídn]	금지 금지하다¹ 금지된	1. 해서는 (안 되는 against = for) 것을 (알려 주다 make aware = **bid**) ☞ forbid all foreign commerce 대외교역을 금지하다
2902 **bead** [bi:d] **bead**work [bidwərk] **pray**er [prɛər] **pray** [prei]	구슬, 염주¹, 묵주¹ 구슬을 달다 구슬 장식 기도, 기도하는 사람 기도하다²	1. 신에게 (알리기 make aware = **bead**) 위해 기도할 때 사용하는 구슬 모양의 도구 2. 신에게 원하는 것을 (알려 주며 애원하다 beg = **pray**) ☞ flick an abacus bead 주판알을 튕기다 ☞ a prayer for peace 평화를 위한 기도
2903 **brib**e [braib] **brib**ery [bráibəri]	뇌물, 뇌물을 주다¹ 뇌물 수수	1. 부정한 돈이나 물건을 주면서 (애원하다 beg = **brib**) + e ☞ a bribery scandal 뇌물 사건

★ 알다 (1) know = noi, gn, quain, soph

2904 **know**ledge [nάlidʒ] **know** **know**ledgeable	지식¹, 앎 알다 많이 아는	1. 배워서 (알게 된 **know**) 인식이나 이해 + ledge ☞ an instinctive knowledge 본능적으로 아는 지식 ☞ know-how 실질적인 지식과 경험

2905 ac**knowledge**ment 접수 통지, 인정, 감사

ac**knowledge** [æknálidʒ] 인정하다¹, 감사하다

ac**knowledge**able 인정할 수 있는

1. 상대(에게 to = ac) (알고 있음 knowledge)을 표시하다
☞ acknowledge a favor 호의에 감사하다
☞ acknowledge receipt 수취 사실을 알리다

2906 philo**soph**y [filásəfi] 철학

philo**soph**ic 철학의

philo**soph**er 철학자¹

1. (지식 knowledge = soph)을
(사랑하는 loving = phil + o) 사람 + er
☞ practical philosophy 실천 철학

2907 **soph**ist [sáfist] 소피스트, 궤변가¹

sophistication 궤변, 교양, 복잡, 정교

sophisticate 교양인, 궤변으로 속이다

[səfístəkèit] 복잡하게 하다²

1. (지식 knowledge = soph) 자랑하는 사이비 철학자 + ist
2. (소피스트 sophist)가 논리를 복잡하게 하다 + ic + ate
☞ technological sophistication 과학 기술적 복잡화
☞ a sophisticated audience 교양이 있는 청중

2908 **cogn**ition [kɑgníʃən] 인식, 인지¹

cognize [kágnaiz] 인식하다, 인지하다

cognitive [kágnətiv] 인지적인

1. 모든 감각이 (함께 with = co) (알고 know = gn) 있는
상태 + it + ion
☞ cognitive dissonance 인지적 부조화

2909 re**cogn**ition [rèkəgníʃən] 인식, 인정, 표창

re**cogn**ize [rékəgnàiz] 알아보다¹, 인식하다
인정하다

1. 과거에 (함께 with = co) (알고 know = gn) 있었던 것을
(다시 again = re) 알아보다 + ize
☞ voice recognition 음성 인식

2910 ac**quain**tance 아는 사람, 지인

ac**quain**t [əkwéint] 알리다¹, 소개하다

1. 상대(에게 to = ac) 누구인지 (알리다 know = quain) + t
☞ preacquaintance 미리 알림

2911 **ign**orance [ígnərəns] 무지¹, 무식

ignore [ignɔ́ːr] 무시하다

ignorant [ígnərənt] 무지한, 무식한

1. (알지 know = gn) (못하는 not = in = i) 상태 + or + ance
☞ Ignorance is bliss. 모르는 게 약 또는 행복이다.
☞ ignoble 비열한

2912 dia**gn**osis [dàiəgnóusis] 진단

dia**gn**ose [dáiəgnòus] 진단하다¹

dia**gn**ostic 진단의

1. 질병 상태를 (완전히 thoroughly = dia) (알기 know = gn)
위해 살펴보다 + o + se
☞ a correct diagnosis 정확한 진단

2913 **barbar**ian [bɑːrbéəriən] 야만인¹

barbarous [báːrbərəs] 야만적인

1. 유럽에 침입한 (영어를 모르는 barbar) 이방인 + i + an
☞ barbaric 야만적인

★ 알다 (2) know = nar, no

2914 note [nout]
메모[1], 주석, 지폐, 음표
주목하다, 언급하다

1. (알리기 make know = **no**) 위해 적어 놓은 짧은 글 + **te**
   ☞ note-taking 필기

notable [nóutəbəl]
주목할 만한, 중요한
☞ a notable social consensus 눈에 띄는 사회적 합의

noteworthy [nóutwərði]
주목할 만한
☞ banknote 지폐

2915 footnote [fútnout]
각주[1]

1. 페이지 (하단 **foot**)에 적어 놓은 (주석 **note**)

endnote [éndnòut]
미주[2]

2. 책의 (마지막 **end**) 부분에 적어 놓은 (주석 **note**)

key**note** [kínout]
주안점, 기조, 으뜸음
☞ a keynote address 기조연설

2916 notification
알림, 통지

1. 상대방에게 (알도록 know = **no** + **ti**) (만들다 make = **fy**)

notify [nóutəfài]
통지하다[1]
☞ a prior notification 사전 통보

2917 notice [nóutis]
주목, 통지, 공지
주목하다, 알아채다[1]

1. 어떤 사실에 주목하여 (알게 되다 know = **no**) + **ti** + **ce**
   ☞ noticeboard 게시판   ☞ a bulletin board 게시판

noticeable [nóutisəbəl]
뚜렷한, 주목할 만한
☞ noticeable progress 뚜렷한 진보

2918 denotation
명시적 의미

1. (완전히 entirely = **de**) (알도록 know = **no**) 표시하다 + **te**

de**no**te [dinóut]
표시하다[1], 나타내다[1]
☞ denotative 표시하는, 외연적인

2919 connotation
함축된 의미

1. (함께 with = **con**) (알도록 know = **no**) 의미를 내부에

con**no**te [kənóut]
함축하다[1], 내포하다
간직하다 + **te**

con**no**tative
함축적인, 암시하는
☞ connote disapproval 불승인의 뜻을 내포하다

2920 notoriousness
악명이 높음

1. 나쁜 점이 널리 (알려진 known = **notori**) + **ous**

notoriety [nòutəráiəti]
악명, 악명 높은 사람
☞ shake off its notoriety 그것의 악명을 떨쳐버리다

notorious [noutɔ́:riəs]
악명 높은[1]
☞ a notorious criminal 악명 높은 범죄자

2921 nobility [noubíləti]
고귀함, 귀족

1. 평민보다 많이 (알고 있는 know = **no** + **ble**) (사람 **man**)

nobleman [nóublmən]
귀족[1]
☞ duke 공작; marquis 후작; count 백작; earl 영국 백작;

noble [nóubəl]
고귀한, 귀족의
viscount 자작; baron 남작; sir 경

noblesse [noublés]
(프랑스) 귀족
☞ noblesse oblige 부자가 없는 사람을 도와야 한다는 생각

2922 notionality
개념적임, 비현실성

1. 사물이나 현상에 대해 (알고 know = **no**) 있는

notion [nóuʃən]
개념[1], 생각
일반적 지식 + **t** + **ion**

notional [nóuʃənəl]
개념상의, 이론적인
☞ a mistaken notion 그릇된 생각

2923 narration [næréiʃən]
이야기, 이야기함, 화법

1. 상대방이 (알도록 know = **nar** + **r**) 말해 주다 + **ate**

narrate [næréit]
이야기하다[1]
☞ direct narration 직접 화법

narrative [nǽrətiv]
이야기, 서술, 서술의
☞ narrative literature 설화 문학

| 2924 | cunning [kʌ́niŋ] | 교활, 잔꾀, 교활한[1] | 1. 속이는 기술을 사용(할 수 있을 can = cun) 만큼 |
| | cheat [tʃiːt] | 부정행위하다, 속이다 | 너무 잘 (알고 있는 know = n) + ing |

★ 기쁘게 하다 please = gra, gre, hedon, plac, plea

2925	**plea**sure [pléʒər]	기쁨, 즐거움	1. 상대방을 (만족하게 satisfy = plea) 만들다+ se
	please [pliːz]	기쁘게 하다[1], 제발	☞ displease 불쾌하게 하다, 불쾌하다
	pleasant [pléznt]	기분 좋은, 쾌적한	☞ unpleasant 불쾌한

| 2926 | **plea** [pliː] | 애원, 간청, 항변 | 1. 죄의 사면을 (간절히 please = plea) 바라다 + d |
| | **plea**d [pliːd] | 애원하다[1], 탄원하다 | ☞ deny a plea 탄원을 기각하다 |

2927	com**plac**ency	현 상태에 만족함, 안주	1. (완전히 entirely = com) (기뻐하는 please = plac) + ent
	com**plac**ent [kəmpléisənt]	만족하는[1], 안주하는	☞ room for complacency 안주할 여유
	self-complacent	자기만족의	☞ a complacent smile 만족스러운 미소

| 2928 | **plac**ebo [pləʃéibou] | 플라세보, 위약[1] | 1. 환자의 심리적 (기쁨 pleasure = plac + e)을 유발하여 |
| | placebo effect | 위약 효과 | 치료하는 가짜 약 + bo |

| 2929 | **plac**idity [pləsídəti] | 평온 | 1. (기뻐서 please = plac) 마음이 편한 + i + d |
| | **plac**id [plǽsid] | 평온한[1], 온화한 | ☞ a placid temperament 온화한 기질 |

2930	**gra**tification	만족	1. 상대를 (기쁘게 please = gra + ti) (만들어 make = fy)
	gratify [grǽtəfài]	만족시키다[1]	만족감을 주다
	gratitude [grǽtətjùːd]	고마움	2. 상대 마음을 (기쁨 pleasure = gra)으로 가득 차게 하는
	grateful [gréitfəl]	감사하는[2]	+ te + ful
			☞ an ability to delay gratification 만족을 지연하는 능력

2931	**agree**ment [əgríːmənt]	동의, 협정	1. 상대방(에게 to = a) (기쁘게 하다 please = gre + e)
	agree [əgríː]	동의하다[1]	☞ disagreement 의견 차이, 불일치
	agreeable [əgríːəbəl]	기분 좋은, 동의하는	☞ a voluntary agreement 자발적인 동의
	dis**agree**able	불쾌한, 무례한	☞ an agreeable impression 호감, 기쁘게 하는 인상

2932	**hedon**ism [híːdənìzəm]	쾌락주의[1]	1. (기쁨 pleasure = hedon)이 도덕적 기준이라 생각하는
	hedonic [hiːdánik]	쾌락의	주의 + ism
			☞ a hedonic consumption tendency 쾌락적 소비 성향

기뻐하다 joy = jew, jov

2933 rejoi**ce** [ridʒɔ́is] 크게 기뻐하다[1] 1. (완전히 entirely = re) (기뻐하다 joy = joi) + ce
☞ rejoice over a victory 승리를 기뻐하다

2934 enjoy**ment** [endʒɔ́imənt] 즐거움 1. (기쁨 joy)을 (만들어 make = en) 누리다
enjoy [endʒɔ́i] 즐기다[1] ☞ the source of enjoyment 즐거움의 원천
enjoy**able** 즐거운 ☞ enjoy popularity 인기를 누리다

2935 joviality 유쾌함, 명랑함 1. (목성 Jupiter = Jove = jov)에 해당하는 시간에 태어나면
jovial [dʒóuviəl] 명랑한, 유쾌한[1] 행운이 있다고 믿어서 기분이 유쾌한 + i + al
Jup**iter** [dʒú:pətər] 목성, 주피터 (우두머리 신) ☞ a jovial manner 명랑한 태도

2936 jewel [dʒú:əl] 보석[1], 장신구 1. (기쁨 joy = jew)을 주는 귀중한 장식용 돌 + el
jewelry [dʒú:əlri] 보석류 ☞ a priceless jewel 매우 값비싼 보석
bejew**el** [bidʒú:əl] 보석으로 장식하다 ☞ inauthentic jewelry 모조 보석

★ 좋아하다, 사랑하다 like, love = gra, gre, car, char, cher, year

2937 greed [gri:d] 탐욕 1. 모든 것을 소유하기를 (좋아하는 like = gre + e) + d + y
greedy [grí:di] 탐욕스러운[1] ☞ obsessed by greed 탐욕에 사로잡힌
greedsome 탐욕스러운 ☞ greedy for wealth and power 부와 권력에 탐욕스러운

2938 yearning [jə́:rniŋ] 갈망, 동경 1. 어떤 것을 하기를 몹시 (좋아하다 like = year) + n
yearn [jə:rn] 갈망하다[1], 동경하다 ☞ an irresistible yearning 참을 수 없는 동경
yearnful [jə́:rnfəl] 동경하는, 그리워하는 ☞ yearn for freedom 자유를 갈망하다

2939 grace [greis] 은총[1], 우아함, 품위 1. 신의 자비로운 (사랑 love = gra) + ce
gracious [gréiʃəs] 우아한, 자비로운 2. (사랑하게 love = gra) 만드는 특성으로 가득한 + ce + ful
graceful [gréisfəl] 우아한[2], 품위를 지키는[2] ☞ ungraceful 우아하지 않은, 볼품이 없는

2940 disgra**ce** [disgréis] 수치, 불명예, 치욕 1. 신의 (사랑 love = gra)을 받지 (못한 not = dis) + ce + ful
disgra**ceful** 수치스러운[1] ☞ a disgraceful deed 수치스러운 행위

2941 bafflement 곤혹, 좌절, 방해 1. (수치 disgrace = baff) 또는 역겨움을 표시하는 의성어 + le
baffle [bǽfəl] 칸막이 ☞ baffle a person's plan 어떤 사람의 계획을 좌절시키다
당황하게 하다[1], 방해하다 ☞ baffle description 언어로 표현할 수 없다

2942 caress [kərés] 애무, 애무하다[1] 1. (사랑 love = car)의 표시로 어루만지다 + ess
cherish [tʃériʃ] 소중히 여기다[2] 2. (사랑해서 love = cher) 소중히 여기다 + ish
cherishable 소중히 간직할 만한 ☞ cherish tradition 전통을 소중히 하다

2943 **char**ity [tʃǽrəti]	자선 단체, 자선[1]	1. 가난한 사람에게 (사랑 love = char) 또는 자비를
charitable	자선의, 자선단체의	베푸는 행위 + ity
		☞ a charity auction 자선 경매

2944 **car**e [kɛər]	걱정, 조심, 보살피다[1]	1. (사랑해서 love = car) 걱정하고 관심을 가지다 + e
careful [kéərfəl]	주의하는, 세심한	☞ care for 좋아하다, 보살피다
careless [kéərlis]	조심성이 없는	☞ care about 마음을 쓰다, 관심을 가지다
carefree [keˈrfriˌ]	걱정이 없는	☞ take care of 돌보다, 책임을 지다

| 2945 **cur**iosity [kjùəriásəti] | 호기심, 신기한 것 | 1. 미래 사건을 (걱정하여 care = cur) 궁금해 하는 + i + ous |
| **cur**ious [kjúəriəs] | 호기심이 있는[1] | ☞ a strong intellectual curiosity 강한 지적 호기심 |

★ 안전한, 확실한 secure = cur, sur

2946 se**cur**ity [sikjúəriti]	안전, 보안, 담보	1. (걱정 care = cur)이 (없는 without = se) + e
se**cur**e [sikjúər]	보호하다, 확보하다	☞ a security guard 보안 요원
	안심하는[1], 안전한[1]	☞ secure exclusive rights 독점권을 확보하다

| 2947 **sur**eness [ʃúərnis] | 확신, 안정감 | 1. (안전한 secure = sur + e) 상태로 (만들다 make = en) |
| en**sur**e [enʃúər] | 보장하다, 안전하게 하다[1] | ☞ sure 확신하는, 안정된 ☞ sure-fire 확실한, 틀림없는 |

2948 as**sur**ance	보장, 확신, 보험	1. 상대(에게 to = as) (안전 secure = sur) 상태를 보장하다 + e
as**sur**e [əʃúər]	보장하다[1], 확신시키다	2. (반복해서 again = re) 상대(에게 to = as)
rea**sur**ance	안심시키기	(안전한 secure = sur) 상태를 보장하여 안심시키다 + e
rea**sur**e [riːəʃúər]	안심시키다[2]	☞ life assurance 생명 보험 ☞ life insurance 생명 보험

| 2949 in**sur**ance | 보험 | 1. 마음을 (안전한 secure = sur + e) 상태로 (만들다 make = in) |
| in**sur**e [inʃúər] | 보험 들다[1] | ☞ National Insurance 국민 보험 제도 |

2950 **cur**e [kjuər]	치료, 치료하다[1]	1. 의학적으로 (보살피다 care = cur) + e
curable [kjúərəbəl]	치유 가능한	2. 박물관에서 전시물을 (보살피는 care = cur) 사람 + at + or
curative [kjúərətiv]	치료법, 치유력 있는	☞ cure a fever 열병을 치료하다
curator [kjuəréitər]	학예사[2]	☞ incurable 치유할 수 없는

2951 ac**cur**acy [ǽkjərəsi]	정확성[1]	1. 환자(에게 to = ac) (치료할 cure = cur) 때 필요한 요소 + acy
inac**cur**acy	부정확성	☞ an accurate description 정확한 묘사
ac**cur**ate [ǽkjərit]	정확한	☞ inaccurate 부정확한

| 2952 pro**cur**ement | 조달, 입수 | 1. (치료하기 cure = cur) (위해 for = pro) 약재를 확보하다 + e |
| pro**cur**e [proukjúər] | 확보하다[1] | ☞ procure abundant evidence 풍부한 증거를 입수하다 |

2953	**therap**y [θérəpi]	치료¹, 요법	1. 질병을 (치료 cure = **therap**) 또는 (치유하는 heal) 활동 + **y**
	therapeutic [θèrəpjúːtik]	치료의, 치료법의	☞ therapeutic properties of herbs 약초의 치료적 특성
	therapist [θérəpist]	치료사	☞ physiotherapy 물리 치료
	radio**therapy**	방사선 치료	☞ psychotherapy 심리 요법
	[rèidiouθérəpi]		☞ chemotherapy 화학 요법 ☞ gene therapy 유전자 치료

2954	**pharm**acy [fáːrməsi]	약국¹, 약학	1. (약초 healing herb = **pharm**)나 독초를 조제하는 장소 + **acy**
	pharmaceutical	약, 약의, 제약의	☞ the pharmaceutical industry 제약 산업
	pharmacist [fáːrməsist]	약사	☞ dispensary 조제실, 진료소

놀라다 wonder = mar, mir

2955 miracle [mírəkəl]　　기적[1]

　　　miraculous [mirǽkjələs]　기적적인

　　　mirage [mirá:ʒ]　　　신기루[2], 헛된 것

1. 신의 작품이라고 믿어지는 (놀라운 wonderful = mir) 현상
　 + a + cle
2. 빛의 굴절에 의한 (놀라운 wonderful = mir) 착시 현상 + age

2956 admiration [ædməréiʃən]　존경, 감탄

　　　ad**mir**e [ædmáiər]　　존경하다, 감탄하다[1]

　　　ad**mir**al [ǽdmərəl]　　해군 장성, 제독

1. 어떤 대상(에게 to = ad) 마음속 깊이
　 (놀라다 wonder = mir) + e
　 ☞ self-admiration 자화자찬

2957 marvel [má:rvəl]　　경이, 경탄하다

　　　marvelous [má:rvələs]　놀라운[1], 믿기 힘든

1. 믿기 어려울 만큼 (놀랍게 wonder = mar) 하는 + vel + ous
　 ☞ marble 대리석, 구슬

빠르다, 속도 speed = cel, swift

2958 acceleration　　　　가속

　　　ac**cel**erate [æksélərèit]　가속하다[1]

　　　ac**cel**erant [æksélərənt]　촉진제, 촉매

1. 속도(에 to = ac) (속도 speed = cel)를 더하다 + er + ate
　 ☞ accelerate combustion 연소를 촉진시키다
　 ☞ accelerator (차량의) 액셀러레이터, 가속기

2959 deceleration　　　　감속

　　　de**cel**erate [di:sélərèit]　감속하다[1]

1. (속도 speed = cel)를 (아래로 down = de) 낮추다 + er + ate
　 ☞ a deceleration lane 감속 차선

2960 swiftness [swíftnis]　신속, 빠름

　　　swift [swift]　　　　칼새, 신속한[1]

　　　swiftly　　　　　　신속히

1. (빠르게 회전하는 turn quickly = swift)
　 ☞ a swift decision 신속한 결정

희망, 의지 hope, wish = spai, spe, spon, vol, wel, wil, jeal, zeal

2961 prosperity [prɑspérəti]　번창

　　　pro**sper** [prɑ́spər]　　번창하다[1]

　　　pro**sper**ous　　　　번창한, 부유한

　　　heyday [héidèi]　　　전성기[2]

1. 미래에 (대해 for = pro) (희망 hope = spe)했던 것처럼
　 성공하다 + r
2. (기분 좋은 cheerful = hey) (날 day)
　 ☞ a financially prosperous society 재정적으로 부유한 사회

2962 desperation　　　　절망, 필사적임

　　　de**spai**r [dispéər]　　절망[1], 절망하다

　　　de**spe**rate [déspərit]　　절망적인, 필사적인

1. (희망 hope = spai + r)이 (없는 without = de) 상태
　 ☞ desperate poverty 극빈, 절망적인 가난
　 ☞ a desperate effort 필사적인 노력

2963 will　　　　　　　의지[1], 유언, ~ 할 것이다

　　　willing [wíliŋ]　　　기꺼이 하는

　　　willpower [wilpáuər]　의지력

1. (희망 또는 소망 hope or wish = wil) + l
　 ☞ a man of good will 선의의 사람
　 ☞ willful 고의적인, 고집이 센

2964 **well**ness [wélnis]	건강함, 타당함	1. 건강하게 잘 지내고 싶은 (소망 wish = wel)을 담은 + l
well [wel]	우물, 분출하다	☞ a fountain welling its water 물을 뿜어내는 분수
	건강한, 잘[1]	☞ well off 부유한 ☞ badly off 넉넉지 못한

2965 fare**well** [fɛ̀ərwél]	작별인사[1]	1. 건강한 (여행 journey = fare)을 (소망 wish = wel)함 + l
fare well	잘 해나가다	☞ a tearful farewell 눈물 어린 작별
welcome [wélkəm]	환영하다	☞ an enthusiastic welcome 열광적인 환영

| 2966 **well**being [welbí:in] | 건강, 행복, 복지 | 1. 인생 (여정 journey = fare)이 (소망대로 wish = wel) 진행됨 |
| **wel**fare [wélfɛ̀ər] | 안녕[1], 행복, 복지 | ☞ a welfare policy 복지 정책 |

2967 male**vol**ence	악의, 증오	1. (나쁜 bad = male) (의도 wish = will = vol)를 가진 + ent
male**vol**ent	악의적인[1]	2. (나쁜 의도 ill will = malici)를 가진 + ous
malicious [məlíʃəs]	악의적인[2]	☞ malicious software 악성 소프트웨어

2968 **vol**untariness	자발적임	1. (의지 will = vol)를 가지고 행하는 + unt + ary
volunteer [vɑ̀ləntíər]	봉사자, 지원병, 자원하다	☞ participate in volunteer work 자원봉사 활동에 참가하다
voluntary [váləntèri]	자발적인[1]	☞ involuntary 자신도 모르게 하는

| 2969 **spon**taneity | 자발적임, 즉흥적임 | 1. (의지 will = spon)에 따라 즉흥으로 하는 + t + ane + ous |
| **spon**taneous | 자발적인[1], 즉흥적인[1] | ☞ a spontaneous cure 자연적인 치유 |

2970 **jeal**ousy [dʒéləsi]	질투, 경계	1. 타인이 가진 것을 소유하기를 (열망 eager = jeal)하는 + ous
jealous [dʒéləs]	질투하는[1], 경계하는	2. (열망 eager = zeal)하여 에너지를 바치는 + ous
zeal [zi:l]	열성	☞ arouse a feeling of jealousy 질투심을 일으키다
zealous [zéləs]	열성적인[2]	☞ a zealous patriot 열성적인 애국자

떠오르다, 기원 origin = ori

2971 **ori**gination	시초	1. 태양이 (떠올라서 rise = ori) 존재하게 되는 시작점 + gin
origin [ɔ́:rədʒin]	기원[1], 출신	☞ a certificate of origin 원산지 증명서
originate [ərídʒənèit]	기원하다, 일으키다	☞ originate of static electricity 정전기를 일으키다

2972 **ori**ginality	독창성[1]	1. 최초로 (기원 origin)한 것의 독특한 특성 + al + ity
original [ərídʒənəl]	원본, 원래의, 독창적인	☞ destroy originality 독창성을 파괴하다
originative	독창적인	☞ an original and a copy 원본과 사본

2973 **Occid**ent [áksədənt]	서양[1]	1. 태양이 (저무는 fall down = occid) 지역 + ent
occidentalize	서양화하다	☞ occidentalization 서양화, 서구화
occidental [àksədéntl]	서양의, 서양인의	☞ occidental romanticism 서구 낭만주의

2974 Orient 　　　동양 　　　1. 태양이 (떠오르는 rise = **ori**) 동쪽 방향으로 향하다 + **ent**

orient [ɔ́:riənt] 　향하다[1], 적응하다 　2. 신입자에게 적응에 필요한 방향으로 (향하도록 **orient**)

oriental [ɔ̀:riéntl] 　동양의, 동양인의 　　안내하는 설명회 + **at** + **ion**

orientation 　　방향, 오리엔테이션[2] 　☞ oriental ethics 동양 윤리학

2975 refresh**ment** 　상쾌하게 함 　　1. (다시 again = **re**) (새롭게 **fresh**) 하다

　　　　　가벼운 음식 　　☞ a refreshment car 간이 식당차

refresh [rifréʃ] 　상쾌하게 하다[1] 　☞ refresh a building's appearance 건물 외관을 새롭게 하다

a**fresh** [əfréʃ] 　새로이

뽑아내다　pluck = car, cerp, harv

2976 harvest [há:rvist] 　수확, 수확하다[1] 　1. 다 자란 곡식을 밭에서 (뽑아내다 pluck = **harv**) + **e** + **st**

harvestable 　　수확할 수 있는 　☞ a harvest festival 추수 감사 축제

2977 excerp**tion** [iksə́:rpʃən] 　발췌 　　1. 중요 부분을 (밖으로 out = **ex**) (뽑아내다 pluck = **cerp**) + **t**

excerpt [éksə:rpt] 　발췌, 발췌하다[1] 　☞ excerptible 발췌할 수 있는

2978 scar**city** [skέərsəti] 　부족, 결핍, 희소성 　1. 곡식이 빈약하게 자라서 (밖으로 out = **s**)

scarce [skεərs] 　부족한[1], 드문 　　(뽑아낼 pluck = **car**) 양이 부족한 + **ce**

scarcely [skέərsli] 　거의 ~ 않다, 겨우 　☞ scarce resources 희소 자원

scant [skænt] 　부족한, 거의 없는 　☞ relative scarcity 상대적 희소성

2979 tease [ti:z] 　놀리다, 못살게 굴다[1] 　1. 닭의 털을 (뽑다 pluck = **teas**) + **e**

teaser [tí:zər] 　예고 광고[2], 어려운 문제 　2. 상품의 일부 정보만 (뽑아낸 pluck = **teas**) 광고 + **er**

모방하다　copy = em, im

2980 image [ímidʒ] 　이미지[1], 모습 　1. 실체를 (모방한 copy = **im**) 거울에 비친 모습 + **age**

imagery [ímidʒəri] 　이미지, 형상, 화상 　☞ a fuzzy image 어렴풋한 모습

imageable [ímidʒəbl] 　마음에 그릴 수 있는 　☞ vivid imagery 생생한 이미지

2981 imagination 　상상 　　1. 마음속에 (모습 image = **imag**)을 그리다 + **ine**

imagine [imǽdʒin] 　상상하다[1] 　☞ imagine a mythical world 신화의 세계를 상상하다

imaginative 　상상력이 풍부한, 창의적인 　☞ an imaginative approach 창의적인 접근법

imaginary 　상상의, 가상의 　☞ an imaginary line 가상선

2982 emulation [èmjuléiʃən] 　경쟁 　　1. 경쟁자를 (모방하다 copy = **em**) + **ul** + **ate**

emulate [émjəlèit] 　경쟁하다, 모방하다[1] 　☞ emulative 경쟁하는 　☞ a spirit of emulation 경쟁심

2983 **im**itation [imitéiʃən]	모방, 모조품	1. 인위적으로 (모방하다 copy = im) + it + ate
imitate [ímitèit]	모방하다[1], 흉내 내다	☞ an imitation marble 인조 대리석
imitative [íməteitiv]	모방하는	☞ fabrics which imitate leather 가죽을 모방한 직물
imitational	모조의, 인조의	☞ an imitative behavior 모방 행위

★ 다른 different = al, el

2984 **all**ergy [ǽlərdʒi]	알레르기[1]	1. (다르게 differently = al + l) 또는 이상하게 신체에
allergic [ələːrdʒik]	알레르기가 있는	(작용하는 work = erg) 물질 + y
allergen [ǽlərdʒèn]	알레르기 유발 물질	☞ pollen allergy 꽃가루 알레르기

2985 **al**teration [ɔ̀ːltəréiʃən]	변화, 개조	1. 하나를 (다른 different = al) 하나로 교체하다 + ter
alter [ɔ́ːltər]	변하다, 바꾸다[1]	☞ alter the schedule 계획을 바꾸다
alterative [ɔ́ːltərèitiv]	변질제, 대체하는	☞ an alterative pathway 대체 경로

2986 **al**ternation	교대, 교체	1. 하나 이후에 (다른 different = al) 하나가 번갈아 일하다
alternate [ɔ́ːltərnit]	교대하다[1], 번갈아 일어나다	+ tern + ate
alternative	대안, 대안의, 대체 가능한	☞ alternative medicine 대체 의학 (식이, 민간, 약초 요법)

2987 **al**truism [ǽltruìzəm]	이타주의, 이타심[1]	1. (타인 different = al)의 행복을 바라는 마음 + tru + ism
altruistic [æltruːístik]	이타적인	☞ reciprocal altruism 상호 이타주의

2988 **al**ien [éiljən]	외계인[1], 이질적인, 외국의[2]	1. (다른 different = al) 행성에서 온 생명체 + i + en
alienation	멀리함, 소외	2. (다른 different = al) 국가에서 온 + i + en
alienate [éiljənèit]	멀리하다, 따돌리다	☞ alien customs 외국의 관습

2989 **al**ibi [ǽləbài]	알리바이[1], 항변	1. 사건 발생시 (다른 different = al + i) 곳에 있었다는
		해명 + bi

2990 **par**all**el [pǽrəlèl]	평행, 평행한[1], 유사한[1]	1. (다르지만 different = al + l) 비슷한 것이
	유사하다, 필적하다	(옆에 beside = par) 있는 + el
unpar**all**eled	비할 바 없는	☞ parallel bars 평행봉

355

나르다, 참다, 낳다 carry, bear = bar, bir, bur

2991 bear [bɛər] 곰, 참다[1], 낳다[1], 맺다
1. 고통을 (견디며 bear) 아이를 세상으로 (나르다 carry = bear)
2. 어떤 특징을 (안 in)에 가지고 (태어난 born)

bearable [béərəbəl] 견딜 만한
☞ The humiliation is unbearable. 그 치욕은 견딜 수가 없다.

childbearing 분만

inborn [ínbɔ́ːrn] 타고난[2], 선천적인
☞ innate 타고난, 선천적인

2992 bearing [béəriŋ] 베어링[1], 태도[2], 방향
가지고 있는
1. 하중을 (견디며 bear) 축을 회전시키는 기계 부품 + ing
2. 세상에 (전달하는 carry = bear) 자신의 행동거지 + ing
☞ lose bearing 방향을 잃다

2993 Arctic [áːrktik] 북극[1], 북극의, 매우 추운
1. 북극성 (곰 bear = arct) 자리가 잘 보이는 지구 북쪽 + ic
2. (북극 arctic)의 (반대편에 opposite = ant) 있는

Antarctica 남극 대륙

Antarctic 남극의[2]
☞ an Arctic navigator 북극해 탐험가

2994 abortion [əbɔ́ːrʃən] 인공 유산, 낙태
1. (탄생 origin = or + t)할 아이를 (멀리 away = ab) 없애다

abort [əbɔ́ːrt] 유산시키다[1], 유산하다
☞ opponents of abortion 낙태 반대자들

abortive [əbɔ́ːrtiv] 무산된, 유산된
☞ miscarry 유산하다, 무산되다

2995 birth [bəːrθ] 출생[1], 혈통
1. 아기를 세상으로 (나르는 carry = bear = bir) 행위 + th

birthmark [bə́ːrθmàːrk] 모반
☞ birth control 산아 제한   ☞ a mongolian spot 몽고반점

2996 burden [bə́ːrdn] 짐, 부담, 부담을 주다[1]
1. 아이를 세상으로 (나르는 carry = bur) 행위가 부담이 되다
+ d + en

overburden 과중한 부담을 주다

burdensome 부담스러운, 힘든
☞ a financial burden 재정적인 부담

2997 bare [bɛər] 발가벗은[1]
1. 갓 (태어난 born = bare) 아이가 발가벗은 상태인

barely [béərli] 겨우 ~하는[2]
거의 ~하지 않는
2. (발가벗은 상태 bare)처럼 있어야 할 것이 없어서
간신히 ~하는 + ly

barefoot [berfʊt] 맨발의, 맨발로
☞ a bare majority 가까스로 이룬 과반수

2998 forbearance [fɔːrbéərəns] 관용, 인내
1. (완전히 entirely = for) (견뎌내다 bear)

forbear [fɔːrbéər] 참다[1]
2. (예전에 before = fore) (존재한 exist = be) (사람 er = ar)

forebear [fɔrber] 선조, 조상[2]
☞ forbear with his complaints 그의 불평을 견뎌내다

2999 load [loud] 화물, 싣다[1], 채워 넣다
1. (길 road = load)을 나서기 전에 물건을 싣다
☞ load a cart 수레에 짐을 얹었다

unload [ʌnlóud] 짐을 내리다

overload [ouvərloud] 과부하, 과적하다
☞ cognitive information overload 인지 정보 과부하

3000 **barr**ow [bǽrou]	수레[1], 무덤, 굴[2], 수퇘지	1. 물건을 (나르는 carry = bar + r) 운송 수단 + ow
wheelbarrow	수레	2. (둔덕 mound = barrow)
ferry [féri]	나룻배[3], 연락선, 나르다	3. 사람과 물건을 (나르는 carry = fer + r) 배 + y
fare [fɛ́ər]	요금[4], 승객[4], 음식[4]	4. (여행 journey = far)할 때 필요한 구성 요소들 + e

---

★ 나르다 carry = lat, fer, phor

3001 con**fer**ence	회의[1]	1. (함께 with = con) 의견을 (나르는 carry = fer) 행위 + ence
[kánfərəns]		2. (함께 with = con) 소유할 만한 것을 (나르다 carry = fer)
con**fer** [kənfə́ːr]	수여하다[2], 상의하다	☞ confer a doctorate 박사 학위를 수여하다

| 3002 in**differ**ence | 무관심 | 1. (다르지 differ) (않아서 not = in) 관심이 없는 + ent |
| in**differ**ent [indífərənt] | 무관심한[1] | ☞ an indifferent attitude 방관적 태도 |

| 3003 **differ**entiation | 차별화, 분화 | ☞ a differentiation strategy 차별화 전략 |
| **differ**entiate | 구별하다 | ☞ a differential equation 미분 방정식 |

| 3004 o**ffer** [ɔ́ːfər] | 제공, 제안 | 1. 상대(에게 to = of) 제시할 것을 밖으로 (나르다 carry = fer) |
| | 제안하다[1], 제물 바치다 | ☞ a job offer 일자리 제의 |

3005 in**fer**ence [ínfərəns]	추론	1. 불확실한 의미를 (안으로 in) (나른 carry = fer) 후에 추론하다
in**fer** [infə́ːr]	암시하다, 추론하다[1]	☞ a valid inference 타당한 추론
in**fer**ential [infərénʃəl]	추론의, 추정에 의한	☞ infer a conclusion 결론을 추론하다

3006 meta**phor** [métəfɔ̀ːr]	은유, 비유[1]	1. 공통 의미를 가진 것을 다른 말로 (변화시켜 alter = meta)
meta**phor**ic	은유적인	(나르는 carry = fer = phor) 표현 방식
meta**phor**ical	은유적인	☞ simile 직유 ☞ liken 비유하다

3007 trans**fer**ence	이동	1. (가로질러 across = trans) (나르다 carry = fer)
trans**fer** [trænsfə́ːr]	운송하다[1], 전학가다	☞ a transfer student 전학생, 편입생
trans**fer**able	이동 가능한	☞ a transferable insurance policy 양도 가능한 보험증서

3008 pre**fer**ence [préfərəns]	선호	1. 자신 (앞으로 before = pre) (가져가다 carry = fer)
pre**fer** [prifə́ːr]	선호하다[1]	☞ a preference for sweet food 달콤한 음식에 대한 선호
pre**fer**able [préfərəbəl]	선호되는	☞ preferential 우선권을 주는

3009 su**ffer**ing [sʌ́fəriŋ]	고통	1. 자신을 나쁜 상황 (아래 under = suf)로 (나르다 carry = fer)
su**ffer** [sʌ́fər]	겪다, 고통 받다[1]	☞ suffer from insomnia 불면증을 겪다
su**ffer**able [sʌ́fərəbl]	참을 수 있는	☞ sufferer 고통 받는 사람

3010 **pilf**erage [pílfəridʒ]	좀도둑질	1. (전리품 booty = **pilf**) 또는 돈을 조금씩 빼돌려 나르다 + **er**	
pilfer [pílfər]	좀도둑질을 하다[1]	☞ pilferer 좀도둑 ☞ thief 도둑	

3011 **fer**tility [fə:rtíləti]	비옥함, 생식력	1. 생물 또는 농산물을 세상으로 (나르도록 carry = **fer**)
fertilize [fə:rtəlàiz]	수정하다[1], 비료를 주다	수정하다 + **til** + **ize**
fertile [fə:rtl]	생식력이 있는, 비옥한	☞ fertile soil 비옥한 토양
fertilizer [fə:rtəlàizər]	비료	☞ chemical fertilizer 화학 비료 ☞ manure 거름

3012 in**fer**tility [infə:rtíləti]	불임[1], 불모	1. 자손을 세상으로 (나르는 carry = **fer**) 능력이
in**fer**tile [infə:rtəl]	불임의, 불모의	(없는 not = **in**) + **til** + **ity**

3013 **barren**ness	불모임	1. 식물이 (열매 또는 씨를 맺지 못하는 infertile = **barren**)
barren [bǽrən]	척박한, 불임인[1]	☞ a barren landscape 황량한 풍경

3014 **steril**ity [stəríləti]	불임, 불모	1. 세균, 정자가 (번식 못하도록 infertile = **steril**) 죽이다 + **ize**
sterilize [stérəlàiz]	살균하다[1]	2. (번식을 못하는 infertile = **steril**) + **e**
sterile [stéril]	불임의[2], 불모의, 살균한	☞ a sterile room 무균실

3015 re**fer**ence [réfərəns]	참조, 언급, 문의, 추천서	1. 정확한 정보를 알기 위해 출처로 (되돌려 back = **re**)
re**fer** [rifə:r]	참조하다[1], 언급하다	(옮기다 carry = **fer**)
re**fer**ential	참조용의, 지시하는	2. 규정을 (참조 refer)하여 판단하는 축구, 농구, 권투 심판 + **ee**
re**fer**ee [rèfərí:]	심판[2]	☞ a reference letter 추천서

3016 re**lat**ionship	관계	1. 출처로 (되돌려 back = **re**) (옮겨 carry = **lat**) 연관 짓다 + **e**
re**lat**ion [riléiʃən]	관계, 이야기	☞ a relative pronoun 관계대명사
re**lat**e [riléit]	관련시키다[1], 이야기하다	☞ a relative concept 상대 개념
re**lat**ive [rélətiv]	친척, 관계있는, 상대적인	☞ remote relatives 먼 친척들

3017 re**lat**ivity [rèlətívəti]	상대성, 상호의존	☞ the theory of relativity 상대성 이론
inter**relate** [intərrileit]	상호 관계를 갖게 하다	☞ cultural relativity 문화 상대주의

3018 cor**relation**	상관관계[1]	1. 서로 (함께 with = **cor**) (관계 **relation**)가 있는 상태
cor**relate** [kɔ:rəlèit]	상관관계가 있다	☞ a positive correlation 양의 상관관계
cor**relative**	상관관계가 있는	☞ correlational 상관관계의

3019 **foot** [fut]	푸트[1], 발, 기슭, 밟다	1. (성인 남자의 가장 큰 발 사이즈 1 foot = 30.48 cm)
feet [fi:t]	피트, foot의 복수형	2. 이산화(탄소 carbon)의 (발자취 footprint) 또는 배출량
carbon footprint	탄소 발자국[2]	☞ barefoot 맨발의　　☞ foothold 발판

3020 **foot**age [fútidʒ]	장면[1]	1. 특정 장면을 담은 영화 필름의 (푸트 foot) 길이 + age
foothill [fúthil]	산기슭의 작은 언덕	☞ the video footage taken secretly 비밀리에 찍은 동영상
footwear [fútwer]	신발류	☞ forefoot 짐승의 앞발

3021 bi**ped** [báiped]	두발동물	1. (3개 three = tri)의 (발 foot = pod)을 가진 받치는 도구
tri**pod** [tráipɑd]	삼각대[1], 삼발의	☞ quadruped 네발짐승의

3022 **pod**ium [póudiəm]	연단[1], 지휘대, 받침대[2]	1. (발 foot = pod)로 걸어 올라가 연설하는 장소 + i + um
podite [pádait]	절지동물의 다리	2. 조각상의 (발 foot = pod)을 받치는 받침대 + i + um

3023 octo**pus** [áktəpəs]	문어[1]	1. (8개 eight = octo)의 (발 foot = pus)을 가진 연체동물
arthro**pod** [á:rθrəpàd]	절지동물[2]	2. (관절 joint = anthro)이 있는 (발 foot = pod)을 가진 동물
pedigree [pédəgrì:]	족보[3], 가계	3. (학 crane = gree)의 (발 foot = ped + i)처럼 여러 갈래로
	혈통, 혈통이 있는	뻗은 혈통

3024 **pedd**ler [pédlər]	행상인, 이야기 전달자	1. (발 foot = ped + d)로 걸어 다니면서 물건을 팔다 + le
peddle [pédl]	행상하다[1], 퍼뜨리다	2. (말 horse)이 아닌 (발 foot = ped)로 걸어가는 사람
pedestrian	보행자[2], 보행자의	+ e + str + ian
[pədéstriən]		☞ a pedestrian crossing 횡단보도

3025 **pion**eer [pàiəníər]	선구자[1], 개척자	1. 원정길을 개척하는 군대 (보병 foot-soldier = pion) + e + er
	개척하다	☞ a pioneer aviator 선구자적 비행사

3026 im**pair**ment	손상, 장애	1. (발 foot = pa) (안에 in = im) 족쇄를 채워
im**pair** [impéər]	손상시키다[1]	발에 손상을 주다 + ir
		☞ impair the dignity 존엄을 손상하다

3027 im**ped**iment	장애, 장애물	1. (발 foot = ped) (안에 in = im) 족쇄를 채워 못 가게 하다 + e
im**ped**e [impí:d]	지연시키다, 방해하다[1]	☞ impede the progress 진행을 방해하다

3028 im**pea**chment	탄핵	1. 공무원의 (발 foot = pea) (안에 in = im) 족쇄를 채우다 + ch
im**pea**ch [impí:tʃ]	탄핵하다[1], 고발하다	☞ impeacher 고발자

3029 **fet**ch [fetʃ]	가져오다¹, 불러오다	1. (발 foot = **fet**)로 걸어가서 가져오다 + **ch**
dis**pat**ch [dispǽtʃ]	급파, 급송, 속달	2. 노예의 (발 foot = **pat**)에 묶인 족쇄를 (떼어내 apart = **dis**)
	급파하다², 발송하다	전쟁터에 급하게 보내다 + **ch**

3030 ex**ped**ition	탐험, 원정	1. 노예의 (발 foot = **ped**)에 묶인 (족쇄 fetter)를
ex**ped**ite [ékspədàit]	파견하다¹	풀어 주어 전쟁터 (밖으로 out = **ex**) 보내다 + **i** + **te**
ex**ped**itionary	원정의, 탐험의	☞ expeditionist 탐험가

3031 **pess**imism	비관주의	1. (발 foot = **pes** + **si**) 아래 밑바닥까지 떨어지는
pessimistic	비관적인	(최악의 worst = **m**) 상황을 생각하는 사람 + **ist**
pessimist [pésəmist]	비관주의자¹	☞ optimism 낙관주의

밟다, 걷다 step = tra, trea, thre, tri, tro, pav

3032 tread [tred]
treadmill [tredmil]

발걸음, 발판[1], 걷다
러닝머신, 단조로운 반복

1. (밟아 step = trea) 올라서는 판 + d
   ☞ tread a perilous path 위험한 길을 걷다
   ☞ treadmill aerobic exercise 러닝머신 유산소 운동

3033 trap [træp]

entrap [entrǽp]

덫[1], 함정, 짐 보따리
함정으로 몰다, 끼이다
함정에 빠뜨리다

1. (밟도록 step = tra) 꾀어서 짐승을 잡는 기구 + p
   ☞ An insect is trapped. 곤충이 갇혀 있다.
   ☞ mousetrap 쥐덫

3034 thresh [θreʃ]
threshold [θréʃhould]
thrash [θræʃ]

타작, 타작하다[1], 때리다
문지방[2], 시초, 경계, 종점
때림, 물장구치기, 때리다

1. (밟거나 = thre) 도리깨로 때려서 낟알을 거두다 + sh
2. (밟고 step = thre) 넘어가는 문턱 + sh + old
   ☞ thresh grain 곡식을 타작하다

3035 pavement [péivmənt]
pave [peiv]

포장 도로, 보도, 인도
포장하다[1]

1. (밟고 tread = pav) 다니도록 도로에 자갈을 깔다 + e
   ☞ pave the way 길을 닦다, 상황을 조성하다

3036 trade [treid]
tradeoff [tréidɔ:f]
trademark [treidmark]

거래, 무역, 거래하다[1]
거래, 교환
상표, 특징, 상표 등록하다

1. 교환을 위해 물건을 들고 길을 (걷다 tread = tra) + de
   ☞ domestic trade 국내 거래
   ☞ trade-off (대립되는 요소 사이의) 균형

3037 trot [trɑt]

빠른 걸음, (댄스) 트로트
총총걸음으로 가다[1]

1. 평소보다 조금 빠르게 (걷다 tread = tro) + t
   ☞ globe-trot 세계 여행을 하다

가다 (1) go = gang, t

3038 undergo [ʌndərgóu]
undergoer

겪다[1], 견뎌내다
경험자

1. 역경이나 변화하는 상황 (아래 under)로 (가다 go)
   ☞ undergo changes 변화를 겪다, 변천하다

3039 bygone [baigɔn]
forego [fɔ:rgóu]
foregoer [fɔ:rgóuər]

지나간[1], 옛날의
앞에 가다[2]
조상, 지도자, 선례

1. (주변 near = by)을 지나쳐 (간 go) + ne
2. (앞서 before = fore) (가다 go)
   ☞ precede 선행하다

3040 go through
go-cart
go game

통과하다, 겪다, 살펴보다
유모차, 손수레
바둑

☞ go through a hard time 힘든 시간을 겪다
☞ ongoing 계속 진행 중인
☞ Gone With the Wind 바람과 함께 사라지다

3041 entrance [éntrəns]

enter [éntər]
entry [éntri]

입구, 입장, 입학
황홀하게 하다
들어가다[1], 가입하다
입구, 입장, 가입, 참가자

1. (안으로 in = en) 들어(가다 go = t) + er
   ☞ an entrance examination 입학시험, 입사시험
   ☞ entrant 출전자, 응시생, 신입자

3042 **gang** [gæŋ]	갱[1], 패거리	1. 몰려 (다니는 going = gang) 패거리
gangster [gǽŋstər]	폭력배, 깡패	2. (갱 gang = slang)이나 부랑자가 사용하는 그들만의 언어
slang [slæŋ]	속어, 은어[2]	☞ swear words and rude slang 욕과 버릇없는 은어

★ 가다 (2) go = ela, en, i, it, lit, u

| 3043 ex**it** [éksit] | 출구, 퇴장 | 1. (밖으로 out = ex) (가다 go = it) |
| | 나가다[1] | ☞ an emergency exit 비상구 |

| 3044 in**it**ial [iníʃəl] | 이름의 머리글자, 처음의[1] | 1. 제일 먼저 (안으로 in) 들어(가는 go = it) + i + al |
| in**it**ially | 처음에 | ☞ an initial impression 첫인상 |

3045 in**it**iation [iniʃiéiʃən]	시작, 가입	1. 조직에 처음 (안으로 in) 들어(가다 go = it) + i + ate
in**it**iate [iníʃièit]	신입자, 시작하다[1]	2. 처음 시작했기 때문에 가질 수 있는 권리와 특징
in**it**iative [iníʃiətiv]	계획, 주도권[2], 독창성[2]	☞ an initiation rite 성년식, 입회식
	처음의	

3046 comm**en**cement	시작	1. 여러 사람이 (함께 with = com) 처음으로
comm**en**ce	시작하다[1]	사회 (안으로 in = m) 들어(가다 go = en) + ce
[kəméns]		☞ a commencement ceremony (사회생활을 시작하는) 졸업식

3047 i**ssu**e [íʃuː]	발행, (잡지) 호, 쟁점, 안건	1. 쟁점이 (밖으로 out = ex = is + s) (나가다 go = u) + e
	발행하다[1], 발표하다	☞ a politically sensitive issue 정치적으로 민감한 사안
i**ssu**er [íʃuːər]	발행인	☞ issue a statement 성명서를 발표하다

3048 per**i**shability	부패하기 쉬움	1. (완전히 entirely = per) 사라져 (가다 go = i) + sh
per**i**sh [périʃ]	소멸하다[1], 죽다	☞ imperishable 불멸의, 불후의
per**i**shable [périʃəbl]	식품이 잘 상하는	☞ perishable produce 썩기 쉬운 농산물

| 3049 Jan**u**ary [dʒǽnjuèri] | 1월[1] | 1. 새해로 들어(가는 go = u) (문 door = jan)인 1월 + ary |
| jan**it**or [dʒǽnətər] | 문지기[2], 수위 | 2. 들어(가는 go = it) (문 door = jan)을 통제하는 사람 + or |

| 3050 satel**lit**e [sǽtəlàit] | 위성[1] | 1. (완전히 fully = sat + e + l) 따라 (다니는 go = lit) 것 + e |
| | 위성 중계하다 | ☞ an artificial satellite 인공위성 |

3051 **ela**sticity [ilæstísəti]	탄성	1. 본래의 형태로 (돌아가려는 go = ela) 속성이 있는 + st + ic
elasticate [ilǽstəkèit]	신축성을 갖게 하다	☞ the elastic tariff system 탄력 관세 제도
elastic [ilǽstik]	고무 끈, 탄력 있는[1]	☞ viscoelastic 점성과 탄성을 지닌

가다 (3) go = la, lea

3052 mislead [mislíːd] 잘못 인도하다[1], 속이다 1. 사람들을 (잘못 wrongly = **mis**) (이끌고 가다 **lead**)
  mis**lead**ing 오해가 있는, 속이는 ☞ an misleading advertising 허위 광고
  leadership [líːdərʃip] 지도력 ☞ confidence in his leadership 그의 지도력에 대한 신뢰

3053 lad [læd] 사내 아이, 청년[1] 1. 주인을 따라(가는 go = **la**) 젊은 남자 하인 + **d**
  lass [læs] 아가씨, 처녀 ☞ a promising lad 유망한 청년

3054 last [lɑːst] 지속하다[1], 마지막의 1. 지도자를 끝까지 따라(가다 go = **la**) + **st**
  out**last** [autlǽst] ~보다 더 오래 가다 ☞ lastly 마지막으로
  ever**last**ing 영원한 ☞ the ecstasy of everlasting love 영원한 사랑의 환희

3055 lag [læg] 죄수, 외피 1. 느리게 (가는 go = **la** + **gg**) 사람 + **ard**
    뒤처지다, 천천히 걷다 ☞ jet lag (비행기 여행으로 인한) 시차증
  laggard [lǽgərd] 느림보[1], 꾸물거리는 ☞ cultural lag 물질문화를 따르지 못하는 비물질문화의 지체

3056 late 늦은[1], 늦게 1. 느리게 (가는 go = **la**) + **te**
  be**la**ted [biléitid] 뒤늦은 ☞ later ~보다 나중의, 나중에
  lately [léitli] 최근에 ☞ the late 고인이 된, 죽은
  latter [lǽtər] 후자, 후자의 ☞ the former 전자, 전자의
  latest [léitist] 가장 최근의 ☞ the latest new releases 최신의 새 발매 음반들

★ 가다, 오다 go, come = ba, ven

3057 overcome 극복하다[1], 압도당하다 1. 유혹 또는 장애물을 (넘어 **over**) (오다 **come**)
  in**come** 소득[2], 수입 2. 노동의 대가로서 가정 (안으로 **in**) (들어오는 **come**) 돈
  out**come** 결과, 성과 ☞ disposable income 세금 납부 후에 남은 처분 가능한 소득
  new**comer** 신입자, 신참자 ☞ upcoming 다가오는

3058 comedown 몰락, 실망 1. 병과 (함께 **with**) 몸이 (아래로 무너지다 **come down**)
  come down 무너지다, 내려오다 ☞ come across 우연히 마주치다, 인상을 주다, 이해되다
  come down with 병에 걸리다[1] ☞ come up with 생각해내다 ☞ come by 들르다, 획득하다

3059 acrobatics 곡예 1. (높은 곳 topmost = **acro**)에 매어 놓은 밧줄 위를
  acro**bat**ic [ækrəbǽtik] 곡예의   (왔다 갔다 하는 go and come = **ba**) 사람 + **t**
  acro**bat** [ǽkrəbæt] 곡예사[1] ☞ acrobatic flight 곡예비행

3060 adventure [ædvéntʃər] 모험[1] 1. 결과를 예측할 수 없는 사건(쪽으로 to = ad)
　　adventurous 모험적인 　(가는 go = ven) 행위 + t + ure
　　venture [véntʃər] 모험[2], 모험하다 2. (모험 adventure = venture)의 축약형
　　advent [ǽdvent] 출현[3], 도래 3. 인물, 사건이 앞(쪽으로 to = ad) (다가옴 come = ven) + t

3061 convention [kənvénʃən] 회의[1], 관습[2] 1. (함께 with = con) (와서 come = ven) 의논함 + t + ion
　　convene [kənví:n] 소집하다, 모이다 2. (함께 with = con) (온 come = ven) 사람들의 규칙 + t + ion
　　conventional 전통적인 ☞ a convention center 대규모 회의 시설

3062 convenience 편리, 편의시설 1. 약속한 사람들이 (함께 with = con) 중간 지점에
　　inconvenience 불편, 불편하게 하다 　(와서 come = ven) 편리한 + i + ent
　　convenient [kənví:njənt] 편리한[1] ☞ a convenient store 편의점

3063 contravention 위반, 반대 1. 규칙과 (반대로 against = contra) (가다 go = ven) + e
　　contravene [kɑ̀ntrəví:n] 위반하다[1] ☞ contravene a regulation 규정을 위반하다

3064 prevention [privénʃən] 예방, 방지 1. (미리 before = pre) 사건이 (오는 come = ven) 것을 막다 + t
　　prevent [privént] 예방하다[1], 막다[1] ☞ preventable 예방할 수 있는
　　preventive [privéntiv] 예방을 위한 ☞ preventive medicine 예방의학

3065 intervention 개입, 중재 1. 분쟁 (사이에 between = inter) 들어(오다 come = ven) + e
　　intervene [ìntərví:n] 개입하다[1] ☞ foreign military intervention 외국 군사 개입

3066 inventory [ínvəntɔ̀:ri] 물품 목록[1], 재고품 1. 창고 (안으로 in) (온 come = ven) 물품의 목록 + t + ory

3067 invention [invénʃən] 발명, 발명품, 독창성 1. 새로운 것을 고안해서 세상 (안으로 in)
　　invent [invént] 발명하다[1], 날조하다 　(오도록 come = ven) 하다 + t
　　inventive [invéntiv] 독창적인 ☞ inventor 발명가

3068 circumvention 우회, 속임 1. 길을 (돌아서 around = circum) (가다 go = ven) + t
　　circumvent 우회하다[1], 포위하다 ☞ circumvent the enemy 적을 포위하다

3069 revenue [révənjù:] 수익[1], 수입 1. 임대료 등 (되돌아 back = re)(오는 come = ven) 수입 + ue
　　　　　　　　　　　　　　　　　　　☞ advertising revenue 광고 수익 ☞ tax revenue 세금 수입

3070 souvenir [sù:vəníər] 기념품[1] 1. (아래에 below = sou) 숨겨 (오는 come = ven) 물품 + i + r
　　　　　　　　　　　　　　　　　　　☞ a tourist souvenir 관광 기념품
　　　　　　　　　　　　　　　　　　　☞ a souvenir shop 기념품 가게 　　☞ memento 기념품

기어가다 creep = crip, rep, serp, sna, snea, smug

3071 creep [kri:p]   포복, 기다[1]   1. 몸을 (구부린 crook = creep) 자세로 천천히 움직이다
　　cripple [krípəl]   발판, 절름거리다[2]   2. 불편한 다리로 상체를 (구부리며 crook = crip + p) 가다 + le

3072 reptile [réptil]   파충류[1]   1. (기어 다니는 creep = rep) 동물 + t + ile
　　a**lligat**or [ǽligèitər]   악어[2]   2. 미국에 서식하는 (그 the = al) (도마뱀 lizard = ligat) + or
　　crocodile [krάkədàil]   악어[3]   3. (자갈 gravel = croco)로 덮힌 모양의 (벌레 worm = dil) + e
　　　　　　　☞ reptilian 파충류의

3073 rattle **sna**ke   방울뱀[1]   1. 꼬리에 있는 (방울 rattle) 모양 각질에서 윙윙 소리를 내며
　　serpent [sə́:rpənt]   큰 뱀[2], 악마, 유혹자   　　(기어가는 creep = sna) 뱀 + ke
　　lizard [lízərd]   도마뱀[3]   2. (기어가는 creep = serp) 파충류 + ent
　　　　　　　3. (팔 근육 arm-muscle = liz)을 사용하여 이동하는 뱀 + ard

3074 sneak [sni:k]   살금살금 가다[1]   1. 알아채지 못하도록 (기어가다 creep = snea) + k
　　sneaky [sní:ki]   교활한, 은밀한   　☞ a sneak thief 좀도둑
　　sneaker [sní:kər]   운동화, 몰래 하는 사람   　☞ a sneaky and unfair behavior 교활하고 부당한 행위

3075 smuggling   밀수   1. 밀수품을 (살금살금 기며 creep = smug + g) 운송하다 + le
　　smuggle [smʌ́gəl]   밀수하다[1]   　☞ smuggle contraband 밀수품을 밀거래하다
　　smuggler [smʌ́glər]   밀수범   　☞ smuggling rings 밀매 조직

3076 retard**ation**   지체, 저지   1. (매우 very = re) (느린 sluggish = tard) 진행을 하도록 만들다
　　retard [ritά:rd]   지체시키다[1], 방해하다   　☞ retard the development of society 사회의 발달을 방해하다
　　tardy [tά:rdi]   느린, 지체된   　☞ retarded 정신 지체의

발톱 claw = cra, craw, clev, clu

3077 claw [klɔ:]   발톱, 집게발, 움켜잡다   1. (갈고리 발톱 claw = craw)에 의지하여 천천히 이동하다 + l
　　crawl [krɔ:l]   서행, 기어가다[1]   　☞ paw (동물의 발톱이 달린) 발

3078 crab [kræb]   게[1]   1. 집게발을 가진 천천히 (기어가는 craw = cra) 동물 + b
　　cancer [kǽnsər]   암[2], 악성종양, 게자리   2. 모습이 (게 crab = cancer) 껍질과 비슷하고 전이 형태가
　　cancerous [kǽnsərəs]   암의, 암에 걸린   　　게의 다리 모양과 비슷한 악성종양

3079 cleverness [klévərnis]   영리, 교묘   1. 동물이 (발톱 claw = clev)을 능숙하게 다루는 + er
　　clever [klévər]   영리한[1], 재주 있는[1]   　☞ a clever advice 현명한 충고
　　　　　　　☞ cleverish 손재주가 있는

3080 **clu**tch [klʌtʃ]	움켜쥠, 움켜잡다[1]	1. (발톱 claw = **clu**)으로 먹이를 움켜잡다 + **t** + **ch**
cling [kliŋ]	꼭 붙잡다, 매달리다[2]	2. (발톱 claw = **clin**)으로 나무를 움켜잡다 + **g**
clench [klentʃ]	맞붙잡기, 움켜쥐다	☞ cling to old customs 오래된 관습에 매달리다

3081 **pat**rol [pətróul]	순찰, 순찰을 돌다[1]	1. 동물이 (발 paw, foot = **pat**)로 터벅터벅 걷다 + **rol**
patroller [pətróulər]	순찰자	☞ a highway patrol 고속도로 순찰대
		☞ patrolman 순찰 경찰관

밀다, 밀어 올리다 push = boost, plow, scoop, shov, shuf

3082 **shov**el [ʃʌ́vəl]	삽[1], 삽질하다	1. (밀면서 push = **shov**) 땅을 파고 흙을 뜨는 데 쓰는 연장 + **el**
shove [ʃʌv]	밀침, 밀치다	2. (납작한 나뭇조각 flat piece of wood = **spade**)
spade [speid]	가래[2], (카드) 스페이드	3. (부스러기 scraping)를 (모으다 gather = **rak**) + **e**
rake [reik]	갈퀴, 긁어모으다[3]	☞ shove a pedestrian 보행자를 밀어내다

3083 **scoop** [sku:p]	숟갈, 특종[1], 뜨다[2]	1. 경쟁 언론사보다 먼저 (건져 올린 shove = **scoop**) 뉴스거리
scoopful [skú:pfùl]	한 국자의 분량	2. 음식을 위로 (밀면서 건져 올리다 shove = **scoop**)
spoon	숟가락[3]	3. (납작한 나뭇조각 flat piece of wood = **spoon**) 식기
spoonful [spú:nfùl]	한 숟가락 분량	☞ scoop up water from the well 우물에서 물을 퍼 올리다

3084 **boost** [bu:st]	밀어올림, 격려, 상승	1. (위로 밀어 올리다 shove up = **boost**)
	밀어 올리다[1], 격려하다	☞ boost morale 사기를 높이다
booster [bú:stər]	후원자, 증폭기, 촉진제	☞ immune boosters 면역 촉진제

3085 **shuff**le [ʃʌ́fəl]	느릿느릿 걷기, 섞기	1. 발을 끌거나 하체를 (이리저리 밀다 shove = **shuf** + **f**) + **le**
	질질 끌며 걷다[1], 섞다[2]	2. 카드를 (이리저리 밀면서 shove = **shuf** + **f**) 뒤섞다 + **le**
re**shuff**le [riʃə́fəl]	조직을 개편하다	☞ cabinet reshuffle 내각 개편

3086 **plow** (plough) [plau]	쟁기[1], 쟁기로 갈다	1. 고랑을 파기 위해 소에 매단 (쟁기 **plow**)
furrow [fə́:rou]	고랑[2], 쟁기로 갈다	2. 쟁기로 (판 dig = **fur** + **r**) 길고 좁은 땅 + **ow**
fallow [fǽlou]	휴경지[3], 땅을 묵혀 두다	3. (쟁기질 plow = **fall**)은 했으나 곡식을 심지 않은 땅 + **ow**

| 3087 **till** [til] | 점토, 땅을 갈다[1], ~까지 | 1. 목표에 도달할 때(까지 till) 땅을 (쟁기로 갈다 plow = **till**) |
| **till**able [tíləbl] | 경작에 알맞은 | ☞ tiller 경작자, 경작 도구 |

묶다 (1) bind = band, bond, sea, sew

3088 **sew**ing [sóuiŋ]	바느질	1. 옷 따위를 (꿰매다 또는 묶다 bind = **sew**)
sew [sou]	바느질하다[1], 꿰매다	☞ a sewing machine 재봉틀
sewer [sóuər] [sjú:ər]	재봉사, 하수관	☞ sew a button on a coat 코트에 단추를 꿰매어 달다

| 3089 **seam** [si:m] | 솔기, 이음매[1] | 1. 옷을 만들 때 두 폭을 맞대고 (꿰맨 sew = sea) 자리 + m |
| **seam**less [sí:mlis] | 솔기가 없는, 매끄러운 | ☞ seamstress 여자 재봉사 |

3090 **bind**er [báindər]	바인더[1], 철하는 물건	1. 서류, 신문, 잡지 따위를 철하여 (묶는 bind) 물건 + er
bind [baind]	묶다, 속박하다	2. 모아서 끈으로 (묶어 bind = bund) 놓은 덩이 + le
bundle [bʌ́ndl]	다발[2], 묶음, 묶다	☞ unbind 묶은 것을 풀다, 속박을 풀다

3091 **bond** [bɑnd]	유대, 결속, 접착제, 채권	1. 한 덩어리가 되도록 (묶다 bind = bond)
	결속시키다[1], 접착하다	☞ develop an emotional bond 감성적 유대감을 발전시키다
bondage [bɑ́ndidʒ]	구속, 속박, 신체 결박	☞ bondholder 채권 소유자

3092 **band**age [bǽndidʒ]	붕대[1], 붕대를 감다	1. 상처를 (묶는 bind = band) 소독한 헝겊 + age
band [bænd]	무리, 악단, 띠, 모이다	☞ band together 함께 모이다
bandwagon	악대 차, 행사	☞ jump on the bandwagon 유행에 편승하다

묶다 (2) bind = bag, bun, hun, pack, sack

| 3093 **bun**ch [bʌntʃ] | 다발[1], 송이, 묶다 | 1. 오밀조밀 (묶여진 bind = bun) 채로 함께 자라는 것 + ch |
| **bun**chy [bʌ́ntʃi] | 송이 모양의 | ☞ a bunch of grapes 한 송이의 포도 |

3094 **hum**p [hʌmp]	툭 솟아오른 곳, 혹	1. (송이 모양 bunch = hun)으로 솟아오른 것 + ch
hunch [hʌntʃ]	혹[1], 두꺼운 조각	☞ a humpback whale 혹등고래
	등을 구부리다	☞ hunchback 곱사등이

3095 **bag**	가방[1], 백, 자루	1. 모아진 (꾸러미 bundle = bag)를 넣은 후 들고 다니는 것
baggy [bǽgi]	헐렁한	☞ baggy pants 헐렁한 바지
		☞ a doggy bag 남은 음식을 싸 가는 봉지

3096 **bag**gage [bǽgidʒ]	짐, 수하물[1]	1. 전리품을 집어넣는 (가방 bag = bag + g) + age
luggage [lʌ́gidʒ]	짐, 수하물[2]	2. (끌고 가는 drag = lug + g) 값어치가 낮고 무거운 짐 + age
		☞ the baggage claim area 수하물 찾는 곳

| 3097 **pack** [pæk] | 꾸러미[1], 떼, 짐을 싸다 | 1. (묶어서 bundle = pack) 한 장소에 모아 놓은 것 |
| back**pack** | 배낭 | ☞ unpack 짐을 풀다 |

3098 **pack**et [pǽkit]	소포[1], 한 묶음, 책자	1. (작은 small = et) (꾸러미 pack)
package [pǽkidʒ]	꾸러미, 소포, 일괄	☞ a packet of letters 편지 한 묶음
	포장하다, 포괄적인	☞ a package tour 패키지 단체 여행

3099 **sack** [sæk]	자루¹, 봉지, 해고	1. 천으로 만든 (가방 bag = sack)
	자루에 넣다, 해고하다	2. (등 back = ruck)에 메는 등산용 (가방 bag = sack)
rucksack [rúksæk]	배낭²	☞ a sack of flour 밀가루 한 부대
sac [sæk]	액낭, 기낭, 주머니	☞ He was sacked. 그는 해고되었다.

묶다 (3) bind = bend, bow, iris, trend, weak

| 3100 **bend** [bend] | 굽음, 매듭, 구부리다¹ | 1. 어떤 것을 (묶기 bind = bend) 위해 끈을 구부리다 |
| **bend**able [béndəbl] | 구부릴 수 있는 | ☞ bend the truth 진실을 왜곡하다 |

3101 **trend** [trend]	추세, 유행¹	1. 강물이 특정 방향으로 (구부려져 bend = trend) 흐르는 경향
trendy [tréndi]	최신 유행의	☞ trendsetter 유행의 선도자
up**trend** [əptrend]	상승세	☞ downtrend 하강 추세

3102 **bow** [bou]	인사¹, 활¹, 리본¹, 뱃머리	1. (구부러진 bend = bow) 모양
	절하다, 구부러진	2. (팔 arm = el)에서 (구부러지는 bend = bow) 부분
el**bow** [élbou]	팔꿈치², 밀치다	☞ rainbow 무지개　　☞ a bow and an arrow 활과 화살

| 3103 **iris** [áiris] | 무지개¹, 홍채², 붓꽃 | 1. (구부러진 bend = iris) 일곱 빛깔의 줄 |
| | | 2. 안구에 들어오는 빛의 양을 조절하는 얇은 막 |

묶다 (4) bind = nec, net, nex

3104 con**nec**tion	연결, 접속, 연관성	1. (함께 with = con) (묶다 bind = nec) + t
con**nec**tivity	연결	☞ have a connection with ~와 관계가 있다
con**nec**t [kənékt]	연결하다¹, 접속하다	☞ connective 연결하는

3105 an**nex**ation	첨가, 합병	1. 건물 본체(에 to = an) 붙여져 (묶여진 bind = nex) 건물
an**nex**ment	덧붙여진 것, 부가물	☞ invalidity of the annexation treaty 합병 조약의 무효
an**nex** [ənéks]	부속 건물¹, 부록, 합병하다	☞ a hotel annex 호텔 별관

3106 **net**	그물¹, 망사, 망	1. 얽혀 (묶여진 bind = net) 짜임새
network [nétwə̀:rk]	연결망, (통신망) 연결하다	2. 두 물체를 서로 (묶는 bind = nod) 연결점 + e
node [noud]	마디, 혹, 교점², 접속점	☞ network marketing 다단계 판매

3107 **mesh** [meʃ]	그물¹, 망, 올가미, 맞물리다	1. (그물 net = mesh)
meshy [meʃi]	그물 모양의	☞ steel mesh 철망
meshwork [méʃwə̀:rk]	그물 세공, 네트워크	☞ web 망

묶다 (5) bind = li, lig, loy

3108 alliance [əláiəns]
동맹[1], 연합[1]
    ally [əlái]
    동맹국, 연합하다, 편들다
    allied [əláid]
    동맹한, 연합한, 제휴한

1. 사람, 국가(에게 to = al) (묶인 bind = li) 상태 + ance
    ☞ a strategic alliance   전략적 제휴
    ☞ a close ally of the United States   미국의 가까운 동맹국

3109 rally [ræli]
집회, 회복, 자동차 경주
주고받음, 집결하다[1]

1. (다시 again = re = r) (연합하기 ally) 위해 모이다
    ☞ a political rally   정치적인 집회

3110 alloy [ǽlɔi]
합금, 합금하다[1]
    superalloy
    초합금

1. 금속(에 to = al) 성질이 다른 금속을 (묶다 bind = loy)
    ☞ shape memory alloy   형상 기억 합금

3111 reliance [riláiəns]
의존
    rely [rilái]
    의존하다[1], 신뢰하다
    reliable [riláiəbəl]
    믿을 수 있는

1. 어떤 대상에게 (완전히 entirely = re) (묶여서 bind = ly)
    의존하다
    ☞ unreliable   믿을 수 없는

3112 religion [rilídʒən]
종교
    religious [rilídʒəs]
    종교의[1], 신앙심이 깊은[1]

1. 신에게 (완전히 entirely = re) (묶인 bind = lig) + i + ous
    ☞ a religious cult   이단 종교

3113 obligation
의무
    oblige [əbláidʒ]
    의무적으로 하다[1], 베풀다
    obligatory [əblígətɔ̀:ri]
    의무적인

1. 도덕, 법(에게 to = ob) (묶여 bind = lig) 있다 + e
    ☞ a moral obligation   도덕적 의무
    ☞ obligatory military service   의무적인 병역

3114 liability [làiəbíləti]
법적 책임, 부채
    liable [láiəbəl]
    책임이 있는[1]
    당하기 쉬운[2]

1. 법에 (묶인 bind = li) 것을 이행할 책임이 있는 + able
2. 원하지 않는 것에 쉽게 (묶일 bind = li) 수 있는 + able
    ☞ liable to illness   병에 걸리기 쉬운

튀어 오르다 leap = bound, hop, jump, locust, skip

3115 bounds [baʊndz]   한계, 범위   1. (튀어 오르다 leap, jump = **bound**)
    bound [baʊnd]   튀어 오르다¹   2. 서로 (묶은 bind = **bound**) 지역들의 경계를 정하다
     경계를 짓다², 제한하다   ☞ weather-bound 비바람에 갇힌
     얽매인, 향하는   ☞ a train bound for Paris 파리행 열차

3116 boundary [báundəri]   경계, 한계   ☞ define a boundary 경계를 정하다
    in**bound** [ínbáund]   (어떤 장소로) 들어오는   ☞ settle boundary disputes 국경 분쟁을 해결하다
    out**bound** [autbaund]   (어떤 장소에서) 떠나는   ☞ boundless 무한한
    re**bound** [ribáund]   반등하다   ☞ rebound from despair 절망으로부터 회복하다

3117 bounce [bauns]   튀어 오름, 탄력, 튀다   ☞ bounce in popularity 인기의 상승
    bounceback   반향   ☞ bounce back 다시 회복되다

3118 leap [li:p]   도약, 급등, 도약하다¹   1. 말이 네 발로 껑충 (뛰다 run = **leap**)
    leap year   윤년²   2. (달력 calendar year)이 (태양력 solar year)을
    over**leap** [òuvərlí:p]   뛰어넘다, 무시하다   (따라잡기 위해 **leap**) 2월에 하루를 추가한 (년도 **year**)

3119 skip [skip]   뛰어넘어 읽기, 건너뛰다¹   1. 가볍게 건너(뛰다 leap = **skip**)

3120 locust [lóukəst]   메뚜기¹   1. (뛰어 날아오르는 leap = **locust**) 곤충
    lobster [lábstər]   바닷가재²   2. (메뚜기 locust = **lobster**)와 생김새가 유사한 새우 종류
    grass**hopp**er   메뚜기³, 베짱이³, 여치³   3. (풀 **grass**) 속의 (한 발로 뛰는 leap = **hop** + p) 곤충 + er
    hop [hɑp]   홉 열매, 깡충 뛰다   ☞ hop into a passenger car 승용차에 뛰어 들어가다

★ 튀어나오다, 덮치다 jump = sail, sal, saul, sil, sul

3121 salmon [sǽmən]   연어¹   1. 물 위를 (도약 jump = **sal**)하며 태어난 강으로 돌아가는
    salience [séiliəns]   돌출, 중요한 점   물고기 + **mon**
    salient [séiliənt]   두드러진, 현저한²   2. 밖으로 (튀어나와서 jump = **sal**) 눈에 띄는 + **i** + **ent**
     ☞ a salient point 두드러진 특징

3122 resul**t** [rizʌ́lt]   결과¹   1. (되돌아 back = **re**) (튀어나온 jump = **sul**) 결말 + **t**
    re**sul**tant [rizʌ́ltənt]   그 결과로 생긴   ☞ results-oriented 결과 지향적인
    re**sul**tful [rizʌ́ltfəl]   성과 있는   ☞ as a result of ~의 결과로서

3123 resil**ience** [rizíljəns]   회복력, 탄력   1. (되돌아 back = **re**) (튀어나오는 jump = **sil**) + **i** + **ent**
    re**sil**ient [rizíljənt]   회복력 있는¹, 탄력 있는   ☞ a resilient economy 회복세의 경제

3124 **exul**tation [ègzʌltéiʃən]	의기양양함	1. 기뻐서 (밖으로 out = ex) (솟구쳐 뛰다 jump = ul) + t	
exult [igzʌ́lt]	기뻐 어쩔 줄 모르다[1]	☞ exult at his victory 그의 승리에 기뻐 날뛰다	
exultant [igzʌ́ltənt]	기뻐 어쩔 줄 모르는	☞ triumphant 의기양양한, 큰 승리를 거둔	

3125 as**saul**t [əsɔ́ːlt]	공격, 공격하다[1], 덮치다	1. 교미를 위해 암컷(에게 to = as) (덮치다 jump = saul) + t
as**saul**tive [əsɔ́ːltiv]	공격적인	☞ a sexual assault victim 성폭행 피해자

3126 as**sail**ment [əséilmənt]	공격, 비난	1. 힘과 언어로 상대방(에게 to = as) (덮치다 jump = sail)
as**sail** [əséil]	괴롭히다, 공격하다[1]	☞ assail a castle 성을 공격하다
as**sail**able [əséiləbl]	공격할 수 있는	☞ assailant 공격자, 폭행자

3127 in**sul**tation [insʌltéiʃən]	모욕	1. 공격적인 언어로 상대방 (위로 upon = in)
in**sul**t [insʌ́lt]	모욕, 모욕하다[1]	(덮치다 jump = sul) + t
in**sul**table	모욕할 수 있는	☞ tolerate an insult 모욕을 참다

솟아오르다 leap = foun, sprin

3128 **sprin**g [spriŋ]	용수철, 샘[1], 봄[2]	1. 물이 (솟아오르는 leap = sprin) 장소 + g
	튀어 오르다	2. 새싹이 (솟아오르는 leap = sprin) 계절 + g
springboard	도약판[3], 출발점	3. (솟아오르기 leap = sprin + g) 위해 사용하는 (판자 board)
springtime	봄철	☞ hot spring 온천

3129 off**sprin**g [ɔ́fspriŋ]	새끼, 자손	1. 동일 조상을 가진 (자손 offspring = clan)들의 친족 집단
clan [klæn]	씨족[1]	☞ a clan society 씨족사회

3130 **sprin**t [sprint]	단거리 경주[1], 질주하다	1. 출발부터 최고 속도로 (도약하는 leap = sprin) 육상 경기 + t
sprinter [spríntər]	단거리 주자	☞ sprint across the street 전속력으로 길거리를 횡단하다
out**sprin**t	~보다 빨리 질주하다	☞ a long-distance race 장거리 경주

3131 **foun**tain [fáuntin]	샘, 분수, 원천	1. 물이 (솟아오르다 leap = spring = foun) + t + ain
	분출하다[1]	☞ a fountain pen 만년필
		☞ a drinking fountain 식수대

★ 풀다 loose = la, lea, lo, lu, lv, ly, solu, solv

3132 **loo**seness [lúːsnis]	느슨함, 풀려 있음	1. 단단한 매듭이 (분리되어 apart = lo + o) 풀어진 + se
loosen [lúːsən]	느슨하게 하다, 풀어 주다	☞ loosen the rope 밧줄을 풀다
loose [luːs]	느슨하게 하다, 풀어 주다	☞ let a dog loose 개를 풀어 주다
	느슨한[1], 헐렁한	☞ a loose shirt 헐렁한 셔츠

3133 **tight**ness [táitnis]   견고, 긴장   1. (수축시켜 contract = **tight**) 밀도를 높게 만드는
tighten [táitn]   죄다, 단단하게 하다   ☞ tight-knit 유대가 긴밀한
tight [tait]   팽팽한, 단단한[1], 꼭 끼는   ☞ a tight situation 힘든 상황
못 들어가도록 막는   ☞ a tight budget 긴축 예산
☞ airtight 밀폐된

3134 **solu**tion [səlúːʃən]   해결, 용액, 용해   1. (자체 itself = **so**)의 매듭을 풀어 (분리하다 apart = **lv**) + **e**
solve [sɑlv]   해결하다[1], 용해하다[2]   2. 액체 내부에 있는 물질 (그 자체 itself = **so**)를 풀어
solvable [sɑ́lvəbəl]   녹는, 해결 가능한   (분리하다 apart = **lv**) + **e**
☞ solvent 용액

3135 dis**solu**tion   소멸, 해산   1. (분리해 apart = **dis**) 풀어지게 하다 loose = **solv**) + **e**
dis**solve** [dizɑ́lv]   녹다, 녹이다[1], 해산하다   ☞ dissolved oxygen 용존산소

3136 re**solu**tion   해결, 결심, 결의안   1. 매듭을 (완전히 entirely = **re**) 풀다 loose = **solv**) + **e**
re**solve** [rizɑ́lv]   해결하다[1], 결심하다[2]   2. 문제를 (완전히 entirely = **re**) (해결 solve) 하려고 결심하다
re**solu**te [rézəlùːt]   단호한, 결심이 굳은   ☞ a resolute attitude 단호한 태도

3137 ab**solu**te [ǽbsəlùːt]   절대자[1], 절대적인   1. 속박에서 (멀리 away = **ab**) (풀어진 loose = **solu**) 존재
ab**solu**tely   절대적으로, 전적으로   + **te**
ab**solu**tion   사면, 면제, 용서   2. 죄인을 (풀어 loose = **solv**) (멀리 away = **ab**) 보내다 + **e**
ab**solve** [æbzɑ́lv]   사면하다[2], 면제하다   ☞ an absolute majority 절대다수, 과반수

3138 **la**xation [lækséiʃən]   느슨해짐   1. 촘촘하지 않고 약간 (풀어진 loose = **la**) + **x**
lax [læks]   느슨한[1], 촘촘하지 않은   ☞ lax discipline 흐트러진 규율

3139 re**la**xation   휴식, 완화   1. 속박에서 벗어나 긴장을 (완전히 entirely = **re**)
re**la**x [rilǽks]   느긋이 쉬다[1], 안심하다   (풀다 loose = **la**) + **x**
re**la**xative [rilǽksətiv]   완화시키는   ☞ relax the muscle 근육의 긴장을 풀다

3140 ana**ly**sis [ənǽləsis]   분석   1. 복잡한 것을 (완전히 entirely = **ana**) 풀다 loose = **ly**) + **ze**
ana**ly**ze [ǽnəlàiz]   분석하다[1]   ☞ a superficial analysis 깊이 없는 피상적 분석
ana**ly**tical [ænəlítikəl]   분석적인   ☞ analyst 분석가

3141 cata**ly**sis [kətǽləsis]   촉매 작용[1]   1. 다른 화학물질을 빠르게 (아래로 down = **cata**)
cata**ly**tic [kætəlítik]   촉매 작용의   (풀어헤치는 loose = **ly**) 작용 + **sis**
cata**ly**st [kǽtəlist]   촉매제   ☞ photocatalysis 광촉매 작용

3142 para**ly**sis [pərǽləsis]   마비   1. (반대로 contrary = **para**) (풀어헤쳐서 loose = **ly**) 기능을
para**ly**ze [pǽrəlàiz]   마비시키다[1]   못하게 하다 + **ze**

3143	**lea**se [liːs]	임대 계약	1. 소작료를 받고 토지를 (풀어 주다 loose = **lea**) + **se**
		임대하다[1], 임차하다	☞ a long-term land lease 장기 토지 임대
	lessor [lésɔr]	임대인	☞ lessee 임차인
	sub**lea**se [sʌˈbliːs]	재임대, 재임대하다	☞ sublease parts of the building 건물의 일부를 재임대하다

3144	re**lea**se [rilíːs]	방출, 출시, 발매, 석방	1. 창작물을 (새롭게 anew = **re**) (풀어놓다 loose = **lea**) + **se**
		방출하다[1], 출시하다	☞ release the latest trade figures 최신 무역 수치를 발표하다
		발매하다, 석방하다	☞ release the hostages 인질을 석방하다

피해, 부상 harm = dam, vulner

| 3145 | **dam**age [dǽmidʒ] | 손상, 피해를 입히다[1] | 1. (피해 harm = **dam**)를 주다 + **age** |
| | **dam**ages | 손해액 | ☞ irreparable damage 회복할 수 없는 피해 |

3146	**dam**nation	저주, 지옥으로 보냄	1. (피해 harm = **dam**)를 끼친 사람에게 재앙을 빌다 + **n**
	damn [dæm]	저주하다[1], 제기랄	☞ God damn you! 이 빌어먹을 놈아!
			☞ goddamn 제기랄

3147	con**demn**ation	비난	1. 피해를 끼친 사람을 (완전히 entirely = **con**)
	con**demn** [kəndém]	비난하다[1], 유죄 선고하다	(저주하다 damn = **demn**)
	con**demn**able	비난할 만한	☞ condemn harshly 가혹하게 비난하다

3148	**vulner**ability	취약성	1. (부상 wound = **vulner**) 당하기 쉬운 + **able**
	vulnerable [vʌ́lnərəbəl]	취약한[1], 연약한	☞ a vulnerable area 취약한 지역
	in**vulner**able	해칠 수 없는, 끄떡없는	☞ vulnerable to counterattack 역습에 취약한

깨다 (1) break = brak, brea, bri, brui

3149 break [breik] 휴식, 깨다, 위반하다 ☞ break time 짧은 휴식 시간
breakage [bréikidʒ] 파손, 파손품 ☞ break a law 법을 위반하다
breaker [bréikər] 부서지는 물결, 절단기 ☞ a breakage insurance policy 파손 보험 증권

3150 outbreak [áutbrèik] 발생[1] 1. 전쟁, 사고, 질병 등이 (밖으로 out) (깨져 break) 나옴
breakout [breikaʊt] 탈옥, 탈출 ☞ jailbreak 탈옥
breakdown 고장, 붕괴, 자료 분석 ☞ a break-even point 손익 분기점

3151 breakthrough 돌파구[1], 획기적인 발견 1. 힘든 상황을 (깨고 break) (통과해서 through) 나오는 통로
break through 돌파하다, 뚫고 나가다 ☞ a technological breakthrough 기술의 획기적 발전

3152 fast [fæst] 단식, 단식하다[1], 단단한 1. 믿음을 (확고하게 firm = fast)하기 위해 음식을 삼가다
breakfast [brékfəst] 아침식사[2] 2. (단식 fast) 또는 밤새 못 먹은 상태를 (깨는 break) 아침식사
day**break** [déibrèik] 새벽 ☞ have been fasting all day 하루 종일 단식하고 있다

3153 dine [dain] 식사를 하다[1] 1. (단식 fast = n)을 (멀리 away = dis = di)하고 음식을
dinner [dínər] 식사[2], 공식 만찬 섭취하다 + e
diner [dáinər] 식사하는 사람, 식당 2. 하루 중에 먹는 가장 주된 (식사 din + n) + er

3154 brittleness [brítlnis] 깨지기 쉬움, 불안정함 1. 쉽게 (깨져서 break = bri) 조각나기 쉬운 + tt + le
brittle [brítl] 깨지기 쉬운[1], 불안정한 ☞ a brittle temperament 불안정한 성격

3155 bruise [bru:z] 타박상[1], 타박상을 입(히)다 1. 맞거나 (깨져서 break = brui) 발생한 상처 + se
bruising 힘든 ☞ bruise-coloured 피멍이 든

3156 breach [bri:tʃ] 갈라진 틈, 위반[1], 불이행 1. 법, 도덕, 약속을 (깨는 break = brea) 행위 + ch
breachable 침입 가능한, 깨질 수 있는 ☞ a breach of contract 계약 위반

★ 깨다 (2) break = fra, frin

3157 fragility [frədʒíləti] 깨지기 쉬움 1. (깨지기 break = fra) 쉬운 + g + ile
fragile [frǽdʒəl] 깨지기 쉬운, 연약한[1] ☞ a fragile antique chair 부서지기 쉬운 골동품 의자
frail [freil] 깨지기 쉬운, 연약한 ☞ a frail china 깨지기 쉬운 도자기

3158 crumb [krʌm] 부스러기[1] 1. 깨져서 부스러진 (작은 파편 small fragment = crumb)
crumble [krʌ́mbl] 빵 조각, 부스러지다 ☞ bread crumb 빵 부스러기

3159	**fra**gment [frǽgmənt]	파편[1], 부수다, 부서지다	1. (깨진 break = fra) 조각 + g + ment
	fracture [frǽktʃər]	균열, 골절[2]	2. 뼈가 (깨져서 break = fra) 금이 간 상태 + ct + ure
		부수다, 부서지다	☞ fragment into small pieces 작은 조각들로 부서지다
	fractural [frǽktʃərəl]	골절의	☞ a fracture of the skull 두개골 골절

3160	**fra**ction [frǽkʃən]	부분[1], (수학) 분수, 소량	1. (깨뜨려서 break = fra) 나누어진 부분 + ct + ion
	fractionize	세분하다, 분수로 나누다	☞ an improper fraction 가분수
	fractional [frǽkʃənəl]	단편적인, 분수의	☞ in a fraction of a second 순식간에

3161	re**fra**ction	굴절[1]	1. 빛이 물체에 부딪치고 (깨져서 break = fra) 방향이
	[rifrǽkʃən]		(다시 back = re) 바뀌는 현상 + ct + ion
	re**fra**ct [rifrǽkt]	굴절시키다	☞ reflection 반영, 반사, 숙고
	re**fra**ctive [rifrǽktiv]	굴절시키는	

3162	re**frain**ment	자제	1. 악절 사이의 (휴식 break = fra) 부분을 알려 주기 위한
	re**frain** [rifréin]	반복되는 말, 후렴[1]	(반복적인 again = re) 짧은 가락 + in
		자제하다[2]	2. 말을 억누르기 위해 (굴레 bridle = frain)를
	re**frain**er	자제하는 사람	(뒤로 back = re) 당기다
			☞ refrain from liquor 술을 삼가다

| 3163 | in**frin**gement | 침해, 위반 | 1. (안으로 in) (깨고 break = frin) 들어가다 + ge |
| | in**frin**ge [infrínʤ] | 침해하다[1], 위반하다 | ☞ an infringement of liberty 자유 침해 |

★ 깨다 (3) break = burst, rou, rup

| 3164 | out**burst** [áutbə̀ːrst] | 폭발, 분출 | 1. 내부의 압력에 의해 갑자기 터져 (깨지다 break = burst) |
| | **burst** [bəːrst] | 터지다[1], 터뜨리다 | ☞ burst out 버럭 소리를 지르다, 갑자기 ~하기 시작하다 |

3165	**rou**te [ruːt]	길, 노선[1], 전송하다	1. 동물이 통행을 위해 (깨서 break = rou) 만든 경로 + te
	routine [ruːtíːn]	반복되는 일[2], 일상적인	2. 동물이 습관적으로 다니는 (경로 route = rout) + ine
	en **rou**te [ɑːnrúːt]	~에 가는 도중에	☞ a circular route 순환 노선

3166	ab**rup**tion [əbrʌ́pʃən]	갑작스런 중단, 분리	1. 갑자기 (떨어져서 off = ab) (깨진 broken = rup) + t
	ab**rup**t [əbrʌ́pt]	갑작스러운[1], 퉁명스러운	☞ abrupt manner 퉁명스러운 태도
	ab**rup**tly	불쑥, 갑자기	☞ change the policy abruptly 정책을 불쑥 바꾸다

3167	cor**rup**tion	부패, 변질	1. 품성, 품질 등이 (완전히 entirely = cor)
	cor**rup**t [kərʌ́pt]	부패시키다, 타락한[1]	(깨진 broken = rup) + t
	cor**rup**tive [kərʌ́ptiv]	타락시키는, 부패하는	☞ corruption in politics 정치의 부패

3168 dis**rup**tion	붕괴, 중단, 방해	1. (깨서 break = **rup**) (분리하다 apart = **dis**) + t
dis**rup**t [disrʌ́pt]	붕괴하다¹, 중단하다	☞ a disruption of traditional culture 전통 문화의 붕괴
	방해하다	☞ disrupt a meeting 회의를 방해하다
dis**rup**tive [disrʌ́ptiv]	방해하는	

3169 inter**rup**tion	방해, 중단	1. (사이에 between = **inter**) 끼어들어
inter**rup**t [intərʌ́pt]	가로막다¹, 방해하다	(깨다 break = **rup**) + t
	중단하다	☞ service interruption 서비스 중단
inter**rup**tive	방해하는	☞ interrupt the view 시야를 방해하다

3170 e**rup**tion [irʌ́pʃən]	분출	1. (밖으로 out = **e**) (깨면서 break = **rup**) 터져 나오다 + t
e**rup**t [irʌ́pt]	분출하다¹	☞ a volcanic eruption 화산 분출
e**rup**tive [irʌ́ptiv]	분출하는	☞ Ash began to erupt. 재가 분출하기 시작했다.

깨다 (4) break = crack, crash, crush, quash

3171 crush [krʌʃ]	압착, 진압¹, 홀딱 반함	1. 군중을 (깨서 break = **crush**) 흩어지게 하는 행위
	가루로 만들다², 쑤셔 넣다	2. 이빨로 (깨서 break = **crush**) 으스러뜨리다
smash [smæʃ]	강타, 세게 때리다³	3. 공 따위를 (깨질 break = **smash**) 정도로 세게 때리다

3172 squash [skwɑʃ]	스쿼시, 과즙 음료, 호박¹	1. (밖에서 out = **s**) (짓눌러 crush = **quash**) 찌그러진 호박
	으깨다², 밀어 넣다	2. (밖에서 out = **s**) (짓눌러 crush = **quash**) 으스러뜨리다
pumpkin [pʌ́mpkin]	호박	☞ squash a revolt 반란을 억누르다

3173 squeeze [skwiːz]	쥐어짬, 밀침, 혼잡	1. (강한 힘으로 누르다 press forcibly = **squee**) + ze
	쥐어짜다¹, 헤집고 가다	☞ squeeze into a subway train 전동차에 헤집고 들어가다
squeezable	짤 수 있는	☞ squeezer 압착기

3174 crash [kræʃ]	추락, 충돌, 굉음¹, 대폭락	1. (무거운 물체가 충돌하거나 깨지는 소리 crash)
	추락하다, 부서지다	2. (금속으로 만든 무기가 충돌하는 소리 clash)
clash [klæʃ]	쨍 소리², 충돌, 충돌하다	☞ make a crash-landing 불시착을 하다

3175 crack [kræk]	틈, 날카로운 소리	1. (날카로운 소리 sharp noise = **crack**)를 질러 목이 쉬다
	금 가다, 목 쉬다¹, 부수다	☞ cause cracks in the walls 벽에 균열을 일으키다
cracker	비스킷, 폭죽, 쪼개는 기구	☞ crack down on violence 폭동을 진압하다
fire**crack**er	폭죽	☞ crackdown 강력 탄압

3176 croak [krouk]	까악까악, 개굴개굴	1. 까마귀, 개구리의 (낮고 목이 쉰 듯한 껄껄한 울음소리
	목쉰 소리¹ 목이 쉰 듯 말하다	hoarse sound = **croak**)

3177 set
한 벌[1], 무대 장치, 자세[2]
설치하다, 어울리다, 고정된
1. 어울려 (따라다니는 follow = se) 짝 + t
2. (앉은 sit = set) 또는 고정된 상태로 놓여 있는 것

setback [setbæk]
후퇴, 실패, 좌절[3]
3. (뒤에 back) (앉아서 sit = set) 진행하지 않는 상태

setting [sétiŋ]
무대, 환경, 설정
☞ set free 석방하다　　☞ set up 설립하다, 세우다

3178 suit [su:t]
정장, 소송, 구애[1], 어울리다[2]
1. 원하는 짝을 (따라다니는 follow = su) 행위 + it

follow suit
남이 한 것을 따라가다
2. 상, 하의가 어울려 (따라다니다 follow = su) + it

3179 suitability
적합, 어울림
1. (따라다닐 follow = su) 정도로 잘 어울리는 + it + able

suitable [sú:təbəl]
적합한[1]
☞ a suitable candidate 적합한 후보

3180 suite [swi:t]
스위트 룸[1]
1. 침실에 욕실과 응접실 등이 어울려

suit case
소형 여행 가방
(따라다니는 follow = su) 호텔의 고급 객실 + ite

3181 sue [su:]
소송을 제기하다[1]
1. 법을 (따라가다 follow = su) + e

en**su**e [ensú:]
(결과가) 뒤따르다
☞ sue for divorce 이혼 소송을 제기하다

3182 pursuit [pərsú:t]
추구, 추적, 소일거리
1. (앞에 forward = pur) 있는 것을 (따라가다 follow = su) + e

pursue [pərsú:]
추구하다, 쫓다[1]
☞ pursue a prey 사냥감을 추적하다

3183 second
초[1], 두 번째의[2]
1. 1시간 3,600초를 60으로 (두 번 second) 나눈 것

secondary [sékəndèri]
부차적인, 이차적인
2. 첫 번째를 (따라다니는 follow = sec) + ond

secondhand
간접의, 중고의
☞ second to none (누구에게도 둘째가 아닌) 최고의

3184 society [səsáiəti]
사회
1. 사람을 (따라다니는 follow = soc) 것을 좋아하는 + i + able

sociable [sóuʃəbəl]
사교적인[1]
☞ a sociable person 붙임성이 있는 사람

societal [səsáiətl]
사회의
☞ societal development 사회의 발달

social [sóuʃəl]
사회의, 사교상의
☞ a social gathering 친목회, 사교 모임

3185 association
연관, 협회
1. 구성원들(에게 to = as) (따라다니다 follow = soc) + i + ate

as**soc**iate [əsóuʃièit]
동료, 부
☞ an associate professor 부교수

어울리다[1], 연관 짓다
☞ a residents' association 주민 자치회

as**soc**iational
협회의, 연상하는

3186 sequence [sí:kwəns]
순서[1], 순서 배열하다
1. 앞선 것을 (뒤 따르는 follow = seq) 것 + u + ence

sequential [sikwénʃəl]
순차적인
2. (아래에 under = sub) (뒤 따르는 follow = seq) 것

sub**seq**uence
이어서 일어남, 결과[2]
+ u + ence

3187	con**seq**uence con**seq**uent con**sec**ution con**sec**utive	결과, 중요성, 영향력[1] 결과로서 일어나는[2] 연속, 논리의 일관 연속적인	1. 판결과 (함께 with = con) (따라오는 follow = seq) 자신에 대한 영향 + u + ence 2. 판결과 (함께 with = con) (따라오는 follow = seq) + u + ent ☞ as a consequence ~의 결과로서
3188	pro**sec**ution pro**sec**ute [prásəkjùːt] pro**sec**utor	기소, 고발, 검찰 기소하다[1], 추진하다 검사, 기소하는 사람	1. 법을 (향해 forward = pro) (따라가다 follow = sec) + u + te ☞ prosecution and a criminal suspect 검찰과 범죄 용의자 ☞ prosecute an offender 범법자를 기소하다
3189	per**sec**ution per**sec**ute [pəːrsikjùːt]	박해, 괴롭힘 박해하다[1]	1. 이교도를 (끝까지 through = per) (따라가 follow = sec) 괴롭히다 + u + te ☞ persecute a religion 종교를 박해하다
3190	**exec**ution [èksikjúːʃən] **exec**ute [éksikjùːt] **exec**utive [igzékjətiv]	사형집행, 실행 처형하다, 집행하다[1] 임원, 집행하는	1. 판사의 선고를 (철저히 entirely = e) (따르다 follow = xec) + u + te ☞ an executive director 전무이사
3191	in**trin**sic [intrínsik] ex**trin**sic [ekstrínsik]	본질적인[1], 고유한 외적인[2]	1. (안으로 inside = intri + n) (따라 들어가는 follow = sic) 2. (바깥으로 outside = extri + n) (따라 나오는 follow = sic)

적정한 suitable = dec, dign

3192 decency [díːsnsi]
 decent [díːsənt]

품위
품위 있는[1]
남부럽지 않은

1. 직위에 맞도록 (적정하게 suitable = dec) 꾸며진 + ent
  ☞ decent conduct 품위 있는 행동
  ☞ decent salary 상당한 봉급

3193 dignity [dígnəti]
 dignify [dígnəfài]

위엄[1], 존엄
위엄 있게 하다

1. (적절히 suitable = dign) 위세 있고 엄숙한 태도 + ity
  ☞ lose dignity 품격을 잃다

3194 indignity [indígnəti]
 indignation
 indignant [indígnənt]

모욕[1], 치욕
분개
분개한

1. 자신의 (위엄 dignity)을 존중받지 (못해서 not = in)
  느끼는 모욕감
  ☞ glance indignantly 못마땅한 듯 힐끗 보다

3195 honor [ánər]
 honorable [ánərəbəl]
 dis**honor** [disánər]

명예, 존경하다
명예로운[1], 존경할 만한
불명예, 명예를 훼손하다

1. (위엄 dignity = honor)이 있고 좋은 평판을 받는 + able
  ☞ I am honored to meet you. 만나서 영광입니다.
  ☞ dishonorable 불명예스러운, 수치스러운

★ 일렬로 세우다 line up = ser, sor, xer

3196 series [síəriːz]
 seriate [síərièit]
 serial [síəriəl]

시리즈, 연속[1]
연속 배열하다, 연속적인
연재물, 연속되는[2]

1. 같은 종류가 (일렬로 세워진 line up = ser) 형태 + i + es
2. 순차적으로 (일렬로 세우는 line up = ser) + i + al
  ☞ the serial number of the check 수표의 일련번호

3197 sermon [sə́ːrmən]
 sermonize
 sermonic [səːrmánik]

설교[1], 훈계
설교하다, 잔소리하다
설교적인, 교훈적인

1. 성경 내용을 (일렬로 세워서 line up = ser) 연속적으로
  하는 강연 + mon
  ☞ improvise a sermon 즉석에서 설교하다

3198 sort [sɔːrt]
 sortable [sɔ́ːrtəbl]

종류, 분류, 분류하다[1]
분류할 수 있는

1. 같은 종류를 (일렬로 세워서 line up = sor) 선별하다 + t
  ☞ sort out 분류하다, 문제를 해결하다

3199 consor**tium**
 consort [kánsɔːrt]

협력단체, 조합[1]
합주단, 일치, 어울리다

1. 비슷한 (유형 sort)의 단체들이 (함께 with = con)
  결합한 모임 + i + um

3200 assor**t**ment
 assort [əsɔ́ːrt]
 assort**a**tive [əsɔ́ːrtéitiv]

모음
분류하다, 구색 갖추다[1]
종류별로 분류하는

1. 같은 (종류 sort) (쪽으로 to = as) 끼워 맞추다
  ☞ a wide assortment of goods 상품의 광범위한 구색
  ☞ assort goods 상품을 분류하다

3201 inser**t**ion [insə́ːrʃən]
 insert [insə́ːrt]
 insert**able**

삽입, 첨가
삽입하다[1]
끼워 넣을 수 있는

1. (일렬로 세운 line up = ser) 것 (안으로 in) 끼워 넣다 + t
  ☞ the insertion of a paragraph 단락의 삽입
  ☞ insert a line 한 행을 삽입하다

3202 **as**ser**tion** [əsəːrʃən]	주장, 권리 행사	1. 사실(에 to = **as**) 의견을 (일렬로 세워서 line up = **ser**)
asser**tiveness**	주장	끼워 넣어 말하다 + **t**
asser**t** [əsəːrt]	주장하다[1]	☞ assert innocence 무죄를 주장하다
asser**tive** [əsəːrtiv]	확신에 찬	☞ an assertive behaviour 확신에 찬 행동

3203 **de**ser**tion** [dizəːrʃən]	내버림, 황폐한 상태	1. (일렬로 세워서 line up = **ser**) 끼워 넣었던 것을
deser**t** [dézərt]	공적, 사막[2], 버리다[1]	분리하여 apart = **de**) 버리다 + **t**
deser**ted** [dizəːrtid]	버림받은	2. (버려진 **desert**) 땅

3204 **e**xer**tion** [igzəːrʃən]	노력, 행사	1. (일렬로 세워서 line up = **xer**) 끼워 넣었던 것을
inexer**tion** [inigzəːrʃən]	게으름, 노력 부족	(밖으로 out = **e**) 내보내기 위해 노력하다 + **t**
exer**t** [igzəːrt]	노력하다[1], 행사하다	☞ exert efforts 노력을 다하다

펼치다 (1) spread = sca, sha, spar, sper, spi, spor, spr, spur

3205 **spread** [spred]	확산, 범위, 펴다[1], 퍼지다	1. (펼쳐서 stretch = **spread**) 넓게 만들다
wide**spread**	널리 퍼진	☞ spread the rumor 그 소문을 퍼뜨리다
out**spread** [àutspréd]	활짝 펼쳐진	☞ the threat widespread famine 널리 퍼진 기근의 위협

3206 **sper**m [spəːrm]	정자[1]	1. (퍼져 나가는 spread = **sper**) 수컷의 씨앗 + **m**
spore [spoːr]	포자[2]	2. 꽃이 없는 식물의 (퍼져 나가는 spread = **spor**) 씨앗 + **e**
sprout [spraut]	새싹, 싹이 나다[3]	3. 씨앗에서 싹이 (퍼져 나가다 spread = **spr**) + **ou** + **t**

| 3207 **spor**adic [spərǽdik] | 산발적인[1] | 1. (포자 spore = **spora**)가 산발적으로 퍼지는 + **d** + **ic** |
| | 가끔 발생하는[1] | ☞ sporadic bombing 산발적인 폭격 |

3208 **fuzz**iness [fʌzinis]	솜털 같음, 흐릿함	1. 버섯 포자의 (솜털 **fuzz**)처럼 잘 보이지 않는 + **y**
fuzz [fʌz]	솜털	2. (모호한 **fuzzy**) 언어 등을 수학적으로 다루는 (이론 theory)
fuzzy [fʌzi]	보송보송한, 흐릿한[1]	☞ the fuzz on a peach 복숭아의 잔털
fuzzy theory	퍼지 이론[2]	☞ a fuzzy photograph 흐릿한 사진

| 3209 **fuss** [fʌs] | 야단법석, 호들갑 떨다 | 1. 새가 (깃털 feather = **fuss**)을 퍼드덕거리는 + **y** |
| **fuss**y [fʌsi] | 야단 법석하는[1] | ☞ make a fuss 소란을 피우다, 투덜거리다 |

3210 **spur**t [spəːrt]	분출, 뿜어져 나오다[1]	1. 액체 또는 에너지가 (퍼져 spread = **spur**) 나오다 + **t**
spit [spit]	침, 뱉기, 내뱉다	☞ spit in a person's face 사람의 얼굴에 침을 뱉다
spew [spjuː]	뿜어내다, 토하다	☞ spew lava 용암을 뿜어내다

| 3211 **vomit**ing | 구토 | 1. 음식물을 도로 입 밖으로 (내뱉다 spit = **vomit**) |
| **vomit** [vάmit] | 토사물, 토하다[1] | ☞ vomit forth smoke 연기를 내뿜다 |

3212 **spr**inkle [spríŋkəl]	보슬비, 뿌리다[1]	1. 골고루 (퍼지도록 spread = **spr**) 뿌리다 + **ink** + **le**
sprinkler [spríŋklər]	스프링클러	2. 액체 따위를 (퍼지도록 spread = **spr**) 뿌리다 + **a** + **y**
spray [sprei]	분무, 잔가지, 살포하다[2]	☞ a spray gun 분무기

3213 di**sper**sion	확산, 분산	1. (분리되어 apart = **di**) 사방으로 (퍼지다 spread = **sper**) + **se**
di**sper**se [dispə́ːrs]	흩어지다[1], 해산시키다	☞ city population dispersion 도시 인구 분산
di**sper**sive	흩어지는	☞ a measure of dispersion 분산도, 산포도

3214 **spar**seness	희박함	1. 드문드문 (퍼져서 spread = **spar**) 밀도가 희박한 + **se**
sparse [spɑːrs]	드문, 희박한[1]	☞ sparse vegetation 드문드문한 초목

3215 **rar**ity [réərəti]	희박, 귀함	1. 씨앗이 (드문드문 sparse = **rar**) 뿌려져서 희박하고 귀한 + **e**
rare [rɛər]	드문[1], 귀한[1]	☞ a rarity value 희소가치
rarely [réərli]	좀처럼 ~하지 않는	☞ a rare breed 희귀한 품종

3216 **sca**tter [skǽtər]	흩뿌리다[1], 흩어지다	1. 씨앗 등을 사방으로 (퍼지게 하다 spread = **sca**) + **tt** + **er**
shatter [ʃǽtər]	파편, 분쇄	2. 조각으로 부서져 사방으로 (흩어지다 scatter = **sha**) + **tt** + **er**
	산산조각 나다[2]	☞ shatter the calm 정적을 깨다

3217 dis**sip**ation	흩어져 사라짐, 소실	1. (분리해서 apart = **dis**) (뿌려 scatter = **sip**) 흩뜨리다 + **ate**
dis**sip**ate [dísəpèit]	흩뜨리다[1], 소멸되다	☞ dissipate a fortune 재산을 탕진하다

3218 **freck**le [frékl]	주근깨[1]	1. 얼굴에 (퍼져 있는 scatter = **freck**) (작은 small = **le**) 점들
freckly [frékli]	주근깨가 많은	☞ a freckle-faced child 주근깨투성이의 얼굴을 가진 소년

★ 늘이다 (1) stretch = sti, str

3219 **str**ait [streit]	해협[1]	1. 육지 사이에 (뻗어 있는 stretch = **str**) 좁은 바다 + **ai** + **t**
straighten [stréitn]	똑바르게 하다[2]	2. (잡아당겨 뻗게 stretch = **str** + **aight**) (만들다 make = **en**)
straight [streit]	곧은, 똑바른, 똑바로	☞ the Bering Strait 베링 해협
straightforward	간단한, 솔직한	☞ straighten up history 역사를 바로잡다

3220 **str**ategy [strǽtədʒi]	전략[1]	1. 군대를 (펼쳐 spread = **str** + **at**) (움직이는 move = **eg**)
strategize	전략을 짜다	계획 + **y**
strategic [strətíːdʒik]	전략적인	☞ a strategic alliance 전략적 제휴

3221 **str**aw [strɔː]	지푸라기[1], 빨대[2]	1. 수확 후 땅에 (펼쳐 spread = **str**) 있는 짚 부스러기 + **a** + **w**
strawberry	딸기[3]	2. 구멍 뚫린 (지푸라기 straw) 모양의 액체를 빨아올리는 물건
the last straw	인내의 한계	3. 씨앗이 (퍼져 있는 spread = **str** + **aw**) (열매 berry)

3222 strew [stru:] 흩뿌리다[1], 뿌려져 있다 1. (펼쳐서 spread = str) 뿌리다 + e + w
　　bestrew [bistrú:] 흩뿌리다, 뒤덮다 ☞ strew sand 모래를 흩뿌리다

3223 street [stri:t] 거리[1], 거리의 1. 앞으로 쭉 (펼쳐진 spread = str) 길 + ee + t
　　streetwise 세상 물정에 밝은 ☞ high street 시내 중심가　☞ a street light 가로등

3224 plaza [plá:zə] 광장[1], 쇼핑센터 1. (넓은 거리 broad street = plaza)
　　square [skwɛər] 광장, 정사각형, 제곱 ☞ circus 원형 광장　☞ agora 아고라, 광장

3225 stray [strei] 길을 벗어나다[1] 1. 동물이 (펼쳐진 spread = str) 길을 벗어나 방황하다 + a + y
　　astr**ay** [əstréi] 길을 잃어 ☞ a stray sheep 길을 잃은 양

3226 strand [strænd] 가닥[1], 머리 술 1. (펼쳐서 spread = str) 만든 얇은 가닥 + an + d
　　　　　　　　　물가[2], 좌초하다 2. (해안가 sea shore = strand)

3227 string [striŋ] 끈[1], 줄, (악기) 현, 묶다 1. (펼쳐서 spread = str) 만든 얇은 줄 + ing
　　stringent 긴박한, 엄중한 ☞ string beads 구슬을 실에 꿰다
　　ham**string** (무릎 뒷부분) 오금줄 ☞ a string quartet 현악사중주

3228 stress [stres] 힘[1], 압박, 강조, 강세 1. (강하게 잡아당기는 full tight = str) 힘 + e + ss
　　　　　　　　　스트레스 주다, 강조하다 ☞ stressor 스트레스 요인
　　stressful [strésfəl] 스트레스가 많은 ☞ unstressed 강세가 없는

3229 distress [distrés] 고통[1], 괴로움, 괴롭히다 1. (잡아당기는 힘 stress)에 의해 (분리 apart = di)될 때의 고통
　　distr**ess**ful 괴로운 ☞ moan in distress 고통으로 신음하다

3230 striction [stríkʃən] 팽팽함, 죄기 1. (잡아당겨지는 full tight = str) 물체가 팽팽한 + i + ct
　　strict [strikt] 팽팽한[1], 엄격한, 엄밀한 ☞ a strict regulation 엄격한 규제
　　strictly [stríktli] 엄격히, 정확히 ☞ strictly speaking 엄밀히 말하면

3231 strain [strein] 변종, 품종, 혈통[1] 1. 조상으로부터 (펼쳐 spread = str) 나온 것 + ain
　　　　　　　　　압박, 죄다[2] 2. 묶어서 안으로 (강하게 잡아당기다 full tight = str) + ain

3232 constriction [kənstríkt] 압축, 수축 1. (완전히 entirely = con) (잡아당기다 full tight = str) + i + ct
　　constr**ict** [kənstríkt] 수축하다, 죄다[1] ☞ contract 계약, 수축시키다

3233 district [dístrikt] 구역[1], 지구, 지방 1. 범죄자를 (잡아당겨 full tight = str) (분리시킨 apart = di)
　　　　　　　　　　　　　중세의 범죄인 관할 구역 + i + ct
　　　　　　　　　　　　　☞ a district court 지방 법원

3234 **restriction** [ristríkʃən]	제한	1. (강하게 잡아당겨 full tight = **str**) (뒤로 back = **re**) 묶다	
restrict [ristríkt]	제한하다[1]	+ **i** + **ct**	
restrictive [ristríktiv]	제한하는	☞ a trade restriction 무역 제한	

3235 **restraint** [ristréint]	제약, 규제, 구속	1. (뒤에서 back = **re**) (세게 잡아당기다 full tight = **str**) + **ain**	
restrain [ristréin]	억누르다, 제지하다[1]	☞ social taboos and restraints 사회적 금기사항과 제약	
restrainable	억누를 수 있는	☞ Restrain yourself. 진정하세요.	

3236 **prestige** [prestíːdʒ]	명성, 위신, 일류의	1. 시선을 (앞으로 forward = **pre**) (잡아당길 full tight = **sti**)	
prestigious	명망 있는[1], 일류의	정도로 명망이 있는 + **gi** + **ous**	
		☞ a prestigious university 일류 대학	

3237 **constraint**	제한, 제약	1. (함께 with = **con**) (잡아당겨 full tight = **str**) 묶다 + **ain**	
constrain [kənstréin]	제한하다[1], 강요하다	☞ a budget constraint 예산 제약	
constrainable	강요할 수 있는	☞ constrain obedience 복종을 강요하다	

★ 늘이다 (2) stretch = ten, tend, thin, tin

3238 meagerness 빈약함 1. (얇은 thin = **meag**) + er
　　meager [míːgər] 빈약한[1], 메마른 ☞ a meager income 미미한 수입

3239 thickness [θíknis] 두께 1. (빽빽하게 dense = **thick**) 서로 가까이 붙어 있는
　　thicken [θíkən] 진하게 하다, 두껍게 하다 ☞ a thick forest 울창한 숲
　　thick [θik] 두꺼운, 밀집한[1], 짙은 ☞ a thick coarse fabric 두껍고 거친 옷감

3240 ostentation 겉치레, 과시[1] 1. (앞에서 forth = **os**) (펼쳐 stretch = **ten**) 보이는 행위
　　ostentatious 과시하는 + t + at + ion
　　ostensible [asténsəbəl] 표면상의, 겉으로는 ☞ an ostentatious lifestyle 과시적인 생활 방식

3241 ten 열, 십[1] 1. 모두 (펼친 stretch = **ten**) 손가락 10개
　　tenure [ténjuər] 임기, 종신 재직권[2] 2. 죽을 때까지 임기를 (뻗게 하는 stretch = **ten**) 권리 + ure

---

3242 contin**ent** [kántənənt] 대륙[1] 1. 이어져 (함께 with = **con**) (뻗은 stretch = **tin**) 땅 + ent
　　sub**con**tin**ent** 아대륙 ☞ travel across the continent 대륙 횡단 여행을 하다
　　contin**ental** 대륙의 ☞ the continental shelf 대륙붕

3243 contin**uity** 지속성 1. 이어져 (함께 with = **con**) (뻗다 stretch = **tin**) + u + e
　　contin**ue** [kəntínjuː] 계속하다[1] ☞ the stable continuity 안정된 지속성
　　contin**uous** 계속되는 ☞ continuous rainy spell 계속되는 장마
　　contin**ual** [kəntínjuəl] (중간에 멈춘 후) 계속되는 ☞ continual complaining 빈번하게 계속되는 불평

3244 atten**dance** 참석 1. 어떤 것(에게 to = **at**) 정신을 (뻗다 stretch = **ten**) + d
　　atten**d** [əténd] 참석하다, 주의 기울이다[1] ☞ attendee 참석자
　　　　　　~에 다니다, 수행하다 ☞ attend a funeral 장례식에 참석하다
　　atten**dant** [əténdənt] 종업원, 간병인, 안내원 ☞ a flight attendant 승무원

3245 atten**tion** [əténʃən] 주의, 보살핌, 차렷! ☞ attention deficit disorder 주의력 결핍 장애
　　atten**tive** [əténtiv] 주의를 기울이는 ☞ attentive audience 경청하는 청중
　　　　　　　　　　　　　☞ attend on 간호하다　　☞ attend to 시중 들다

3246 scout [skaut] 정찰병, 정찰, 영입 1. 정보를 얻기 위해 (주의를 기울이며 attend = **scout**) 다니다
　　　　　　정찰하다[1], 스카우트하다 ☞ scout a professional manager 전문 경영인을 영입하다

3247 tendance [téndəns] 시중, 간호 1. 가늘게 (늘어나서 stretch = **ten**) 약하고 부드러운 + d + er
　　tenderness 다정함, 유연함 2. 손을 (뻗어 stretch = **ten**) 다정하게 다루다 + d + er
　　tender [téndər] 돌보는 사람, 부드러운[1] ☞ tend the sick 환자들을 돌보다
　　　　　　소중히 하다[2], 손질하다 ☞ a tender-hearted woman 마음씨 고운 여성

3248 **ten**dency [téndənsi]   경향[1], 성향   1. 마음이 한 방향으로 (뻗은 stretch = ten) 상태 + d + ency
     tend [tend]   돌보다[2], 시중 들다   2. (주의를 기울이며 attend = ten) 돌보다 + d
                       경향이 있다   ☞ tend to ~하는 경향이 있다

3249 **ten**don [téndən]   힘줄[1]   1. (늘어나고 stretch = ten) 수축하는 근육의 밑바탕 + d + on
                                      ☞ Achilles' tendon (발뒤꿈치와 다리를 잇는) 아킬레스건

3250 ex**ten**sion [iksténʃən]   연장, 확대   1. 토지가 (밖으로 out = ex) (뻗은 stretch = ten) 범위 + t
     ex**ten**t [ikstént]   정도[1], 규모   2. (밖으로 out = ex) (뻗어 나가게 하다 stretch = ten) + d
     ex**ten**d [iksténd]   연장하다[2], 확대하다   ☞ a contract extension 계약의 연장
     ex**ten**sive [iksténsiv]   폭넓은   ☞ build extensive knowledge 폭넓은 지식을 쌓다

3251 pre**ten**sion   허세, 가짜 주장   1. 허세를 (앞으로 forward = pre) (펼치다 stretch = ten) + d
     pre**ten**se [priténs]   가식, 겉치레   ☞ pretentious 허세부리는
     pre**ten**d [priténd]   ~하는 체하다[1], 가장하다   ☞ pretendedly 거짓으로, 가장하여

3252 superin**ten**dence   감독, 관리   1. (위에서 above = super) 조직의 (내부 in)를 향해
     superin**ten**d   감독하다[1], 관리하다   주의를 (뻗다 stretch = ten) + d
     superin**ten**dent   감독자   ☞ supervisor 감독자

3253 in**ten**tion [inténʃən]   의도   1. 어떤 것 (안쪽으로 in) 마음을 (뻗다 stretch = ten) 또는
     in**ten**t [intént]   의도, 동기   마음을 정하다 + d
                       작정하는, 집중된   ☞ an evil intention 나쁜 의도
     in**ten**d [inténd]   의도하다[1]   ☞ criminal intent 범행 동기
     in**ten**tional   고의적인

3254 in**ten**sity [inténsəti]   강렬함, 강도, 긴장   1. 마음 (안쪽으로 in) (뻗은 stretch = ten) 의지가 강한 + se
     in**ten**sify [inténsəfài]   강화하다   ☞ intensify the ideological conflict 이념 갈등을 증폭시키다
     in**ten**se [inténs]   강렬한[1]   ☞ an intense feeling 격렬한 감정
     in**ten**sive [inténsiv]   집중적인, 집약적인   ☞ a capital-intensive industry 자본 집약형의 산업

3255 **ten**sion [ténʃən]   긴장[1], 갈등, 장력   1. (펼쳐져서 stretch = ten) 팽팽해진 상태 + s + ion
     tense [tens]   시제[2], 긴장하다, 팽팽한   2. (시간 time = ten)이 펼쳐진 기간을 표시하는
     hyper**ten**sion   고혈압   동사의 문법 범주 + se
     hypo**ten**sion   저혈압   ☞ relieve tension 긴장을 완화시키다

3256 de**tente** [deitá:nt]   데탕트[1] (국제적 긴장 완화)   1. (긴장 tense = tente) 상태에서 (멀어 away = de)짐
                                        ☞ detente diplomacy 긴장 완화 외교정책

★ 붙잡다 hold = tain, ten, tin

3257 tenant [ténənt]
tenancy [ténənsi]

임차인, 소작인, 임차하다[1]
임차 기간

1. 토지, 건물을 임시로 손을 뻗어 (붙잡다 hold = ten) + ant
   ☞ a tenant farmer 소작농   ☞ lessor 임대인

3258 boycott [bɔ́ikɑt]

불매 운동, 거부 운동[1]
거부하다

1. 재산 관리인인 Boycott가 소작료 인하 요청을 거부해서
   (소작인 tenant)이 태업한 사건

3259 lieutenant [lu:ténənt]

대리, 부관[1]

1. 대리 (자리 place = lieu)를 (잡고 hold = ten) 있는
   사람 + ant
   ☞ first lieutenant 중위   ☞ lieutenant colonel 중령

3260 entertainment
entertain [èntərtéin]
entertaining

오락, 접대
접대하다[1], 즐겁게 하다[1]
즐거움을 주는

1. (내부에 inter = enter) 손님을 (잡아 hold = tain) 놓고
   접대하다
   ☞ the entertainment industry 예능 산업

3261 maintenance
maintain [meintéin]
maintainable
upkeep [ʌ́pki:p]

유지, 지속
유지하다[1], 주장하다[2]
유지할 수 있는
유지, 유지비, 양육

1. 흔들림 없이 (손 hand = main)으로 (붙잡다 hold = tain)
2. 흔들림 없이 자신의 의견을 (유지하다 maintain)
   ☞ maintenance expenses 유지관리비
   ☞ maintain her innocence 그녀의 무죄를 주장하다

3262 attainment
attain [ətéin]
attainable [ətéinəbl]

성취, 달성
획득하다[1], 달성하다
달성할 수 있는

1. 목표물(에 to = at) 다가가서 손으로 (붙잡다 hold = tain)
   ☞ an attainable goal 도달할 수 있는 목적
   ☞ unattainable 달성할 수 없는

3263 abstinence
abstain [æbstéin]
abstinent [æbstənənt]

자제, 금욕
삼가다[1], 자제하다
자제하는

1. 원하는 것을 (붙잡으려는 hold = tain) 욕망을
   (멀리 away = ab + s)하다
   ☞ abstain from alcohol 금주하다

3264 obtainment
obtain [əbtéin]
obtainable [əbtéinəbl]

획득
얻다[1], 존재하다
얻을 수 있는

1. 완전하게 (앞에 front = ob) (붙잡아 hold = tain) 놓다
   ☞ obtain a permission 허가를 얻다
   ☞ an obtainable goal 성취 가능한 목표

3265 containment
contain [kəntéin]
container [kəntéinər]

억제
포함하다[1], 억제하다[2]
용기, 컨테이너

1. 물건들을 (함께 with = con) (잡아 hold = tain) 넣다
2. (함께 with = con) (잡아 hold = tain) 넣은 것을 억누르다
   ☞ contain an epidemic 유행병을 억제하다

3266 contentment
content [kəntént]

discontent

만족
내용[1], 만족시키다
만족하는[2]
불만

1. (함께 with = con) (붙잡아 hold = ten) 넣은 내용물 + t
2. 두 명이 (함께 with = con) (붙잡아서 hold = ten)
   둘 다 만족하는 + t
   ☞ a content provider 콘텐츠 제공자

3267 con**ten**tion	다툼, 논쟁	1. 경쟁적으로 먼저 (붙잡기 hold = ten) 위해
con**ten**d [kənténd]	다투다[1], 논쟁하다	(함께 with = con) 손을 뻗다 + d
con**ten**dingly	경쟁적으로	☞ contender 경쟁자

3268 de**ten**tion [diténʃən]	구금, 방과 후 남게 하기	1. (멀리 away = de) 가지 못하도록 (잡아 hold = tain) 놓다
de**tain** [ditéin]	구금하다[1], 억류하다[1]	☞ detain a prisoner 죄수를 구금하다

3269 re**tain**ment	보유, 고용	1. (붙잡은 hold = tain) 것을 나중에 사용하기 위해
re**ten**tion [riténʃən]	보유, 잔류, 기억	(뒤에 back = re) 남겨 두다
re**tain** [ritéin]	보유하다[1], 간직하다[1]	☞ retainable 보유할 수 있는

3270 re**in** [rein]	고삐, 제어하다[1]	1. 말을 (뒤에서 re) (붙잡아 hold = tain = in) 놓고 제어하다
bridle [bráidl]	(말, 소에게 씌우는) 굴레	☞ rein in the real estate market 부동산 시장을 억제하다
		☞ give free rein 무제한의 자유를 주다

3271 per**tin**ence	적절성	1. 관련 있어서 (끝까지 through = per) (잡아 hold= tain) 놓다
per**tain** [pərtéin]	존재하다[1], 관계있다	☞ functional pertinence 기능상 적절성
per**tin**ent [pə́ːrtənənt]	관련 있는, 적절한	☞ a pertinent criticism 적절한 비판

3272 sus**tain**ability	지속 가능성	1. (아래에서 below = sus) 떠받쳐 (붙잡다 hold = tain)
sus**tain**ment	떠받침, 지탱	☞ sustainability of production 생산의 지속 가능성
sus**tain** [səstéin]	지속하다, 지탱하다[1]	☞ sustain momentum 기세를 유지하다
sus**tain**able	지속 가능한	☞ sustainable development 지속 가능한 환경 친화적 개발

모으다 gather = lec

3273 se**lec**tion [silékʃən]	선택, 모음집	1. (분리해 apart = se) 필요한 것을 (모으다 gather = lec) + t
se**lec**t [silékt]	선택하다[1]	☞ select a random sample 무작위로 표본을 추출하다
se**lec**tive [siléktiv]	선택적인	☞ selective breeding 선택적인 번식

3274 col**lec**tion [kəlékʃən]	수집, 소장품	1. 선택한 것을 (함께 with = col) (모으다 gather = lec) + t
col**lec**t [kəlékt]	수집하다[1]	☞ a valuable collection of antiques 귀중한 골동품 수집품
col**lec**tive [kəléktiv]	집단의, 공동의	☞ collective security 집단 안전 보장

3275 re**col**lection [rèkəlékʃən]	회상	1. 기억을 (다시 again = re) (함께 with = col)
re**col**lect [rèkəlékt]	기억해 내다[1], 회상하다[1]	(모으다 gather = lec) + t
re-**collect**	다시 모으다	☞ a vivid recollection 생생한 기억
		☞ recollective 회상하는, 추억의

3276	election [ilékʃən]	선거, 당선	1. 자격 있는 사람을 (모아서 gather = lec) (밖으로 out = e)
	elect [ilékt]	선거하다, 선출하다[1]	뽑아내다 + t
	elective [iléktiv]	선택할 수 있는	☞ an election campaign 선거 운동

★ 선택하다 (1) choose = eleg, elig, lec, leag, leg, lig

3277	eligibility [èlidʒəbíləti]	자격, 적격	1. (선택 choose = elig)받을 자격이 있는 + ible
	eligible [élidʒəbəl]	적임자, 자격이 있는[1]	☞ ineligible 자격이 없는
	elite [eilíːt]	엘리트, 정예	☞ eligible to participate 참여할 자격이 있는

| 3278 | elegance [éligəns] | 우아함, 고상함 | 1. (선택 choose = eleg)받은 사람들이 품격이 있는 + ant |
| | elegant [éləgənt] | 품격 있는[1], 우아한[1] | ☞ an elegant posture 우아한 자세 |

3279	diligence [dílədʒəns]	근면	1. (분리하고 apart = di) (선택하는 choose = lig) 일을
	diligent [dílədʒənt]	부지런한[1]	부지런히 수행하는 + ent
	diligently	부지런히, 열심히	☞ a diligent observer 부지런한 관찰자

3280	delegation [dèligéiʃən]	위임, 대표단	1. (선택한 choose = leg) 후에 대표 자격으로
	delegate [déligit]	위임 받은 대표자	(멀리 away = de) 보내다 + ate
		위임하다[1]	☞ delegate authority 권한을 위임하다

3281	intellect [íntəlèkt]	지성[1], 이해력	1. 옳고 그름 (사이에서 between = inter = intel) 옳은 것을
	intellectual	지능의, 지적인	(선택할 choose = lec) 수 있는 능력 + t
	[intəléktʃuəl]		☞ an intellectual property rights 지적 재산권

| 3282 | intelligence | 지능, 정보, 정보기관 | ☞ artificial intelligence 인공 지능 |
| | intelligent [intélədʒənt] | 총명한 | ☞ an intelligent robot 지능 로봇 |

3283	negligence	부주의, 태만	1. (선택 choose = lec + t)하지 (않다 not = neg)
	neglect [niglékt]	방치, 무시하다[1]	☞ willful negligence 고의적인 태만
	negligent [néglidʒənt]	태만한, 부주의한	☞ malign neglect 악의적인 무시

| 3284 | league [liːg] | 리그, 연맹[1] | 1. (선택하여 choose = leag) 묶은 집단 + ue |
| | | | ☞ resign from a league 연맹에서 탈퇴하다 |

3285	colleague [káliːg]	동료[1]	1. (선택되어 choose = leag) (함께 with = col)모인 사람 + ue
	colleagueship	동료 관계	2. (선택된 choose = leg) 학생들이 (함께 with = col) 모인 곳 + e
	college [kálidʒ]	대학[2], 전문학교	☞ a community college 지역 전문대학

★ 선택하다 (2) choose = op

3286 option [ápʃən] 선택권[1], 선택

1. (고르는 choose = op) 행위 또는 권리 + t + ion
   - ☞ opt for a Western-style wedding 서구식 결혼식을 선택하다
   - ☞ an optional subject 선택 과목

opt [ɑpt] 선택하다

optional [ápʃənəl] 선택적인

3287 adop**tion** [ədápʃən] 채택, 입양

adop**t** [ədápt] 채택하다[1], 입양하다

adop**table** [ədáptəbl] 채택할 수 있는

1. 특정한 고아 또는 물건 (쪽으로 to = ad) (선택하다 op) + t
   - ☞ a technology adoption contract 기술 도입 계약서
   - ☞ adoptee 양자

3288 opinion [əpínjən] 의견[1]

1. 다수의 견해들 중에서 (선택된 choose = op) 의견 + in + ion
   - ☞ public opinion 여론   ☞ an opinion poll 여론 조사

★ 던지다 throw = bal, ble, bol

3289 **emblem** [émbləm]
상징[1]
emble**mize**
상징하다
emble**matic**
상징적인

1. 배의 표면 (안으로 in = em) (던져서 throw = ble)
새긴 그림 + m
☞ an Olympic emblem 올림픽 대회 심벌 마크

3290 meta**bol**ism
신진대사[1]
meta**bol**ic [mètəbálik]
신진대사의

1. 신체 내부로 (던져진 throw = bol) 음식이
에너지로 (변하는 change = meta) 과정 + ism

3291 sym**bol** [símbəl]
상징[1], 기호[1]
sym**bol**ize [símbəlàiz]
상징하다
sym**bol**ic [simbálik]
상징적인, 기호의

1. 대상과 의미를 (함께 with = sym) (던지는 throw = bol) 형상
☞ a symbol of capitalism 자본주의의 상징
☞ a religiously symbolic meaning 종교적으로 상징적인 의미

3292 **ball**istics [bəlístiks]
탄도학[1]
ballistic [bəlístik]
탄도의

1. 공중으로 (던진 throw = bal + l) 물체의 움직임을
연구하는 학문 + ist + ic + s
☞ a ballistic missile 탄도 미사일

3293 para**bol**a [pərǽbələ]
포물선[1]
hyper**bol**a [haipə́:rbələ]
쌍곡선[2]
hyper**bol**e [haipə́:rbəli:]
과장[3], 과장법

1. (옆으로 alongside = para) (던질 throw = bol) 때
발생하는 이동 흔적 + a
2. (위로 beyond = hyper) (던질 throw = bol) 때 이동 흔적 + a
3. (던진 throw = bol) 거리가 (초과 beyond = hyper) 됐다고
과장함 + e

3294 para**ble** [pǽrəbəl]
우화[1], 비유
fa**ble** [féibəl]
우화, 꾸며 낸 이야기

1. 인격화된 동식물에 (빗대어 alongside = para)
교훈 또는 풍자를 (던지는 throw = ble) 이야기

3295 **ball**room [bɔ́:lrum]
무도회장[1]
ballet [bǽlei]
발레[2]
ballad [bǽləd]
민요, 서정적 유행가

1. 몸을 (던져 throw = bal + l) 춤을 추는 (공간 space = room)
2. 몸을 (던지며 throw = bal + l) 추는 춤 + et
☞ ballerina 발레리나

★ 펼치다 (2) spread = fiel, fla, flo, pal, pla, plo

3296 **fla**w [flɔ:]
흠[1], 결점
flawless [flɔ́:lis]
흠이 없는

1. 얇게 갈라져 (펼쳐진 spread = fla) 자국 + w
☞ a character flaw 성격상의 결함

3297 **fla**ke [fleik]
조각[1], 떨어지다
corn**flake**
콘플레이크
snow**flake**
눈송이

1. 얇게 갈라져 (펼쳐진 spread = fla) 조각 + ke
☞ flakes of stone 얇은 돌 조각
☞ graphite flakes 흑연 조각

3298 flattery [flǽtəri]   아첨   1. 손바닥을 (펼쳐 spread = **fla**) 상대를 어루만지다 + **tt** + **er**

     flatter [flǽtər]   아첨하다[1]   ☞ flatter her with compliments 칭찬으로 그녀를 우쭐하게 하다

     flatteringly [flǽtəriŋli]   알랑거리며   ☞ polish the apple 아첨하다

3299 palm [pɑ:m]   손바닥[1], 야자나무[2]   1. 편평하게 (펼쳐진 spread = **pal**) 손의 안쪽 + **m**

     palmar [pǽlmər]   손바닥의   2. 손바닥을 (펼친 spread = **pal**) 모양의 야자나무 잎 + **m**

     palmistry [pɑ́:məstri]   손금보기   ☞ a date palm 대추야자

3300 plan   계획[1], 설계도, 계획하다   1. 무언가를 하기 위해 (펼치는 spread = **pla**) 지도 + **n**

     counter**pla**n   대책   ☞ a contingency plan 비상 계획

3301 plot [plɑt]   줄거리[1], 음모, 땅 조각[2]   1. 계획에 따라 펼쳐지는 (spread = **plo**) 사건들의 흐름 + **t**

     모의하다, 표시하다   2. (펼친 spread = **plo**) 지도에 표시된 작은 규모의 땅 + **t**

3302 plains [pleinz]   평원[1], 평지   1. 방해물이 없이 (펼쳐진 spread = **pla**) 땅 + **in** + **s**

     plain [plein]   쉬운, 분명한[2], 솔직한   2. 시야 방해 없이 (펼쳐져서 spread = **pla**) 분명한 + **in**

     꾸미지 않은, 못생긴[3]   3. 얼굴이 편평하게 (펼쳐져서 spread = **pla**) 못생긴 + **in**

     prairie [préəri]   대초원[4]   4. 풀이 자라는 넓게 (펼쳐진 spread = **fra**) 들판 + **irie**

3303 plate [pleit]   금속판[1], 접시   1. 편평하게 (펼쳐진 spread = **pla**) 금속 조각 + **te**

     plaque [plæk]   액자, 판[2]   2. 편평하게 (펼쳐진 spread = **pla**) 금속판 + **que**

     placard [plǽkɑ:rd]   플래카드, 현수막[3]   3. (납작한 인장 flat seal = **pla**)이 찍힌 공식 문서 + **card**

3304 plane [plein]   평면, 활공하다, 평평한   1. (펼친 spread = **pla** + **ne**) 날개를 가진 (항공 **air**) 운송 수단

     air**pla**ne [έərplèin]   비행기[1]   ☞ an airplane carrier 항공모함

3305 planet [plǽnət]   행성[1], 지구   1. 태양 주위에 (펼쳐져 spread = **pla**) 있는 천체 + **net**

     planetary [plǽnətèri]   행성의   ☞ planetwide 지구 전체에 미치는

     inter**pla**netary   행성 사이의   ☞ overrun the planetary boundaries 행성의 한계를 뛰어넘다

3306 plantation [plæntéiʃən]   대규모 농장   1. 기계를 여기저기 (펼쳐 spread = **pla**) 설치한 장소 + **nt**

     plant [plænt]   식물, 공장[1]   2. 묘목을 여기저기 (펼쳐 spread = **pla**) 심어 놓다 + **nt**

     심다[2], 설치하다   ☞ a plantation slave 대규모 농장 노예

     ☞ a house plant 화초

3307 transplantation   이식   1. 식물 또는 신체 장기를 (옮겨 across = **trans**) (심다 **plant**)

     trans**pla**nt [trænsplǽnt]   이식하다[1]   ☞ an organ transplant patient 장기 이식 환자

3308 implantation   주입   1. 신체 (안에 in = **im**) (심어 놓다 **plant**)

     im**pla**nt [implǽnt]   주입 물질, 주입하다[1]   ☞ implant the seeds 씨를 심다

★ 짜다 weave = tech, text, tis, tl

3309 context [kántekst]
맥락[1], 전후 사정, 상황
contextualize
맥락과 관련짓다
contextual
전후 관계의, 문맥상의

1. (함께 with = con) (짜서 weave = text) 연결한 전후 관계
☞ sociocultural context 사회 문화적 맥락
☞ contextual clues 문맥상의 단서들

3310 textile [tékstail]
직물[1]
texture [tékstʃər]
직물, 짜임새, 질감

1. 실을 (짜서 weave = text) 만든 천 + ile
☞ the textile industry 섬유 산업

3311 tissue [tíʃuː]
화장지[1], (세포) 조직[1]

1. 얇게 잘 (짜여진 weave = tis + s) 것 + ue
☞ a tissue culture facilitie 조직 배양 시설

3312 subtleness
미묘함
subtle [sʌtl]
알기 힘든[1], 미묘한

1. 직물 (아래에 under = sub) 숨어 있는 예리하게
(짜는 weave = tl) 솜씨를 파악하지 못하는 + e
☞ a subtle distinction 미묘한 차이

3313 technique [tekníːk]
기술, 기법
technic [téknik]
전문 기술[1]
technical [téknikəl]
기술적인, 전문적인

1. 직물을 (짜는 weave = tech) 솜씨 + n + ic
☞ technician 기술자
☞ technical terms 전문 용어

3314 technology
과학 기술[1], 기계
technological
기술의
technologist
과학 기술 분야 전문가

1. 직물을 (짜는 weave = tech) 기술 + no + logy
☞ technology-intensive 기술 집약적인
☞ techno-centered 기술 중심의

올라가다, 올리다 rise, raise = rear, rous

3315 rise
상승, 인상, 올라가다
arise [əráiz]
일어나다, 발생하다
uprising [ʌpràiziŋ]
반란, 폭동

☞ double-figure pay rise 두 자릿수 임금 인상
☞ give rise to 일으키다
☞ arise from a slumber 잠에서 깨어나다

3316 raise [reiz]
인상, 올리다, 기르다
모으다, 제기하다, 해제하다

☞ raise fund 자금을 모금하다
☞ raise a question 의문을 제기하다

3317 arousal [əráuzəl]
자극, 흥분, 각성
rouse [rauz]
일깨우다, 자극하다[1]
arouse [əráuz]
불러일으키다, 각성시키다

1. 사냥하는 매가 (날아오르도록 rise = rous) 유발하다 + e
☞ aroused 흥분된
☞ the optimal level of arousal 최적의 각성 수준

3318 inaug**uration**
취임, 개시
inaug**urate**
취임시키다[1], 개시하다
[inɔ́ːgjərèit]

1. 왕이 취임할 때 제사장이 새를 공중 (안으로 in)
날아(올려 raise = aug) 징조를 점치다 + ur + ate
☞ the official inauguration 공식적인 취임

3319	**rear**ing [ˈrɪərɪŋ]	양육, 사육	1. 걷도록 (뒷 back = **rear**) 다리를 들어 (올리다 raise = **rear**)
	rear [riər]	뒤쪽, 뒤쪽의[1]	☞ a rear entrance 뒤쪽 입구
		양육하다[1], 재배하다	☞ a rear-view mirror (자동차) 백미러
	rearward [ríərwərd]	뒤쪽의	☞ rear cattle 소를 키우다

3320	**toler**ance [tálərəns]	인내, 관용, 내성	1. 들어 올린 물건을 저울이 (견뎌 내다 bear = **toler**) + ate
	tolerate [tálərèit]	참다[1], 용인하다	☞ tolerance to cold 내한성
	tolerable [tálərəbəl]	견딜만한	☞ tolerate a criticism 비판을 감수하다

★ 들어 올리다 raise = lat, leav, lev, liev

3321	**lev**er [lévər]	지렛대[1], 조작 레버	1. 가볍게 (들어 올리는 raise = **lev**) 도구 + er
		지렛대로 움직이다	2. 빌린 돈을 (지렛대 **lev**erage)로 삼아 자본 수익을 높이는
	leverage [lévəridʒ]	지렛대의 힘, 영향력	(효과 **effect**)
	leverage effect	상승 효과[2]	☞ a control lever (비행기) 조종간

3322	**level** [lévəl]	균형[1], 수준, 단계, 수평	1. 지렛대를 이용하여 무게의 (균형 balance = **level**)을 잡는 저울
		평평하게 하다	☞ entry-level 입문의, 초보자용의
		평평한	☞ level off 수평을 유지하다, 안정되다

3323	de**liber**ation	신중함, 숙고	1. (완전히 entirely = **de**) 천칭 저울의
	de**liber**ate [dilíbərit]	숙고하다	(균형을 잡기 balance = **liber**) 위해 신중한 + ate
		신중한[1], 의도적인	☞ deliberately 고의로, 의도적으로, 신중하게
	de**liber**ative	숙고하는	

3324	**elev**ation [èləvéiʃən]	고도, 승진	1. 지면으로(부터 out of = **e**) 지렛대를 사용하여
	elevate [éləvèit]	올리다[1], 기쁘게 하다	위로 (들어 올리다 raise = **lev**) + ate
	elevated [éləvèitid]	높아진, 기분이 좋은	☞ elevator 엘리베이터

3325	**elat**ion [iléiʃən]	의기양양, 크게 기뻐함	1. 바닥으로(부터 out of = **e**) 기분을 (올리다 raise = **lat**) + e
	elate [iléit]	기운을 북돋아 주다[1]	☞ elate morale 사기를 올려 주다
	elated [iléitid]	신이 난[1]	☞ feel intense elation 강렬한 기쁨을 느끼다

3326	**leav**en [lévən]	효모, 발효한 반죽	1. 효모가 효소를 작용시켜 반죽을 부풀어 (오르게 raise = **leav**)
		발효시키다[1]	(만들다 make = **en**)
	en**zyme** [énzaim]	효소[2]	2. (발효하게 leaven = **zym**) (만드는 make = **en**)
	yeast [ji:st]	효모균[3], 뜸팡이	고분자 유기 화합물 + e
			3. (거품 foam = **yeas**)을 만드는 균 + t

3327 allev**iation** [əlì:viéiʃən]　　경감

allev**iate** [əlí:vièit]　　완화하다[1]

allev**iative** [əlí:vièitiv]　　완화하는

1. 고통을 받는 사람(에게 to = al) 지렛대로
　(들어 올려 raise = lev) 고통을 줄여 주다 + i + ate
　☞ alleviate suffering　고통을 완화하다

3328 rel**ief** [rilí:f]　　경감, 안도, 교체자

　　　　　　　　　　(조각) 양각

　　　　　　　　　　완화하는, 구제하는

rel**ieve** [rilí:v]　　덜어 주다[1], 안도시키다

1. 가축의 멍에를 (완전히 entirely = re) (들어 올려 raise = liev)
　고통을 줄여 주다 + e
　☞ relieved　안도하는
　☞ relief fund　구호 기금

3329 relev**ance** [réləvəns]　　관련성, 타당성

relev**ant** [réləvənt]　　관련 있는, 유의미한[1]

irrel**ev**ant** [iréləvənt]　　부적절한, 관련 없는

1. 고통을 (경감 relieve = relev)시키는 것에 도움이 되어
　의미 있는 + ant
　☞ a relevant authority　관계 당국

힘들게 가다　climb = cal, scan, scen

3330 ascen**t** [əsént]　　상승

ascen**d** [əsénd]　　올라가다[1]

ascen**dant** [əséndənt]　　조상, 상승하는

1. 위(쪽으로 to = a) (힘들게 가다 climb = scen) + d
　☞ ascend the throne　왕위에 오르다
　☞ ascendent　상승하는

3331 descen**t** [disént]　　하강

descen**d** [disénd]　　내려가다[1]

descen**dant**　　후손, 후예

1. (아래로 down = de) (힘들게 가다 climb = scen) + d
　☞ descend into a cave　동굴 내부로 내려가다
　☞ descendent　하강하는, 전해 내려오는

3332 transcen**dence**　　초월

transcen**d** [trænsénd]　　초월하다[1], 능가하다

transcen**dent**　　초월하는

1. 정상을 (넘어 beyond = tran) (힘들게 가다 climb = scen) + d
　☞ transcend time and space　시공을 초월하다
　☞ transcendent multicultural education　초월적인 다문화교육

3333 scandal** [skǽndl]　　스캔들, 추문[1]

scandalize**　　비방하다

scandalous**　　수치스러운, 비방하는

1. 튀어 (오르는 climb = scan) 용수철 장치를 가진 덫, 즉
　사탄의 덫에 걸린 성직자 + d + al
　☞ make a scandal　추문을 일으키다

3334 slander** [slǽndər]　　비방, 중상, 비방하다[1]

slander**ous** [slǽndərəs]　　비방하는

slander**er**　　비방하는 사람

1. (추문 scandal = slander)을 퍼뜨리다
　☞ spread an absurd slander　터무니없는 비방을 퍼뜨리다
　☞ slanderous remarks　비방하는 말

3335 escal**ator** [éskəlèitər]　　에스컬레이터

escal**ation** [èskəléiʃən]　　단계적 증가

escal**ate** [éskəlèit]　　차츰 오르다[1], 증가되다

1. 사다리를 타고 성벽(에 to = es) 단계적으로
　(힘들게 올라가다 climb = cal) + ate
　☞ a de-escalation of the conflict　갈등의 단계적 축소

★ 증가하다 increase = auc, aug, auth, aux, wais, wax

3336 **auc**tion [ɔ́ːkʃən]	경매[1], 경매로 팔다	1. 가격을 (올리며 increase = auc) 매매하는 방식 + t + ion
auctioneer [ɔ́ːkʃəníər]	경매인	☞ a charity auction 자선 경매

3337 **aug**mentation	증가, 확대	1. (증가시켜 increase = aug) 점점 더 커지게 하다 + ment
augment [ɔːgmént]	증가시키다[1], 확대하다[1]	☞ augmented reality 증강 현실
augmentative	증가하는, 확대하는	

3338 **auth**or [ɔ́ːθər]	저자[1]	1. 독자의 지적인 성장이 (증가하도록 increase = auth)
authorship [ɔ́ːθərʃip]	원저자, 저작	돕기 위해 글을 쓰는 사람 + or
co**auth**or [kouɔ́ːθər]	공동 저자	☞ a renowned author 명성 있는 저자

3339 **auth**ority [əθɔ́ːriti]	권한, 당국, 권위[1]	1. 신뢰받는 (저자 author)가 가지는 위신 + ity
authorize [ɔ́ːθəràiz]	권한을 부여하다	☞ the government authorities 정부 당국
authoritative	권위적인	☞ authorized frequency 허가받은 주파수
authoritarian	권위주의의	☞ authoritarian management 권위적인 관리

3340 au**then**ticity [ɔ̀ːθentísəti]	진짜임	1. 저자가 모방 없이 (스스로 self = auto = aut)
inau**then**ticity	확실치 않음, 가짜임	독창적인 것을 (성취하는 achieve = hen) + t + ic
au**then**tic [ɔːθéntik]	진짜의[1]	☞ inauthentic 진품이 아닌, 정통이 아닌

3341 **aux**iliary [ɔːgzíljəri]	원군, 보조자	1. 전투력 (증가 increase = aux)를 위해 도와주는 + ili + ary
	보조의[1], 예비의	☞ an auxiliary verb 조동사

3342 **mumm**y [mʌ́mi]	미라, 엄마	1. (왁스 wax = mumm + i)를 발라 시신이 부패하지 않도록
mummify [mʌ́mifài]	미라로 만들다[1]	(만들다 make = fy)
		☞ a mummy exhibition 미라 전시회

공 (1) ball = bal, bel, bil, bla, boul, bowl, breas, bry, bul, pil

3343 **ball**	공[1], 무도회	1. (부풀어서 blow up = ball) 둥근 물체
ballpark [bɔ́ːlpὰːrk]	야구장	☞ ball game 구기 종목
ballistics [bəlístiks]	탄도학	☞ an inaugural ball 취임 축하 무도회

3344 **ball**ot [bǽlət]	투표, 투표용지[1]	1. 투표에 사용되는 둥글고 (작은 small = ot) (공 ball)
	투표하다	☞ cast an absentee ballot 부재자 투표를 하다

3345 **bull**et [búlit]	총알[1]	1. (작은 small = et) (공 ball = bull) 모양의 쇠구슬 탄환
bulletproof	방탄의	☞ a bullet hole 총알구멍
		☞ a magic bullet 특효약

3346 **bull**etin [búlətin]	게시¹, 공고, 회보	1. (작은 small = et) (공 ball = bull)으로 투표한 결과를	
bulletin board	게시판	알리는 행위 + in	

3347 **bul**b [bʌlb]　　　동그란 것, 구근¹

bulbous [bʌ́lbəs]　둥글납작한

1. (공 ball = bul)처럼 둥근 뿌리 + b
☞ a light bulb　전구

3348 **bul**l [bul]　　　(거세하지 않은) 황소

　　　　　　　　　(하마, 고래, 코끼리) 수컷¹

bully [búli]　　괴롭히는 사람, 괴롭히다²

1. 암컷보다 (부풀려져서 blow up = bul) 덩치가 큰 수컷 + l
2. (황소 bull)가 암소에게 치근덕거리다 + y
☞ bullshit　허튼소리

3349 **bul**k [bʌlk]　　　부피, 화물¹, 큰 규모

bulky [bʌ́lki]　　부피가 큰

1. (공 ball = bul)처럼 둥글게 부풀려진 배의 화물 더미 + k
☞ a bulky package　부피가 큰 꾸러미
☞ in bulk　대량으로, 포장하지 않고

3350 **bul**ge [bʌldʒ]　　불룩한 것¹, 불룩하다

budget [bʌ́dʒit]　　예산², 예산을 세우다

budgetary [bʌ́dʒitèri]　예산의

1. 공처럼 (부푼 blow up = bulg) (작은 small = e) 주머니
2. 수입과 지출 계획이 들어 있는 불룩하고 (작은 small = et) 가죽 (주머니 bag = budg)

3351 **ball**oon [bəlú:n]　　풍선¹, 부풀다

boulder [bóuldər]　　바위, 둥근 돌²

billow [bílou]　　큰 물결³, 소용돌이

　　　　　　　　　부풀어 오르다

1. 부풀려진 (공 ball) 모양의 (큰 large size = oon) 물체
2. 물에 부딪쳐 (공 ball = boul) 모양으로 변한 돌 + d + er
3. (공 ball = bil + l)처럼 부풀어 오른 큰 물결 + ow
☞ billows of smoke　소용돌이치는 연기

3352 **boule**vard [búləvà:rd]　대로¹ (Blvd.)

avenue [ǽvənjù:]　　거리² (Ave.)

street [stri:t]　　거리 (St.), 거리의

1. (부풀어 blow up = boul + e) 성장한 나무로 (작업 work = vard)해서 만든 요새의 방어벽이 있는 길
2. 목표 지점 (쪽으로 to = a) (가는 come = ven + u) 길 + e

3353 **bel**ly [béli]　　　배¹, 불룩하게 하다

bellyache [belieik]　　복통

pot**bel**ly [pɑ:tbéli]　올챙이배, 배불뚝이

1. (공 ball = bel + l)처럼 둥글게 부풀려진 가슴 아래의 신체 부위 + y
☞ belly button　배꼽

3354 **bla**dder [blǽdər]　　방광¹, 부레

bladdery [blǽdəri]　부푼

1. (공 ball = bla)처럼 부풀어 팽창된 신체 기관 + dd + er
☞ gall bladder　쓸개

3355 **chest** [tʃest]　　　가슴, 흉부¹, 상자

breast [brest]　　젖가슴²

a**breas**t [əbrést]　　나란히

breastfeed [brestfi:d]　모유를 먹이다

1. (상자 box = chest)
2. (흉부 chest)에 (공 ball = breas)처럼 부풀어 오른 신체 부위 + t
☞ a treasure chest　보석 상자

3356	**nipp**le [nípəl]	젖꼭지[1]	1. 가슴 가운데 (작게 small = **le**) (돌출한 project = **nip** + **p**)
	teat [ti:t]	젖꼭지	부분
			☞ suckling 젖먹이

3357	**mamma**l [mǽməl]	포유동물[1]	1. (젖 breast milk = **mamma**)을 먹고 성장하는 동물 + **l**
	mammalian	포유류의	☞ mama 엄마
	mamma [má:mə]	엄마, 젖을 먹이다	☞ mommy 엄마

3358	em**bry**o [émbriòu]	배아[1]	1. 자궁 (안에서 in = **em**) (부풀어 오르는 blow up = **bry**)
	em**bry**onic [èmbriánik]	배아의, 초기의	생명체 + **o**
	em**bryo**logy	발생학	☞ fetus (임신 8주 후의) 태아

3359	**bowl** [boul]	사발[1], 공을 굴리다	1. (공 ball = **bowl**)처럼 둥글고 우묵하게 들어간 모양의 그릇
	bowling [bóuliŋ]	볼링	☞ a toilet bowl 양변기
			☞ a bowling alley 볼링장

3360	**dish** [diʃ]	큰 접시[1], 음식	1. 나눠 먹도록 음식을 담는 넓고 (얇고 둥근 disk = **dish**) 그릇
	dishwasher [díʃwàʃər]	식기 세척기	☞ season the dish with pepper 후추로 요리에 양념하다
	side dish	곁들여 내는 요리, 반찬	☞ plate 앞 접시, 금속판

3361	**basin** [béisən]	대야[1], 분지	1. 넓고 얕은 (물을 담는 그릇 water vessel = **basin**)
		강 유역, 웅덩이	☞ the ancient ocean basin 고대 해저 분지
	wash**basin** [waʃbeisən]	세면대	☞ basinlike 분지 같은 ☞ basinal 대야의, 분지의, 웅덩이의

3362	**pill** [pil]	알약[1]	1. (작은 small = **l**) (공 ball = **pil**) 모양의 둥근 약
	pilular [píljulər]	알약의	☞ take a diet pill 살 빼는 약을 먹다
	sleeping **pill**	수면제	☞ tablet 둥글넓적한 모양의 약

★ 공 (2) ball = glob, spher

3363	**glob**e [gloub]	지구본[1], 지구의	1. 지구를 본떠 만든 둥근 (공 ball = **glob**) 모양의 모형 + **e**
	globetrotting	세계를 여행하는	☞ a celestial globe 천구
	[gloʊbtrɑːtɪŋ]		☞ the terrestrial globe 지구

3364	**glob**alization	세계화, 국제화	☞ advent of globalization 세계화의 도래
	globalize [glóubəlàiz]	세계화하다	☞ the globalization of Korea's colleges 한국 대학들의 국제화
	global [glóubəl]	세계적인, 지구의	☞ a global village 지구촌

3365	**spher**e [sfiər]	구체[1], 영역	1. 둥근 (공 ball = **spher**) 모양 + **e**
	spherical [sférikəl]	구 모양의	☞ a public sphere 공공 영역
	hemi**spher**e [hémisfiər]	(지구, 뇌) 반구	☞ the northern hemisphere 북반구

| 3366 | biosphere [báiəsfiər] | 생물권[1] | 1. (생물 life = bio)이 거주할 수 있는 (영역 sphere) |
| | ecosphere [ékousfiər] | 생태권 | ☞ thermosphere 열권 |

| 3367 | atmosphere [ǽtməsfiər] | 대기[1], 분위기 | 1. 지구를 둘러싼 (구체 spher + e) 모양 (증기 vapor = atmo) 층 |
| | atmospheric | 대기의, 분위기 있는 | ☞ atmospheric pressure 대기압 |

부풀다 (1) swell = pox, thi, thum, tom, tub, tum

| 3368 | **swell**ing [swelɪŋ] | 부풀어 오름, 너울[1] | 1. 바람에 의해 (부풀어 오른 blow up = swell) 큰 물결 + ing |
| | **swell** [swel] | 붓다, 부풀다 | ☞ swellfish 복어 |

3369	small**pox** [smɔːlpɑːks]	천연두[1], 마마	1. 피부에 (작고 small) (부푼 swell = pox) 물집이 생기는 병
	chicken**pox**	수두[2]	2. (병아리 콩 chicken pea)처럼 (부푼 swell = pox) 물집이
			발생하는 병

3370	**tom**b [tuːm]	무덤[1]	1. 부풀려서 만든 (흙더미 mound = tom) + b
	en**tom**b [entúːm]	파묻다	2. (무덤 tomb = taph) (위에 over = epi) 세운 비석에 적힌 글
	epi**taph** [épətæf]	묘비명[2]	☞ womb-to-tomb 태어나서 죽을 때까지의, 자궁에서 무덤까지
	cata**comb**	카타콤, 지하묘지	☞ gravestone 묘비

| 3371 | **crypt** [kript] | 지하실[1], 납골 | 1. (숨어서 hide = crypt) 예배를 보거나 묘지로 사용된 지하실 |
| | **crypt**ic [kríptik] | 암호문, 숨은, 비밀의 | ☞ a cryptic message 암호 같은 메시지 |

3372	**thum**b [θʌm]	엄지손가락[1]	1. 손에서 가장 두툼하게 (부풀어 오른 blow up = thum) 부분 + b
	thumbtack	압정	☞ a rule of thumb 경험 법칙, 어림 계산
	[θʌ́mtæk]		☞ thumb up 격려하다

3373	**thi**gh [θai]	넓적다리, 허벅다리[1]	1. 다리에서 가장 두툼하게 (부풀어 오른 blow up = thi) 부분 + gh
	tuber [tjúːbər]	덩이뿌리[2], 배관공	2. 땅속에서 크게 (부풀어 blow up = tub) 자란 뿌리 + er
	truffle [trʌ́fəl]	트뤼플, 송로버섯[3]	3. 떡갈나무 숲 땅속에서 (부풀어 올라 blow up = truff)
			자란 버섯 + le

| 3374 | **tum**or [tjúːmər] | 부어오름, 종양[1] | 1. 과다하게 (부풀어 오른 blow up = tum) 세포 + or |
| | **tum**oral | 종양의 | ☞ cancer 암, 악성 종양 |

★ 부풀다 (2) swell = bl, bla, blo, bro, fla, flo, fo, fol

3375 blow [blou]

blow**out** [blóuàut]

세게 때림, 충격

불다¹, 때리다², 코 풀다

파열, 분출

1. (부풀어 오르도록 swell = bl) 입으로 불다 + ow
2. 손으로 (때리다 beat = blow)
   ☞ blow the whistle 폭로하다

3376 flavor [fléivər]

flavorful [fléivərfəl]

savor [séivər]

맛, 풍미¹, 맛이 나다

풍미 있는, 맛 좋은

맛, 풍미², 향기, 재미

1. (불어오는 blow = fla) 바람에 실린 맛있는 냄새 + vor
2. (맛 flavor = savor)
   ☞ savory 향신료 식물, 향긋한, 즐거운

3377 inflation [infléiʃən]

inflate [infléit]

inflationary

부풀리기, 인플레이션

통화 팽창, 물가 상승

부풀리다¹

물가를 올리다

인플레이션의

1. 공기를 (안으로 in) (불어서 blow = fla) 부풀리다 + te
   ☞ grade inflation 성적 부풀리기
   ☞ inflate the currency 통화를 팽창시키다
   ☞ inflationary pressure 인플레이션의 압박

3378 deflation [difléiʃən]

deflate [difléit]

deflationary

공기를 뺌, 디플레이션

통화 수축, 물가 하락

오므라들다¹, 물가를 내리다

통화 수축의

1. (불어서 blow = fla) 부풀어진 공기가 빠지며
   (아래로 down = de) 납작해지다 + te
   ☞ the risk of deflation 물가 하락 위협
   ☞ deflate a tire 타이어 공기를 빼다

3379 bloom [blu:m]

bloomy [blú:mi]

bloomer [blú:mər]

꽃, 꽃이 피다¹

꽃이 만발한

재능을 키워 나가는 사람

1. 화초 꽃봉오리가 (부풀어 blow up = blo + o) 피다 + m
   ☞ blooming flowers 피어나는 꽃들
   ☞ petal 꽃잎

3380 blossom [blásəm]

bud [bʌd]

꽃, 꽃이 피다¹

꽃봉오리

1. 과일나무 꽃봉오리가 (부풀어 blow up = blo) 피다
   + ss + om
   ☞ cherry blossom 벚꽃   ☞ taste bud 미뢰, 맛봉오리

3381 browse [brauz]

browser [bráuzər]

훑어보다¹, 둘러보다

인터넷 검색 프로그램

1. 동물이 (부풀어 나오는 blow up = bro)
   어린 나뭇잎을 훑어 먹다 + w + se

3382 jester [dʒéstər]

juggler [dʒʌ́glər]

stunt [stʌnt]

어릿광대¹

마술사, 저글링 하는 사람²

묘기, 곡예

1. (농담 joke)과 (익살 jest)을 부리는 아이 + er
2. (농담 joke = juggl)을 섞어 가며 동시에 두 가지 이상의
   곡예를 하는 사람 + er
   ☞ a stunt man (위험한 장면의) 대역, 스턴트맨

3383 fondness [fándnis]

fond [fɑnd]

fondly

좋아함, 귀여워함, 애정

좋아하는¹

애정을 듬뿍 담고

1. (바보 fool = fond)처럼 애정을 주는
   ☞ a nostalgic fondness 향수를 불러일으키는 애정
   ☞ be fond of novelty 신기한 것을 좋아하다

3384 **flo**wer [fláuər]	꽃¹, 꽃이 피다	1. 꽃봉오리가 (부풀어 blow up = flo) 핀 것 + w + er
flowery [fláuəri]	꽃으로 덮인, 꽃무늬의	2. 활짝 핀 (꽃 flower = flour)처럼 번창하다 + ish
flourish [fləːriʃ]	번창하다²	☞ a flower bed 화단

3385 **flor**a [flɔːrə]	식물군, 꽃의 여신	1. (꽃 flower = flor)을 장식하는 전문가 + ist
floral [flɔːrəl]	꽃무늬의, 꽃으로 만든	☞ a floral tribute 헌화
florist [flɔrist]	꽃 장식 전문가¹	☞ a floral wreath 화환

3386 **flour** [flauər]	가루, 밀가루¹	1. 미세한 (꽃 flower = flour)가루같이 밀을 빻아 만든 가루
floury [fláuəri]	밀가루 같은	2. 물에 이겨진 (밀가루 flour = pulp)처럼 걸쭉한 것
pulp [pʌlp]	걸쭉한 것², 과육, 종이 펄프	☞ a flour mill 제분소, 제분기

3387 **pollen** [pálən]	꽃가루¹, 화분¹	1. 미세한 (가루 flour = pollen) 같은 꽃가루
pollination	수분, 꽃가루받이	2. 수술의 (화분 pollen = pollin)을 암술머리에 옮기다 + ate
pollinate [pálənèit]	수분하다, 꽃가루받이하다²	☞ artificial pollination 인공 수분

3388 **bla**de [bleid]	풀잎¹, (칼, 도구) 날²	1. (부풀어 오른 blow up = bla) 모양의 무성한 풀잎 + de
roller**blade**	롤러스케이트	2. (풀잎 blade) 양쪽 끝의 날카로운 부분
		☞ bladebone 어깨뼈
		☞ a razor blade 면도날

3389 **fol**iage [fóuliidʒ]	나뭇잎¹	1. (무성하게 부푼 blow up = fol) 나뭇잎과 줄기 + i + age
folio [fóulìòu]	2절판 책², 폴더, 종이	2. 넓적한 (나뭇잎 foliage = folio)
port**folio**	서류 가방³	3. (종이 folio)나 작품을 넣어 (가지고 다니는 carry = port)
	작품집, 상품 목록	가방

| 3390 **ful**filment | 성취, 완수, 달성 | 1. 주머니를 완전히 (가득하게 full = ful) (채우다 fill = fil) |
| **ful**fil [fulfíl] | 달성하다¹, 완수하다 | ☞ self-fulfillment 자기 충족 |

피 blood = bless, bliss, emia

3391 **blood** [blʌd]	피	1. 피부가 (부풀어 blow up = ble + e) 피가 터져 나오다 + d
bleed [bliːd]	피를 흘리다¹	☞ half-blooded 혼혈의
bloody [blʌdi]	피투성이의, 빌어먹을	☞ Blood is thicker than water. 피는 물보다 진하다.

3392 blood vessel	혈관¹	1. (피 blood)를 담아서 이동하게 하는 (그릇 vessel)
bloodstream	혈류	☞ white blood cells 백혈구 세포
bloodthirsty	피에 굶주린	☞ a blood transfusion 수혈
		☞ leukemia 백혈병

3393 **clot** [klɑt]	엉긴 덩어리, 응고되다	1. 혈관에서 피가 굳어서 엉긴 조그마한 (피 blood) (덩이 clot)
blood **clot**	혈전[1]	2. 조밀하게 모여 있는 (덩어리 clot = clust) + er
cluster [klʌ́stər]	무리[2], 송이, 무리를 이루다	☞ a star cluster 성단

3394 **bless**ing [blésiŋ]	축복[1], 허락	1. 신성한 (피 blood = bless)로 축복하는 종교 의식 + ing
bless [bles]	축복하다	2. 신성한 (피 blood = bliss)로 축복을 받아 기쁜 + ful
bliss [blis]	기쁨	☞ the blessing of neighbors 이웃들의 축복
blissful [blísfəl]	기쁜[2], 행복한	

3395 an**emia** [əní:miə]	빈혈증[1]	1. (피 blood = emia)가 (없거나 without = an) 부족한 증세
plasma [plǽzmə]	혈장[2], 플라즈마	2. (펼쳐 spread = pla) 떠도는 혈액의 액체 부분 + s + ma
hemoglobin	헤모글로빈[3], 혈색소	3. 적혈구 안에 있는 (빨간 색소인 헴 hem + o)과
[héməglòubin]		단백질인 (글로빈 globin)의 화합물

대담한 bold = bra, brav, bol, dar

3396 **bol**dness [bóuldnis]	대담, 볼드체 (굵은 활자체)	1. 간이 (공 ball = bol)처럼 부풀어 올라 크게 외치는 + d
bold [bould]	대담한[1], 굵은, 볼드체의	2. (공 ball = bal)처럼 둥글고 하얗게 빛나는 머리의 + d
bald [bɔ:ld]	대머리의[2]	☞ a bald eagle 흰머리독수리 (미국의 상징 새)

3397 **brav**ery [bréivəri]	용감함[1]	1. (대담한 bold = brav) 태도 + ery
brave [breiv]	용감한	2. 검투사가 (용감히 brave = brav) 싸우도록 외치는 소리 + o
bravo [brá:vou]	잘한다고 외치다[2]	☞ inspire bravery 용기를 불어넣다

| 3398 **dar**e [dɛər] | 모험[1], 도전, 감히 ~하다 | 1. (대담성 boldness = dar)이 있는지 시험해 보는 모험 + e |
| **dar**ing [déəriŋ] | 대담한 | ☞ a dare-devil flight 무모한 비행 |

| 3399 **audac**ity [ɔ:dǽsəti] | 뻔뻔함 | 1. 뻔뻔할 정도로 (대담한 daring = audac) + i + ous |
| **audac**ious [ɔ:déiʃəs] | 뻔뻔스러운, 대담한[1] | ☞ an audacious ambition 대단한 야심 |

3400 **boa**st [boust]	뽐냄, 자랑, 뽐내다[1]	1. 자신에 대해 (부풀려 blow up = boa) 칭찬하다 + st
boastful [bóustfəl]	자랑하는	2. 수행한 일에 대해 (부풀려 blow up = bra) 말하다 + g
brag [bræg]	자랑하다[2], 폼 재다	☞ bragger 허풍쟁이 ☞ bigmouth 수다쟁이, 허풍쟁이

★ 부정, 무가치 not = n, na, neg, nul

3401 **neg**otiation	협상[1]	1. 상대에게 (여유 leisure = oti)를 주지 (않는 not = neg) 협의
negotiate [nigóuʃièit]	협상하다	+ at + ion
negotiatory	협상의	☞ an arms control negotiation 군축 협상, 무기감축 협상

3402 **neg**ation [nigéiʃən]	부정, 부인, 반대	1. (아니라고 not = **neg**) 말하다 + **ate**
negativity	부정적 성향	☞ negate a result 성과를 무효화하다
negate [nigéit]	무효화하다, 부인하다[1]	☞ a negative attitude 부정적 태도
negative [négətiv]	부정적인, 음의	☞ a negative ion 음이온

3403 **den**ial [dináiəl]	부인, 부정, 거부	1. (아니라고 not = **n**) 말하며 (멀리 away = **de**) 피하다 + **y**
deny [dinái]	부인하다[1]	☞ an official denial 공식적인 부인
denyingly	거절하며, 부정적으로	☞ deny reality 현실을 부정하다

3404 **null**ification	무효, 취소	1. (없는 nothing = **nul** + **l** + **i**) 것으로 (만들다 make = **fy**)
nullify [nʌ́ləfài]	무효화하다[1]	☞ nullify a treaty 조약을 무효화하다
null [nʌl]	아무 가치 없는	☞ null and void 무효의

3405 **na**ught [nɔːt]	무가치[1], 영 (0), 무가치한	1. 아무 가치도 (없는 no = **na**) (것 thing = **ught**)
naughty [nɔ́ːti]	버릇없는	☞ get a naught 시험에서 0점을 받다
naughtily	버릇없이, 장난스럽게	☞ spank a naughty boy 버릇없는 아이의 엉덩이를 치다

★ 음식, 빵 food = feed, fo, for, pa, pany

3406 **feed** [fiːd]	먹이, 사료, 먹이다	☞ feed a family 가족을 부양하다
feeder [fíːdər]	먹이 공급 장치, 먹이통	☞ fed up (너무 먹어서) 지긋지긋한, 신물난
feedback	피드백, 결과 통보	☞ a feedback analysis 반응 분석
bottle-**feed**	우유를 먹이다	☞ breast-feed 모유를 먹이다

3407 **for**age [fɔ́ːridʒ]	사료[1], 먹이를 찾다	1. 소나 말 등의 (먹이 food = **for**) + **age**
forager [fɔ́ːridʒər]	약탈자, 채집자	☞ forage harvesting equipment 사료 작물 수확 장비
fodder [fɑ́dər]	사료, 여물, 꼴	☞ the forager peoples 채집 종족들

3408 **food**	음식, 먹이	1. 건강에 좋지 못한 (쓰레기 junk) 인스턴트 (음식 **food**)
junk **food**	정크 푸드[1]	☞ foodstuff 식품 ☞ food relief 식량 구제
food chain	먹이사슬	☞ seafood 해산물
food web	먹이그물	☞ food poison 식중독

3409 com**pany** [kʌ́mpəni]	동료[1], 회사, (군대) 중대[2]	1. (함께 with = **com**) (빵 bread = **pany**)을 먹는 사람들
com**pani**onate	친구의, 잘 어울리는	2. (함께 with = **com**) (빵 bread = **pany**)을 먹는 병사들
com**pani**on	동료, 동행	☞ company officials 회사 관계자
com**pani**onship	교우, 교제	☞ an animal companion 반려동물

3410 ac**compani**ment	동반, 반주	1. 어떤 사람 (쪽에 to = ac) 가서 (동료 company)가 되다
ac**company**	동반하다[1], 반주하다	2. 어떤 사람 (쪽에 to = ac) 가서 (함께 with = com)
ac**complic**e [əkámplis]	공범자[2], 한패[2]	직물을 (짜는 weave = plic) 사람 + e

3411 **fo**sterage [fɔ́:stəridʒ]	양육, 촉진	1. 동물이나 아이에게 음식을 (먹이다 feed = fo) + st + er
foster [fɔ́stər]	위탁 양육하다[1], 촉진하다	☞ a foster child 수양 자녀
fosterer [fɔ:stərər]	양부모	☞ an adoptive parents 양부모

3412 **pa**sture [pǽstʃər]	목초지[1]	1. 소나 양이 (먹는 feed = fa) 풀이 자라는 장소 + st + ure
pastor [pǽstər]	목사[2]	2. 신도에게 마음의 양식을 (먹이는 feed = fa) 목사 + st + or
pastoral [pǽstərəl]	목축의, 목가적인	☞ pastoralism 유목

| 3413 **pan**ic [pǽnik] | 공포[1], 공황 | 1. 양이 겁을 내는 (숲의 신 god of woods, Pan = pan) + ic |
| | 공황 상태에 빠지다 | ☞ panic-stricken 공황 상태에 빠진 |

★ 젖을 주다 suckle = nour, nur

3414 nurse [nə:rs]   간호사[1]   1. (젖을 주는 suckle = nur) 유모 + se

    젖을 먹이다, 간호하다   2. (젖을 주는 suckle = nur) 행위 + t + ure

nurture [nə́:rtʃər]   양육[2], 육성, 양육하다   ☞ nature and nurture 천성과 교육, 유전과 환경

3415 nursery [nə́:rsəri]   아기 방[1], 묘목장   1. (젖을 주는 suckle = nur) 장소 + s + ery

    유아원의   ☞ a nursery school 유아원, 유치원

         ☞ a nursery rhyme 동요

3416 nourishment   영양분   1. (젖을 주다 suckle = nour) + ish

nourish [nə́:riʃ]   양분 공급하다[1], 양육하다   ☞ nourish their offspring 그들의 새끼를 양육하다

under**nour**ish   영양실조가 되게 하다   ☞ undernourishment 영양 부족

3417 nutrient [njú:triənt]   영양분[1]   1. 젖에 포함된 (양분을 공급하는 nourish = nutri) 물질 + ent

micro**nutri**ent   미량 영양소   ☞ nutrient deficiency 영양 결핍

nutrition [nju:tríʃən]   영양   ☞ a nutrient supplement 영양 보충제

nutritious [nju:tríʃəs]   영양분이 많은   ☞ White rice lacks nutrition. 백미는 영양이 부족하다.

mal**nutri**tion   영양실조   ☞ nutritional 영양상의

★ 빨아들이다 suck = sip, sob, sorb, suc, sup

3418 suck [sʌk]   빨기, 빨다   ☞ suck moisture 습기를 빨아들이다

suction [sʌ́kʃən]   빨아들이기, 흡입   ☞ a suction unit 흡입 장치

suckle [sʌ́kəl]   젖을 빨다, 젖을 먹이다   ☞ suckling 젖먹이

3419 succulent [sʌ́kjələnt]   즙이 많은[1], 다육성의   1. (빨아들인 suck = suc + c) 액체를 많이 함유하고 있는

cactus [kǽktəs]   선인장   + ul + ent

cacti   선인장류   ☞ succulent plants 다육 식물들

3420 sip [sip]   한 모금, 홀짝이다[1]   1. 조금씩 (액체를 빨아들이다 suck = sip)

seep [si:p]   스며들다, 스며나오다   2. 쉽게 (빨아들이기 suck = soup) 위해 액체에 적신 음식

soup [su:p]   수프[2]   ☞ a soup kitchen 무료 급식소

3421 sup [sʌp]   저녁 먹다   1. 빵과 함께 수프를 (마시는 sup + p) 하루의 마지막 식사 + er

supper [sʌ́pər]   저녁 식사[1]   ☞ the Last Supper 최후의 만찬

3422 soak [souk]   담가 두기   ☞ soak up moisture 습기를 흡수하다

    흠뻑 적시다, 빨아들이다   ☞ be soaked with perspiration 땀으로 흠뻑 젖어 있다

3423 ab**sorp**tion	흡수, 몰두	1. 어떤 것으로(부터 from = ab) (빨아들이다 suck = sorb)
ab**sorb** [æbsɔ́:r]	흡수하다[1], 몰두하다	☞ absorb the sun's rays 태양 광선을 흡수하다
ab**sorb**ent	흡수제, 흡수력 있는	☞ self-absorbed 자신에게만 몰두하는

3424 **swallow** [swálou]	제비[1], 삼키다[2], 덮다	1. (행운 good luck = swallow)을 가져오는 꼬리가 갈라진 철새
de**vour** [diváuər]	게걸스레 먹다[3]	2. 목구멍 아래로 음식물을 (흡수하다 absorb = swall) + ow
	삼켜 버리다[3]	3. 목구멍 (아래로 down = de) (삼키다 swallow = vour)

마시다 drink = bever, drench, drown, po

3425 **drench** [drentʃ]	흠뻑 젖음, 흠뻑 적시다[1]	1. 물을 흠뻑 (마시다 drink = drench)
drown [draun]	익사하다[2], 빠지다	2. 물에서 물을 많이 (마셔 drink = drown) 숨이 막혀 죽다
		☞ be drowned in sorrows 슬픔에 빠지다

3426 **drunk**ard [drʌ́ŋkərd]	술고래[1]	1. 술을 엄청 (마시는 drink = drunk) 사람 + ard
drunken [ˈdrʌ́ŋkən]	술이 취한	2. (술 취한 drunk = ber) 상태에서 멀리 (떨어진 apart = so)
so**ber** [sóubər]	술 취하지 않은[2]	☞ drunk driving 음주 운전
	침착한, 수수한	☞ sober-minded 침착한, 분별 있는

3427 soft drink	청량음료[1]	1. (알코올을 함유하지 않거나 저알코올 soft) (음료 drink)
hard drink	알코올 성분이 높은 술	2. 알코올 성분이 들어 있는 (액체 liquid = liqu) + or
liquor [líkər]	술[2], 즙, 취하게 하다	☞ hard liquor 알코올 성분이 강한 독주

| 3428 **bever**age [bévəridʒ] | 음료[1] | 1. (마시는 drink = pover = bever) 액체 + age |
| | | ☞ a carbonated beverage 탄산음료 |

| 3429 **po**tableness | 마시기 적합함 | 1. (마실 drink = po) 수 있는 + t + able |
| **po**table [póutəbəl] | 마시기에 알맞은[1] | ☞ a potable water truck 급수 트럭 |

3430 sym**po**sium	심포지엄[1], 학술 토론회	1. (함께 with = sym) 술을 (마시며 drink = po)
[simpóuziəm]	좌담회	토론하는 모임 + si + um
		☞ a symposium on politics 정치 문제의 좌담회

3431 **pot** [pɑ:t]	단지[1], 항아리, 냄비, 솥	1. (마시는 drink = po) 액체를 담는 그릇 + t
pottery [pátəri]	도기류, 도예	2. 구워서 (조개껍질 shell = porcel)처럼 광택을 낸 그릇 + ain
porcelain [pɔ́:rsəlin]	자기[2]	☞ potter 도공, 도예가

3432 jack**pot** [dʒǽkpàt]	거액의 상금[1], 대박[1]	1. 포커 게임에서 (좋은 패 Jack)가 나오면 (단지 pot)에 넣어둔
flower pot	화분	돈을 모두 가져가는 대박
melting pot [méltiŋ]	용광로, 도가니	☞ teapot 찻주전자

3433 **pot**hole [pɑ́thòul] 움푹 팬 곳, 깊은 구멍 1. (항아리 주변에 움푹 들어간 부분 pot hole = **dimple**)처럼
  dimple [dímpəl] 보조개[1], 잔물결 두 볼에 움푹 들어간 자국
  pit 구덩이, 갱 ☞ a bowl-shaped pit 사발 모양의 구덩이

3434 **ed**ibleness [édəblnis] 식용, 먹을 수 있음 1. (먹을 eat = ed) 수 있는 + **ible**
  edible [édəbəl] 먹을 수 있는[1] ☞ inedible 먹을 수 없는 ☞ an edible snail 식용 달팽이

3435 **obes**ity [oubí:səti] 비만 1. 많이 (먹기 eat = es) (때문에 because = **ob**) 뚱뚱한 + e
  obese [oubí:s] 비만의[1] ☞ juvenile obesity 소아 비만

★ 독 poison = po, tox, venom, vir

3436 **poi**son [pɔ́izən] 독, 독약[1] 1. 독이 들어간 (마시는 drink = **po**) 약 + **i** + **son**
  poisonous [pɔ́izənəs] 유독한 ☞ a poisonous substance 독성 물질

3437 **venom** [vénəm] 독액[1] 1. 독사, 전갈 등이 분비하는 (독 poison = **venom**)
  venomous [vénəməs] 독이 있는 2. 알을 자신의 몸속에서 키워서 새끼 (생명 live = **vi**)을
  viper [váipər] 독사[2] (낳는 produce = **per**) 난태생의 독이 있는 뱀

3438 **tox**in [tɑ́ksin] 독소 1. (화살 arrow = **tox**)에 바르는 독성물질의 + **ic**
  toxic [tɑ́ksik] 유독성의[1] ☞ produce a lot of toxin 많은 양의 독소를 생산하다
  anti**tox**ic [æntitɑ́ksik] 항독소의 ☞ toxic particles 독성 물질들

3439 in**tox**ic**a**tion 중독, 취한 상태 1. (독성 poison = **toxic**) 물질을 (내부로 **in**) 주입하다 + **ate**
  in**tox**ic**a**te [intɑ́ksikèit] 취하게 하다[1] ☞ food intoxication 식중독

3440 bo**tox** 보톡스[1] 1. 주름살 제거에 사용되는 신경조직을 마비시키는
  de**tox** [di:tɑ́ks] 해독[2] (독소 물질 botulinum toxin)
  de**tox**ify [di:tɑ́ksəfài] 해독하다 2. (독소 toxin = **tox**)의 (제거 away = **de**)

턱 jaw = chat, cheek, chew, gill

3441 **gill** [gil] 아가미[1], (새) 턱 밑 살[1] 1. 어류 또는 조류의 (턱 jaw = **gill**)
  jaw [dʒɔ:] 턱 ☞ a creature with gills 아가미를 가진 생물
  cheek [tʃi:k] 볼, 뺨 ☞ chin 아래턱 (jaw의 앞 끝)

3442 **chew** [tʃu:] 씹기, 씹다[1] 1. (턱 jaw = **chew**)으로 씹다
  chow [tʃau] 음식, 먹다 ☞ a chewing gum 껌 ☞ chewing tobacco 씹는 담배

3443 chatter [tʃǽtər] 수다, 재잘거리다 1. (턱 jaw = chat) 내부의 이빨을 부딪치며 재잘거리다
chat [tʃæt] 수다, 채팅하다, 수다 떨다¹ 2. (수다 chat = jar) 떠는 동안의 지적이지 않은 말 + gon
chatty [tʃǽti] 수다스러운 ☞ a chat room 인터넷의 대화방
jargon [dʒáːrgən] 은어², 허튼소리 ☞ talkative 말이 많은, 수다스러운

3444 shiver [ʃívər] 전율, 파편¹, 떨다², 부수다 1. (쪼개져 split = shiv) 나간 부분 + er
shiveringly [ʃívəriŋli] 벌벌 떨며 2. 추워서 (턱 jaw = shiv) 내부의 이빨을 부딪치다 + er

---

3445 choke [tʃouk] 숨 막히게 하다¹ 1. (턱 jaw = choke) 아래 부분을 졸라서 호흡을 막다
choke up 목이 메다 ☞ choke with emotion 감정이 북받쳐 목이 메다

이빨 tooth = dent

3446 dentistry [déntistri] 치과학, 치과 진료 1. (치아 tooth = dent)의 + al
dental [déntl] 치아의¹, 치과의 ☞ cosmetic dentistry 미용 치과
dentist [dentist] 치과 의사 ☞ dental clinic 치과 의원

3447 dent [dent] 찌그러진 곳, 찌그러뜨리다 1. (이빨 tooth = dent)로 물어서 (안으로 in) 움푹 들어간
in**dent**ation 들여 쓴 자리¹, 새긴 자국 부분처럼 행을 들여 쓴 자리 + at + ion
in**dent** [indént] 톱니처럼 되다 ☞ a dented pan 찌그러진 냄비
  행을 들여 쓰다 ☞ indent a line 새로 시작되는 행의 첫머리를 들여 쓰다

입을 벌리다 yawn = cha, ga, gu

3448 yawn [jɔːn] 하품하다¹, 하품 1. 입을 (벌려 열다 wide open = yawn)
yawnful [jɔ́ːnful] 지루하게 하는 ☞ a yawning chasm 아가리를 쩍 벌리고 있는 골짜기

3449 chasm [kǽzəm] 깊은 구멍¹, 큰 차이 1. 입을 (벌려 열면 wide open = cha) 보이는
chaos [kéias] 혼돈², 혼란, 무질서 깊은 목구멍 + sm
chaotic [keiátik] 혼돈 상태인 2. (깊은 구멍 chasm = cha + o) 내부와 같이
  초기 우주의 캄캄하고 무질서한 상태 + s
  ☞ the chaotic economic situation 혼란한 경제 상황

3450 gasp [gæsp] 헐떡거림, 헐떡거리다¹ 1. 입을 (벌려 열고 wide open = ga) 숨을 거칠게 쉬다 + sp
gap [gæp] 틈², 간격, 차이 2. 벽 사이에 (넓게 벌어진 wide open = ga) 공간 + p
  틈이 벌어지다 ☞ a generation gap 세대 차이

3451 gum [gʌm] 잇몸¹, 껌, 붙이다 1. 입을 (벌려 열면 wide open = gu) 보이는
gummy [gʌmi] 끈끈한, 점착성의 치아 주변의 피부 + m
en**amel** [inǽməl] 에나멜질, (치아) 법랑질 ☞ gum disease and inflammation 잇몸병과 염증

혀, 언어 tongue = langu, lick, lingu

3452 tongue [tʌŋ]
lick [lik]
lichen [láikən]

혀, 언어
핥기, 핥다[1]
이끼, 지의류[2], 피부병

1. 표면 위로 (혀 tongue = **lick**)가 지나가다
2. (혀가 핥는 lick = **lich**) 것처럼 바위 표면 위에
   퍼져 자라는 균류와 조류와의 공생체 + **en**

3453 language [lǽŋgwidʒ]
linguistic [liŋgwístik]

언어[1]
언어의

1. (혀 tongue = **langu**)를 이용하여 만든 소리 + **age**
   ☞ linguist 언어학자

3454 lingual [líŋgwəl]
bi**lingu**al [bailíŋgwəl]

혀의, 언어의
2개 언어를 할 줄 아는[1]

1. (두 two = **bi**) (언어 language = **lingu**)를 사용하는 + **al**
   ☞ monolingual 하나의 언어를 사용하는

단어, 말 word = ag, ig, phras, verb

3455 verb [vəːrb]
ad**verb** [ǽdvəːrb]
auxiliary **verb**

동사[1]
부사[2]
조동사

1. 주어의 행동과 상태를 알려 주는 (단어 word = **verb**)
2. 동사를 (향해 to = **ad**), 즉 동사를 수식하는 (단어 word = **verb**)
   ☞ a phrasal verb 구동사

3456 verbalization
verbalize [və́ːrbəlàiz]
verbal [və́ːrbəl]

말로 나타내기, 동사화
말로 표현하다
구두의[1], 동사의

1. (말 words = **verb**)로 하는 + **al**
   ☞ nonverbal cues 비언어적 단서들
   ☞ verbal abuse 언어폭력

3457 prodigy [prádədʒi]
pro**verb** [právəːrb]
pro**verb**ial
ad**age** [ǽdidʒ]

영재, 신동[1], 비범함
속담[2]
속담에 나오는
속담[3], 격언

1. 미래 일을 (앞서 before = **pro** + d) (말하는 say = **ig**) 아이 + **y**
2. (앞에 before = **pro**) 살았던 사람들의 교훈을 전달하는
   짧은 (말 words = **verb**)
3. 사람들(에게 to = **ad**) 교훈을 전달하는 (말 saying = **ag**) + **e**

3458 phrase [freiz]

phrasal [fréizəl]

말씨[1], 어구, 악구
어구로 표현하다
어구의

1. 둘 이상의 단어를 연결하여 (말하는 speak = **phras**) 방식 + **e**
   ☞ catch phrase 이목을 끄는 문구, 표어
   ☞ a phrasal preposition 구전치사

3459 para phrase
[pǽrəfrèiz]
re**phras**e [rifrei´z]

바꾸어 말하다[1]

다른 말로 표현하다

1. 다른 말을 (옆에 beside = **para**) 덧붙여 이해하기 쉽게
   (말해 주다 speak = **phras**) + **e**

정복하다 conquer = vic, vin

3460 victory [víktəri]
victorious [viktɔ́ːriəs]

승리[1]
승리의, 의기양양한

1. 어떤 것을 (정복 conquer = **vic**) 하는 행위 + **t** + **ory**
   ☞ victor 승리자   ☞ Victoria 승리의 여신

3461	con**vic**tion	유죄 선고, 확신	1. 증거를 이용해 상대방을 (완전히 entirely = con)
	con**vin**ce [kənvíns]	확신시키다[1]	(정복하다 conquer = vin) + ce
	con**vic**t [kənvíkt]	기결수, 유죄 선고하다[2]	2. 검사가 피고를 (완전히 entirely = con)
	con**vin**cingly	설득력 있게	(정복 conquer = vic)해서 판사가 유죄를 선고하다 + t

3462	per**sua**sion	설득, 신념	1. 자신의 의견을 (완전히 thoroughly = per)
	per**sua**de [pə:rswéid]	설득하다[1]	(달콤한 sweet = suad) 상태로 만들다 + e
	per**sua**sive	설득력 있는	☞ a persuasive argument 설득력 있는 주장

★ 자르다 (1) cut = ciss, hal, skil, shar, she, shir, shor, skir, smar

| 3463 | **cut** | 상처, 삽화, 자르다 | ☞ cutter 자르는 사람, 절단기 |
| | under**cut** | 저가로 팔다, 약화시키다 | ☞ the cutting edge of fashion 유행의 최첨단 |

3464	**cut**let [kʌ́tlit]	두툼한 고기 토막[1]	1. 돼지, 양 다리의 윗부분을 (자른 cut) (작은 small = let)
	cutlery [kʌ́tləri]	식탁용 철물, 칼 제조업	고기 토막
	slash [slæʃ]	사선 (/), 베인 상처, 베다[2]	2. 사선으로 (자르거나 베다 cut = sla) + sh

3465	**s**ci**ss**ors [sízərz]	가위[1], 잘라내다	1. (밖으로 out = s) (잘라내는 cut = ciss) (도구 or) + s
	shave [ʃeiv]	면도, 면도하다, 깎다[2]	2. 날카로운 칼로 털을 (깎다 cut = shav) + e
			☞ shaver 면도기

3466	**shear** [ʃiər]	전지가위, 양털을 깎다	1. 양털을 깎는 (가위 shear = sheer)로 털을 깎다
	sheer [ʃiər]	털을 깎다[1]	2. (털을 깎아서 sheer) 양의 피부가 보이는
		비치는[2], 순수한, 깎아지른	☞ sheer curtains 비치는 커튼

| 3467 | **she**d [ʃed] | 헛간[1], 광, 자르다, 벗기다 | 1. 양털을 (잘라서 cut = she) 버리는 장소 + d |
| | | (피, 눈물) 흘리다[2], 버리다 | 2. 양털을 잘못 (잘라서 cut = she) 피가 나다 + d |

3468	**shar**e [ʃeər]	몫, 지분	1. 칼로 (잘라 내어 cut = shar) 함께 나누어 가지다 + e
		나누다, 공유하다[1]	☞ market share 세계 시장 점유율
	shareholder	주주	☞ stockholder 주주

3469	**shar**pness [ʃɑ́:rpnəs]	날카로움, 선명함, 영리함	1. 칼로 (잘라내어 cut = shar + p) 끝을 날카롭게
	sharpen [ʃɑ́:rpən]	날카롭게 하다[1]	(만들다 make = en)
	sharp [ʃɑ:rp]	날카로운, 뚜렷한, 현명한	☞ a sharp outline 선명한 윤곽

3470	**keen**ness [kí:nnis]	날카로움, 매서움	1. (날카로운 sharp = keen) 소리로 울다
	keen [ki:n]	통곡, 울부짖다[1]	☞ keen-edged 날이 날카로운
		날카로운, 간절한, 치열한	☞ a keen competition 치열한 경쟁

3471 smartness [smάːrtnis]　세련됨, 현명함　　1. 날카롭게 (잘린 cut = smar) 물체로 찔러 아프게 하다 + t
　smart [smɑːrt]　쓰린 아픔, 아프게 하다[1]　2. (날카롭게 cut = sharp = smar) 흥정을 잘하는 + t
　　　　　단정한, 현명한[2], 기민한　☞ a smart pupil 두뇌가 명석한 학생
　outsmart [àutsmάːrt]　~보다 한 수 위다　☞ a smart pain in knee 무릎의 찌르는 듯한 고통

3472 skirt [skɜːrt]　치마[1], 두르다　1. 여성의 하반신을 두르기 위해 (자른 cut = skir) 천 조각 + t
　under**skir**t　속치마　2. 도시 (외곽 out)을 (두르는 skirt) 지역
　out**skir**t [autskə:rt]　교외[2], 변두리　☞ trousers 바지

3473 shore [ʃɔːr]　기슭, 해안, 버팀목　1. 바다와 육지의 경계를 (가르는 cut = shor + e) (선 line)
　shoreline [ʃɔrlain]　해안선[1]　☞ lakeshore 호안
　off**shor**e [ɔ'fʃɔr]　앞바다의, 연안의　☞ seashore 해안
　　　　　　　☞ ashore 해안으로, 해안에

3474 arriv**al** [ərάivəl]　도착　1. (해안 shore = riv + e)(에 to = ar) 도달하다
　ar**riv**e [ərάiv]　도착하다[1]　☞ a new arrival 신생아, 갓 온 사람, 신착품

3475 shortage [ʃɔ́ːrtidʒ]　부족　1. (잘라서 cut = shor) 짧아진 + t
　shorten [ʃɔ́ːrtn]　단축하다, 짧아지다　☞ a labor shortage 노동력 부족
　short　부족하다, 부족한[1]　☞ shorts 반바지
　　　　　짧은, 단기간의, 갑자기　☞ short-term 단기적인　　☞ short-lived 단명하는
　shortly [ʃɔ́ːrtli]　곧, 간략하게　☞ in short 요약하면

3476 shortcoming　결점, 단점[1], 모자람　1. (부족해서 short) 부적절하게 (되는 come = coming) 상태
　shortcut [ʃɔrtkət]　지름길　☞ shorthand 속기, 속기로 쓰다, 속기의
　shortfall [ʃɔrtfɔl]　부족량　☞ shortstop (야구) 유격수

3477 scorpion [skɔ́ːrpiən]　전갈[1]　1. (자르는 cut = scor) 집게다리를 가진 절지동물 + p + ion
　skirmish [skə́:rmiʃ]　충돌, 충돌을 벌이다[2]　2. 전투 전에 적의 척후병을 칼로 (베다 cut = skir) + m + ish
　sword [sɔːrd]　무기용 칼, 검[3]　3. (자르는 cut = swor) 무기 + d
　swordsman　검객　☞ the sword of justice 정의의 칼, 사법권

3478 chisel [tʃízəl]　끌[1], 끌로 새기다　1. (자르고 cut = chis) 새기는 도구 + el
　chiseler [tʃízələr]　조각가　☞ gouge 둥근 끌, 찌르다

3479 ax (axe) [æks]　도끼, 도끼로 자르다　1. 한 손으로 사용하는 (작은 small = et) (도끼 axe = hatch)
　hatchet [hǽtʃit]　손도끼[1]　☞ pickax 곡괭이, 곡괭이로 파다

3480 sickle [síkəl]　낫[1], 낫으로 베다　1. 풀, 곡식 등을 (자르는 cut = sick) 도구 + le
　hoe [hou]　호미, 괭이, 괭이질하다　☞ hammer and sickle 망치와 낫, 산업 노동자와 농민

| 3481 | **hamm**er [hǽmər] | 망치[1], 망치로 치다 | 1. (날카로운 돌 sharp stone = **ham** + m)이 달린 도구 + **er** |
| | **mall**et [mǽlit] | 나무망치[2] | 2. (작은 small = **et**) 나무(망치 hammer = **mal** + l) |

| 3482 | **hal**f / **hal**ves | 절반[1] / 절반들 | 1. 둘로 (잘라진 cut = **hal**) 것 중에 하나 + f |
| | **hal**ve [hɑ:v] | 이등분하다 | ☞ halfway 중간쯤에 |

3483	be**hal**f [bihɑ́:f]	자기 편[1], 이익	1. (옆에서 side = by = **be**) 이익을 대변하는
	half-blood	혼혈아, 배다른 형제	둘로 (잘라진 cut = **hal**) 것 중의 한 쪽 + f
	half-time	중간 휴식 시간	☞ on behalf of ~을 대신하여 ☞ half-life 반감기

자르다 (2) cut = shel, shi, shiel

| 3484 | **shi**eld [ʃī:ld] | 방패[1], 보호하다 | 1. 통나무를 (잘라 cut = **shiel**) 만든 방어용의 평평한 나무 + d |
| | wind**shield** | 바람막이 창, 차 앞 유리 | ☞ a kind of protective shield 일종의 보호막 |

| 3485 | **shel**ter [ʃéltər] | 주거지, 피난처, 대피 | 1. (군인들 troop = **ter**)이 (방패 shield = **shel**)를 서로 맞물려 |
| | | 보호하다[1], 피난하다 | 잡고 견고하게 방어하다 |

| 3486 | **shel**f [ʃelf] | 선반[1], 선반 모양의 지층 | 1. 통나무를 (잘라 cut = **shel**) 만든 물품 저장용 평평한 나무 + f |
| | book**shelf** | 책꽂이 | ☞ shelf life 저장 기간, 유통기한 |

3487	**shi**p	배[1], 운송하다, 항해하다	1. 통나무를 (잘라 cut = **shi**) 만든 해상 운송 수단 + p
	shipment [ʃípmənt]	운송, 수송물	☞ installment shipment 할부 선적
	shipping	선박, 해상운송	☞ shipping charge 운송료

| 3488 | em**bark**ation | 탑승, 적재, 착수 | 1. (배 ship = **bark**) (안에 in = **em**) 승객을 태우고 출항하다 |
| | em**bark** [embɑ́:rk] | 탑승하다, 시작하다[1] | ☞ embark on diet 다이어트를 시작하다 |

| 3489 | e**quip**ment | 장비, 설비 | 1. 바다로 (나갈 out = ex = **e**) (배 ship = **quip**)에 장비를 갖추다 |
| | e**quip** [ikwíp] | 갖추다[1] | ☞ safety equipment 안전 장비 |

자르다 (3) cut = cor, scal, scul, shel

3490 **scal**e [skeil]
비늘¹, 치석¹
눈금², 저울², 자², 축적
음계, 규모

1. 물고기, 뱀, 이빨 따위의 벗겨서 (잘라낼 수 있는 cut = scal) 껍질 + e
2. 자 또는 저울에 (새겨진 cut = scal) 눈금 + e

3491 **scal**p [skælp]
두피¹
skull [skʌl]
두개골²
skeleton [skélətn]
골격³, 해골
skeletal [skélitl]
골격의, 해골의

1. 승리의 징표로 (껍질을 벗겨낸 cut = scal) 적의 머리가죽 + p
2. 뇌를 둘러싸고 있는 딱딱한 (껍질 shell = skul + l)
3. 딱딱하고 (마른 dried-up = skele) 뼈 + t + on
 ☞ scalper (조각용) 둥근 끌

3492 **cor**tex [kɔ́ːrteks]
피질¹

1. (잘라서 cut = cor) 벗겨낸 나무껍질 + tex
 ☞ cerebral cortex 대뇌 피질

3493 **scul**pture [skʌ́lptʃər]
조각¹, 조각품
sculpt [skʌlpt]
조각하다
sculptor [skʌ́lptər]
조각가

1. 물체의 껍질을 (벗기는 cut = scul) 예술 행위 + p + t + ure
 ☞ high-resolution images of sculptures 조각품의 고해상도 사진
 ☞ sculptural 조각의

3494 **shel**l [ʃel]
껍질, 포탄¹, 폭격하다
shellfish
조개²
nut**shel**l [nʌ́tʃel]
견과의 껍질

1. 화약을 둘러싼 폭발하면 (분리되는 cut = shel) 금속 껍질 + l
2. 2개의 딱딱한 (껍질로 나누어진 shell) 연체동물 (어류 fish)
 ☞ clam 대합조개

3495 **husk** [hʌsk]
곡물의 겉껍질
husky [ˈhʌski]
허스키 개
쉰 목소리의¹
껍질로 덮인

1. 목소리가 (곡물의 마른 껍질 husk) 소리처럼 마른 + y
 ☞ take off the husk 껍질을 벗기다
 ☞ in a husky voice 쉰 목소리로

3496 **hoars**eness [hɔ́ːrsnis]
목이 쉼
hoarsen [hɔ́ːrsn]
목이 쉬게 하다
hoarse [hɔːrs]
쉰 목소리의¹

1. 목소리가 (마른 dry = hoars) + e
 ☞ hoarse cough 목쉰 기침

★ 분리하다 divide = se, sec

3497 **sec**t [sekt]
종파, 당파¹
in**sec**t [ínsekt]
곤충²
insectivore
식충식물

1. 이념 차이 때문에 (분리된 divide = sec) 정치 집단 + t
2. 머리, 가슴, 배가 (안으로 in) (분리된 divide = sec) 동물 + t
 ☞ insecticide 살충제

3498 **sec**tion [sékʃən]
부분¹, 구역
절단¹, 절단하다
sectional
부분적인
sector [séktər]
부분², 부문

1. (잘라서 분리하는 divide = sec) 행위 또는 잘린 부분 + t + ion
2. (잘라서 분리된 divide = sec) 부분 + t + or
 ☞ sectoral 구역의, 부채꼴의

3499 bi**sect**ion [baisékʃən] bi**sect** [baisékt] dis**sect**ion [disékʃən] dis**sect** [disékt]	이등분 이등분하다[1] 해부, 정밀한 분석 해부하다[2]	1. (2개로 two = **bi**) (분리하다 divide = **sec**) + t 2. 신체를 (따로 apart = **dis**) (분리하다 divide = **sec**) + t ☞ a bisected village by a road 도로에 의해 이등분된 마을 ☞ dissect a frog 개구리를 해부하다

3500 inter**section** inter**sect** [ìntərsékt] inter**sect**ant	교차로 교차하다[1] 교차하는	1. (서로 between = **inter**) 엇갈려 (분리하다 divide = **sec**) + t ☞ an intersection point 교점 ☞ intersect at right angles 직각으로 교차하다

3501 **se**gmentation **se**gment [ségmənt] **se**gmental	분할, 세분화 조각[1], 부분, 호, 분할하다 부분의, 선분의	1. (잘라서 분리한 divide = **se**) 부분 + **g** + **ment** ☞ market segmentation 시장 세분화 ☞ a line segment 선분

3502 primary school elementary school pre**school** kinder**garten** [kíndərgà:rtn]	영국 초등학교[1] 미국 초등학교[2] 유치원, 취학 전의 유아원[3], 보육원	1. (기본적이고 주요한 **primary**) 것을 가르치는 (학교 **school**) 2. (기본적인 **elementary**) 것을 가르치는 (학교 **school**) 3. (아이들 children = **kinder**)을 위한 (정원 garden = **garten**) ☞ a nursery school 유치원, 유아원, 보육원 ☞ undergraduate school 대학 ☞ graduate school 대학원

3503 **schol**ar [skálər] **schol**astic [skəlǽstik] **schol**arship [skálərʃip]	학자[1], 장학생 학업의 장학금	1. (학교 school = **schol**)에서 느긋하게 토론하는 사람 + **ar** ☞ a prominent scholar 저명한 학자 ☞ a scholastic institution 학회

3504 **shoal** [ʃoul]	(물고기) 떼[1] 여울[2], 모래톱	1. 동일한 종류 물고기의 큰 (무리 school = **shoal**) 2. 바닥이 드러날 정도로 수심이 (얕은 thin = **shoal**) 장소

3505 **shall**owness [ʃǽlounis] **shall**ow [ʃǽlou]	얕음, 천박함 얕은[1], 피상적인	1. 수심이 (깊지 않은 thin = shoal = **shall**) + **ow** ☞ swallow 제비, 삼키다

쪼개다, 벗기다 split = boat, fi, flin, sli, spil, splin, spoil, tear

3506 **split** [split]	갈라진 틈, 분열 쪼개다[1], 째다, 헤어지다	1. 때리거나 부딪쳐서 (쪼개다 **split**) ☞ in a split second 아주 짧은 시간에, 순식간에

3507 **tear** [tɛər] **tear**down [téərdàun]	찢음, 찢다[1] 분해, 해체	1. (쪼개다 split = **tear**) ☞ wear and tear 마모

3508 **tear** [tiər] **tear**ful [tíərfəl] **tear**y [tíəri]	눈물, 눈물을 흘리다[1] 울먹이는, 눈물이 나는 눈물의, 눈물이 글썽한	1. 눈물(방울 drop = **tear**)을 흘리다 ☞ teardrop 눈물방울 ☞ tearful family reunions 눈물이 나는 가족 재상봉

3509 **spil**l [spil]	얇은 조각[1], 유출	1. (갈라서 벗긴 split = spil) 얇은 동물 가죽 조각 + l
	엎지르다, 쏟아지다[2]	2. 가죽을 (벗기는 split = spil) 중에 피가 쏟아져 나오다 + l
spillover [spílòuvər]	과잉	☞ cry over spilt milk 엎지른 물을 두고 한탄하다

3510 **flin**t [flint]	부싯돌[1]	1. 불꽃이 (갈라져 split = flin) 발생하는 돌 + t
splint [splint]	(접골 치료용) 부목[2]	2. (갈라서 벗겨진 split = splin) 나뭇조각 + t
splinter [splíntər]	파편	☞ apply a splint 부목을 대다

3511 **spoil**age [spɔ́ilidʒ]	부패	1. 동물의 가죽을 (갈라 벗겨서 split = spoil) 죽이다
spoil [spɔil]	망치다, 버릇없이 키우다	☞ Too many cooks spoil the broth.
spoiler [spɔ́ilər]	망치는 사람(것), 약탈자	사공이 많으면 배가 산으로 간다.

| 3512 **sli**t [slit] | (좁은) 구멍, 구멍 내다[1] | 1. 가느다랗게 (쪼개거나 split = sli) 째다 + t |
| **sli**ce [slais] | 얇은 조각, 얇게 베다[2] | 2. 가느다랗게 (쪼개거나 split = sli) 얇게 베다 + ce |

| 3513 **barrel** [bǽrəl] | 큰 통[1], (용량) 배럴, 총신 | 1. 가운데가 튀어나온 (원통 모양 배 cylindrical vessel = **barrel**) |

| 3514 **barric**ade | 바리케이드 | 1. 방어를 위해 (대형 통 barrel = **barric**)을 성 앞에 놓다 + ade |
| [bǽrəkèid] | 방어벽을 치다[1] | ☞ erect a barricade 방어벽을 세우다 |

| 3515 **fi**ssion [fíʃən] | 분열[1] | 1. 2개의 새로운 개체로 (쪼개지는 split = fi) 현상 + ss + ion |
| | | ☞ nuclear fission 핵분열   ☞ nuclear fusion 핵융합 |

자르다 (4) cut = as, clip, clon, ha, mea, mo, tom, sa

| 3516 **sa**w [sɔː] | 톱, 톱으로 켜다 | 1. 톱으로 나무를 (자르는 cut = **sa** + w) (작업장 **mill**) |
| **saw**mill [sɔmil] | 제재소[1] | ☞ sawyer 톱질꾼   ☞ sawdust 톱밥 |

3517 jig**saw** [dʒígsɔ̀ː]	실톱[1]	1. (불규칙하게 춤을 추듯이 dance irregularly = **jig**)
jig**saw** puzzle	조각그림 맞추기 퍼즐[2]	물건을 자르는 (톱 **saw**)
chain**saw** [tʃéinsɔː]	전기톱, 사슬톱	2. 모서리가 (실톱 **jigsaw**) 이빨 모양 조각으로 나누어진
hack**saw** [hǽksɔ̀ː]	금속 켜는 쇠톱	그림을 맞추는 (퍼즐 **puzzle**)

| 3518 **clon**e [kloun] | 복제, 복제품 | 1. (잘린 가지 twig cut = **clon**)를 접붙여 하나로 만들다 + e |
| | 복제하다[1] | ☞ human cloning 인간 복제   ☞ replicate 복제하다 |

| 3519 **beard** [biərd] | 턱수염 | ☞ mustache 콧수염 |

3520 **barb** [bɑːrb]	낚시 미늘, 가시	1. (턱수염 beard = **barb**)을 다듬거나 자르는 사람 + er
	턱수염 모양	☞ a barber shop 이발소
barber [bɑ́ːrbər]	이발사[1]	☞ hairdresser 미용사

3521 **bi**as [báiəs]	편견, 편향[1]	1. (위쪽 upon = **bi**)을 (비스듬히 잘라서 cut = **as**)	
	편견을 갖다	한쪽으로 기울어진 상태	
	비스듬한, 비스듬히	☞ unbiased 편파적이지 않은	
bi**as**ed [báiəst]	편향된, 선입견이 있는	☞ a religious bias 종교적 편견	

3522 **ha**y [hei]	건초[1]	1. (사료 fodder)용으로 (자른 cut = **ha**) 풀 + **y**	
haystack [hei[stæk]	건초 더미	☞ a stack of hay 한 더미의 건초	

3523 **mo**w [mou]	베다[1], 저장하다	1. 풀, 잔디, 곡식 등을 (자르다 cut = **mo**) + **w**	
mower [móuər]	풀 베는 기계	☞ mow the lawn 잔디를 깎다	

3524 **mea**dow [médou]	목초지[1]	1. 건초용으로 (자르는 cut = **mea**) 풀이 자라는 땅 + **d** + **ow**	
after**ma**th	여파[2], 후유증	2. 풀을 (자른 cut = **ma** + **th**) (이후에 **after**)	
[ǽftərmæθ]	두 번째 베는 목초	목초지에 미치는 부정적인 영향	

3525 a**tom** [ǽtəm]	원자[1]	1. 더 이상 (자르지 cut = **tom**) (못하는 not = **a**) 원소의 최소 단위	
a**tom**ic [ətámik]	원자의	☞ an atomic power plant 원자력 발전소	

3526 ana**tom**y [ənǽtəmi]	해부학, 해부	1. (반복해서 again = **ana**) (자르다 cut = **tom**) + **ize**	
ana**tom**ize	해부하다[1]	☞ physiological anatomy 생리해부학	
ana**tom**ical	해부의, 해부학상의	☞ anatomic 해부의	

★ 자르다 (5) cut = tail, tag

3527 entail**ment** | 한사 상속, 세습 재산 | 1. (꼬리 tail)처럼 함께 따라오도록 (만들다 make = en)
entail [entéil] | 수반하다[1], 의미하다 | 2. 재산을 (잘라 cut = tail) 나누도록 (만들다 make = en)
 | 상속하다[2] | ☞ entail a sacrifice 희생을 수반하다

3528 curtail**ment** | 삭감, 축소 | 1. 자르고 (잘라서 cut = cur) 최대한 짧게 하다 + t + ail
curtail [kərtéil] | 삭감하다[1] | ☞ curtail the expenses 경비를 삭감하다
cutback [kʌtbæk] | 삭감 | ☞ cut back 삭감하다

3529 tailorability | 적용성, 적응성 | 1. 두루마리 천을 (자르는 cut = tail) 사람 + or
tailor [téilər] | 재단사[1], 맞추다 | ☞ stem cells tailored to patients 환자 맞춤식 줄기세포
tailor-made | 맞춤의, 맞춘 | ☞ custom-tailor 주문 제작하다

3530 retail [rí:teil] | 소매, 소매하다[1], 소매의 | 1. 도매로 구입한 두루마리 천을 개별 소비자에게
retail**er** [rí:teilər] | 소매상 | (다시 again = re) (잘라서 cut = tail) 팔다
whole**sale** [hóulsèil] | 도매, 도매의, 대량의 | ☞ the local retailing industry 현지 소매업

3531 detail [dí:teil] | 세부 사항 | 1. (완전히 entirely = de) (자른 cut = tail) 조각을
 | 상세 설명하다[1] | 자세히 설명하다
de**tail**ing | 세부 장식 | ☞ in detail 상세하게

자르다 (6) cut = carv, char, har, sca, scar, scor, scr, shr

3532 harshness [háːrʃnis] | 가혹함, 엄함 | 1. 피부를 (긁는 scratch = har) 엉겅퀴 털처럼 거친 + sh
harsh [haːrʃ] | 거친[1], 가혹한 | ☞ the harsh treatments 가혹한 대우

3533 scab [skæb] | 상처 딱지[1] | 1. (베인 cut = sca) 피부에 생기는 피부 질환 + b
scar [skaːr] | 흉터[2], 흉터를 남기다 | 2. (베인 cut = sca) 상처가 아문 후에 남은 흉한 자국 + r
shabby [ʃǽbi] | 초라한, 누더기를 걸친[3] | 3. 양의 피부가 (상처 딱지 scab = shab + b)로 꽉 찬 + y

3534 scarf [skaːrf] | 스카프[1], 잇다[2] | 1. 순례자의 (목에 매달린 지갑 purse = scarf)
nec**kerchief** [nékərtʃif] | 목도리[3] | 2. (잘린 cut = scar) 부분을 끼워 잇다 + f
hand**kerchief** | 손수건 | 3. (목 neck = nec)을 덮는 (스카프 kerchief)

3535 score [skɔːr] | 득점, 점수, 악보, 20[1] | 1. 양을 20 마리씩 센 후에 숫자를 칼로 (새겨 cut = scor)
 | 기록하다[2], 득점하다 | 기록한 막대기 + e
out**scor**e [àutskɔ́ːr] | ~보다 많이 득점하다 | 2. 돈을 빌려준 내역을 칼로 (새겨 cut = scor) 기록하다 + e
 | | ☞ scoreboard 득점판

3536 **carv**ing	조각품, 새긴 무늬	1. 점토판 위를 바늘로 긁어 형상을 (새기다 cut = carv) + e
carve [kɑːrv]	새기다[1], 조각하다	☞ engrave 새기다 ☞ inscribe 쓰다, 새기다
3537 **char**acter [kǽriktər]	특징, 문자[1], 성격[2], 인물	1. 점토판에 (새겨 cut = char) 놓은 글자 + acter
characteristic	특징, 특유의	2. 머릿속에 (새겨진 cut = char) 고유의 품성 + acter
characterize	특징짓다	☞ Chinese character 한자
3538 **scr**ap [skræp]	조각[1], 폐품, 남은 음식	1. (잘린 cut = scr + a) 금속, 신문 등을 긁어모은 조각 + p
	폐기하다	☞ a scrap heap 폐품 더미
3539 **scr**apes	찰과상, 긁힌 자국	1. (하늘 sky)을 (자르는 cut = scr + a) 높은 건물 + p + er
scrape [skreip]	긁다, 긁어모으다	☞ work and scrape 일하며 조금씩 저축하다
sky**scr**aper	고층 건물[1]	☞ skyline 하늘과 맞닿은 윤곽선
3540 **scr**amble [skrǽmbəl]	뒤범벅, 기어오르기	1. 작게 (잘린 cut = scr + a) 조각을 모아서 섞다 + m + ble
	뒤섞다[1], 다투다	☞ scrambled egg 스크램블드 에그
	기어오르다	☞ scramble up a cliff 절벽을 기어오르다
3541 **scr**utinization	면밀한 조사	1. 작게 (잘린 cut = scr + u) 조각들을 하나씩 들여다보다
scrutiny [skrúːtəni]	면밀한 조사	+ t + in + ize
scrutinize [skrúːtənàiz]	면밀히 조사하다[1]	☞ scrutinize thoroughly 철저하게 조사하다
3542 **scr**een [skriːn]	차단막[1], 화면	1. 공간을 수직으로 (자르는 cut = scr + ee) 창문, 커튼 등의
	차단하다, 걸러내다	차단막 + n
screenplay [skriːˈnplei]	영화 대본, 시나리오	☞ a screen actor 영화배우
		☞ sunscreen 자외선 차단제
3543 **scr**ew [skruː]	나사[1], 나사로 고정하다	1. 원통 모양의 금속 표면에 홈을 (깎아 cut = scr + e)
un**scr**ew [ʌnˈskruː]	열다, 나사를 풀다	만든 못 + w
screwdriver	나사돌리개	☞ a screw nail 나사못
3544 **shr**ub [ʃrʌb]	관목[1]	1. 가지를 (잘라야 cut = shr + u) 하는 키 작은 나무 + b
shrubbery [ʃrʌˈbəri]	관목 숲	2. (관목 shrub = scrub) 가지로 만든 세척 도구로 문지르다
scrub [skrʌb]	관목, 문질러 씻다[2]	☞ scrubby 관목이 우거진

물다 bite = bark, beet, bit

3545 **bit**e [bait]	물기, 조각, 베어 물다	☞ quite a bit 꽤 많은, 상당한
bit [bit]	조금, 일부, 조각	☞ Don't bite the hand. (도움을 주는) 손을 물지 마라.

3546 **bark** [bɑ:rk]	개 짖는 소리, 짖다[1]	1. 겁먹은 개가 (물기 bite = **bark**) 위해 짖다
	나무껍질[2], 돛단배[3]	2. (자작나무 birch = **bark**) 껍질
bait [beit]	미끼, 미끼를 놓다[4]	3. 바닥이 납작한 (바지선 boat = barge = **bark**)
		4. 물고기에게 미끼를 (베어 물게 bite = **bait**) 하다

3547 **beet**le [bí:tl]	딱정벌레[1]	1. 먹이를 (베어 무는 bite = **beet**) 곤충 + le
cricket [kríkit]	귀뚜라미[2], (스포츠) 크리켓	2. (삐걱 소리 creak = **crick**)를 내는 (작은 small = et) 곤충
		☞ stag beetle 사슴벌레

★ 문지르다, 긁다 rub = fric, ra, ro

3548 **rubb**er [rʌ́bər]	고무, 지우개[1]	1. (문질러서 rub = **rub** + b) 지우는 물건 + er
rub [rʌb]	문지르기, 문지르다	☞ produce synthetic rubber 합성 고무를 생산하다
rubbery [rʌ́bəri]	고무 같은	☞ rub off the dirt 때를 문질러 닦아내다

3549 **fric**tion [fríkʃən]	마찰[1]	1. 두 물체가 서로 닿아 (문질러 rub = **fric**) 비벼짐 + t + ion
frictionize	마찰을 일으키다	☞ trade friction 무역 마찰
frictional [fríkʃənl]	마찰의	☞ frictional resistance 마찰 저항

3550 **sand**	모래[1]	1. 바람과 물에 의해 (문질러져 rub = **sand**) 잘게 부서진 돌
sandpaper	사포, 사포로 닦다	2. 검투사의 피를 흡수하기 위한 (모래 sand = **arena**) 경기장
arena [ərí:nə]	경기장[2], 씨름판, 활동 무대	☞ sandstone 사암

3551 **era**sure [iréiʃər]	삭제	1. (긁어서 scratch = **ra**) (밖으로 out = e) 버리다 + se
erase [iréiz]	지우다[1]	☞ eraser 지우개
erasable [iréisəbəl]	지울 수 있는	☞ erase a blackboard 칠판을 지우다

| 3552 **abra**sion [əbréiʒən] | 마모, 긁힌 부분, 찰과상 | 1. (긁어서 scratch = **ra**) (없애는 off = ab) + s + ive |
| **abra**sive [əbréisiv] | 연마제, 닳게 하는[1] | ☞ an abrasive stone 숫돌 |

3553 **ra**zor [réizər]	면도기, 면도칼[1]	1. 털 따위를 (긁어서 scratch = **ra**) 깎는 기구 + z + or
razor-sharp	아주 날카로운	☞ a razor blade 면도날
		☞ a single-edged razor 외날 면도칼

| 3554 **ra**sh [ræʃ] | 발진, 뾰루지[1], 성급한 | 1. 성급하게 (긁게 scratch = **ra**) 하는 작고 빨간 점 + sh |
| **ra**shly [ræʃli] | 성급하게, 경솔히 | ☞ a rash behavior 성급한 행동 |

3555 **gnaw** [nɔ:]	갉다, 갉아먹다	1. 날카로운 앞니로 (갉아 gnaw = **ro**) 먹는 동물 + d + ent
rodent [róudənt]	설치류[1]	☞ gnaw a hole 갉아서 구멍을 뚫다
rat [ræt]	쥐, 비열한 사람	☞ the rat race 생존 경쟁, 무한 경쟁

3556 **ero**sion [iróuʒən]	부식, 침식, 약화	1. (갉아 gnaw = ro) 먹어 (없애다 off = e) + de
erode [iróud]	부식시키다[1], 약화되다	☞ the erosion of traditional values 전통적 가치의 약화
erosional [iróuʒənəl]	침식의, 쇠퇴의	☞ erode public confidence 공신력을 약화시키다

3557 **corro**sion [kəróuʒən]	부식	1. (완전히 entirely = cor) (갉아 gnaw = ro) 먹다 + de
corrode [kəróud]	부식시키다[1], 부패하다	☞ corrosion proof 부식 방지
corrodent [kəróudnt]	부식력이 있는	☞ corrosive 부식성의

★ 붙잡다 hold = ab, hab, halt, hav, heav, hib

3558 holding 보유 주식, 자산 ☞ a holding company 지주 회사

hold 잡기, 영향력, 잡다, 보류하다 ☞ hold on 기다려

견디다, 생각하다, 개최하다 ☞ hold a party 파티를 열다

holdback 억제, 저지, 보관물 ☞ hold back 억제하다, 비밀로 하다

3559 uphold [ʌphóuld] 지탱하다[1], 지지하다 1. 손을 (위쪽으로 **up**) 향하여 물건을 (붙잡다 hold)

be**hold** [bihóuld] 보다[2] 2. (옆에서 by = **be**) 주시하는 상태를 (유지하다 hold)

be**hold**er [bihóuldər] 보는 사람, 구경꾼 ☞ uphold the right of free speech 언론 자유를 지지하다

3560 withhold**ment 억제, 원천징수 1. 나아가지 못하도록 (뒤에서 back = **with**) (잡다 hold)

withhold [wiðhóuld] 억누르다[1], 보류하다 ☞ withhold information 정보를 알려 주지 않다

3561 sharehold**er 주주[1] 1. 회사의 (주식 share)을 (보유하고 hold) 있는 사람 + **er**

house**hold** 가정 2. 문 밑에 놓인 (밟고 tread = **thres**) 가는 나무 + **hol** + **d**

threshold [θréʃhould] 문지방[2], 시초, 경계, 종점 ☞ householder 가장

3562 halt [hɔːlt] 멈춤, 정지, 멈추다[1] 1. 하던 일을 (보류하다 hold = **halt**)

☞ an abrupt halt 갑작스런 정지

3563 ability [əbíləti] 능력[1] 1. 일을 할 수 있도록 (보유하고 hold = have = **ab**)

en**ab**le [enéibəl] 할 수 있게 하다 있는 힘 + **il** + **ity**

able ~을 할 수 있는 ☞ superior ability 탁월한 능력

3564 disability [disəbíləti] 무능력[1], 장애 1. 일을 감당할 (능력 ability)이 (없는 not = **dis**) 상태

disable [diséibəl] 장애를 입히다 ☞ a disability pension 장애 연금

in**ab**ility [inəbíləti] 무능, 불능 ☞ the disabled 장애인

3565 inhib**ition [inhəbíʃən] 억제 1. (안에서 **in**) (붙잡다 hold = **hib**) + **i** + **t**

in**hib**it [inhíbit] 억제하다[1], 금지하다 ☞ the inhibition of oxidization 산성화의 억제

in**hib**itive [inhíbətiv] 억제하는 ☞ inhibit growth 성장을 억제하다

3566 prohib**ition 금지 1. (앞으로 forward = **pro**) 나가지 못하도록

prohib**it [prouhíbit] 금지하다[1] (붙잡다 hold = **hib**) + **i** + **t**

prohib**itive 금지하는, 엄청 비싼 ☞ prohibit by law 법으로 금지하다

3567 exhib**ition [èksəbíʃən] 전시, 전시회, 표현 1. (밖으로 out = **ex**) (보유하고 hold = **hib**) 있는 것을

exhib**it [igzíbit] 전시품, 전시하다[1] 드러내다 + **i** + **t**

exhib**itive 드러내는 ☞ a permanent exhibition 상설 전시관

3568 **hab**it [hǽbit]	습관¹, 의복¹, 거주하다	1. 수도사가 (보유한 hold = **hab**) 습관적으로 입는 옷 + **i** + **t**
habituate [həbítʃuèit]	습관이 되다, 길들이다	☞ cultivate a good habit 좋은 습관을 기르다
habitual [həbítʃuəl]	습관적인	☞ a habitual criminal 상습범

3569 **hab**itat [hǽbətæ̀t]	서식지¹	1. (거주하는 **habit**) 장소 + **at**
habitation [hæ̀bətéiʃən]	거주, 거주지	☞ a natural habitat 자연 서식지
habitational	거주지의, 거주의	☞ the trace of collective habitation 집단 거주의 흔적

3570 in**habit**ation	거주, 서식	1. (안에서 **in**) (거주하다 **habit**)
in**habit** [inhǽbit]	거주하다¹, 서식하다¹	☞ inhabit the tropical forests 열대 우림에 거주하다
in**habit**ant [inhǽbətənt]	주민, 서식 동식물	☞ an indigenous inhabitant 토착민
in**habit**able	거주 가능한	☞ a inhabitable planet 거주 가능한 행성

3571 **herm**itage [hə́ːrmitidʒ]	은둔처	1. 사람이 (살지 않는 uninhabit = **herm**) 장소에
hermit [hə́ːrmit]	은둔자¹	혼자 사는 사람 + **i** + **t**
hermitry [hə́ːrmitri]	은둔 생활	☞ hermit crab 소라게

3572 be**hav**ior [bihéivjər]	행동	1. 원하는 것을 (완전히 entirely = **be**) (붙잡기 hold = **hav**)
be**hav**e [bihéiv]	행동하다¹	위해 행동하다 + **e**
be**hav**ioral [bihéivjərəl]	행동의	☞ behave sensibly 분별 있게 행동하다

3573 mis**behav**ior	나쁜 행동, 비행	1. (잘못된 wrong = **mis**) (행동을 하다 **behave**)
mis**behav**e [[misbihéiv]	비행을 저지르다¹	☞ an evil deed 악행
		☞ misconduct 비행

★ 붙잡다 (1) seize = pre, prehen, prai, pri

3574 **pre**dation [pridéiʃən]	포식	1. 먹이를 (붙잡아 seize = **pre**) 포식하는 동물 + **d** + **at** + **or**
predatory [prédətɔ̀ːri]	포식하는	☞ predatory instincts 약탈적 본능
predator [prédətər]	포식자¹, 약탈자	☞ a natural predator 천적

3575 **pre**y [prei]	먹이감¹, 희생자	1. 포식자가 (붙잡는 seize = **pre**) 동물 + **y**
	포식하다	☞ beast of prey 맹수
prey on	~을 잡아먹다	☞ bird of prey (독수리, 매 등) 맹금

3576 **haw**k [hɔːk]	매¹, 강경파	1. 먹이를 (잡아채는 seize, grasp = **haw**) 포식자 + **k**
dove [dʌv]	비둘기, 온건파	2. (삐삐 peep = **pigeon**) 소리를 내는 새
pigeon [pídʒən]	비둘기²	☞ tomahawk 전쟁용 큰 도끼

3577 **pri**son [prízn]	감옥[1]	1. (붙잡아 seize = **pri**) 가두는 장소 + **s** + **on**	
im**pri**sonment	투옥, 감금	2. 죄인을 (감옥 prison) (안에 in = **im**) 넣다	
im**pri**son [imprízən]	투옥하다[2]	☞ prisoner 죄수	

3578 com**pri**sal [kəmpráizəl]	포함	1. 구성 요소들을 (함께 with = **com**) (붙잡고 seize = **pri**) 있다
com**pri**se [kəmpráiz]	포함하다[1], 구성하다	+ **se**
com**pri**sable	구성할 수 있는	☞ be comprised of ~로 구성되다

3579 ap**prehen**sion	걱정, 체포, 이해	1. 부정적인 (쪽으로 to = **ap**) 마음이 (붙들려 seize = **prehen**)
ap**prehen**d [æ̀prihénd]	걱정하다[1], 체포하다[2]	있다 + **d**
	이해하다	2. 죄인(에게 to = **ap**) 무력을 써서 (붙잡다 seize = **prehen**) + **d**
ap**prehen**sive	걱정되는	3. 실무를 (이해하며 apprehend = **appren**) 일하는 사람
ap**pren**tice [əpréntis]	수습생[3], 수습하다	+ **t** + **ic** + **e**

3580 com**prehen**sion	이해력	1. 상대방의 마음에게 (완전히 entirely = **com**)
com**prehen**d	이해하다[1]	(붙들려 seize = **prehen**) 있다 + **d**
com**prehen**sive	포괄적인	☞ a reading comprehension test 독해 이해력 시험

3581 enter**pri**se [éntərpràiz]	회사[1], (모험) 사업, 진취성	1. 여러 가지 (사이에서 between = **enter**) 이익을 얻을
enter**pri**ser	기업가	기회를 (붙잡는 seize = **pri**) 조직체 + **se**
entre**pre**neur	(모험적인) 사업가	☞ entrepreneurial 기업가의 ☞ enterprising 진취적인

3582 **pri**ze [praiz]	상[1], 상품, 소중한 것	1. 약탈이나 노력한 대가로 (손에 넣은 seize = **pri**) 물건 + **ze**
	중히 여기다	2. 노력해서 (손에 넣을 seize = **pre**) 만한 가치가 있는
ap**pri**se [əpráiz]	진가를 인정하다	+ **ci** + **ous**
precious [préʃəs]	귀중한[2]	☞ a precious metal 귀금속

3583 **prai**se [preiz]	칭찬, 찬양, 칭찬하다[1]	1. (소중한 것 prize)을 (손에 넣어 seize = **prai**) 칭찬하다 + **se**
praiseworthy	칭찬할 만한	☞ a praiseworthy achievement 칭찬할 만한 업적
praiseful [préizful]	칭찬으로 가득 찬	☞ compliment 칭찬하다

3584 ap**prai**sal [əpréizəl]	평가	1. (손에 넣은 seize = **prai**) 물건(에게 to = **ap**) 값을 매기다
ap**prai**se [əpréiz]	평가하다[1]	+ **s** + **e**
		☞ an appraisal standard 평가 기준

3585 **glor**y [glɔ́ːri]	영광[1]	1. 신에게 주는 (칭찬 praise = **glor**) + **y**
glorify [glɔ́ːrəfài]	찬양하다	☞ morning glory 나팔꽃
glorious [glɔ́ːriəs]	영광스러운, 아름다운	☞ achieve a glorious exploit 영광스러운 공적을 성취하다

| 3586 **pric**e [prais] | 가격[1], 대가 | 1. (손에 넣은 seize = **pri**) 물건을 값어치로 표시한 것 + **ce** |
| **pric**eless [práislis] | 매우 중요한 | ☞ invaluable 매우 귀중한   ☞ valueless 가치 없는 |

3587 price range [reindʒ]	가격 폭	☞ price tag 가격표
price quote [kwout]	견적서	☞ at the price of ~을 희생하여
nominal price	명목 가격	☞ at the cost of ~을 희생하여
[námənl]		☞ at the expense of ~을 희생하여

| 3588 **tariff**ication | 관세 부과 | 1. 물품에 대한 (요금 fee = **tariff**) 정보를 담은 리스트 |
| **tariff** [tǽrif] | 관세, 요금표[1] | ☞ a tariff barrier 관세 장벽 |

3589 inter**pre**tation	통역, 해석, 설명	1. 중개인이 판매자와 구매자 (사이에서 between = **inter**)
inter**pre**t [intə́ːrprit]	통역하다[1]	(가격 price = **pre**)을 흥정해 주다 + **t**
	해석하다, 설명하다	☞ a flawed interpretation 잘못된 해석
inter**pre**tative	해석상의	☞ interpret silence as consent 침묵을 찬성이라고 해석하다

3590 ap**pre**ciation	인정, 감사, 감상	1. (손에 넣은 seize = **pre**) 물건(에게 to = **ap**) 가치를
ap**pre**ciate [əprí:ʃièit]	인정하다[1], 감사하다[2]	부여하다 + **ci** + **ate**
	감상하다	2. (손에 넣은 seize = **pre**) 물건을 바친 사람(에게 to = **ap**)
ap**pre**ciative	감사하는, 감상하는	고마워하다 + **ci** + **ate**
[əprí:ʃətiv]		☞ an aesthetic appreciation 심미적 감상

3591 de**pre**ciation	가치 하락, 감가상각	1. (손에 넣은 seize = **pre**) 물건의 가치가
[diprì:ʃéiʃən]		(아래로 down = **de**) 떨어지다 + **ci** + **ate**
de**pre**ciate [diprí:ʃièit]	가치가 하락하다[1]	☞ the depreciation of the currency 통화 가치의 하락

붙잡다 (2) seize = garb, grab, grasp

3592 **grab** [græb]	잡아채다[1]	1. 갑자기 거칠게 (잡다 seize = **grab**)
grip [grip]	움켜쥠, 쥐는 방식, 이해력	2. 꽉 (붙잡고 seize = **grip**) 있다
	움켜쥐다[2]	☞ handgrip 손잡이, 자루

3593 **garb**age [gɑ́ːrbidʒ]	쓰레기[1]	1. 체를 통과하지 못한 쓸모없는 것들을 (붙잡아 seize = **garb**)
trash [træʃ]	쓰레기[2]	모은 것 + **age**
trashman [trǽʃmæn]	폐품 수집인	2. (땅에 떨어진 잎이나 가지 fallen leaves and twigs = **trash**)

3594 **grasp** [græsp]	꽉 쥐기, 범위, 이해력	1. 물건이나 사실을 (잡아서 seize = **grasp**) 꽉 쥐고 있다
	움켜잡다[1], 이해하다[1]	☞ grasp at an opportunity 기회를 붙잡으려 하다
graspable [grǽspəbl]	잡을 수 있는, 이해하는	☞ grasp the meaning 뜻을 이해하다

★ 붙잡다 (1) grasp = ceit, ceiv, cep, cip

3595 inter**cep**tion
inter**cep**t [intərsépt]

가로챔, 차단
가로채다[1], 가로막다

1. (중간에서 between = **inter**) (붙잡다 grasp = **cep**) + **t**
☞ intercept a message 통신 메시지를 도청하다

3596 ac**cep**tance
ac**cep**t [æksépt]
ac**cep**table

수락
받아들이다[1], 수락하다
용인되는, 수용할 수 있는

1. 안(쪽으로 to = **ac**) 오는 것을 (붙잡다 grasp = **cep**) + **t**
☞ accept defeat 패배를 받아들이다
☞ an acceptable compromise 수용할 수 있는 타협

3597 ex**cep**tion [iksépʃən]
ex**cep**t [iksépt]
ex**cep**tional

예외, 제외
제외하다[1], ~을 제외하고
예외적으로 뛰어난

1. 필요 없는 것을 (붙잡아 grasp = **cep**) (밖으로 out = **ex**)
빼내다 + **t**
☞ without exception 예외 없이

3598 sus**cep**tibility
sus**cep**tible [səséptəbəl]
unsus**cep**tible

민감성
영향 받기 쉬운[1]
둔감한

1. (아래에 under = **sus**) 놓여 있어 (붙잡기 grasp = **cep**) 쉬운
+ **t** + **ible**
☞ susceptible to colds 감기에 걸리기 쉬운

3599 con**cep**t [kánsept]
con**cep**tualize
con**cep**tual
miscon**cep**tion

개념[1]
개념화하다
개념의
오해

1. 공통 요소를 (함께 with = **con**) (붙잡아서 grasp = **cep**)
일반화한 생각 + **t**
☞ a relative concept 상대 개념
☞ a conceptual framework 개념적 틀

3600 con**cep**tion [kənsépʃən]
con**ceiv**e [kənsíːv]
precon**ceiv**e
miscon**ceiv**e

임신, 계획 구상
임신하다[1], 구상하다[2]
미리 생각하다
오해하다

1. 수정란이 자궁 내부에 (완전히 entirely = **con**)
(붙잡혀 grasp = **ceiv**) 있다 + **e**
2. 올가미로 말을 (완전히 entirely = **con**)
(붙잡을 grasp = **ceiv**) 계획을 세우다 + **e**

3601 con**ceit** [kənsíːt]
con**ceit**ed [kənsíːtid]
self-**conceit**

자만심[1]
자만하는
자만심, 자부심

1. 올가미로 말을 (완전히 entirely = **con**)
(붙잡아서 grasp = **ceit**) 우쭐대는 마음
☞ overwhelming conceit 지나친 자부심

3602 per**cep**tion [pərsépʃən]
per**ceiv**e [pərsíːv]
per**cep**tional

인식, 지각
감지하다[1], 인식하다[1]
지각의, 인식의

1. 손으로 (붙잡고 grasp = **ceiv**) 있는 올가미를
말이 (완전히 entirely = **per**) 알아채다 + **e**
☞ misperception 오인, 오해

3603 anti**cip**ation
anti**cip**ate [æntísəpèit]
anti**cip**ative

기대, 예상
기대하다[1]
기대하는

1. 올가미를 (붙잡고 grasp = **cip**) 말이 올 것을
(미리 before = **anti**) 예측하다 + **ate**
☞ anticipated profit 기대 수익

3604	**prin**c**e** [prins]	왕자[1], 제후	1. 왕이 되기 위해 (앞 first = **prin**)자리를 (잡은 grasp = **c**)
	princ**ess** [prinsés]	공주, 왕자비	사람 + e
	princ**ipal** [prínsəpəl]	교장[2], 학장, 주요한	2. 학교에서 (앞 first = **prin**)자리를 (잡은 grasp = **cip**) 사람 + al
	princ**iple** [prínsəpəl]	원리[3], 원칙[3], 법칙	3. 기준이 되도록 (맨 앞 first = **prin**)의 위치를
			(붙잡은 grasp = **cip**) 것 + le

3605	**de**c**eption** [disépʃən]	기만, 속임수	1. 말이 알아채지 못하도록 올가미를 신체의 (아래 down = **de**)
	dec**eit** [disíːt]	기만, 속임수	부분에 (붙잡고 있다 grasp = **ceiv**) + e
	dec**eive** [disíːv]	속이다[1]	☞ deceitful 속이는
	dec**eptive**	기만하는, 속이는	☞ deceptive advertising 기만적 광고, 허위 광고

3606	**de**f**raud**ment	사취, 속임	1. 사람을 (속여 deceit = **fraud**) 피해를 끼치는 범죄 행위
	def**raud** [difrɔ́ːd]	속이다, 횡령하다	☞ defraud the public 대중을 속이다
	fraud [frɔːd]	사기[1], 사기꾼	☞ fraudful 사기행위의

3607	**frustr**ation [frʌstréiʃən]	좌절, 상실	1. (속여서 fraud = **frustr**) 피해를 주고 좌절하게 하다 + ate
	frustrate [frʌ́streit]	좌절감을 주다[1]	☞ the frustration of autonomy 자율성의 상실
	frustrative	좌절시키는	☞ frustrated 좌절감을 느끼는

3608	**re**c**eipt** [risíːt]	받기, 영수증	1. (되돌아 back = **re**)오는 것을 (붙잡다 grasp = **ceiv**) + e
	rec**eive** [risíːv]	받다[1]	2. 의사에게서 (받는 receive = **recip**) 약 처방 비법 + e
	rec**ipient** [risípiənt]	수취인	☞ acknowledge receipt 수령한 것을 확인하다
	rec**ipe** [résəpiː]	조리법, 처방전[2], 비결	☞ receiver 받는 사람, 수신기, 수화기

3609	**re**c**eption** [risépʃən]	환영 연회, 접수처[1], 수신	1. (반복해서 again = **re**) 들어오는 것을
	rec**eptive** [riséptiv]	받아들이는, 수용적인	(붙잡는 grasp = **cep**) 장소 + t + ion
	rec**eptionist**	접수 담당자	☞ a receptive attitude 수용적인 태도

★ 붙잡다 (2) grasp = cab, cap, cat, chas, cop, cov, cup, num

3610	**cap**ture [kǽptʃər]	포획[1], 포착	1. 말을 (붙잡는 grasp = **cap**) 행위 + t + ure
		사로잡다, 포착하다	☞ catch sight of ~을 흘끗 보다, ~을 찾아내다
			☞ a catch phrase 이목을 끄는 문구, 표어

3611	**cab**le [kéibəl]	밧줄[1], 전선, 매다	1. 말을 (붙잡아 grasp = **cab**) 매는 밧줄 + le
	captivation	매혹	2. (붙잡힌 grasp = **cap**) 말 + t + ive
	captive [kǽptiv]	포로[2], 매혹된, 포로의	☞ captor 포획자

3612 junk [dʒʌŋk]　　　　고물¹, 쓰레기, 폐기하다　　1. 선박에서 버려진 (오래된 밧줄 old cable = **junk**)
　　junk shop　　　　　　고물상, 중고품 가게　　　　☞ junk mail　쓸모없는 광고 우편물
　　　　　　　　　　　　　　　　　　　　　　　　　　　☞ space junk　우주 쓰레기

3613 chase [tʃeis]　　　　추적, 추적하다¹　　　　1. 말을 (붙잡기 grasp = **chas**) 위해 뒤를 쫓아가다 + **e**
　　purchase [pəːrtʃəs]　구입, 구입하다²　　　　2. 상품을 (완전히 entirely = **pur**) (붙잡기 grasp = **chas**)
　　　　　　　　　　　　　　　　　　　　　　　　　　위해 쫓아가다 + **e**
　　　　　　　　　　　　　　　　　　　　　　　　　　☞ buy on hire purchase　할부로 구입하다

3614 recov**ery** [rikʌ́vəri]　회복　　　　　　　　1. 놓친 말을 (다시 again = **re**) 올가미로
　　recov**er** [rikʌ́vər]　되찾다¹ 회복하다　　　　(붙잡다 grasp = **cov**) + **er**
　　recov**erable**　　　　되찾을 수 있는　　　　　☞ fatigue recovery　피로 회복

3615 occup**ation**　　　　거주, 점령, 직업　　　　1. 장소 또는 일을 (완전히 entirely = **oc**)
　　occup**y** [ákjəpài]　거주하다¹, 차지하다　　　(붙잡다 grasp = **cup**) + **y**
　　　　　　　　　　　　　　종사하다¹　　　　　　　☞ Roman occupation of Britain　로마의 영국 점령
　　occup**ational**　　　직업의　　　　　　　　☞ occupy foreign territory　외국의 영토를 점령하다
　　occup**ied**　　　　　사용 중인, 점령된, 바쁜　☞ an occupational disease　직업병

3616 preoccup**ation**　　집착, 몰두　　　　　　1. 생각을 (미리 before = **pre**) (완전히 entirely = **oc**)
　　preoccup**ancy**　　　선점, 몰두　　　　　　(붙잡다 grasp = **cup**) + **y**
　　preoccup**y**　　　　몰두하다, 몰두하게 하다¹　☞ obsession　집착, 강박관념

3617 caption [kǽpʃən]　자막¹, 표제¹　　　　　1. 문서 위, 아래에 (붙잡혀 grasp = **cap**) 있는 글 + **t** + **ion**
　　　　　　　　　　　　　자막 넣다, 제목 붙이다　☞ put a caption on an article　기사의 제목을 붙이다

3618 copper [kápər]　　경찰관¹, 구리, 체포하다　1. 범인을 (붙잡는 grasp = **cop** + **p**) 사람 + **er**
　　cop [kap]　　　　　경찰관　　　　　　　　☞ an ex-cop　전직 경찰관

3619 numbness [nʌ́mnis]　무감각　　　　　　1. 감각이 (붙잡힌 grasp = **num**) 또는 빼앗겨진 상태의 + **b**
　　numb [nʌm]　　　　감각이 없게 하다, 무감각한¹　☞ numb with cold　추위서 감각이 없는
　　be**numb** [binʌ́m]　마비시키다　　　　　　☞ paralyze　마비시키다

3620 narcosis [nɑːrkóusis]　무의식 상태¹　　　1. 약물로 정신이 (무감각 numbness = **narco**)한 상태 + **sis**
　　narcotism　　　　마취, 마약 중독　　　　☞ autonarcosis　자기 최면
　　narcotics　　　　　마취제　　　　　　　☞ smuggle narcotics　마약을 밀매하다

3621 clumsiness　　　　서투름, 어색함　　　　1. (무감각 numb = **clum**)해서 잘 다루지 못하는 + **s** + **y**
　　clumsy [klʌ́mzi]　서투른¹　　　　　　☞ a clumsy expression　서투른 표현

잡아채다 snatch = rap, rav, rip, rob, loo, sna

3622 snatch [snætʃ]   잡아챔, 한 조각, 잡아채다[1]   1. 새가 손바닥 위에 있는 먹이를 (잽싸게 물다 snatch)
    snatcher   날치기꾼   2. 개가 한 입 분량을 (잽싸게 물다 snatch = sna) + ck
    snack [snæk]   간식, 소량, 간식을 먹다[2]   ☞ a midnight snack 야식

3623 snap [snæp]   (찰칵, 탁, 똑) 하는 소리   1. 새가 부리로 (잽싸게 물다 snatch = sna) + p
     툭 부러뜨리다, 덥석 물다[1]   ☞ the snap of a twig 잔가지가 똑 부러지는 소리
    snapshot [snǽpʃɑt]   스냅 사진, 짧은 묘사   ☞ a cold snap 갑자기 닥쳐온 추위

3624 rapidity [rəpídəti]   신속함, 민첩함   1. (낚아채는 snatch = rap) 속도가 빠른 + i + d
    rapidness [rǽpidnis]   신속, 민첩, 가파름   ☞ the rapidity of economic growth 경제 성장의 신속함
    rapid [rǽpid]   빠른[1]   ☞ rapids 급류

3625 rather [rǽðər]   다소, 차라리, 오히려   ☞ rather doubtful information 다소 의심스러운 정보
    rather than   ~보다는 차라리   ☞ die rather than surrender 굴복보다는 차라리 죽겠다

3626 rape [reip]   성폭행, 약탈하다[1]   1. 재빠르게 (낚아채서 snatch = rap) 가져가다 + e
    ravish [rǽviʃ]   성폭행하다, 황홀하게 하다   ☞ rapist 성폭행범

3627 ravagement   파괴   1. 재산을 순식간에 (낚아채며 snatch = rav) 파괴하다 + age
    ravage [rǽvidʒ]   파괴, 황폐, 파괴하다[1]   ☞ the ravages of war 전쟁에 의한 파괴

3628 rapture [rǽptʃər]   황홀, 납치   1. 갑자기 (낚아채져서 snatch = rap) 넋이 빠진 + t
    en**rap**ture [enrǽptʃər]   황홀하게 만들다   2. 먹이를 (낚아채는 snatch = rap) 육식성 조류 + t + or
    rapt [ræpt]   넋이 빠진[1]   ☞ listen with rapture 황홀해하며 귀를 기울이다
    raptor [rǽptər]   맹금[2]   ☞ a diurnal raptor 주행성 맹금

3629 robbery [rɑ́bəri]   강도질   1. 남의 물건을 재빠르게 (낚아채서 snatch = rob) 가져가다
    rob [rɑb]   강탈하다[1]   ☞ rob a bank 은행강도짓을 하다

3630 robe [roub]   길고 헐거운 겉옷[1], 덮다   1. 적에게서 (강탈한 rob) 옷 + b
    bath**rob**e [bæˈθrou‚b]   목욕용 가운   ☞ a lap robe 무릎 덮개
        ☞ a maternity robe 임산부 옷

3631 stealth [stelθ]   잠행, 은밀한   ☞ stealth aircraft (레이더에 포착되지 않는) 스텔스 항공기
    steal [stiːl]   (야구) 도루, 훔치다   ☞ a stolen glance 훔쳐봄

3632 **thef**t [θeft]	절도, 도난	☞ an antitheft alarm 도난 방지용 경보
thieve [θi:v]	훔치다	☞ an identity theft 신분 도용
thief	도둑	☞ thieves 도둑들

| 3633 **loo**t [lu:t] | 약탈품, 약탈하다[1] | 1. 강제로 (잡아채다 snatch = **loo**) + **t** |
| **loo**ter [lú:tər] | 약탈자 | ☞ divide the loot 약탈품을 나누다 |

| 3634 **plund**er [plʌ́ndər] | 약탈, 약탈하다[1] | 1. 폭력을 사용하여 (옷 clothes = **plund**)을 빼앗다 + **er** |
| **boot**y [bú:ti] | 전리품[2], 노획물 | 2. 적에게서 (약탈한 plunder = **boot**) 물품 + **y** |

| 3635 **rip** [rip] | 찢다[1], 벗겨내다 | 1. (잡아챈 snatch = **rip**) 후에 칼로 베듯이 찢다 |
| **rip**per [rípər] | 찢는 사람, 톱 | ☞ rip off the wallpaper 벽지를 벗겨내다 |

| 3636 **ripp**le [rípəl] | 잔물결[1] | 1. 파도를 반복해서 작게 (찢은 rip = **rip** + **p**) 물결 + **le** |
| | 파문을 일으키다 | ☞ a ripple effect 파급 효과 |

3637 **rubb**le [rʌ́bəl]	돌무더기[1], 파편, 파괴하다	1. 허물어져 (찢겨 부서진 rip = **rub** + **b**) 돌무더기 + **le**
rubbish [rʌ́biʃ]	쓰레기[2], 헐뜯다	2. (찢겨져서 rip = **rub** + **b**) 쓸모없게 된 폐기물 + **ish**
		☞ a rubbish dump 쓰레기장
		☞ a rubbish bin 쓰레기통

잡다 take = tack

3638 intake [íːnteiˌk] | 흡입, 섭취[1] | 1. 음식물을 신체 (안으로 in) (가지고 가는 take) 행위
take place | 발생하다 | ☞ take place annually 매년 열리다
take part in | 참가하다 | ☞ take part in a competition 경기에 참가하다

3639 overtake | 추월하다[1], 불시에 닥치다 | 1. 뒤쫓아 따라(잡은 take) 후에 (위로 over) 넘어가다
takeover | 장악, 인수 | ☞ take over 인계받다, 장악하다
take apart | 분해하다 | ☞ take a watch apart 시계를 분해하다
takeout | 가지고 가는 음식 | ☞ take out 꺼내다, 데리고 가다
take turns | 교대로 하다 | ☞ take turns driving a car 차를 교대로 운전하다

3640 take on | 떠맡다, 띠다, 고용하다 | ☞ take on a duty 의무를 떠맡다
take off | 이륙하다 | ☞ takeoff and landing 이륙과 착륙
under**take** [ʌ̀ndərtéik] | 떠맡다, 착수하다 | ☞ undertake responsibility 책임을 맡다
take after | 쫓아가다, 닮다 | ☞ take after a person 어떤 사람을 닮다

3641 tackle [tǽkəl] | 태클, 낚시 도구, 연장 | 1. 배에서 엉킨 줄을 (잡고 take = tack) 씨름하다 + le
| 씨름하다[1], 부딪치다 | ☞ tackle a problem 문제와 씨름하다

★ 만지다 touch = ta, tac, tag, tang, teg, tick, ting, tir

3642 tact [tækt] | 요령[1], 감각, 눈치 | 1. 사물을 (만지는 touch = tac) 감각적 기술 + t
in**tac**t [intǽkt] | 온전한[2] | 2. 손을 (대지 touch = tac) (않아 not = in) 손상되지 않은 + t
in**tac**tly | 손상되지 않게 | ☞ an intact forest 손상되지 않은 산림

3643 contact [kántækt] | 접촉, 연락 | 1. (함께 with = con) (만지다 touch = tac) + t
| 접촉하다[1], 연락하다 | ☞ an eye contact 시선 교차
con**tac**table | 연락 가능한 | ☞ contact lens 콘택트렌즈

3644 contingence | 접촉[1] | 1. (함께 with = con) (만지는 touch = ting) 행위 + ence
con**ting**ency | 만일의 사태[2], 우연성 | 2. 미래에 (접촉할 contact = conting) 사건의 발생 가능성
con**ting**ent | 우발적인 | + ency
[kəntíndʒənt] | 대표단, 분담액 | ☞ a contingency plan 긴급 사태 대책
| | ☞ a contingent accident 우발적인 사고

3645 contamination | 오염 | 1. (함께 with = con) (만져 touch = ta) 더럽히다 + min + ate
con**ta**minate | 오염시키다[1] | ☞ a contamination prevention measure 오염 방지 대책
con**tag**ion [kəntéidʒən] | (접촉성) 전염 | ☞ contaminate a river 강을 오염시키다
con**tag**ious | 전염되는 | ☞ a contagious laugh 전염성이 있는 웃음

Day 88

3646	**pol**lution [pəlúːʃən]	오염, 공해	1. (앞면 before = **pol**)을 기름으로 (문지르다 rub = **lu**) + **te**
	pollute [pəlúːt]	오염시키다[1]	☞ noise pollution 소음 공해
	pollutant [pəlúːtənt]	오염 물질	☞ an antipollution measure 오염 방지 대책

3647	en**tir**eness [intáiərnis]	온전함, 완전함	1. (손을 대지 touch = **tir**) (않아서 not = **en**) 손상되지 않고
	en**tir**e [entáiər]	완전한[1] 전체의	완전한 + **e**
	en**tir**ely	완전히, 전부	☞ entire region 전 지역

3648	**tang**ibility	만져서 앎, 명백	1. 실체가 존재하여 (만져서 touch = **tang**) 알 수 있는 + **ible**
	tangible [tǽndʒəbəl]	실재하는, 유형의[1]	☞ tangible fixed assets 유형 고정 자산
	in**tang**ible	만질 수 없는, 무형의	☞ an intangible cultural assets 무형 문화재

3649	**ta**xation [tækséiʃən]	과세	1. 물건을 (만져서 touch = **ta**) 평가한 후에 과세하다 + **x**
	tax [tæks]	세금, 세금 부과하다[1]	☞ suffer under heavy taxation 무거운 과세에 시달리다
	taxable [tǽksəbl]	과세되는	☞ taxpayer 납세자

3650	**tol**l [toul]	통행료[1], 사상사수, 종소리	1. 통과(세 tax = **tol**) + **l**
		종을 울리다[2]	2. 이목을 (끌거나 draw = **toll**) 죽은 자를 위해 교회 종을 치다
	toll-free	무료의	☞ a toll gate 통행료 징수소

3651	**tas**k [tæsk] [tɑːsk]	일, 과업, 과업을 맡기다[1]	1. (세금 tax = **tas**)을 평가하는 일을 부여하다 + **k**
	multi**tas**k [mʌlttǽsk]	다중 작업을 하다[2]	2. 동시에 (많은 many = **multi**) (일 **task**)을 하다
			☞ a task force 대책 위원회, 특수임무 부대

3652	**tick** [tik]	체크 표시 (✓), 진드기	1. 가볍게 (만지거나 touch = **tick**) 표시하다
		체크 표시 하다[1], 똑딱이다	2. 반복해서 가볍게 (만지다 touch = **tick**) + **le**
	tickle [tíkəl]	간지럽히기, 간질이다[2]	☞ tickle the soles of the feet 발바닥을 간질이다

3653	in**teg**er [íntidʒər]	정수[1]	1. (만지지 touch = **teg**) (않아 not = **in**) 흠이 없는 숫자 + **er**
	whole number	정수	☞ fractional number 분수
			☞ prime number 소수

3654	**integr**ity [intégrəti]	성실함, 완전한 상태[1]	1. 도덕성이 (완전한 whole = **integr**) 상태 + **ity**
	integral [íntigrəl]	적분	☞ an integral element 필수적인 요소
		완전한, 통합의, 필수의	

3655	**integr**ation	통합	1. 구성 요소를 합쳐 (전체 whole = **integr**)를 만들다 + **ate**
	integrate [íntəgrèit]	통합하다[1], 완성하다	☞ vertical integration 수직적 통합
	integrative	통합하는	☞ a plan to integrate management 경영을 통합할 계획

| 3656 dis**integr**ation | 분해, 붕괴 | 1. (전체 whole = **integr**)를 (분리 apart = **dis**)하다 + ate |
| dis**integr**ate | 해체하다[1], 해체되다 | ☞ atomic disintegration 원자핵 붕괴 |

맛보다 taste = choos, gus, sag

3657 dis**taste** [distéist]	불쾌감, 혐오감	1. (고상하지 tasteful) (않은 not = dis)
dis**taste**ful	혐오스러운[1], 달갑지 않은	☞ have a distaste for politics 정치에 대한 혐오감을 가지다
tasteless [téistlis]	맛없는, 품위 없는	☞ receive a distasteful invitation 달갑지 않은 초대를 받다

| 3658 dis**gus**t [disgʌst] | 혐오감, 역겹게 하다[1] | 1. (맛 taste = **gus**)이 좋지 (않아 not = **dis**) 거슬리다 + t |
| dis**gus**ting | 역겨운, 구역질이 나는 | ☞ a disgusting displeasure 혐오스러운 불쾌감 |

3659 **fad**e [feid]	희미해지다[1], 맛없는	1. (맛과 향이 없어지다 tasteless, flavorless = **fad**) + e
fadeaway [féidəwèi]	사라져 버림, 쇠약	☞ fade away 시름시름 앓다, 죽다
		☞ fade out 점점 희미해지다

3660 **sag**eness [séimnis]	현명한	1. 약초의 (맛 taste = **sag**)을 구별할 수 있는 사람 + e
sage [seidʒ]	박식한 사람[1], 현명한	☞ a sagacious diplomat 현명한 외교관
sagacious [səgéiʃəs]	현명한	☞ ancient sages 고대의 현자들

할당하다 assign = nom, num

3661 auto**nom**y [ɔ:tánəmi]	자율, 자치권[1]	1. 지방 자치 단체가 (스스로 self = **auto**) 통치하도록
auto**nom**ous	자치의, 자주적인	(할당한 assign = **nom**) 권한 + y
[ɔ:tánəməs]		☞ an autonomous vehicle 자율주행 차량

3662 **nom**ad [nóumæd]	유목민[1]	1. 목초지로 (할당된 assign = **nom**) (땅 land = **ad**)에서
nomadize	유목 생활 하다, 방랑하다	유목 생활을 하는 사람들
nomadic [noumǽdik]	유목하는, 방랑하는	☞ nomadic herding 유목

| 3663 **num**ber | 숫자[1], 번호, 번호 매기다 | 1. 가치를 산술적으로 (할당한 assign = **num**) 기호 + ber |
| out**num**ber | ~보다 수가 더 많다 | ☞ a number of 다수의   ☞ the number of ~의 수 |

3664 **num**eral [njú:mərəl]	숫자, 수를 나타내는	1. (할당할 assign = **num**) 수 (없을 not = **in**) 만큼
numerous	수많은	무수히 많은 + er + able
in**num**erable	셀 수 없이 많은, 무수한[1]	☞ numerical 수의

3665 **num**erator	분자[1]	1. 분모를 나누어 (할당한 assign = **num**) 숫자 + er + at + or
de**nom**inator	분모[2]	2. 수에 (이름 name = **nom**)을 붙여 나눌 범위를
de**nom**inate	명명하다	(완전히 entirely = **de**) 정해주는 수 + in + at + or
[dinámənèit]		☞ a common denominator 공통분모, 공통점

3666 cipher [sáifər]   암호¹, 암호를 쓰다   1. 문자를 (영 zero = **cipher**)을 포함한 숫자로 표시한 기호

    decipher [disáifər]]   암호 해독, 암호를 풀다   ☞ ciphertext 암호문

3667 code [koud]   법전¹, 암호, 부호   1. 불문법을 (책 book = **code**)에 적어 만든 성문법

    encode [enkóud]   암호화하다, 부호화하다   ☞ codify 법전으로 성문화하다

    decode [di:kóud]   해독하다, 암호를 풀다   ☞ decode incoming information 들어오는 정보를 해독하다

★ 주다 give = d, da, di, do, id, gif

3668 give　　　　　　　주다　　　　　　　　　☞ give up 포기하다　　　　☞ give in 굴복하다
　　　given [gívən]　　특정한, ~을 고려해 볼 때　☞ give way to ~에게 양보하다

3669 forgive**ness** [fərgívnis]　용서　　　　　1. 몰수한 것을 (완전히 entirely = **for**) 되돌려 (주다 **give**)
　　forgive [fərgív]　　용서하다[1], 면제하다　　☞ devoid of forgiveness 용서가 없는
　　forgiv**able**　　　용서할 수 있는　　　　☞ forgive the interest 이자를 면제하다

3670 talent [tǽlənt]　　재능[1], 화폐, 연기자　1. 성경에서 신이 준 (화폐 money = **talent**)로 비유되는 재능
　　gift [gift]　　　　선물, 재능[2]　　　　2. 신이 (준 give = **gif**) 선물 + t
　　gifted [gíftid]　　재능이 있는　　　　☞ a gifted child 영재 아이

3671 date　　　　　　날짜[1], 데이트, (식물) 대추　1. 년, 월, 일이 (주어진 given = **da**) 것 + te
　　　　　　　　　　날짜를 정하다, 데이트하다　☞ the date line 날짜변경선
　　date back　　　날짜가 거슬러 올라가다　☞ due date 만기일, (출산) 예정일

3672 outdate**d** [autdeitid]　구식의　　　　　☞ out of date 시대에 뒤진, 낡은
　　up**date**d [ʌpdeitid]　최신의　　　　　☞ up to date 최신의

3673 die (dice)　　주사위[1], 틀, 거푸집, 죽다　1. 운에 의해서 숫자를 (주는 give = **di**) 정육면체 도구 + e
　　hazard [hǽzərd]　위험[2], 장애물　　2. 던지는 (주사위 die = **hazar**)처럼 우연에 맡겨진 위험 + d
　　hazardous [hǽzərdəs]　위험한　　　　☞ a natural hazard 자연재해

3674 cube [kju:b]　　정육면체[1], 세제곱하다　1. (6개의 면을 가진 주사위 a six-sided die = **cub**) + e
　　cubic [kjú:bik]　정육면체의, 세제곱의　☞ a cube sugar 각설탕
　　cubism [kjú:bizəm]　입체파, 큐비즘　　☞ a cubic meter 1세제곱미터

3675 datum [déitəm]　자료　　　　　1. 숫자로 (주어진 given = **da**) 것 + t + a
　　data [déitə]　　자료들[1]　　　　☞ raw data 가공하지 않은 자료
　　　　　　　　　　　　　　　　☞ data analysis 자료 분석

3676 aid [eid]　　　도움, 지원, 보조물, 돕다[1]　1. 사람(에게 to = **a**) 도움의 손길을 (주다 give = **id**)
　　aide [eid]　　　보좌관　　　　　☞ apply for financial aid 재정적인 도움을 신청하다
　　　　　　　　　　　　　　　　☞ a first aid kit 응급 처치 상자

3677 addition [ədíʃən]　덧셈, 추가, 부가물　1. 어떤 것(에게 to = **ad**) 덧붙여 (주다 give = **d**)
　　ad**d**　　　　　더하다[1]　　　　☞ in addition 게다가
　　ad**dit**ional　　추가하는　　　　☞ in addition to ~에 추가하여
　　ad**diti**ve [ǽdətiv]　첨가제, 추가의, 덧셈의　☞ additional charge 추가 요금

| 3678 **item** [áitəm] | 항목[1], 품목[1] | 1. 추가하여 (주어진 give = id = i) 그것 + tem |
| **item**ize [áitəmàiz] | 항목별로 적다 | ☞ an item of little monetary value 화폐 가치가 작은 품목 |

3679 **do**se [dous]	약 복용량	1. 신체에게 약을 (주다 give = do) + se
	약을 투여하다[1]	☞ fatal dose of sleeping pills 치사량의 수면제 복용
dosage [dóusidʒ]	복용량	☞ an overdose of sleeping pills 수면제의 과다 복용
over**dose** [ouvərdous]	과다 복용	

3680 anti**do**te [ǽntidòut]	해독제[1]	1. 독에 (대항 against = anti) 하도록 (주는 give = do) 약 + te
anti**do**tal [ǽntidóutl]	해독의	2. 신체가 (부패되는 rot = sep) 것을 (막는 against = anti) 약
anti**sep**tic	소독제[2]	+ t + ic
		☞ disinfectant 소독제, 살균제

3681 par**don** [pɑ́:rdn]	사면[1], 용서[1], 용서하다	1. (완전히 entirely = par) 죄를 면해 (주는 give = do) 행위 + n
par**don**able	용서할 수 있는	☞ a general pardon 일반 사면
par**don**er [pɑ́:rdnər]	용서하는 사람	☞ pardon me 뭐라고요, 죄송합니다

3682 en**do**wment	기부, 재능	1. 자선단체 (안으로 in = en) 돈을 (주다 give = do) + w
en**do**w [endáu]	기부하다[1], 부여하다[2]	2. 사람 (안으로 in = en) 재능을 (주다 give = do) + w
dowry [dáuəri]	결혼 지참금[3]	3. 결혼할 때 신부 가족에게 (주는 give = do) 돈 + w + ry

3683 **do**nation [dounéiʃən]	기부	1. 돈 또는 물품을 (주다 give = do) + n + ate
donate [dóuneit]	기부하다[1]	☞ donate money for a charity 자선단체에 돈을 기부하다
donor [dóunər]	기부자	☞ donative 기증된 물건, 기부의
donator [dóuneitər]	기부자	☞ an organ donor 장기 제공자

3684 **edi**tion [idíʃən]	(인쇄) 판[1]	1. 세상 (밖으로 out = e) (주는 give = di) 인쇄 판
edit [édit]	편집하다, 수정하다	+ t + ion
editor [édətər]	편집자	☞ editorial 신문 사설, 편집의

3685 anec**do**te [ǽnikdòut]	일화[1], 개인적인 진술	1. 세상 (밖으로 out = ec) 알려 (주지 give = do + te)
anec**do**tal	일화적인	(않은 not = an) 사적인 이야기
	입증되지 않은	☞ relate an anecdote 일화를 이야기하다

3686 ven**dor** [véndər]	행상, 상인	1. (파는 sale = ven) 물건을 건네(주다 give = d)
ven**d** [vend]	팔다[1]	☞ a street vendor 노점상
ven**d**ible [véndəbl]	팔 수 있는	☞ a vending machine 자동판매기

| 3687 ren**d**ering | 양도, 연기, 번역 | 1. 만들어서 (되돌려 back = re + n) (주다 give = d) + er |
| ren**d**er [réndər] | 제공하다[1], 만들다[1] | ☞ render evil for good 선을 악으로 보답하다 |

3688 sur**render** [səréndər] 양도, 굴복

양도하다[1], 굴복하다[1]

1. 패자가 칼을 (위로 over = sur) 들어 올려 (제공하다 render)

☞ surrender to the enemy 적에게 굴복하다

sur**render**er 양도하는 사람

☞ surrender his property 그의 재산을 양도하다

3689 **lett**ing 임대

1. 상대방이 마음대로 사용하도록 (남겨 놓다 leave = let)

let 허락하다, 임대하다[1]

☞ let a house 집을 세놓다

let go 놓아주다

☞ let loose 마음대로 하다

let alone 더 말할 것도 없고

☞ let it be 순리에 맡기다

교환하다, 변하다 change = bart, vary

3690 **bart**er [bá:rtər] 물물교환하다[1]

1. 가치가 높다고 (속이며 cheat = bart) 물건을 주고받다 + er

☞ a barter transaction 물물교환 거래

3691 ex**change** [ikstʃéindʒ] 교환, 교환하다[1]

1. (외부 out = ex) 사람과 물건을 (주고받다 barter = change)

ex**change**able 교환 가능한

☞ the exchange rate 환율

inter**change** 교환, 교차로, 교환하다

☞ the interchange of commodities 상품의 교환

3692 **vari**ety [vəráiəti] 다양성, 품종, 변종

1. 하나가 (변화 change = var)를 거듭하며 다양해지다 + y

vary [véəri] 다양하다[1], 다르다

☞ a variety of 다양한

various [véəriəs] 다양한

☞ various ethnic origins 다양한 민족 출신

3693 **vari**ation [vèəriéiʃən] 변화, 변형

1. (변화 change = var)할 수 있는 + i + able

variable [véəriəbəl] 변수, 변하기 쉬운[1]

☞ an independent variable 독립 변수

in**vari**able 변함이 없는, 일정한

☞ invariable courtesy and charm 변함없는 예의와 매력

날카로운 sharp = ac, ak, eag, ear, edg, odd, ox

3694 **ac**idification 산성화

1. 식초처럼 (날카로운 sharp = ac) 맛이 나는 + id

acidity [əsídəti] 신 맛, 산성

☞ progressive soil acidification 점진적인 토양 산성화

acid [æsid] 산, 산의, 신맛이 나는[1]

☞ acidic 매우 신, 산성의

3695 **ox**ygen [áksidʒən] 산소[1]

1. (날카로운 sharp = ac = ox + y) 맛이 나는

oxide [áksaid] 산화물

산을 (만드는 generate = gen) 물질

oxidize [áksədàiz] 산화시키다, 녹슬다

☞ oxidant 산화제

3696 **ac**acia [əkéiʃə] 아카시아[1]

1. (날카로운 sharp = ac) 가시를 가진 나무 + acia

acuity [əkjú:əti] 예리함

2. 병의 증세가 빠르게 진행되고 (날카롭게 sharp = ac) 찌르는

acute [əkjú:t] 급성의[2], 예리한[2]

+ u + te

☞ an acute angle 예각   ☞ an obtuse angle 둔각

3697	**ac**ne [ǽkni]	여드름[1]	1. 피부의 (날카롭고 sharp = ac) 검붉은 작은 종기 + n + e
	pimple [pímpl]	여드름[2]	2. (부풀어 오른 swell = pimp) (작은 small = le) 종기
	acme [ǽkmi]	절정, 정점[3]	3. 뿔의 (날카로운 sharp = ac) 꼭대기를 이루는 점 + m + e

3698	**pebb**le [pébəl]	조약돌[1]	1. (부풀어 오른 swell = peb + b) (작고 small = le) 매끄러운 돌
	hail [heil]	싸락눈, 환영하다	2. 둥근 (조약돌 pebble = **hailstone**) 모양의 얼음 덩어리
	hailstone [heilstoun]	우박[2]	☞ hailstorm 우박을 동반한 폭풍

3699	**ex**a**c**erbation	악화, 분노	1. (매우 very = ex) (날카로운 sharp = ac) 것으로 찌르다
	exa**c**erbate	악화시키다	+ erb + ate
	[igzǽsərbèit]	격분시키다[1]	☞ exacerbate the chaos 혼란을 악화시키다

| 3700 | **eag**erness [íːgərnis] | 열망, 열의 | 1. (강렬하게 sharp = ak = **eag**) 바라는 + er |
| | **eag**er [íːgər] | 열망하는[1], 열심인 | ☞ an eager politician 열성적인 정치가 |

3701	**edg**e [edʒ]	가장자리[1], 유리함	1. (날카로운 sharp = ak = **edg**) 각도를 가진 뾰족한 끝 + e
		조금씩 움직이다	☞ be on edge 신경이 곤두서 있다
	edgy [édʒi]	불안한, 날이 날카로운	☞ leading edge technology 최첨단 기술

| 3702 | **brink** [briŋk] | 가장자리, 물가[1] | 1. 강가의 가파른 지역의 (가장자리 edge = **brink**) |
| | **brink**manship | 벼랑 끝 전술 | ☞ on the brink of ~하기 직전에 |

3703	**odd**ness [ádnis]	이상함	1. 땅이 (뾰족해서 point = odd) 이상하게 보이는
	odd [ad]	이상한[1], 여분의[2]	2. (뾰족한 point = odd) 땅의 끄트머리가 남아도는
	odd number	홀수[3]	3. 짝을 맞추지 못하고 (남아도는 odd) (수 number)
			☞ even number 짝수 ☞ oddity 특이함, 기인

| 3704 | **odd**s [adz] | 가능성, 승률, 역경 | ☞ The odds are that she'll win. 그녀가 우승할 가능성이 있다. |
| | at odds | ~와 상충하여 | ☞ face fearful odds 두려운 역경과 맞서다 |

파다 dig = dit, fos, grav, groov

3705 ditch [ditʃ] 배수로¹, 도랑, 도랑 파다 1. 물을 빼내기 위해 막대기로 (파낸 dig = dit) 배수로 + ch
ditchable [dítʃəbl] 버려도 되는 ☞ deepen a ditch 도랑을 깊이 파다

3706 puddle [pʌ́dl] 물웅덩이¹, (진흙) 이기다 1. (작은 small = le) (웅덩이 ditch, pool = pud + d)
pool [puːl] 웅덩이, 수영장, 구멍 당구 ☞ a gene pool 유전자 공급원
공동 출자, 공동 출자하다 ☞ a car pool 자동차의 공동 이용

3707 splash [splæʃ] 물장구, 철벅 소리¹, 튀다 1. (웅덩이 pool = plash) 물이 (완전히 entirely = s) 튀는 소리
plash [plæʃ] 웅덩이, 철썩철썩 ☞ plashy 웅덩이가 많은, 진흙투성이의

3708 fossil [fɑ́sl] 화석¹ 1. 땅을 (파서 dig = fos + s) 발굴한 동식물의 잔해 + i + l
fossilize 화석화되다, 고착하다 ☞ fossilology 화석학
☞ fossil fuel 화석 연료

3709 groove [gruːv] 홈¹, 리듬 1. 오목하고 길게 (파인 dug = groov) 홈 + e
홈을 파다 ☞ groove welding 홈 용접

3710 engraving 판화, 판화 제작 1. 물체 (안으로 in = en) (파서 dig = grav) 새기다 + e
engrave [engréiv] 새기다¹ ☞ engrave on brass 놋쇠에 새기다

3711 grave [greiv] 무덤¹, 엄숙한, 무거운 1. 시체의 매장을 위해 (파낸 dig = grav) 땅 + e
graveyard 묘지 ☞ cradle-to-grave 요람에서 무덤까지의, 평생의
gravestone 묘비 ☞ in grave danger 심각한 위험에 처한

3712 seriousness 심각함, 진지함 1. 상황이 (무겁고 grave, heavy = ser) 심상치 않은 + i + ous
serious [síəriəs] 심각한¹, 진지한 ☞ a serious injury 심각한 부상

3713 severity [sivérəti] 혹독함 1. 상황이 (무겁고 grave, heavy = sever) 혹독한 + e
severe [sivíər] 가혹한¹, 심한 ☞ a severe handicap 극심한 장애

3714 perseverance 인내심 1. (무거운 grave = sever + e) 상황을 (통과하다 through = per)
persevere 끈기 있게 버티다¹ ☞ perseverance and industry 끈기와 근면
[pə̀ːrsəvíər]

3715 arms [aːrmz]   무기[1]
arm   팔, 무장하다
armful [áːrmfùl]   한 아름

1. (팔 arm)로 사용하는 칼, 창 따위의 무기 + s
☞ an armed robbery 무장 강도
☞ arsenal 무기고

3716 forearm [fɔ̀ːráːrm]   팔뚝[1]
armpit [áːrmpit]   겨드랑이[2]
armor [áːrmər]   갑옷

1. (팔 arm)의 (앞 forward = fore)부분
2. (팔 arm) 윗부분에 움푹 들어간 (구멍 hole = pit)
☞ armband 완장

3717 armament   무장[1]
[áːrməmənt]

1. 전쟁을 위해 (무기 arms = arm)를 갖춘 상태 + a + ment
☞ an armament race 군비 경쟁
☞ atomic armament 핵무장

3718 disarmament   군비 축소
disarm [disáːrm]   무장을 해제하다[1]
rearmament   재무장

1. (무장한 arm) 상태를 (벗어나게 away = dis) 하다
☞ nuclear disarmament 핵군축
☞ disarm him of his weapons 그에게서 무기를 빼앗다

3719 armistice [áːrməstis]   휴전[1]

1. (무기 arm + i)를 (서 있게 stand = sti) 함 + ce
☞ truce 휴전

3720 alarm [əláːrm]   경보[1], 불안
경보하다

1. 사람들(에게 to = al) (무장하라 arm)는 경고 신호
☞ a burglar alarm 도난 경보기

3721 arthritis [ɑːrθráitis]   관절염[1]
articulation   표현, 발화
articulate [ɑːrtíkjəlit]   명확히 표현하다[2]

1. 연결하는 부분인 (관절 joint = arthr) 부위의 염증 + itis
2. (관절 joint = articul) 마디처럼 분명하게 나누어 표현하다 + ate
☞ articulatory organs 발성기관들

3722 harmony [háːrməni]   조화[1], 화음
harmonize   조화를 이루다
harmonic [hɑːrmánik]   조화적인, 화음의

1. (팔 arm = harm) 또는 어깨를 맞추며 걷는 상태 + on + y
☞ harmonious 사이가 좋은, 조화로운
☞ disharmony 부조화, 불화

3723 brace [breis]   버팀대[1], 교정기, 중괄호
떠받치다, 묶다
bracelet [bréislit]   팔찌[2]

1. 전투에서 (팔 arm = bra)을 보호하고 고정하는 가죽 끈 + ce
2. (팔 arm = bra + ce)을 감싸는 (작은 small = let) 고리
☞ a dental brace 치아 교정기

3724 embracement   포옹, 받아들임
embrace [embréis]   포옹하다, 포용하다[1]
embraceable   받아들일 수 있는

1. (팔 arm = bra)을 (안으로 in = em) 감싸다 + ce
☞ a tender embrace 부드러운 포옹
☞ embrace new technology 신기술을 받아들이다

| 3725 **brack**et [brǽkit] | 계층대, 등급, 받침대[1]
꺾음 괄호 (〈 〉, [ ])
괄호로 묶다 | 1. 남성용 (작은 small = et) (무릎바지 knee pants = **brack**)인
사타구니 보호대
☞ an upper-bracket taxpayer 고소득 계층 납세자 |

기술, 예술 art = ar, ert

3726 **ar**t 　**ar**tistic [ɑːrtístik] 　**ar**tistry [ɑ́ːrtistri]	기술[1], 미술, 예술 예술의 예술적 기교	1. (무기 arms = ar)를 짜서 맞추는 숙련된 기술 + t ☞ artistic expression 예술적 표현 ☞ artist 예술가, 화가
3727 **ar**tisan [ɑ́ːrtəzən] 　**ar**tisanship	장인[1] 장인의 솜씨	1. 숙련된 (기술 art)을 가진 사람 + i + s + an ☞ artisanal 장인의
3728 **ar**tificiality 　**ar**tifice [ɑ́ːrtəfis] 　**ar**tificial [ɑ̀ːrtəfíʃəl]	인위적임, 꾸밈 술책, 기술, 교활 인위적인[1], 거짓의	1. 인간이 숙련된 (기술 art + i)로 (만든 make = fic) + i + al ☞ artificialize 인위적으로 하다 ☞ an artificial satellite 인공위성 ☞ artificial respiration 인공호흡
3729 **ar**ticle [ɑ́ːrtikl] 　**ar**tifact [ɑ́ːrtəfæ̀kt] 　**ar**tifactitious	물품[1], 기사[2], 조항[2], 관사 인공물[3], 공예품 인공물의	1. (기술 art)적으로 맞추어 세트로 만든 물건의 일부 + i + cle 2. 신문이나 계약서의 (일부를 차지하는 항목 article) 3. 인간이 숙련된 (기술 art + i)로 (만든 make = fac) 것 + t
3730 **in**er**t**ia [inə́ːrʃiə] 　**in**er**t** [inə́ːrt]	무력함, 관성 무기력한[1]	1. (기술 art = ert)이 (없어 not = in) 자력으로 살아갈 수 없는 ☞ the law of inertia 관성의 법칙

질서 order = ordin, orn

3731 **order** [ɔ́ːrdər] 　dis**order** [disɔ́ːrdər]	질서, 순서, 명령, 주문 명령하다, 주문하다 무질서, 질병, 어지럽히다	☞ the order to abandon the ship 배를 포기하라는 명령 ☞ orderly 정돈된, 질서 있는 ☞ a mental disorder 정신 질환
3732 ad**orn**ment 　ad**orn** [ədɔ́ːrn]	장식, 장식품 장식하다[1]	1. 어떤 것(에게 to = ad) (질서 order = orn)를 더하여 아름답게 하다 ☞ adorn with a pattern 무늬로 장식하다
3733 **orn**ament [ɔ́ːrnəmənt] 　**orn**amental	장식, 장식품, 장식하다[1] 장식용의	1. (질서 있게 order = orn) 배열하여 아름답게 꾸미다 + a + ment ☞ ornament with jewels 보석으로 꾸미다

3734 **ordin**ary [ɔ́ːrdənèri]　　보통의¹, 평범한　　　1. 일상의 (질서 order = ordin)가 유지되는 상태인 + ary

extra**ordinary**　　　비범한², 놀라운, 이상한²　2. (보통 ordinary) 범주 (밖 out = extra)을 넘어선

[ikstrɔ́ːrdənèri]　　　　　　　　　　　　☞ ordinary routine　평범한 일상

3735 co**ordin**ation　　　코디네이션, 조화　　　1. (함께 with = co) (질서 있게 order = ordin) 배열하여

co**ordin**ate　　　　좌표, 조정하다¹, 코디하다　어울리도록 하다 + ate

co**ordin**ator　　　코디네이터, 조정자　　☞ a point on the coordinate plane　좌표면 위의 한 점

3736 sub**ordin**ation　　종속, 복종　　　　　1. 계급 (질서 order = ordin) 체계에서

sub**ordin**ate　　　부하¹, 하급자¹, 종속시키다　(아래에 under = sub) 위치한 사람 + ate

[səbɔ́ːrdənit]　　　　종속된, 부수적인　　　☞ subordinative　종속된, 하위의

누워 있다 lie = ce, ci

3737 **ce**metery [sémətèri]　　묘지¹　　　　　　　1. (내가 I = me) (눕게 lie = ce)될 공동묘지 + t + ery

church**yard**　　　　(묘지로 쓰이는) 교회 경내　☞ a national cemetery　국립묘지　　☞ graveyard　묘지

3738 **citi**zen [sítəzən]　　　시민¹　　　　　　　1. (도시 city = citi)에 사는 사람 + zen

citizenship　　　　시민권, 시민의 자질　　2. (도시 city = ci)에 사는 세련된 민간인 + vili + an

civilian [sivíljən]　　민간인²　　　　　　　☞ an innocent civilian　무고한 시민

civil [sívəl]　　　시민의, 문명사회의, 세련된　☞ a civil servant　공무원

civic [sívik]　　　도시의, 시민의　　　　☞ civic facilities　시민 편의 시설

3739 **civil**ization　　　문명, 교화, 높은 교양　1. 로마 변방의 (이방인 barbarian)을 (세련되게 civil)

[sìvəlizéiʃən]　　　　　　　　　　　　만들다 + ize

civility [sivíləti]　　정중함　　　　　　　☞ Occidental civilization　서양 문명

civilize [sívəlàiz]　　교화시키다¹　　　　☞ Oriental civilization　동양 문명

비어 있는 hollow = cab, cag, cav

3740 **cag**e [keidʒ]　　　우리¹, 새장¹　　　　1. 동물이나 새를 가두어 기르는

　　　　　　　　　　　우리에 가두다　　　　(비어 있는 hollow = cag) 장소 + e

en**cag**e [enkéidʒ]　　우리에 가두다　　　　2. 미결수와 경범자를 가두는 (우리 cage = jail)

jail [dʒeil]　　　　구치소², 교도소, 수감하다　☞ jailhouse　교도소, 감옥

3741 **cab**in [kǽbin]　　　객실, 선실, 오두막집¹　1. 대충 지은 (비어 있는 hollow = cab) 작은 집 또는 방

　　　　　　　　　　　　　　　　　　　+ i + n

　　　　　　　　　　　　　　　　　　　☞ a cabin attendant　승무원

3742	**cab**inet [kǽbənit]	보관용 가구[1], 장식장의	1. (비어 있는 hollow = **cab** + **i** + **n**) (작은 small = **et**) 상자
	the **Cabinet**	내각[2], 내각의	2. 장관들이 회의하는 (작은 small = **et**) (방 **cabin**)

3743	**church**	교회[1]	1. 신도들이 모이는 (하느님의 집 Lord's house = **church**)
	churchgoer	교회에 가는 사람, 신도	2. 큰 교회에 부속되어 학교나 군대 등에 위치한
	chapel [tʃǽpəl]	부속 예배당[2]	(작은 small = **el**) (교회 church = **chap**)
	chaplain [tʃǽplin]	군목, 군종신부	☞ a college chapel 대학 부속 예배당

3744	**cav**e [keiv]	동굴[1], 움푹 들어가다	1. 지하 또는 절벽에 있는 (빈 hollow = **cav**) 구멍 + **e**
	ex**cav**ation [èkskəvéiʃən]	발굴, 땅파기	2. 지하의 (빈 hollow = **cav**) 구멍을 파서 물건을
	ex**cav**ate [ékskəvèit]	발굴하다[2], 구멍을 파다	(밖으로 out = **ex**) 꺼내다 + **ate**
	ex**hum**e [igzjúːm]	발굴하다[3]	3. (밖으로 out = **ex**) (흙 earth = **hum**)을 파내다 + **e**

3745	con**cav**ity [kɑnkǽvəti]	오목함	1. (완전히 entirely = **con**) 움푹 들어가서
	con**cav**e [kɑnkéiv]	오목한[1]	(빈 hollow = **cav**) + **e**
	cavity [kǽvəti]	구멍[2], 충치 구멍, 빈 부분	2. 움푹 들어간 (빈 hollow = **cav**) 공간 + **ity**
			☞ oral cavity 구강

INDEX

A

abandon	abandonment	2104
abase	abasement	795
abate	abatement	2671
abbreviate	abbreviation	1939
abdicate	abdication	2120
abdomen	abdominal	2763
abduct	abduction	2287
abhor	abhorrence	2814
abide		2850
ability	able	3563
abject	abjection	32
ablaze		970
ablush		973
abnormal	abnormality	1122
aboard		496
abode		2850
abolish	abolishment	1200
abolition		1200
abort	abortion	2994
abortive		2994
abound		733
abrasion	abrasive	3552
abreast		3355
abrupt	abruption	3166
absence	absent	647
absentee		647
absolute	absolution	3137
absolve		3137
absorb	absorbent	3423
absorption		3423
abstain	abstinence	3263
abstinent		3263
abstract	abstraction	2263
abstractionism		2263
absurd	absurdity	2219
abundance	abundant	733
abuse	abusive	1995
academic	academy	378
accelerant	accelerate	2958
acceleration		2958
accent	accentuate	2232
accentuation		2232

accept	acceptance	3596
access	accessibility	153
accessible		153
accident	accidental	2403
acclaim	acclamation	2178
accommodate		2897
accommodation		2897
accompaniment		3410
accompany		3410
accomplice		3410
accomplish		2486
accomplishment		2486
accord	accordance	1358
accordingly		1358
account		2864
accountability		2865
accountable	accountant	2865
accredit	accreditation	1366
accrual	accrue	2768
accumulate	accumulation	1840
accuracy	accurate	2951
accusation	accuse	1118
accustom		1303
achieve	achievement	1392
acid		3694
acidification	acidity	3694
acknowledge		2905
acknowledgement		2905
acme	acne	3697
acoustic	acoustics	2214
acquaint	acquaintance	2910
acquire	acquisition	1980
acre		2775
acrobat	acrobatics	3059
acronym	acronymize	2247
acropolis		1145
activate	activation	2698
active		2696
activity	actuate	2695
acuity	acute	3696
acupuncture	acupuncturist	422
adage		3457
adapt	adaptation	1085
addict	addiction	2128

addictive		2128
add	addition	3677
additional	additive	3677
address		902
addressee	addresser	902
adept	adeptness	1086
adequacy	adequate	1066
adhere		1959
adherence	adherent	1958
adhesion	adhesive	1959
adjacency	adjacent	2004
adject	adjective	31
adjoin		2004
adjourn	adjournment	1060
adjunct	adjunction	2006
adjust	adjustment	2005
administration	administer	1917
admiral		2956
admiration	admire	2956
admission	admit	184
admonishment	admonish	1761
admonition		1761
adolescence	adolescent	1193
adopt	adoption	3287
adoration	adore	2167
adorn	adornment	3732
adult	adulthood	1192
advance	advancement	830
advantage		829
advent	adventure	3060
adverb		3455
adversary		53
adverse	adversity	53
advertise		56
advertisement	advertiser	56
advice	advise	2442
advisory		2442
advocate	advocatory	2141
aerobic	aerobics	1208
aerodynamic		1341
aeronautics		1723
aesthetic		179
affair		90
affect		100

affection	affective	100	alert	alertness	896	amid		939
affiliate	affiliation	1323	algebra		2873	amity		804
affinitive	affinity	318	algorithm	algorithmic	2874	amnesia	amnesic	1762
affirm	affirmation	2065	alibi		2989	among		946
affix		310	alien	alienate	2988	amoral	amorality	1102
afflict	affliction	2663	alienation		2988	amount		1785
affluence	affluent	1040	aliment	alimentation	1201	amphibian		853
afford	affordable	842	allegation	allege	1120	ample	amplify	1891
affront	affrontive	840	allergen		2984	amplification		1891
aflame		952	allergic	allergy	2984	amuse	amusement	1612
afloat		1047	alleviate	alleviation	3327	anachronism		1589
afresh		2975	alley		858	anagram		2081
aftermath		3524	alliance	alligator	3108	analog	analogize	2091
afterward		754	allocate	allocation	1777	analogous	analogue	2091
agape		2851	allot	allotment	1093	analogy		2091
agency		2706	allow	allowance	1094	analysis	analyze	3140
agenda		2709	alloy		3110	anarchism	anarchy	1498
agent	agential	2706	all-purpose	all-round	979	anatomize	anatomy	3526
aggrandize		2489	allude		2366	ancestor	ancestral	819
aggravate	aggravation	2834	allure	allurement	1972	anchor	anchorage	1548
aggregate	aggregation	1292	allusion	allusive	2366	ancient	ancientness	818
aggress	aggression	145	ally		3108	anecdotal	anecdote	3685
agile	agility	2704	almighty		979	anemia		3395
agitate	agitation	2705	aloft		1872	anesthesia	anesthetic	173
aglare		990	alongside		852	anew		1598
agleam		986	altar		1189	angel	angelic	195
aglimmer		987	alter	alteration	2985	angle	angular	1547
aglow		989	alternate	alternation	2986	anguish		2808
agonize	agony	2707	altitude		1189	animate	animation	226
agora	agoraphobia	1290	altruism	altruistic	2987	animism		226
agree	agreement	2931	alumni	alumnus	1187	ankle		1547
agricultural	agriculture	2775	amaze	amazement	1775	annex	annexation	3105
agroecosystem		1740	ambassador		857	annexment		3105
ahead		1398	ambidexterity	ambidextrous	560	anniversary		1517
aid	aide	3676	ambiguity	ambiguous	855	announcement	announce	2137
ail	ailment	2828	ambition	ambitious	860	annoy	annoyance	2809
aim	aimless	2875	ambivalence	ambivalent	854	annual		1515
airborne	aircraft	607	amble		858	annuity		1518
airs		606	ambulance		859	anode		524
airstrip		2643	ambulate	ambulant	859	anonym	anonymity	2246
airtight	airy	606	ambush		1442	anonymous		2246
aisle		2589	amend	amendment	2306	antagonism	antagonist	2708
akin		1170	amiability	amiable	805	Antarctic	Antarctica	2993
alchemist	alchemy	2387	amicable		804	antecede	antecedent	823

anterior	anteriority	825	apprehend	apprehension	3579	all-purpose	all-round	979
anthem		2234	apprentice		3579	allude		2366
anthropologic	anthropology	1270	apprise		3582	allure	allurement	1972
antibiotic	antibody	1207	approach	approachable	863	allusion	allusive	2366
anticipate	anticipation	3603	appropriate	appropriation	828	ally		3108
antidotal	antidote	3680	approval	approve	837	almighty		979
antigen	antigenic	1151	approximate	approximation	862	aloft		1872
antimicrobial		1209	apt	aptitude	1083	alongside		852
antiparasitic		866	aquarium	aquatic	1861	altar		1189
antipathic	antipathy	2799	arbitrary		1076	alter	alteration	2985
antique	antiqueness	822	arbitrate	arbitration	1076	alternate	alternation	2986
antiquity		822	agonize	agony	2707	altitude		1189
antiseptic		3680	agora	agoraphobia	1290	altruism	altruistic	2987
antitoxic		3438	agree	agreement	2931	alumni	alumnus	1187
anti-wrinkle		80	agricultural	agriculture	2775	amaze	amazement	1775
antler		825	agroecosystem		1740	ambassador		857
antonym	antonymous	2248	ahead		1398	ambidexterity	ambidextrous	560
anxiety	anxious	2808	aid	aide	3676	ambiguity	ambiguous	855
apathetic	apathy	2802	ail	ailment	2828	ambition	ambitious	860
ape		1482	aim	aimless	2875	ambivalence	ambivalent	854
apex		75	airborne	aircraft	607	amble		858
apiculture		2776	airs		606	ambulance		859
apiece		1956	airstrip		2643	ambulate	ambulant	859
apologetic		2095	airtight	airy	606	ambush		1442
apologize	apology	2095	aisle		2589	amend	amendment	2306
apostle		2224	akin		1170	amiability	amiable	805
apparatus		120	alchemist	alchemy	2387	amicable		804
apparel		120	alert	alertness	896	amid		939
apparent		27	algebra		2873	amity		804
appeal		2505	algorithm	algorithmic	2874	amnesia	amnesic	1762
appear	appearance	27	alibi		2989	among		946
append	appendage	2787	alien	alienate	2988	amoral	amorality	1102
appendix		2787	alienation		2988	amount		1785
appetite	appetizer	2044	aliment	alimentation	1201	amphibian		853
applaud		2634	allegation	allege	1120	ample	amplify	1891
apple-polish		2506	allergen		2984	amplification		1891
appliance	applicable	212	allergic	allergy	2984	amuse	amusement	1612
applicant	application	211	alleviate	alleviation	3327	anachronism		1589
apply		211	alley		858	anagram		2081
appoint		427	alliance	alligator	3108	analog	analogize	2091
appointee	appointment	427	allocate	allocation	1777	analogous	analogue	2091
apportion		1953	allot	allotment	1093	analogy		2091
appraisal	appraise	3584	allow	allowance	1094	analysis	analyze	3140
appreciate	appreciation	3590	alloy		3110	anarchism	anarchy	1498

anatomize	anatomy	3526
ancestor	ancestral	819
anchor	anchorage	1548
ancient	ancientness	818
anecdotal	anecdote	3685
anemia		3395
anesthesia	anesthetic	173
anew		1598
angel	angelic	195
angle	angular	1547
anguish		2808
animate	animation	226
animism		226
ankle		1547
annex	annexation	3105
annexment		3105
anniversary		1517
announcement	announce	2137
annoy	annoyance	2809
annual		1515
annuity		1518
anode		524
anonym	anonymity	2246
anonymous		2246
antagonism	antagonist	2708
Antarctic	Antarctica	2993
antecede	antecedent	823
anterior	anteriority	825
anthem		2234
anthropologic	anthropology	1270
antibiotic	antibody	1207
anticipate	anticipation	3603
antidotal	antidote	3680
antigen	antigenic	1151
antimicrobial		1209
antiparasitic		866
antipathic	antipathy	2799
antique	antiqueness	822
antiquity		822
antiseptic		3680
antitoxic		3438
anti-wrinkle		80
antler		825
antonym	antonymous	2248

anxiety	anxious	2808
apathetic	apathy	2802
ape		1482
apex		75
apiculture		2776
apiece		1956
apologetic		2095
apologize	apology	2095
apostle		2224
apparatus		120
apparel		120
apparent		27
appeal		2505
appear	appearance	27
append	appendage	2787
appendix		2787
appetite	appetizer	2044
applaud		2634
apple-polish		2506
appliance	applicable	212
applicant	application	211
apply		211
appoint		427
appointee	appointment	427
apportion		1953
appraisal	appraise	3584
appreciate	appreciation	3590
apprehend	apprehension	3579
apprentice		3579
apprise		3582
approach	approachable	863
appropriate	appropriation	828
approval	approve	837
approximate	approximation	862
apt	aptitude	1083
aquarium	aquatic	1861
arbitrary		1076
arbitrate	arbitration	1076
arc	arch	1561
archaeologist	archaeology	820
archbishop		26
archer	archery	1562
architect	architecture	1499
Arctic		2993

ardency	ardent	951
ardor	arduous	580
arena		3550
argue	argument	957
arid	aridity	475
arise		3315
aristocracy	aristocratic	1964
arithmetic	arithmetical	2872
armament		3717
armful		3715
armistice		3719
armor	armpit	3716
arms		3715
aroma	aromatic	622
aromatherapy		622
arousal	arouse	3317
arrange	arrangement	913
array	arrayal	909
arrest	arrestment	342
arrival	arrive	3474
arrogance	arrogant	898
arrow		1562
arterial	artery	1401
arthritis		3721
arthropod		3023
article		3729
articulate	articulation	3721
artifact	artifactitious	3729
artifice	artificial	3728
artificiality		3728
artisan	artisanship	3727
artistic	artistry	3726
artwork		2716
ascend	ascendant	3330
ascent		3330
ascertain		255
ascribe	ascription	2070
asomnia		1738
aspect	aspectant	11
aspiration	aspire	234
assail	assailment	3126
assassin	assassinate	1242
assassination		1242
assault	assaultive	3125

assemble	assembly	1506
assent	assentive	175
assert	assertion	3202
assertive	assertiveness	3202
assess	assessment	2308
asset		1895
assign		2061
assignment		2061
assimilate	assimilation	1509
assist	assistance	389
assistant		389
associate	association	3185
assort	assortment	3200
assume	assumption	219
assurance	assure	2948
asterisk		1879
asteroid		1885
astir		2565
astonish	astonishment	2625
astound		2625
astray		3225
astrologer	astrology	1882
astronaut		1723
astronaut	astronautic	1884
astronautical		1723
astronavigate		1722
astronomer	astronomy	1881
astrophysics		1884
asymmetric	asymmetry	2880
asymptomatic		2047
atheism		977
atmosphere	atmospheric	3367
atom	atomic	3525
atonal		2627
atop		75
atremble		2815
attach	attachment	288
attack	attackable	283
attain	attainment	3262
attempt	attemptable	1974
attend	attendance	3244
attention	attentive	3245
attest	attestation	2157
attic		1743

attire		901
attitude	attitudinal	1084
attorney		2577
attract	attraction	2265
attractive	attractiveness	2265
attribute	attribution	1534
atypical	atypicality	491
auction	auctioneer	3336
audacious	audacity	3399
audible		2215
audience	audition	2216
audio	audiovisual	2215
auditor		2217
auditorium	auditory	2217
augment	augmentation	3337
authentic	authenticity	3340
author	authorship	3338
authoritarian	authoritative	3339
authority	authorize	3339
autobiography		2077
autocracy	autocrat	1963
autocratic		1963
autograph	autography	2076
automatic	automation	2679
automobile	automotive	2679
autonomous	autonomy	3661
autopsy		1372
auxiliary		3341
avail	availability	1647
available		1647
avalanche		975
avant-garde		824
avenge	avengeful	2825
avenue		3352
averse	aversion	52
avert		52
avian	aviation	1265
avoid	avoidance	657
avouch		1231
avow	avowal	2142
awake	awaken	1226
award		2425
aware	awareness	1228
awe	awesome	2820

awful		2820
awkward	awkwardness	752
ax (axe)		3479
axis	axle	2588

B

bachelor		1325
backbone		1420
backdrop		747
backfire		570
backpack		3097
backstab		276
backward		754
baffle	bafflement	2941
bag	baggy	3095
baggage		3096
bait		3546
bake	bakery	582
balance		1520
bald		3396
ball		3343
ballad	ballet	3295
ballistic		3292
ballistics		3343
balloon		3351
ballot		3344
ballpark		3343
ballroom		3295
ban		2102
band	bandage	3092
bandwagon		3092
banish	banishment	2103
bankrupt	bankruptcy	503
banner		971
banquet		504
bar		302
barb		3520
barbarian	barbarous	2913
barbell		303
barber		3520
bare	barefoot	2997
barely		2997
bargain		2018

bark		3546
barley		1431
barn	barnyard	1431
barometer	barometric	2890
barrel		3513
barren	barrenness	3013
barricade		3514
barrier		307
barrister	bartender	302
barrow		3000
barter		3690
basement		794
basin	basinal	3361
bass		796
bat		2668
bathrobe		3630
bathtub		586
battalion		1371
batter		2668
battle	battleship	2669
bay		1866
bazaar		452
beacon		965
bead	beadwork	2902
beak	beaklike	1557
beam		406
bean	bean sprout	1439
bear	bearable	2991
beard		3519
beast	beastlike	1248
beat		2673
beckon		965
bedrock		527
beef		1375
beehive		2603
beetle		3547
before	beforehand	816
behalf		3483
behave	behavior	3572
behold	beholder	3559
bejewel		2936
belated		3056
belittle		1929
bellicose	bellicosity	2052

belligerent		2052
belly	bellyache	3353
belong	belonging	1897
bemoan		2209
benchmark		502
bend	bendable	3100
benedict	benediction	2124
benefactor		1088
beneficence	beneficent	1087
beneficial	beneficiary	1088
benefit		1088
benevolence	benevolent	1087
benign	benignity	1089
benumb		3619
beset	besetment	2313
besiege	besiegement	2314
bestow	bestowment	295
bestrew		3222
bet		2101
betray	betrayer	1692
better off		2101
beverage		3428
beware		1228
bewilder	bewilderment	1832
bewitch		2462
biannual		1516
bias		3521
bicentennial		1543
bid		2900
bide		2850
biennial		1516
bilingual		3454
bill	billboard	2059
billboard		497
billion	billionaire	1546
billow		3351
bimonthly		1003
bin		506
binary	binary digit	1521
bind		3090
binocular	binoculars	1522
biodiversity		1205
biofuel		574
biograph	biography	2077

biologic	biology	1204
biomass	biomedical	1205
biomimicry		1609
biosphere		3366
biped		3021
birthmark		2995
bisect	bisection	3499
bishop		26
bite		3545
blacksmith		1408
bladder	bladdery	3354
blade		3388
blamable	blame	2114
blank	blankly	967
blanket		971
blaze		970
bleak	bleakness	968
bleed		3391
blemish		969
blend	blender	1028
bless		3394
blind spot		551
blindfold	blindness	1029
blink		975
bliss	blissful	3394
blizzard		975
bloc	blockbuster	1474
block		1473
blockade	blockage	1475
blond	blonde	972
blood vessel		3392
bloodstream	bloodthirsty	3392
bloody		3391
bloom	bloomer	3379
blossom		3380
blot	blotch	969
blow	blowout	3375
blue collar		2613
blueprint		2417
blunder		1030
blunt	bluntness	1031
blush	blushful	973
board	boarder	495
boast	boastful	3400

bob		2516
bobsleigh		729
bog		1858
bold	boldness	3396
bomb	bombard	565
bonafide		2846
bonanza		1090
bond	bondage	3091
booklet		281
bookshelf		3486
bookworm		2585
boom		564
boost	booster	3084
booth		641
booty		3634
border		498
bore		616
boredom	boresome	616
borough		1842
botanic	botanical	1423
botany		1423
bother	bothersome	1833
bottle-feed		3406
bottleneck		1689
bottom	bottom line	789
bough	boughpot	1418
boulder		3351
boulevard		3352
bounce	bounceback	3117
bound		3115
boundary		3116
bountiful	bounty	1090
bouquet		1442
bow		3102
bowl	bowling	3359
boycott		3258
brace	bracelet	3723
bracket		3725
brag		3400
brainwash		736
branch		1418
brand	brandy	578
brand new		1598
brave		3397

bravery		3397
bravo		3397
breach	breachable	3156
breadth		1889
breakage	breaker	3149
breakdown		3150
break-even		1071
breakout		3150
breakthrough		3151
breast	breastfeed	3355
breaststroke		2639
breath	breathe	591
breathtaking		591
breed	breeder	464
breeze	breezy	629
brevity		1938
brew	brewery	458
bribe	bribery	2903
bridal	bride	460
bridegroom		461
bridesmaid		460
bridle		3270
brief	briefing	1938
briefcase		1938
brilliance	brilliant	974
brink		3702
brinkmanship		3702
Britain	British	1488
brittle	brittleness	3154
broad	broaden	1889
broadband	broadcast	1890
brochure		280
broil	broiler	462
bronze		1406
brooch		280
brood	brooder	463
broom	broomstick	1444
broth		459
brotherhood		1320
browse	browser	3381
bruise		3155
brush	brushstroke	1443
brutal	brutality	2836
brute		2836

buck		1252
bud		3380
Buddha	Buddhism	1342
budget	budgetary	3350
buffer		2676
bug		1260
bulb	bulbous	3347
bulge		3350
bulk	bulky	3349
bull	bully	3348
bullet	bulletproof	3345
bulletin		3346
bumble	bumblebee	2604
bump	bumper	2667
bunch	bunchy	3093
bundle		3090
bunk	bunker	504
buoy	buoyancy	966
buoyant		966
burden	burdensome	2996
bureaucracy	bureaucrat	1965
burgess		1842
burglar	burglarproof	1841
burial		2537
burnout		576
burrow		1843
burst		3164
bury		2537
bush		1442
butcher		1252
butt	buttock	2675
bygone		3039
bypass		1684
bystander		335

C

cabbage		1397
cabin		3741
cabinet		3742
cacti	cactus	3419
cafeteria		297
cage		3740
calamitous	calamity	2594

calculate	calculation	1568
calculus		1569
calf		1258
calligraphic	calligraphy	2078
calling		2151
calm	calmness	471
campaign		1830
campsite	campus	1829
canal		1425
cancel	cancellation	1698
cancer	cancerous	3078
candid	candidate	996
candidness	candor	996
cane		1428
canine		1249
cannibalization	cannibal	266
cannibalize		266
cannon	cannonball	1427
canopy		1262
canyon		1426
cape		1394
capital	capitalism	1385
capitalize		1385
capsizal	capsize	1386
captain		1390
caption		3617
captivation	captive	3611
capture		3610
carbohydrate		538
carbon		535
carbonate	carbonation	537
carcass		1372
cardboard		497
cardiac		1356
cardinal		2781
cardinal number		2781
career	careerism	1619
carefree		2944
careful	careless	2944
caress		2942
cargo		1617
caricature		1620
carnival		265
carnivore	carnivorous	265

carousel		1621
carp		1269
carpenter		1621
carriage		1623
carry		1623
cart		1617
carton	cartoon	512
carve		3536
casket	cassette tape	505
cast		2492
castle		1845
casual	casualness	2400
casualty		2400
catacomb		3370
catalysis	catalyst	3141
catapult		2500
catastrophe	catastrophic	2594
categorize	category	1291
caterpillar		1261
cathedra	cathedral	2320
cathode		524
Catholic	Catholicism	1345
cattle		1258
causal	causality	1117
causation	cause	1117
caution	cautious	2429
cavalier	cavalry	400
cavalryman		400
cave		3744
caviar		1266
cavity		3745
cease		150
ceiling		2546
celebrate		1288
celebration	celebrative	1288
celebrity		1289
celestial		2546
cell		2559
cell phone	cellular phone	2195
cellar	cellular	2559
Celsius		141
cemetery		3737
Cenozoic		821
censor	censorship	1652

censure	census	1652
centennial		1543
centigrade		141
centralization	centralize	930
centrifugal force		932
centripetal force		932
century		1543
ceramic	ceramist	583
ceremonial	ceremony	1755
certain	certainty	255
certificate	certification	256
certify		256
cessation		150
chainsaw		3517
chain-smoker		598
chairperson		1274
challenge	challenger	2182
chamber		1743
champ	champion	1830
channel		1425
chant	chantey	2230
chaos	chaotic	3449
chapel	chaplain	3743
chapter		1390
character	characteristic	3537
characterize		3537
charcoal		536
charge		1622
chariot		1617
charitable	charity	2943
charm		2231
charter		514
chase		3613
chasm		3449
chat	chatter	3443
cheat	cheater	2396
cheating		2396
check	checkpoint	2009
check in	checklist	2010
check-up		2010
cheek		3441
cheer	cheerful	85
chef		1387
chemical	chemist	2388

chemistry		2388
cheque (check)		2009
cherish	cherishable	2942
chest		3355
chew		3442
chickenpox		3369
chief		1387
childbearing		2991
childhood		1322
childish	childlike	1322
chill	chilly	481
chip		2644
chisel	chiseler	3478
chivalrous	chivalry	399
chlorine	chloroform	995
chlorophyll	chloroplast	994
choir		1773
choke		3445
chop	chopper	1395
chopstick		1395
chord	chordal	1360
chore		1661
chorus		1773
chow		3442
Christian	Christianity	1346
chronic	chronicity	1588
chronicle	chronology	1587
chunk	chunky	1377
chunnel		1425
churchgoer		3743
churchyard		3737
cigar	cigarette	599
cinema	cinematic	1237
cipher		3666
circuit		2612
circular	circulate	2611
circulation		2611
circumference		370
circumspection	circumspect	12
circumstance	circumstantial	369
circumvent	circumvention	3068
citation	citatory	2152
cite		2152
citizen	citizenship	3738

civic	civil	3738
civilian		3738
civility	civilization	3739
civilize		3739
claim		2175
clan		3129
clap		2634
clarification	clarify	2204
clarity		2204
clash		3174
classification	classify	2188
clatter		2180
clausal	clause	2519
claustrophobia		1290
claw		3077
clay		722
clayware		516
clench		3080
clergy	clergyman	1095
cleric		1095
clerical	clerk	1096
clever	cleverness	3079
clew		723
cliché	click	494
client	cliental	878
cliff		526
climactic		876
climate	climatic	877
climatology		877
climax		876
cling		3080
clinic	clinical	879
clinician		879
clipboard		497
cloak	cloakroom	305
clock	clockwise	304
clog	clogginess	1470
clone		3518
closeness	closure	2517
closet		2521
clot		3393
clue		723
clumsiness	clumsy	3621
cluster		3393

clutch		3080
coach		1618
coagulate	coagulation	1471
coal	coal tar	536
coalition		1181
coarse	coarseness	711
coauthor		3338
cock	cocktail	1925
cod		1269
code		3667
coffin		505
cognition	cognize	2908
cognitive		2908
cohere	coherence	1960
coherent		1960
coincide	coincidence	2405
cold shoulder		2538
collaborate	collaboration	2720
collaborative		2720
collapse		798
collar		2613
colleague	colleagueship	3285
collect	collection	3274
collective		3274
collide	collision	2666
colligate	colligation	1181
colloquial		2096
colonel		1836
colonial	colony	2777
colonialist	colonist	2777
color-blind		1029
colossal	colossus	353
column	columnist	1835
combat		2669
combination	combine	1519
combust	combustion	577
come by	come down	3058
come down with		3058
comedown		3058
comet		1885
comfort	comfortable	673
comic	comical	2238
command	commander	134
commemorate		1752

consort	consortium	3199
conspiracy	conspire	237
constancy	constant	373
constellate	constellation	1880
constitute	constitution	371
constrain	constraint	3237
constrict	constriction	3232
construct	construction	2752
constructive		2752
consul		2187
consular	consulate	2187
consult	consultation	2186
consultant		2186
consume	consumer	222
consumerism	consumption	222
contact	contactable	3643
contagion	contagious	3645
contain	container	3265
containment		3265
contaminate	contamination	3645
contemplate	contemplation	1582
contemporary	contemporize	1581
contempt	contemptuous	21
contend	contention	3267
content	contentment	3266
contest	contestant	2159
context	contextualize	3309
contextual		3309
continent	continental	3242
contingence	contingency	3644
contingent		3644
continual	continue	3243
continuity	continuous	3243
contour		2574
contraband		2102
contrabass		796
contract		2264
contraction	contractor	2264
contractive		2264
contradict	contradiction	2122
contradictory		2122
contrary	contrast	388
contravene	contravention	3063
contribute	contribution	1535

contrivance	contrive	2622
control	controllable	510
controversial	controversy	55
controvert	controvertible	55
convene		3061
convenience	convenient	3062
convention	conventional	3061
converge	convergence	59
convergent		59
conversation	converse	54
conversion	convert	57
convertible		57
convey	conveyance	1712
convict	conviction	3461
convince	convincingly	3461
convoy		1713
cooperate	cooperation	2731
cooperative		2731
coordinate	coordination	3735
coordinator		3735
cop	copper	3618
cope		1394
copycat		2728
copyright	copywriter	2728
coral		2540
cordial	cordiality	1357
core		1355
cornerstone		1798
corporate	corporation	1373
corps		1371
corpse		1372
corral		1664
correct	correction	891
correlate	correlation	3018
correlative		3018
correspond		1139
correspondence		1139
correspondent		1139
corridor		1667
corrode	corrosion	3557
corrupt	corruption	3167
corruptive		3167
cortex		3492
cosmetic	cosmeticize	1870

cosmetologist		1870
cosmic		1869
cosmopolis	cosmopolitan	1147
cosmos		1869
costume		1305
cot		507
cottage		2553
cotton	cotton swab	1432
couch		1780
council		2185
counsel	counselor	2185
count		2862
countdown	counter	2861
counteract	counteraction	2700
counterattack		283
counterfeitness	counterfeit	108
counter-intuitive		2472
counterpart		1943
counterplan		3300
counterpunch		425
country	countryside	763
county		2862
courage		1362
court	courtly	1771
courteous	courtesy	1772
courtship		1772
courtyard		1768
covert	covertness	2529
coward	cowardice	2812
coze	coziness	2530
cozy (cosy)		2530
crab		3078
crack	cracker	3175
cradle		507
craft	craftsman	608
crane		953
crash		3174
crater	craterous	945
crave	craver	139
crawl		3077
create	creative	124
creativity	creature	124
credibility	credible	1367
credit	creditable	1365

credo	creed	1364	cuisine	culinary	1389	daybreak		3152
credulity	credulous	1368	culminate	culmination	1837	daze	dazzle	637
creek		1558	culprit		2114	deadline	dead end	758
creep		3071	cultivate	cultivation	2774	deadlock		330
crescendo		2766	cultural	culture	2773	deadly		756
crescent		2767	cumulate	cumulation	1839	deal	dealership	1574
crest		1559	cunning		2924	dean		1541
crew		2772	curable	curative	2950	deathbed		527
crib		507	curator		2950	debase	debasement	795
cricket		3547	curb		1560	debate	debater	2670
crime		248	curd	curdle	2419	debt		442
criminal	criminalize	248	cure		2950	debug		1260
cripple		3071	curfew		2534	decade		1541
crises	crisis	244	curiosity	curious	2945	decadent		2401
criteria	criterion	247	currency		1657	decay	decayable	2401
critic	critical	245	current	currently	1659	decease	decedent	151
criticism	criticize	245	curriculum		1666	deceit	deceive	3605
croak		3176	curriculum vitae		221	decelerate	deceleration	2959
crocodile		3072	curse		1700	decency	decent	3192
croissant		2767	curtail	curtailment	3528	decentralize		930
crook		1558	cushion	cushiony	2676	decentralization		930
crop	cropland	1429	custodian	custody	2558	deception	deceptive	3605
crossbreed		464	custom	customs	1303	decide		262
cross-country		763	customer	customary	1303	decimal	decimalization	1542
crossroad	crosswalk	1697	customization	customize	1304	decipher		3666
crouch		1559	cutback		3528	decision	decisive	262
crow		1267	cute		1927	deck		2539
crucial	cruciality	1701	cutlery	cutlet	3464	declaration	declare	2205
crude	crudely	710	cyclone	cyclonic	2615	declination	decline	881
crude oil		533	cynic	cynical	1253	decode		3667
cruel	cruelty	709				decor		2436
cruise		1699				decoration	decorate	2436
crumb	crumble	3158	**D**			decrease	decrement	2765
crusade		1700				decrescendo		2766
crush		3171	dairy		1330	dedicate	dedication	2126
crust	crustacean	479	damage		3145	dedicatory		2126
crypt	cryptic	3371	damn	damnation	3146	deduce		2292
crystal		480	damp	dampen	590	deduct	deduction	2291
crystallinity	crystallize	480	dangle		2511	deduction	deductive	2292
cube		3674	dare		3398	deed		2759
cubic	cubism	3674	dash		1505	deem		2760
cucumber		1799	dash	dashboard	2693	deepen		2389
cue		723	data	datum	3675	default		2304
cuff		2747	daunt	dauntless	1730	defeat	defeatist	107
			dawn		1055			

defect	defection	106
defective		106
defence	defense	2653
defend	defensive	2653
defiance	defiant	2849
deficiency	deficient	105
define	definite	317
definition		317
deflate	deflation	3378
deflationary		3378
deforest	deforestation	769
deform	deformation	2741
deformity		2741
defraud	defraudment	3606
defrost		478
defy		2849
degenerate	degeneration	1159
degradation	degrade	142
degree		141
dehydrate		731
deity		976
deject	dejection	33
delay		1210
delegate	delegation	3280
delete	deletion	720
deliberate	deliberation	3323
delicacy	delicate	1970
delicious		1970
delight		1971
delightful	delightfulness	1971
delinquency	delinquent	2373
deliver	delivery	1127
delude		2367
deluge		737
delusion	delusive	2367
deluxe		155
demand-driven	demand	138
demean	demeanor	2019
demerit		434
democracy	democratic	1966
democratize		1966
demographic	demography	1287
demolish	demolition	522
demon		981

demonstrate	demonstration	1758
demonstrative		1758
demoralize		1103
demote	demotion	2687
denial		3403
denominate	denominator	3665
denotation	denote	2918
denouncement	denounce	2138
dense		1381
densify	density	1381
dent		3447
dental		3446
dentist	dentistry	3446
deny	denyingly	3403
deodorant		624
depart	departure	1945
department	departmental	1944
departmentalize		1944
depend	dependant	2788
dependence	dependent	2788
depict	depiction	563
depictive		563
deplete	depletion	2484
deplorable	deploration	2169
deplore		2169
deploy	deployment	214
depose	deposit	2323
deposition	depository	2323
depreciate	depreciation	3591
depress	depression	2410
depressive		2410
deprivation	deprive	1477
depth		2389
deputy		2868
derail		897
derange	derangement	914
deregulate		884
deride	derision	1801
derisive		1801
derivation	derivative	1671
derive		1671
descend	descendant	3331
descent		3331
describe	description	2071

descriptive		2071
desensitize		169
desert	desertion	3203
deserve	deserver	1985
designate	designation	2062
desirable	desirous	1878
desire		1878
desolate	desolation	1501
despair		2962
desperate	desperation	2962
despise	despite of	20
destination		383
destine	destiny	383
destroy	destruction	2753
destructive		2753
detach	detachment	289
detail		3531
detain		3268
detect	detection	2542
detective		2542
detente	detention	3256
deter		2819
deterge	detergence	2509
detergent		2509
deteriorate	deterioration	2050
determinant	determinate	325
determine	determination	325
deterrence	deterrent	2819
detest	detestation	2160
detonate	detonation	2631
detour		2575
detox	detoxify	3440
deuce		1525
devaluation	devalue	1645
devastate	devastation	664
develop	developer	2579
development	developmental	2579
deviate	deviation	1718
device	deviceful	1573
devil	devilish	981
devise		1573
devoid		656
devote	devotion	2144
devour		3424

dew	dewdrop	1032
dexter	dexterity	559
dexterous		559
diabetes	diabetic	870
diagnose		2912
diagnosis	diagnostic	2912
diagonal		872
diagram	diagraph	873
dial		1054
dialect	dialectal	2093
dialogic	dialogue	2092
diameter	diametric	2888
diaper		1016
diarrhea	diarrheal	871
dictate	dictation	2118
dictator	dictatorship	2119
dictatorial		2119
diction		2117
dictional	dictionary	2117
die (dice)		3673
diehard	die hard	757
diet		1576
dietary	dietetic	1576
differentiate	differentiation	3003
diffuse	diffusion	2380
digest	digestion	1626
digestive		1626
digit	digitalize	2749
dignify	dignity	3193
dilemma	dilemmatic	1523
diligence	diligent	3279
dilute	dilution	737
dim	dimmer	1027
dime		1658
dimension	dimensional	2877
diminish	diminishment	1918
diminutive		1918
dimple		3433
dine	diner	3153
dip		2390
diploma	diplomacy	203
diplomat	diplomatic	203
direct	direction	893
director		893
dirt		1816
disability	disable	3564
disadvantage		829
disaffiliation		1323
disagreeable		2931
disappear	disappearance	28
disappoint		428
disappointment		428
disapprove		837
disarm	disarmament	3718
disarrange		913
disarrangement		913
disarray		909
disassemble		1506
disaster	disastrous	1879
discard	discardable	515
discern	discernment	251
discernible		251
discharge		1639
disciple		2224
discipline	disciplinary	2225
disclaim		2175
disclose	disclosure	2518
discontent		3266
discord	discordance	1359
discount	discountable	2863
discourage		1363
discouragement		1363
discourse		1665
discover	discovery	2528
discreet	discretion	252
discriminate	discrimination	250
disdain	disdainful	2227
disease		2365
disembarrass	disenrollment	308
disequilibrium		1064
disesteem		1651
disgrace	disgraceful	2940
disguise	disguisement	2464
disgust		3658
dish	dishwasher	3360
dishonor		3195
disincline		880
disintegrate	disintegration	3656
disjoin		2003
dismal	dismalness	1056
dismantle		306
dismay		695
dismiss	dismissal	182
dismissive		182
dismount		1784
disorder		3731
disparity		1069
dispatch		3029
dispel	dispellable	2502
dispensable	dispensary	2795
dispense	dispensation	2795
disperse	dispersion	3213
displace	displacement	210
display		214
disposable	disposal	2330
dispose		2330
disposition	dispositional	2331
disproof	disprove	834
disputable	dispute	2867
disregard	disregardful	2422
disrespect		17
disrupt	disruption	3168
disruptive		3168
dissect	dissection	3499
disseminate	dissemination	1592
dissent	dissenter	175
dissipate	dissipation	3217
dissolution	dissolve	3135
dissonance	dissonant	2201
distance	distant	374
distaste	distasteful	3657
distill	distillation	751
distinct	distinction	301
distinctive	distinguish	301
distort	distortion	2608
distortive		2608
distract	distraction	2266
distractive		2266
distress	distressful	3229
distribute	distribution	1536
district		3233
distrust		1455

disturb	disturbance	2569	downshift		2189	dumbstruck		2638
ditch	ditchable	3705	downside		783	dummy		613
diverge	divergence	60	downsizing	downstream	784	dump	dumping	618
divergent		60	downslope		726	dune	duneland	1844
diverse		62	downstream		1046	dungeon		1736
diversify	diversity	62	downtown		1845	duopoly		1495
diversion	diversional	61	downturn	downward	783	duplicate	duplication	197
divert		61	dowry		3682	duplicity		197
dividend		1572	doze		2860	durability	durable	1451
divine	divineness	976	dozen		1527	duration	during	1452
divinity		976	dozy		2860	dusk	dusky	1026
division	divisional	1570	draft		2281	dustbin		506
divisor		1572	drag		2274	dutiful	duty	444
divorce		61	drain	drainage	473	dwarf		1932
dizziness	dizzy	2859	drainpipe		473	dwell	dweller	604
docile	docility	2223	drama	dramatize	1606	dwindle	dwindler	759
dock	docking	2284	dramatic		1606	dye	dyestuff	555
doctoral	doctorate	2220	drapery		1410	dynamic		1341
doctrinal	doctrine	2221	drastic		1607	dynast	dynasty	1340
documentation	document	2222	draw	drawer	2276	dysfunction		2002
documentary		2222	drawback		2279			
doer		2758	dread	dreadful	2858			
dogma	dogmatic	2226	dreary		750	**E**		
domain	domanial	1732	drench		3425			
domestic		1728	dress	dressing	900	eager	eagerness	3700
domesticate	domestication	1728	dribble		748	earlobe		545
domicile		1731	drift	drifty	1719	earn	earnings	2721
dominance	dominant	1733	drill	drillmaster	2562	earth	earthen	1816
dominate	domination	1733	drip		748	earthquake		2515
donate	donation	3683	drone		2604	ease	easy	2364
donor	donator	3683	droopy		1414	easygoing		2364
doom	doomsday	2761	droplet	dropout	747	eccentric	eccentricity	931
doorknob	doorway	765	drought	droughtiness	474	echo	echoic	2203
dormant	dormitory	1737	drown		3425	eclipse		2371
dorsal	dorse	761	drowse	drowsy	750	eco-friendly		1740
dosage	dose	3679	drunkard	drunken	3426	ecological	ecology	1741
dot	dotty	1469	dual	duality	1524	e-commerce		454
doubt	doubtful	1526	dubious		1526	economic	economical	1742
dough	doughnut	638	duct		2283	economy		1742
dove		3576	due	dues	445	ecosphere		3366
down		783	duke	dukedom	2282	ecosystem		1740
downplay		784	dull	dullness	614	ecstasy	ecstatic	392
downplay		2013	dumb	dumber	613	edge	edgy	3701
downpour		1020	dumbbell		303	edible	edibleness	3434
						edit	edition	3684

editor		3684
educate	education	2286
educator		2286
efface	effacement	82
effect	effective	101
efficiency	efficient	102
effort		677
effortful	effortless	677
effuse	effusion	2381
egalitarian	egalitarianism	1063
ego	egoist	1306
egocentric		1306
either		488
eject	ejection	34
elaborate	elaboration	2719
elapse		798
elastic	elasticate	3051
elasticity		3051
elate	elation	3325
elbow		3102
elder	elderly	1196
elect	election	3276
elective		3276
electric	electrical	523
electricity		523
electrode		524
electron	electronic	525
elegance	elegant	3278
element	elementary	519
elevate	elevation	3324
elicit	elicitation	1969
eligibility	eligible	3277
eliminate	elimination	320
elite		3277
elongate		1896
eloquence	eloquent	2096
elude	elusiveness	2369
elusive		2369
embankment		501
embargo		307
embark	embarkation	3488
embarrassment	embarrass	308
embassy		857
embed		527

embezzle	embezzlement	419
emblaze		970
emblem	emblematic	3289
embodiment	embody	1370
embrace	embracement	3724
embryo	embryology	3358
emergence	emerge	2394
emergency		2395
emergent		2394
emigrant		2035
emigrate	emigration	2035
eminence	eminent	1789
emissary		189
emit	emission	189
emoticon		2685
emotion	emotional	2685
empathic		2800
empathize	empathy	2800
emperor		122
emphasis	emphasize	964
empire		122
empiric	empirical	851
empiricism		851
employ	employment	213
employee	employer	213
empower	empowerment	685
emptiness	empty	2879
emulate	emulation	2982
emulative		2982
enroute		3165
enable		3563
enact	enactment	2697
enamel		3451
encage		3740
encase		2399
enchant	enchantment	2231
enclose	enclosure	2520
encode		3667
encompass		1686
encompassment		1686
encounter	encounterer	764
encourage		1362
encouragement		1362
encrust		479

encyclopedia		1934
endear		2785
endeavor		443
endnote		2915
endorse	endorsement	761
endow	endowment	3682
endurance	endure	1453
enemy		804
energetic	energize	2722
enfeeble	enfeeblement	2174
enfold		196
enforce	enforcement	676
engage	engagement	2011
engender		1156
engrave		3710
engulf		1866
enhance	enhancement	1191
enigma		2856
enjoyable	enjoyment	2934
enormity	enormous	1123
enrage		780
enrapture		3628
enroll	enrollment	509
ensemble		1512
enslave		1348
ensue		3181
ensure		2947
entail	entailment	3527
entangle		1186
enter		3041
enterprise	enterpriser	3581
entertain	entertainment	3260
enthrone		1339
enthuse	enthusiasm	978
enthusiastic		978
entire	entireness	3647
entitle		1461
entity		643
entomb		3370
entrance		3041
entrap		3033
entrepreneur		3581
entrust	entrustment	1456
entry		3041

entwine		2606
entwist		2605
envelop	envelope	2580
envelopment		2580
envious	enviousness	2458
environ	environment	66
environmental		66
envoy		1714
envy		2458
enzyme		3326
epic		1676
epidemic		1286
epigram	epigraph	2082
epilogue		2094
episode	episodic	1616
epitaph		3370
epoch	epochal	1818
equal	equality	1062
equate	equation	1065
equator		1065
equilibrium		1064
equip	equipment	3489
equitable	equity	1067
equivalent		1062
equivocal	equivocality	1068
equivocation		1068
era		1818
eradicate	eradication	1450
erase	erasure	3551
erect	erection	895
erode	erosion	3556
eros		2851
errand		195
erupt	eruption	3170
eruptive		3170
escalate	escalation	3335
escalator		3335
escapable	escape	1396
escort		892
especial	especially	10
espresso		2408
essence	essential	648
establish	establishment	343
estate		363

esteem		1651
estimate	estimation	1650
eternal		1901
eternalize	eternity	1901
ethic	ethics	1104
ethnic	ethnicity	1105
ethnocentric	ethnology	1106
ethology		1104
etiquette		132
eulogy	euphemism	2116
evacuate	evacuation	660
evade		164
evaluate	evaluation	1644
evaporation	evaporative	588
evasion	evasive	164
evergreen	everlasting	1902
evidence	evident	2456
evil	evildoer	980
evilness		980
evitable		658
evocation	evoke	2146
evolution	evolve	42
evolutionary		42
exacerbate	exacerbation	3699
exact	exactitude	2699
exaggerate	exaggeration	1630
exalt	exaltation	1190
examination	examine	2710
excavate	excavation	3744
exceed	exceedingly	154
excel	excellence	1834
excellent		1834
except	exception	3597
exceptional		3597
excerpt	excerption	2977
excess	excessive	154
exchange	exchangeable	3691
exclaim	exclamation	2177
exclude	exclusion	2524
exclusive		2524
excursion	excursional	1668
excuse	excusatory	1119
execute	execution	3190
executive		3190

exempt	exemption	223
exemptive		223
exert	exertion	3204
exhalation	exhale	593
exhaust	exhaustion	2280
exhibit	exhibition	3567
exhilarate	exhilaration	86
exhume		3744
exile		636
exist	existence	640
existent		640
exit		3043
exodus		1613
exotic	exoticism	772
expand		1681
expanse	expansion	1681
expect	expectation	13
expectant		13
expedite	expedition	3030
expel		2497
expend	expenditure	2784
expense	expensive	2784
experience		849
experiment	experimental	848
expert		850
expertise	expertize	850
expiration	expire	236
explain	explanation	207
explanatory		207
explicate	explication	206
explicit		206
explode		2636
exploit	exploitation	204
exploration		2170
explore	explorer	2170
explosion	explosive	2636
exponent		2334
export		1634
expose	exposure	2332
exposition		2333
express	expression	2407
expressionism		2408
expressway		920
expulsion		2497

exquisite	exquisiteness	1983	fade	fadeaway	3659	fee		437

exquisite	exquisiteness	1983	fade	fadeaway	3659	fee	437
extend	extension	3250	failure		2301	feeble	2174
extensive	extent	3250	faint	faintly	113	feed	feeder	3406
exterior	exteriority	773	fair	fairly	1597	feedback	3406
exteriorize		773	fairgoer		1596	feet	3019
exterminate	extermination	324	fairness		1597	feign	feint	114
external	externalization	774	faith	faithful	2843	fellow	fellowship	2357
externalize		774	fake	fakery	111	female	1334
extinct	extinction	299	falcon		1009	feminine	femininity	1337
extinctive		299	fallacy	falsehood	2302	feminism	1337
extinguishment	extinguish	298	fallow		3086	fence	fend	2654
extinguishable		298	fame	famous	2111	fencing	2654
extort	extortion	2609	familiar	familiarity	2556	ferment	fermentation	468
extra		771	familiarize		2556	ferry	3000
extract	extraction	2267	famine	famish	703	fertile	fertility	3011
extracurricular		1666	fanatic	fanatical	1595	fertilize	fertilizer	3011
extraneous	extraterrestrial	771	fanciful	fancy	960	fervency	fervent	467
extraordinary		3734	fang		1438	festal	1594
extravagance	extravagant	634	fantasia	fantastic	959	festival	festive	1594
extreme	extremity	775	fantasy		959	fetal	1335
extricate	extrication	1993	fare		3000	fetch	3029
extrinsic		3191	farewell	fare well	2965	fetus	1335
extrovert		65	far-reaching	far-sighted	847	feud	feudal	438
extrude	extrusion	1793	farther		846	fever	feverish	466
exult	exultation	3124	fascinate	fascination	2110	fiancé	fiancée	1143
exultant		3124	fascinative		2110	fiber	fiberglass	2599
eyelash		1968	fashion	fashionable	97	fiber-optic	2599
eyelid		2544	fast		3152	fiction	fictional	93
eyeliner		1564	fasten		326	fief	437
eyewitness		2457	fatal		2109	fierce	fierceness	782
			fate	fateful	2109	fiery	568
			fatigable	fatigue	2711	figure	figure out	115
F			faucet		595	fin	finny	415
			fault	faulty	2303	final	finale	312
			faultfinder		2303	finalize	312
fable	fabulous	2105	favor	favorable	1235	finance	financial	314
fabric	fabricate	1410	favorite		1235	fine	313
face	facial	81	feasibility	feasible	110	fine-tune	2628
facile		96	feast		1595	fingernail	fingerprint	2748
facilitate	facility	96	feat		110	fingerprint	2417
facsimile (fax)		1508	feather	feathery	2037	finite	311
faction	factionalize	92	feature		98	fir	1459
factional		92	federal		2847	firearm	568
factor	factorize	91	federate	federation	2847	firecracker	569
faculty		95					
fad	faddish	1531					

fireplace		571
fireproof		833
firewall		290
firewood		570
firework		569
firm	firmness	2064
first name		2241
firsthand		2746
fishery	fishing	1268
fission		3515
fit	fitness	1079
fix	fixate	309
fixation	fixture	309
flagpole		402
flake		3297
flame		952
flamingo		953
flap		1051
flatter	flattery	3298
flavor	flavorful	3376
flaw	flawless	3296
flea market		450
flee		1052
flesh	fleshy	1374
flexibility	flexible	1549
flicker	flickery	1049
flight		1052
fling		2649
flint		3510
flip	flipper	1050
float	floatation	1047
flock		1295
flop		1051
flora	floral	3385
floriculture		2776
florist		3385
flour	floury	3386
flourish		3384
flower	flowery	3384
flu (influenza)		1042
fluctuate	fluctuation	1045
fluency	fluent	1044
fluid		1034
fluidify	fluidity	1034

fluorescence	fluorescent	1035
flush		1039
flutter	fluttery	1048
flux		1043
foal		1921
foam	foamy	741
focal	focus	573
fodder		3407
foe		438
fog	foggy	601
foliage	folio	3389
folk	folklore	1277
follow suit		3178
fond	fondness	3383
food chain	food web	3408
footage	foothill	3020
footnote		2915
footprint		2417
footstool		337
footwear		3020
forage	forager	3407
forbear	forbearance	2998
forbid	forbiddance	2901
force	forceful	675
forearm		3716
forebear		2998
forecast	forecaster	2493
forefather		1311
forego	foregoer	3039
forehead		1398
foreign	foreigner	767
foremost		817
forename		2241
forerunner		1670
foresee		2433
foreshadow		1024
foresight	foresightful	2433
forestry		768
forever		1902
foreword		2106
forfeit	forfeiture	112
forge	forgery	1409
forgive	forgiveness	3669
form		2736

formal	formality	2739
formalize		2739
format	formative	2737
formation		2736
former	formerly	817
formula	formulate	2738
forsake		2620
fort (fortress)		672
forth		843
fortification		672
fortify	fortitude	672
fortnight		1540
fortunate	fortune	1640
forward		753
fossil	fossilize	3708
foster	fosterage	3411
found	foundation	790
fountain		3131
fowl		1922
fraction	fractionize	3160
fractural	fracture	3159
fragile	fragility	3157
fragment		3159
fragrance	fragrant	623
frail		3157
frame	framework	2447
framework		2716
franchise		1131
frank	frankness	1130
fraternity		1320
fraud		3606
freckle		3218
free	freedom	1124
freelance	freelancer	409
freight		691
frequency	frequent	2441
freshman		1329
friction	frictionize	3549
fright	frighten	810
frigid	frigidity	476
frontier	frontline	839
frost		478
frown	frowny	239
frugal	frugality	2000

fruitful	fruitless	1999
frustrate	frustration	3607
fuel		574
fulfil	fulfilment	3390
full-time		1578
fumble		617
fume		621
function	functionalize	2001
functional		2001
fund		792
fundamentality	fundamental	793
funeral	funerary	1247
funnel		2385
fur		1383
furious		781
furnace		579
furnish	furniture	2445
furrow		3086
furry		1383
further		846
fury		781
fuse	fusion	2377
fuss	fussy	3209
futile	futileness	2378
futility		2378
fuzz	fuzzy	3208

G

gadget		694
gain		433
gallery	gallerygoer	1611
gamble		2397
gang	gangster	3042
gap		3450
garage		2536
garbage		3593
garment		2535
garrison		2536
gasoline (gas)		534
gasp		3450
gauge	gaugeable	405
gaze		1234
gear		2531

gem	gemstone	1153
gender		1156
gene		1150
general	generalization	1169
generalize		1169
generate	generation	1158
generator		1158
generic		1169
generosity	generous	1166
genesis	genetic	1150
genial	geniality	1167
genie		1160
genii	genius	1160
genocide		264
genotype		492
genre		1157
gentle	gentleness	1165
gentry		1165
genuine	genuineness	1161
genus		1157
geocentricism		1813
geographer	geography	1815
geographic		1815
geologic	geology	1812
geologist		1812
geometer	geometry	1811
geometric		1811
geophysics		1814
geopolitics	geopolitical	1814
geothermal		469
germ	germinate	1152
gerund		2243
ghost	ghostwriter	229
gift	gifted	3670
gigantic	gigabyte	1903
gill		3441
given		3668
glacial	glacier	482
gladness	gladden	982
glamour		2084
glance		991
glare		990
glass ceiling		2546
glassware		984

glaze		985
gleam		986
glee	gleeful	983
glide	glider	993
glimmer		987
glimpse		991
glisten		987
glitter	glittery	988
global	globalization	3364
globalize		3364
globe	globetrotting	3363
gloom	gloomy	2840
glorify	glorious	3585
glory		3585
gloss	glossary	992
glow		989
glucose		538
glue		722
gnaw		3555
gogame	go through	3040
goblin		981
go-cart		3040
goldsmith		1408
goodness		2100
goods	goodwill	2100
goose	goosebumps	1923
gorge	gorgeous	597
gospel		2099
gossip	gossiper	1318
govern	governance	367
government		367
gown		2535
grab		3592
grace	graceful	2939
gracious		2939
gradual	gradualness	140
graduate	graduation	143
graffiti	graffito	2080
grain		1433
grammar	grammatical	2084
grand		2489
grand prize		2490
grand slam		2353
grandeur		2489

grandparent		2490
grant	grantor	1369
granulate	granule	1434
graphite		2080
grasp	graspable	3594
grasshopper		3120
grateful	gratification	2930
gratify	gratitude	2930
grave		3711
gravel		1436
gravestone	graveyard	3711
gravitate	gravity	2833
gravitational		2833
gravy		1433
graze	grazer	1183
greed	greedsome	2937
greedy		2937
green	greenery	1184
greenhouse	greenish	1184
greet	greeting	865
gregariousness	gregarious	1292
grenade		1434
grid		1567
grief		2835
grieve	grievance	2835
grill	grillwork	1567
grim	grimness	2810
grimace		2810
grin		2842
grind	grindstone	1435
grip		3592
grit		1436
groan	groaningly	2842
grocer	grocery	2488
groom	groomsman	461
groove		3709
gross		2487
ground	groundwork	788
ground zero		788
groundwork		2716
growl	grunt	2211
grumble		2210
guarantee		1230
guard	guardian	2420

guerrilla		2051
guest		1351
guidance	guide	2466
guideline		2466
guilt	guilty	449
gulf		1866
gum	gummy	3451
gun	gunshot	2658
gunpowder		2658
gush	gust	2384
gut	gutter	2386
gymnasium (gym.)		1384

H

habilitate	habilitation	1080
habit		3568
habitat	habitation	3569
habitual	habituate	3568
hacksaw		3517
haggle		2018
hail	hailstone	3698
hailstorm		2564
hairdo		2758
half	halves	3482
half-blood	half-life	3483
half-time		3483
hallmark		1847
halt	halve	3562
hammer		3481
hamstring		3227
handcuff		2747
handful		2745
handkerchief		3534
handle	handy	2745
hang on	hang out	2779
hang up	hanger	2779
hangover		2780
hap		1097
haphazard		1100
happen	happening	1100
harass	harassment	1251
harbor		2553
hard drink		3427

harden	hardiness	705
hardly		705
hardship	hardy	706
hardware		517
hare		1250
harm		2827
harmful	harmless	2827
harmonic	harmonize	3722
harmony		3722
harness		2531
harsh	harshness	3532
harvest	harvestable	2976
haste	hasty	680
hasten		680
hatch		2656
hatchet		3479
hate	hatred	1350
haul	haulage	2275
haunt		2440
hawk		3576
hay	haystack	3522
hazard	hazardous	3673
haze	hazy	602
head office		2733
headgear		2531
headline	headlong	1399
headquarters		1399
heap	heapy	921
heart	heartbreak	1354
heartbeat		2673
heartburn		576
heartfelt		1354
hearth		571
heaven	heavenly	2545
hedge		2655
hedonic	hedonism	2932
height	heighten	918
heir		2374
heliocentricism		1813
hell		2545
helpful	helpless	1637
hemisphere		3365
hemoglobin		3395
hen		1924

henceforth		843
herald		135
herbicide		264
herbivore	herbivorous	267
herd		1296
heredity		2374
heritage		2375
hermit	hermitage	3571
hesitate	hesitation	1962
heterodox	heterodoxy	2229
heterogeneous	heterogeneity	1513
heteronym	heteronymous	2251
hexagon		1554
heyday		2961
hibernate	hibernation	1739
hide	hideaway	2552
hideous	hideout	2552
hierarchical		1497
hierarchize	hierarchy	1497
hierocracy		1967
high-end	highland	919
highlight		919
highness		918
highway		920
hind	hinder	760
hindrance		760
hinge		2780
hire		2017
hiss		2212
histogram		2081
hitch	hitchhike	2300
hoarse		3496
hoarsen	hoarseness	3496
hoe		3480
hog		1255
hold	holdback	3558
hollow	hollowware	2560
holocaust		669
hologram	holograph	669
homemaker		950
homesickness		2838
homicide		1810
hominid	Homoerectus	1809
Homohabilis	Homosapiens	1809

homogeneity	homogeneous	1513
homonym	homonymous	2250
honeycomb		2603
honor	honorable	3195
hook		1556
hoop		1555
hop		3120
horizon	horizontal	1851
horizontality		1851
horoscope		1
horrible		2813
horrify	horror	2813
horseman	horsepower	397
hospice		1353
hospitable	hospitality	1352
host	hostess	1351
hostage		1349
hostel		1353
hostile	hostility	1349
hothouse		2557
hound		1249
hourglass		984
household		2555
housekeeper	housemaid	2557
housing		2555
hover		1750
howl		2841
hull		2548
hum		2208
humane	humaneness	1807
humanitarianist	humanitarian	1808
humanity	humanities	1806
humankind		1806
humble	humbleness	1804
humid		746
humidify	humidity	746
humiliate	humiliation	1805
humility		1805
humming		2208
hump	hunch	3094
hurdle		766
hurl		682
hurt	hurtful	681
husk	husky	3495

hustle		682
hut		2553
hybrid	hybridization	465
hydrate	hydrogen	731
hygiene	hygienic	1154
hymn		2234
hyperbola	hyperbole	3293
hypertension		3255
hyphen	hyphenate	1505
hypocrisy	hypocrite	249
hypotension		3255
hypothesis	hypothesize	2349

I

iceberg	icicle	483
ideal	idealize	2468
identical	identification	644
identify	identity	644
ideologic	ideological	2469
ideology		2469
idiom	idiomatic	1108
idiot	idiotic	1107
idle	idly	1656
idleness		1656
idol	idolization	2467
idolize		2467
ignite	ignition	572
ignorance	ignorant	2911
ignore		2911
illegible	illiteracy	2086
illuminate	illumination	1002
illusion		2368
illusionary	illusive	2368
illustrate	illustration	1001
illustrative		1001
imageable	imagery	2980
imaginary	imaginative	2981
imagination	imagine	2981
imbalance		1520
imitate	imitation	2983
imitational	imitative	2983
immaculate		554
immediacy	immediate	937

inflame		952
inflate		3377
inflation	inflationary	3377
inflexible		1549
inflict	infliction	2664
inflow		1033
influence	influential	1041
influenzal		1042
influx		1043
inform	information	2742
informal		2739
informational	informative	2742
infrared	infrastructure	787
infrastructure		2751
infringe	infringement	3163
infuse	infusion	2382
ingenious	ingenuity	1162
ingenuousness	ingenuous	1163
ingest	ingestion	1627
ingestive		1627
ingredient		144
inhabit	inhabitable	3570
inhabitant	inhabitation	3570
inhalation	inhale	593
inhere	inherence	1961
inherent		1961
inhibit	inhibition	3565
inhibitive		3565
inhospitable		1352
initial	initially	3044
initiate	initiation	3045
initiative		3045
inject	injection	35
injure	injury	1077
injustice		1073
inland		1820
inmate		1376
inmost		802
inn	innkeeper	801
innate	innateness	1174
inner	innermost	802
innocence	innocent	1244
innovate	innovation	1602
innovative		1602

innumerable		3664
inquire	inquiry	1978
inquisitive		1978
insanity		1081
inscribe	inscription	2074
inscriptive		2074
insect	insectivore	3497
insensible		170
insert	insertion	3201
insight	insightful	2432
insist	insistence	386
insistent		386
insomnia	insomnious	1738
inspect	inspection	14
inspiration	inspire	232
inspirational	inspiratory	232
install	installation	394
installment		395
instance	instantiate	375
instant	instantaneous	376
instigate	instigation	275
instinct	instinctive	300
institute	institution	377
instruct	instruction	2754
instructive	instructor	2754
instrument	instrumental	2756
insular		1863
insulate	insulation	1864
insult	insultation	3127
insurance	insure	2949
insurmountable		1787
intact		3642
intake		3638
intangible		3648
integer		3653
integral	integrity	3654
integrate	integration	3655
intellect	intellectual	3281
intelligence	intelligent	3282
intend		3253
intense	intensify	3254
intensity	intensive	3254
intent	intention	3253
interact	interaction	2702

interactive		2702
interblend		1028
interborough		1842
intercede		161
intercept	interception	3595
intercession	intercessor	161
interchange		3691
intercourse		1665
interdependent		2790
interdependence		2790
interest		254
interfere	interference	431
interior	interiority	806
interlock		331
interlude		2370
intermarry		1142
intermediary		938
intermediate	intermediation	938
intermingle		946
intermission	intermit	193
intermittent		193
intermural		291
intern	internship	808
internal	internality	807
internalization	internalize	807
internationalize	international	1172
interpersonal		1272
interplanetary		3305
interplay		2013
interpret	interpretation	3589
interpretative		3589
interrelate		3017
interrupt	interruption	3169
interruptive		3169
intersect	intersection	3500
interstellar		1880
intertwine		2606
interval		292
intervene	intervention	3065
interview	interviewer	2438
interweave		2601
intestine	intestinal	809
intimacy	intimate	803
intimidate		815

intonate	intonation	2630
intoxicate	intoxication	3439
intramural		291
intricacy	intricate	1992
intricateness		1992
intrigue	intriguer	1991
intrinsic		3191
introduce	introduction	2297
introductory		2297
introspect	introspection	15
introspective		15
introvert		64
intrude	intrusion	1794
intrusive		1794
intuition	intuitive	2472
inundate	inundation	732
invade		165
invalid		1646
invaluable		1641
invariable		3693
invasion	invasive	165
invent	invention	3067
inventive		3067
inventory		3066
inverse	inversion	63
invert	invertible	63
invertebrate		76
investigate	investigation	2260
invitation	invite	435
invitatory		435
invocation	invoke	2147
invoice		1717
involve	involvement	43
invulnerable		3148
iris		3103
ironical	irony	2465
irrelevant		3329
irrespective		18
irresponsible		1138
irrigate	irrigation	735
irritate	irritation	2566
irritative		2566
Islam	Islamist	1347
island	isle	1863

isolate	isolation	1865
issue	issuer	3047
itch	itchy	2567
item	itemize	3678
iterate	iteration	2040
itinerary		1059

J

jack-o'-lantern		1036
jackpot		3432
jail		3740
janitor		3049
jar		585
jargon		3443
jaw		3441
jealous	jealousy	2970
jeopardize	jeopardy	1955
jester		3382
jet	jet lag	30
Jew	Jewish	1344
jewel	jewelry	2936
jigsaw		3517
joint		2003
journal	journalism	1058
journey	journeywork	1059
jovial	joviality	2935
Judaism		1344
judge	judgment	1074
judicial		1074
juggler		3382
junction	junctional	2008
juncture		2008
junior	juniority	1328
junk	junk shop	3612
junk food		3408
Jupiter		2935
jurist		1075
juror	jury	1075
just	justness	1072
justice	justify	1073
juvenile	juvenility	1327

K

keen	keenness	3470
kerb		1560
kerchief		2533
kerosene		533
kettle		1680
keynote		2915
kid	kidnap	1324
kidney		1263
kin	kinship	1170
kindergarten		3502
kitchenware		1388
knight	knighthood	398
knit		1468
knob	knobby	1797
knot	knothole	1467
knowledgeable	knowledge	2904
knuckle		1420

L

labor	laboratory	2718
laborious		2718
lad		3053
ladder	ladderlike	875
ladybug		1331
lag	laggard	3055
lamb		1375
lame	lame duck	1415
lament	lamentation	2173
lampshade		1025
lance		409
landfill		1821
landlady	landlord	1822
landlord		2428
landmark		1821
landscape		1819
landslide		1821
lane		2655
language		3453
lantern		1036
lap	laptop	544

lapse		798
larva	larvae	1261
lash		1968
lass		3053
last name		2240
lately	latest	3056
latency	latent	2554
latitude		1852
latrine		738
latter		3056
launch	launching	410
lava		740
lavatory		738
lavish	lavishness	739
lawbreaker	lawyer	2359
lawn		1823
lawsuit		2360
lax	laxation	3138
lay	layout	2354
layer	layman	2356
layoff		2355
lead		1407
leadership		3052
leaflet		281
league		3284
leak	leakage	749
lean		874
leap	leap year	3118
lease		3143
least		1931
leather	leathery	1379
leaven		3326
lecture	lecturer	2088
leeward		755
legacy		1114
legal	legality	1109
legalize		1109
legend		2089
legendary	legendry	2089
legibility	legible	2086
legislate	legislation	1111
legislative	legislature	1112
legitimate	legitimation	1110
leisure	leisurely	1129

length	lengthen	1898
lessen	lesser	1930
lesson		2088
lessor		3143
lest		1931
let alone	let go	3689
letdown		785
letting		3689
level		3322
lever	leverage	3321
liability	liable	3114
liberal		1125
liberalism		1126
liberalize	liberty	1125
liberate	liberation	1126
libido		2851
licence	license	1128
lichen	lick	3452
lid		2544
lieutenant		3259
lifelong	lifetime	1212
lifespan		2596
lift		1871
ligament		2418
lightning		999
likelihood	likely	718
liken	likeness	717
limb	limp	1415
lime	limestone	721
limit	limitation	319
line	linear	1563
lineage	lineal	1565
linen		1566
liner		1564
linger		1899
lingual	linguistic	3454
liquid	liquidity	1037
liquidate	liquidation	1038
liquor		3427
literacy	literate	2085
literal		2083
literary	literature	2087
litigate	litigation	1116
litter	littery	2362

livelihood		1211
liver	livestock	1214
lizard		3073
load		2999
loaf		2428
loan	loaner	2372
loath	loathe	2161
loathness	loathsome	2161
lobe		545
lobster		3120
localize	localization	1778
locate	location	1776
lock		330
locker	locksmith	331
locomotion	locomotive	1779
locust		3120
lodge	lodger	1873
loft	loftiness	1872
log	logarithm	1465
logic	logical	2090
logistic	logistics	1874
lone	lonely	1492
longevity		1900
longing		1896
longitude		1852
lookout	look after	2471
loom		1416
loop		1555
loose	loosen	3132
looseness		3132
loot	looter	3633
lord		2428
lore		1277
lot		1091
lottery	lotto	1092
lounge		1900
low	lower	2358
loyal	loyalty	1115
lubricant		730
lubricate	lubrication	730
lucid	lucidity	1005
luggage		3096
lukewarm		581
lull	lullaby	2198

lumber		1463
luminance		1000
luminant	luminous	1000
lump	lumpy	1466
luna	lunar	1003
lung		610
lure		1972
lurk		2358
lush		1182
luster	lusterless	1006
lux		1005
luxuriant	luxurious	155
luxury		155
lyric	lyrical	1676

M

machine	machinery	692
macho		1336
maculate		554
madonna		1822
maestro		1911
magnet	magnetic	531
magnification		1905
magnificence	magnificent	1906
magnifier	magnify	1905
magnitude		1904
maid	maiden	1332
maiden name		2240
mainframe		2447
mainland		1820
mainstream		1046
maintain	maintenance	3261
majestic	majesty	1909
major	majority	1907
makebelieve	make sense	949
make sure		949
make up	make up for	948
maladept		1086
maladjustment		2005
male		1334
maledict	malediction	2125
maledictory		2125
malefaction	malefactor	87

maleficent		87
malevolence	malevolent	2967
malformation		2741
malfunction		2002
malicious		2967
malignant		1089
mall		452
mallet		3481
malnutrition		3417
mamma		3357
mammal	mammalian	3357
manacle		126
manage	management	128
manager	manageable	128
mandate	mandatory	133
manicure		126
manifest	manifestation	130
manifesto		130
manifold		196
manipulate	manipulation	129
manner	manners	132
mannerism		132
manpower		685
mansion		1731
mantle		306
manual		127
manufacture	manufacturer	89
manure		126
manuscript		2067
marble		532
march		1849
margin	marginalize	1850
marginal		1850
marine	mariner	1854
marital		1142
maritime		1854
market	marketplace	450
marketing		451
mark-up		1846
Mars		1886
marsh	marshland	1858
Martian	martial	1886
marvel	marvelous	2957
masculine	masculinity	1336

mash		942
mason		950
mass	massacre	947
massage		638
massive		947
master	masterpiece	1910
masterpiece		1956
mastery		1910
mate		1376
material	materialize	1310
materialism		1310
maternal	maternity	1308
mathematics		2872
matrimony		1142
matter		1309
mature	maturity	1195
maxim		1912
maximum	maximize	1912
mayor	mayoral	1908
maze	mazy	1774
meadow		3524
meager	meagerness	3238
mean	meaningful	2019
means		2020
meantime	meanwhile	2021
measles		969
measure	measurement	2876
mechanic	mechanize	692
mechanism	mechanismic	693
meddle	meddlesome	944
medium	media	935
median		940
mediate	mediation	936
medical	medicalization	2884
medicalize	medicare	2884
medicate	medication	2883
medicine		2883
medieval	medievalize	934
meditate	meditation	2886
Mediterranean Sea		934
meek	meekness	652
mega	megacity	1904
megalopolis		1146
megaphone		2196

melancholic	melancholy	1023	microwave		1706	misplace		210
melanin		1023	microwave oven		1706	missile		192
mellow	mellowness	654	mid	midst	939	mission	missionary	192
melodize	melody	2237	middle	middleman	933	misspell		2098
melt	meltable	653	Middle Ages		933	mist	misty	603
melting pot		3432	midsemester		1004	misuse		1994
memorial		1751	midwife		2557	mitigate	mitigation	655
memorize	memory	1751	might	mighty	695	mitt	mitten	2750
mend	mendable	2305	migrate	migration	2034	mix	mixture	941
mental	mentality	1764	migratory		2034	moan	moanful	2209
mention	mentionable	1753	mild	mildness	651	mob	mobbish	2690
mentor	mentee	1765	militarism	militarize	1544	mobile		2678
merchandise	merchandiser	453	military		1544	mobilephone		2195
merchant		453	mill		1437	mobility	mobilize	2678
mercury		457	millennium		1545	mock	mockery	1803
mercy	merciful	456	million	millionaire	1545	mockingbird		1803
mere	merely	1857	millstone		1437	mode		2891
merge	mergence	2391	mime		1608	moderate	moderation	2882
meridian		1057	mimic	mimicry	1609	modern	modernity	2893
merit		434	mince	mincer	1915	modernize	modernization	2893
mermaid	merman	1853	mindful	mindset	1766	modest	modesty	2892
merriment	merry	1940	mine	miner	1403	modify	modification	2894
merry-go-round		1621	mineral	mineralogy	1405	modulate	modulation	2881
merryman		1940	mingle	minglement	946	module		2881
mesh	meshwork	3107	miniature		1919	moist	moisten	742
message	messenger	194	minimal	minimize	1913	moisture	moisturize	742
metabolic	metabolism	3290	minimum		1913	molar		1438
metaphor		3006	minister	ministerial	1916	mold		2898
metaphoric	metaphorical	3006	minor	minority	1914	mole	molehill	553
meteor	meteoric	611	minute		1913	molecular	molecule	521
meteorite		611	miracle	miraculous	2955	moment	momentum	2691
meteorology	meteorologist	612	mirage		2955	momentary	momentous	2691
meter		2887	mire	miry	745	monarch	monarchy	1496
method	methodize	1615	misbehave	misbehavior	3573	monetary		1657
methodology		1615	miscellaneous		943	monitor		1760
metric	metrical	2887	mischief	mischievous	1391	monk		1493
metropolis	metropolitan	1146	misconceive	misconception	3600	monocular	monogamy	1494
microbe	microbial	1209	misdeed		2759	monogram		2081
microcosmos		1869	misdeem		2760	monologue	monorail	1494
microminiature		1919	miser	misery	2811	monopoly		1495
micronutrient		3417	miserable		2811	monotone	monotony	2629
microorganism		2726	misfortune		1640	monotonous		2629
microphone		2196	mishap		1097	monument	monumental	1756
microscope	microscopic	2	mislead		3052	mop	mopstick	547

moral		1101
morale		1103
morality	moralize	1101
morass		1858
mortal	mortality	1239
mortgage		1243
mosquito		1262
moss	mossy	744
mot		2207
moth		1262
motherland		1307
motif		2681
motion	motionless	2683
motivate	motivation	2682
motive		2681
motor	motorize	2680
motorway		920
motto		2207
mould		2898
mound		1788
mount		1784
mourn	mournful	1757
mow	mower	3523
mucus		743
muffle	muffler	2750
multiethnic		1105
multinational		1172
multiple	multiplication	200
multiplex	multitude	201
multiply	multiplicity	200
multitask		3651
mummery		1608
mummify	mummy	3342
municipal	municipality	2025
mural		291
murder	murderer	1241
murmur		2206
muscle	muscular	1378
muse	museum	1610
Muslim		1347
mustache		1783
mutant		2031
mutate	mutation	2031
mute		2162

mutter		2206
mutual		2030
mutuality	mutualize	2030
mystic	mystical	2163
mystify		2163
mythic		2164
mythology	mythological	2164

N

naive		1163
nakedness	naked	1384
nameplate		2241
nap		2860
narcosis	narcotism	3620
narcotics		3620
narrate	narration	2923
narrative		2923
nasal		238
nastiness	nasty	1300
nationalism	nationalist	1171
nationality		1171
native		1173
naturalize	naturalization	1176
naught	naughty	3405
nausea	nauseate	1724
naval	navy	1721
navigate	navigation	1722
neat	neaten	997
neatness		997
necessarily	necessary	163
necessitate	necessity	163
neckerchief		3534
nectar	nectarous	1245
needle		2598
negate	negation	3402
negative	negativity	3402
neglect	negligence	3283
negotiate	negotiation	3401
neighbor	neighborhood	642
neither		488
nephew		1319
nerve		2797
nest	nestle	2321

net	network	3106
neural	neuron	2797
neurology	neurologist	2797
neutral		489
neutrality	neutralize	489
newborn		1599
newcomer	newlyweds	1599
newsworthy		1654
niche		2321
nickel		1406
niece		1319
nightmare		1241
nipple		3356
nobility	noble	2921
nobleman	noblesse	2921
nocuous		1246
nod		2516
node		3106
nomad	nomadic	3662
nominal		2244
nominalize	nominalization	2244
nominate	nomination	2242
nominator	nominee	2242
nonentity		643
nonsense		167
norm	normative	1121
normal	normality	1122
nostalgia	nostalgic	2838
notable	note	2914
noteworthy		2914
notice	noticeable	2917
notify	notification	2916
notion	notionality	2922
notoriety	notorious	2920
notwithstanding		334
noun		2243
nourish	nourishment	3416
novel	novelty	1604
novice	novicelike	1605
noxious		1246
nozzle		238
nuclear	nucleus	1441
nuisance		1246
null	nullification	3404

output		776
outrage		780
outright		899
outrun		1669
outscore		3535
outskirt		3472
outsmart		3471
outsoar		609
outsource		903
outspeak		2097
outspread		3205
outsprint		3130
outstand	outstanding	333
outward		754
outweigh		1709
outwit		2463
oval	ovary	1264
overact	overaction	2703
overall		979
overburden		2996
overcast		2494
overcharge		1639
overcome		3057
overcredulous		1368
overdose		3679
overdraw	overdrawn	2278
overdue		446
overemphasize		964
overestimate		1650
overexposure		2332
overfishing		1268
overflow		1033
overhang		2780
overhead		1398
overlap		544
overleap		3118
overload		2999
overlook		2470
overpass		1684
overpower		685
override		907
overseas		1856
oversee	overseer	2434
overshadow		1024

overstate		362
overstock		293
overt		2529
overtake		3639
overtime		1577
overturn		2570
overuse		1994
overvalue		1643
overview		2439
overwhelm		929
owe	owing	690
own		689
owner	ownership	689
ox		1258
oxide	oxygen	3695
oxidize		3695
oyster		1421

P

pace		1677
pacific	pacify	716
pacifier		716
pack		3097
package	packet	3098
pact		327
paddle		1727
pagoda		605
pain	painful	2826
painkiller	painstaking	2826
pale		1008
paleontology	Paleozoic	821
palm	palmar	3299
palmistry		3299
pamphlet		281
pan		1680
pandemic		1286
pane		548
panel		549
panic		3413
panorama		2437
pant		962
pantomime		1608
paperwork		2717

parable		3294
parabola		3293
parachute		869
parade		119
paradigm	paradigmatic	2132
paradise	paradisiacal	868
paradox	paradoxical	2228
paragraph	paragraphic	2079
parallel		2990
paralysis	paralyze	3142
parameter		2889
paramount	paramountcy	1786
paraphrase		3459
parasite	parasitic	866
parasol		869
parcel		1951
pardon	pardonable	3681
parental	parenting	2491
parenthesis	parenthesize	867
parish		867
parity		1069
parliament	parliamentary	2134
parlor		2133
parody		2237
part	partial	1941
partake		1947
participate	participation	1947
participle		1948
particle	particulate	1949
particular	particularity	1950
partisan		1946
partition	partitionist	1951
partner	partnership	1943
part-time		1578
party		1946
passage	passenger	1683
passerby		1684
passion	passionate	2804
passive	passivity	2807
passport		1682
past participle		1948
pasta	paste	639
pastime		1578
pastor	pastoral	3412

pasture		3412
patch	patchy	1957
patent		1679
paternal	paternity	1312
pathetic	pathos	2799
pathway		2252
patience	patient	2806
patriarch	patriarchism	1314
patriot	patriotism	1313
patrol	patroller	3081
patron	patronage	1315
patronize		1315
pause	pauseless	2325
pave	pavement	3035
payback		439
paycheck	payroll	440
payoff	payoff	441
pea		1439
peacock		1926
peak		412
peanut		1440
peasant	peasantry	329
pebble		3698
peck	pecker	414
peculiar	peculiarity	1259
pedagogic	pedagogue	1934
pedagogy		1934
peddle	peddler	3024
pedestrian		3024
pediatric	pediatrician	1935
pedigree		3023
pedology		1935
peel	peeler	1380
peg		287
pen		1664
penal	penalize	2822
penalty		2822
pend	pendant	2782
pendulum		2782
penetrate	penetration	432
peninsula		1863
pennant		2782
penny		1658
pension	pensionary	2791

pentagon		1554
people	peoples	1276
percapita		1393
perceive	perception	3602
perceptional		3602
perch		404
perennial		1516
perfect	perfection	109
perfectionist		109
perform	performance	2446
perfume		621
peril	perilous	812
perimeter		2889
period		1614
periodic	periodical	1614
periphery		370
periscope		1
perish	perishability	3048
perishable		3048
perm		1749
permafrost		478
permanence	permanent	1749
permeableness	permeable	2032
permission	permissive	187
permit		187
perpetual		2043
perpetuate	perpetuation	2043
perplex	perplexity	217
persecute	persecution	3189
perseverance	persevere	3714
persist	persistence	387
persistent		387
person	personal	1272
personality		1272
personnel		1275
perspective		24
perspire	perspiration	235
persuade	persuasion	3462
persuasive		3462
pertain		3271
pertinence	pertinent	3271
pervade	pervasion	166
pervasive		166
pesky		2652

pessimism	pessimist	3031
pessimistic		3031
pest	pester	2652
pestersome		2652
pesticide		2652
petal		1678
petition		2041
petitionary	petitionable	2041
petrol		534
petroleum		533
petticoat		1928
petty	petty cash	1928
phantom	phantomlike	962
pharmaceutical		2954
pharmacy	pharmacist	2954
phase		958
pheasant		1926
phenomenal		961
phenomenon	phenomena	961
phenotype		492
philanthropy	philanthropic	1271
philosophic		2906
philosophy	philosopher	2906
phonate	phonation	2194
phonetic	phonetics	2193
phonograph		2196
photocopy	photocopier	963
photon		963
photosynthesis		2346
photosynthesize		2346
phrasal	phrase	3458
physic	physician	1178
physical		1177
physicist	physics	1177
physiological		1179
physiologist	physiology	1179
physique		1178
pick	picket	413
pictogram		2081
pictorial	picturesque	562
pier		528
pierce		430
piety		447
pigeon		3576

pigment	pigmentation	561	plight	plighter	2015	populous		1284
pike		411	plot		3301	porcelain		3431
pile		529	plow(plough)	plowman	3086	porch	portal	1632
pilfer	pilferage	3010	pluck	plumage	2038	pork		1375
pilgrim	pilgrimage	2778	plumb	plumber	1412	port	portable	1631
pilgrimize		2778	plume		2038	porter		1631
pill	pilular	3362	plunder		3634	portfolio		3389
pillow		971	plunge		1411	portion		1953
pimple		3697	plural	plurality	2474	portrait	portray	2255
pincers	pincette	429	pluralistic		2474	portrayal		2255
pinch		429	plutocracy		1967	pose		2341
pinnacle		416	pneumonia		1042	position	positional	2339
pinpoint		416	pod		2548	positive	positivity	2340
pioneer		3025	podite	podium	3022	possess	possession	688
piracy	pirate	813	poem	poetry	2327	possessive		688
pisciculture		2776	poetic		2327	possibility	possible	686
pistol		567	point	pointless	426	post	postage	401
pit		3433	poison	poisonous	3436	postcard		512
pitch	pitcher	420	poke		277	posterior	posterity	762
pitiful	pity	447	polar	polarization	403	postgraduate		762
pixel	pixelate	520	polarize		403	postman		401
placard		3303	pole		402	postmortem		1239
place	placement	208	policy	policyholder	1149	postpone	postponement	2343
placebo		2928	polio		1010	postscript		2067
placid	placidity	2929	polis		1145	postural		2342
plague	plaguesome	2651	polish	polishable	2506	posture	posturize	2342
plain		3302	polite	politeness	2508	postwar		2049
plane		3304	politic	politics	1148	pot		3431
planet	planetary	3305	political		1148	potable	potableness	3429
plant	plantation	3306	poll		2460	potbelly		3353
plaque		3303	pollen		3387	potence	potent	687
plash		3707	pollinate	pollination	3387	potential		687
plasma		3395	pollutant		3646	pothole		3433
plaster		2899	pollute	pollution	3646	pottery		3431
plate		3303	polygon	polygonal	1551	pouch		278
platform		2736	polymer	polymerize	2477	poultry		1922
plaudit		2634	pond		2352	pound		2352
plausibility	plausible	2635	ponder	ponderable	2786	pour		1020
plaything	playwright	2013	pony	ponytail	1921	poverty		1936
plaza		3224	pool		3706	practical	practicality	2712
plea	plead	2926	pope		26	practice		2712
pleasant	pleasure	2925	popular	popularity	1285	pragmatic	pragmaticism	2713
pledge		2014	popularize		1285	pragmatism		2713
plentiful	plenty	2475	populate	population	1284	prairie		3302

praise	praiseful	3583
praiseworthy		3583
pray	prayer	2902
preach	preachment	2127
preacher		2127
precaution		2430
precautious	precautionary	2430
precede		162
precedent	precedential	162
precious		3582
precipitate	precipitation	1400
precise	precision	261
preclude	preclusion	2525
preconceive		3600
precondition		2131
predation		3574
predator	predatory	3574
predict	predictability	2121
prediction		2121
predisposition		2331
predominance	predominate	1734
predominant		1734
preface		2106
prefer	preference	3008
preferable		3008
prefix		310
pregnancy	pregnant	1155
preintimate		803
prejudice		1074
preliminary		321
prelude	prelusive	2370
premature		1195
premier	premium	1480
preoccupancy		3616
preoccupation	preoccupy	3616
preparation	prepare	118
preparatory		118
preposition		2339
prerequisite		1979
preschool		3502
prescribe		2072
prescript	prescription	2072
presence		645
present	presentation	645

preservation	preserve	1987
preservative		1987
preside	presidency	2318
president		2318
press	pressure	2406
prestige	prestigious	3236
presume	presumption	220
pretend		3251
pretense	pretension	3251
prevail	prevalence	1648
prevalent		1648
prevent	prevention	3064
preventive		3064
preview		2439
previous	previousness	1716
prey		3575
price	priceless	3586
prick	prickle	418
priest	priesthood	1316
primary		1481
primate	primitive	1482
prime		1479
prince	princess	3604
principal	principle	3604
prior	prioritize	1478
priority		1478
prison		3577
privacy	private	1476
privilege		1113
proactive		2703
probability	probable	838
probably		838
probe		831
procedure	procedural	156
proceed		156
process	procession	157
processor		157
proclaim	proclamation	2179
procrastination	procrastinate	1061
procure	procurement	2952
prodigy		3457
produce	product	2294
production	productive	2294
productivity		2294

profess	profession	2113
professional		2113
professor		2113
proficiency	proficient	103
profit	profitability	99
profitable		99
profound	profoundness	791
progress	progression	146
progressive		146
prohibit	prohibition	3566
prohibitive		3566
project	projection	36
projective		36
prolific	proliferation	1188
prologue		2094
prolong	prolongment	1899
prominence	prominent	1791
promise	promising	180
promote	promotion	2686
promotional		2686
prompt	promptly	224
prone	proneness	844
pronoun		2243
pronounce		2139
pronouncement		2139
pronunciation		2139
proof		832
proofread		2852
propel	propeller	2498
propellent		2498
proper		827
property		826
prophecy	prophesy	2115
proponent		2337
proportion		1954
proportional	proportionate	1954
proposal		2337
propose	proposition	2337
proprietor		826
propriety		827
prosaic	prose	845
prosecute	prosecution	3188
prosecutor		3188
prospect	prospective	16

prosper	prosperity	2961
prosperous		2961
prosy		845
protagonist		2708
protect	protection	2541
protective		2541
protest	protestant	2158
Protestantism		2158
protocol		722
prototype		492
protract	protraction	2269
protrude	protrusion	1795
provable	prove	832
proverb	proverbial	3457
provide	provision	2444
province	provincial	1982
provisions	provisional	2444
provoke	provocation	2148
proximate	proximity	861
prudence	prudent	2449
prudential		2449
prune		1419
psyche	psychic	230
psychiatrist		230
psychological		231
psychology	psychologist	231
puberty		1193
public	publication	1280
publicity	publicize	1283
publish		1282
puddle		3706
pulley		404
pulp		3386
pulse		2503
pumpkin		3172
punch		425
punctual	punctuality	424
punctuate	punctuation	423
puncture		422
pungency	pungent	421
punish	punishment	2821
pup		1280
pupil	pupillary	1933
puppet	puppy	1920

purchase		3613
pure	pureness	1017
purify	purity	1017
puritan	puritanism	1019
puritanical		1019
purpose	purposeful	2338
purse		47
pursue	pursuit	3182
puzzle	puzzlement	218

Q

quadrant		1538
quake		2515
qualifiable		485
qualification	qualify	485
quality	qualitative	484
quantify	quantity	486
quantitive		486
quarrel	quarrelsome	2055
quart		1538
quarter	quarters	1537
queer	queerish	1514
query		1977
quest		1976
question	questionnaire	1977
queue		1564
quick silver		1225
quicksand		1225
quiet	quietude	712
quilt		971
quit		712
quiver		1225
quotation	quote	487
quotation mark		1847

R

ra		1011
race		1278
racialism	racism	1278
rack		2448
radial		1012
radiance	radiant	1014

radiate	radiation	1012
radical	radicality	1449
radioactive	radioactivity	1013
radiotherapy		1013
radish		1449
radius		1011
raft	rafting	1472
rag	rags	542
rage		780
raid	raider	910
raise		3316
raisin		1446
rake		3082
rally		3109
ramble		632
ranch	rancher	1257
random	randomicity	1673
randomize	randomization	1673
range	ranger	912
rank	ranking	911
rape		3626
rapid		3624
rapidity	rapidness	3624
rapport		1635
rapt	rapture	3628
raptor		3628
rare	rarity	3215
rarely		3215
rash	rashly	3554
rate		2870
rather	rather than	3625
ratio		2870
rational		2855
rationale	rationality	2855
rationalize		2855
rattlesnake		3073
ravage	ravagement	3627
ravish		3626
raw	rawness	707
ray		1011
razor	razor-sharp	3553
react	reaction	2700
reactive		2700
readily	readiness	908

real estate		363
realistic	reality	364
realization	realize	365
realm		888
reap		1194
rear		3319
rearmament		3718
rearrange	rearrangement	914
rearward		3319
reason	reasonable	2854
reassign		2061
reassurance	reassure	2948
rebate		2672
rebel	rebellion	2053
rebellious		2053
rebound		3116
rebuke		1445
rebuttable		2674
recall		2181
recede		158
receipt	receive	3608
recency	recent	1601
reception	receptionist	3609
receptive		3609
recess	recession	159
recessionary		158
recharge		1622
recipe	recipient	3608
reciprocal		436
reciprocate	reciprocity	436
recital		2153
recitation	recite	2153
reck		2857
reckless	recklessness	2857
reckon	reckonable	2871
reclaim	reclamation	2176
recognition	recognize	2909
recollect	recollection	3275
recommend		137
recommendation		137
recommendatory		137
reconcile	reconciliation	2184
recover	recovery	3613
recoverable		3614

re-creation		125
recreation	recreational	125
recruit	recruitment	2771
rectangle	rectangular	1553
recur	recurrence	1660
recurrent		1660
recycle	recyclable	2614
redeem	redemption	225
rediscover		2528
reduce	reduction	2298
reed	reedy	1424
reef		2540
reel		2597
reestablish		343
refashion		97
refectory		297
refer	reference	3015
referee	referential	3015
referendum		2460
refine	refinement	315
refinery		315
reflect	reflection	1550
reflective		1550
reflux		1043
reform	reformation	2743
refract	refraction	3161
refractive		3161
refrain	refrainment	3162
refresh	refreshment	2975
refrigerate	refrigeration	477
refrigerator		477
refuge	refugee	1053
refund	refundable	792
refusal	refuse	2383
refutable		2674
refutation	refute	2674
regain		433
regard	regarding	2423
regardful	regardless of	2423
regime		887
region	regional	888
register	registration	1629
regress	regression	147
regressive		147

regret	regretful	2832
regular	regularity	883
regulate	regulation	884
rehabilitate	rehabilitation	1080
reign		886
rein		3270
reinforce	reinforcement	676
reject	rejection	37
rejective		37
rejoice		2933
relate	relative	3016
relation	relationship	3016
relativity		3017
relax	relaxation	3139
release		3144
relevance	relevant	3329
reliance	reliable	3111
relic		2376
relief	relieve	3328
religion	religious	3112
reluctance	reluctant	620
rely		3111
remain	remains	1748
remake		948
remark	remarkable	1848
remedy	remediation	2885
remind	reminder	1767
reminiscence	reminiscent	1763
remission	remit	183
remittance		183
remnant		1748
remold		2898
remote	remoteness	2688
removal	remove	2689
remunerate	remuneration	2026
remunerative		2026
renaissance		1600
render		3687
renew	renewal	1600
renounce	renouncement	2140
renovate	renovation	1603
renovative		1603
renown	renownedness	2245
repair	repairable	121

repay	repayment	439
repeat		2039
repel	repellence	2501
repellent		2501
repent	repentance	2823
repentant		2823
repetition	repetitive	2039
rephrase		3459
replace	replacement	209
replaceable		209
replenish	replenishment	2476
replicable		198
replicate	replication	198
reply		202
report	reportedly	1635
repose	repository	2324
represent	representation	646
representative		646
repress	repression	2412
repressive		2412
reprimand		1445
reproach	reproachful	864
reproduce	reproduction	2295
reproductive		2295
reproof	reprove	835
reptile		3072
republic	republican	1281
repulse	repulsion	2504
repulsive		2504
reputation	repute	2869
request		1976
require	requirement	1979
requisite		1979
rescue	rescuer	2495
research	researcher	2618
researchable		2618
resemblance	resemble	1512
resemblant		1512
resent	resentment	177
resentful		177
reservation	reserve	1988
reservoir		1988
reshuffle		3085
reside	residence	2317
resident		2317
resign	resignation	2063
resilience	resilient	3123
resist	resistance	390
resistant		390
resolute		3136
resolve	resolution	3136
resonance	resonant	2202
resort		904
resource	resourceful	903
respect	respectable	17
respective		18
respiration	respire	233
respiratory		233
respond	response	1137
responsibility	responsible	1138
responsive		1137
rest	restless	391
restoration	restore	296
restorative		296
restrain	restraint	3235
restrainable		3235
restrict	restriction	3234
restrictive		3234
restructure		2751
result	resultant	3122
resultful		3122
resume	resumption	221
resurface		83
resurge	resurgence	906
resurgent		906
retail	retailer	3530
retain	retainment	3269
retard	retardation	3076
retention		3269
retire	retirement	2272
retiree		2272
retort	retortion	2610
retrace	retracement	2257
retraceable		2257
retract	retraction	2262
retractive		2262
retreat	retreative	2270
retrieval	retrieve	2623
retriever		2623
retroact	retroaction	2701
retroactive		2701
retrogress	retrogression	148
retrogressive		148
retrospect	retrospection	19
retrospective		19
return		2572
reunify		1485
reunion		1484
revaluation	revalue	1645
reveal	revelation	2550
revenge	revenger	2824
revengeful		2824
revenue		3069
revere	reverence	2426
reversal	reverse	67
reversion	revert	67
review		2439
revise	revision	2443
revival		1216
revive	revivalism	1216
revolt	revolution	44
revolutionary	revolve	44
revolver		567
reward	rewardless	2425
rhinoceros (rhino)		1796
rhombus		1553
rhyme	rhymeless	1675
rhythm		1674
rhythmic	rhythmical	1674
rib		2540
riddle		2856
ride	ridership	907
ridicule	ridiculous	1802
rifle		567
righteous	righteousness	899
rigid		889
rigidify	rigidity	889
rigor	rigorous	890
rinse		1601
riot	riotous	2048
rip		3635
ripe	ripen	1194

ripper		3635
ripple		3636
rite	ritual	2853
ritualize		2853
rival	rivalry	1672
roadblock		1473
roadwork		2716
roam		632
rob	robbery	3629
robe		3630
robust	robustness	1022
rock	rocky	526
rod	rodlike	282
rodent		3555
role		511
roll	rollback	508
roller		508
rollerblade		3388
rooster		1924
rot		2402
rotary		2590
rotate	rotation	2590
rote		2591
rottenness		2402
rough	roughness	800
roughen		800
roundabout		856
rouse		3317
route	routine	3165
row		1725
royal	royalty	885
rub	rubber	3548
rubbery		3548
rubbish	rubble	3637
rucksack		3099
rudder		1725
rude	rudeness	708
rug		543
ruin	ruinous	799
rule	ruler	882
rumble		2210
runaway	run away	1669
runway		1669
rural		1745

rush		2692
rust		1021
rustic	rusticity	1745
rusty	rustproof	1021
ruth	ruthful	2831
ruthless		2831

S

sac	sack	3099
sacred	sacredness	1134
sacrifice	sacrificial	1135
saddle		2309
safe	safeguard	670
safety		670
sag	saggy	1414
sage	sageness	3660
saint	saintlike	1132
sake		2620
salary	salaryman	540
salesperson		1274
salience	salient	3121
salmon		3121
salon		2547
salutation	salutatory	671
salute		671
sanction		1133
sanctionable	sanctuary	1133
sandpaper		3550
sane	sanity	1081
sanitary	sanitariness	1082
sanitate	sanitation	1082
sardonic	sardonicism	1254
satellite		3050
satire	satirize	1893
satiric		1893
satisfaction	satisfy	1892
satisfactory		1892
saturate	saturation	1894
saucepan		1680
savage	savagery	770
savor		3376
saw	sawmill	3516
scab		3533

scale		3490
scalp		3491
scan	scanner	50
scandal	scandalize	3333
scant		2978
scar		3533
scarce	scarcely	2978
scarcity		2978
scare	scary	811
scarecrow		1267
scatter		3216
scenario	scenarist	356
scene		355
scenic	scenery	355
scent	scentless	174
schema	schematize	117
scheme		117
scholar	scholarship	3503
scholastic		3503
school		1297
scissors		3465
scold	scoldable	2328
scoop	scoopful	3083
scope		1
scorch		2587
score		1527
scorn	scornful	1800
scorpion		3477
scout		3246
scramble		3540
scrap		3538
scrape	scrapes	3539
scratch		2069
screech		2180
screen	screenplay	3542
screw	screwdriver	3543
scribe	scribble	2068
script	scriptwriter	2067
scripture		2068
scrub		3544
scrutinize	scrutinization	3541
scrutiny		3541
sculpt	sculpture	3493
sculptor		3493

sea cucumber		1799
seagull		1856
seal		2058
seam	seamless	3089
search	searchable	2616
searchlight		2616
seashore		1856
season	seasoning	1590
seasonal		1590
seaweed		1185
seclude	seclusion	2526
secondary	secondhand	3183
secret	secretary	246
secrete	secretion	246
sect		3497
section	sector	3498
sectional		3498
secure	security	2946
sedentary	sedentariness	2309
sediment	sedimentation	2310
sedimentary		2310
seduce	seduction	2296
seductive		2296
seed	seedling	1591
seek		2617
seem	seeming	2431
seep		3420
segment	segmentation	3501
segregate	segregation	1294
seize	seizure	2619
seldom	seldomness	1302
select	selection	3273
selective		3273
self-complacent		2927
self-conceit		3601
self-confidence		1301
self-conscious		2191
self-esteem	self-evident	1301
selfish		1301
self-realization		365
semester		1004
seminar	seminary	1593
Senate	senator	1198
senior	seniority	1197

sensation	sensationalize	172
sensational		172
sensibility	sensible	170
sensitive	sensitivity	168
sensitize	sensitization	169
sensory		167
sentence	sentential	178
sentiment	sentimentalize	171
sentimental		171
sentry		168
separate	separation	258
separative		258
sequence	sequential	3186
serene	serenity	472
serf		437
serial	seriate	3196
series		3196
serious	seriousness	3712
sermon	sermonize	3197
serpent		3073
servant	serve	1984
session	sessional	2307
setback	setting	3177
settle	settlement	2311
severe	severity	3713
sew	sewer	3088
sewage		1862
shabby		3533
shackle		2747
shade		1025
shake		2515
shallow	shallowness	3505
shaman		1317
shareholder		3468
shareware		517
sharp		3469
sharpen	sharpness	3469
shatter		3216
shave		3465
shear	sheer	3466
shed		3467
shelf		3486
shelf life		1213
shell	shellfish	3494

shelter		3485
shepherd		1296
shield		3484
shift		2189
shipment	shipping	3487
shipwreck		1720
shiver	shiveringly	3444
shoal		3504
shoplift		1871
shore	shoreline	3473
shortage	shorten	3475
shortcut	shortcoming	3476
shortfall		3476
shorthand		2746
shortly		3475
shoulder		2538
shove	shovel	3082
show	show up	2435
showcase	show off	2435
shriek		2180
shrimp		1269
shrink	shrinkage	2586
shrub	shrubbery	3544
shrug		2661
shuffle		3085
shutdown		785
shuttle	shuttlecock	1417
sibling		1319
sickle		3480
side dish		3360
sideburns		852
sidewalk	sideway	852
siege		2314
sieve	sift	243
sigh		592
signage	signal	2056
signature		2057
significance	signify	2060
significant		2060
silence	silent	349
silkworm		2585
silly	silliness	1099
simile	similarity	1508
simplicity	simplify	1507

simulate	simulation	1510	smart	smartness	3471	sophisticate	sophistication	2907
simulative		1510	smash		3171	sophomore		1329
simultaneous		1511	smelt		653	sore	soreness	2829
simultaneousness		1511	smog		601	sorrow	sorrowful	2830
sin	sinful	649	smoky		598	sort	sortable	3198
sincere	sincerely	2770	smother	smothery	600	sound	soundproof	2632
sincerity		2770	smuggle	smuggler	3075	soup		3420
single-minded		1503	snap	snapshot	3623	sour	sourness	541
singular	singularity	1503	snatch	snatcher	3622	source		903
sink	sinkage	1413	sneak	sneaker	3074	southern		1875
sinner		649	sneer		240	souvenir		3070
sip		3420	sneeze		242	sovereign	sovereignty	886
sitcom		2312	sniff	sniffle	242	sow		1255
situate	situation	2312	snore		241	space	spacious	70
skeletal	skeleton	3491	snorkel	snorkeling	241	spade		3082
skeptic	skeptical	23	snort	snout	240	span		2596
skepticism		23	snowflake		3297	spank		2675
skid	skidproof	1464	snuff		240	spark	sparkle	956
skim		50	soak		3422	sparrow		1267
skirmish		3477	soap opera		2729	sparse	sparseness	3214
skull		3491	soar		609	spatial		70
skyscraper		3539	sober		3426	spear	spearhead	407
slam		2353	sociable	social	3184	specialize	specialty	9
slander	slanderer	3334	societal	society	3184	species	specimen	7
slang		3042	socket		1256	specific	specify	7
slap	slapstick	2645	sodium		539	speck	speckle	552
slash		3464	soft drink		3427	spectacle	spectacular	4
slaughter		2648	soil	soilborne	2322	spectate	spectator	5
slave	slavery	1348	sojourn		1060	spectra	spectrum	3
slay		2648	solace		674	specular		5
sled	sledge	729	solar	solarize	1876	speculate	speculation	25
sleeve	sleeveless	724	soldier		540	speculative		25
sleigh		729	solicit	solicitation	2154	speech	speechless	2097
slide		728	solid		667	speedometer		1704
slight	slightness	725	solidarity	solidarize	668	spell	spelling	2098
slim		727	solidify	solidity	667	spend	spendthrift	2783
slime	slimy	719	solitary	solitude	1500	sperm		3206
slimline	slimness	727	solution	solve	3134	spew		3210
slit		3512	solvable		3134	sphere	spherical	3365
slogan	sloganize	2171	somehow	somewhat	1504	spice	spicy	8
slope		726	sonata	sonnet	2199	spike		411
slot		2561	sonic		2633	spill	spillover	3509
slump		797	sooth	soothe	650	spin	spindle	2595
smallpox		3369	sophist		2907	spinach		417

spine	spinal	417	stake		287	stigma	stigmatize	271
spinster		2595	stalk	stalking	368	still	stillness	347
spiral	spire	408	stall		393	still life		1213
spirit	spiritual	228	stance	stand	332	stimulant		273
spit		3210	standardization	standard	339	stimulate	stimulation	274
splash		3707	standardize		339	stimulative		274
splendid	splendor	998	standby	stand by	336	stimulus	stimuli	273
splint	splinter	3510	standstill	stand still	348	sting	stingy	270
split		3506	staple	stapler	341	stink	stinky	272
spoil	spoilage	3511	starch	starchy	700	stir		2565
spoiler		3511	stare	starer	701	stitch	stitchless	279
spoke		411	stargaze		1234	stock	stockholder	293
spokesman		2097	start	starter	704	stool		337
spokesperson		1274	startle		704	stoop		2660
sponsor	sponsorship	1140	starve	starvation	702	storage	store	294
spontaneity	spontaneous	2969	state	statement	362	storm	stormy	2564
spool		2597	statesman		361	stove		571
spoonful		3083	statewide		1888	straight	straighten	3219
sporadic		3207	station	stationary	359	straightforward		3219
spore		3206	stationery		360	strain		3231
spot	spotless	550	statistical	statistics	351	strait		3219
spotlight		551	statue	statuary	352	strand		3226
spouse	spousal	1141	status	status quo	350	strap	strappy	2593
sprain		2418	steadfast	steadfastness	345	strategic		3220
spread		3205	steady	steadiness	344	strategize	strategy	3220
springboard	springtime	3128	steal	stealth	3631	straw	strawberry	3221
sprinkle	sprinkler	3212	steam	steamer	589	stray		3225
sprint	sprinter	3130	steep	steepness	2659	streak		2640
sprout		3206	steepen	steeple	2659	stream	streamline	1046
spur		274	steer	steerable	366	streetwise		3223
spurt		3210	stellar		1880	strength	strengthen	683
spy	spyglass	6	stem		357	stress	stressful	3228
squad	square	1539	stench		272	strew		3222
squash		3172	stepmother		1307	stricken		2638
squeeze	squeezable	3173	stereotype	stereotypical	493	strict	striction	3230
stab		276	sterile		3014	stride		338
stability	stabilize	396	sterility	sterilize	3014	strife		2054
stable		396	stern	sternness	698	strike	strikeout	2637
stadium		346	steward	stewardess	2427	string	stringent	3227
staff		340	stewardship		2427	strip		2643
stagger		284	stick	sticky	269	stripe		2642
stagnant		1860	stiff		697	strive		2054
stagnate	stagnation	1860	stiffen	stiffness	697	stroke		2639
stain	stainless	558	stifle		600	stroll		1883

sword	swordsman	3477
symbiosis	symbiotic	1206
symbol	symbolize	3291
symbolic		3291
symmetry	symmetric	2880
sympathetic		2801
sympathy	sympathize	2801
symphonic		2197
symphony	symphonize	2197
symposium		3430
symptom	symptomize	2047
synchronize		1589
synchronization		1589
synergetic	synergic	2723
synergy		2723
synonym	synonymous	2249
syntax	syntactic	915
synthesis	synthesize	2345
systematic	systematize	358

T

tablet		500
tableware		516
tabulate		499
tackle		3641
tact		3642
tactic	tactical	917
tadpole		853
tailor	tailorability	3529
tailor-made		3529
take after		3640
take apart		3639
take off	take on	3640
take place	take part in	3638
takeout	take turns	3639
takeover		3639
tale		2099
talent		3670
tame	tameness	1729
tan		556
tangibility	tangible	3648
tangle		1186
tap		2647

tar		1458
tardy		3076
tariff	tariffication	3588
tarnish	tarnishable	1007
task		3651
tasteless		3657
tax	taxation	3649
taxonomy	taxonomic	916
tear	teardown	3507
tearful	teary	3508
tease	teaser	2979
teat		3356
technic	technical	3313
technique		3313
technocracy		1967
technological		3314
technology	technologist	3314
tedium	tedious	615
telecommunicate		2028
telegram		2075
telegraph	telegraphic	2075
telemarketing		451
telepathy		2800
telescope		1
televise	television	2451
temper	temperament	1583
temperate	temperature	1584
temple		1582
tempo		1580
temporal	temporary	1580
tempt	temptation	1973
tenancy	tenant	3257
tend	tendency	3248
tendance		3247
tender	tenderness	3247
tendon		3249
tense	tension	3255
tentative	tentativeness	1975
tenure		3241
term	terminology	322
terminal		323
terminate	termination	323
terrace	terrain	1828
terrible	terribleness	2818

terrific	terrify	2818
territory	territorial	1824
terrorism	terrorize	2817
testament	testamental	2155
testify	testimony	2156
testimonial		2156
textile	texture	3310
thatch		2539
theater	theatergoer	1236
theatrical		1236
theft		3632
theology	theism	977
theorist		1238
theorize	theory	1238
therapeutic		2953
therapy	therapist	2953
thermal		469
thermograph	thermometer	470
thermometer		2890
thermostat		470
thesis		2348
thick		3239
thicken	thickness	3239
thieve	thief / thieves	3632
thigh		3373
third party		1946
thirst	thirsty	1825
thorn	thorny	699
thrash		3034
thread	threadlike	2598
threat	threaten	1792
thresh	threshold	3034
thrift		2621
thrifty	thrive	2621
throat		594
throne		1339
throttle		594
thrust		1792
thumb	thumbtack	3372
thump		618
tick	tickle	3652
tide	tidal	1585
tidiness	tidy	1586
tighten	tightness	3133

tight-knit		1468
tile		2539
till	tillable	3087
timber	timberland	1463
timeline	time table	1579
timely	times	1577
timepiece		1956
timid	timidity	815
tin		1407
tinct	tint	557
tiny	tininess	1932
tip	tiptoe	1838
tissue		3311
toad		853
toast	toasty	1826
toddler		2107
toil		2600
toilet	toiletry	2600
tolerable		3320
tolerance	tolerate	3320
toll	toll-free	3650
tollbooth		641
tomb		3370
tone	tonal	2627
tongue		3452
toothpick		413
topography	topographic	1782
topsoil		2322
torch	torque	2607
torment		2607
tornado		2615
torrent	torrential	1827
torture		2607
tourism	tourist	2573
tow		2299
toward		754
toxin	toxic	3438
trace	traceable	2256
track	tractor	2261
trade	trademark	3036
tradeoff		3036
tradition	traditional	1694
tragedy	tragic	2239
tragicomedy		2239
trail	trailer	2252
trait		2273
traitor		1693
trajectory		1695
tranquil		714
tranquility	tranquilize	714
transact	transaction	1690
transcend	transcendence	3332
transfer	transference	3007
transferable		3007
transform	transformation	2744
transformative		2744
transgender		1514
transgress	transgression	149
transgressive		149
transit	transition	1687
transitional		1687
translate	translation	1696
translator		1696
transmission	transmit	191
transmissive		191
transparency	transparent	29
transpierce		430
transplantation	transplant	3307
transport	transportation	1638
transverse		68
trap		3033
trapezoid		1553
trash	trashman	3593
trauma	traumatize	2576
traumatic		2576
travail	travel	1532
traverse	traversal	68
tray		1458
tread	treadmill	3032
treason		1693
treasure	treasury	2347
treasurer		2347
treat	treatment	2253
treaty		2254
treble		199
trek	trekker	2258
trekking		2258
tremble	tremor	2815
tremendous		2816
trench		1688
trend	trendy	3101
trespass		1685
tribe	tribal	1533
tribute		1534
trick	trickery	1990
trickle		2641
trigger		2271
trigon		1552
trillion		1546
trim	trimmer	1457
triple	triplicate	199
tripod		3021
triumph	triumphant	2235
trivial		1530
triviality	trivialize	1530
troll	trolley	1883
troop		1297
trophy		2235
tropics	tropical	2592
trot		3037
trout		1269
truce		1454
truffle		3373
trump	trumpet	2236
trunk		1691
trust	trustworthy	1455
tub		586
tuber		3373
tug		2299
tuition		2421
tumble		617
tumor	tumoral	3374
tune		2628
turbulence	turbulent	2568
turf		1823
turmoil		2895
turnout	turn out	2571
turnover	turn down	2571
tusk		1438
tutor	tutorial	2421
twice		1529
twig	twiggy	1419

twilight		1528
twine		2606
twist	twister	2605
twofold		196
type	typical	490
typhoon	typhonic	630
tyrannosaurus		1338
tyrant	tyranny	1338

U

ultimate	ultimatum	926
ultramarine		1855
ultraminiature		1919
ultrasonic		2633
ultrasound	ultrasonic	928
ultraviolet		927
umpire		1942
unaffordable		842
unambiguous		855
unambivalent		854
unanimity	unanimous	227
unbalance		1520
unbutton		2677
unconditional		2131
uncongenial		1168
unconscious		2192
uncordial		1357
uncover		2527
undercut		3463
underdog		1249
underestimate		1650
undergo	undergoer	3038
undergraduate		143
underground		788
undergrowth		1180
underlie		2363
underline		1563
undermine		1404
undernourish		3416
undertake		3640
undervalue		1643
undue		446
unearth		1816

uneven		1071
unfasten		326
unfit		1079
unfold		196
unicorn		1490
unification	unify	1485
uniform	uniformity	1491
union	unionization	1484
unique	uniqueness	1489
unisex	unison	1490
unit	unitary	1483
unite	unity	1486
universal	universalize	69
universe	university	69
unjust		1072
unless		1931
unload		2999
unlock		330
unnaturalize		1176
unparalleled		2990
unreel		2597
unrivalled		1672
unscrew		3543
unseal		2058
unseemly		2431
unseldom		1302
unsettle		2311
unsusceptible		3598
untidy		1586
unveil		2549
unwind		626
unwittingly		2463
unwrap		2578
unwrinkle		80
upbringing		1624
updraft		2281
upgrade		142
uphold		3559
upkeep		3261
upright		899
uprising		3315
uproot		1448
upset		2313
upstream		1046

upswing		2510
uptrend		3101
upturn		2570
urban	urbanization	1746
urbanize		1746
urge	urgency	2415
urgent		2415
urn		579
usage	use	1994
usher		2165
utensil		1998
utilitarian		1997
utilitarianism		1997
utility	utilization	1996
utilize		1996
utmost	uttermost	778
utopia	utopian	1781
utter	utterance	779

V

vacancy	vacant	661
vacuum	vacuate	659
vague	vagueness	633
vain		662
vale		1426
valediction		2123
valiant	valiantness	1649
valid	validity	1646
validate		1646
valley		1426
valuable	value	1641
valuate	valuation	1642
vanguard		824
vanish	vanishment	663
vanity		662
vantage		829
vapor	vaporize	587
variation	variable	3693
variety	various	3692
varnish	varnishy	2507
vary		3692
vast		665
vastitude	vastness	665

vault		45
vegetable		1223
vegetarian	vegetation	1223
vehicle		1703
veil		2549
vein		1402
velocity		1704
vend	vendor	3686
vendible		3686
vengeance		2825
venom	venomous	3437
venous		1402
vent		628
ventilate	ventilation	628
venture		3060
verb		3455
verbal		3456
verbalize	verbalization	3456
verdict		2123
verge		58
verification	verify	1078
verism		1078
versatility	versatile	51
verse	versify	48
version	versional	49
versus (vs.)		71
vertebra	vertebrate	76
vertex		75
verticality	vertical	74
vessel		584
vest	vestment	2532
veteran		1202
veterinarian	veterinary	1203
veto		2145
via		1711
viability	viable	1218
vibrant		2513
vibrate	vibration	2513
vice	vice versa	72
vicinity		1298
vicious		72
victim	victimize	1136
victimization		1136
victory	victorious	3460

view	viewpoint	2437
vigil	vigilance	1232
vigilant		1232
vigor	vigorous	1222
villa		1298
village	villager	1298
villain	villein	1299
vine		1446
vinegar	vinegary	1447
violate	violation	679
violence	violent	678
viper		3437
virgin	virginity	1333
virtual	virtualize	1868
virtualization		1868
virtue	virtuous	1867
visibility	visible	2453
vision	visionary	2454
visionless		2454
visual	visualize	2455
visualization		2455
vita		1219
vital		1220
vitality	vitalize	1220
viva	vivacity	1221
vivacious		1221
vivid		1215
vividity	vivify	1215
vocabulary		2150
vocal	vocalize	2149
vocalization		2149
vocation	vocational	2151
vogue		1707
void		656
volcano	volcanic	575
volume	voluminous	46
voluntariness		2968
volunteer	voluntary	2968
vomit		3211
vote	voter	2145
vouch	voucher	1231
vow		2142
vowel		2150
voyage	voyager	1711

vulgar		1279
vulgarity	vulgarize	1279
vulnerable	vulnerability	3148

W

wag	waggle	1707
wage		2016
wagon		1708
wail	wailful	2839
waive	waiver	2514
wallet		47
wander	wanderer	631
ward	warden	2424
wardrobe		2424
ware		516
warehouse		518
warfare		2049
warmth		581
warn	warning	1229
warrant	warranty	1230
wartime		2049
wash	washable	736
washbasin		3361
washroom		738
washtub		736
wasp	WASP	2602
watchful	watchdog	1227
waterproof		833
wave	wavelength	1705
wealth	wealthy	1098
weapon	weaponry	566
weary	wearisome	635
weatherproof		833
weave		2601
wee		1710
weed	weedicide	1185
weep	weepy	2172
weigh	weight	1709
weird	weirdness	2584
weirdo		2584
welfare		2966
well off		2964
wellbeing		2966

well-knit		1468
wellness		2964
werewolf		2841
wheat		1015
wheelbarrow		3000
whereabout		856
whether		488
while		713
whip		2512
whirl	whirligig	78
whirlpool	whirlwind	78
whisper	whisperer	2213
whistle		2212
white collar		2613
whole	wholeness	666
whole grain		143
whole number		3653
wholesale	wholesome	666
wholesale		3530
wicked		2462
widen		1887
widespread		1888
widget		694
widow	widower	1575
width		1887
wilderness	wildness	1831
wildfire		570
wildlife		1831
willing	willpower	2963
wind up		626
windmill		1437
windowpane		548
windshield		3484
windward		755
wine	winery	1446
wipe	wiper	2512
wisdom		2461
wit		2463
withdraw	withdrawal	2277
withdrawn		2277
wither		627
withhold	withholdment	3560
withstand		334
witness		2457

wizard		2462
woe	woeful	2839
wonder	wonderful	2626
wonderment		2626
wood	wooden	1462
woodland		1462
wool		1566
workaholic		2715
workforce	workman	2715
workload		2715
workout	work out	2714
worm	wormy	2585
worship	worshipper	1655
worth	worthy	1653
worthwhile		1653
wound		2673
wrap	wrapper	2578
wreath		2581
wreck	wreckage	1720
wrench		2582
wrestle	wrestling	2583
wrinkle		80
wrist	wristwatch	77
wrongness	wrongdoing	73

Y

yard	yardage	1768
yardstick		1768
yawn	yawnful	3448
yearn	yearnful	2938
yeast		3326
yield	yieldable	448
youth	youthful	1326

Z

zeal	zealous	2970
zenith	zenithal	2033
zip		1702
zoology	zookeeper	1224